Das große Mac-Buch für Einsteiger und Umsteiger

Aktuell zu OS X Yosemite

von

Jörg Rieger und Markus Menschhorn

Vierfarben

Liebe Leserin, lieber Leser,

auch nach Jahren der Apple-Erfolgsgeschichte genießt der Mac immer noch einen gewissen elitären Ruf und gilt vielen daher irgendwie auch als kompliziert – schlicht und ergreifend, weil er »anders« als die große Masse der Windows-PCs ist. Doch wie das halt so ist mit Vorurteilen und Mythen – oft ist genau das Gegenteil der Fall. Verbannen Sie die Vorstellung, seine Handhabung sei besonders schwierig und anstrengend, also ganz schnell ins Reich der populären Irrtümer, und stellen Sie sich auf ungetrübte Freude an Ihrem Apple-Computer ein. Nach einer kleinen Eingewöhnungsphase ist kein anderer Computer so willfährig, so komfortabel und so zuverlässig wie ein Mac – und schön ist er obendrein auch noch.

Dass Sie als Computerneuling genauso wie als Umsteiger von Windows bald den Dreh raus haben, dafür sorgt unser erfahrenes Autoren-Duo Jörg Rieger und Markus Menschhorn. Die überzeugten Mac-Pioniere machen Sie binnen Kurzem fit für alle Anwendungen: Ob auf dem Mac oder in der iCloud, dank der gut verständlichen Erklärungen behalten Sie jederzeit den Überblick über Ihre Dateien und Kontakte – auch über die auf Ihren mobilen Apple-Geräten wie iPhone, iPod oder iPad. Sie navigieren routiniert durch die Benutzeroberfläche, schreiben E-Mails und surfen im Internet. Lückenlose Anleitungen zeigen Ihnen, wie Sie Ihre Fotos mit iPhoto bearbeiten, Ihre Musiksammlung mit iTunes verwalten oder Benutzerkonten für die Familie einrichten. Windows-Anwendern wird der Umstieg durch zahlreiche Extratipps besonders leicht gemacht.

Dieses Buch wurde mit größter Sorgfalt geschrieben und hergestellt. Sollten Sie dennoch einmal einen Fehler finden oder inhaltliche Anregungen haben, freue ich mich, wenn Sie mit mir in Kontakt treten. Für Kritik bin ich dabei ebenso offen wie für lobende Worte. Doch nun wünsche ich Ihnen viel Vergnügen mit Ihrem Mac und »Spaß an der Freude« mit dieser unterhaltsam geschriebenen Anleitung!

Ihre Isabella Bleissem

Lektorat Vierfarben

isabella.bleissem@vierfarben.de
www.facebook.com/vierfarben

Auf einen Blick

Sie haben Fragen, Wünsche oder Anregungen zum Buch?
Gerne sind wir für Sie da:

Anmerkungen zum Inhalt des Buches: isabella.bleissem@vierfarben.de
Bestellungen und Reklamationen: service@vierfarben.de
Rezensions- und Schulungsexemplare: sophie.herzberg@vierfarben.de

An diesem Buch haben viele mitgewirkt, insbesondere:

Lektorat Isabella Bleissem
Korrektorat Marita Böhm, München
Herstellung Kamelia Brendel
Einbandgestaltung Daniel Kratzke
Coverfotos Veer:4158691 © archideaphoto; iStockphoto:2631810 © Robert Kohlhuber; Apple Incorporated
Typografie und Layout Vera Brauner
Satz ars:pro:toto designteam, Köln
Druck Firmengruppe Appl, Wemding

Gesetzt wurde dieses Buch aus der The Sans (9,5 pt/13,25 pt) in Adobe InDesign CC 2014.
Und gedruckt wurde es auf matt gestrichenem Bilderdruckpapier (115 g/m²).
Hergestellt in Deutschland.

Bibliografische Information der Deutschen Nationalbibliothek
Die Deutsche Nationalbibliothek verzeichnet diese Publikation in der Deutschen Nationalbibliografie; detaillierte bibliografische Daten sind im Internet über http://dnb.d-nb.de abrufbar.

ISBN 978-3-8421-0146-3

1. Auflage 2015

Vierfarben ist ein Verlag der Galileo Press GmbH
Rheinwerkallee 4, 53227 Bonn
www.vierfarben.de

Der Verlagsname Vierfarben spielt an auf den Vierfarbdruck, eine Technik zur Erstellung farbiger Bücher. Der Name steht für die Kunst, die Dinge einfach zu machen, um aus dem Einfachen das Ganze lebendig zur Anschauung zu bringen.

Inhalt

Willkommen
Mit nur wenigen Schritten können Sie Ihren Mac registrieren und konfigurieren.
Deutschland
Luxemburg
Österreich
Schweiz
Alle einblenden

Bildschirmfoto
2014-1...15.27.33
Bildschirmfoto
2014-1...15.27.46

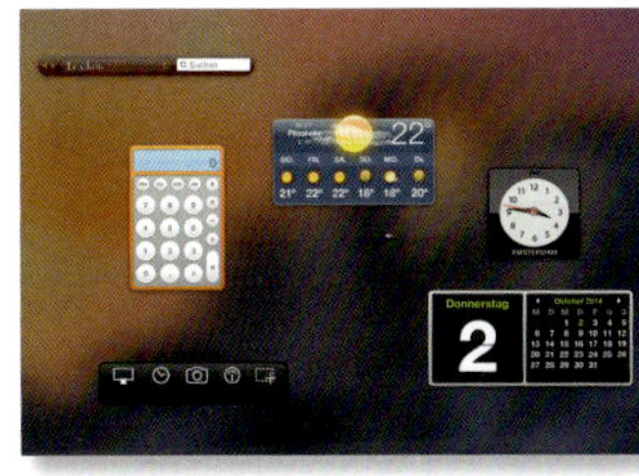

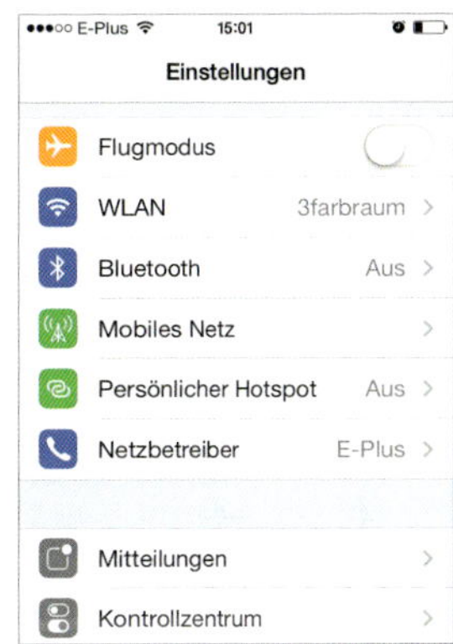
E-Plus
15:01
Einstellungen
Flugmodus
WLAN
3farbraum
Bluetooth
Aus
Mobiles Netz
Persönlicher Hotspot
Aus
Netzbetreiber
E-Plus
Mitteilungen
Kontrollzentrum

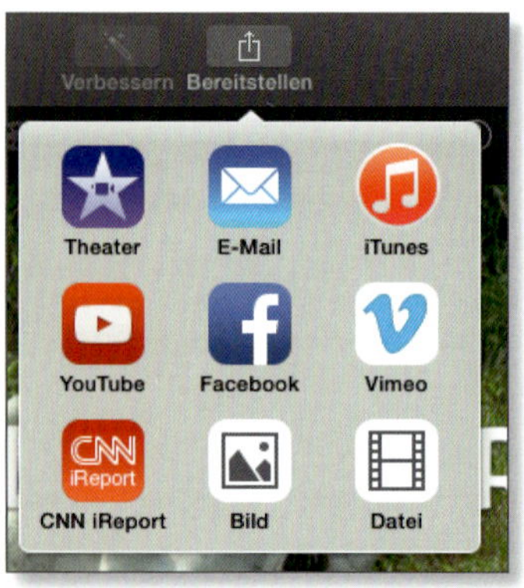

Verbessern
Bereitstellen
Theater
E-Mail
iTunes
YouTube
Facebook
Vimeo
CNN iReport
Bild
Datei

iCloud
Internet-accounts
Erweiterungen
Netzwerk
Benutzer & Gruppen
Kinder-sicherung
App Store
Diktat & Sprache

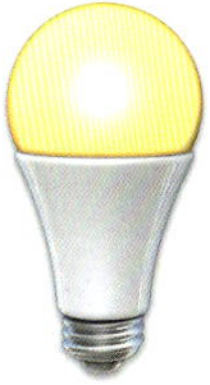

Vorwort

Als wir vor über sechs Jahren das erste Mac-Buch geschrieben haben, waren Smartphones, Tablets und Begriffe wie eine *Datencloud* noch Zukunftsmusik. Vieles hat sich seitdem verändert, und das aktuelle Betriebssystem OS X 10.10 Yosemite ist das Ergebnis dieser rasanten Entwicklung.

Das gesamte »Apple-Universum« baut jetzt auf die nahtlose Zusammenarbeit zwischen Computer, iPhone, iPad sowie Apple Watch und bietet kostenlos einen virtuellen Datenspeicher an, damit man überall auf alle Dateien, Passwörter oder Kontaktdaten zugreifen kann. Vieles läuft automatisiert und reibungslos im Hintergrund ab – Sie werden die Funktionen lieben, aber müssen keine komplizierte Einrichtung vornehmen.

Nach wie vor ist der Mac mit seinem Betriebssystem extrem benutzerfreundlich. Vor allem wenn Sie von Windows umsteigen, werden Sie an vielen Stellen überrascht sein, wie einfach doch die Bedienung eines Computers sein kann, jedenfalls wenn es sich um einen Mac handelt. Im Buch finden Sie immer wieder entsprechende »Umsteigerhinweise« und am Ende ein extra Kapitel, damit der Umstieg perfekt funktioniert.

Auch für Computereinsteiger ist der Mac ideal und die richtige Wahl, um im Internet zu surfen, Briefe zu schreiben, Fotos zu bearbeiten oder Musik zu machen.

Natürlich gibt es auch unter OS X Yosemite noch genügend Themen, die einer Erklärung bedürfen. Das haben wir mit diesem Buch erneut in Angriff genommen und versucht, Ihnen ganz ohne Fachchinesisch die vielen praktischen Funktionen nahezubringen.

Wir hoffen, dass Sie mit diesem Buch viel Freude und viele lehrreiche Stunden haben werden.

Markus Menschhorn und **Jörg Rieger**

1 Welcher Mac darf es denn sein?

Sie haben sich dieses Buch als Vorabinfo gekauft und besitzen noch gar keinen Mac? Dann sind diese kleinen Kaufentscheidungsseiten genau das Richtige für Sie. Hier zählen wir Ihnen die großen und kleinen Unterschiede der einzelnen Mac-Computer auf und beraten Sie ein wenig, welcher Computer zu Ihnen passen könnte. Ansonsten lohnt sich im Anschluss daran der Gang ins Fachgeschäft, um die letzten brennenden Fragen loszuwerden. Wir verzichten hier absichtlich auf zu viel Fachchinesisch und gehen daher lieber von dem aus, was Sie mit dem Gerät machen wollen. Sie werden sehen, dass Sie ganz schnell »Ihren« Mac finden werden.

Abbildung 1.1
Das Betriebssystem OS X 10.10 Yosemite ist bei jedem Mac bereits vorinstalliert – doch welches Gerät soll es sein? (Foto: Apple)

Wie viel Festplattenplatz?

Fast alle Macs haben 500 Gigabyte oder gar 1 Terabyte Festplattenspeicher. Sie können aber ganz beruhigt sein – auch mit den 128 Gigabyte Plattenplatz des kleinsten MacBook Air könnten Sie Zehntausende Bilder oder Musiktitel abspeichern, und es wäre immer noch Platz übrig. Anders bei Videos: Wenn Sie Hobbyfilmer sind, sind 500 Gigabyte Plattenplatz genau richtig, denn Filme in HD-Qualität benötigen sehr viel Speicherplatz.

Grundsätzliches vorab, wenn Sie sich fragen, warum so ein Mac-Computer eigentlich deutlich teurer ist als PCs, die im Elektronik-Fachmarkt mit Windows stehen:

- **Verarbeitung:** Man kann Apple einiges nachsagen, aber die Geräte sind hervorragend verarbeitet und auch nach Jahren keineswegs abgenutzt. Daher erzielt man, wenn man sein Goldstück tatsächlich einmal verkaufen möchte, mit einem Mac noch sehr gute Preise.
- **Design:** Klar, Macs sind immer ein Hingucker und einfach schön. Das lässt sich Apple natürlich auch bezahlen.
- **Innenleben:** Die Komponenten in jedem Mac sind aufeinander und auf das Betriebssystem OS X abgestimmt. So ist garantiert, dass alles perfekt zusammenpasst und optimal funktioniert.
- **Durchdachte Konstruktion:** Sie werden weder vom iMac noch vom MacBook oder gar Mac Pro einen Laut hören, wenn die Geräte in Betrieb sind. Apple konstruiert die Geräte so, dass sie nur bei sehr hoher Auslastung den Lüfter einschalten. Schon das ist den Aufpreis wert – denn der Mac steht da, und man hört ihn gar nicht. Punkt.
- **Software:** Jeder Mac hat bereits viele Programme/Apps mit an Bord, die zum Starten benötigt werden, und das sind wirklich ausgefeilte und raffinierte Lösungen. Sie müssen kaum oder gar keine zusätzliche Software kaufen, um zu Hause gleich durchstarten zu können.
- **Zusammenarbeit mit anderen Apple-Geräten**: Da Apple Software- und Hardwaresteller in einem ist, arbeiten die verschiedenen Produkte untereinander sehr zuverlässig und in vielen Fällen vollautomatisch zusammen. »Stressfrei« ist hier das Stichwort. Egal ob iMac, iPhone, iPad oder Apple Watch – Ihre Geräte »verstehen« sich untereinander perfekt. Beispielsweise werden Adressen, Termine, Apple iMessages und besuchte Webseiten automatisch auf allen verbundenen Geräten ausgetauscht und abgeglichen. Im Buch zeigen wir Ihnen, wie Sie dieses Komfortplus effektiv einsetzen.

Zusammengefasst lässt sich sagen, dass ein Mac seinen höheren Preis durchaus wert ist und Sie damit nicht nur den Namen kaufen.

Das MacBook Air für den ganz mobilen Nutzer

Wenn Sie oft unterwegs sind und nur wenig Gepäck mitnehmen möchten, ist das MacBook Air die richtige Wahl. Das ultraleichte und superdünne Notebook bietet alles, was man unterwegs braucht.

Die Festplatte hat keine mechanischen Bauteile und ist vom Prinzip her eher eine XXL-Speicherkarte, wie man sie von der Digicam her kennt, hier spricht man von einer *Solid-State-Disk* (siehe den Kasten »Solid-State-Disk« auf dieser Seite). Die Kapazitäten sind nicht ganz so üppig und starten bei 128 Gigabyte, bei Bedarf gibt es hier gegen Aufpreis aber mehr Platz. Beim Bildschirm kann man zwischen 11 und 13 Zoll wählen – beide Größen sind hervorragend für das Arbeiten unterwegs oder auf dem Sofa geeignet. Für draußen scheidet das MacBook Air leider aus, auf dem verspiegelten Display kann man im Freien kaum noch etwas erkennen. Schade, denn Akkulaufzeiten von bis zu zwölf Stunden beim Topmodell wären perfekt, um das Büro im Sommer nach draußen zu verlegen.

Abbildung 1.2
Schlank – das MacBook Air ist flach und extrem leicht. (Foto: Apple)

Bei der technischen Ausstattung wurde aus Platzgründen auf so manches verzichtet – es gibt beispielsweise nur einen USB-Anschluss, ein DVD-Laufwerk fehlt völlig, und auch ein Netzwerkkabel muss per Adapter über den USB-Port geschleust werden. Dafür ist ein Thunderbolt-Anschluss vorhanden, an den man per Adapter mehrere Bildschirme und Thunderbolt-kompatible Hardware anschließen kann.

Durch die ultrakompakte Bauweise des MacBook Air sind die Möglichkeiten, das Gerät später nachzurüsten, begrenzt. Während die Festplatte getauscht werden kann, ist der Arbeitsspeicher fest auf der Platine verschweißt. Die standardmäßig in allen Modellen verbauten 4 Gigabyte sollten für die meisten Anwendungen, z. B. um im Internet zu surfen oder um Fotos zu bearbeiten, ausreichen. Poweruser sollten im Zweifelsfall lieber gleich zum Modell mit 8 Gigabyte greifen.

Solid-State-Disk (SSD)

Die Zukunft der Festplatte ist klein, leise und kommt ohne drehende Magnetscheiben aus. Solid-State-Disks sind schneller und deutlich unempfindlicher als herkömmliche Festplatten, aber momentan noch sehr teuer.

Für wen geeignet?

Geeignet für den mobilen Benutzer und als »Zweit-Mac« für unterwegs sowie als Surf- und Office-Station für zu Hause. Anspruchsvollere

Aufgaben, seien es Videoschnitt oder das Ausführen von Windows als virtuelles System, sollten Sie mit anderen Macs erledigen. Filmfans sollten ebenfalls überlegen, ob es sinnvoll ist, einen Rechner ohne DVD-Laufwerk zu kaufen.

8 Gigabyte Arbeitsspeicher

Alle MacBooks Pro haben 8 Gigabyte Arbeitsspeicher serienmäßig an Bord. Reicht das aus? Ja, in den meisten Fällen sind Sie damit gut bedient. Nur wenn Sie eine anspruchsvolle Videobearbeitung vornehmen oder 3D-Renderings erstellen möchten, sind 16 Gigabyte sinnvoll.

Das MacBook Pro – mobil mit mehr Komfort

Das MacBook Pro ist in eine formschöne Aluhülle gepackt und kommt in zwei Größen auf den Ladentisch: 13 Zoll oder 15 Zoll. Alle Modelle verfügen über ein hochauflösendes Retina-Display. Dieses ist ähnlich brillant wie der Bildschirm der iPhones, sprich, man sieht keine Pixel mehr. Das kleinste MacBook Pro ist schon für rund 1.300 € zu haben, das Topmodell kostet knapp 2.500 €. Wie beim MacBook Air, so ist auch bei diesen Computern das Spiegeldisplay Standard.

∧ Abbildung 1.3
Wer am Mac CDs und DVDs abspielen oder brennen möchte, benötigt ein externes Laufwerk, beispielsweise das SuperDrive von Apple. Klar, dass es optisch perfekt zu den Macs passt. (Foto: Apple)

Ansonsten sind die MacBook-Pro-Modelle richtig fix unterwegs. Schnelle Prozessoren und großzügige Grafikkarten machen die Pro-Serie zum Ersatz für einen Desktop-Rechner. Dafür sorgen u. a. die serienmäßig verbauten SSD-Festplatten bis 512 Gigabyte Kapazität, die ohne mechanische Bauteile auskommen und daher extrem schnell arbeiten. Ein CD- und DVD-Laufwerk gibt es beim MacBook Pro nicht, es kann aber als Zubehör für den USB-Anschluss nachgekauft werden.

Für wen geeignet?

Prima dann, wenn Sie Wert auf eine schicke und kraftvolle Reisebegleitung legen und auch zu Hause keinen zusätzlichen Desktop-Rechner haben wollen. Die MacBook-Pro-Notebooks sind schnell und mit sehr guten Grafikkarten ausgerüstet, mit denen man sogar ein Spielchen

∨ Abbildung 1.4
Das MacBook Pro mit 13- oder 15-Zoll-Display (Foto: Apple)

unter einem virtuellen Windows wagen kann. Auch Videoschnitt und anspruchsvolle Fotobearbeitung bringen diese Computer nicht ins Schwitzen. Auch hier gilt – beim Arbeitsspeicher mindestens 8 Gigabyte ordern, denn dieser ist beim MacBook Pro ebenfalls fest auf der Platine aufgebracht und kann später nicht nachgerüstet werden.

Der Mac mini

Abbildung 1.5
Viele Anschlüsse sind beim Mac mini mit dabei. (Foto: Apple)

Der Mac mini bietet den vermeintlich günstigsten Einstieg in die Mac-Welt. Der kleine Würfel ist für etwas mehr als einen halben Tausender zu haben. Allerdings – weder Monitor noch Maus noch Tastatur sind mit dabei, auch ein DVD-Laufwerk sucht man vergebens. Die Eingabegeräte können Sie zwar von eventuell noch vorhandenen PCs übernehmen; aber wollen Sie das wirklich? Schon die Tastenbelegung auf der PC-Tastatur ist anders als am Mac. Daher wird der Mac mini, wenn Sie ihn mit neuem Monitor sowie original Mac-Keyboard und -Maus ausstatten, fast so teuer ausfallen wie ein iMac.

Die serienmäßig integrierten 4 Gigabyte Arbeitsspeicher beim kleinsten Modell sind gerade so ausreichend. Unsere Empfehlung geht definitiv zu den maximal möglichen 16 Gigabyte Speicher – auch wenn das auf den ersten Blick überdimensioniert erscheint. Denn auch dieser Mac ist in Sachen RAM nicht mehr nachrüstbar, alles ist fest auf der Platine eingemauert. Paradoxerweise war es gerade die einfache Speichernachrüstung im Vorgängermodell, die Apple sehr gerne beworben hatte.

Abbildung 1.6
Ein ganzer Mac, aber nur eine Handvoll Computer (Foto: Apple)

Apple-Server

Das Betriebssystem OS X Yosemite hat Serverfunktionen direkt mit an Bord, um jeden Mac-Computer in einen vollwertigen Server zu verwandeln. Die Einrichtung und der Betrieb eines sogenannten NAS-Systems von anderen Herstellern ist aber in vielen Fällen die bessere und preiswertere Wahl. NAS-Systeme sind, grob gesagt, »aufgemotzte« externe Festplatten, teilweise sogar mit sicherer Spiegelung auf eine zweite oder dritte Festplatte. Der unschlagbare Vorteil: Diese Systeme sind auch ohne tief greifende Serverkenntnisse innerhalb von Minuten startklar und arbeiten mit Apple-Computern und Windows-PCs reibungslos zusammen.

Für wen geeignet?

Der Mac mini ist Ihr Computer, wenn Sie schon einen tollen großen Bildschirm haben und die Power eines iMac-Computers nutzen möchten. Der Mac mini ist selbst anspruchsvolleren Aufgaben gewachsen, auch wenn man es der kleinen Schachtel nicht ansieht. Eigentlich ist der Mac mini das perfekte Media-Center für unter den Fernseher, sofern man alle Inhalte digital abspielen und daher auf ein DVD-Laufwerk verzichten kann.

Abbildung 1.7
Der bessere Server – ein NAS-System wie das von Synology – ist für zu Hause und für kleine Büros die preiswertere und unkompliziertere Alternative zum Apple-Server. (Foto: Synology)

iMac – der Mac

In den 1990ern fing alles mit einem All-in-one-Computer mit 15-Zoll-Röhrenbildschirm an. Der erste, quietschbunte iMac brachte Apple zurück auf die Erfolgsspur, und ab da folgte mit jedem neuen Modell ein neuer Designklassiker.

Abbildung 1.8
Der iMac der ersten Generation (Foto: Apple)

Augen auf beim Keyboard

Apple liebt es kabellos und gibt daher jedem iMac ungefragt eine abgespeckte Funktastatur mit – der Ziffernblock fehlt, und die Tastenbelegung ist extrem eng. Hier lohnt es sich, die optionale große Tastatur mit Kabel zu wählen. Kostet keinen Aufpreis, bietet aber viel mehr Komfort. Zudem hat die Tastatur mit Kabel sogar zwei USB-Ports mit dabei, was der Bluetooth-Tastatur komplett fehlt.

Der aktuelle iMac ist als 21,5-Zoll- und sogar 27-Zoll-Variante erhältlich. In Sachen Leistung ist er vergleichbar mit den MacBook-Pro-Computern und insgesamt eine Augenweide für jeden Schreibtisch. Durch das kompakte Design gibt es kaum Kabelgewirr.

Welches Modell Sie wählen, spielt beim iMac keine Rolle – selbst das Basismodell für ca. 1.100 € leistet schon richtig viel und ist für Fotobearbeitung, Videoschnitt und natürlich zum Surfen im Web oder Musikmachen bestens ausgerüstet. Das momentan kleinste Modell setzt auf eine 500 Gigabyte große Festplatte und ausreichende 8 Gigabyte Arbeitsspeicher. Leider gibt es die iMacs nur mit verspiegeltem Display, was aber im Innenraum kaum Probleme bereitet. Anschlussmöglichkeiten hat dieser Mac-Computer mehr als ausreichend, neben vier USB-Anschlüssen gibt

Abbildung 1.9
Die iMacs sind echte Klassiker. (Foto: Apple)

es einen schnellen FireWire- und einen Thunderbolt-Anschluss. Das Topmodell mit einer Bildschirmdiagonale von 27 Zoll und einem Retina-Display mit extrem hoher Auflösung kostet rund 2.600 €. Dafür bekommt man allerdings auch ein unglaublich schnelles System und eine brillante Bildschirmdarstellung, wie man sie aktuell von den neuesten Smartphones kennt – also pixelfrei und extrem kontraststark.

Für wen geeignet?

Der iMac ist Ihr Mac, wenn Sie einen schnellen und schönen Mac-Computer für zu Hause möchten und kein mobiles Gerät für die Arbeit unterwegs brauchen.

Der Mac Pro – Leistung in Dosenform

Der Mac Pro ist das beste Pferd im Apple-Stall. Der Desktop-Computer setzt schon in der Grundkonfiguration auf einen Quad-Core-Xeon-Prozessor und auf ein ungewöhnliches Gehäusedesign. Der Rechner passt locker auf den Schreibtisch, benötigt keine lauten Lüfter und bietet trotz des »Dosen-Designs« genügend Platz zum Aufrüsten.

Abbildung 1.10
Der Mac Pro überrascht mit dem eher ungewöhnlichen Design eines leistungsstarken Subwoofers. (Foto: Apple)

Abbildung 1.11
Beeindruckend – das Innenleben des Mac Pro

Ganz ehrlich: Für den Heimbedarf und selbst die meisten gewerblichen Anwendungen ist dieser Mac schlichtweg mit zu viel Power unterwegs. Das wäre ja grundsätzlich nicht verkehrt, allerdings spiegelt sich diese Leistung auch im Anschaffungspreis wider. Schon das Basismodell kostet doppelt so viel wie ein normaler iMac, und nach oben gibt es kaum Grenzen. 4.000 € für ein Topmodell sind da gar kein Problem.

Für wen geeignet?

Der Mac Pro ist perfekt, wenn 3D-Animation Ihr Hobby ist, Sie mit Vorliebe Filme in Spielfilmlänge schneiden oder einfach gerne mal Freunde beeindrucken möchten.

iPads als Computer-Ersatz?

Apples iPads werden in der aktuellsten Generation tatsächlich immer mehr zu einem »Computerersatz«. Grundsätzlich handelt es sich bei den Tablets um vergrößerte Smartphones: Touch-Bedienung und die App-Funktionalität sind identisch mit iPhone & Co. Aber natürlich kann man aufgrund des größeren Bildschirms hier viel bequemer arbeiten und beispielsweise auch lesen oder auf der Couch im Internet surfen. Da Apple dem aktuellen iPad Air sogar ein deutlich stärker entspiegeltes Display spendiert hat, macht das Bücherverschlingen endlich auch im Freien Freude. Auch kleine Spiele können darüber laufen, E-Mails abrufen und kleine Texte schreiben klappt ebenfalls. Natürlich sind iPads über die Apple-ID auch nahtlos mit iPhone und Mac verbunden. Aber – auf Dauer ist das iPad auch weiterhin nur als Ergänzung zu einem »richtigen« Computer zu sehen. Die Möglichkeiten zum komfortablen Arbeiten sind einfach zu eingeschränkt – wer schon einmal versucht hat, auf dem iPad ein längeres Dokument zu schreiben oder gar ein Bild zu bearbeiten, weiß bestimmt, wovon wir hier sprechen.

Abbildung 1.12
Das iPad sieht aus wie ein ganz flacher Mac und ist in zwei Größen erhältlich. (Foto: Apple)

Für wen geeignet?

Wer nur ein wenig im Web surfen und ab und an mal eine Mail schreiben möchte, kann getrost ein iPad Air 2 oder ein iPad mini 3 kaufen. Im Normalfall ist das iPad aber einfach eine perfekte Ergänzung zu Ihrem großen Apple-Computer und für unterwegs ein praktisches Must-have.

Selbst schrauben? Lieber nicht!

Bei Windows-PCs kennt man das: Funktioniert das Ding nicht, kommt der gute Freund eines Freundes, schraubt das Gerät auf, tauscht allerlei aus, und dann läuft es unter Umständen wieder. Beim Mac kommt ein Hardwareausfall zum Glück recht selten vor, und falls doch, bitten wir Sie hier eindringlich: *Finger weg vom Innenleben Ihres Macs!* Die Computer für den Hausgebrauch sind ultrakompakt aufgebaut und folglich im Innenleben extrem verschachtelt. Man könnte es auch »nicht wartungsfreundlich« nennen, einer der wenigen Minuspunkte der Apple-Geräte. Das ist der Tribut an sehr kompaktes und schönes Design.

Wir empfehlen Ihnen daher, beim Kauf eines Macs noch das sogenannte AppleCare-Paket dazuzunehmen. Es kostet einen je nach Mac unterschiedlichen Aufpreis, dafür haben Sie aber dann drei Jahre Garantie, in denen das Gerät kostenfrei repariert wird.

Wenn Sie Ihren Mac jedoch aufrüsten möchten, z. B. mit mehr Arbeitsspeicher oder einer größeren Festplatte, bringen Sie das Gerät am besten zu einem Mac-Händler vor Ort. Natürlich müssen Sie für den Einbau zahlen, aber der Fachmann hat das richtige Werkzeug und erledigt den Tausch normalerweise im Bruchteil der Zeit, die Sie benötigen würden. Letztlich kann man mittels YouTube-Anleitung zwar erstaunlich viel selbst tauschen und umbauen, aber eben ohne Garantie, die man beim Computerfachmann hat.

Thunderbolt

Apple ist mit der Schnittstelle *Thunderbolt* auf der Überholspur – diese Anschlussmöglichkeit soll den bekannten USB-Anschluss bald ersetzen. Der Vorteil: An dieser Schnittstelle sollen ausnahmslos alle Geräte, vom Monitor bis zum externen Datenträger, angeschlossen und sogar miteinander verbunden werden können. Allerdings hat selbst Apple momentan nur seine Bildschirme mit dieser neuen Technologie ausgerüstet, externe Thunderbolt-Festplatten sind im Vergleich zu USB extrem teuer. Bislang konnte sich Thunderbolt nicht durchsetzen, da fast nur Apple passende Hardware anbietet.

2 Den Mac in Betrieb nehmen

Da steht er nun, Ihr Mac. Strom ist angeschlossen, Tastatur und Maus sind vorbereitet (Batterien bei den kabellosen Geräten eingelegt) – auch das Internet ist vielleicht schon eingesteckt? Prima, dann geht es jetzt ans Einschalten. Bei den iMacs und Mac Minis finden Sie den Einschaltknopf an der Rückseite des Computers, bei den MacBooks sitzt er rechts über der Tastatur. Ertönt der Startton, übrigens seit Jahrzehnten bei allen Mac-Computern unverändert, wird das System gestartet.

Schon fortgeschritten?

Wenn Sie sich mit Computern bereits ein wenig auskennen, können Sie die ersten Kapitel recht schnell durcharbeiten. Hier gehen wir explizit auf jene Anwender ein, die noch keinerlei Computererfahrung haben, und vermitteln ihnen die Grundlagen. Ab Kapitel 4, »Die Benutzeroberfläche kennenlernen«, geht es dann aber richtig rund!

Abbildung 2.1
Ihren Apple-Computer müssen Sie nicht unbedingt im schicken Apple Store (hier in München) gekauft haben. Auch ohne dieses Einkaufserlebnis ist Ihr Mac ein tolles Gerät. (Foto: Apple)

Bei allen Macs ist das Betriebssystem OS X 10.10 Yosemite bereits vorinstalliert und muss nur noch in wenigen Schritten eingerichtet werden. Diese sind notwendig, damit wir mit dem Basiswissen rund um diesen Computer starten können. Wir lotsen Sie hier ganz gezielt durch die verschiedenen Aufgaben, auch wenn Sie bisher noch gar nichts mit einem Computer zu tun hatten. Detailliert gehen wir dann in den folgenden Abschnitten auf die Grundbegriffe und Bedienungsgrundlagen ein.

Sie werden im Laufe des Buches immer wieder feststellen, dass Sie ohne die sogenannte *Apple-ID* in der Arbeit mit Ihrem Mac stark eingeschränkt sind. Mit der kostenlosen Apple-ID können Sie nicht nur Programme im App Store oder Musik bei iTunes kaufen, sondern auch Ihre Apple-Geräte, also iPad, iPhone und MacWatch, synchronisieren bzw. miteinander verbinden. Vieles davon ist komplett automatisiert und passiert im Hintergrund – ein echtes Komfortplus. Daher zeigen wir Ihnen bei der Ersteinrichtung des Macs, wie man eine solche ID anlegt. Sie können natürlich auch ohne diese Anmeldung mit Ihrem Computer arbeiten und sie später nachholen. Doch die Einschränkungen im Komfort sind recht massiv, wodurch Apple möglichst viele Anwender zur Einrichtung einer Apple-ID bewegen will.

Schritt 1: Herzlich willkommen

Während des ersten Startvorgangs werden Sie von Apple ein wenig auf die Folter gespannt – der graue Apfel ist erstaunlich lange sichtbar. Aber das ist beim ersten Start völlig normal, nach erfolgter Installation von OS X und künftigen Startvorgängen ist er nur ganz kurze Zeit zu sehen.

Abbildung 2.2 >
Ganz schön dunkel – nach dem Einschalten sehen Sie zunächst den monochromen Apfel.

Sprecherziehung

Wundern Sie sich nicht – Ihr Mac kann sprechen. Machen Sie zu Beginn der Installation mehrere Minuten keine Eingabe, geht Apple davon aus, dass Sie die Hinweise nicht lesen können. Daher beginnt Ihr Computer, Hilfe per Sprachsteuerung anzubieten. Wenn Sie mit der Tastatur, der Maus oder dem Trackpad klicken, geht es aber ganz normal weiter.

Im folgenden Bildschirm erwartet Sie Apple mit der Frage nach der von Ihnen gewünschten Sprache, in der Ihr Computer alle Meldungen und das gesamte Betriebssystem anzeigen soll. Standardmäßig ist hier schon Ihr Land ausgewählt, in unserem Screenshot Deutschland. Auf Wunsch kann hier aber auch eine andere Region, etwa Schweiz oder Österreich, angewählt werden. Wie das geht? Fahren Sie mit dem Mauszeiger auf den gewünschten Eintrag, und klicken Sie darauf. Der Eintrag wird blau markiert und ist damit aktiviert ①. Fahren Sie nun mit dem Mauszeiger auf den kleinen Pfeil ②, und klicken Sie darauf. Der nächste Bildschirm wird geladen.

Abbildung 2.3
Herzlich willkommen am Mac – die freundliche Begrüßung ist hier inklusive. Im ersten Schritt wird nach Ihrem Land gefragt.

Abbildung 2.4
Sie können mit einem Mausklick auf »Zurück« jederzeit auf den vorherigen Bildschirm zurückkehren und Ihre Eingabe abändern.

Schritt 2: Tastatur

Welche Tastatur haben Sie angeschlossen? Auch diese Frage möchte der neue Computer beantwortet wissen. Normalerweise wird dies eine Tastatur mit deutschem Layout sein. Dann ist die Standardauswahl auf **Deutsch** 3 in Ordnung. Haben Sie doch eine andere Tastatur angeschlossen, vielleicht weil Sie viele Texte in einer fremden Sprache mit speziellen Sonderzeichen schreiben möchten? Dann hilft ein Klick auf **Alle einblenden** 4, um aus sämtlichen Tastaturlayouts wählen zu können, wie wir es gerade beschrieben haben. Ein Mausklick auf **Fortfahren** 5 bringt Sie zum nächsten Abfragebildschirm.

Sprache und Tastaturlayout

Sie können Ihren Mac in deutscher Sprache eingerichtet haben und trotzdem mit einer ungarischen Tastatur arbeiten. Das klappt völlig problemlos.

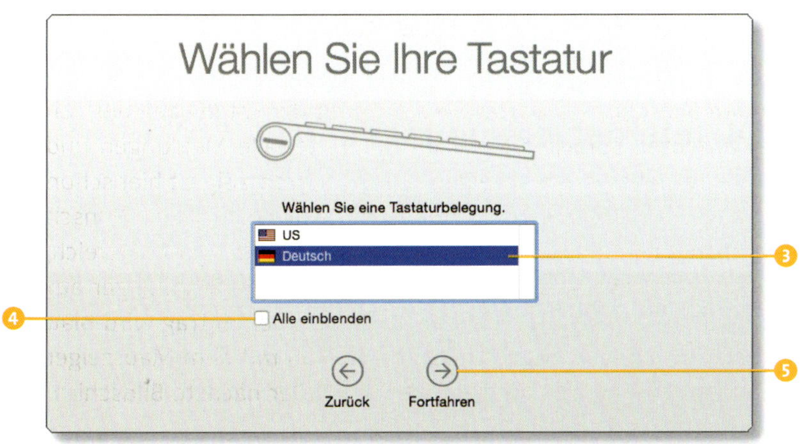

Abbildung 2.5
Sprechen Sie Deutsch? Wenn eine normale Mac-Tastatur angeschlossen ist, passt diese Auswahl perfekt.

Schritt 3: Daten von einem anderen Mac übertragen

Daten übertragen

Wie Sie Ihre Daten bei einem Umzug auf einen neuen Computer mitnehmen, zeigen wir Ihnen im Abschnitt »Datensicherung mit Time Machine« ab Seite 362.

Ihr neuer Computer ist ein intelligentes Kerlchen. Wenn Sie schon vorher im Besitz eines Macs waren, könnten Sie hier, um sich trotz des neuen Computers gleich wieder heimisch zu fühlen, sämtliche Einstellungen des alten Geräts, also Programme, Dokumente und vieles mehr mit einem Mausklick übertragen. Da wir aber jetzt mal davon ausgehen, dass dieses hier Ihr erster Apple-Computer ist, markieren Sie den Eintrag **Jetzt keine Informationen übertragen** 1 und klicken anschließend wieder auf **Fortfahren** 2. Auch von einem PC 3 könnten Sie theoretisch Daten auf den Mac übertragen, was wir an dieser Stelle aber nicht ausführlicher behandeln können. Fakt ist: Diese Datenübertragung können Sie jederzeit auch nach der Installation über den *Migrationsassistenten* in Ihrem Ordner **Dienstprogramme** im **Programme**-Ordner erledigen.

Abbildung 2.6 >
Momentan noch nicht interessant – diese Abfrage richtet sich ausschließlich an jene Anwender, die schon vorher einen Mac oder auch PC hatten.

Schritt 4: Internetverbindung

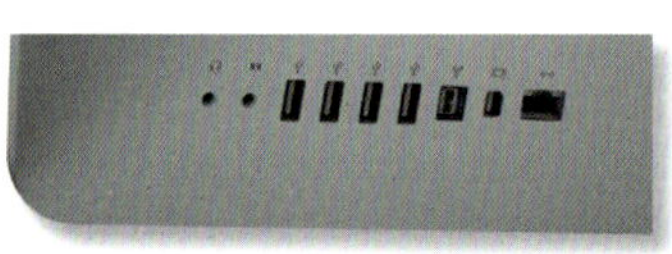

Abbildung 2.7
Viele Anschlüsse, doch momentan interessiert uns nur der Netzwerk- und der DSL-Anschluss.

In Ihrem Haushalt ist bereits eine Internetverbindung vorhanden? Wunderbar, denn damit lassen sich viele Zusatzfunktionen Ihres Apple-Computers nutzen. Ist Ihr Computer per Ethernet-Kabel verbunden, fahren Sie dann einfach mit Schritt 5 fort.

Wahrscheinlicher ist allerdings, dass Sie kabellos über WLAN ins Internet gehen. Dann müssen Sie den im folgenden Abschnitt beschriebenen Schritt ausführen.

Internetverbindung über WLAN

Mittlerweile wird die Internetverbindung meist über drahtlose Verbindungen, das sogenannte *WLAN*, hergestellt. Neben Ihrem Telefon haben Sie ein kleines Kästchen (den *Router*) mit Antenne, das die Internetverbindung kabellos bereitstellt. Das nimmt der Computer als Standard an und zeigt Ihnen daher zunächst alle verfügbaren Drahtlosverbindungen in Ihrer Umgebung. Da kann auch durchaus das Internet des Nachbarn in der Liste erscheinen, da die Funknetze eine unterschiedliche Reichweite haben.

In dieser Aufstellung sollte idealerweise auch Ihr Internetzugang aufgelistet sein. Wie dieser heißt, hängt davon ab, wie das Internet bei Ihnen eingerichtet wurde. Im Zweifelsfall müssen Sie hier bei Ihrem Anbieter nachfragen oder einen Computerexperten zurate ziehen. Ihr Apple-Computer kann übrigens nur mit DSL, WLAN (drahtlos) oder per Kabelmodem online gehen. Ein Einwahlmodem oder ISDN-Modem wird nicht unterstützt und ist für komfortables Arbeiten auch nicht zu empfehlen.

Sie haben Ihre Verbindung gefunden? Diese dann bitte wieder mit einem Klick in der Liste 4 markieren und im Kennwortfeld mit der Tastatur das **Kennwort** 5 für Ihren Internetzugang eingeben. Dieses haben Sie entweder bereits über Ihren Internetanbieter erhalten oder bei der Einrichtung des drahtlosen Internets selbst festgelegt. Hat dies geklappt, gelangen Sie über **Fortfahren** 6 zum nächsten Schritt.

„Blinde" Eingabe

Bei der Passworteingabe zeigt der Computer nur Punkte an. Das dient der Sicherheit, und daher müssen Sie das Kennwort besonders sorgfältig »blind« eintippen sowie auf Groß- und Kleinschreibung achten.

Abbildung 2.8
Jetzt geht's online – wenn Sie mit Ihrem Mac drahtlos online gehen möchten, sind Sie hier richtig.

Kein Internet? Kein Problem!

Wenn bei Ihnen im Haus gar kein Internetzugang vorhanden ist, wählen Sie einfach **Mein Computer stellt keine Verbindung zum Internet her** aus. Allerdings können Sie ohne Internetzugang nur einen Bruchteil des OS-X-Systems nutzen.

Schritt 5: Die Apple-ID

Für den Einkauf von digitaler Musik und Apps bei iTunes oder dem App Store von Apple sowie für den Dienst iCloud und viele weitere Funktionen von OS X benötigt man eine sogenannte Apple-ID mit Passwort und Benutzername. Sie haben diese noch nicht? Das ist nicht schlimm, klicken Sie einfach auf **Neue Apple-ID erstellen**, und folgen Sie den Anweisungen. Sie benötigen dazu lediglich eine eigene E-Mail-Adresse. Die ID-Anmeldung kostet zunächst einmal gar nichts – trotzdem müssen Sie bei der Anmeldung eine Zahlungsmöglichkeit, beispielsweise Ihre Kreditkarte, hinterlegen.

Abbildung 2.9 >
Keine Apple-ID? Kein Problem, die Registrierung ist kostenlos und zu empfehlen.

Natürlich besteht die Möglichkeit, diesen Vorgang mit **Nicht anmelden** zu überspringen, das ist im Alltag aber nicht sinnvoll, da Sie dann selbst kostenlose Apple-Services nicht nutzen können. Wollen Sie Ihre Apple-ID also neu anlegen, klappt das über **Neue Apple-ID erstellen** mit folgenden drei Schritten:

1. **Geburtsdatum**
   Aus Gründen des Jugendschutzes müssen Sie zunächst Ihr Geburtsdatum eingeben – denn sowohl im Musikshop iTunes als auch im App Store sind Programme oder Titel teilweise erst ab 16 Jahren verfügbar.

Abbildung 2.10
Geben Sie Ihr Geburtsdatum ein.

2. Persönliche Daten
Geben Sie nun Ihren Namen ❶ an und am besten eine bereits bestehende E-Mail-Adresse ❷, auf die Sie problemlos zugreifen können, und klicken Sie auf **Fortfahren** ❸. Sollten Sie noch gar keine E-Mail-Adresse haben, können Sie sich auch bei Apple ein kostenloses digitales Postfach anlegen, das dann immer mit *@icloud.com* endet.

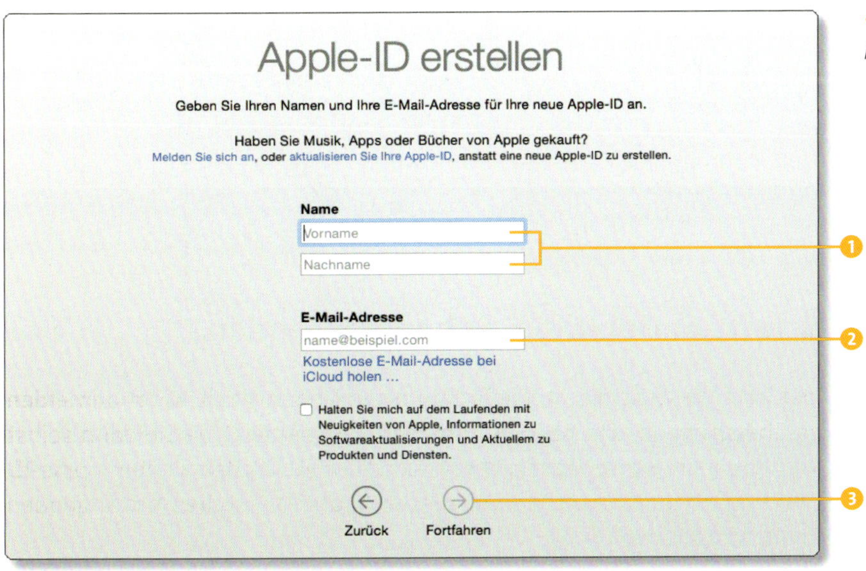

Abbildung 2.11
Formalitäten für die Apple-ID

3. Bitte kompliziert: Passwort wählen
Wählen Sie nun ein möglichst komplexes Passwort, das man nicht auf Anhieb erraten kann. Laut internationaler Studien ist »12345« noch

immer mit Abstand der Spitzenreiter. Seien Sie also ein wenig origineller; Tipps zum perfekten Passwort geben wir im Kasten »Kreativ beim Kennwort« auf Seite 34. Die E-Mail-Adresse für die Wiederherstellung sollte eine andere sein als jene, die Sie für Ihre Apple-ID verwenden. So können Sie im Falle eines Falles Ihr Passwort zurücksetzen lassen.

Doch damit nicht genug. Im nächsten Fenster müssen Sie zusätzlich drei Sicherheitsfragen festlegen. Auch diese sind dazu gedacht, dass Sie Ihr Passwort unkompliziert zurücksetzen können, wenn Sie es einmal vergessen haben.

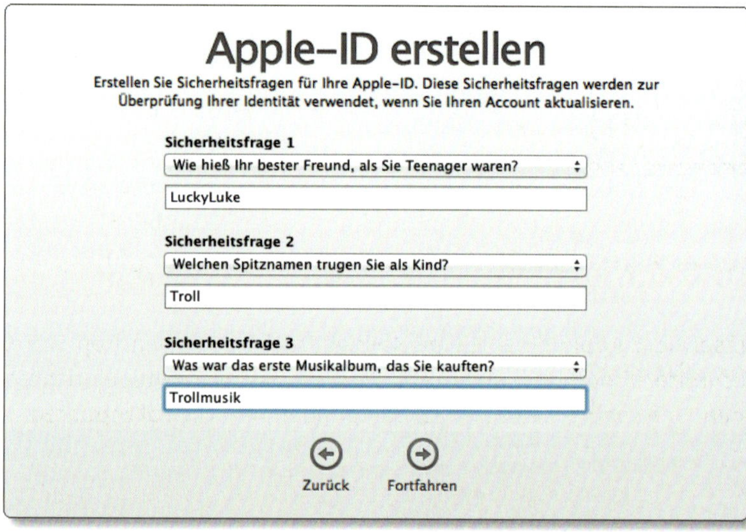

Abbildung 2.12 >
Die drei Fragezeichen … Leider sind die Möglichkeiten vorgegeben.

Nun haben Sie es geschafft: Die Apple-ID wird eingerichtet, und Sie gelangen direkt zu Schritt 6.

Praktische Datenverfolgung

Klar sammelt auch Apple wie Google & Facebook Ihre »Bewegungsdaten« vom Mac, Smartphone und Tablet. Letztlich ist das aber verdammt praktisch – Apple lernt beispielsweise auf diesem Wege, wo Sie arbeiten, und zeigt Ihnen morgens beim Aufwachen an, wie lange Sie mit dem Auto in die Firma benötigen – Staauprognose inklusive.

Schritt 6: Den Mac suchen und finden

Wo ist mein Mac? Diese Frage interessiert nicht nur Sie, sondern auch viele Apps und Services auf Ihrem Mac. Beispielsweise ermittelt der Routenplaner automatisch Ihren aktuellen Standort; Datum, Uhrzeit und Wetterbericht werden auf diesem Wege auch ganz unkompliziert angepasst. Wir empfehlen Ihnen daher, die Ortungsdienste zu aktivieren. Natürlich ist dieser Service durchaus auch kritisch zu sehen – eine App kann auf diesem Wege theoretisch wunderbar Daten über all jene Plätze sammeln, an denen Sie sich gerne aufhalten.

Abbildung 2.13
Gesucht und gefunden – die Ortungsdienste in OS X Yosemite

Schritt 7: Softwarelizenzvertrag akzeptieren

Nun präsentiert Apple eine Menge Kleingedrucktes für den App Store, OS X Yosemite, iCloud und, und, und ... Um das System weiter einrichten zu können, müssen Sie diese Lizenzbedingungen natürlich akzeptieren.

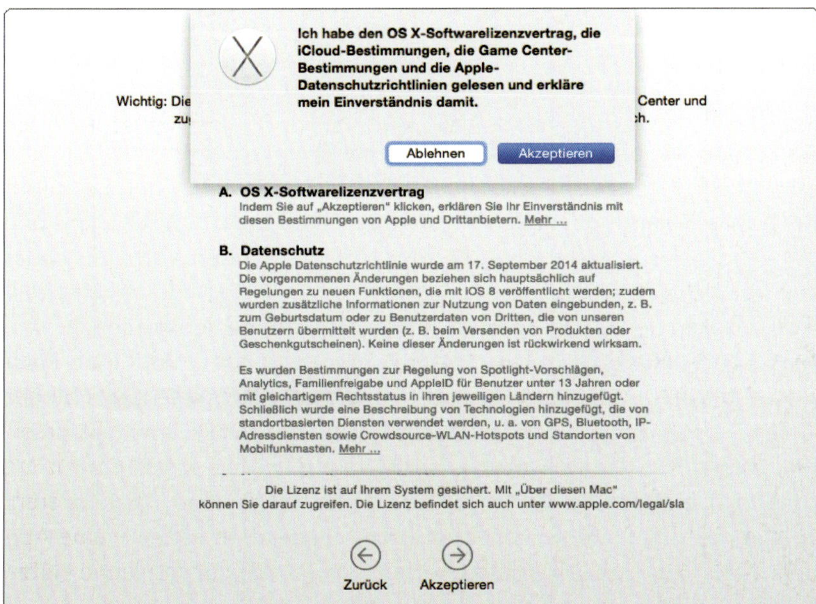

Abbildung 2.14
Klicken Sie auf »Akzeptieren«, um die Installation fortzuführen

Schritt 8: Benutzer anlegen

Im nächsten Schritt der OS-X-Installation wird ein neuer Benutzeraccount für Ihren Apple-Computer eingerichtet. Über diesen allerersten Account haben Sie vollen Zugriff auf alle Funktionen und dürfen sämtliche Änderungen am Betriebssystem und an Programmen vornehmen. Weitere Computeraccounts, die vielleicht nur bestimmte Programme starten dürfen und die nicht befugt sind, Daten zu löschen, können später angelegt werden – wie das geht, erfahren Sie in Kapitel 16, »Familien-Mac: Benutzerkonten einrichten«.

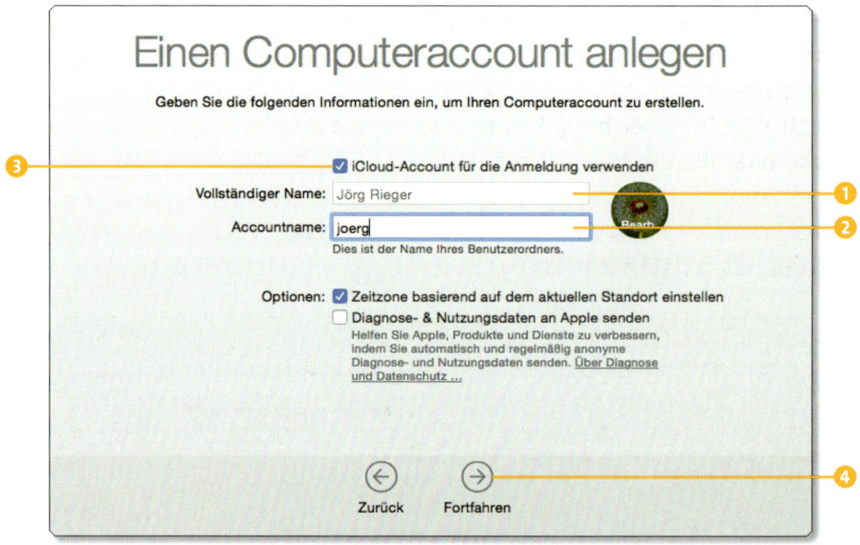

Abbildung 2.15 >
Hier sagen Sie »Hallo« zum Mac und schützen ihn vor unbefugtem Zugriff.

Kreativ beim Kennwort

Ihr Kennwort sollte nach Möglichkeit nicht allzu leicht zu erraten sein und keinesfalls »Passwort« oder »1234« lauten. Verwenden Sie am besten eine Kombination aus Ziffern und Buchstaben, z. B. Ihr Geburtsjahr und dazwischen Ihren Vornamen in ungewöhnlicher Groß- und Kleinschreibung: 19tiMo69. Da wird es für andere schon recht schwierig, Ihr Passwort zu erraten.

Also tragen Sie im Feld **Vollständiger Name** ❶ einfach Ihren vollständigen Namen ein, sofern das Apple nicht schon für Sie erledigt hat. Denn mit der Apple-ID kennt der Apfelkonzern Ihre Daten praktisch schon in- und auswendig. Als Accountname ❷ können Sie z. B. Ihren Vornamen oder Ihre Initialen verwenden. Haben Sie sich zuvor via Apple-ID angemeldet, ist der Haken bei **iCloud-Account für die Anmeldung verwenden** ❸ aktiviert. Sprich, Ihr Computer wird beim Systemstart direkt Ihr iCloud-Passwort abfragen. Das iCloud-Passwort ist übrigens Ihr Apple-ID-Passwort, lassen Sie sich durch die unterschiedlichen Begrifflichkeiten nicht irritieren. Entfernen Sie den Haken, können Sie ein unabhängiges Computerpasswort vergeben. Egal, welche Variante Sie bevorzugen, das Kennwort wird immer beim Systemstart und vor der Installation neuer Programme oder Daten aus dem Internet abgefragt. Damit schiebt Apple der unbefugten Benutzung Ihres Computers und Ihrer Daten einen Riegel vor und schützt Sie vor Programmen, die Sie möglicherweise gar nicht haben möchten. Ein Klick auf **Fortfahren** ④ bringt Sie zu den abschließenden Einstellungen. Sie haben es bald geschafft!

Abbildung 2.16
Passwort verpflichtet – beim Systemstart und nach dem »Aufwachen« aus dem Standby-Modus verlangt OS X Ihr separates Computer- oder Apple-ID-Passwort.

Schritt 9: iCloud-Schlüsselbund

Ganz schön raffiniert: iCloud, Apples Online-Speicher, kann alle Ihre Kennwörter zentral abspeichern. (Der Service iCloud wird übrigens mit dem Anlegen einer Apple-ID automatisch aktiviert, Sie müssen nichts extra einstellen.) Doch warum die Kennwörter zentral ablegen? Zum einen hat es damit natürlich die NSA leichter ..., zum anderen gibt es tatsächlich einen praktischen Nutzen für Sie. Denn wenn Sie mit Safari beispielsweise auf Ihrem Mac surfen und die Login-Daten für häufig besuchte Seiten speichern, können Sie diese zukünftig auch auf Ihrem iPhone oder iPad nutzen – Sie müssen sich auf die Art keine Benutzernamen, Passwörter oder Kreditkartennummern mehr merken. Es ist also ein echter Komfortgewinn. Sie müssen nur den *Schlüsselbund*, wie Apple diese Funktion nennt, einrichten.

Abbildung 2.17
Der Schlüsselbund in der Apple-Wolke wird hier eingerichtet.

Damit niemand unbefugt an Ihre Passwort-Sammlung kann, ist diese natürlich durch einen Code gesichert. Diesen iCloud-Sicherheitscode richten Sie selbst ein, und Sie müssen sich ihn diesmal auch selbst merken. Dieser Sicherheitscode wird direkt an Ihre Mobiltelefonnummer gesendet. Diese Nummer nimmt sich Apple aus Ihrer Apple-ID automatisch. An jene Nummer wird nun ein weiterer Code geschickt, mit dem Sie sich bei der Nutzung des Schlüsselbunds authentifizieren können.

Schlüsselbund

Weitere Informationen zu dieser Funktion finden Sie im Abschnitt »Der Schlüsselbund: Passwortverwaltung mit iCloud« ab Seite 195.

Abbildung 2.18 >
Hier wird der Code vom Mobiltelefon eingetragen.

Sie haben bis jetzt durchgehalten? Sie sind tapfer und werden dafür belohnt. Denn nun haben Sie es geschafft: Ihr Mac ist startklar.

Schritt 10: Ja zum Mac – endlich fertig

Jetzt ist Ihr Computer startklar und bereit für die folgenden Lektionen. Es erscheint nun direkt der *Schreibtisch*, die Arbeitsoberfläche.

Abbildung 2.19 >
Der Schreibtisch ist der Ausgangspunkt für alle Aktivitäten an Ihrem Computer.

Die einzelnen Elemente der Benutzeroberfläche erklären wir in Kapitel 4, »Die Benutzeroberfläche kennenlernen«, ganz genau – auf den folgenden Seiten möchten wir Ihnen aber zunächst einige grundsätzliche Bedienhinweise näherbringen.

3 Den Mac bedienen – Tastatur, Trackpad und Maus

Die sogenannten Eingabegeräte für den Mac sind natürlich zum einen die Tastatur, auch Keyboard genannt, zum anderen die Maus und schließlich das Trackpad. Apple hat diesen Geräten spannende Funktionen verliehen, die sich allerdings nicht immer auf den ersten »Klick« erschließen. Daher zeigen wir Ihnen in diesem Kapitel, wie Sie mit Tastatur, Trackpad und Co. ganz schnell zum Eingabeprofi werden.

Am Mac eine PC-Tastatur anschließen

Es ist problemlos möglich, eine vorhandene PC-Tastatur mit USB-Anschluss auch am Mac anzuschließen. Achtung: Das kann für Einsteiger verwirrend werden, da viele Sonderzeichen nicht auf jenen Tasten liegen, wo sie der Mac erwartet. Machen Sie Ihre ersten Gehversuche daher lieber erst einmal mit der original Apple-Tastatur.

Die besonderen Tasten im Überblick

Ihre Mac-Tastatur gibt es von Apple in zwei Versionen: einmal als abgespeckte und »sofataugliche« Variante ohne Nummernblock auf der rechten Seite. Diese entspricht ziemlich genau dem Keyboard, das auch in den Apple-Notebooks (MacBook Air und MacBook Pro) eingebaut ist. Die ausgewachsene Tastatur inklusive Nummernblock gibt es beim iMac, Mac mini oder Mac Pro nur auf ausdrücklichen Wunsch mit dazu. Hier sind die Vorteile ganz offensichtlich, denn diese Tastatur hat zusätzlich noch zwei praktische USB-Anschlüsse für Ihre Digitalkamera oder USB-Sticks parat. Doch egal welche Tastatur Sie besitzen – sie funktionieren vom Ansatz her alle gleich.

Auf der Apple-Tastatur finden Sie in der oberen Reihe eine ganze Menge Funktionstasten, mit denen Sie Ihren Computer direkt steuern können. Die Reihenfolge und Anordnung ist, je nachdem, welchen Mac Sie besitzen, teilweise etwas anders als hier auf der größten Apple-Tastatur dargestellt.

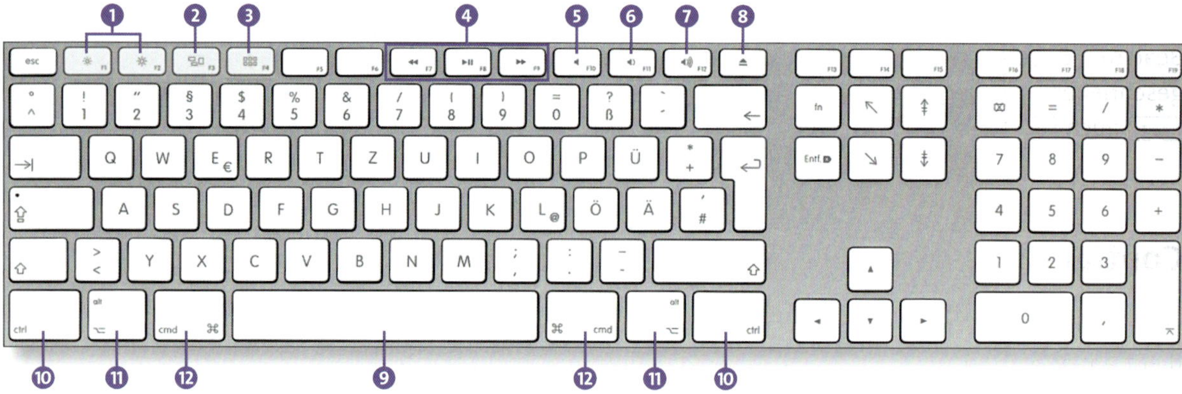

∧ Abbildung 3.1
Die große Apple-Tastatur

∧ Abbildung 3.2
Regeln Sie die Bildschirmhelligkeit so, dass Ihre Augen nicht ermüden.

∧ Abbildung 3.3
Wird die Lautstärke über die Tastatur eingestellt, zeigt der Mac den momentanen Status am Bildschirm an.

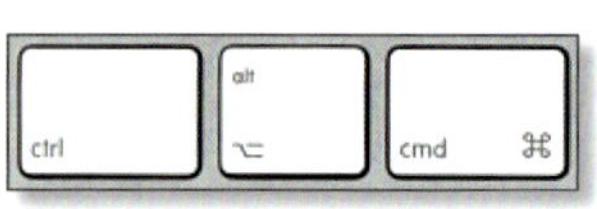

∧ Abbildung 3.4
Tasten für weitere Funktionen

❶ Damit wird die Helligkeit des Bildschirms geregelt. Stellen Sie den Wert so ein, dass es für Ihre Augen angenehm ist. Standardmäßig sind die LCD-Displays immer sehr hell eingestellt, was oftmals zu Kopfschmerzen führt. Ein Wert bei ungefähr ¾ ist meist die richtige Wahl.

❷ Mission Control – ein Tastendruck genügt, und alle geöffneten Programmfenster werden schön sortiert nebeneinander angezeigt. Sie können per Mausklick zum gewünschten Fenster wechseln.

❸ Das Launchpad ist der Schnellstart zu allen Programmen auf Ihrem Mac. Mehr dazu lesen Sie in Kapitel 5, »Mit Programmen arbeiten – die Apps am Mac«.

❹ Die folgenden Tasten sind zum Abspielen digitaler Musik gedacht. Da iTunes, das Musikprogramm am Mac, noch nicht eingerichtet ist, merken Sie sich diese Tasten bitte für später.

❺ Ton ausschalten leicht gemacht – mit dieser Taste schalten Sie Musik und Sound komplett auf stumm. Ein erneuter Druck auf diese Taste schaltet sie wieder ein.

❻ Die Lautstärke der eingebauten Lautsprecher wird hier verringert …

❼ … und mit der Taste daneben bis auf das Maximum gebracht. Die Änderung wird akustisch mit einem sanften Klacken sowie optisch am Bildschirm mit einer hübschen Grafik angezeigt.

❽ Wenn sich eine CD oder DVD im Laufwerk Ihres Computers befindet, kann sie mit dieser Taste problemlos und schnell ausgeworfen werden. Mehr zum Thema Laufwerke erfahren Sie in Kapitel 6, »Den Überblick behalten: Dateien, Ordner, Laufwerke«. Auf den Tastaturen derjenigen Mac-Notebooks, die über kein Laufwerk mehr verfügen, befindet sich hier ein Ein-Aus-Schaltknopf ⏻.

Wenn Sie Ihren Blick nun auf die untere Reihe der Tastatur richten, sehen Sie links und rechts neben der Leertaste ❾ einige zusätzliche Tasten, und zwar `ctrl` ❿, `alt` bzw. `⌥` ⓫ und `cmd` bzw. `⌘` ⓬. Sie sind nur aus Komfortgründen rechts und links der Leertaste zu finden, die Funktionalität ist auf beiden Seiten gleich.

Beachten Sie, dass diese Tasten auf einigen Tastaturen statt `ctrl` ausgeschrieben `control`, statt `cmd` entsprechend `command` und statt `alt` auch `option` heißen. Doch was stellt man mit ihnen an?

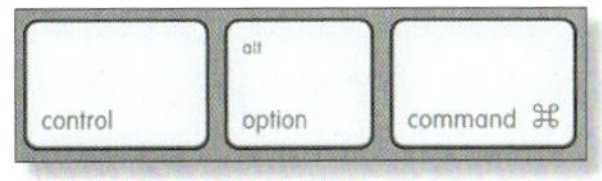

Abbildung 3.5
Auch so sehen die drei Spezialtasten auf manchen Tastaturen aus.

Control-Taste

Die `ctrl`-Taste, auf dem PC oftmals auch als `Strg` (Steuerung) bekannt, dient am Mac dazu, die zweite Maustaste zu simulieren, und zur Arbeit mit Tastaturkürzeln. Für welche Funktionen die rechte Maustaste überhaupt herhalten muss, erfahren Sie im Abschnitt »Der rechte oder sekundäre Klick« ab Seite 44.

Alt-Taste – es gibt immer eine Alternative

Die `alt`-Taste erfüllt an Ihrem Computer eine wichtige Funktion – mit ihr kann man die als Alternative auf Ihrer Tastatur angegebenen Symbole aktivieren. Dazu zählen z. B. das €-Zeichen und das @-Symbol.

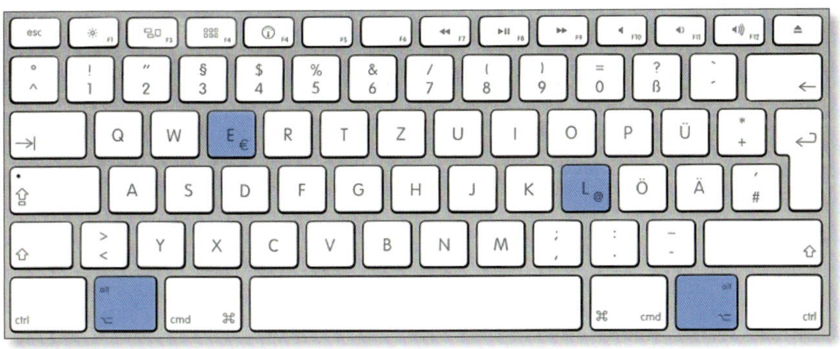

Abbildung 3.6
Die `alt`*-Taste bringt €- und @-Zeichen auf den Bildschirm.*

`cmd`+`Q`

Das @-Zeichen hat sich auf der Mac-Tastatur an anderer Stelle eingenistet. Mit dem von Windows ähnlich gewohnten Tastaturkürzel `cmd`+`Q` beenden Sie am Mac eine Anwendung, statt einen »Klammeraffen« auf den Schirm zu bringen. Also – aufgepasst.

Command-Taste

Die `cmd`-Taste, zu Deutsch »Befehlstaste«, hat eine lange Tradition am Mac – das Symbol `⌘`, ähnlich einem kleinen Propeller, hat die Jahre unbeschadet überstanden. Die `cmd`-Taste ist dazu da, Befehle per Tastatur zu ermöglichen. In vielen Programmen ist es z. B. üblich, dass man wiederkehrende Befehle nicht nur über ein Menü, sondern direkt mit einer Tastenkombination aufrufen kann. Auch im Betriebssystem selbst werden Tastenkürzel verwendet.

Wie man mit Tastenkürzeln arbeitet

Abbildung 3.7
Immer wieder: Klicken Sie auf das Finder-Symbol.

Tastenkürzel sind eine praktische Sache, deshalb wollen wir es hier gleich zu Beginn einfach einmal an einem kurzen Beispiel trainieren. Auch später im Buch werden wir immer wieder Hinweise auf Tastenkürzel geben. Sie sollten versuchen, sich die wichtigsten einzuprägen, denn beim täglichen Gebrauch bringen sie oft einen enormen Zeitvorteil!

1. Finder öffnen

Gehen Sie mit dem Mauszeiger auf das Finder-Symbol, das lachende Gesicht im Dock am unteren Bildschirmrand, und klicken Sie einmal darauf. Es öffnet sich der *Finder* mit der Dokumentübersicht **Alle meine Dateien**. Dort werden später alle Ihre Bilder, Dokumente, Filme und Musik abgelegt sein.

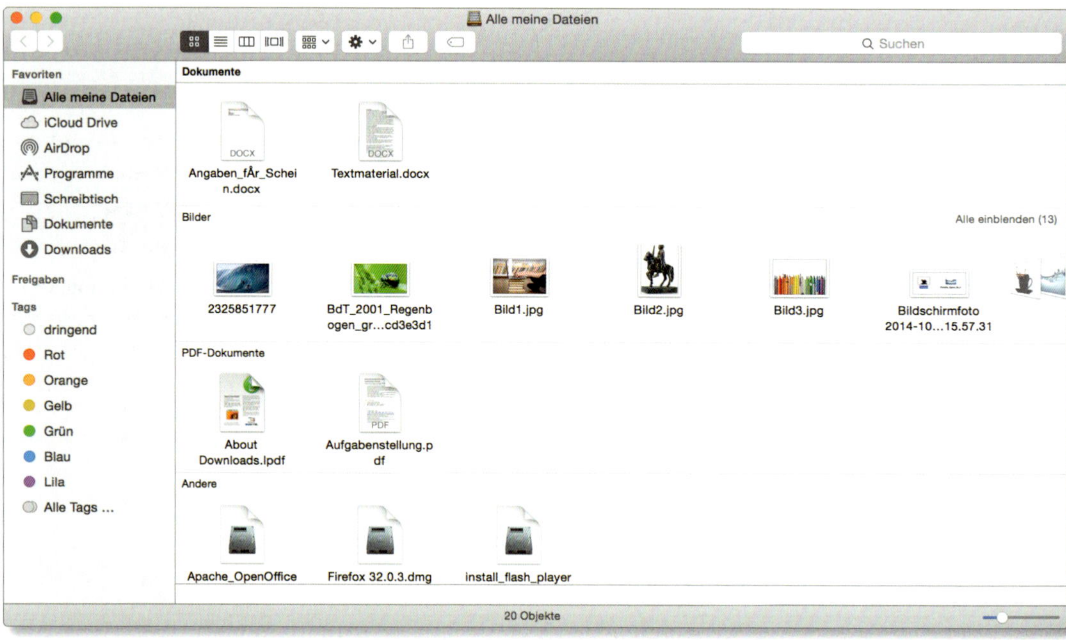

Abbildung 3.8
Ein Klick auf das Finder-Icon öffnet immer diese Ansicht.

2. Command-Taste drücken

Halten Sie nun die cmd-Taste gedrückt, während Sie dabei gleichzeitig die Taste 4 drücken, und lassen Sie dann beide Tasten wieder los. Die ursprünglichen Ordnersymbole sind jetzt in der sogenannten *Cover-Flow-Ansicht* umgeschaltet. Diese ist besonders geeignet, um später durch Bilder- oder Videosammlungen zu blättern.

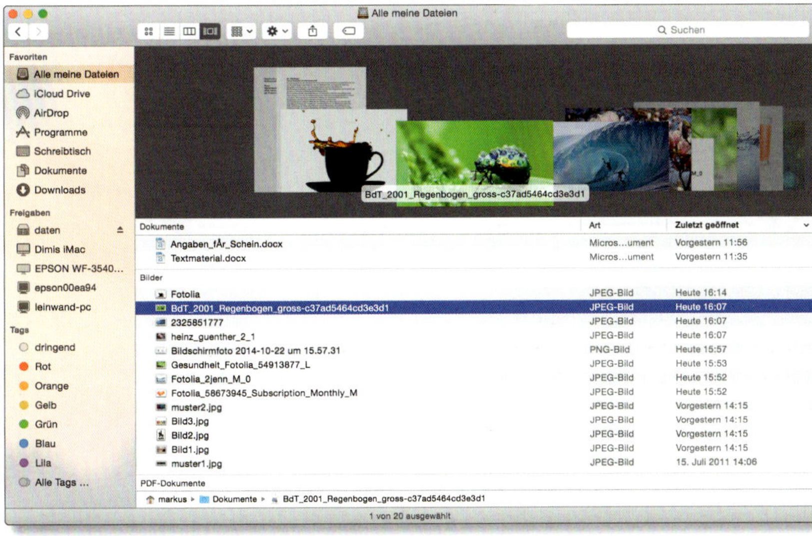

Abbildung 3.9
Mit `cmd`+`4` *sollte Ihr Finder nun so aussehen. (Fotos: Fotolia)*

3. Zurück in die Symbolansicht

Zurück in die Symbolansicht geht es wieder mit `cmd`+`1`. Drücken Sie doch auch mal `cmd`+`2` und `cmd`+`3`, dann haben Sie alle Darstellungsmöglichkeiten ausprobiert.

Zudem ist die `cmd`-Taste dazu da, um einzelne Objekte aus einer Liste auszuwählen. Das trainieren wir aber im Abschnitt »Klicks und Tastatur kombinieren – mehrere Dateien auswählen« ab Seite 55, da hierzu noch eine gehörige Portion »Maus-Know-how« erforderlich ist.

Neue Ansichten auch per Mausklick

Sie können natürlich auch mit der Maus die Ansichtsoptionen mit einem Klick auf die entsprechenden Symbole umschalten (mehr in Kapitel 6, »Den Überblick behalten: Dateien, Ordner, Laufwerke«).

Abbildung 3.10
Die Ansicht können Sie natürlich auch über die entsprechenden Symbole in der Finder-Leiste wechseln.

Klicken mit Trackpad und Maus – die Grundlagen

Mit der Maus oder dem Trackpad haben Sie OS X Yosemite voll im Griff. Da sich beide Eingabegeräte in der Bedienung im Detail doch gewaltig unterscheiden, wollen wir Ihnen zunächst die Grundlagen für beide Geräte vermitteln. Achtung: Wenn Sie eine PC-Maus mit mehreren Tasten besitzen, kommt hier momentan nur die linke Taste zum Einsatz.

Maus am MacBook

Natürlich kann an jedes MacBook eine zusätzliche Maus angeschlossen werden. Das ist besonders dann sinnvoll, wenn Sie exakt arbeiten möchten und das Trackpad nicht gewohnt sind. Sie können das MacBook dann sowohl damit als auch über das Trackpad steuern.

Der einfache oder primäre Klick zum Bestätigen

Mit dem einfachen Klick erledigt man unter OS X Yosemite beispielsweise folgende Aufgaben:

Die PC-Maus

Die wenig ergonomische Apple-Maus ist nicht jedermanns Sache. Aber Sie können Ihre PC-Maus problemlos am Mac anschließen und verwenden. Sie müssen lediglich das »Feintuning« in den Systemeinstellungen vornehmen, damit die Maus korrekt funktioniert – gerne blockiert OS X Yosemite nämlich standardmäßig den Rechtsklick (siehe dazu auch Seite 44).

- Auswahl und Markierung von Dateien
- Starten von Programmen und Öffnen von Fenstern aus dem Dock
- Bestätigung von Eingabefeldern

Bei der Magic Mouse klicken Sie einfach zentral auf die Mitte der Maus. Am Apple-Computer wird dieser einfache Klick vielfach auch *primärer Mausklick* genannt.

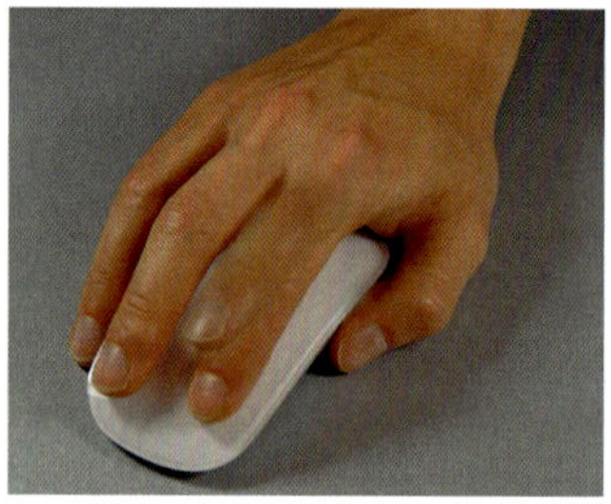

Abbildung 3.11
Der einfache, primäre Klick mit der Magic Mouse

Auf dem Trackpad erfolgt der Klick direkt an jeder beliebigen Stelle – einfach mit dem Zeigefinger den Klick per Tippen auslösen, wie Sie es vielleicht von einer normalen Computermaus her kennen. Sollte das nicht funktionieren, müssen Sie die Funktion in den Systemeinstellungen, das Zahnradsymbol im Dock, aktivieren. Dort gehen Sie in den Bereich **Trackpad** und setzen im Bereich **Zeigen und Klicken** ein Häkchen bei **Klicken durch Tippen**.

Abbildung 3.12
Zentraler einfacher Mausklick auf das Finder-Symbol

Das üben Sie direkt, indem Sie die Schaltzentrale am Mac, den Finder, öffnen. Klicken Sie *einmal* mit Ihrer Maus auf das Gesicht im Dock, und warten Sie, was passiert. Es öffnet sich das Finder-Fenster mit Ihrem Ordner **Alle meine Dateien**, wie in Abbildung 3.13 gezeigt.

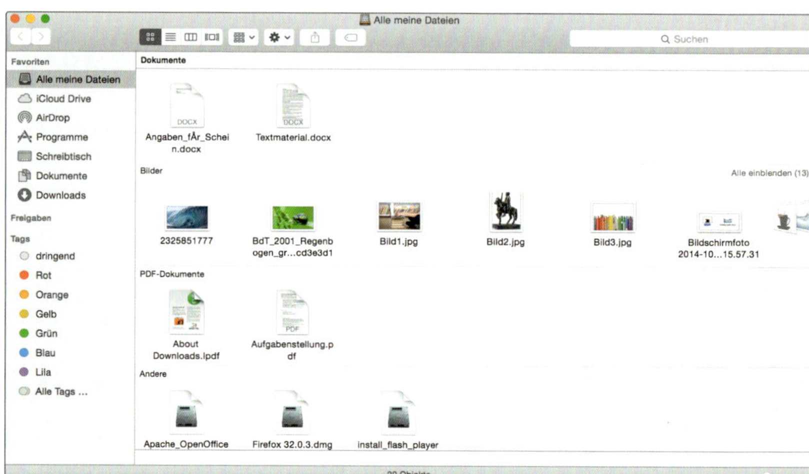

Abbildung 3.13
Ein Klick auf das Finder-Gesicht bringt den Ordner mit Ihren gesammelten Dokumenten auf den Schirm.

Der doppelte Klick

Mit dem doppelten Mausklick können Sie am Mac folgende Aufgaben durchführen:

- Starten von Programmen aus dem Ordner **Programme**
- Öffnen von Dateien aus dem Finder
- Markieren eines Wortes in der Textverarbeitung

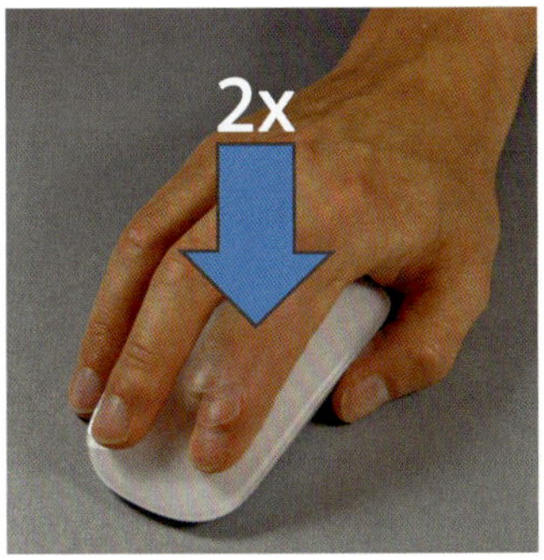

Abbildung 3.14
Der doppelte Klick

Der Doppelklick wird ebenfalls mit der linken oder mit der zentralen Maustaste oder dem Trackpad ausgeführt. Er kommt dann zum Einsatz, wenn der einfache Klick schon mit anderen Funktionen belegt ist. So können Sie z. B. eine Datei mit einem einfachen Mausklick markieren. Zum Öffnen ist dann aber ein Doppelklick notwendig. Anders im Dock und im Launchpad – hier kann man die Programme lediglich starten, daher genügt dort ein einfacher Mausklick.

Doppelklick mit der Maus

Die Doppelklickgeschwindigkeit mit der Maus ist beim Apple-Computer voreingestellt, und es wird erwartet, dass Sie den Doppelklick genau in diesem Zeitraum ausführen. Wenn Sie aber nicht so schnell klicken, kann die Doppelklickgeschwindigkeit in den Systemeinstellungen Ihres Macs verändert werden – allerdings nur, wenn Sie *keine* Apple-Maus angeschlossen haben! Klicken Sie hierzu auf das Symbol für die Systemeinstellungen im Dock und im nächsten Fenster auf das Maussymbol. Hier finden Sie unter **Doppelklick-Intervall** die Möglichkeit, die Geschwindigkeit mit dem Schieberegler perfekt anzupassen. Beim Trackpad und bei Apple-Mäusen ist die Toleranz automatisch geregelt, folglich haben Sie mit diesen Geräten auch nicht diese Einstellungsmöglichkeit.

Der dreifache Klick

Ja, es gibt ihn, den »Triple-Klick«. Der ist aber speziell und daher selbst fortgeschrittenen Anwendern nur selten bekannt. Man erleichtert sich damit aber das Computerleben erheblich, besonders wenn es um das Markieren ganzer Textzeilen oder das Surfen im Internet geht. Der dreifache Mausklick kann folgende Aufgaben erledigen:

- Markieren ganzer Textzeilen in der Textverarbeitung
- Markieren ganzer Webadressen im Eingabefeld des Internetbrowsers

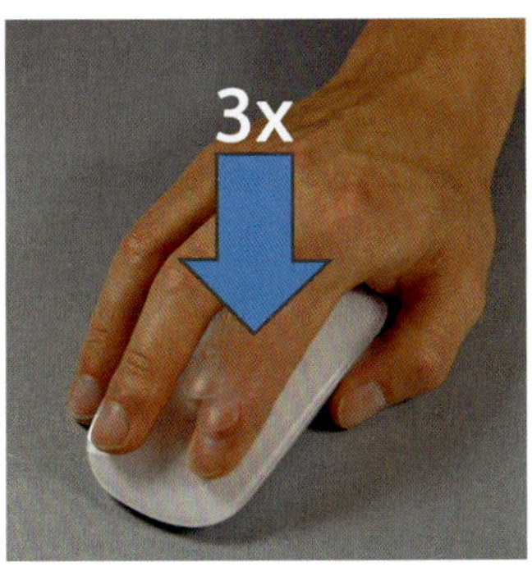

Abbildung 3.15
Der dreifache Klick

Der rechte oder sekundäre Klick

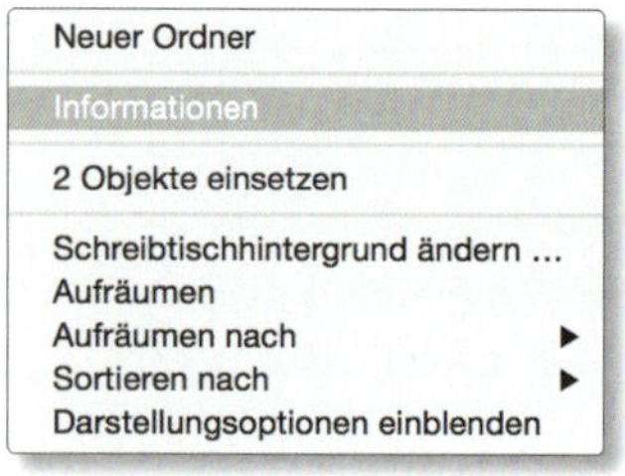

Abbildung 3.16
Das Kontextmenü erscheint mit einem Rechtsklick oder über ctrl *+ primärer Klick.*

Mit dem rechten Klick, hier am Mac auch *sekundärer Klick* genannt, rufen Sie in jeder Anwendung zusätzliche Funktionen auf. Es klappt dann immer ein sogenanntes *Kontextmenü* auf, das Ihnen die verschiedenen Funktionen auflistet. Diese werden wiederum mit dem zentralen oder linken Klick angewählt und aktiviert. Probieren Sie es doch mal auf dem leeren Schreibtisch aus.

- **Trackpad-Anwender:** Mit dem Trackpad klicken Sie einfach mit zwei Fingern statt mit einem. So einfach geht das.
- **Maus-Anwender:** Der sekundäre Klick wird bei den Mäusen standardmäßig über einen ganz normalen Klick, verbunden mit gedrückter ctrl-Taste, aktiviert. Das ist zugegebenermaßen nicht gerade komfortabel.

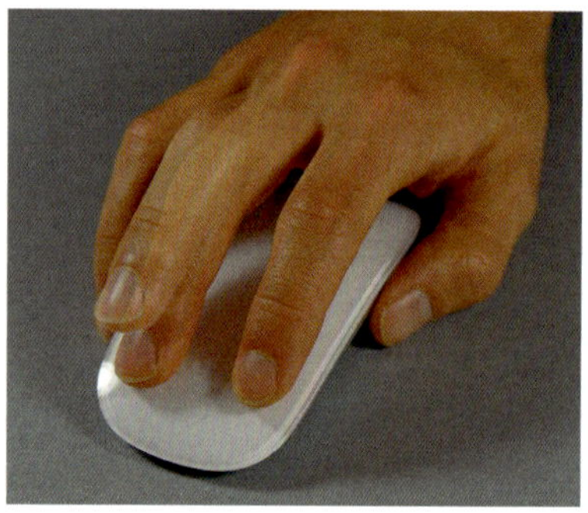

Abbildung 3.17
Die Magic Mouse kann den rechten, sekundären Mausklick. Man muss ihn nur aktivieren.

Andere Maus?

Achtung: Wenn Sie eine andere Maus angeschlossen haben, kann das Fenster für die Mauseinstellungen ein wenig anders aussehen. (siehe Abbildung 3.18 auf Seite 45)

Besitzer der Magic Mouse können probieren, ob ein Klick auf die rechte Mausseite etwas bewirkt. Es passiert gar nichts? Dann müssen Sie den rechten Klick zuerst aktivieren – standardmäßig ist er nämlich abgeschaltet. Das ist eine Altlast, denn bis vor einigen Jahren gab es am Apple keine rechte Maustaste, und anscheinend versucht OS X Yosemite, dies auch weiterhin zu verheimlichen.

Den sekundären Mausklick aktivieren

So bringen Sie Ihrer Maus, übrigens nicht nur der Apple Magic Mouse, sondern auch allen anderen Mäusen, den im wahrsten Sinne des Wortes »rechten« Klick einfach selbst bei:

1. Systemeinstellungen »Maus« aufrufen

Ein einfacher Klick auf das Zahnradsymbol im Dock genügt, und schon werden die Systemeinstellungen gestartet. Das ist die Steuerungszentrale im Hintergrund Ihres Computers, die die Einstellungen für fast alle

Geräte und für die gesamte Bedienung bereithält. Klicken Sie nun einmal auf das Maussymbol – die Einstellungen für Ihr Eingabegerät werden geladen.

2. Rechten, sekundären Mausklick einstellen

Den Sekundärklick sollten Sie auf die rechte Taste legen. Klicken Sie einfach **Sekundärklick** an, und wählen Sie dann die Belegung, also **Rechts klicken** oder **Links klicken**.

Linkshänder

Linkshänder können die Tasten hier auf Wunsch auch einfach andersherum belegen und den primären Mausklick nach rechts umschalten.

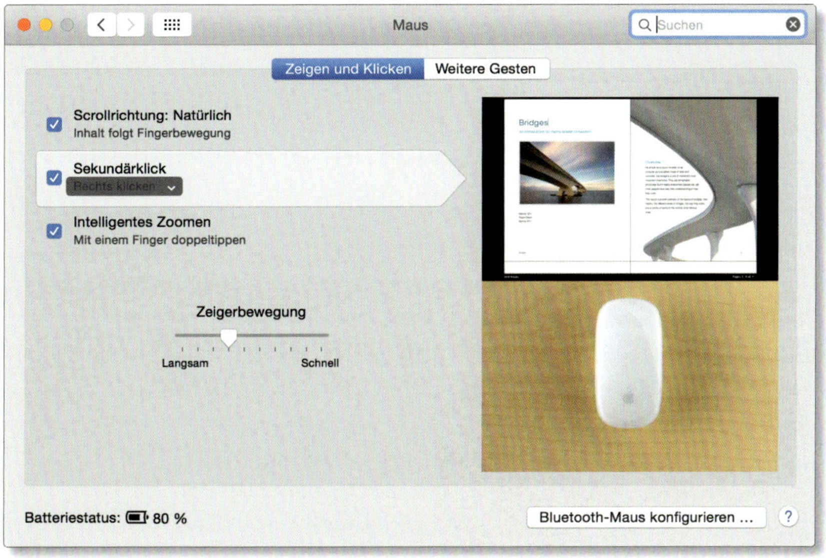

Abbildung 3.18
Hier bestimmen Sie, wo der Rechtsklick liegen soll.

Wischen und Scrollen mit dem Touchpad/Trackpad

Das Trackpad, teilweise auch Touchpad genannt, ist in allen MacBooks eingebaut und kann die Maus vollständig ersetzen, es bietet sogar noch weitaus mehr Möglichkeiten. Es wäre ja auf Reisen auch höchst unpraktisch, irgendwo in der Economy-Class nach einer Mausablage zu suchen. Das Trackpad der aktuellen Notebook-Serien von Apple sieht unscheinbar aus, kann aber eine ganze Menge.

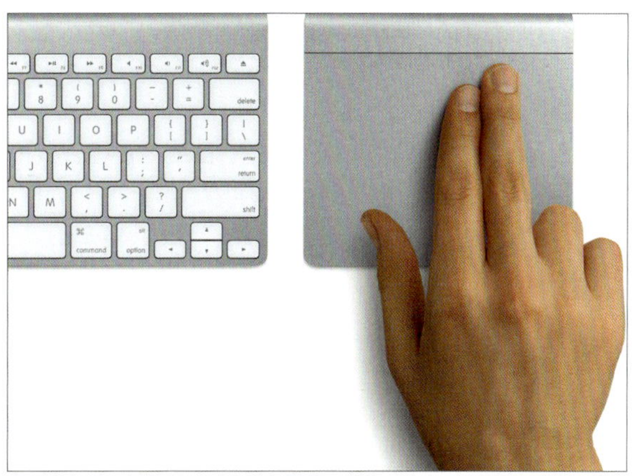

Abbildung 3.19
Das Magic Trackpad bringt den Touch-Komfort auch an iMac und Mac Pro. (Foto: Apple)

Damit steuern Sie den Mauszeiger auf dem Bildschirm, führen sowohl primäre als auch sekundäre Mausklicks aus, können scrollen, Bilder drehen und, und, und.

Abbildung 3.20
Das Icon der Systemeinstellungen

Dieses Multifunktionswerkzeug macht in der Bedienung so viel Spaß, dass Apple das Trackpad als separates Eingabegerät auch für den iMac und den Mac Pro anbietet. Eine Alternative zur Maus, über die man nachdenken sollte.

Damit Sie mit dem Trackpad die Funktionen von OS X Yosemite voll nutzen und per »Fingerwisch« ausführen können, zeigen wir Ihnen verschiedene Möglichkeiten auf den folgenden Seiten. Mit ein wenig Übung macht das sogar richtig Spaß – Sie müssen diese Tipps auch nicht gleich umsetzen, sondern können sich das für später vormerken, wenn Sie mit Ihrem Mac noch mehr vertraut sind.

Wenn Sie das Trackpad individuell konfigurieren möchten, geht das immer über einen Klick auf **Systemeinstellungen** (Zahnradsymbol) im Dock. Wählen Sie in den Systemeinstellungen den Eintrag **Trackpad** mit einem Klick auf die primäre Maustaste oder per Tippen auf Ihr Trackpad aus. Dort stehen Ihnen nun alle Funktionen zur Verfügung, um das Zeigegerät nach Wunsch einzurichten und nachzuschauen, wie man die eine oder andere Funktion ausführt. Apple hat hier jeweils kleine Animationen integriert, die die Funktionsweise grafisch erläutern.

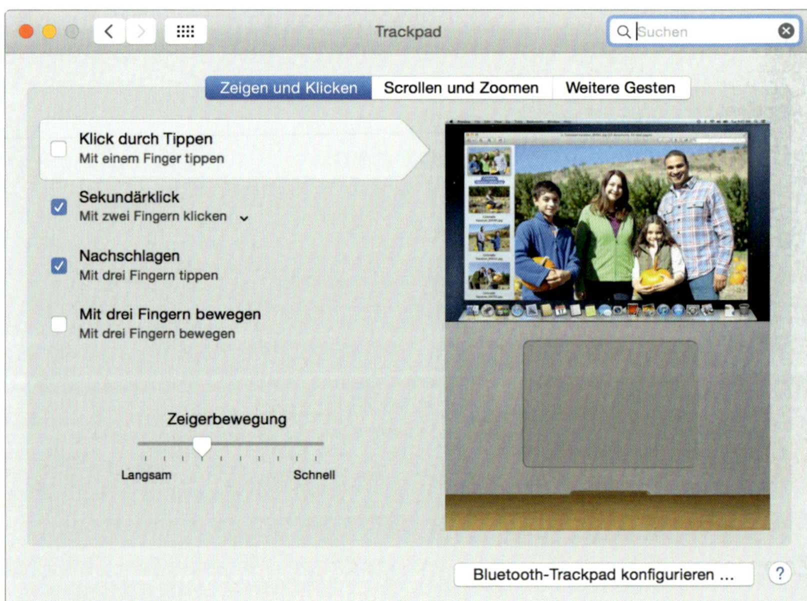

Abbildung 3.21
Ganz einfach – die Trackpad-Einstellungen inklusive Animation

Scrollen mit dem Trackpad

Mit zwei Fingern verschieben Sie Bildschirminhalte, der Inhalt folgt dabei der Fingerbewegung, wie Apple es zu bezeichnen pflegt. Wenn Ihnen diese Richtung unsympathisch ist – das gilt gerade für Anwender der Vorversion, in der dieser Vorgang genau umgekehrt funktionierte –, hilft ein Klick in die Systemeinstellungen wie im vorangegangenen Abschnitt beschrieben. Im Bereich **Trackpad > Scrollen und Zoomen** entfernen Sie einfach das Häkchen bei **Inhalt folgt Fingerbewegung**.

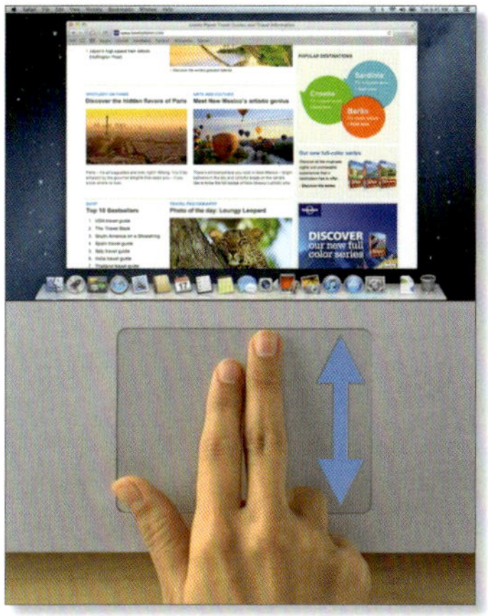

Abbildung 3.22
Ganz elegant durch Seiten scrollen

Scrollen wie gewohnt

Bei Apple wird anders gescrollt – hier zeigen wir Ihnen aber, wie Sie die Scrollrichtung dahingehend ändern, wie Sie es gewohnt sind.

Navigieren mit dem Trackpad

Geblättert wird ebenfalls mit zwei Fingern, hier aber horizontal statt vertikal. Damit können Sie in PDF-Dokumenten oder Webseiten wie in einem Buch blättern. Probieren Sie es am besten in Safari aus, und ziehen Sie Ihre zwei Finger mit Schwung über das Trackpad. Von links nach rechts blättern Sie zurück, von rechts nach links geht es vorwärts.

Abbildung 3.23
Blättern in Dokumenten und das Navigieren durch Webseiten mit nur zwei Fingern

Wo sind die Scrollbalken?

Von Windows und auch früheren Versionen von OS X ist man gewohnt, dass Scrollbalken erscheinen, sobald Inhalte nicht mehr in das Fenster passen. Mit OS X 10.10 Yosemite und dem Trackpad oder der Magic Mouse werden sie nur noch eingeblendet, wenn Sie in dem jeweiligen Fenster tatsächlich scrollen.

Zoomen und Drehen mit dem Trackpad

Beim Betrachten von Bildern, z. B. in iPhoto (siehe Kapitel 14, »Bessere Fotos mit iPhoto«), oder der OS-X-Yosemite-Vorschau bringen Sie mit dem Daumen und einem zweiten Finger die Schnappschüsse auf das

Abbildung 3.24 >
Ganz groß – einfach mit den Fingern auseinanderstreichen

gewünschte Format. Ziehen Sie beide Finger auseinander, wird das Foto größer, beim Zusammenziehen wird es verkleinert. Dies funktioniert übrigens auch perfekt bei Internetseiten, um einen Ausschnitt ganz genau zu betrachten.

Auch das Drehen von Bildern klappt mit den zwei Fingern – die Bewegung gleicht hier der Drehbewegung, wenn man eine Flasche auf- oder zuschraubt. Probieren Sie es einfach aus.

Mission Control mit dem Trackpad aufrufen

Mission Control (siehe Kapitel 4, »Die Benutzeroberfläche kennenlernen«) holen Sie ebenfalls per Fingerstrich auf das Display. Diese praktische Anwendung sortiert in Windeseile sämtliche geöffneten Apps und Fenster und ermöglicht Ihnen damit eine schnelle Übersicht. Streichen Sie mit drei Fingern auf dem Trackpad nach oben, um Mission Control zu starten. Streichen Sie nochmals nach oben oder unten, verschwindet diese Ansicht wieder.

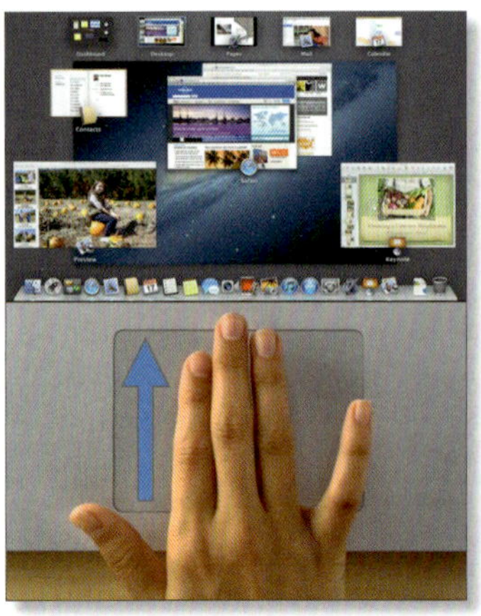

< Abbildung 3.25
Energisch nach oben streichen – und schon kommt Mission Control auf den Schirm.

Launchpad mit dem Trackpad aufrufen

Ihre »Programmschnellstartzentrale« kommt dank Ihrer Fingerfertigkeit noch schneller bildschirmfüllend auf Ihren Computer. Ziehen Sie einfach den Daumen und drei weitere Finger auf dem Trackpad leicht zusammen, und schon wird das Launchpad aktiviert. Hier können Sie jetzt Ihre Lieblings-App starten oder mit der gleichen Geste das Launchpad wieder schließen. Mehr zum Launchpad und dem Umgang mit Programmen erfahren Sie in Kapitel 5, »Mit Programmen arbeiten – die Apps am Mac«.

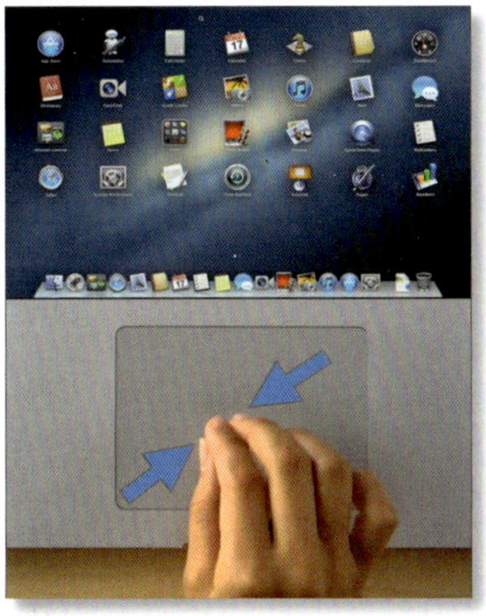

Abbildung 3.26
Sieht nach Fingerverrenkung aus, funktioniert aber eigentlich ganz einfach.

Wischen und Scrollen mit der Magic Mouse

Die Maus am Mac, bei den aktuellen Modellen ist das die Magic Mouse, hat keine Tasten im klassischen Sinn, wie man das von einer konventionellen Computermaus her kennt. Trotzdem birgt dieses Eingabegerät mehr Möglichkeiten und Funktionen, als es Ihnen auf den ersten Blick erscheinen mag.

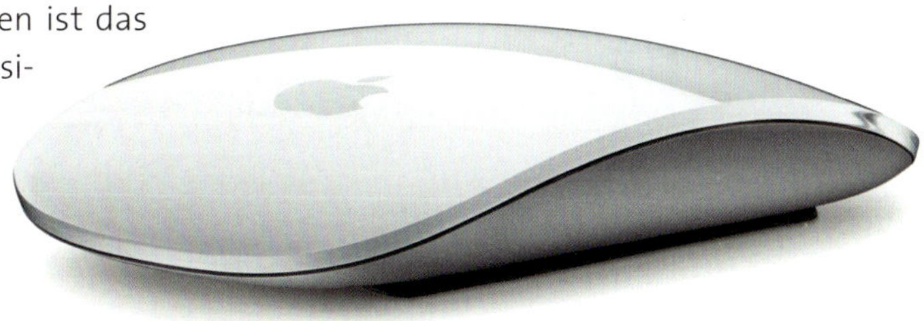

Abbildung 3.27
Die Magic Mouse hält die Tasten »unsichtbar« unter ihrer hübschen Oberfläche verborgen. (Foto: Apple)

Sie haben sicherlich beim Einrichten Ihres Macs schon ganz intuitiv einfach »drauflosgeklickt«. Trotzdem – im Vergleich zum Trackpad muss man mit deutlich weniger Funktionen auskommen.

Das Scrollrad oder Scrollen per Fingerbewegung

Besonders umfangreichen Internetseiten ist es zu verdanken, dass die Computermaus seit rund zehn Jahren zusätzlich zu den Tasten noch eine *Scrollfunktion* (Bewegungsfunktion) besitzt, mit der man durch Dokumente, Listen oder Internetseiten blättern kann. Das funktioniert in jeder Anwendung, egal ob in der Textverarbeitung, im Betriebssystem selbst oder im Internet. Apple-Anwender schauten hier recht lange in die Röhre, die Mac-Maus kann das nämlich erst seit 2005.

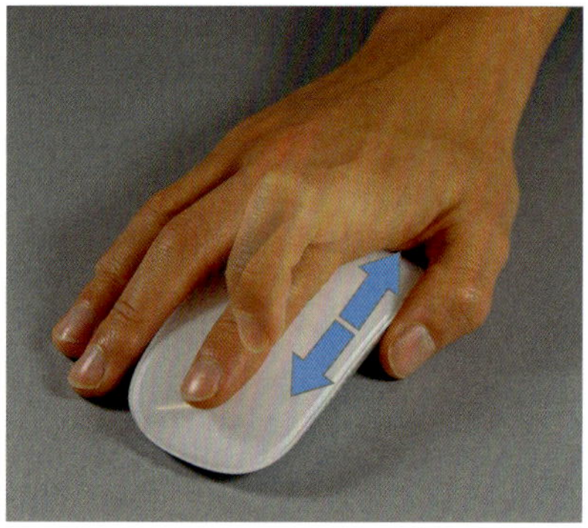

< Abbildung 3.28
Über die Maus streichen und dabei scrollen – die Magic Mouse liebt Streicheleinheiten.

Wie die Tasten ist auch das Scrollrad unter der Mausoberfläche verborgen. Zum Testen der Funktionalität öffnen Sie am besten den Finder über einen primären Mausklick und gehen dann in der linken Spalte auf **Programme** ❶. Dort stehen so viele Anwendungen in einer Liste, dass Sie scrollen müssen, um ans Ende der Liste zu gelangen.

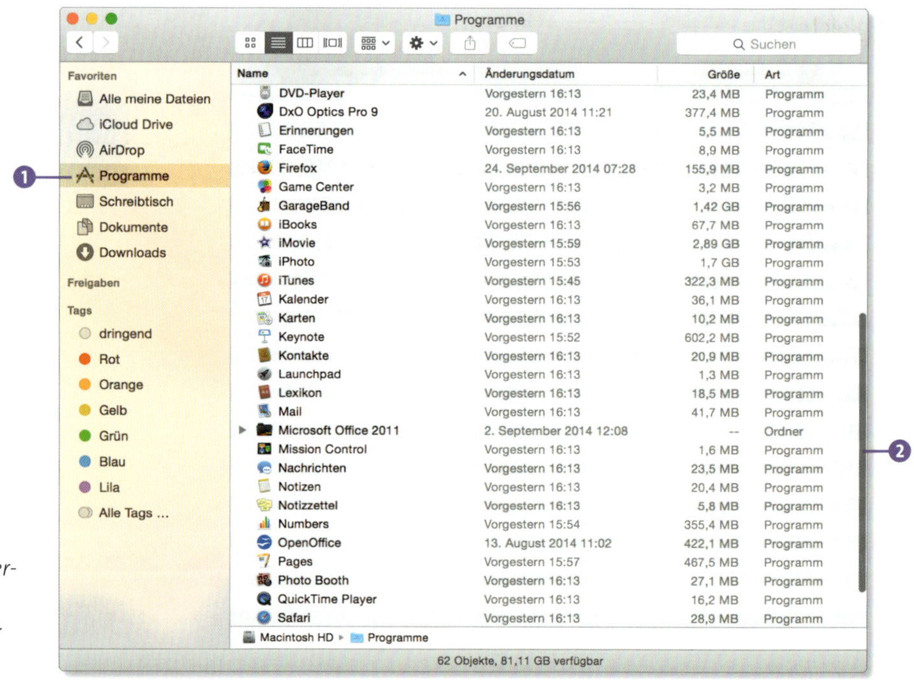

Abbildung 3.29 >
Das passt perfekt – der Ordner »Programme« muss gescrollt werden, um alles sehen zu können. Die Scrollbalken erscheinen aber nur, wenn Sie scrollen.

Und so funktioniert es: Fahren Sie mit dem Zeigefinger in der Mitte der Maus nach vorn und nach hinten, und schon fährt der automatisch eingeblendete Scrollbalken ❷ und damit auch die Seite nach oben oder nach unten. Je schneller Sie mit dem Finger fahren, desto schneller wird auch gescrollt.

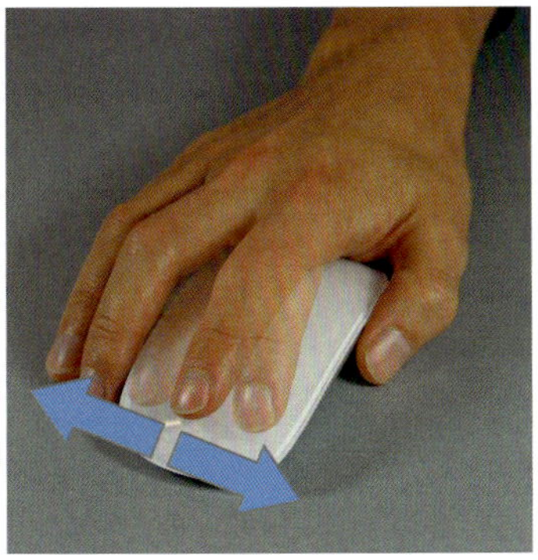

< Abbildung 3.30
Horizontal scrollen klappt besonders gut mit dem Zeigefinger

Jetzt setzen wir noch eins drauf – man kann mit dieser Maus auch horizontal scrollen. Dazu setzen Sie ebenfalls Ihren Zeigefinger ein, mit dem Sie nun allerdings nicht nach oben oder nach unten fahren, sondern von links nach rechts oder umgekehrt über die Maus streichen. Auch das können Sie im momentanen Fenster ausprobieren. Klicken Sie zunächst auf die Cover-Flow-Ansicht ❸. Was diese im Detail kann, erfahren Sie im gleichnamigen Abschnitt ab Seite 114.

^ Abbildung 3.31
Im Cover Flow kann man gemütlich per Maus blättern.

Wichtig: Damit das horizontale Scrollen im Cover Flow klappt, muss sich der Mauszeiger im oberen Bereich ❹ befinden. Und jetzt probieren Sie das Scrollen direkt einmal aus. Hat es geklappt? Dann können Sie wieder zurück in die Listenansicht schalten.

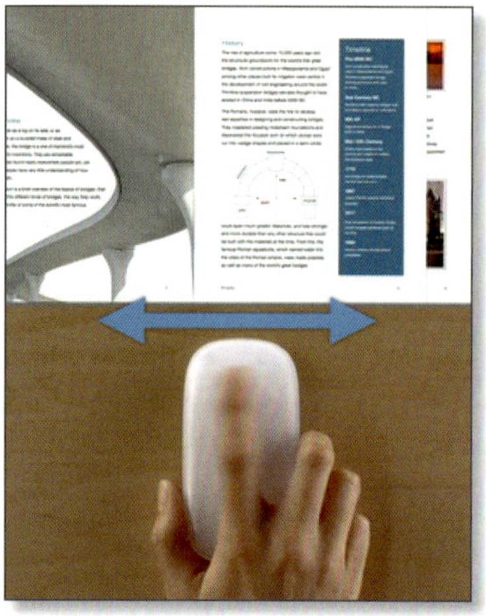

Abbildung 3.32
Um in Dokumenten zu blättern, wischen Sie mit einem Finger nach links bzw. rechts.

Navigieren mit der Maus

Blättern, beispielsweise Webseiten vor- und zurückblättern, funktioniert bei der Magic Mouse mit einem Fingerstrich nach links oder rechts. Achtung: In Webbrowsern ist es nicht möglich, horizontal zu scrollen, wie es gerade beschrieben wurde. Hier wird immer eine komplett neue Seite geladen.

Batterien bereithalten!

Sie haben sich für eine kabellose Maus entschieden? Dann heißt es Batterien bereithalten, denn je nach Computernutzung benötigen Sie hier ungefähr alle sechs Wochen Nachschub. Immerhin, Ihr Mac weist Sie auf den bevorstehenden Wechsel hin.

Mission Control mit der Maus aufrufen

Mit zwei Fingern doppelt auf die Mausoberfläche getippt (Achtung, nicht klicken!), und schon erscheint Mission Control. Ein weiterer Doppeltipp lässt den Schreibtisch wieder erscheinen.

Abbildung 3.33
Mit zwei Fingern doppelt getippt, erscheint Mission Control.

Andere Mäuse am Mac: USB und Bluetooth

Die Apple-Mäuse sind nicht jedermanns Sache – für große Hände sind sie oftmals zu filigran geraten, und in Sachen Ergonomie waren die schicken Mäuse noch nie wirklich groß. Aber keine Sorge, Sie können jederzeit mit einer anderen Maus am Mac arbeiten. Bei einer Maus mit USB-Anschluss gilt: Einfach in den vorgesehenen Steckplatz an Ihrer Tastatur oder am Mac-Computer selbst einstecken und einige Sekunden warten – fertig! Übrigens können Sie auch auf diesem Wege jederzeit ein anderes Keyboard anschließen, die Vorgehensweise ist völlig identisch.

Abbildung 3.34
Tastaturen anderer Hersteller sind den Apple-Eingabegeräten in Sachen Ergonomie um Welten voraus – und problemlos an Ihren Mac anzuschließen. (Foto: Microsoft)

Eine Funkmaus mit dem Mac verbinden

Bei einer Funkmaus (Bluetooth) wird es etwas komplizierter, denn diese wird nicht automatisch erkannt. Eine Ausnahme bilden jene Mäuse, die einen separaten Bluetooth-Empfänger als USB-Stecker mitliefern. Ansonsten ist die Vorgehensweise hier wie folgt:

Abbildung 3.35
Kein Problem – Ihr Mac kommt auch mit Mäusen »ohne angebissenen Apfel« problemlos zurecht. (Foto: Microsoft)

1. Funkmaus einschalten
Aktivieren Sie die neue Funkmaus (Bluetooth) – das geht zumeist automatisch durch das Einlegen von Batterien. Eventuell muss noch ein Einschaltknopf an der Unterseite der Maus betätigt werden.

2. Bluetooth aktivieren
Werfen Sie einen Blick in die Menüleiste rechts oben. Ist das Bluetooth-Symbol ❶ bereits schwarz, also aktiv? Perfekt, dann direkt mit Schritt 3 weitermachen. Falls es hellgrau und somit noch nicht eingeschaltet ist, fahren Sie nun mit Ihrer alten, noch angeschlossenen Maus auf das Bluetooth-Symbol und klicken einmal darauf. Das Menü wird aufgeklappt. Wählen Sie **Bluetooth aktivieren** aus.

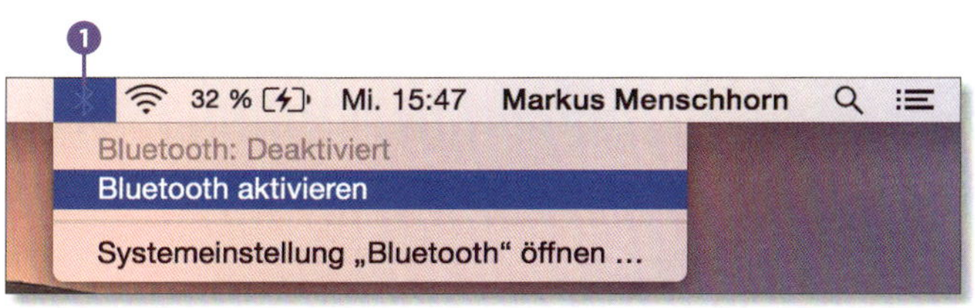

Abbildung 3.36
Graue Symbole in der Menüleiste weisen auf deaktivierte Funktionen hin.

Alte Maus notwendig

Wenn Sie Ihre neue Funkmaus installieren möchten, muss bis zum Abschluss dieses Vorgangs die vorhandene Maus am Mac angeschlossen bleiben.

3. Bluetooth-Gerät konfigurieren

Klicken Sie nun erneut auf das Bluetooth-Menü und dann auf **Systemeinstellung „Bluetooth" öffnen**. Ein neues Fenster öffnet sich und zeigt Ihnen alle in der näheren Umgebung verfügbaren Bluetooth-Geräte an. In dieser Liste kann auch ein Mobiltelefon oder ein anderer Computer aufgeführt sein, da Bluetooth eine hohe Reichweite hat.

Ihre Maus wird automatisch erkannt und steht nun als solche in der Liste. Jetzt wählen Sie diese mit einem Mausklick aus und klicken anschließend auf **Verbinden** ❷.

Abbildung 3.37 >
Alle erkannten Geräte in Ihrer näheren Umgebung werden aufgelistet.

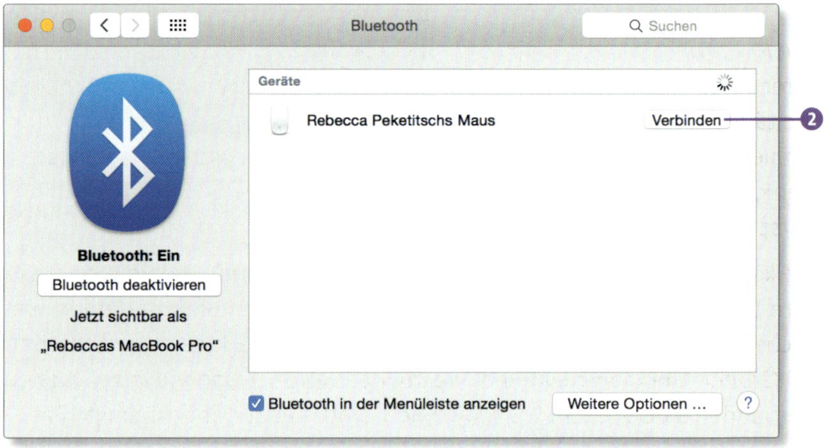

Dickes Dankeschön an Rebecca Peketitsch

Wie Sie in der nebenstehenden Abbildung sehen können, taucht hier nun statt Markus oder Jörg »Rebecca« auf. Ihr gilt ein herzliches Dankeschön für ihre tatkräftige Unterstützung beim aktuellen Mac-Buch. Unzählige Bildschirmfotos und das Testen neuer Funktionen gehen auf ihr Konto.

4. Konfiguration abschließen

Den Rest erledigt Apple von selbst: Die Maus wird konfiguriert und eingestellt, die Funkmaus ist startklar. Die alte Maus können Sie nun gefahrlos vom Anschluss trennen. Schließen Sie nun die Systemeinstellungen über das rote Icon links oben.

Abbildung 3.38 >
Jetzt ist Ihre Bluetooth-Maus startklar.

Die meisten Fremdmäuse haben ein Scrollrad auf ihrer Oberfläche und klar getrennte Maustasten. Daher ist deren Bedienung auch klar zu durchschauen. Weitere Möglichkeiten der Funktionstasten können im Maus-Einstellungsmenü in den Systemeinstellungen eingestellt werden. Voraussetzung ist, dass die Maus korrekt vom Mac erkannt wurde.

Maus umbenennen

Die Maus trägt standardmäßig entweder den vom Hersteller vergebenen Namen oder den vom vorherigen Benutzer vergebenen. Möchten Sie den Namen ändern, klicken Sie nach erfolgter Verbindung per sekundären Klick auf den Namen und wählen **Umbenennen** aus.

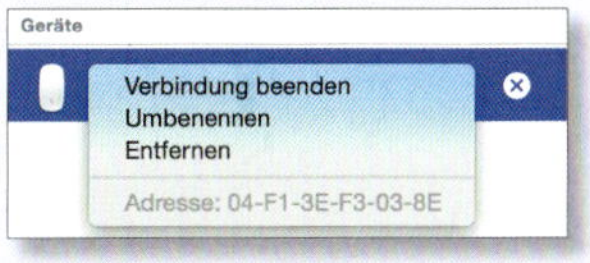

Abbildung 3.39
Die Bluetooth-Maus kann ganz einfach einen neuen Namen erhalten. Besonders praktisch ist das, wenn man mehrere Macs und Mäuse in der Nähe hat.

Klicks und Tastatur kombinieren – mehrere Dateien auswählen

Die Maus und das Trackpad können in Verbindung mit gedrückten Tasten Ihrer Tastatur noch weit mehr Funktionen durchführen. Auch die werden Sie täglich benötigen. Da das jedoch in allen Programmen identisch funktioniert, ist es gar nicht schwierig zu erlernen. Und wenn Sie es »draufhaben«, haben Sie mindestens 60 % aller Computerbenutzer etwas voraus, versprochen!

Sie können mit einem Klick und der passenden Tastenkombination mehrere Dateien auswählen. Zum Ausprobieren öffnen Sie über einen einfachen primären Mausklick den Finder im Dock. Sie landen automatisch im Ordner **Alle meine Dateien**, wo im Idealfall auch schon einige Dateien vorhanden sind – ist Ihr Mac ganz neu, sind hier zumindest einige Basisdateien von OS X Yosemite zu finden, mit denen Sie unsere Anleitung ausprobieren können.

Nicht zusammenliegende Objekte auswählen

Sie möchten gerne einige Dokumente auswählen, die nicht hintereinander, sondern am Anfang, am Ende und in der Mitte des Fensters aufgelistet sind? Gut. Wie man eine Datei auswählt, wissen Sie bereits – ein primärer Klick, schon ist das Objekt ausgewählt.

Abbildung 3.40
Ein Objekt ist jetzt markiert.

Wenn Sie nun darüber hinaus noch weitere Objekte auswählen möchten, drücken Sie jetzt die `cmd`-Taste und klicken auf das nächste Objekt. Sie können dann die `cmd`-Taste wieder loslassen. Erst wenn Sie ein weiteres Objekt zusätzlich auswählen möchten, drücken Sie wieder *zuerst* die `cmd`-Taste und wählen es dann mit einem primären Klick aus.

Abbildung 3.41
Die cmd *-Taste befindet sich links und rechts auf Ihrer Tastatur.*

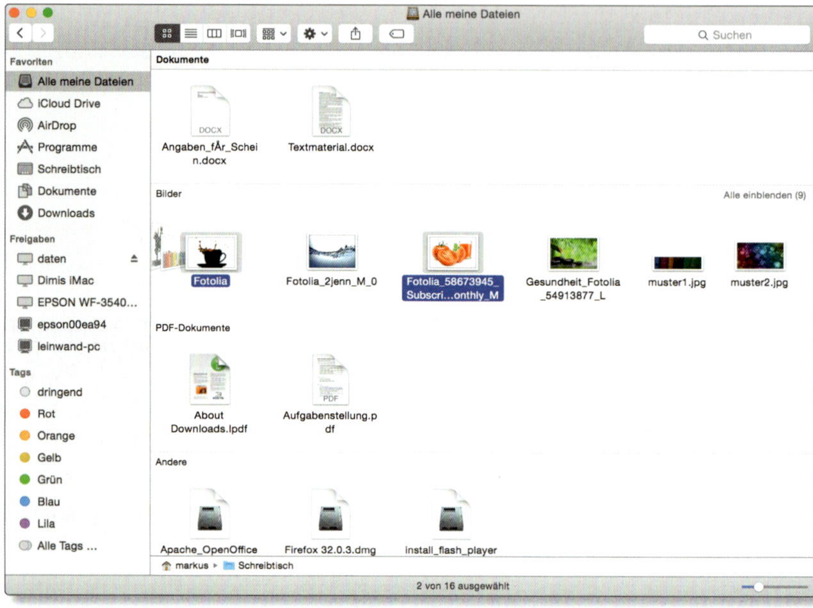

Abbildung 3.42
Viele Bilder und ihre Markierungen – es hat geklappt!

Wenn Sie versehentlich ein Objekt zu viel markiert haben, wählen Sie dieses einfach nochmals mit gedrückter cmd -Taste und einem Klick aus, schon ist die Markierung wieder entfernt.

Zusammenliegende Objekte auswählen

Sie möchten mehrere Dateien oder Objekte auswählen, die jetzt aber *hintereinander* in einer Liste stehen: Auch hier ist der erste Schritt der Klick mit der primären oder linken Maustaste. Allerdings ist der nun gezeigte Weg in der vorgegebenen Ansicht mit den Symbolen nicht machbar – das ist zwar unlogisch, aber Fakt. Schalten Sie daher zunächst einmal auf die Listenansicht **1** um.

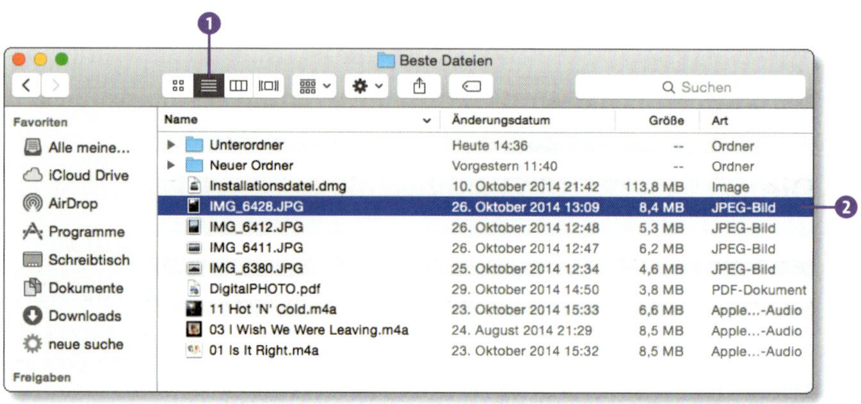

Abbildung 3.43
Erst in der Listenansicht kann man komfortabel ganze Listen markieren.

Wählen Sie nun das erste Objekt aus, das Sie markieren möchten ❷. Dann drücken Sie die [⇧]-Taste (Umschalt- oder Großschreibtaste) und klicken das letzte Objekt in der Liste ❸ an. Sie sehen, dass nun alle sich dazwischen befindenden Dateien markiert sind.

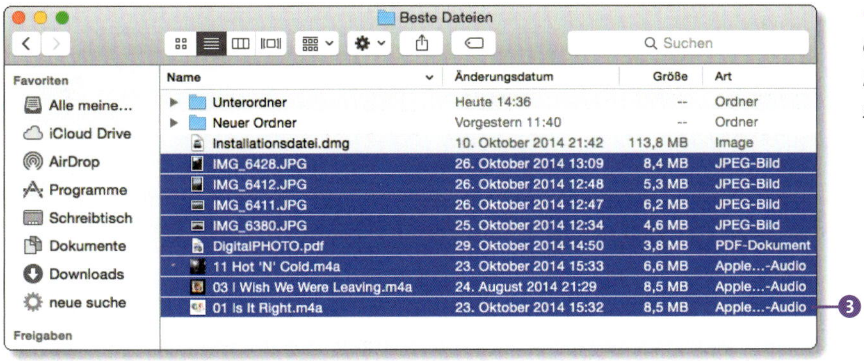

< Abbildung 3.44
Ganz schnell markiert sind Dateien, die hintereinanderstehen.

Wenn Sie zu viele Dateien ausgewählt haben, können Sie die Liste mit gedrückter [⇧]-Taste und linkem Mausklick beliebig verlängern oder verkürzen. Natürlich besteht zudem die Möglichkeit, einzelne Objekte der Liste mit der gedrückten [cmd]-Taste und Mausklick von der Auswahl auszuschließen.

∧ Abbildung 3.45
Die Umschalttaste finden Sie links und rechts auf Ihrer Tastatur.

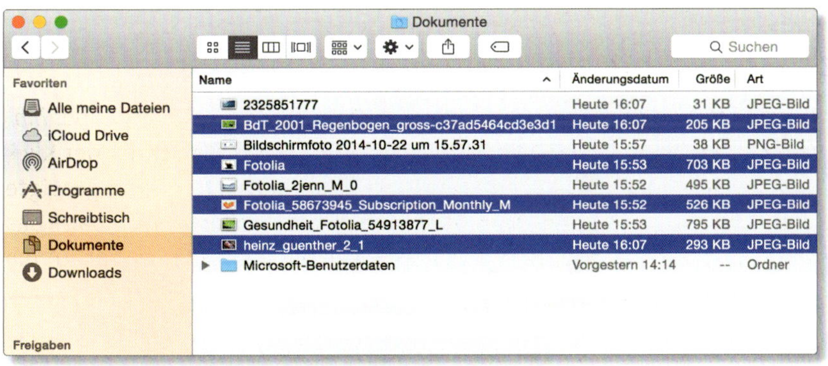

< Abbildung 3.46
Auch solch eine Dateiauswahl ist problemlos machbar.

Die wichtigsten Tastenkürzel

Tastenkürzel erleichtern das Leben am Mac ungemein. Statt langen Suchens in Menüs ist der Weg über das Keyboard eine gelungene Abkürzung. Wir stellen Ihnen hier einige ausgewählte Tastenkürzel vor, die man einfach kennen muss. Es gibt natürlich noch unzählige weitere sogenannte *Shortcuts*, auf die wir hier aber bewusst verzichten.

Finder-Tricks

Speziell für die Arbeit mit dem Finder gibt es einige Tastenkürzel, die Sie kennen sollten:

- **Neues Finder-Fenster:** cmd + N
  Der Finder ist ein eigenwilliges Wesen – ist irgendein Finder-Fenster bereits geöffnet, nutzt auch ein Klick in das Dock auf das grinsende Gesicht nichts, es erscheint einfach kein Standardfenster. Dagegen gibt es ein Tastenkürzel. Klicken Sie den Finder im Dock einmal an, und drücken Sie dann auf der Tastatur cmd + N, schon ist das neue Standardfenster geladen.
- **Neuer Ordner:** cmd + ⇧ + N
  Um im Finder einen neuen Ordner zu erstellen, drücken Sie einfach cmd + ⇧ + N – das spart den Umweg über das Menü **Vorgänge** in der Finder-Leiste (Zahnradsymbol) und ist deutlich schneller.
- **Schnellansicht/Übersicht:** Leertaste
  Unserer Ansicht nach ist das der Powertrick in OS X Yosemite schlechthin. Sie können im Finder jedes beliebige Bild, PDF oder Dokument und selbst Videos und Musik ohne den Start einer App betrachten. Einfach das Objekt anklicken und die Leertaste drücken, schon erscheint es vergrößert am Bildschirm. Dies nennt sich bei Apple *Übersicht*, »Express-Vorschau« trifft es wohl besser.

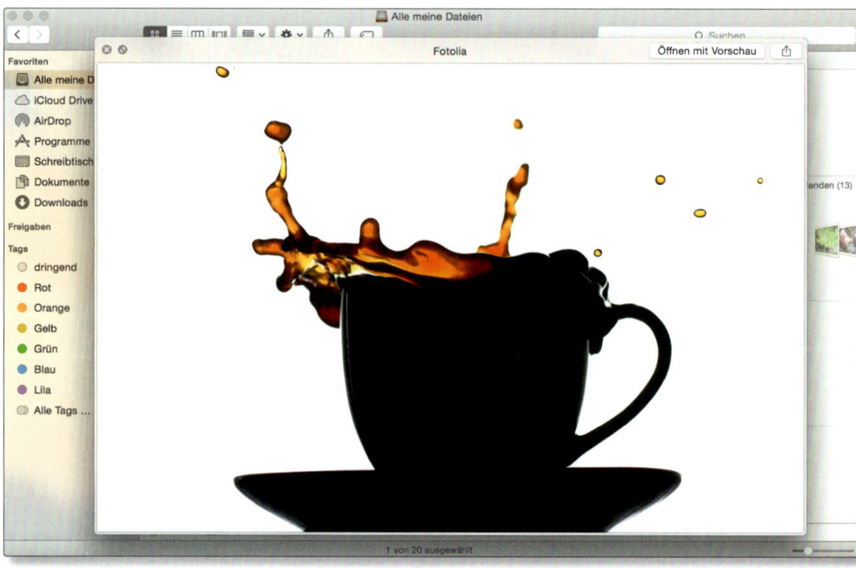

Abbildung 3.47
Schnell angezeigt – mit der Leertaste entfällt bei vielen Dokumenten der lästige Start einer App. (Foto: Fotolia)

Alle Apps – systemübergreifend

Da Sie natürlich nicht nur mit dem Finder, sondern mit einer ganzen Menge unterschiedlicher Programme arbeiten, gibt es auch systemübergreifende Shortcuts, die in mehr als einem Zusammenhang genutzt werden können:

- **Fenster schließen:** cmd + W
  Jedes Fenster unter OS X Yosemite kann per cmd + W geschlossen werden. Das Tastenkürzel ersetzt damit den Klick auf das rote Symbol links oben.
- **App schließen:** cmd + Q
  Um eine App endgültig zu schließen, ist cmd + Q die richtige Wahl. Sollten Daten noch nicht gesichert sein, kommt natürlich auch bei der Abkürzung über die Tastatur noch eine Nachfrage.
- **Bildschirmfoto:** cmd + ⇧ + 3
  Sie möchten den Inhalt des Displays als Bild haben? Nichts leichter als das. Für einen sogenannten *Screenshot* des gesamten Displays drücken Sie cmd + ⇧ + 3. Das »Foto« wird direkt als PNG-Datei auf Ihrem Schreibtisch gesichert.
- **Bildschirmfoto eines bestimmten Ausschnitts:** cmd + ⇧ + 4
  Um nur einen Ausschnitt des Bildschirminhalts zu fotografieren, drücken Sie cmd + ⇧ + 4. Mit dem Fadenkreuz ziehen Sie über jenen Bereich, den Sie gerne als Datei haben möchten, und lassen dann die Maus- oder Trackpad-Taste los. Und auch hier landet das Ergebnis direkt auf Ihrem Schreibtisch.

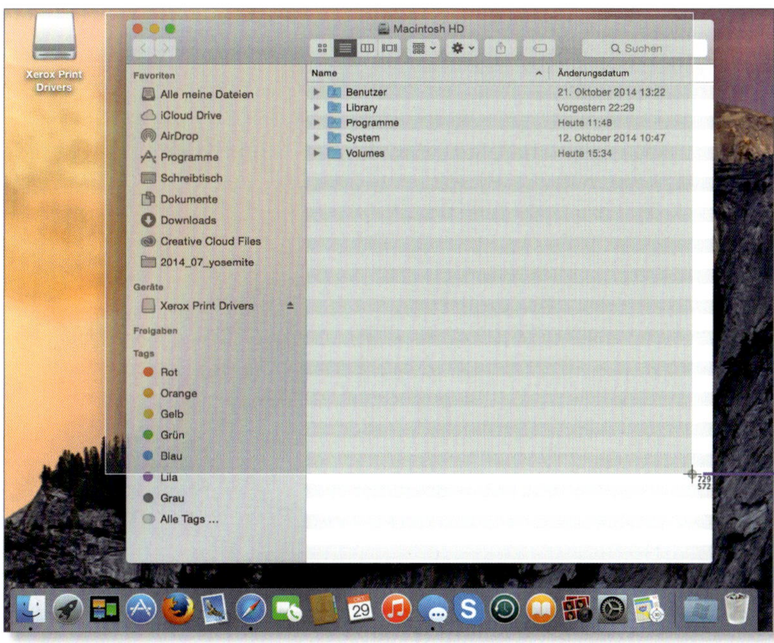

Abbildung 3.48 >
So können Sie ganz bequem per »Fadenkreuz« 1 nur einen bestimmten Teil Ihres Bildschirms abfotografieren.

Um exakt nur ein Programmfenster ohne »Drumherum« zu fotografieren, nutzen Sie die obige Tastenkombination, drücken die Leertaste, fahren dann auf das gewünschte Fenster mit der Maus (Fotosymbol **2** erscheint) und klicken dann einmalig primär.

Abbildung 3.49
Bildschirmfotos sind bei den Autoren des Mac-Buches tägliches Handwerkszeug.

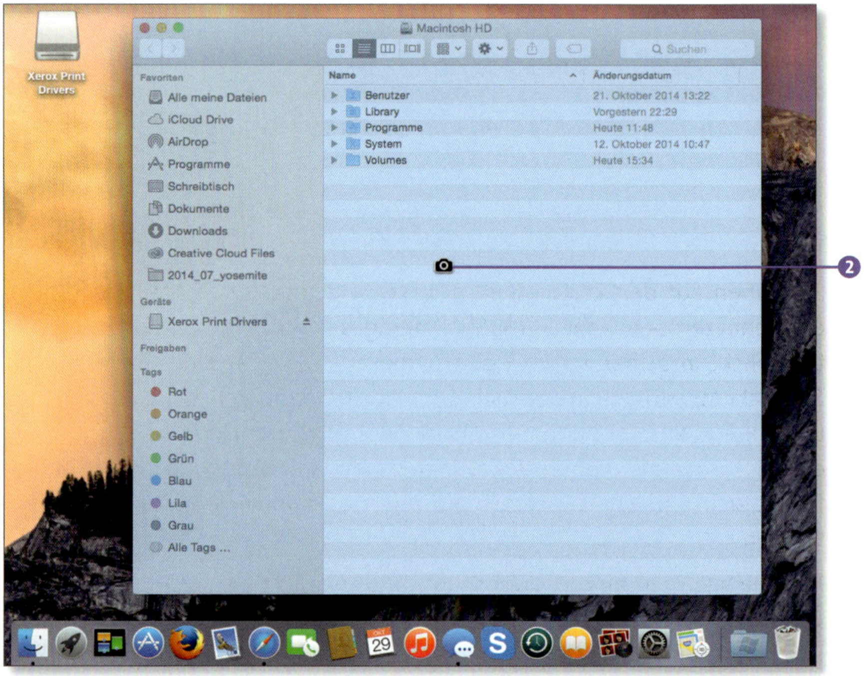

Abbildung 3.50
Es besteht die Möglichkeit, auch nur ein Programmfenster ganz ohne »Drumherum« unter OS X abzulichten.

- **Kopieren und Einfügen:** `cmd`+`C` und `cmd`+`V`
  Kopieren und Einfügen von Text, Bildern, Dateien und vielem mehr klappt in nahezu jeder App über das jeweilige **Bearbeiten**-Menü. Schneller geht es aber mit den wirklich in jedem Programm gültigen Tastenkürzeln. Einfach wie gewohnt das gewünschte Objekt markieren, dann `cmd`+`C` drücken. Damit landet es in der Zwischenablage. Über `cmd`+`V` wird es an beliebiger Stelle eingefügt. Mehr dazu lesen Sie übrigens in Kapitel 6, »Den Überblick behalten: Dateien, Ordner, Laufwerke«.

Zunächst mag es mit diesen Tastaturbefehlen etwas holprig gehen, aber wenn der Bewegungsablauf einmal »drin ist«, werden Sie diese »Abkürzungen« nicht mehr missen wollen.

4 Die Benutzeroberfläche kennenlernen

Sie haben auf den ersten Seiten dieses Buches schon in viele Bereiche der Benutzeroberfläche von OS X hineingeschnuppert. Das grafische System blickt in seinen Grundlagen schon auf über ein Vierteljahrhundert Entwicklungsgeschichte zurück. Schon am ersten Mac gab es eine Maus und eine grafische Benutzeroberfläche mit Symbolen. Das Gerät löste damals, trotz des hohen Preises, eine Revolution aus, und noch heute findet sich z. B. ein Papierkorb auf jeder Computer-Benutzeroberfläche wieder.

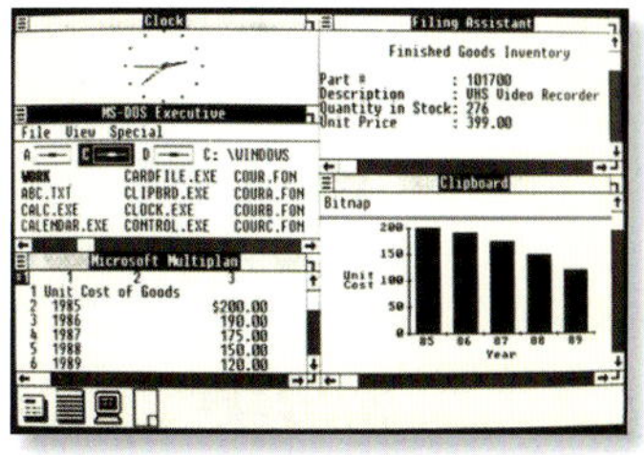

Abbildung 4.1
Microsoft stellte rund zwei Jahre nach Apple ein System namens Windows 1.0 vor. (Foto: Microsoft Press Kit)

Natürlich kann man den Funktionsumfang eines Computers der 1980er-Jahre nicht mit dem Mac von heute vergleichen, aber es ist doch erstaunlich, dass trotz rasanter Entwicklung auch in der Computerwelt einige Dinge Bestand haben. Doch zurück zu Ihrem aktuellen Computer mit dem aktuellen Betriebssystem OS X 10.10 Yosemite. Für ein besseres Verständnis aller Elemente von OS X zeigen wir Ihnen auf den folgenden Seiten Finder, Schreibtisch und Laufwerke im Detail und gehen auf die richtige Benutzung ein.

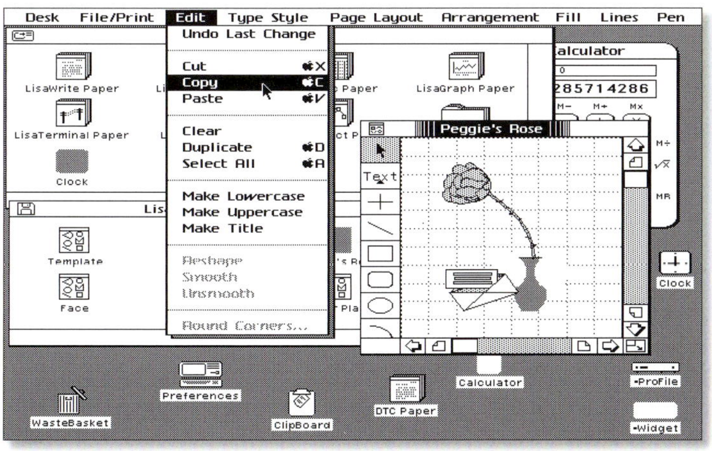

Abbildung 4.2
Die Benutzeroberfläche von Apple Lisa aus dem Jahr 1983

Der Schreibtisch im Überblick

Der Schreibtisch ist Ihre Arbeitsoberfläche und der Hintergrund für alle Aktivitäten an Ihrem Mac. Der Schreibtisch ist eine perfekte Ablage für alles, was man gerade nicht einsortieren möchte, und der Hintergrund für alle Programme. In diesem Abschnitt zeigen wir Ihnen den Schreibtisch im Überblick und erklären dabei seine verschiedenen Elemente. Das ist deshalb wichtig, weil Sie ihn als Basis Ihrer Arbeit mit dem Mac immer wieder benötigen.

Abbildung 4.3
Der Schreibtisch und seine verschiedenen Elemente

1. Die obere Leiste beinhaltet das Apple-Menü, das immer vorhanden ist, egal, in welchem Programm oder Fenster Sie sich gerade bewegen. Dort können Sie z. B. Ihren Mac ausschalten oder ihn in den Ruhezustand versetzen.
2. Ein Programm wird in einem Fenster geladen, hier haben wir stellvertretend den App-Store geladen.
3. Alles, was mit Dateien und Laufwerken zu tun hat, wird über das Finder-Fenster erledigt. In der Seitenleiste sehen Sie Links zu den wichtigsten Ordnern und Daten sowie die Geräte, also alle Laufwerke, die mit dem Mac verbunden sind. Auch iCloud Drive, der virtuelle Datenspeicher, ist

hier erreichbar. Im Finder-Fenster werden die Inhalte von Laufwerken und Ordnern angezeigt und können auch verändert werden.

4 Rechts oben sehen Sie viele kleine Symbole, die sogenannten *Menulets*. Sie zeigen z. B. an, ob eine Internetverbindung aktiv ist. Zudem stellen sie die Lupe zum Suchen von Dateien oder ganz einfach Datum und Uhrzeit dar. Ganz rechts außen sitzen die Mitteilungen, die Termine, neue E-Mails, Chat-Nachrichten und vieles mehr in der Übersicht anzeigen.

5 Das Dock ist das zentrale Bedienelement, um ausgewählte Programme schnell starten zu können.

6 Den Schnellzugriff auf Ihre Downloads erhalten Sie hier.

7 Im Dock befindet sich auch der Papierkorb – hier fliegt alles rein, was gelöscht werden soll.

Der Schreibtisch ist somit als Ausgangspunkt für alle Aktivitäten zu verstehen. Natürlich kann man ihn auch als Ablage- und Speicherort für Daten aller Art verwenden.

Schreibtisch vs. Windows-Desktop

Sie sind Umsteiger und kommen frisch von Windows? Dann haben wir hier den perfekten Einstieg, damit Sie sich mit OS X direkt heimisch fühlen. Sie werden feststellen, dass sich der Mac-Schreibtisch vom Windows-Desktop nicht sonderlich unterscheidet. Wenn Sie von Windows 8 auf

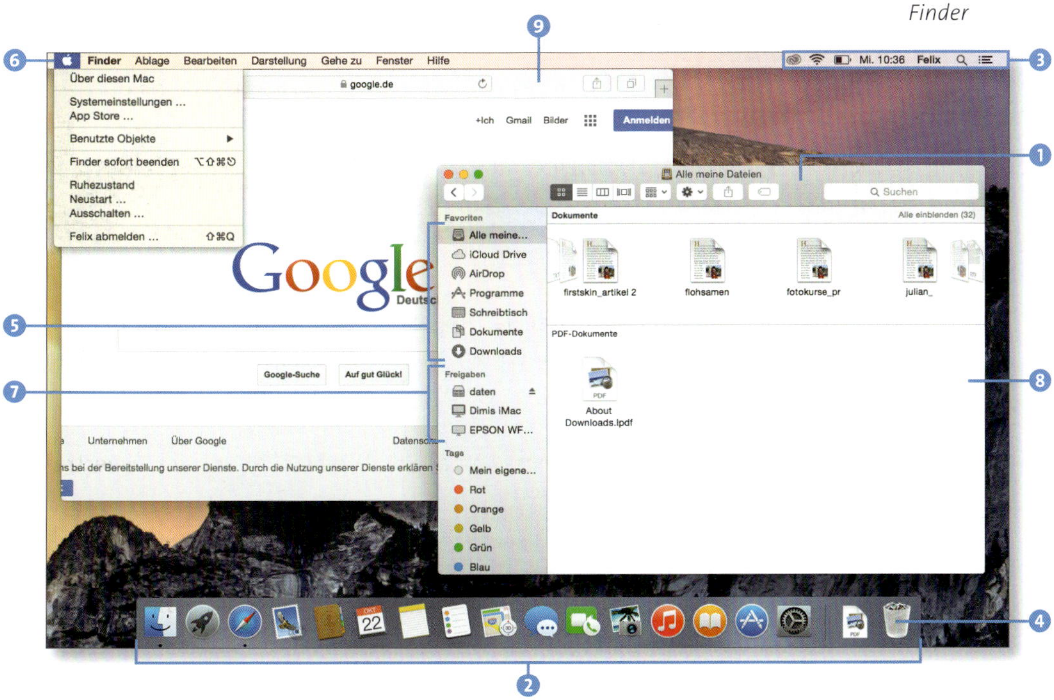

Abbildung 4.4
OS X 10.10 mit aufgeklapptem Startmenü, Safari und dem Finder

OS X umsteigen, werden Sie allerdings den Startbildschirm mit seinen Kacheln vermissen … oder auch nicht. Nachweislich klicken ihn die meisten Computernutzer ohnehin weg; darüber hinaus gehört die Kacheloptik eher aufs Smartphone. OS X hat kein vergleichbares Pendant auf Lager – hier lautet die Philosophie, dass zwar alles miteinander arbeiten, deswegen aber nicht identisch aussehen muss.

Dennoch finden sich viele Elemente aus Windows in OS X wieder, wenn auch teils an ungewohnter Stelle. In den Abbildungen 4.4 und 4.5 sehen Sie die wichtigsten Elemente der Benutzeroberflächen im Vergleich:

1. Finder (vergleichbar mit Explorer, Computer, Arbeitsplatz)
2. Dock (vgl. Startmenü, Taskleiste, Kachelstartbildschirm)
3. Menulets (vgl. Infobereich der Taskleiste)
4. Papierkorb
5. Favoriten
6. Ausschalten, Neustart, Ruhezustand (vgl. Energie sparen, Herunterfahren, Neu starten)
7. Liste verfügbarer Laufwerke
8. Aktives Programmfenster
9. Geöffnetes Programm

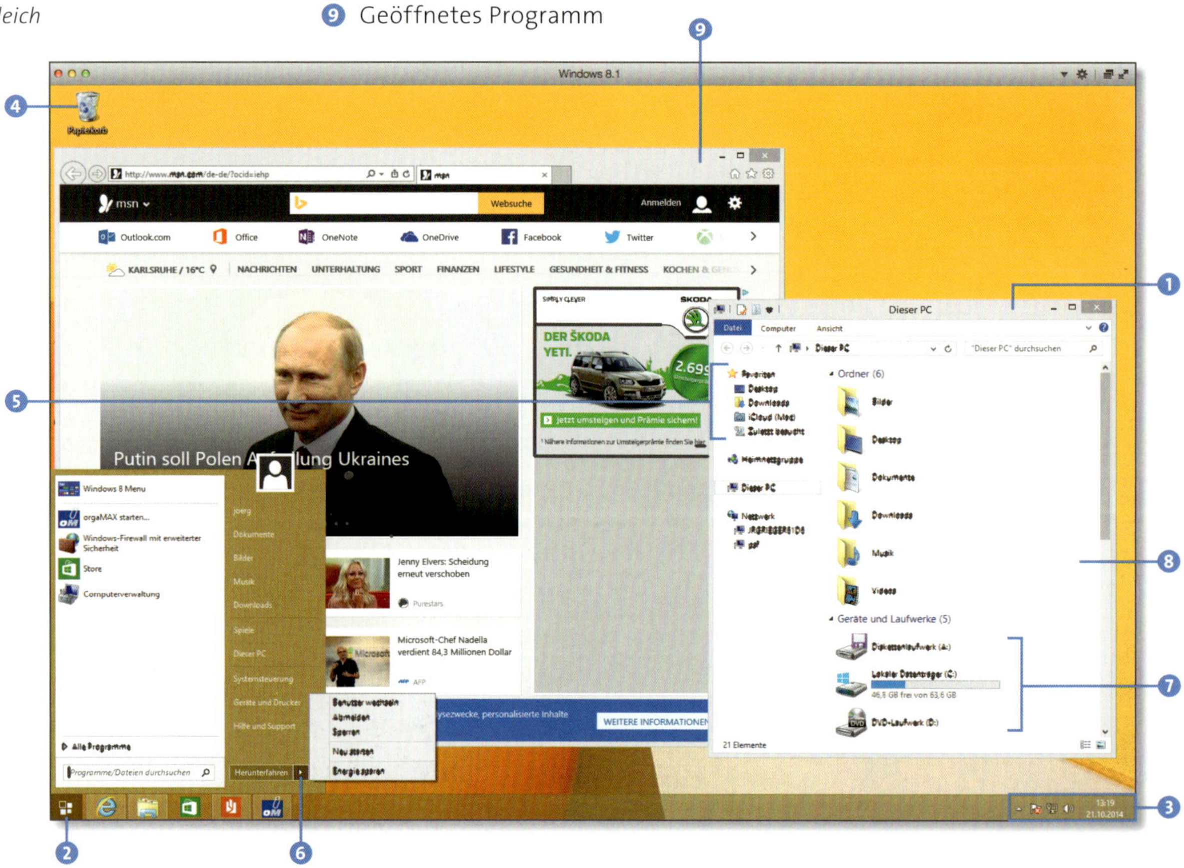

Abbildung 4.5
Der Windows-8.1-Desktop im Vergleich

Der Finder, Ihr Freund und Helfer bei der Dateiverwaltung

Der Finder ist das zentrale Bedienelement am Mac. Er ist grundsätzlich geladen und damit das eigentliche »Hirn« Ihres Betriebssystems. Der Finder stellt alle notwendigen Anwendungen und Steuerungen bereit, damit das Gerät funktioniert.

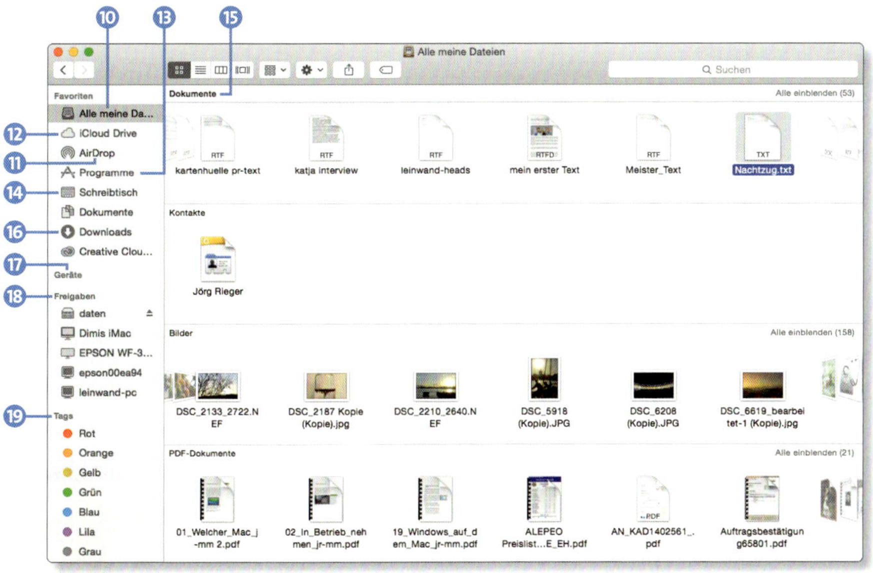

Abbildung 4.6
Das Finder-Fenster beinhaltet Ordner und Dateien.

Den Finder finden Sie zentral im Dock abgelegt, ganz links außen. Sobald Ihr Mac gestartet ist, zeigt auch hier das blaue Symbol unter dem Finder, dass er startklar ist. Sobald Sie auf den Finder klicken, landen Sie direkt in **Alle meine Dateien**. Dort werden die Dateien übersichtlich nach Typ und Datum sortiert. Ganz links befinden sich die neuesten Dokumente, und weiter rechts sind die älteren zu sehen. Dies ist aber lediglich eine Sammlung, die permanent aktualisiert wird, und kein direkter Ablageort. Wirklich gespeichert sind Ihre Daten auf der Festplatte in entsprechenden Ordnern, die Sie z.B. über die Randleiste mit einem Klick auf den Eintrag **Dokumente** erreichen können. Alle Befehle in der linken Spalte für den Schnellzugriff werden mit einem primären oder linken Mausklick aktiviert.

10 Unter **Favoriten** finden Sie Direktlinks zu verschiedenen Orten auf Ihrem Computer. Gut sortiert, präsentiert **Alle meine Dateien** sämtliche selbst erstellten Dokumente – unabhängig davon, wo sie am Mac

Neues Finder-Fenster

Ist bereits ein Finder-Fenster geöffnet, bekommen Sie über den Klick auf das Finder-Symbol im Dock leider kein frisches Fenster, sondern nur das bereits angezeigte präsentiert. Hier hilft ein Trick: Finder im Dock oder den Schreibtisch anklicken und dann die Tastenkombination cmd + N drücken. Schon bekommen Sie ein neues Finder-Fenster.

Neues in der Seitenleiste

Die Seitenleiste hat Platz für Ihre eigenen Favoriten. Genau in diesem Bereich können Sie per Drag & Drop z. B. häufig benötigte Ordner oder Unterordner ablegen. Sie sparen sich damit viele Klicks. Ziehen Sie einfach den gewünschten Ordner in die Favoriten. Möchten Sie einen Ordner entfernen, ziehen Sie ihn einfach aus der Leiste und lassen die Maus- oder Trackpad-Taste los.

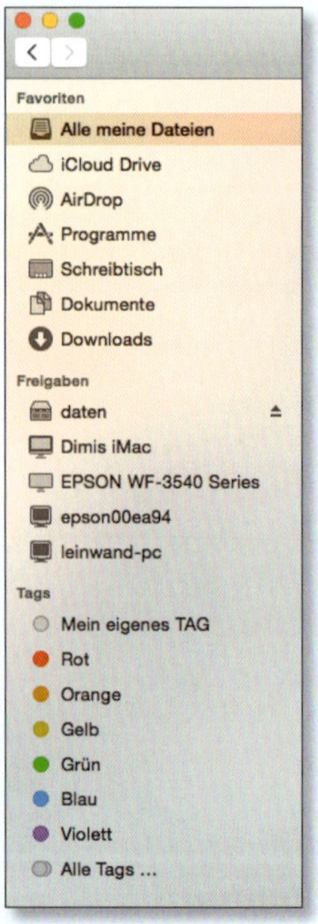

Abbildung 4.7
In der Finder-Seitenleiste finden Sie Verknüpfungen zu Ordnern, sehen alle Laufwerke und können intelligente Suchvorgänge starten.

abgespeichert wurden, und schön übersichtlich nach Textdokumenten, Musik, Bild und Video unterteilt.

11 Mehrere Macs im Haushalt? **AirDrop** ist für den schnellen Datenaustausch zwischen Macs vorbereitet, ohne dass Sie komplizierte Netzwerkeinstellungen vornehmen müssen. Weitere Informationen dazu finden Sie im Abschnitt »Mit AirDrop Dateien austauschen« ab Seite 134.

12 **iCloud Drive**: Der virtuelle Datenspeicher von Apple sichert die dort abgelegten Dateien in der »Cloud«, sprich virtuell. Das hat den Vorteil, dass Sie, egal an welchem Mac Sie sich mit Ihrer Apple-ID anmelden, Zugriff auf diese Daten haben. Eine Internetverbindung ist dafür natürlich erforderlich. Für einige Apple-Programme wie Keynote oder Pages werden die dort abgelegten Daten zusätzlich auch für das iPhone oder das iPad bereitgestellt. Mit Ihren selbst eingestellten Daten klappt das bislang noch nicht, hier bleibt der Zugriff auf Computer mit OS X beschränkt.

13 **Programme:** Hier sind sämtliche Programme abgelegt, die auf Ihrem Mac installiert sind. Etwas verwirrend – Apple spricht selbst eigentlich gar nicht mehr von Programmen, sondern nur noch von Apps. Das wurde vom iPhone und iPad übernommen. Warum hier dennoch im Finder der Begriff »Programme« steht, bleibt ein Rätsel.

14 **Schreibtisch:** Ein Klick darauf öffnet Ihre Schreibtischoberfläche im Finder-Fenster und zeigt die dort abgelegten Dateien an.

15 In **Dokumente** werden standardmäßig alle Ihre selbst erstellten Texte oder Office-Dokumente abgelegt. Haben Sie einen ganz neuen Mac, herrscht dort allerdings gähnende Leere.

16 Ähnlich erfolglos werden Ihre Bemühungen bei den **Downloads** sein – OS X gibt Ihnen hier die Möglichkeit, schnell nach allen Dingen zu suchen, die Sie aus dem Web heruntergeladen haben, also Apps, Dokumente, Bilder und vieles mehr. Sie werden erstaunt sein, was sich hier nach ein paar Wochen und Monaten so ansammelt.

17 Unter **Geräte** sind alle Laufwerke aufgelistet, die gerade am Mac angeschlossen sind, also USB-Sticks, externe Festplatten oder auch DVDs.

18 Der Punkt **Freigaben** erscheint nur, wenn der Mac in einem Netzwerk mit anderen Computern eingeloggt ist. Ansonsten fehlt dieser Menüpunkt.

19 Die **Tags** sind nicht nur farbige Markierungen für Ordner und Dateien, sondern auch ein intelligentes Verschlagwortungssystem. Mehr dazu lesen Sie im Abschnitt »Die Finder-Tags: Farbe mit System« ab Seite 128.

Sie können in der Finder-Leiste gefahrlos klicken, es kann gar nichts passieren. Im Zweifelsfall schließen Sie einfach das Finder-Fenster über die rote Schaltfläche oben links und öffnen es wieder über das Finder-Symbol im Dock. So einfach ist das.

Fenster öffnen

Mac OS X ist ein grafisches Betriebssystem wie Windows oder Linux. Fast alles läuft über Fenster, die Programme, Informationen, Dateien, Bilder und vieles mehr beinhalten. Diese Fenster kann man auf unterschiedlichste Art und Weise öffnen, bewegen, ablegen oder schließen, meist in Verbindung mit Maus oder Tastatur.

Abbildung 4.8
Bitte recht freundlich – der Finder, Ihre Schaltzentrale am Computer, wird per Klick auf dieses Symbol angezeigt.

Da in diesem Buch immer wieder darauf Bezug genommen wird, werden wir diese Grundlagen nun ein wenig mit Ihnen trainieren, bevor Sie die einzelnen Programme und Profi-Funktionen kennenlernen. Dazu öffnen Sie am besten ein Finder-Fenster.

Links oben am Fensterrahmen finden Sie drei bunte Punkte in Ampelfarben. Das sind die zentralen Steuerelemente für sämtliche Fenster am Mac. Sie sind überall, d. h. in jedem Programm, gleich.

Fenster schließen

Die Signalfarbe schlechthin – ein einfacher Mausklick auf das rote Symbol (1) schließt das Fenster. Einfach ausprobieren, und schon ist es geschlossen. Das klappt übrigens auch mit einer Tastenkombination. Drücken Sie auf Ihrer Tastatur einfach `cmd`+`W`, das hat ganz genau denselben Effekt.

Wie Sie es wieder öffnen, wissen Sie ja noch, oder? Dann schnell ausführen, um die anderen zwei Symbole kennenzulernen.

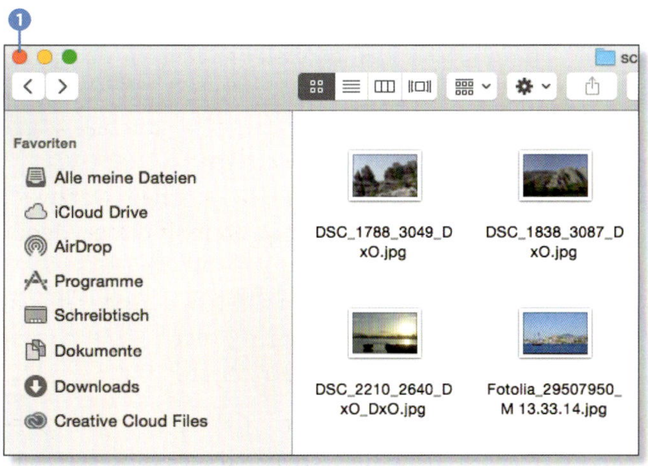

Abbildung 4.9
Ein Klick und weg ist das Fenster

Fenster verkleinern und im Dock ablegen

Mit dem gelben Knopf ② in der Mitte verkleinert man ein Programmfenster und legt es im unteren Bildschirmbereich ab. Es bleibt hier jederzeit griffbereit, wenn es später einmal benötigt wird. Probieren Sie es einfach aus, und bewundern Sie den schicken grafischen Effekt, wenn das Fenster nach rechts unten in das sogenannte Dock »fliegt«.

Abbildung 4.10
Rechts im Dock werden verkleinerte Fenster abgelegt.

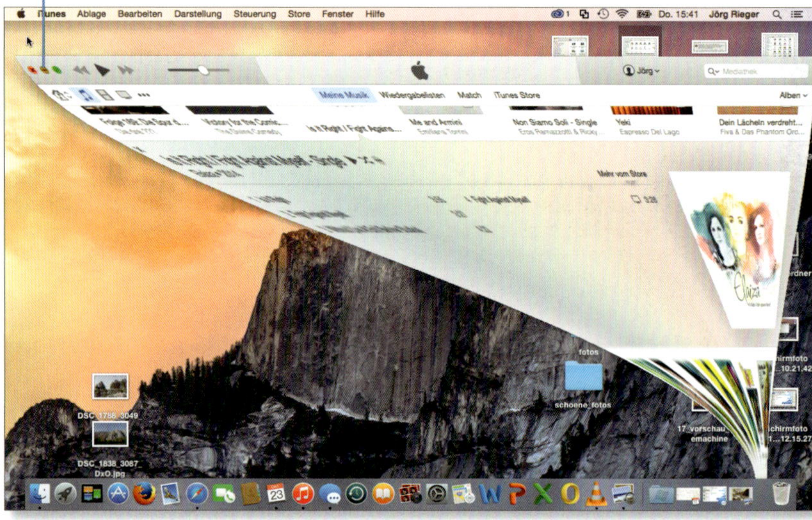

Abbildung 4.11
Mit Gelb werden Fenster ganz einfach verkleinert.

Dort sehen Sie das Programmfenster nun als Miniatur ③. Mit einem Klick darauf wird es wieder so groß wie gehabt und landet genau dort, wo Sie es verkleinert haben.

Fenster im Vollbildmodus

Irgendwie hat man immer zu viele Fenster geöffnet und Apps laufen – für das Arbeiten ohne Ablenkung und die maximal mögliche Bildschirmfläche gibt es deshalb den Vollbildmodus. Dieser bringt die aktuelle App ganz groß raus, das Dock und alle anderen Elemente werden ausgeblendet, und wirklich jeder Zentimeter Ihres Displays wird ausgenutzt. Dies klappt ganz einfach mit dem grünen Button auf der linken Seite ④.

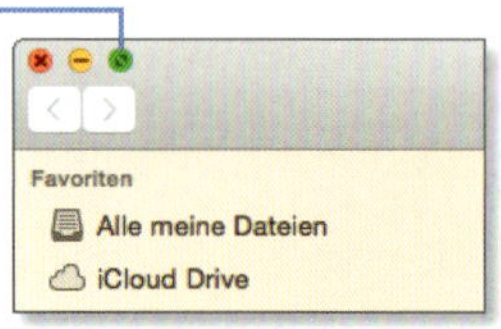

Abbildung 4.12
Grün macht's groß, und zwar so richtig. Hier geht es in den Vollbildmodus.

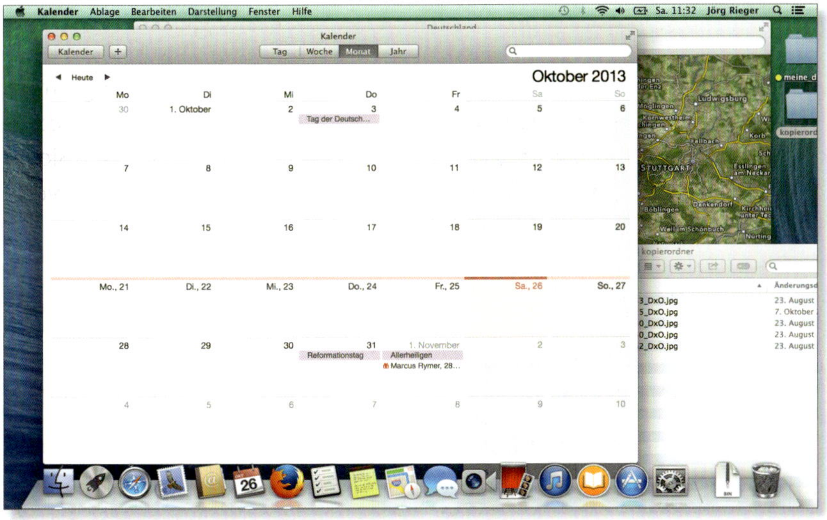

< **Abbildung 4.13**
Kalender im »Gewimmel«

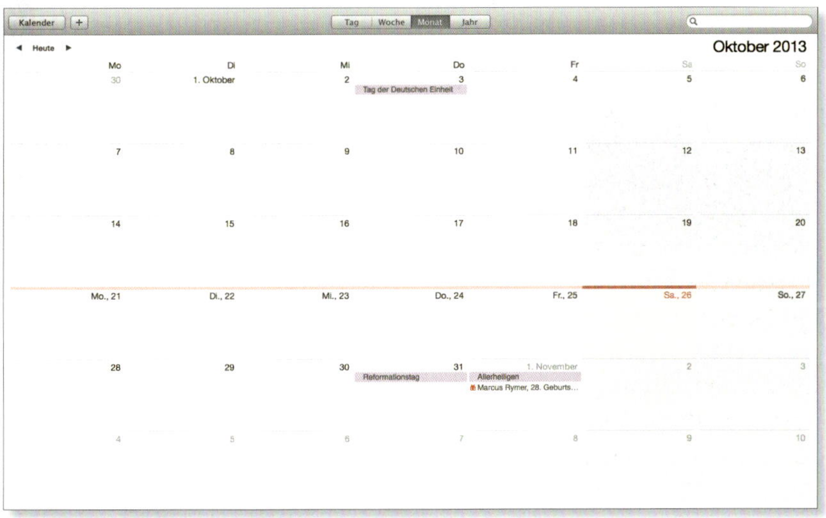

< **Abbildung 4.14**
Der Kalender im Vollbildmodus und ohne Ablenkung durch andere Fenster oder das Dock

Starten Sie zum Ausprobieren einfach den Kalender, das digitale Organisationstalent von Apple, aus dem Dock, und klicken Sie dann das Vollbildsymbol ⑤ an. Mit einem Druck auf die esc-Taste verlassen Sie die Ansicht wieder und kehren zum normalen Modus, mit allen gewohnten Bedienelementen, zurück. Alternativ fahren Sie mit dem Mauszeiger ganz nach oben, bis die Apple-Menüleiste erscheint, und klicken dann den grünen Button erneut an.

Abbildung 4.16 **>**
Zurück in den Fenstermodus

Maximieren wie in Windows?

Sie kennen als Windows-Umsteiger sicherlich die Icons, um Programmfenster zu vergrößern oder zu verkleinern? Leider gibt es unter OS X keinen Knopf zum Maximieren, mit dem ein Fenster auf die maximal mögliche Bildschirmgröße skaliert wird und die Bedienleiste dabei sichtbar bleibt. Man landet immer im Vollbildmodus.

^ **Abbildung 4.15**
Gute alte Zeiten – unter Windows konnte man ein Fenster problemlos maximieren.

Mehrere Apps im Vollbildmodus

In der Vollbildansicht können Sie auch mehrere Programme gleichzeitig laden und bequem hin und her wechseln. Ihre berechtigte Frage an dieser Stelle: »Wie kann ich ein zusätzliches Programm starten, wenn das Dock fehlt?« Apple liefert hier die Antwort mit *Mission Control* (siehe dazu den Abschnitt »Mission Control – die neue Fensterordnung« ab Seite 72). Diese Funktion starten Sie per Tastatur über die Taste F3 und haben dann Zugriff auf alle geöffneten Apps und das Dock. Per Trackpad wischen Sie einfach mit drei Fingern nach oben. In Mission Control wählen Sie nun das zusätzliche Programm und bringen auch dieses in den Vollbildmodus. Das Springen zwischen den Vollbild-Apps klappt mit dem Trackpad ganz simpel mit einem Wischer mit drei Fingern, Mausanwendern bleibt hingegen nur der umständlichere Weg über Mission Control.

Fenster frei vergrößern und verkleinern

Ein Fenster kann unter OS X nicht nur vergrößert oder in das Dock verkleinert, sondern auch ganz frei skaliert, also groß oder klein gemacht werden. Warum? Die Frage ist berechtigt. Beispielsweise ist dies wichtig, wenn man zwei Fenster nebeneinanderstellen möchte, um Dateien zu kopieren oder zwei Fotos nebeneinander zu betrachten. Wie das geht, erfahren Sie später. Jetzt geht es aber darum, ein einzelnes Fenster individuell zu vergrößern und zu verkleinern.

Abbildung 4.17 >
Ein Fenster kann unter OS X an jeder Ecke und an den Seiten vergrößert und verkleinert werden.

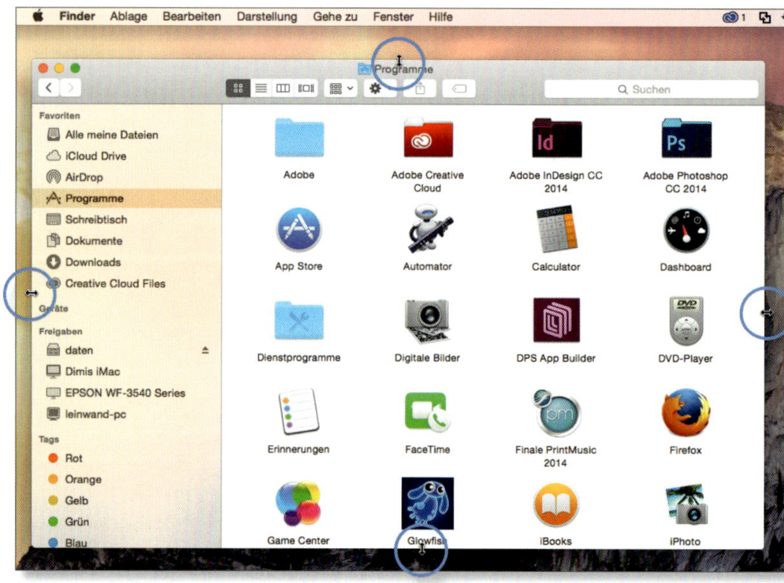

Packen Sie das Fenster einfach an jener Seite mit gedrückter Maustaste am Rand an, an der Sie die Größenänderung vornehmen möchten, und ziehen Sie in die gewünschte Richtung. Sie erkennen, dass dabei das Fenster in seiner Größe dynamisch verändert wird, und das klappt wirklich an jeder Fensterseite. Wenn das Fenster die gewünschte Größe erreicht hat, lassen Sie einfach die Maustaste los – fertig.

Wichtig: Die schwebenden Fenster sind, wie auch die Fenster des Finders, nicht fixiert, sondern können mit Klick auf den oberen grauen Rahmen und gedrückter Maustaste bewegt und an jeder Außenseite vergrößert oder verkleinert werden.

Ein komplettes Fenster verschieben

Man kann nicht nur die Größe der Fenster verändern, sondern auch das komplette Programmfenster auf dem Mac-Schreibtisch an jede beliebige Position verschieben. Sie ahnen es bereits, wir brauchen dafür wieder ein Fenster, durch den Finder geöffnet.

Bewegen Sie den Mauszeiger auf den grauen Rahmenbereich neben den drei Symbolen. Ob er links oder rechts neben dem Fenstertitel positioniert wird, ist dabei völlig egal. Halten Sie nun die Maustaste gedrückt, und schieben Sie das Fenster nach links, rechts, oben und unten – es bewegt sich, und sobald Sie die Maustaste loslassen, bleibt es an der entsprechenden Stelle stehen.

Fensterverschiebung per Trackpad

Wenn Sie möchten, können Sie auch mit dem Trackpad am Notebook Fenster verschieben. Dazu müssen Sie in den Systemeinstellungen unter **Trackpad > Zeigen und Klicken** den Punkt **Mit drei Fingern bewegen** aktivieren. Achtung: Mission Control wird dann automatisch mit vier Fingern statt mit drei Fingern gestartet (siehe Seite 72). Danach funktioniert es folgendermaßen: Gehen Sie in den oberen grauen Rahmen des zu verschiebenden Fensters, und ziehen Sie mit drei Fingern in die gewünschte Richtung.

Die Finder-Tabs

Sie kennen die Tabs schon vom Surfen im Internet? Mit `Strg`+`T` am PC oder `cmd`+`T` am Mac kann man in sämtlichen Browsern neue Fenster als sogenannte *Tabs* öffnen **2**. So wird nicht jedes Mal ein neues Fenster geöffnet, und Sie können bequem zwischen den aufgerufenen Seiten hin- und herschalten.

Abbildung 4.18
Die Tabs im Safari-Browser

Genauso komfortabel geht das mit dem Finder. Öffnen Sie ein neues Finder-Fenster statt über den Befehl `cmd`+`N` einfach über `cmd`+`T`.

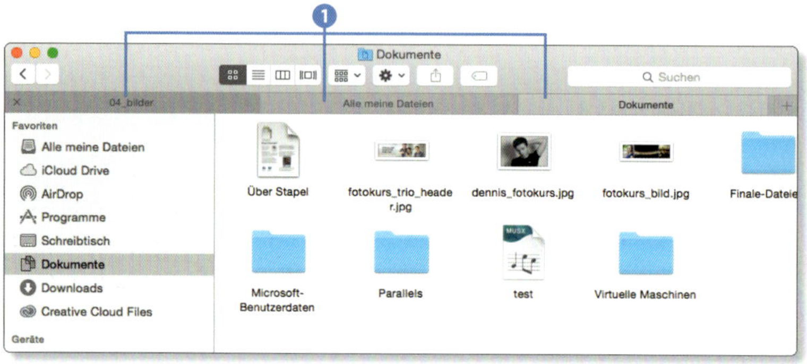

Abbildung 4.19 >
Die Tabs im Finder sind praktisch, um den Überblick über verschiedenste Ordner zu behalten.

^ Abbildung 4.20
Wenn Sie über den Tab fahren, wird das Kreuz zum Schließen eingeblendet.

Die Finder-Tabs sehen denen aus Safari sehr ähnlich **1**. Mit einem Klick in die Tabs wechseln Sie die Ansicht. Ein Klick auf das kleine Kreuz **2** schließt den entsprechenden Tab.

Mission Control – die neue Fensterordnung

In diesem Abschnitt möchten wir Ihnen *Mission Control* vorstellen, das den Alltag am Mac erheblich erleichtert. Die Finder-Fenster mit ihren verschiedenen Knöpfen und Funktionen haben Sie ja bereits bestens im Griff. Doch was tun gegen ein Fensterchaos, wie es in Abbildung 4.22 dargestellt ist? Mit dieser Funktion behalten Sie immer den Überblick, auch wenn 20 Fenster geöffnet sind.

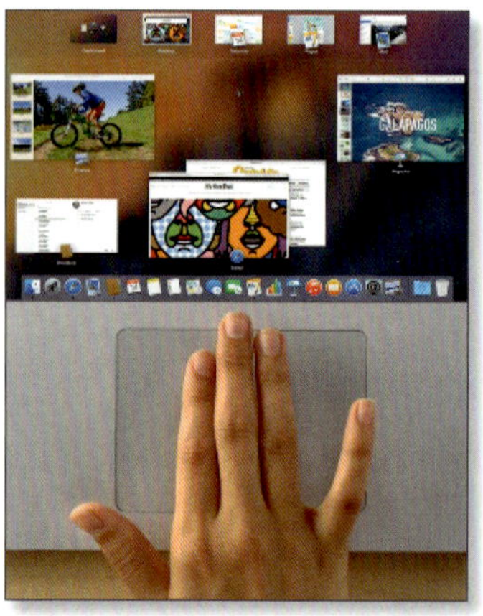

^ Abbildung 4.21
Mit dem Trackpad wischen Sie einfach mit drei Fingern nach oben, und schon wird Mission Control aktiv. Das funktioniert leider nicht mit der Magic Mouse.

Abbildung 4.22 >
Wer blickt hier noch durch?

So etwas geht schneller, als man denkt: Hier kurz ein Bild oder einen Ordner geöffnet, das Adressbuch geladen, und schon kennt man sich nicht mehr aus. »Wo war doch gleich das Word-Dokument?« Statt umständlich die Fenster hin und her zu schieben, hat OS X mit Mission Control ein digitales Räumungskommando parat, das Ihnen auf Wunsch sofort alle geöffneten Fenster und Programme anzeigt.

Auf der Apple-Tastatur wird Mission Control per Tastendruck geladen. Ihr Bildschirm sieht dann plötzlich ganz schön übersichtlich aus. Damit Mission Control per »Fingerwisch«, wie in Abbildung 4.21 gezeigt, auch via Trackpad funktioniert, müssen Sie diese Funktion in den Systemeinstellungen im Menüpunkt **Trackpad** erst aktivieren:

Abbildung 4.23 *Mission Control gibt es auf dem Apple-Keyboard per Tastendruck* 3.

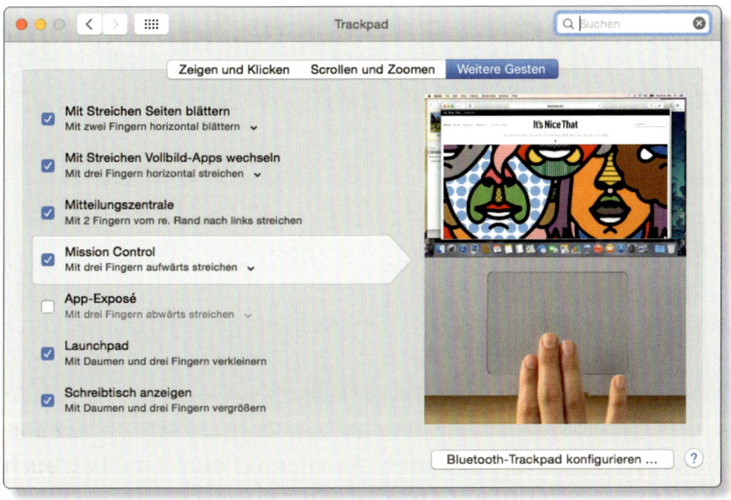

Abbildung 4.24
Standardmäßig nicht aktiviert – der »Dreifingergriff«, um Mission Control via Trackpad starten zu können.

Abbildung 4.26
Alle Fenster in Reih und Glied

Abbildung 4.25
Bei Windows 8/8.1 gibt es eine ähnliche Funktion, um alle Fenster schnell im Überblick zu haben.

Mission Control hat alle geöffneten Fenster übersichtlich nach Programmen sortiert (4 in Abbildung 4.26). Im oberen Bereich sehen Sie alle Vollbildprogramme 5, in diesem Fall den Schreibtisch und das Dashboard (siehe auch den Abschnitt »Das Dashboard: praktische Mini-Apps« ab Seite 107). Fahren Sie nun mit Trackpad oder Maus auf das Programm, mit dem Sie weiterarbeiten möchten.

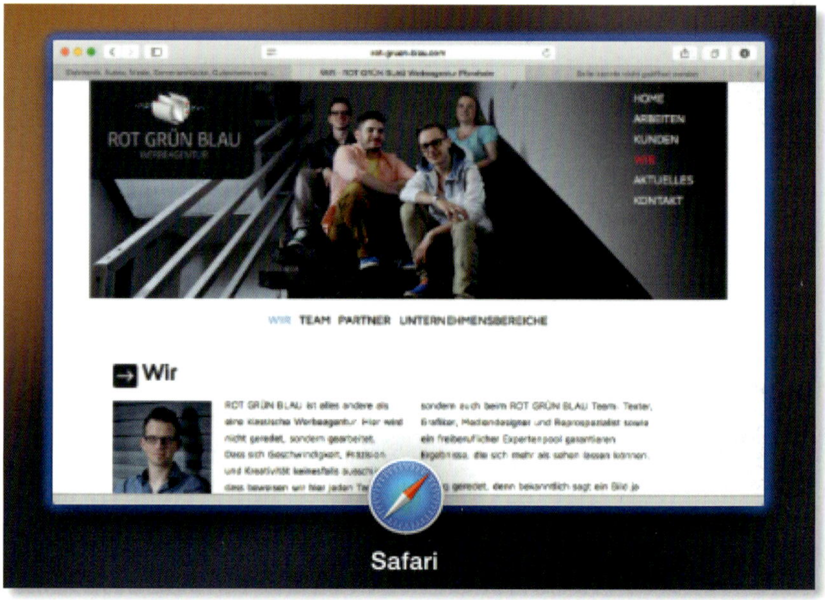

Abbildung 4.27 > *Die Auswahl in Mission Control ist blau markiert.*

Die gewählte App oder das gewählte Fenster ist nun blau markiert, und mit einem primären Mausklick springen alle Fenster wieder in die ursprüngliche Position zurück. Das gewählte aber bleibt im Vordergrund.

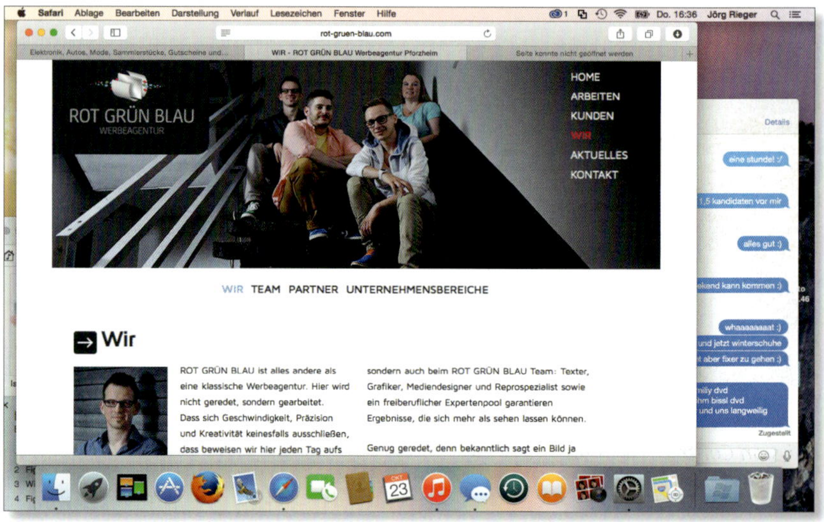

Abbildung 4.28 > *Wieder Chaos, aber das gesuchte Fenster ist nun im Vordergrund.*

Wenn Sie von einer App mehrere Fenster geöffnet haben, beispielsweise verschiedene Webseiten in Safari, erscheinen diese auch in Mission Control übereinandergestapelt.

Abbildung 4.29
Und wie kommt man nun zum hinteren Fenster? Per Fingerstrich auf Trackpad oder Magic Mouse gelangen Sie zum Ziel.

Mit dem Trackpad oder der Magic Mouse bringen Sie hier aber schnell Übersicht hinein. Wählen Sie, wie vorhin beschrieben, ein Fenster eines Programms aus, und streichen Sie nun mit zwei Fingern nach oben. Sie sehen: Die Fenster springen übersichtlich auf, und die Auswahl fällt mit einem einfachen Klick sehr leicht.

Abbildung 4.30
Mission Control zeigt nun übersichtlich an, welche Fenster einer App geöffnet sind.

Abbildung 4.31
Hier ist wieder ein Klick auf »Systemeinstellungen« notwendig.

Wer keine Apple-Tastatur, kein Trackpad oder keine Magic Mouse hat und Mission Control lieber anders aktivieren will, dem bieten sich im Dialogfenster **Systemeinstellungen** zahlreiche Möglichkeiten, um dieses Werkzeug nach Wunsch zu konfigurieren. Starten Sie es daher einfach aus dem Dock, und klicken Sie im Fenster dann auf **Mission Control** 1.

Abbildung 4.32
Unter »Mission Control« kann man den »Fensterflug« kontrollieren.

Die Häkchen im oberen Bereich lassen Sie gesetzt 2, die Einstellungen hier sind für das Arbeiten perfekt. Auch die Tastatur- und Mausbefehle 3 sind als Standard gesetzt und sollten nicht geändert werden.

Abbildung 4.33
Die Systemeinstellungen für »Mission Control« sind komplex.

Weitaus interessanter wird es im Bereich **Aktive Ecken** 4. Hier legen Sie fest, ob Mission Control an den Bildschirmecken aktiviert werden soll, wenn dort mit der Maus »angestoßen« wird. Pro Bildschirmecke kann man die in Abbildung 4.34 gezeigten Aktionen aus den Rollout-Menüs wählen.

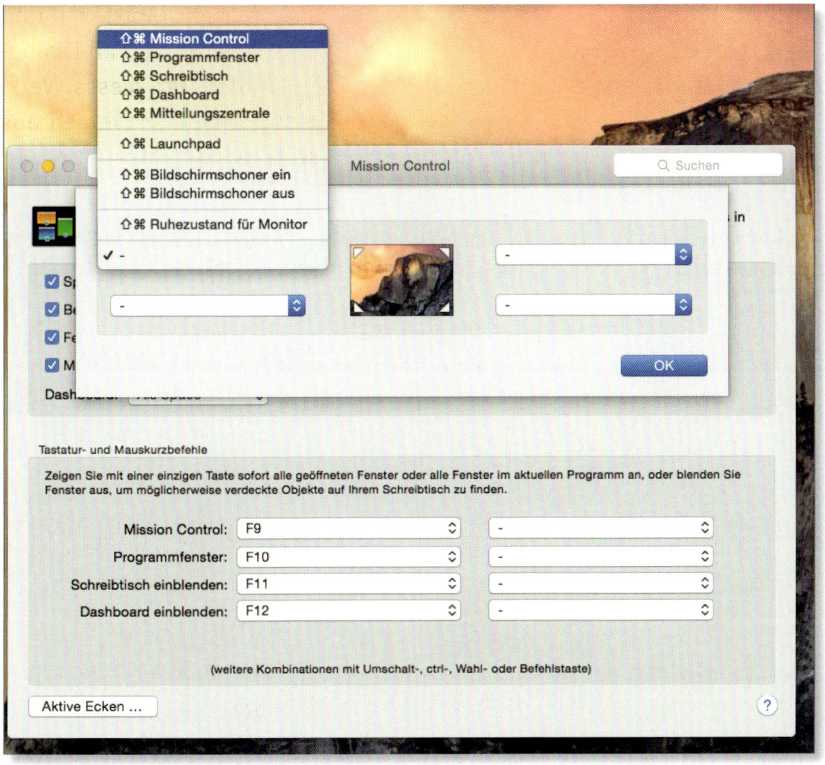

Abbildung 4.34
Jede Bildschirmecke kann mit diesen Funktionen belegt werden.

Aktive Ecken benutzen

Um die aktiven Ecken zu benutzen, fahren Sie später einfach mit etwas Schwung mit der Maus in die jeweilige Bildschirmecke – fertig!

- **Mission Control:** Diese Funktion haben Sie schon auf den vorherigen Seiten kennengelernt – wenn Ihnen die Möglichkeiten per Keyboard oder Trackpad zum Aufrufen nicht genügen, gibt es hier die dritte Möglichkeit.
- **Programmfenster:** Hier zeigt man Ihnen alle Fenster des gerade aktiven Programms in einer Übersicht an, wie in Mission Control.
- **Schreibtisch:** Dieser Befehl räumt den Blick auf Ihren Schreibtisch frei und blendet alle Fenster und Anwendungen vorübergehend aus.
- **Dashboard:** Das Dashboard kann ebenfalls über eine aktive Ecke geladen werden (mehr dazu im Abschnitt »Das Dashboard: praktische Mini-Apps« ab Seite 107).
- **Mitteilungszentrale:** Hier werden die Benachrichtigungen aus den Programmen E-Mail, Kalender und iMessage eingeblendet. Das funktioniert aber über den Klick in das Icon rechts oben bei den Menulets deutlich komfortabler.
- **Launchpad:** Die Schaltzentrale zur App-Auswahl wird nicht nur über das Dock, sondern auf Wunsch auch einfach über eine Bildschirmecke aufgerufen.

- **Bildschirmschoner:** Bildschirmschoner sind Relikte vergangener Tage: Als Energiesparen noch ein Fremdwort war, sorgten die Bildschirmschoner dafür, dass das Bild bei über längere Zeit eingeschalteten Bildschirmen nicht »einbrannte«. Heute ist das nicht mehr zeitgemäß; Ihr Mac schaltet automatisch nach einigen Minuten Untätigkeit in den Energiesparmodus.
- **Ruhezustand für Monitor:** Die Ökovariante für das Display heißt Ruhezustand – damit wird es »schlafen gelegt« und spart Strom.
- (Keine Funktion): Wenn Sie gar keine Funktion in die Monitorecken legen möchten, muss der letzte Eintrag ausgewählt werden.

Für den Einstieg empfehlen wir Ihnen, einfach Programmfenster in eine Bildschirmecke zu legen. Das kann dann z. B. so aussehen wie in Abbildung 4.35 dargestellt.

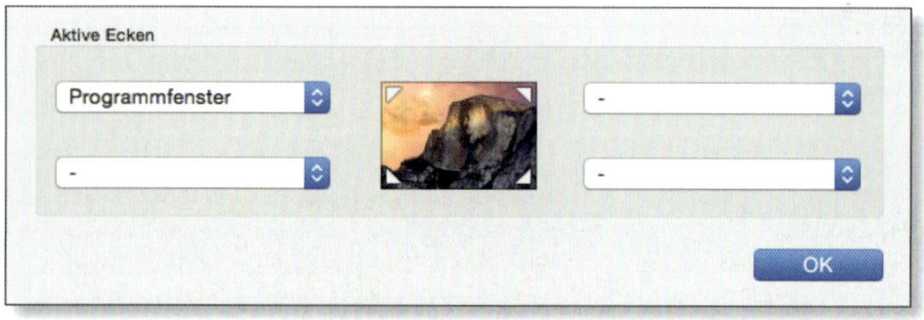

Abbildung 4.35 >
Alle Fenster sind schon da – wenn Sie zukünftig in die linke obere Bildschirmecke fahren.

Schließen Sie im Anschluss daran die Systemeinstellungen, und probieren Sie gleich aus, ob die aktive Ecke nun funktioniert: Die Maus mit Schwung in die Ecke setzen, und schon sind alle geöffneten Fenster einer App schön sortiert auf dem Schirm, wie Sie es vorhin schon per Tastendruck ausprobiert haben.

Die Mitteilungszentrale: alle Informationen auf einen Blick

Der Mac-Computer hat mittlerweile sehr viele Attribute von Apples mobilen Endgeräten, also iPhone und iPad, geerbt. Die Mitteilungszentrale gehört hier definitiv dazu. Was man an diesen Geräten per Fingerwisch nach unten startet, wird unter OS X über das Icon in den Menulets rechts oben im Bildschirm aufgerufen ①. Standardmäßig werden hier aktuelle Termine, ungelesene Chat-Nachrichten, aktuell gespielte Musiktitel aus iTunes sowie E-Mails, verpasste Anrufe, Facebook-Nachrichten und SMS angezeigt ②. Zusätzlich werden wichtige Neuigkeiten parallel als kleine Nachricht eingeblendet.

Praktisch – ein Klick auf die jeweilige Mitteilung öffnet direkt das passende Programm. Im Falle einer SMS oder iMessage können Sie mit der Nachrichten-App direkt antworten und sogar klassische SMS direkt versenden oder über das Notebook »ganz normal« zurückrufen. Hier ist natürlich ein iPhone erforderlich, das in diesem Fall zwar nicht direkt benutzt wird, aber trotzdem den Anruf ausführt bzw. die Nachricht versendet. Bei einer Facebook-Nachricht wird natürlich Facebook über Safari geladen.

Abbildung 4.36
Noch mehr Infos gibt es per Klick auf »Heute« 3 – hier sind alle Termine, das Wetter und vieles mehr aufgelistet. Wer ein iPhone hat, dem dürfte dieser Infobildschirm bekannt vorkommen. Ein Hoch auf den Datenschutz – für die korrekte Wetteranzeige müssen Sie Apple explizit Zugriff auf Ihre Standortdaten 4 gewähren, sonst müssen Sie selbst einen Blick nach draußen werfen, ob Badehose oder Schneeschuhe angebracht sind.

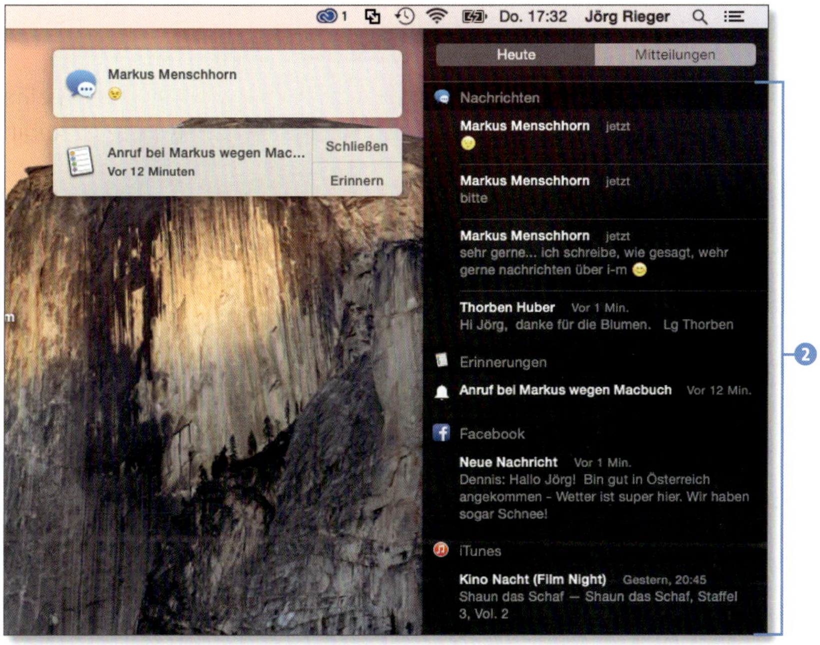

Abbildung 4.37
Die Mitteilungszentrale zeigt übersichtlich an, was für Sie interessant ist. Aktuelle Informationen werden zusätzlich eingeblendet. Die jeweiligen Apps müssen dazu nicht aktiv sein.

Bei Apple hat übrigens wirklich jede Nachricht Priorität und wird standardmäßig gleich wichtig eingeblendet. Das kann auf Dauer ziemlich nerven, aber Sie können dies in den Systemeinstellungen nach Belieben konfigurieren. Gehen Sie dort auf den Punkt **Mitteilungen** 5.

Abbildung 4.38
Im Menü »Mitteilungen« konfigurieren Sie alle Dienste, die Sie über neue Ereignisse informieren.

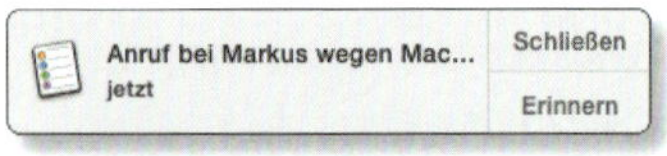

Abbildung 4.39
Ein Hinweis aus der Mitteilungszentrale

Woher kommen die Nachrichten?

Wie Sie Ihren Kalender bedienen, erfahren Sie in Kapitel 11, »Perfekt organisiert: iCloud, Erinnerungen, Termine und Adressen«, bereits in Kapitel 10, »E-Mails – denn Briefe waren gestern«, konfigurieren Sie das E-Mail-Programm. Die Nachrichten werden in Kapitel 12, »In Kontakt bleiben: Nachrichten und Videotelefonie«, besprochen.

Im Fenster **Mitteilungen** sehen Sie links jene Dienste, die auch in der Mitteilungsliste aufgeführt sind. Klicken Sie beispielsweise auf die Erinnerungen ❶, um diese nun nach Wunsch einzustellen. Sie können den Termin entweder nur stumm in die Liste der Mitteilungen aufnehmen ❷ oder ihn, wenn er akut wird, als Banner ❸ erscheinen lassen. Diese Einblendung ist aber tatsächlich nur wenige Sekunden am Bildschirm zu sehen und verschwindet dann in der Liste der Mitteilungen. Effektiver ist der Warnhinweis ❹, der erst per Mausklick ausgeblendet wird, wenn Sie ihn explizit angeklickt haben. Dies können Sie auch für die Mail-Software, für Nachrichten, Erinnerungen und alle anderen Dienste einstellen. Ein Klick auf die rote Schaltfläche ❺ genügt, um die Einstellungen zu übernehmen.

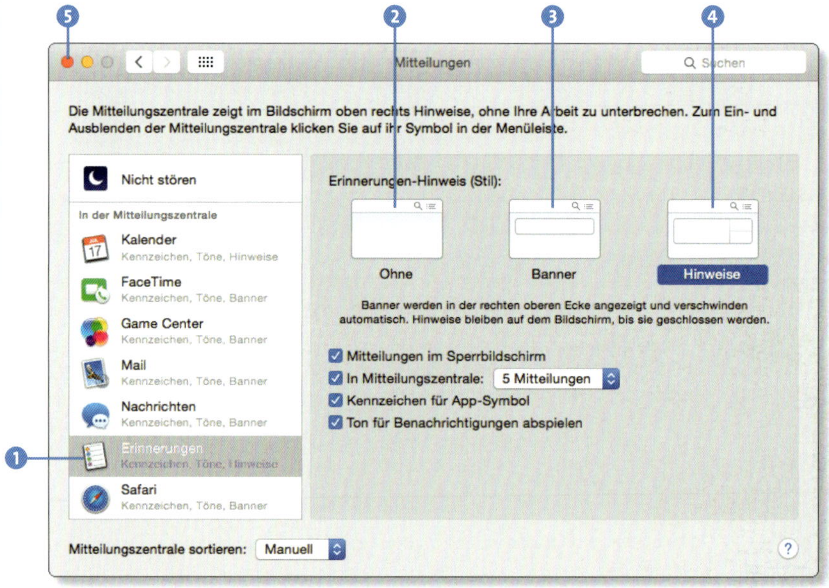

Abbildung 4.40
Mitteilungen werden individuell eingestellt.

Über iMessage versendete Nachrichten sind komplett »vernetzt« – sprich, wenn Sie Nachrichten am Mac schreiben, werden diese automatisch auch auf Ihrem iPhone oder iPad unter **Nachrichten** hinterlegt.

Grundeinstellungen für komfortables Arbeiten

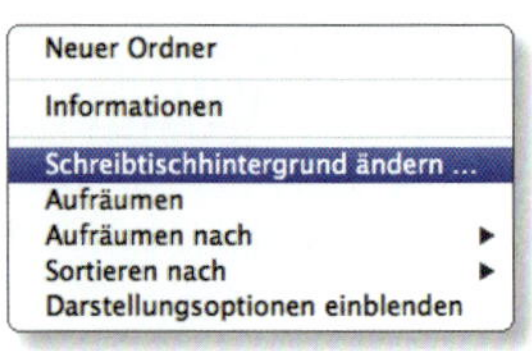

Abbildung 4.41
Tapetenwechsel – ganz einfach!

Damit Sie sich an Ihrem Computer wie zu Hause fühlen, gibt es ein paar Tricks und Kniffe, die das Leben mit dem Mac vereinfachen. Wir bewegen uns hier in Menüs und Anwendungen, die wir uns später noch im Detail ansehen. In diesem Abschnitt geht es darum, zunächst die Grundvoraussetzungen für komfortables Arbeiten zu schaffen.

Den Schreibtischhintergrund einrichten

Sie sollen sich wohlfühlen mit Ihrem Apple-Computer – und das Hintergrundbild trägt eindeutig dazu bei. Wenn Ihnen der Yosemite-Nationalpark-Felsen, der dem aktuellen OS X seinen Namen verlieh, gefällt, dürfen Sie die folgende Anleitung gerne überspringen. Alle anderen Anwender richten den neuen Hintergrund ganz individuell ein.

Klicken Sie mit der primären Maustaste (oder `ctrl` + Mausklick) auf einen beliebigen Ort auf Ihrem Schreibtisch. Es öffnet sich ein Kontextmenü mit unterschiedlichen Funktionen. Wählen Sie nun **Schreibtischhintergrund ändern** mit primärer oder zentraler Maustaste aus.

Es öffnet sich ein neues Fenster: Nun ist Kreativität gefragt – was ist Ihr liebster Hintergrund? Apple stellt Ihnen gleich mehrere Dutzend neuer Schreibtischhintergründe zur Auswahl. Mit einem Mausklick auf den blauen Ordner auf der linken Seite 6 gelangen Sie in verschiedene Kategorien. Dort markieren Sie einfach mit einem Mausklick das gewünschte Bild und sehen sofort die Änderung auf Ihrem Bildschirm. Wenn das Wunschbild ausgewählt ist, einfach das Fenster über den roten Knopf links oben schließen.

Automatischer Bildwechsel

Wenn Sie möchten, lädt OS X in von Ihnen festgelegten Zeitabständen automatisch das Hintergrundbild. Die Einstellungen hierzu finden Sie in **Bild ändern** 7.

Abbildung 4.42
Zu viele schöne Bilder, als dass man immer nur eines als Hintergrund haben möchte.

Abbildung 4.43
Was soll es denn sein? Apple bietet eine vielfältige Auswahl an schönen und auffälligen, aber auch ganz schlichten Hintergründen.

Festplatten einblenden

> **Warum Apple die Systemfestplatte versteckt**
>
> OS X ist ein benutzerfreundliches System und möchte vermeiden, dass man durch unbedachtes Klicken Einstellungen verändert. Daher ist die Festplatte Macintosh HD, auf der standardmäßig alle Daten gesichert sind, nicht direkt erreichbar, sondern nur einzelne Speicherorte für Ihre Daten.

Standardmäßig zeigt das Betriebssystem OS X 10.10 weder die Systemfestplatte noch externe Festplatten auf dem Schreibtisch an. Externe Festplatten werden nur in der Seitenleiste des Finder-Fensters unter **Geräte** angezeigt, die Systemfestplatte werden Sie dort allerdings auch nicht finden. Da der Zugriff auf Wechseldatenträger wie eine DVD oder eine Fotospeicherkarte über den Schreibtisch aber viel schneller als über die Seitenleiste des Finders ist, wollen wir die Anzeige anpassen:

1. Finder aktivieren

Klicken Sie auf den Schreibtischhintergrund oder das Finder-Symbol im Dock, damit oben die Finder-Menüleiste erscheint. Klicken Sie dort auf **Finder** und dann auf **Einstellungen**.

2. Häkchen setzen

Klicken Sie, falls das entsprechende Menü nicht sowieso schon eingeblendet ist, auf den Button **Allgemein**. Bei **Diese Objekte auf dem Schreibtisch anzeigen** sehen Sie es schon: Es fehlen die Häkchen bei **Festplatten**, **Externe Festplatten** und **CDs, DVDs und iPods** ①. Also, Häkchen wie gewünscht setzen und danach das Fenster über das rote Icon schließen.

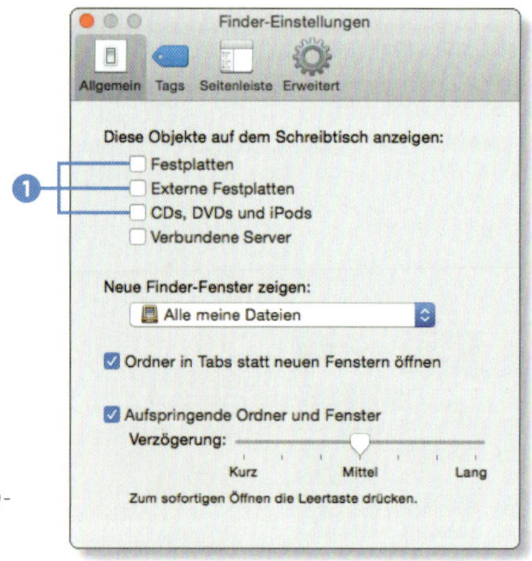

Abbildung 4.44 > *Allgemeine Finder-Einstellungen – was soll auf dem Schreibtisch angezeigt werden?*

Abbildung 4.45 >> *Jetzt erscheinen alle Laufwerke und Festplatten auf dem Schreibtisch.*

3. Festplatte bestaunen

Wie von Zauberhand erscheinen nun die für den direkten Zugriff vorbereitete Macintosh HD ② und externe Laufwerke ③ auf Ihrem Schreibtisch!

Übrigens: Egal, was Sie in den Finder-Einstellungen als sichtbar oder unsichtbar markieren, im Finder-Fenster und in der linken Seitenleiste werden die Laufwerke trotzdem immer angezeigt mit Ausnahme der Macintosh HD.

Fenster verkleinern per Doppelklick

Sie haben schon gelernt, wie man ein Fenster ganz komfortabel über den gelben Minusknopf im Dock ablegt. Es geht aber noch praktischer, und zwar per Doppelklick auf den oberen grauen Rahmen. Diese Funktion war in den ersten Programmversionen von OS X serienmäßig aktiviert, nun aber nicht mehr. Wir finden das schade und zeigen Ihnen daher, wie Sie diese Funktion aktivieren.

Gehen Sie über das Dock in die Systemeinstellungen, und klicken Sie dort auf **Dock**. Hier brauchen wir **Beim Doppelklicken auf die Titelleiste das Fenster im Dock ablegen** 4. Auch hier wurde ein Häkchen vergessen, hat das bei OS X etwa System? In jedem Fall setzen Sie hier das Häkchen per Mausklick und schließen diese Einstellungen über das rote Icon.

Abbildung 4.46
Häkchen setzen und zukünftig noch eleganter die Fenster ablegen

Doch was ist nun der praktische Nutzen? Öffnen Sie doch einfach ein Finder-Fenster oder ein Programm. Doppelklicken Sie nun in den grauen Bereich am oberen Fensterrand. Sie sehen, das gesamte Fenster verschwindet daraufhin ganz elegant ins Dock.

Abbildung 4.47
Hier klicken Sie in den grauen Bereich, um das Fenster ins Dock zu befördern.

Dies ist zwar nur ein kleiner Komfortgewinn, aber wir schätzen und lieben ihn umso mehr. Wenn Sie diese Funktion nicht möchten, können Sie natürlich auch weiterhin den gelben Button benutzen oder beide Möglichkeiten ganz nach Lust und Laune kombinieren.

Die Scrollrichtung ändern

Scrollen wie gewohnt

Bei Apple wird anders gescrollt – hier zeigen wir Ihnen aber, wie Sie die Scrollrichtung dahingehend ändern, wie Sie es gewohnt sind.

Egal, ob Maus oder Trackpad – in OS X 10.10 Yosemite funktionieren diese wie bei einem iPad oder iPhone und damit genau entgegengesetzt zu dem, was man vielleicht von anderen Computern her kennt. Sprich: Scrollen nach unten bewegt die Seite nach oben, Scrollen nach oben bewegt die Seite nach unten. Genauso verhält es sich beim Trackpad: Nach oben wischen scrollt Listen nach unten und umgekehrt. Das kann unter Umständen, gerade wenn Sie es anders gewohnt sind, ganz schön nerven.

Aber, kein Problem, Sie können die Scrollrichtung verändern, und zwar wieder über die Systemeinstellungen. Je nach Eingabegerät müssen Sie entweder auf **Trackpad** oder **Maus** klicken.

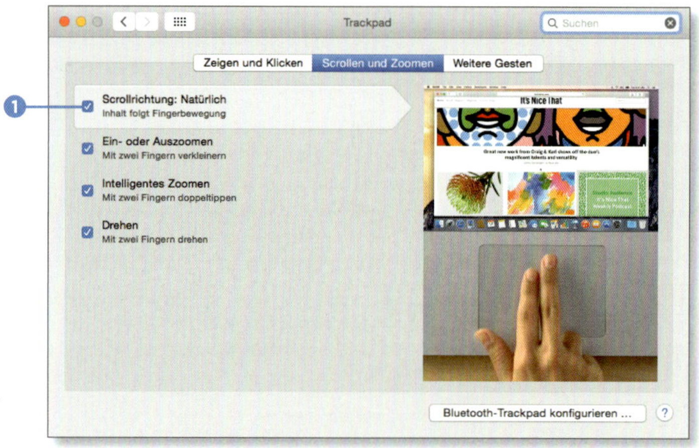

Abbildung 4.48 >
Wirklich natürlich? Die Scrollrichtung kann ganz schön irritieren.

Die Scrollrichtung ① ist standardmäßig auf **Natürlich** eingestellt. Für viele Anwender ist genau das aber ziemlich unnatürlich. Wenn Sie den Haken entfernen, funktioniert das Scrollen dann in allen OS-X-Apps wieder so, wie Sie es ggf. bisher gewohnt waren.

Eigenwillig – die Rechtschreibkorrektur

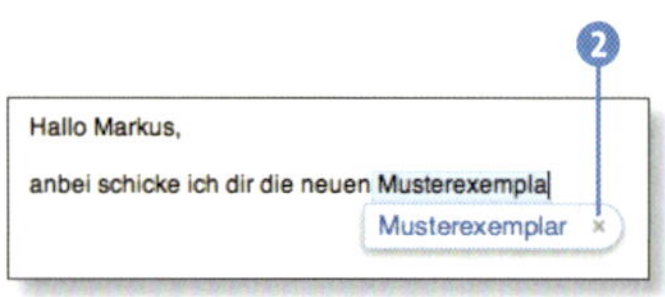

^ Abbildung 4.49
OS X Yosemite korrigiert direkt bei der Eingabe von Text. Nicht gewollte Vorschläge müssen mit einem Klick auf das Kreuzchen abgewählt werden.

Apple meint es ja nur gut mit Ihnen und hat die automatische Rechtschreibkorrektur aus dem iPhone und iPad direkt in OS X 10.10 Yosemite eingebaut. Diese Funktion ist ziemlich praktisch, denn egal ob Sie eine E-Mail schreiben oder mit Safari im Web surfen, OS X ist hier der Retter der deutschen Sprache und korrigiert neben Groß- und Kleinschreibung auch Buchstabendreher und eben falsch geschriebene Wörter. Zudem korrigiert die Funktion auch in Fremdsprachen. Beginnen Sie einen Satz in einer offensichtlich anderen Sprache, reagiert das System sofort.

Leider ist diese Korrektur insgesamt etwas eigenwillig, um es vorsichtig auszudrücken. Fakt ist: OS X korrigiert automatisch, wenn Sie nicht eingreifen. Möchten Sie eine Korrektur nicht, müssen Sie das per Klick auf das Kreuzchen ② mit Maus oder Trackpad unterbinden. Zudem kommt die Überprüfung beim schnellen Schreiben teilweise nicht hinterher, und Fehler bleiben einfach stehen.

Wenn Ihnen dieser kleine automatische Besserwisser von OS X Yosemite lästig wird, öffnen Sie die Systemeinstellungen und klicken dort auf **Tastatur**. Ein Klick auf den Reiter **Text** ③ öffnet ein neues Fenster. Dort wählen Sie **Automatische Korrektur** ④ ab, und fortan können Sie wieder nach Herzenslust schreiben.

Worte lernen

Schon ärgerlich, wenn OS X Begriffe ändert, die gar nicht geändert werden sollen. Das kann man ändern: Erst das Wort nicht korrigieren lassen, wie in Abbildung 4.49 gezeigt. Mit sekundärem Mausklick wählen Sie es nun aus und gehen auf **Schreibweise lernen**. Schon wird das Wort künftig nicht mehr mit der Autokorrektur geändert.

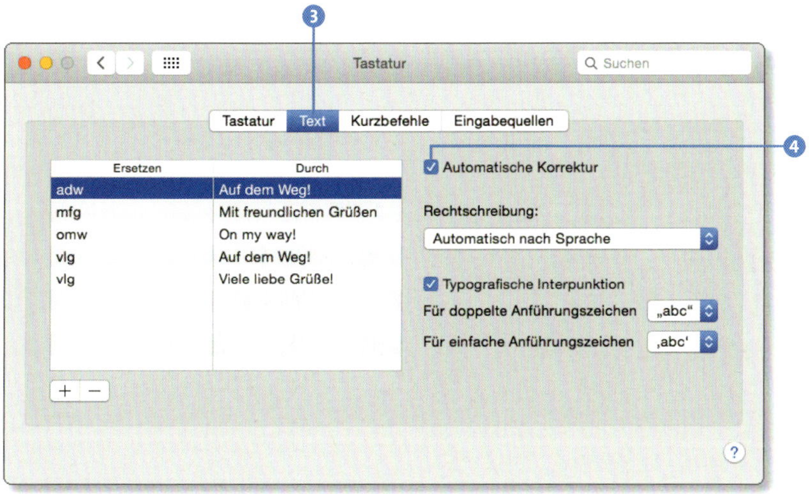

Abbildung 4.50
Selbst ist der Mac-User – mit der Abwahl der automatischen Rechtschreibkorrektur können Sie wieder so schreiben, wie Sie möchten.

Bildschirmschoner mit Passwortschutz

Sicherlich ist es Ihnen auch schon aufgefallen – aus Sicherheitsgründen verlangt Ihr Mac nach jedem Aufwachen aus dem Standby-Betrieb wieder Ihr Benutzerkennwort. Damit soll verhindert werden, dass sich jemand unberechtigt an Ihrem Mac zu schaffen macht. Im Büro mag diese Einstellung perfekt sein, für zu Hause ist sie aber in der Regel doch ein wenig übertrieben. Allerdings sollten Sie sich bewusst sein – haben Sie Ihren Mac mit Ihrer Apple-ID eingerichtet, kann man über Ihren Mac auf sämtliche Daten, die auch in Ihrem iPhone oder iPad abgelegt sind, zugreifen. Daher ist der Passwortschutz unter Umständen durchaus angebracht, um Ihre Privatsphäre zu schützen. In den Systemeinstellungen unter **Sicherheit** schalten Sie diese Funktion im Bereich **Allgemein** einfach ab. Entfernen Sie den Haken bei **Passwort erforderlich** (① in Abbildung 4.51), und künftig werden Sie nur noch bei Programminstallationen und natürlich beim Start des Computers nach Ihrem Passwort gefragt.

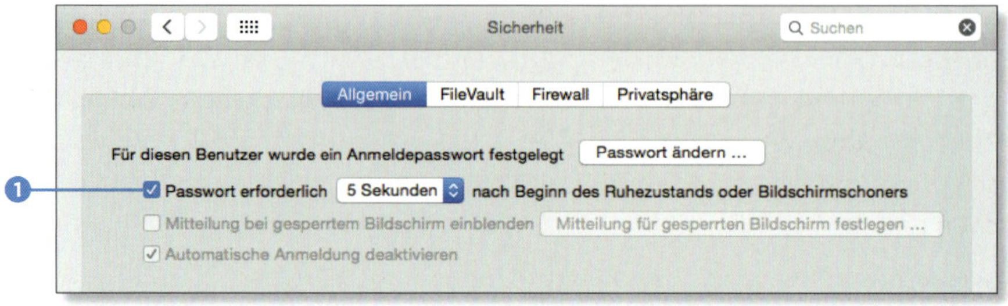

Abbildung 4.51 >
Zu viel Sicherheit – standardmäßig fragt OS X doch etwas zu häufig nach Ihrem Kennwort.

Einschalten, Ausschalten, Ruhezustand

Eingeschaltet ist Ihr Mac ja bereits, auch wenn der Einschaltknopf an den Geräten teils sehr gut versteckt ist. Doch wie schaltet man den Computer wieder aus? Das klappt ganz einfach mit einem Klick auf das dunkelgraue Apfelsymbol ganz links oben. Es klappt dann das in Abbildung 4.52 gezeigte Menü auf.

^ Abbildung 4.52
Abschalten leicht gemacht – oder doch lieber schlafen gehen, in den Ruhezustand?

Die Einstellung **Ruhezustand** 2 bringt Ihren Computer in den Energiesparmodus – Monitor, Festplatten und Prozessor werden »schlafen gelegt«. Aber schon mit einem Tastendruck auf Ihre Tastatur wacht der Mac innerhalb von Sekunden genau an jener Stelle wieder auf, an der Sie ihn schlafen gelegt haben. Der Startvorgang entfällt hier komplett. Natürlich verbraucht der Mac auch in diesem Standby-Betrieb Strom. Dieser Modus ist aber ideal, wenn Sie den Mac tagsüber mal für eine Stunde allein lassen.

Der Punkt **Neustart** 3 setzt Ihren Mac zurück und startet das Betriebssystem neu. Dies ist beispielsweise dann notwendig, wenn neue Software installiert wurde oder ein Programm einmal »hängen« bleibt und nicht mehr starten möchte, was aber sehr selten vorkommt.

Der Neustart wird allerdings nicht direkt beim Anwählen durchgeführt – zur Sicherheit erscheint noch folgende Meldung, die Ihnen 60 Sekunden Entscheidungsfreiheit gönnt.

Abbildung 4.53 >
Eine Minute Zeit, die Entscheidung zu bereuen

Mit **Ausschalten** (4 in Abbildung 4.52) werden alle offenen Programme beendet, und der Mac wird komplett abgeschaltet. Sollten noch Dateien geöffnet sein, werden auch diese direkt von OS X zwischengespeichert. Zunächst kommt aber noch ein Hinweis für Unentschlossene. Der Ausschalten-Vorgang kann während dieses Hinweises jederzeit mit **Abbrechen** gestoppt werden.

Sie können den Ausschalten-Vorgang auch über einen Druck auf den Einschaltknopf Ihres Macs aufrufen. Bitte nur einmal kurz drücken. Wenn Sie nämlich länger als drei Sekunden drücken, wird das System abgewürgt, und es gehen alle nicht gesicherten Informationen verloren.

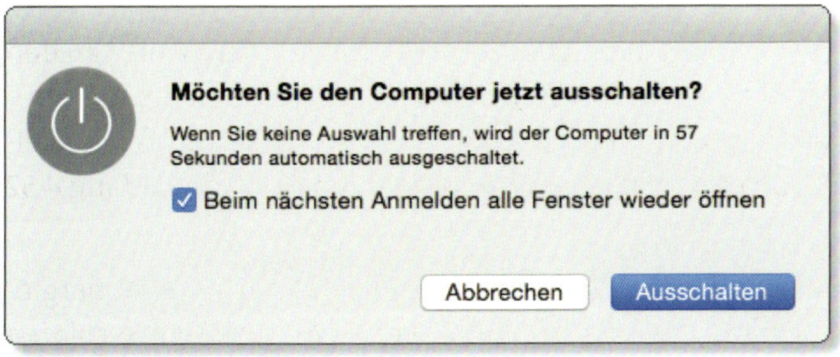

Abbildung 4.54
Wenige Sekunden bis zum Ausschalten des Macs

Sowohl beim Ausschalten als auch beim Neustarten bietet Ihnen OS X die Möglichkeit, alle Programmfenster anschließend wieder so herzustellen, wie sie gerade geöffnet sind. Sprich: Wenn Sie gerade im Internet surfen, parallel einen Brief schreiben und vielleicht noch Ihr Fotoprogramm geöffnet haben, wird alles nach dem Neustart oder Abschalten so aussehen wie vorher, und Sie können einfach weiterarbeiten. Klicken Sie dazu einfach die Option **Beim nächsten Anmelden alle Fenster wieder öffnen** 5 an. Sie werden bald merken – das ist verdammt praktisch.

Achtung, Datenschutz!

Wenn Sie sich auf einer passwortgeschützten Webseite befinden und die Fensterwiederherstellung beim Abschalten oder Neustart nutzen, loggt sich OS X hier teilweise ohne Passwortabfrage wieder ein. Das klappt auch in den meisten Fällen. Wenn Sie den Mac mit mehreren Benutzern teilen, ist das aber nicht immer gewünscht. Daher – einfach vorher ausloggen.

5 Mit Programmen arbeiten – die Apps am Mac

Dank iPhone und Co. werden Software und Programme auch am Mac-Computer *App* genannt. Daher werden Sie diesen Begriff in den folgenden Kapiteln häufiger finden. App ist übrigens nichts weiter als die Abkürzung des englischen Wortes *Application*, also Anwendung. Alles, was Sie am Mac machen können, wird also mit Apps erledigt. Viele davon sind schon standardmäßig im Betriebssystem vorhanden, Tausende andere können Sie nach Bedarf zusätzlich aufspielen. In diesem Kapitel werden wir Ihnen zeigen, wie Sie am praktischsten mit den Anwendungen umgehen, sie starten, beenden und auch deinstallieren können.

Viele Programme für den Mac

Ihr Mac bietet bereits viele Programme. Sie können aber jederzeit neue Software kaufen und installieren. Auch Microsoft Office ist für OS X verfügbar, allerdings nicht im Lieferumfang enthalten. Wichtig: Achten Sie beim Kauf darauf, dass die Software für OS X geeignet ist. Windows-Programme funktionieren am Mac nur mit Zusatztools (siehe Kapitel 19, »Windows auf dem Mac: Raum für alle Systeme«).

Programme starten

Im Apple-Computer sehen Sie im Dock, im unteren Bildschirmbereich, zahlreiche bunte Symbole. Jedes dieser Symbole repräsentiert eine App, diese sind bereits »ab Werk« vorinstalliert. Hier befinden sich jedoch nicht alle Apps, sondern nur eine individuelle Auswahl, quasi ein »Best of«. Wenn Sie wissen möchten, welche App sich hinter welchem Symbol verbirgt, fahren Sie einfach mit dem Mauszeiger darüber – OS X Yosemite blendet dann sofort den entsprechenden Namen ein.

Abbildung 5.1
Das Dock enthält ausgewählte Apps (Programme) für den schnellen Zugriff.

Gestartet wird ein Programm aus dem Dock mit einem primären Mausklick. Probieren Sie es doch einfach einmal mit dem Programm Safari 1 aus, dem Internetbrowser von OS X Yosemite. Das gestartete Programm hängt dann »schwebend« über Ihrem Schreibtischmotiv.

Software, Programm, App?

Egal, ob man am Computer von Programm, Applikation, Software oder App spricht, man meint immer das Gleiche: ein digitales Werkzeug, das für einen bestimmten Einsatzzweck parat steht. Wundern Sie sich also nicht, wenn wir hier im Buch ab und zu verschiedene Begriffe dafür verwenden; das hat nur stilistische Gründe, gemeint ist immer das Gleiche. Abgesehen davon ist sich Apple auch nicht ganz einig – die Apps liegen nämlich alle im **Programme**-Ordner.

Abbildung 5.2
Auch Safari ist eine App – mit einem Klick wird sie geladen.

Dass Sie gerade in Safari arbeiten, sehen Sie an der geänderten Menüleiste ganz oben im Bildschirm. Das Apfelsymbol wird immer angezeigt, die restlichen Menüpunkte ändern sich je nach App, in diesem Fall also im Hinblick auf Safari.

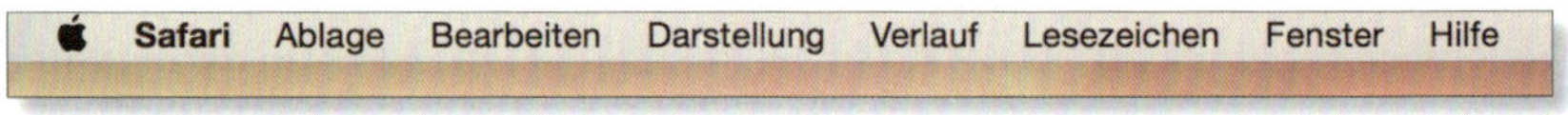

Abbildung 5.3
Sie wissen nicht, in welchem Programm Sie gerade sind? Ein Blick neben den Apfel genügt – hier sind Sie eindeutig in Safari unterwegs.

Aufgepasst: Wenn Sie versehentlich auf Ihren Schreibtisch klicken, verlassen Sie kurzfristig auch Safari. Das erkennt man aber nur daran, dass sich die Menüleiste ändert, wie Sie direkt erkennen können.

Abbildung 5.4
Hier ist nun der Finder aktiv..

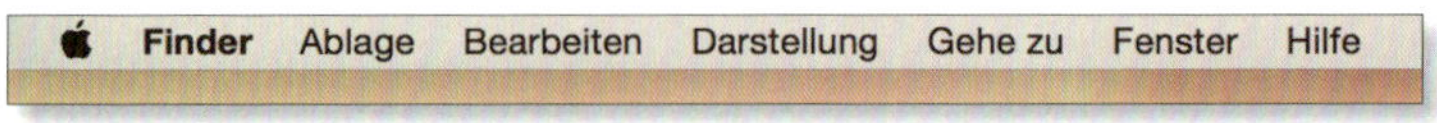

Zurück zu Safari oder einem beliebigen anderen Programm geht es wieder per Mausklick – entweder auf das Safari-Fenster oder einfach auf das Symbol im Dock. Der schwarze Punkt ❶ unter dem Symbol gibt übrigens an, dass das Programm bereits aktiv ist.

Abbildung 5.5
Aktive Anwendungen erkennt man am schwarzen Punkt.

Programme beenden

Ist die Arbeit getan, sollte das Programm auch beendet werden – gerade wenn die Programme viel Leistung fordern, wird mit jeder geöffneten Anwendung auch der Computer etwas langsamer. Werfen Sie einfach einen Blick in Ihr Dock: Viele schwarze Punkte unter den Icons bedeuten, dass viele Apps aktiviert sind. Daher: Programme, die nicht gebraucht werden, sollten beendet werden.

Ein Programm beendet man am Mac aber normalerweise nicht, wie es auf den ersten Blick scheinen mag, mit einem Klick auf die rote Schaltfläche am Fenster, wie Sie es in den vorangegangenen Abschnitten erfahren haben. Die Ausnahme bilden Apps, die lediglich aus einem Fenster bestehen, wie beispielsweise Kontakte. Hier genügt tatsächlich der Klick auf das rote Icon, um das Programm zu beenden. Bei allen anderen Programmen schließen Sie damit nur das jeweilige Fenster oder Dokument. Probieren Sie es direkt aus, beispielsweise mit Safari. Das Fenster, in diesem Fall eine Webseite, ist jetzt zwar weg, oben steht aber noch immer die Safari-Menüleiste; unten im Dock ist auch der schwarze Punkt noch zu erkennen. Also – Sie sehen zwar von Safari nichts mehr, geladen ist die App jedoch trotzdem noch.

Komplett beendet wird eine Anwendung immer über das Menü direkt neben dem Apfel – es trägt die Bezeichnung des jeweiligen Programms, hier **Safari**, im Erinnerungen-Programm wäre es dann **Erinnerungen** etc. In diesem Menü finden Sie unterschiedliche Grundeinstellungen, aber auch immer den Befehl **[Programm] beenden** 2. Damit wird die jeweilige Anwendung endgültig geschlossen. Ist eine bearbeitete Datei, beispielsweise ein Textdokument oder ein Foto, noch nicht abgespeichert worden, erfolgt hierbei sicherheitshalber immer eine Rückfrage vom Programm, was damit passieren soll.

Beenden per Tastenkürzel

Sie mögen nicht in Menüs klicken? Dann merken Sie sich die Tastenkombination cmd + Q – damit kann jedes Programm beendet werden. Auch hier erfolgt natürlich eine Nachfrage, sollten noch nicht gespeicherte Dokumente geöffnet sein.

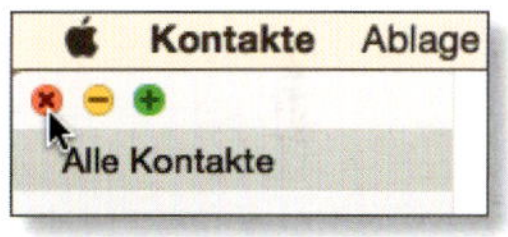

Abbildung 5.6
So beendet man die App Kontakte und alle anderen Apps mit nur einem Fenster ...

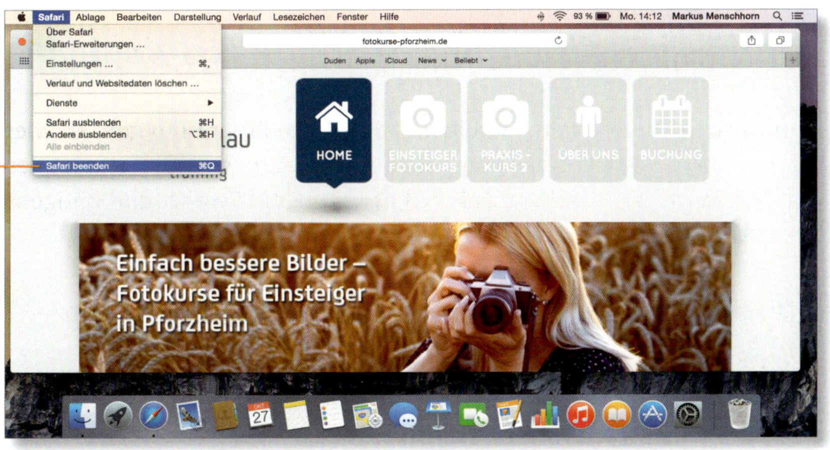

Abbildung 5.7
... aber alle übrigen Programme, wie auch Safari, schließt man über »Beenden« im Programmmenü.

Zwischen Programmen wechseln

Haben Sie alle Apps beendet, starten Sie bitte Kontakte und Safari. Jetzt sind mit dem Finder bereits drei Anwendungen aktiv. Da OS X Yosemite ein sogenanntes Multitasking-System ist, wären theoretisch auch 30 parallel laufende Apps möglich, abhängig von Computer und Arbeitsspeicher.

Abbildung 5.8
Schnell gewechselt mit cmd + ⇥

Die beweglichen Fenster sind von Vorteil, wenn Sie z. B. im linken Bildschirmbereich das E-Mail-Programm und im rechten Bildschirmbereich das Internetprogramm Safari geöffnet haben. So haben Sie den E-Mail-Eingang im Blick und können nebenbei bequem surfen. Okay, das macht wohl bei einem Notebook weniger Sinn als am schicken 27-Zoll-iMac. Aber wir versprechen Ihnen, dass Sie im Laufe des Buches von uns noch viele Ideen vermittelt bekommen, wie Sie zwei nebeneinander geöffnete Programme sinnvoll nutzen können.

Der Wechsel zwischen den Anwendungen erfolgt entweder mit einem Klick auf das Programm-Icon im Dock oder indem Sie das Fenster des gewünschten Programms an beliebiger Stelle anklicken. Wenn Sie schneller zwischen Ihren Programmen wechseln wollen, dann probieren Sie die Tastenkombination cmd + ⇥ aus: cmd-Taste gedrückt halten und dann einfach die ⇥-Taste so oft drücken, bis in dem neu eingeblendeten Menü das Programm Ihrer Wahl dunkelgrau hinterlegt ist.

Zugriff auf alle Programme

Abbildung 5.9
Über den Finder geht es ganz fix in den Ordner »Programme«.

Wie in diesem Kapitel bereits erwähnt, ist im Dock nur eine kleine Anzahl der tatsächlich auf Ihrem Mac installierten Anwendungen vertreten. Was hier im Dock zu sehen ist, ist auch nicht die jeweilige App selbst, sondern nur eine Verknüpfung zu jenem Ort auf der Festplatte, an dem sie eigentlich abgelegt ist. Die Apps befinden sich zumeist im Ordner **Programme** auf Ihrer Festplatte.

Klicken Sie auf das Finder-Symbol im Dock, ein entsprechendes Fenster wird geöffnet. Zunächst interessiert uns aber nur die linke Seitenleiste. Hier gibt es in der Kategorie **Favoriten** den Eintrag **Programme** – klicken Sie darauf ①, und schon wird jener Ordner geöffnet, der alle Anwendungen Ihres Macs enthält. Das ist schon ganz schön viel, oder?

In diesem Ordner können die Programme per Doppelklick auf das entsprechende Symbol gestartet werden. Ist die Anwendung gestartet, ist sie, solange sie geöffnet ist, auch im Dock als Symbol sichtbar.

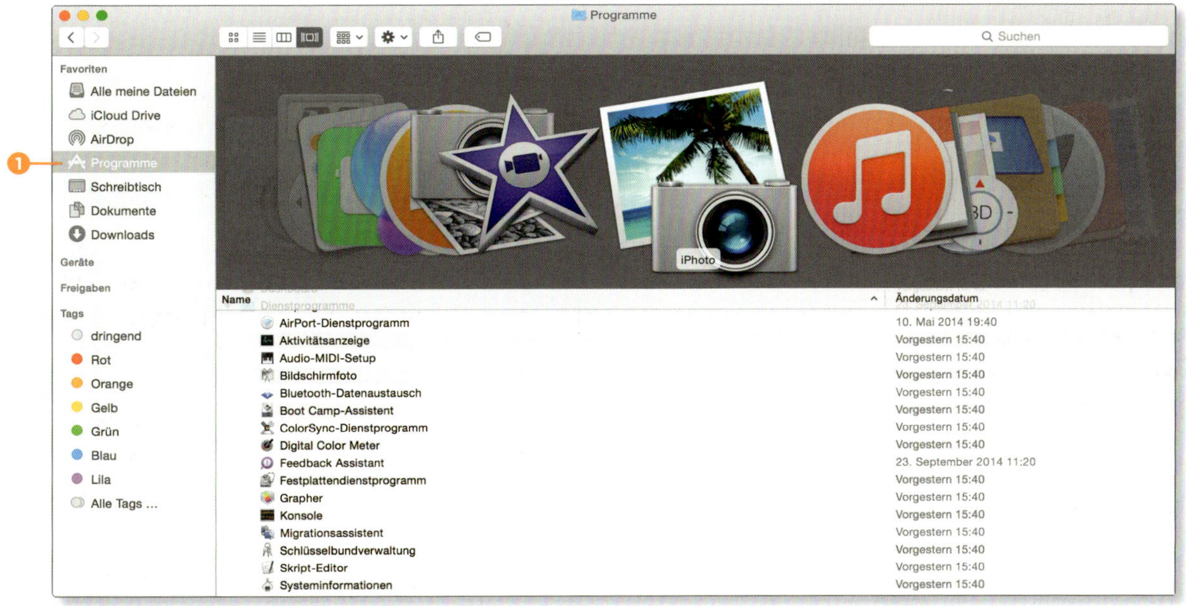

Abbildung 5.10
Viele Programme warten darauf, von Ihnen entdeckt zu werden. Gestartet werden sie per Doppelklick.

Programme im Launchpad

Wenn es darum geht, schnell aus der Fülle der Anwendungen, die sich im Laufe der Zeit und besonders nach Lektüre dieses Buches auf Ihrem Mac ansammeln werden, eine zu wählen und zu starten, gibt es auch noch einen direkteren Weg als den **Programme**-Ordner oder das Dock.

Abbildung 5.11
Über das Launchpad werden Apps besonders fix gestartet.

Im Dock finden Sie links außen das raketenähnliche Symbol, das sogenannte *Launchpad*. Übersetzt heißt das so viel wie »Startfläche«, was in der deutschen Sprache nicht wirklich schön klingt. Starten Sie das Launchpad mit primärem, einfachem Mausklick – ganz ohne Ablenkung ist der Bildschirm nun mit allen Programmsymbolen gefüllt.

Wer mit dem Notebook arbeitet, kann elegant mit einem Rechts- und Linkswischer auf dem Trackpad auf den folgenden Bildschirm wechseln. Das gilt übrigens auch für die Besitzer der Magic Mouse. Der elegante Wisch klappt aber nur dann, wenn auch genügend Programme installiert sind, sodass sie nicht mehr auf eine Oberfläche passen. Mit einer normalen Maus klicken Sie einfach auf die Punkte (2 in Abbildung 5.12), um zwischen den Bildschirmen zu wechseln.

Vom iPad abgeguckt

Wenn Sie ein iPhone oder ein iPad besitzen, werden Ihnen die Optik und Funktionsweise des Launchpads sehr vertraut vorkommen. Hier haben sich die OS-X-Yosemite-Entwickler einfach bedient und die »App-Funktionsweise« auf den Mac übertragen. Gar nicht so schlecht, wie wir finden.

Abbildung 5.12
Das Launchpad in OS X Yosemite – hier werden die Apps besonders schön und übersichtlich angezeigt.

Abbildung 5.13
Das Launchpad kann auch per Knopfdruck über die Tastatur gestartet werden 3.

Im Gegensatz zu der eingangs beschriebenen Vorgehensweise über den **Programme**-Ordner werden die Programme hier mit einem einfachen Klick gestartet. Ist vielleicht verwirrend, aber wenn man die Herkunft des Launchpads kennt (siehe den Kasten »Vom iPad abgeguckt« oben auf dieser Seite), auch schon wieder logisch.

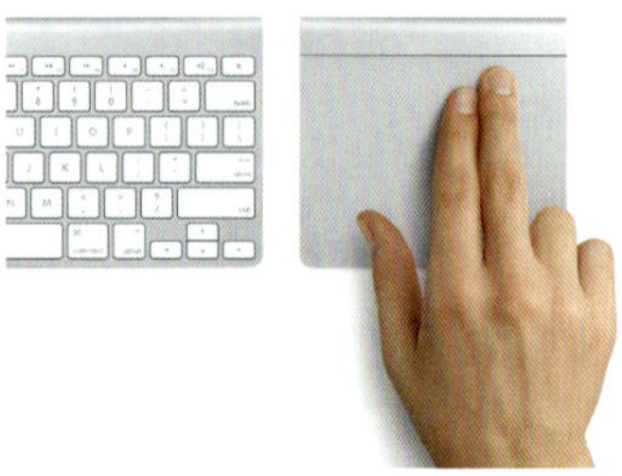

Abbildung 5.14
Das Launchpad lässt sich mit dem Trackpad an Ihrem MacBook oder dem Trackpad für den iMac am besten bedienen.

Launchpad-Symbole anordnen

Schön, Sie können die Programme im Launchpad so zurechtschieben und anordnen, wie es für Sie am praktischsten ist – einfach das entsprechende Symbol anklicken, Maustaste gedrückt halten, an die gewünschte Position verschieben und die Maustaste wieder loslassen. Etwas komplizierter wird es, wenn ein Symbol den Weg auf eine andere Seite des Launchpads finden soll. Mit einem Trackpad schnappen Sie das Programm und schubsen es an den rechten Rand (oder den linken, je nachdem, wo der neue Standort sein soll). Der nächste Bildschirm wird geladen, und Sie können das Programm dann ablegen.

Mit einer Maus funktioniert das ganz genauso: Ziehen Sie mit gedrückter primärer Maustaste das gewünschte Programmsymbol einfach an den neuen Ort, und lassen Sie die Taste dann los. Um ein Symbol auf eine neue Launchpad-Seite zu verschieben, ziehen Sie es einfach an den rechten oder linken Bildschirmrand, die neue Seite wird dann direkt angezeigt und eine Platzierung ermöglicht.

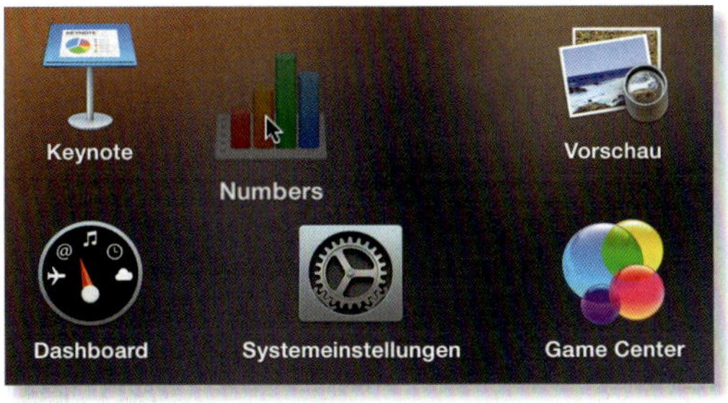

Abbildung 5.15
Die Symbolreihenfolge im Launchpad kann ganz einfach mit gedrückter Maustaste geändert werden.

Wollen Sie im Launchpad gar keine Anwendung starten, so beenden Sie es einfach mit einem Klick auf den Hintergrund oder jeden Bereich, in dem kein Programm-Icon sichtbar ist. Auch die esc-Taste auf der Tastatur hilft hier auf schnellem Weg weiter.

Programme im Dock ablegen

Möchten Sie ein gerade geöffnetes Programm zukünftig ganz schnell über das Dock starten, klicken Sie mit der rechten Maustaste auf das Symbol, und wählen Sie im folgenden Kontextmenü unter **Optionen** einfach **Im Dock behalten**. Und schon wird das Programm auch nach dem Beenden zum schnellen Aufrufen im Dock verbleiben.

Abbildung 5.16
Programme, die Ihnen lieb und teuer sind, können Sie direkt im Dock behalten.

Sie können jede Anwendung aus dem **Programme**-Ordner mit gedrückter zentraler Maustaste einfach in das Dock ziehen und an der Stelle fallen lassen, an der es platziert werden soll.

Drag & Drop

Man kann sich am Computer nicht dagegen wehren, früher oder später tauchen einfach ein paar englische Begriffe auf, die man kennen muss. Mit *Drag & Drop* bezeichnet man die Aktivität, ein Objekt mit der Maustaste anzupacken, die Maustaste gedrückt zu halten und das Objekt dabei an einen anderen Ort zu verschieben. Ist es am Zielort angelangt, kann die Maustaste losgelassen werden. Funktioniert mit Dateien, Programmsymbolen, Ordnern und eigentlich fast allem am Computer. Ins Deutsche übersetzt würde es wohl »Ziehen & Fallenlassen« heißen – dann doch lieber »Drag & Drop«, oder?

Abbildung 5.17 >
Ziehen Sie einfach die gewünschte App aus dem Ordner »Programme« per Drag & Drop in das Dock.

Wenn Sie gerade im Launchpad unterwegs sind, ziehen Sie auch hier einfach die gewünschte Anwendung in das Dock wie vorangehend beschrieben.

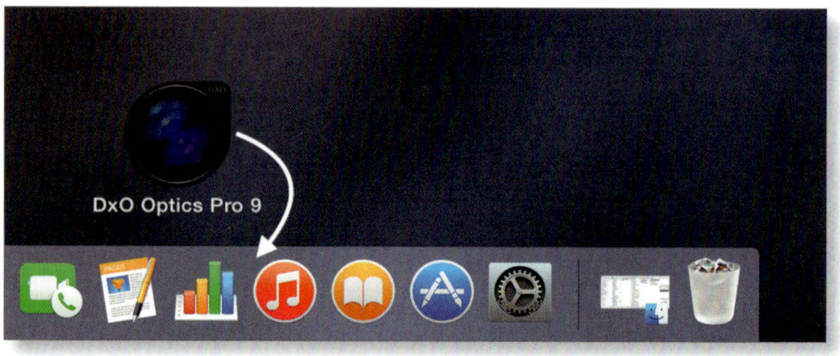

Abbildung 5.18 >
Auch aus dem Launchpad kommen die Apps ins Dock.

Sicherheit eingebaut

Damit Sie nicht mit einer unbedachten Mausbewegung Ihr Dock durcheinanderbringen, müssen Sie das zu entfernende Symbol mindestens so weit nach oben ziehen wie in Abbildung 5.19 gezeigt.

Programme aus dem Dock entfernen

Irgendwann kommt der Zeitpunkt, an dem Ihr Dock zu voll wird oder Sie mal wieder etwas aufräumen möchten. Das klappt ganz unkompliziert: Ziehen Sie das nicht mehr benötigte Programmsymbol einfach mit gedrückter zentraler Maustaste aus dem Dock heraus, und lassen Sie die Maustaste dann los – das Symbol verschwindet und wird das Dock nicht mehr blockieren.

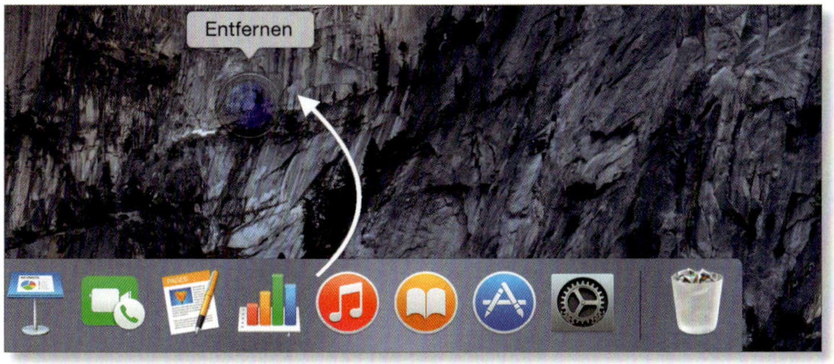

Abbildung 5.19
Programme verschwinden ganz einfach aus dem Dock.

Wichtig: Sie löschen damit lediglich das sogenannte *Alias*, also die Verknüpfung zu Ihrem Programm, nicht die Anwendung selbst. Es kann also nichts verloren gehen. Wenn Sie ein Programm auf diesem Wege versehentlich aus dem Dock entfernt haben, ziehen Sie es einfach, wie vorher beschrieben, wieder in das Dock zurück.

Wenn gar nichts mehr geht: Programme »abwürgen«

Es kann auch unter einem stabilen Betriebssystem wie OS X Yosemite passieren, dass sich eine Anwendung einfach »aufhängt«, also auf keine Eingabe mehr reagiert und über die rote Schaltfläche oder das Menü auch nicht mehr beendet werden kann. Das ist kein Grund zur Sorge, denn ist eine Anwendung nicht mehr zu bedienen, ist der Rest des Systems meist nicht betroffen.

Sie können das Programm mit einer speziellen Tastenkombination sofort beenden. Aber ganz wichtig: Nicht gespeicherte Änderungen in der Anwendung gehen dann verloren.

Drücken Sie `cmd`+`alt`+`esc` – so erscheint ein Fenster mit allen gerade geöffneten Programmen. Wählen Sie aus dieser Liste den »Absturzkandidaten« mit einem primären Mausklick aus, und gehen Sie dann auf **Sofort beenden**. »Hängt« der Finder, gibt es stattdessen die Möglichkeit, diesen mit **Neu starten** zur Mitarbeit zu bewegen. Hier wird nicht der komplette Computer neu gestartet, sondern nur die Dateiverwaltung.

Alias – die schnelle Verknüpfung

Sie können von jedem Objekt auf Ihrem Mac, egal ob Programm, Bild oder Textdokument, ein Alias erzeugen. Das ist eine »Abkürzung« zum Originalobjekt, die Sie überall hinlegen können. Beispielsweise auf Ihren Mac-Schreibtisch, um von dort mit einem Doppelklick ein häufig benötigtes Dokument zu starten, das eigentlich in einer ganzen Ordner- und Unterordnerstruktur vergraben ist. So funktioniert es: Einfach das gewünschte Objekt anwählen und `cmd`+`L` drücken. Das Alias wird erzeugt (sichtbar am kleinen Pfeilsymbol) und kann nun an einen beliebigen Platz geschoben werden. Wenn Sie das Alias löschen, bleibt das damit verknüpfte Objekt natürlich erhalten.

Programmabsturz ohne Systemprobleme

Unter OS X Yosemite laufen alle Apps in einem separaten Prozess unabhängig vom Betriebssystem. Hängt sich eine App auf, kann diese beendet werden, ohne das restliche System zu beeinträchtigen. Dass das komplette System hängen bleibt, wie das gerne bei älteren Windows-Versionen der Fall war, gibt es unter OS X Yosemite äußerst selten.

Abbildung 5.20 >
Hier werden Programme sofort beendet ohne Rücksicht auf eventuell noch nicht gesicherte Daten.

Zur Sicherheit wird diese Eingabe im folgenden Fenster nochmals abgefragt, damit Sie ja nicht das falsche Programm schließen.

Abbildung 5.21 >
Ganz sicher – bevor das Programm intern »abgewürgt« wird, lässt sich OS X Yosemite diesen Vorgang nochmals bestätigen.

Nach dieser Bestätigung wird die ausgewählte Anwendung radikal von OS X Yosemite geschlossen, alle anderen Anwendungen laufen aber ungehindert weiter.

Kein Neustart erforderlich

Die Programme in OS X Yosemite laufen alle in separaten »Käfigen«. Stürzt eine Software ab, sind die anderen davon nicht betroffen. Es ist also nicht notwendig, nach einem Programmabsturz das gesamte System neu zu starten.

Programme installieren

An Ihrem Mac sind bereits viele Programme vorinstalliert. Doch natürlich gibt es noch viele weitere Anwendungen am Markt, die vielleicht den Weg auf Ihren Mac finden werden. Wir zeigen Ihnen, wie Sie die Installation durchführen und nicht mehr benötigte Anwendungen komfortabel vom Computer entfernen.

Gatekeeper – Wächter über Programme

OS X Yosemite hat mit dem Programm *Gatekeeper* einen ziemlich »scharfen Wachhund« an Bord, der alle Programminstallationen überwacht. Damit soll verhindert werden, dass Schadsoftware auf Ihrem Computer installiert wird. Aber eigentlich geht es auch ums Geldverdienen. Denn damit bestimmte Programme standardmäßig nicht geblockt werden, muss sich deren Anbieter von Apple zertifizieren lassen oder die App über den App Store anbieten. Erhalten Sie bei der Installation eines Programms die Meldung, dass die Installation nicht möglich ist, finden Sie in den Systemeinstellungen unter **Sicherheit > Allgemein** auch die Einstellungen zu Gatekeeper. Wenn Sie hier **Keine Einschränkungen** 1 aktivieren, können Sie auch wirklich jede Software installieren.

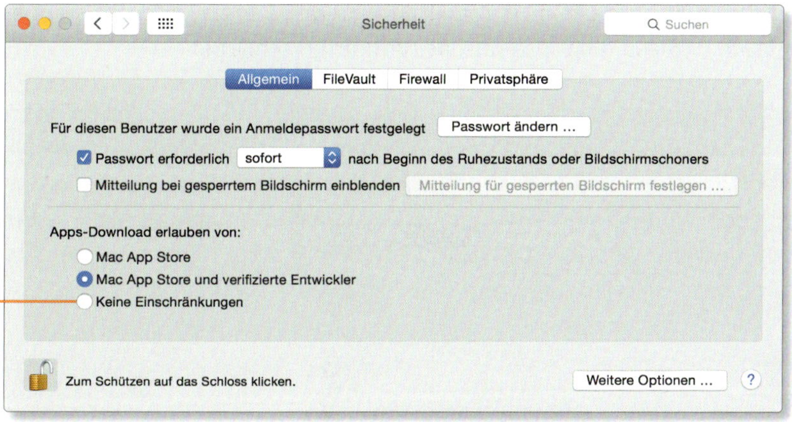

Abbildung 5.23
Raffiniert – Gatekeeper blockiert Programminstallationen.

Windows-Blockade

Auch unter Windows gibt es eine ähnliche »Blockade-Funktion«, die nicht autorisierte Programme an der Installation hindert und erst vom Anwender eine Eingabe erfordert.

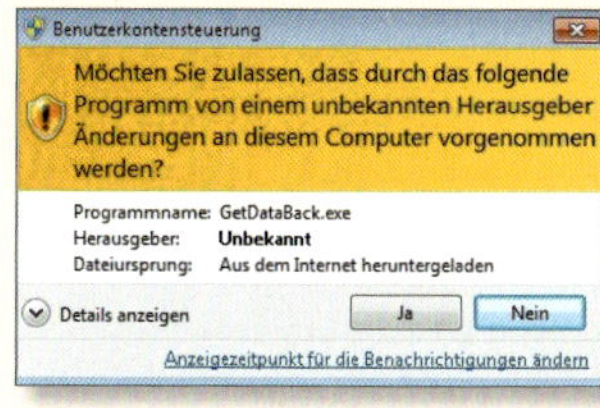

Abbildung 5.22
Die Benutzerkontensteuerung unter Windows 7

Installation von CD oder DVD

Wenn Sie eine Software auf CD oder DVD erhalten, müssen Sie diese in das Laufwerk einlegen. Sollte keines mehr an Ihrem Mac vorhanden sein, müssen Sie sich ein externes Laufwerk zulegen (siehe Kapitel 1, »Welcher Mac darf es denn sein?«). Der eingelegte Datenträger erscheint dann im Finder-Fenster im Abschnitt **Geräte** und als Symbol auf dem Schreibtisch. Klicken Sie das Laufwerk hier (2 in Abbildung 5.24) einmal an, um darauf zugreifen zu können. In den meisten Fällen finden Sie im Ordner direkt ein Programmsymbol 3, das per Doppelklick die Installationsroutine öffnet, wie hier am Beispiel von Parallels, der Software, mit der Sie Windows auf Ihren Mac bringen. Mehr dazu in Kapitel 19, »Windows auf dem Mac: Raum für alle Systeme«.

Abbildung 5.24 >
Für die Installation einfach doppelt klicken.

Programme laden

Wenn Sie Ihr E-Mail-Programm sowieso immer gleich nach dem Start des Computers laden, kann das auch OS X Yosemite für Sie übernehmen. In den Systemeinstellungen unter **Benutzer & Gruppen > Anmeldeobjekte** legen Sie fest, welche Anwendungen sofort und ohne Ihr Zutun geladen werden sollen.

Danach folgen, je nach Software, jede Menge Fragen nach dem Speicherort, eventuell der Seriennummer und, und, und – hier müssen Sie einfach »durch« und die erforderlichen Angaben machen. Bevor die App überspielt wird, kommt die übliche OS-X-Yosemite-Abfrage nach Ihrem Computerkennwort. Das dient der Sicherheit, damit niemand unberechtigterweise Software auf Ihrem Mac installieren kann.

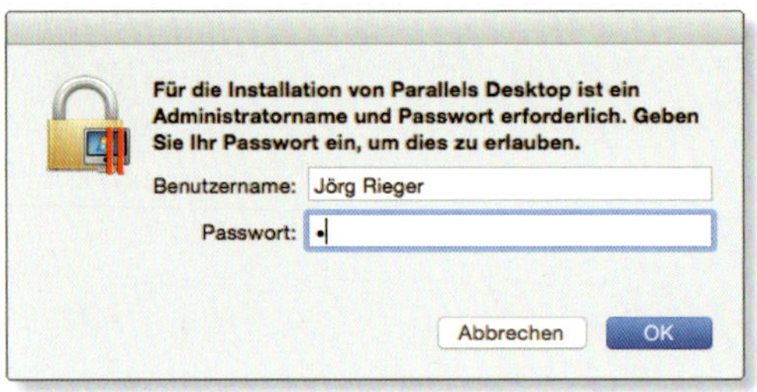

Abbildung 5.25 >
Passwort erforderlich – wie bei vielen Systemvorgängen wird auch bei der Installation einer App Ihr Passwort benötigt.

Nach erfolgreichem Abschluss der Installation finden Sie die neue Software immer im Ordner **Programme**. Möchten Sie sie auch im Dock haben, muss das separat erledigt werden, wie im Abschnitt »Programme im Dock ablegen« ab Seite 100 erläutert.

^ Abbildung 5.26
Der App Store ist Apples Einkaufsparadies für neue Anwendungen.

Installation aus dem App Store

Der App Store von Apple bietet Tausende Applikationen für Ihren Mac. Sie können auch ohne Anmeldung zunächst die gesamte Vielfalt durchforsten und Ihre Lieblingssoftware finden. Starten Sie hierzu den App Store einfach über das Dock oder das Launchpad.

Apple zufolge gehört Software auf CD oder DVD schon der Vergangenheit an. Abgesehen davon ist das Angebot an Mac-Apps in normalen Elektronikmärkten eher mager. Daher macht das Angebot, hier per Mausklick Apps zu kaufen, durchaus Sinn. Übrigens sind viele kleine Apps sogar kostenlos im App Store erhältlich. Für alle anderen müssen Sie über Ihren Apple-Account bezahlen. Die Anmeldung und Angabe der Zahlungsmöglichkeiten ist recht unkompliziert. Wie das im Detail funktioniert, zeigen wir Ihnen anhand von iTunes, dem digitalen »Musikladen«, der dieselben Angaben benötigt (siehe Kapitel 13, »iTunes für die Musik am Mac«).

Doch der App Store ist weit mehr als ein einfacher Einkaufsladen für neue Applikationen. Haben Sie nämlich eine Anwendung gekauft oder kostenlos erworben, wird diese sofort heruntergeladen und im Hintergrund auf Ihrem Mac installiert; Sie müssen nichts weiter tun. Komfortabler geht es nicht, oder?

Digitale Besitztümer

Im Falle, dass Sie einen neuen Mac kaufen oder Ihr System neu installieren, können Sie Ihre über den App Store gekaufte Software einfach erneut kostenfrei herunterladen.

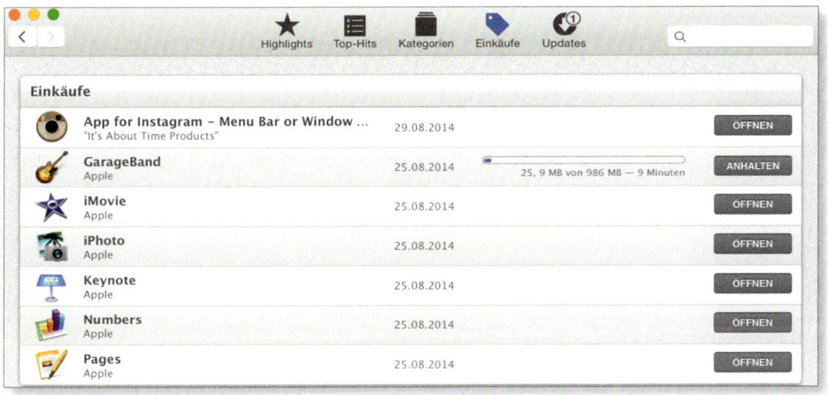

Abbildung 5.27
Hier sehen Sie, welche Apps Sie bereits gekauft und installiert haben. Klicken Sie für diese Ansicht auf »Einkäufe« in der oberen Leiste des App Stores.

Gibt es Updates für Ihre Apps, macht Sie der App Store, natürlich nicht ganz uneigennützig, direkt darauf aufmerksam. Kostenlose Updates werden direkt über den App Store zur Verfügung gestellt und nach Eingabe Ihres Passwortes im Hintergrund installiert. Die Updates können Sie in der entsprechenden Rubrik einsehen.

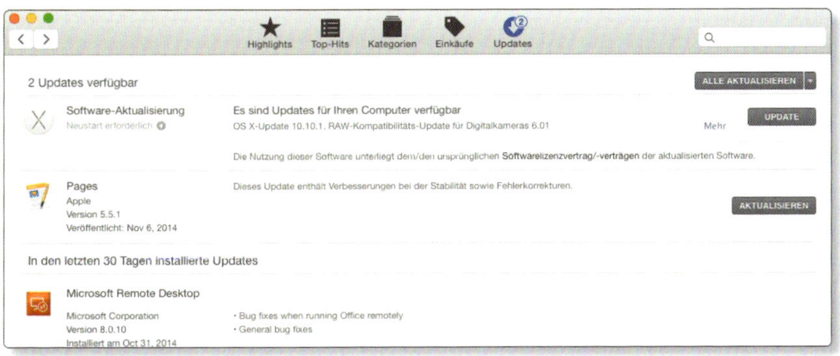

Abbildung 5.28
Updates für Ihre gekauften Apps werden übersichtlich aufgelistet.

Programme aus dem Internet

Geprüfte Software?

Oft wird der App Store kritisiert, weil jede Anwendung für OS X Yosemite, aber auch für das iPhone und iPad erst von Apple freigegeben und geprüft wird. Das ist vor allem den freien Medien ein Dorn im Auge, die tatsächlich zensiert werden – alles, was nicht der doch deutlich prüderen amerikanischen Norm entspricht, darf nicht veröffentlicht werden. Allerdings hat die Kontrolle durch Apple einen entscheidenden Vorteil: Schadsoftware, z. B. zum Ausspionieren von Passwörtern, gibt es im App Store nicht, auch die kostenlosen Apps sind daraufhin gecheckt.

Das Internet liefert verlockende Angebote, darunter auch Software, Programme und oftmals Testversionen, die Sie gratis laden und installieren können. Selbst die Photoshop-Bildbearbeitung oder Microsoft Word gibt es als 30-Tage-Testversion im World Wide Web. Deshalb greifen wir in diesem Abschnitt schon etwas vor. Wenn Sie sich noch nicht mit dem Surfen im Web auskennen, empfehlen wir zunächst die Lektüre von Kapitel 8, »Ich geh' online – mit meinem Mac und Safari«. Wie Sie generell zwischen seriösen und dubiosen Angeboten unterscheiden, dazu schlagen Sie schon mal kurz im Abschnitt »Goldene Regeln für die Sicherheit im Web« ab Seite 188 nach.

Wie funktioniert nun ein sogenannter *Download*, also das Herunterladen von Programmen, eigentlich? Der Anbieter stellt die Anwendung zumeist als Installationspaket auf seinem Server bereit. Sie können auf dieses Download-Paket zugreifen, indem Sie die entsprechende Internetseite besuchen. Gerade bei Testversionen teurerer Programme müssen Sie sich zuerst kostenlos mit Namen und E-Mail-Adresse registrieren, um den Download-Link zu erhalten. Ein Klick auf den entsprechenden Button oder Link startet dann den Download, sprich, die Installationsdatei wird auf Ihren Rechner kopiert.

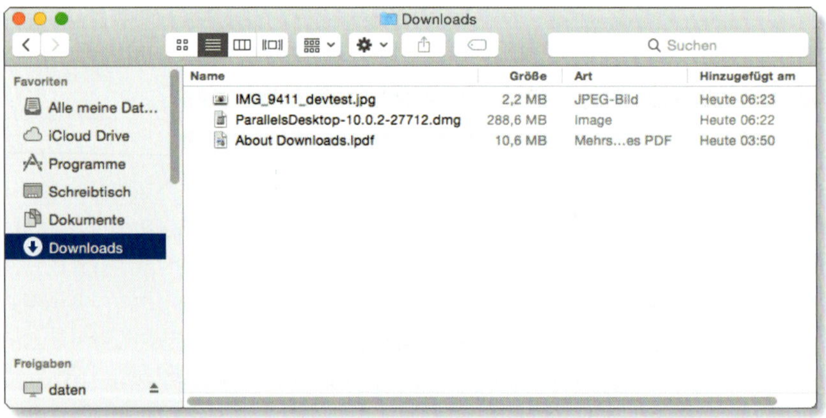

Abbildung 5.29
Im Downloads-Bereich werden alle heruntergeladenen Daten abgelegt.

Grundsätzlich legt Safari, aber auch alle anderen Internetbrowser, heruntergeladene Dateien im **Downloads**-Ordner ab. Diesen erreichen Sie über einen Klick im Finder in den Favoriten. Ihr Programm ist damit noch nicht installiert, sondern muss in der Regel noch per Doppelklick gestartet werden.

So laden Sie eine Anwendung aus dem Internet

Doch genug der Theorie, jetzt zeigen wir Ihnen, wie man in der Praxis ein Programm aus dem Internet lädt. Als Beispiel nehmen wir den Download des Internetbrowsers Firefox, ebenfalls ein Programm, mit dem Sie ins Internet gehen können. Dieses Programm wird kostenlos angeboten und stellt eine gute Alternative zu Safari dar. Ausprobieren schadet also nichts, und im folgenden Abschnitt zeigen wir Ihnen, wie Sie mit diesem Programm ins Internet kommen.

1. Webseite aufrufen

Gehen Sie mit Safari ins Internet, und laden Sie die Site *www.mozilla.org* über die Adressleiste. Es wird die Firefox-Seite aufgerufen. Am prominenten grünen Button sehen Sie sicherlich schon die Download-Möglichkeit für Ihren Mac – es ist alles vorbereitet, klicken Sie darauf, und schon startet der Download.

Abbildung 5.30
Der Download wird meist über einen Klick auf eine Schaltfläche gestartet. Hier ist sie groß und grün, also nicht zu übersehen.

2. Herunterladen

Rund 70 Megabyte müssen nun auf Ihren Mac geladen werden. Die Download-Anzeige von Safari in der rechten oberen Ecke gibt Auskunft darüber, wie lange Sie sich noch gedulden müssen. Ein Klick auf das winzige Symbol gibt noch mehr Informationen preis.

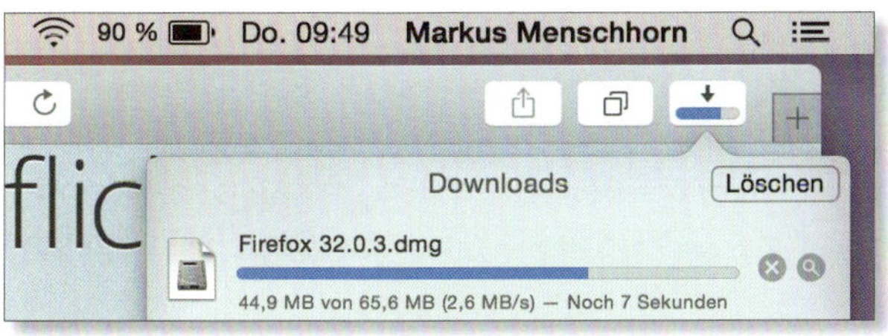

Abbildung 5.31
Sie können sich über die Größe und die verbleibende Dauer des Downloads informieren.

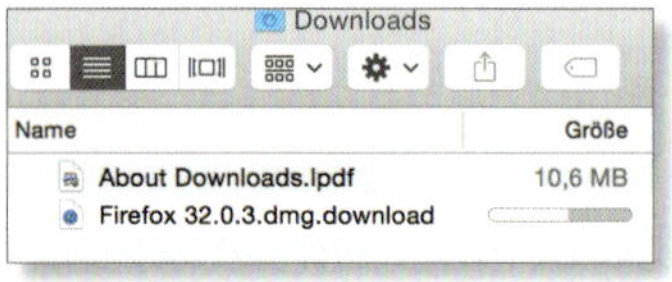

Abbildung 5.32
Auch im Finder-Fenster wird der Download-Fortschritt im Ordner »Downloads« angezeigt.

3. Firefox installieren

Hat der Download geklappt, klicken Sie auf das kleine Fortschrittssymbol. In dem daraufhin angezeigten Fenster doppelklicken Sie auf das Symbol vor der Installationsdatei ①. Damit wird das sogenannte *Installations-Image* wie eine kleine Festplatte oder eine Speicherkarte in das System geladen.

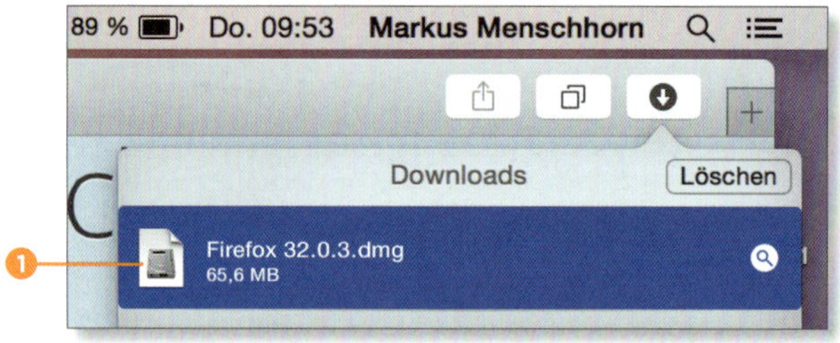

Abbildung 5.33
Ist der Download abgeschlossen, geht es an die Installation.

Wenn Sie auf das Finder-Symbol im Dock klicken, sehen Sie, dass das Installations-Image Firefox tatsächlich als Gerät erkannt wurde ②. Klicken Sie darauf, öffnet sich der Installationsordner. Parallel hat Firefox genau diesen Ordner sowieso automatisch geöffnet ③ und als Image auf den Schreibtisch geladen ④. Da dies aber nicht bei allen Apps der Standard ist, wollten wir Ihnen hier auch den umständlichen, aber immer funktionierenden Weg zeigen.

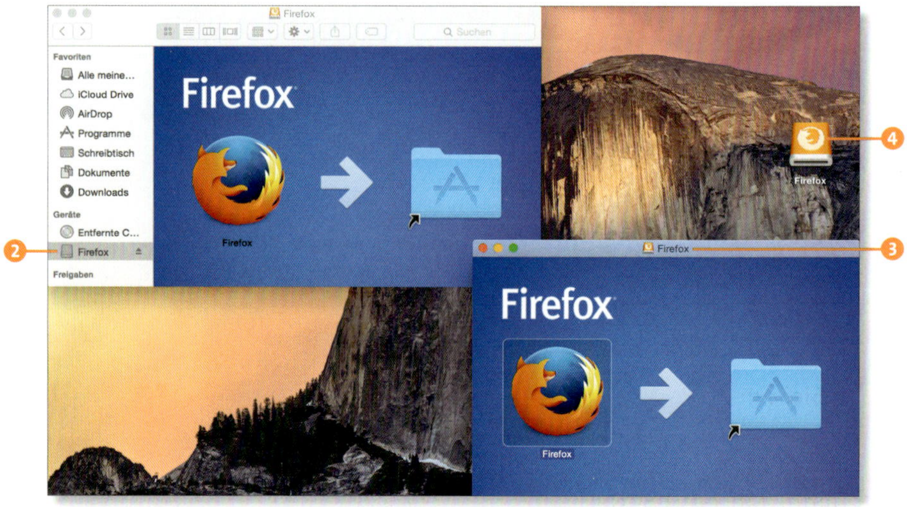

Abbildung 5.34
Sogenannte Images erscheinen in der Finder-Leiste unter »Geräte«, aber auch prominent auf dem Schreibtisch als Icon.

Damit Firefox im **Programme**-Ordner installiert wird, ziehen Sie das Firefox-Symbol mit gedrückter primärer Maustaste einfach auf den angezeigten blauen **Programme**-Ordner und lassen dann los, sobald das grüne Plussymbol 5 erscheint. Im Anschluss daran wird Firefox kopiert.

< **Abbildung 5.35**
Das Plus signalisiert Ihnen, wann Sie die Maustaste loslassen können.

<< **Abbildung 5.36**
Nach erfolgter Installation landet Firefox im Finder-Fenster in dem Ordner »Programme«.

< **Abbildung 5.37**
Firefox ist automatisch im Launchpad zu finden.

4. Programm starten

Gehen Sie nun über den Finder in Ihren **Programme**-Ordner, und starten Sie Firefox per Doppelklick. Alternativ geht es natürlich auch über das Launchpad, in dem die App automatisch hinterlegt wurde.

5. Sicherheitsrisiko

Jetzt werden Sie mit einer Warnmeldung von OS X Yosemite gebremst. Diese Sicherheitsabfrage erscheint übrigens immer beim allerersten Programmstart einer Software, die aus dem Internet geladen wurde. Damit soll verhindert werden, dass Sie versehentlich eine App ausführen, die Sie eigentlich gar nicht haben wollten oder die vielleicht sogar einen schädlichen Code enthält.

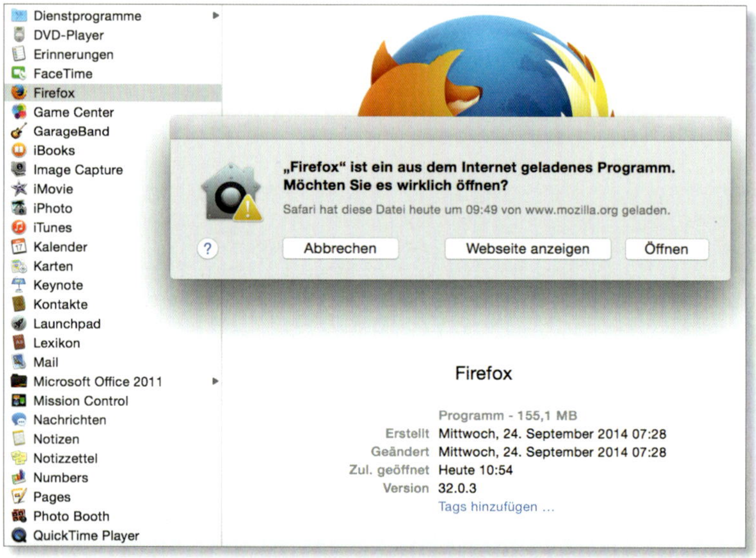

Abbildung 5.38 >
Apple erinnert Sie an ein mögliches Sicherheitsrisiko.

Da Sie sich in unserem Beispiel mit Firefox aber sicher sind, welche Anwendung Sie geladen haben, gehen Sie hier auf **Öffnen**, und Firefox wird gestartet.

6. Volume auswerfen

Abschließend können Sie das Volume/Gerät aus der Seitenleiste per Klick auswerfen (1), da Sie die App-Installation erfolgreich vorgenommen haben. Ebenso kann die Installationsdatei aus dem **Downloads**-Ordner gelöscht werden.

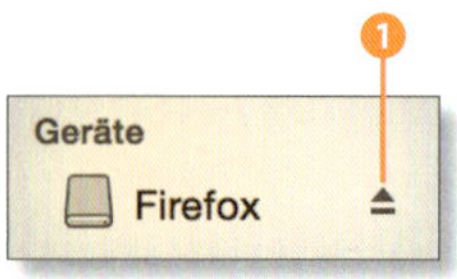

^ **Abbildung 5.39**
Das Installations-Image wird nicht mehr benötigt.

Das war doch gar nicht schwer, oder? Nach diesem Prinzip können Sie fast alle Softwareanwendungen aus dem Internet laden und auf Ihrem Mac installieren.

Programme vom Mac entfernen

Es kommt sicherlich der Zeitpunkt, an dem Sie eine Anwendung nicht mehr benötigen. Dann sollten Sie sie auch vom Mac löschen, um Speicherplatz zu schaffen. Das funktioniert unter OS X Yosemite recht unkompliziert. Gehen Sie in den **Programme**-Ordner im Finder, und suchen Sie jenes Programm aus, das überflüssig geworden ist. Ist nur ein Programmsymbol verfügbar, wählen Sie dieses einfach aus und ziehen es per Drag & Drop in den Papierkorb. So ist die Deinstallation auch schon abgeschlossen. Auch bei größeren Anwendungen funktioniert die Deinstallation meist nach diesem Prinzip.

Einige Programme liefern allerdings eine Deinstallationsanwendung mit. Diese befindet sich meist in einem Unterordner und muss dann dort gestartet werden.

Aber – sollten Sie einmal übersehen haben, dass die Software ein separates »Entfernungsprogramm« hat, und sollten Sie daher das zu löschende Objekt einfach so in den Papierkorb geworfen haben, nimmt OS X Yosemite Ihnen dies auch nicht wirklich übel. Es bleiben dann lediglich einige Datenreste auf der Festplatte in Unterordnern zurück, die ansonsten mit entfernt worden wären. Für den laufenden Betrieb Ihres Systems ist das aber ohne jede Bedeutung.

Wenn Sie die App, die nun gelöscht wurde, zusätzlich im Dock abgelegt haben, müssen Sie das Symbol dort natürlich ebenfalls entfernen. Markieren Sie das entsprechende Symbol, und ziehen Sie es in den Papierkorb. Im Launchpad werden die »App-Leichen« hingegen spätestens beim nächsten Neustart automatisch entsorgt.

Abbildung 5.40
Das große Fragezeichen – ist die App gelöscht, erscheint sie beim Anklicken im Dock nur noch mit Fragezeichen.

Das Dashboard: praktische Mini-Apps

Abbildung 5.41
Helfershelfer für besseres Arbeiten unter OS X Yosemite – das Dashboard

Das Dashboard beinhaltet eine Sammlung kleiner Programme, der sogenannten *Widgets*, die die Arbeit unter OS X Yosemite komfortabler und einfacher machen. Diese werden per Tastendruck oder Mausklick eingeblendet. Schauen wir einfach mal rein, um ein paar erste konkrete Programme näher kennenzulernen. Für einen sinnvollen Einsatz des Dashboards benötigen Sie übrigens einen Internetzugang. Falls Sie den noch nicht haben, lesen Sie dies bitte zunächst in Kapitel 8, »Ich geh' online – mit meinem Mac und Safari«, nach.

Das Dashboard starten Sie mit einem Klick auf das entsprechende Icon im Dock von OS X Yosemite. Für die MacBook-Besitzer besteht des Weiteren die Möglichkeit, mit einem horizontalen Wischer mit drei Fingern das Dashboard aufzurufen. Das Dashboard wird umgehend eingeblendet und bringt nun zahlreiche nützliche Tools auf den Bildschirm. Alle anderen Programme und Fenster bleiben davon unbehelligt, das Dashboard legt sich nämlich über das gesamte System.

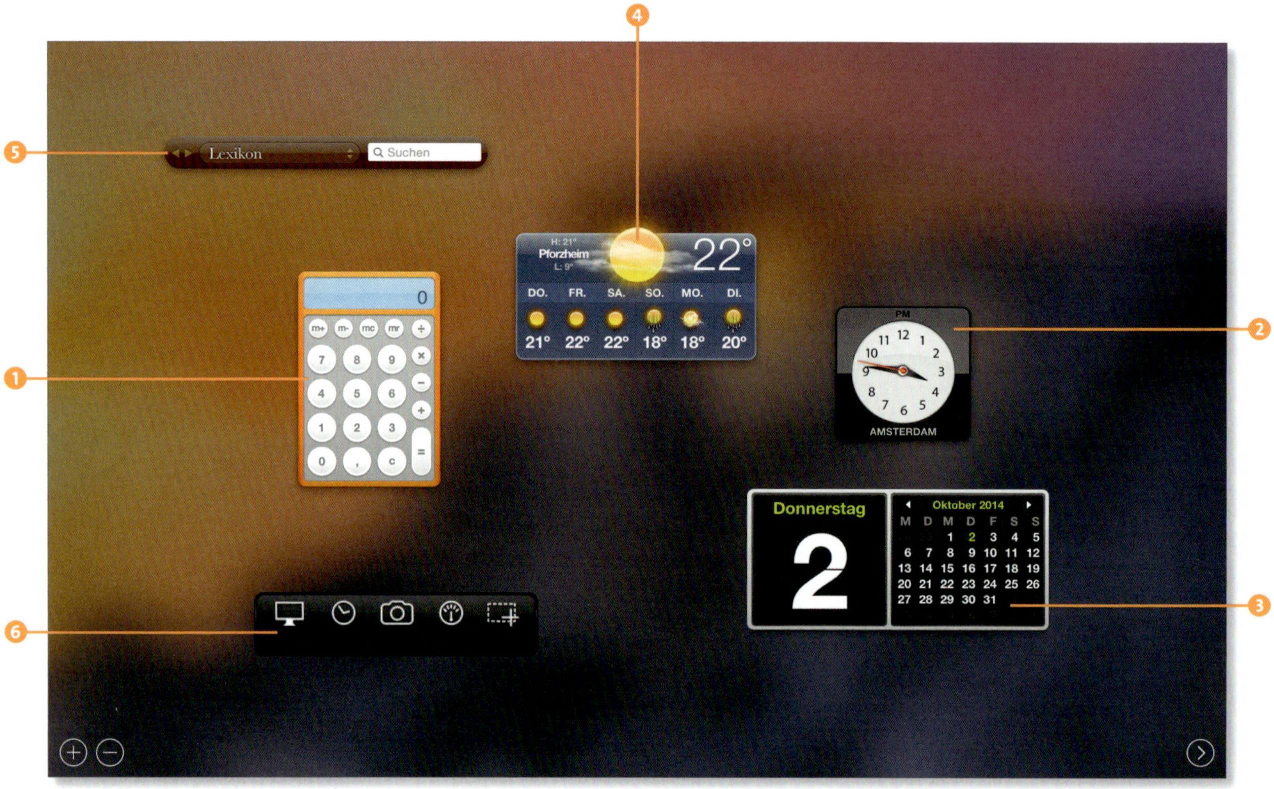

Abbildung 5.42
Das Dashboard im Einsatz

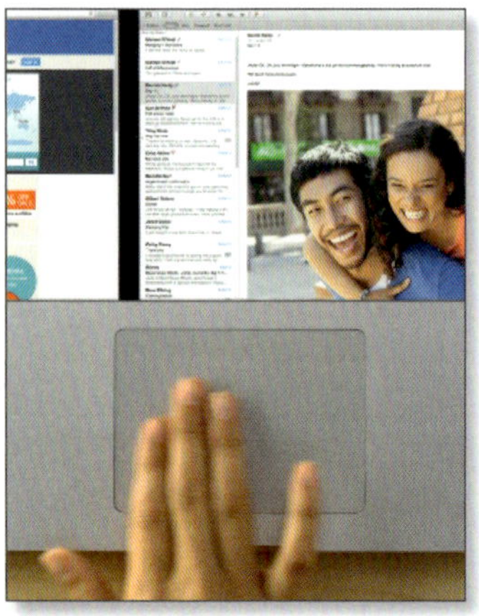

Abbildung 5.43
Durch horizontales Wischen können Sie einfach zwischen Dashboard und Schreibtisch wechseln.

Standardmäßig sind Taschenrechner ①, Uhrzeit ② und Datum ③ sowie eine Wettervorhersage ④ eingeblendet. Letztere zeigt allerdings nicht unbedingt das Wetter Ihres Heimatortes an, das müssen wir noch umstellen (siehe den folgenden Abschnitt, »Die Wettervorhersage anpassen«). Zusätzlich ist auf diesem Dashboard-Bildschirmfoto noch ein Lexikon zum Nachschlagen einzelner Wörter ⑤ sowie ein Bildschirmfoto-Widget ⑥ zu sehen.

So wird diese Einrichtung zu Ihrem ganz persönlichen Newscenter. Sie können die Widgets übrigens mit gedrückter Maustaste auch frei auf dem ganzen Bildschirm arrangieren, ganz nach Ihrem Wunsch.

Die Wettervorhersage anpassen

Zunächst klären wir die Wettervorhersage und stellen sie auf Ihren Wohnort um. Denn nicht die ganze Welt wohnt ja in der Apple-Heimat Cupertino, oder?

Klicken Sie, um die Wettervorhersage auf Ihren Wohnort oder jeden anderen Ort der Welt umzustellen, auf das kleine i rechts unten im Widget ⑦. Daraufhin »dreht« es sich um, und Sie können einen neuen Ort eintragen.

Abbildung 5.44
Apple zeigt in der Wettervorhersage von Beginn an die Apple-Heimat Cupertino.

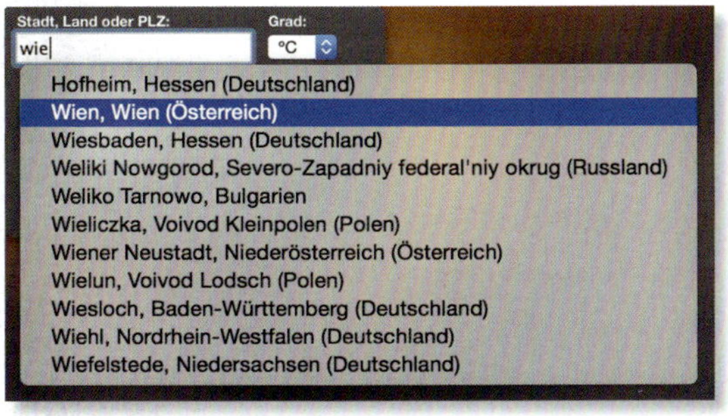

Abbildung 5.45
Das Wetter in Wien kommt einem der beiden Autoren sehr entgegen.

Aufgepasst: Da dieses Widget auf amerikanische Quellen zugreift, muss eventuell die englische Schreibweise des Ortes eingegeben werden, damit die Wettervorhersage fündig wird. Der Service prüft übrigens in Echtzeit nach, ob Ihre Eingabe passt, und liefert, wie in Abbildung 5.45 zu sehen, eventuelle Alternativen. Wählen Sie den passenden Ort aus, und klicken Sie dann auf **OK**. Sofort erscheint die Wettervorhersage für Ihren Lieblingsort. Sie ist, eine Internetverbindung vorausgesetzt, immer aktuell, da OS X Yosemite die Daten aus dem Web »saugt«.

Raus aus den Widgets

Wenn Sie mit der Maus außerhalb der Widgets einmal klicken, verschwindet das Dashboard, und Ihre »normale« Oberfläche kommt zurück. Alternativ nutzen Sie die esc-Taste oder wischen mit dem Trackpad horizontal mit drei Fingern.

Abbildung 5.46
So ist es prima – das aktuelle Wetter in Wien. Ein goldener Oktober steht offensichtlich bevor.

Sie möchten neue Widgets hinzufügen oder nicht mehr benötigte löschen? Hier zeigen wir Ihnen, wie es geht:

1. Dashboard starten

Starten Sie wieder das Dashboard, und klicken Sie links unten auf das Plussymbol.

2. Widget hinzufügen

Es werden alle Hilfsprogramme abgebildet, die bereits installiert, aber noch nicht aktiv sind. Möchten Sie z. B. die praktische Funktion **Notizzettel** nutzen, klicken Sie das Symbol einfach an (⑧ in Abbildung 5.47), und schon erscheint es im Dashboard.

Abbildung 5.47
Hier wählen Sie bereits installierte, aber teilweise noch nicht sichtbare Widgets aus.

Umgekehrt – wenn Sie ein Widget nicht mehr haben möchten – klicken Sie das Minussymbol im Dashboard an und dann auf das kleine Kreuz am jeweiligen Widget 9.

Abbildung 5.48
Mit einem Klick werden Widgets einfach aus dem Dashboard entfernt.

6 Den Überblick behalten: Dateien, Ordner, Laufwerke

Sie haben im vorangegangenen Kapitel viel über Ihren Mac erfahren und grundsätzliche Bedienelemente kennengelernt. Hier schließen wir nun direkt an. Viele der Infos auf den folgenden Seiten sind zum Verständnis von OS X und des Computers wichtig und werden immer wieder benötigt, z. B. dann, wenn Sie wirklich Dateien kopieren, Ordner zur Sortierung anlegen oder Fotos auf einen USB-Stick kopieren möchten. Daher unsere Empfehlung: Lesen Sie zunächst rein, und probieren Sie die Anleitungen in der Praxis aus, wenn Sie das entsprechende Wissen benötigen. Außerdem geben wir Ihnen in diesem Kapitel einige Tricks und Tipps mit auf den Weg, mit denen Sie auch vor erfahrenen Mac-Anwendern glänzen können.

Ansichtsoptionen im Finder

Bekanntlich ist ja alles Ansichtssache – auch im Finder von OS X gilt diese Devise. Nur dass Sie hier immer gleich vier verschiedene »Sichtweisen« per Klick parat haben – ganz nach Wunsch und ganz unkompliziert. In jedem Ordner kann man die Ansichten per Mausklick über die Symbolleiste ändern.

Abbildung 6.1
So wechselt man am Mac seine Ansichten: Symbol-, Listen-, Spalten- und Cover-Flow-Ansicht.

Damit Sie besser vergleichen können, zeigen wir Ihnen die verschiedenen Möglichkeiten anhand eines Ordners, den wir angelegt haben. Sie können das im Finder mit jedem beliebigen Ordner ausprobieren.

Symbolansicht

In der Symbolansicht (❶ in Abbildung 6.2) sehen Sie alle Dateien und Programme eines Ordners mit kleinen Symbolen im geöffneten Finder-Fenster. Je nachdem, ob OS X die angezeigten Dateien von Haus aus unterstützt, werden die Dokumente sogar mit einer kleinen Vorschau angezeigt. Möchten Sie in diesem Modus den Inhalt eines Ordners sehen, klappt das ganz einfach mit einem Doppelklick auf genau diesen Ordner. Möchten Sie wieder in die ursprüngliche Ebene zurückkehren, verwenden Sie am besten den Pfeil nach links ❷.

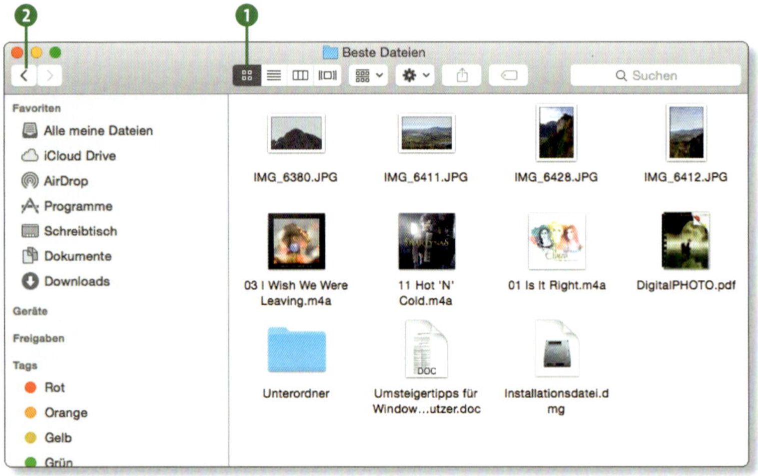

Abbildung 6.2 >
Die Symbolansicht ist praktisch, um viele Dateien schon vor dem Öffnen über ein Vorschaubild zu betrachten.

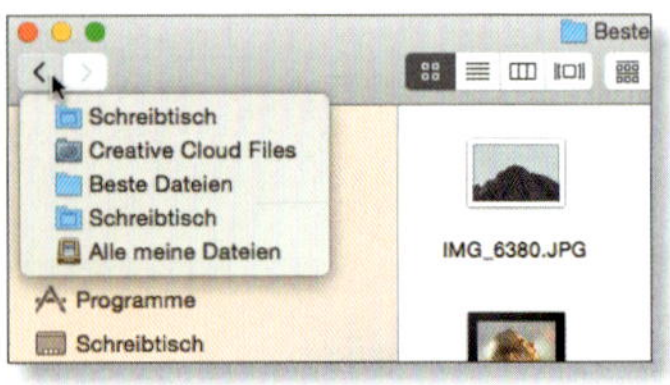

^ Abbildung 6.3
OS X 10.10 merkt sich in jedem Fenster, in welchen Ordnern Sie gestöbert haben.

Wenn Sie den Pfeil nach links länger drücken, klappt ein Feld mit den zuletzt benutzten Ordnern auf – Sie können also ohne Umwege per Mausklick dorthin springen. Allerdings – OS X Yosemite hat hier ein stark eingeschränktes Gedächtnis. Nach dem Schließen des jeweiligen Fensters sind auch die benutzten Ordner vergessen.

Listenansicht

Die Listenansicht ❸ eignet sich für Ordnungsfanatiker und für große Dateimengen. Diese werden hier ordentlich aufgelistet und mit kleinen Symbolen präsentiert. Hinter den jeweiligen Dateinamen finden Sie in separaten Spalten ❹ zudem eine Menge Detailinformationen über diese Daten, beispielsweise das Änderungsdatum oder die Dateigröße.

Auch hier ist es möglich, einen Ordner per Doppelklick zu öffnen. Viel besser ist aber die Option, den Ordner im angezeigten Fenster zu öffnen und den jeweiligen Inhalt zusätzlich anzeigen zu lassen. Klicken Sie dazu am gewünschten Ordner einfach auf das Dreiecksymbol ❺, schon offenbart sich Ihnen der Inhalt. Ein erneuter Klick schließt den Ordner wieder. Sie sehen bereits: Der Vorteil dieser Ansicht besteht darin, dass Sie beliebig viele Unterordner und Ordner in einer Liste geöffnet haben können, ohne den Überblick zu verlieren.

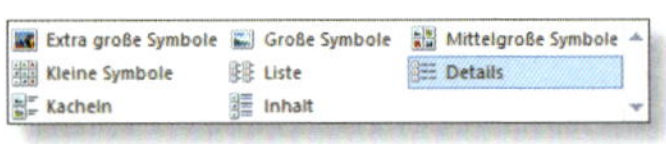

^ Abbildung 6.4
Unter Windows gibt es ebenfalls verschiedene, ganz ähnliche Darstellungsmöglichkeiten.

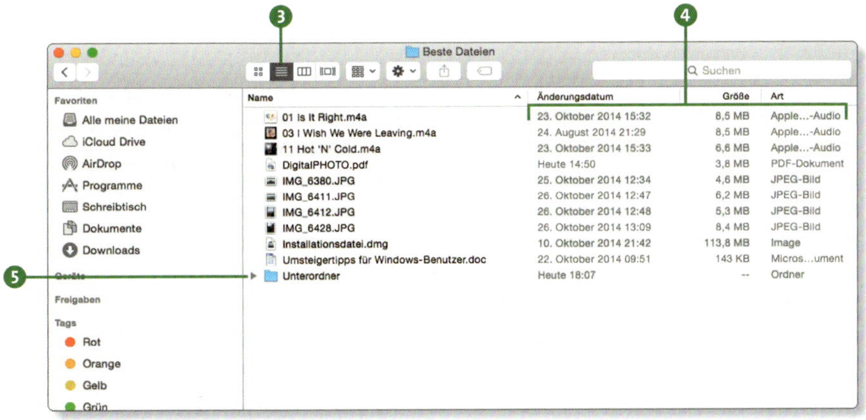

Abbildung 6.5
Ganz schön detailliert, was die Listenansicht preisgibt

Ordner aufklappen

Am Mac klappt man die Ordner meistens über das Dreiecksymbol auf, wenn man deren Inhalt sehen möchte.

Abbildung 6.6
Ordner aufklappen leicht gemacht

Spaltenansicht

Die Spaltenansicht 6 ist eine ganz spezielle Art, um sich Dateien anzeigen zu lassen. Sie sehen in diesem Modus nur die Datei- und Ordnernamen, weitere Informationen werden erst per Mausklick auf ein Symbol angezeigt. Die Ordnerstruktur klappt zudem nicht nach unten, sondern zur Seite auf – eben in Spalten. Ordner offenbaren mit einem einfachen Mausklick ihre Inhalte, die dann rechts angezeigt werden. Unterverzeichnisse klappen beim Anklicken dann noch eine Spalte weiter nach rechts auf. Die Vorschau einer angeklickten Datei und noch weitere Detailinfos werden, Sie ahnen es, wiederum eine Spalte weiter angezeigt 7.

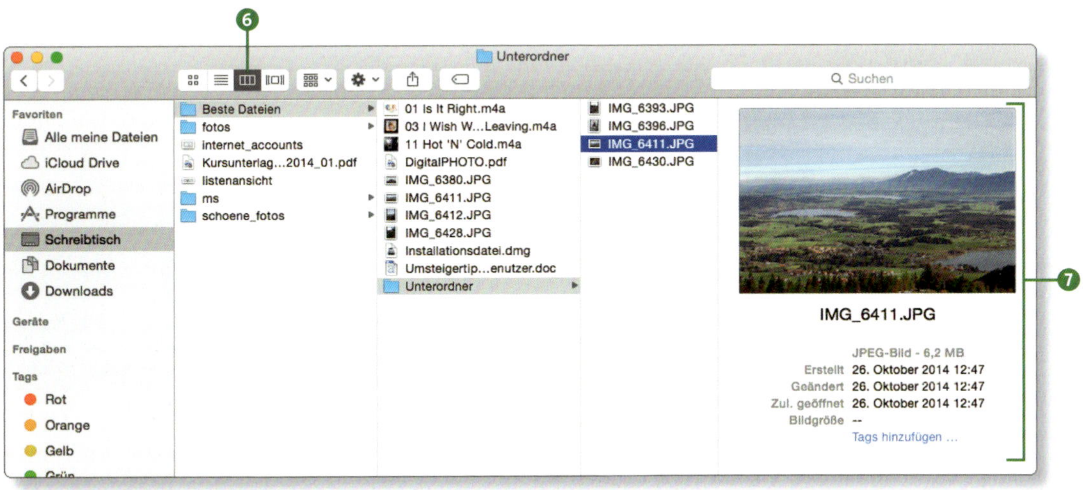

Abbildung 6.7
Die Spaltenansicht zeigt es im Querformat – nicht nur für Panoramabilder ideal.

In jeder Dateiansicht können Sie eine zusätzliche Sortierung starten – hierzu nutzen Sie die Schaltfläche **Objektausrichtung ändern** ❽ in der Finder-Leiste.

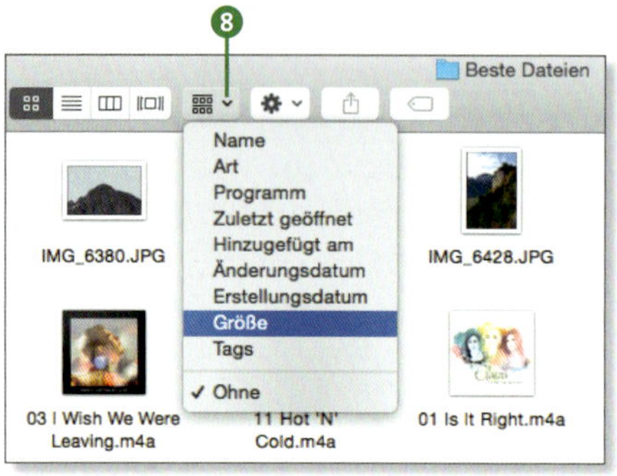

< Abbildung 6.8
Noch mehr Ordnung – mit der Funktion »Objektausrichtung« können Sie nach weiteren Kriterien sortieren.

Cover-Flow-Ansicht

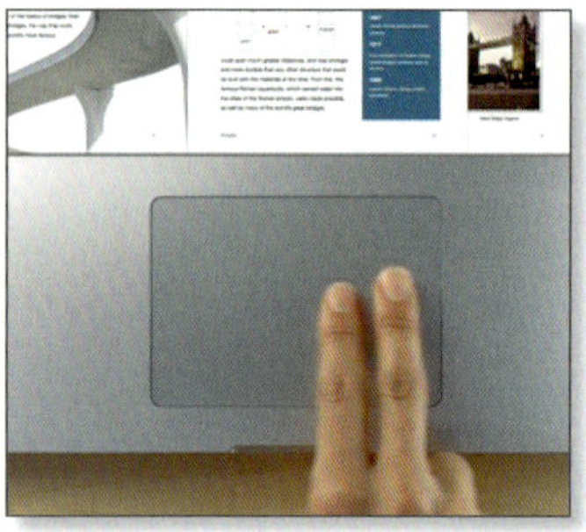

^ Abbildung 6.9
Mit zwei Fingern blättert man durch den Cover Flow.

Sehr schick und besonders zum Betrachten von Bildern oder Videos geeignet ist die Cover-Flow-Ansicht ❶ im Finder. Der Name ist geradezu historisch bedingt, stammt diese Ansicht doch aus iTunes – dort ist diese Art der »CD-Cover«-Anzeige aber schon längst Geschichte und nicht mehr verfügbar. Die Kombination aus Listenansicht und einer Art Bildvorschau ist im Finder aber praktisch und wohl auch deshalb weiterhin Bestandteil von OS X. Digitalfotos, Videos, aber auch PDF- und Office-Dokumente werden hier in einer großen Vorschau ❷ angezeigt. Gleichzeitig bewahrt man aber in der Auflistung der Dateien ❸ immer den Überblick. Mit einem Klick auf die in der Vorschau links angeordneten Dokumente blättert man zurück, mit einem Klick auf die rechts angeordneten Dokumente nach vorn. Dabei gilt: Je weiter außen geklickt wird, desto schneller wird auch geblättert.

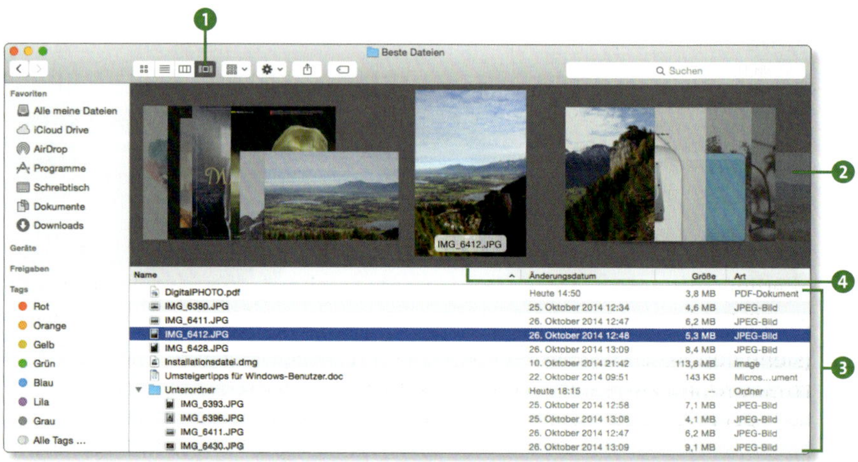

Abbildung 6.10 >
Die Cover-Flow-Ansicht bringt Dokumente, Bilder und Musik auf eine virtuelle Showbühne.

Mit dem Trackpad wischen Sie mit zwei Fingern, um durch die Dateien zu »fliegen«; bei der Magic Mouse klappt das mit nur einem Finger. Zusätzlich ist eine Direktwahl der zu betrachtenden Datei aus der Liste jederzeit möglich.

Um das Größenverhältnis zwischen Dateiliste und Coverflow zu verschieben, fahren Sie mit dem Mauszeiger zwischen den hell- und dunkelgrauen Bereich ❹. Es erscheint dann ein Doppelpfeil. Wenn Sie ihn mit gedrückter primärer Maustaste nach oben oder unten verschieben, verändert sich das Verhältnis zwischen der Bildvorschau und den aufgelisteten Dateien je nach Wunsch.

Doch Cover Flow hat noch mehr Überraschungen parat. Haben Sie ein PDF-, Office-, Video- oder Musikdokument im Finder ausgewählt, wird er zum genialen Vorschauprogramm. Fahren Sie mit der Maus auf das Vorschaubild, können Sie in einem PDF- oder Office-Dokument per Mausklick auf die Pfeile ❺ bequem hin und her blättern, ohne dass irgendein zusätzliches Programm geöffnet werden muss.

Abbildung 6.11
PDF- und Office-Dokumente kann man in Cover Flow direkt betrachten (PDF: DigitalPHOTO-Magazin).

Auch bei Musik oder Videos funktioniert diese Art der Schnellvorschau – allerdings ist hier nur das Abspielen oder Anhalten (❻ in Abbildung 6.12) möglich, Vor- und Zurückspulen bleibt dann doch dem QuickTime Player (siehe den Abschnitt »Videos ansehen mit QuickTime« ab Seite 327) oder iTunes (siehe Kapitel 13, »iTunes für die Musik am Mac«) vorbehalten. Um nur mal kurz reinzuhören, ist das dennoch sehr elegant.

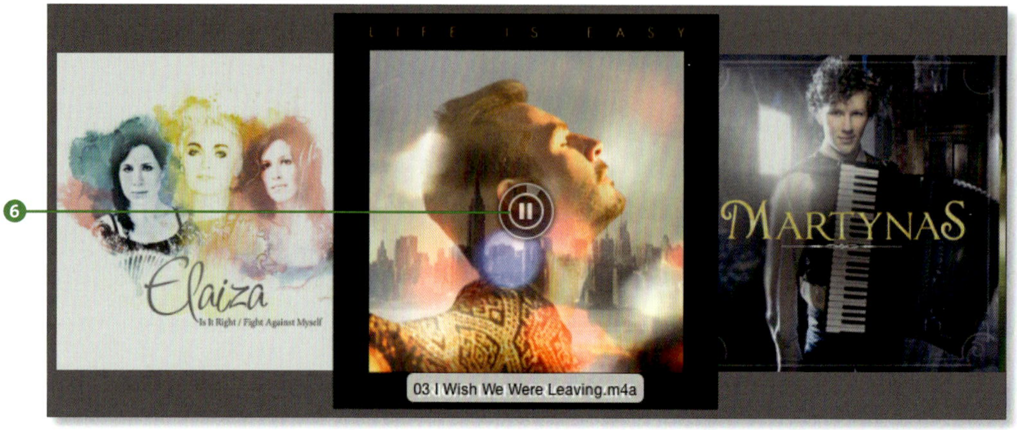

Abbildung 6.12
Auch Videos und Musiktitel erwachen in der Ansicht Cover Flow zum Leben.

Neue Ordner anlegen

Neue Ordner werden benötigt, um Ordnung innerhalb der Datenvielfalt am Computer zu schaffen. Angenommen, Sie haben bisher alle Dokumente und Daten einfach nur im **Dokumente**-Ordner abgelegt, ist das auf Dauer nicht gerade übersichtlich. Um hier eine Struktur zu schaffen, gibt es die Möglichkeit, zusätzliche Ordner und Unterordner anzulegen und die Daten darin zu sortieren. Man kann sich das am besten im Vergleich mit einem Kleiderschrank vorstellen – auch dort sind ja nicht die Unterhosen, Jeans und Hemden in einer Abteilung, sondern in getrennten Fächern untergebracht. Und diese Fächer sind am Mac und bei Computern allgemein die Ordner. Einen Ordner kann man auf jedem Laufwerk und in jedem Ordner anlegen, selbst auf dem Schreibtisch kann man einen Ordner erstellen. Von Letzterem würden wir Ihnen aber abraten – da wird es ganz schnell unübersichtlich.

Zum Ausprobieren wollen wir einmal Ordner in Ihrem **Dokumente**-Verzeichnis anlegen: Gehen Sie über die Finder-Seitenleiste in dieses Verzeichnis. Hier haben Sie eventuell schon Dokumente abgelegt, OS X und einige Apps haben zudem schon bei der Installation ein paar eher unwichtige Dateien hineingespeichert. Übrigens ist es egal, in welcher Finder-Ansicht Sie sich gerade befinden – diese Vorgehensweise ist immer gleich, auch wenn wir es hier nur in der Symbolansicht erläutern.

Sie haben nun mehrere Möglichkeiten, einen neuen Ordner zu erstellen. Diese werden wir Ihnen in den folgenden Abschnitten näher erläutern.

Eigene Apple-Ordnung

Apple versucht mit jeder Betriebssystemversion einmal mehr, die Ordnerstruktur zu sprengen – viele Daten werden insbesondere von den Apple-eigenen Programmen in einer ganz eigenen Systematik abgelegt. Beispielsweise speichern iPhoto (siehe auch Kapitel 14, »Bessere Fotos mit iPhoto«) und auch iTunes (siehe Kapitel 13, »iTunes für die Musik am Mac«) Daten, wenn man sie im Finder betrachtet, extrem chaotisch, im Programm selbst aber aufgeräumt, strukturiert und sortiert. Noch extremer ist die Situation am iPhone oder iPad, wo Apple gar keinen Einfluss auf die Ablageorte der Daten zulässt.

Ordner erstellen über das Vorgänge-Menü (Zahnradmenü)

Sicherlich haben Sie sich schon gefragt, was es mit dem Zahnrad im Finder-Fenster auf sich hat. Damit können Sie u. a. neue Ordner erstellen.

1. Vorgänge-Menü aufrufen
Klicken Sie in das **Vorgänge**-Menü im Finder-Fenster. Es öffnet sich daraufhin ein Menü mit zahlreichen Funktionen.

2. Neuer Ordner
Für uns ist allerdings nur **Neuer Ordner** interessant. Diese Option wählen Sie mit einem einfachen Mausklick aus.

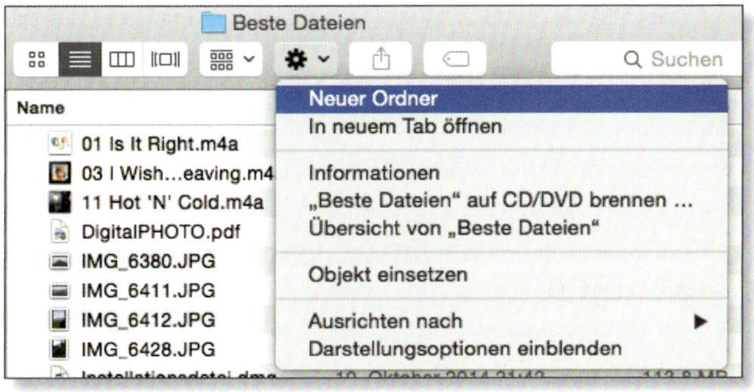

Abbildung 6.13
Das Zahnradmenü bietet viele nützliche Optionen. Hier interessiert uns erst einmal nur »Neuer Ordner«.

Sofort erscheint ein neues Ordnersymbol im geöffneten Finder-Fenster; der Text ist blau unterlegt und kann direkt, ohne zusätzliches Markieren, mit einem Namen nach Wunsch überschrieben werden. Wenn Sie fertig sind, drücken Sie einfach die [↵]-Taste oder klicken mit der Maus in die leere Fläche des Finders. Damit ist der neue Ordner auch schon einsatzbereit.

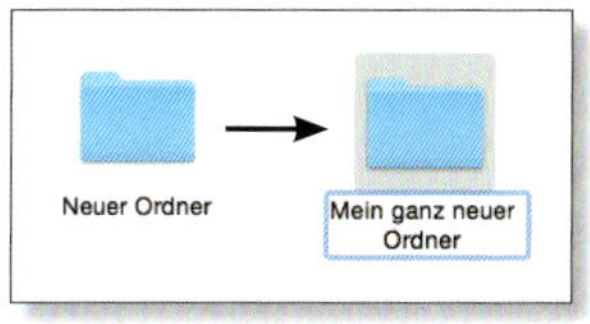

Abbildung 6.14
Sie sollten Ordner sofort benennen. »Mein ganz neuer Ordner« ist dabei aber keine besonders gute Wahl.

Neuer Ordner über das Kontextmenü

Alternativ kann ein neuer Ordner auch über einen sekundären Mausklick in die freie Fläche des gewünschten Finder-Fensters erzeugt werden. Im sich daraufhin öffnenden Kontextmenü wählen Sie dann einfach auch **Neuer Ordner** aus, die weitere Vorgehensweise entspricht der soeben beschriebenen.

Ordner erstellen per Tastenkürzel

Ein Ordner kann auch per Tastenkürzel erstellt werden. Nutzen Sie hierzu [cmd]+[⇧]+[N], und schon ist der Ordner da.

Ordner umbenennen

Möchten Sie einen Ordner nachträglich umbenennen, markieren Sie ihn und klicken erneut mit der primären Maustaste auf die Beschriftung des Ordners. Diese wird dann blau markiert, und Sie können einfach den neuen Namen eintippen.

Damit haben Sie die Möglichkeiten kennengelernt, mit denen neue Ordner erstellt werden. Doch wie kommen die Dateien dort hinein? Und wie kann man Dateien kopieren und verschieben? Diese Fragen werden im folgenden Abschnitt beantwortet.

Dateien und Ordner kopieren und verschieben

Abbildung 6.15
Kontextmenüs gibt es an vielen Stellen, hier wurde auf den weißen Hintergrund mit rechts geklickt.

Sie wissen jetzt schon, wie man einzelne Dateien auswählt, das haben wir Ihnen im Abschnitt »Klicks und Tastatur kombinieren – mehrere Dateien auswählen« ab Seite 55 bereits gezeigt. Doch nun geht es an die praktische Umsetzung. Nach dem Markieren von Dateien kann man diese an einen anderen Ort kopieren, verschieben oder auch löschen.

Der Unterschied zwischen Kopieren und Verschieben von Dateien ist folgender: Beim Kopieren werden die Daten dupliziert. Das ist immer dann automatisch der Fall, wenn Dateien von einem Gerät auf ein anderes kopiert werden, z. B. aus Ihrem **Dokumente**-Ordner auf einen USB-Stick. Findet der Kopiervorgang auf dem gleichen Laufwerk oder Gerät statt, ist Vorsicht angebracht – hier werden die Daten nicht dupliziert, sondern an einem Ort entfernt und an einem neuen Ort platziert, also verschoben.

So kopieren Sie Dateien mit der Maus

Für die folgenden Schritte sollten Sie einen USB-Stick oder eine Speicherkarte parat und diese im Rechner eingesteckt haben. Wie das genau funktioniert, erfahren Sie im Abschnitt »Dateien auf den Mac übertragen – Laufwerke und Datenträger anschließen« ab Seite 130, Sie erhalten aber auch hier alle notwendigen Infos, um diese Übung zu meistern.

1. Finder öffnen
Öffnen Sie zunächst den Ursprungsordner ❶ mit jenen Dateien, die kopiert werden sollen. Ob das Dokumente, Bilder oder andere Daten sind, spielt hier keine Rolle.

2. Zweites Fenster öffnen
Jetzt öffnen Sie ein zweites Finder-Fenster mit der Tastenkombination `cmd`+`N` und klicken auf Ihren USB-Stick in der Finder-Leiste ❷ oder öffnen den USB-Stick über einen Doppelklick auf das entsprechende Volume-Symbol am Schreibtisch.

3. Fenster anordnen
Ordnen Sie beide Finder-Fenster nebeneinander an, damit sie nicht überlappen. Sollten die Fenster zu groß sein, um auf Ihrem Bildschirm

nebeneinander angeordnet zu werden, müssen Sie sie verkleinern. Das geht am einfachsten über die untere rechte Ecke des jeweiligen Fensters.

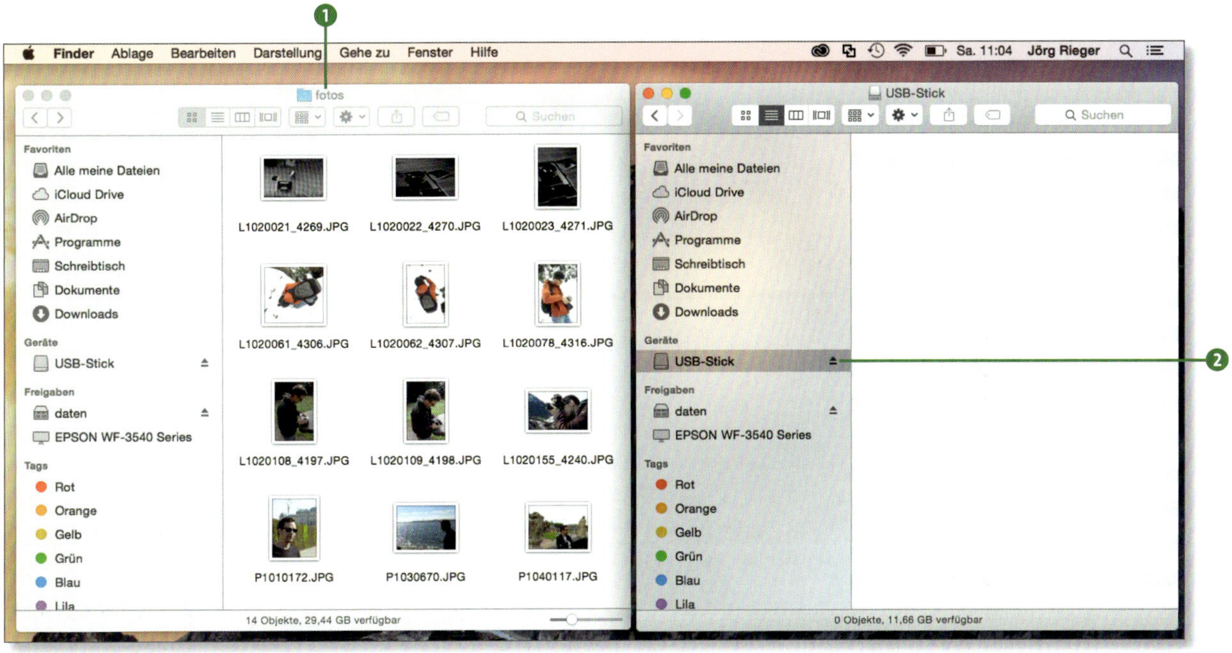

Abbildung 6.16
So sollte Ihre Benutzeroberfläche jetzt aussehen.

4. Dateien markieren

Jetzt markieren Sie jene Dateien, die auf den USB-Stick kopiert werden sollen.

Abbildung 6.17
Nicht zusammenliegende Dateien werden einzeln bei gedrückter cmd *-Taste angeklickt.*

5. Kopieren

Klicken Sie mit der primären Maustaste auf eine der markierten Dateien, halten Sie sie gedrückt, und ziehen Sie sie dann auf das geöffnete Finder-Fenster des USB-Sticks. Sobald das grüne Plussymbol erscheint, lassen Sie die Taste los. Der Kopiervorgang wird gestartet.

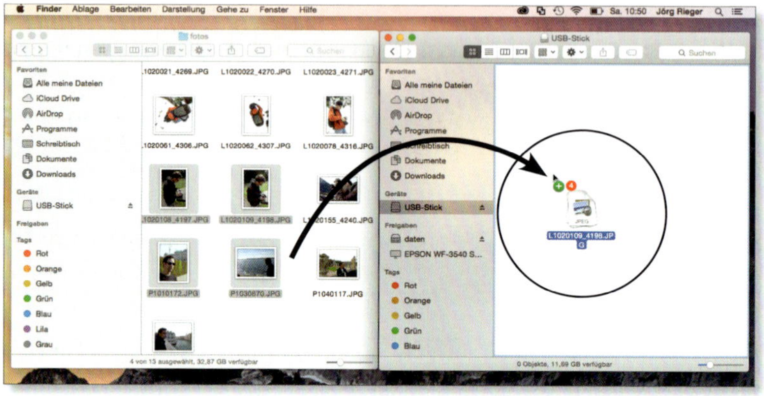

Abbildung 6.18 >
Neben dem Plussymbol zeigt ein weiteres Symbol, wie viele Dateien kopiert werden.

Haben Sie die Maustaste losgelassen, gibt Ihnen OS X zusätzlich Auskunft darüber, wie viele Daten kopiert werden und wie lange der Vorgang dauert.

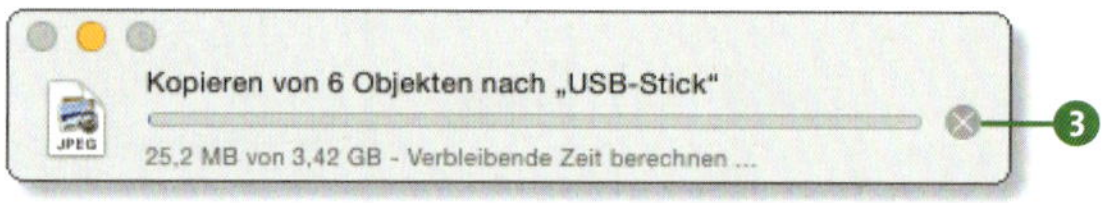

Abbildung 6.19 >
OS X zeigt Ihnen exakt an, wie lange das Kopieren dauert.

Mit einem Klick auf das Kreuz ❸ kann das Kopieren übrigens jederzeit abgebrochen werden. Bereits überspielte Dateien werden aber nicht zurückgenommen. Diese müssen dann manuell auf dem Ziellaufwerk oder im Zielordner gelöscht werden.

Rückgängig möglich

Sie haben sich »verkopiert«, oder es ist im Finder etwas anderes schiefgelaufen? Kein Problem, im **Bearbeiten**-Menü können Sie jederzeit mit **Rückgängig** die getätigte Aktion zurücksetzen. Alternativ klappt das auch mit cmd + Z.

Kopieren nur mit Tastenkürzeln

Alternativ kann das Kopieren auch ohne Maus erfolgen: Dazu einfach die gewünschten Dateien auswählen und cmd + C (für *Copy*, also Kopieren) drücken. Nun gehen Sie auf den Zielordner. Sobald er aktiviert ist, drücken Sie cmd + V, der Kopiervorgang wird gestartet. Warum ausgerechnet V? Wenn schon Englisch, dann würde man ja vielleicht P für *Paste* erwarten. Leider gibt es hier keine eindeutige Erklärung. Die logischste und vielleicht pragmatischste – C und V liegen auf dem Keyboard nebeneinander. So kann man komfortabel arbeiten. Und mit ein wenig Fantasie sieht das V auch wie eine Einfügemarke oder ein Korrekturzeichen für einzufügenden Text aus.

Verschieben statt Kopieren

Wenn Sie Dateien mit der Maus kopieren, müssen Sie aufpassen, wenn auf *demselben* Laufwerk gearbeitet wird. Dann werden die Daten nämlich standardmäßig verschoben und nicht kopiert. Der Computer geht davon aus, dass Sie lediglich Ordnung schaffen wollen. Sprich, Sie haben sich z.B. im **Dokumente**-Ordner einen neuen Ordner **Privat** angelegt und möchten hier nun alle passenden Briefe einsortieren. Diese möchten Sie natürlich nur verschieben und nicht zusätzlich in den **Privat**-Ordner duplizieren.

Übrigens: Auch das Ziehen von Daten auf dem Schreibtisch in Ihren **Dokumente**-Ordner bewirkt das Verschieben und nicht das Kopieren. Sie sehen das schon daran, dass das grüne Plussymbol nicht erscheint. Aber das Kopieren kann man, falls gewünscht, erzwingen. Halten Sie beim Verschieben einfach die `alt`-Taste gedrückt, und schon wird definitiv kopiert.

Ordner kopieren

Kopieren und verschieben kann man nicht nur Dateien, sondern auch ganze Ordner.

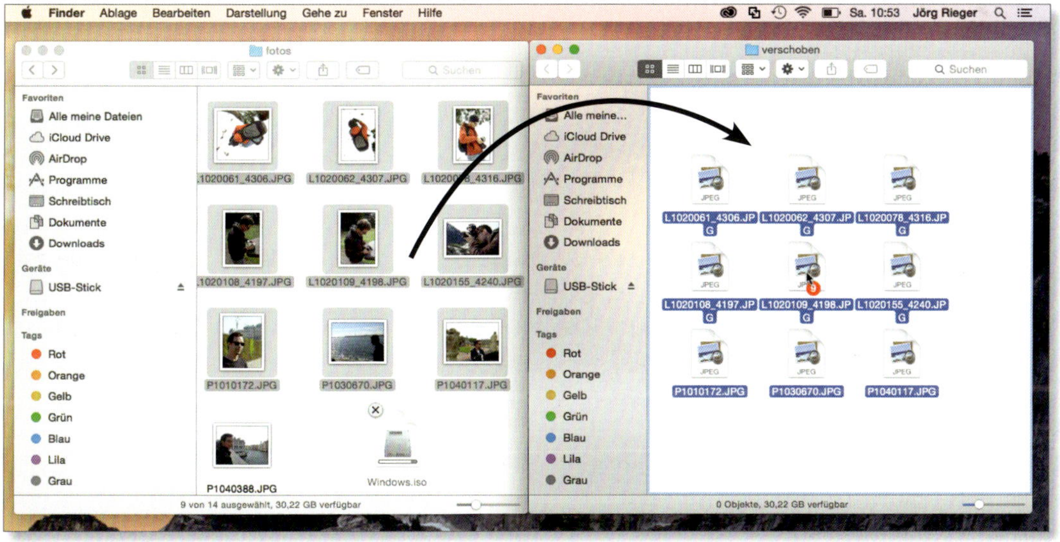

Abbildung 6.20
Beim Verschieben von Dateien fehlt das Plussymbol, hier müssen Sie aufpassen!

Dateien und Ordner löschen – der Papierkorb

Sicherlich sind Sie schon sehr gespannt, wie man nicht mehr benötigte Dokumente und Ordner am Mac loswird. Vielleicht möchten Sie Platz schaffen oder einfach überflüssige Daten aussortieren – dazu ist am Mac der Papierkorb da.

Abbildung 6.21
Ganz rechts im Dock steht der Papierkorb.

Der Papierkorb befindet sich ganz rechts außen im Dock und hat am Mac eine lange Tradition. Schon der erste Mac-Computer hatte ein entsprechendes Symbol auf dem Mini-Röhrenbildschirm, damals aber noch nicht so schön in Farbe wie bei OS X.

Dateien zu löschen ist ganz einfach: Markieren Sie die unerwünschten Dateien und Ordner, und ziehen Sie sie mit gedrückter Maustaste in den Papierkorb. Lassen Sie dann die Maustaste wieder los. Mit einem kleinen Rascheln sind die Daten dann im »Müll« gelandet und im Finder nicht mehr vorhanden. Allerdings ist zu diesem Zeitpunkt noch nichts verloren. Der Papierkorb kann tatsächlich jetzt noch »durchwühlt« werden, falls Sie doch etwas wieder herausholen möchten.

Dateien wiederherstellen

Klicken Sie dazu einfach den Papierkorb im Dock an. Es erscheint daraufhin der gesamte Inhalt in einer ausführlichen Liste.

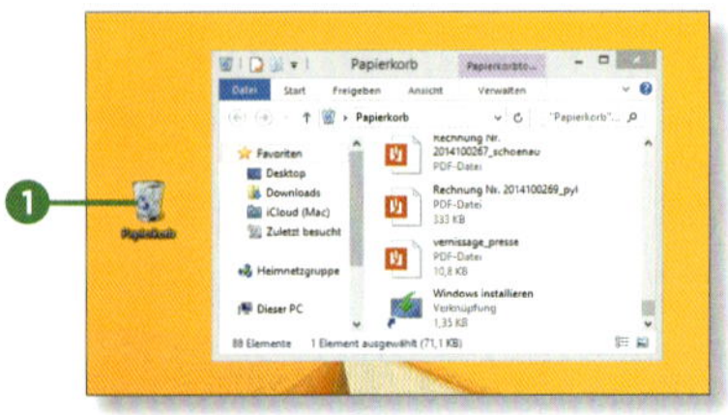

Abbildung 6.22
Alter Bekannter – unter Windows funktioniert der Papierkorb **1** *ganz ähnlich wie unter OS X.*

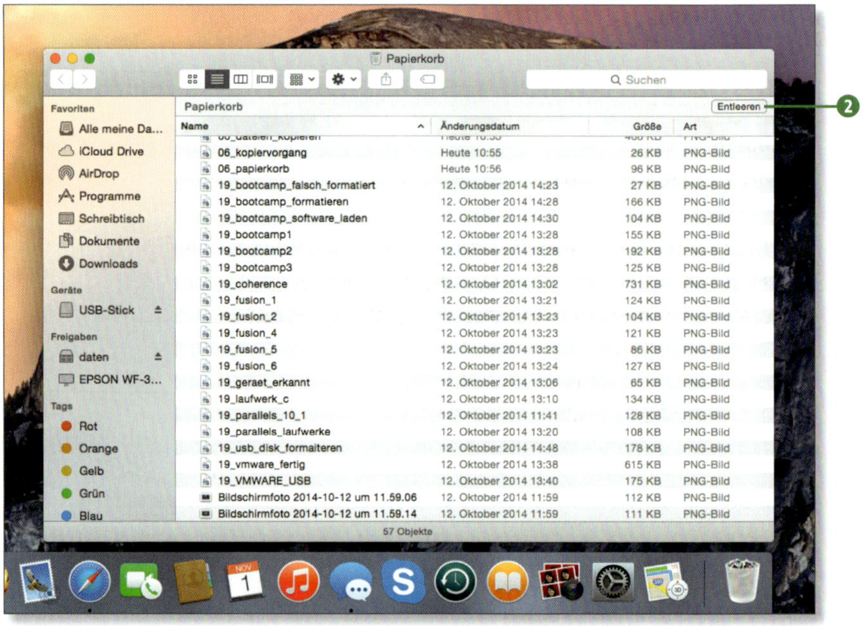

Abbildung 6.23
Der Inhalt des Papierkorbs – hier hat jemand fleißig »entsorgt«.

Nun besteht die Möglichkeit, aus diesem Fenster doch noch benötigte Daten einfach herauszuziehen, wie wir es vorhin beim Verschieben gezeigt haben. Hier wird tatsächlich immer verschoben, da Sie die Daten ja aus dem Papierkorb herausnehmen und schließlich an einem anderen Platz ablegen.

Den Papierkorb leeren

Doch wie können Sie den virtuellen Mistkübel komplett entleeren, damit die Dateien keinen Speicherplatz mehr belegen und endgültig weg sind? Glücklicherweise streitet sich in OS X niemand darüber, wer den Müll hinuntertragen muss. Sie geben ganz einfach die Anweisung – entweder direkt im gerade gezeigten Fenster über **Entleeren** ❷ (siehe Abbildung 6.23) oder mit einem rechten Mausklick auf den Papierkorb und dann mit dem Befehl **Papierkorb entleeren** ❸ wie in Abbildung 6.24 zu sehen.

Abbildung 6.24
So trägt man heute den Müll runter.

Doch bevor Ihre Dateien von der Festplatte gelöscht werden, kommt eine Sicherheitsmeldung, die bestätigt werden muss. Für den Fall nämlich, dass Sie den Papierkorb gar nicht entleeren wollten.

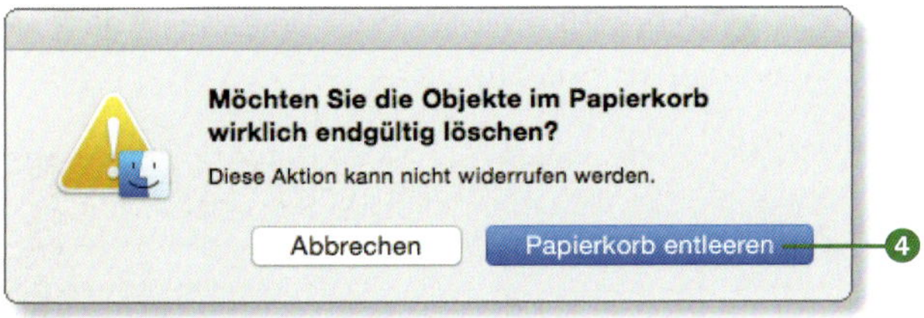

Abbildung 6.25
Der virtuelle Papierkorb wird nun ausgeleert.

Wenn Sie auf **Papierkorb entleeren** ❹ klicken, werden die Daten nun endgültig gelöscht. Nach diesem Vorgang sind sie nur mit extrem hohem Aufwand und damit verbundenen Kosten wiederherzustellen.

Den Papierkorb sicher entleeren

Wenn Sie nach Aufruf des Papierkorb-Menüs die `cmd`-Taste drücken und dann gedrückt halten, können Sie die Option **Papierkorb sicher entleeren** wählen. Dann wird der Papierkorb mehrfach gelöscht und überschrieben, damit man die Daten nicht mehr wiederherstellen kann.

Abbildung 6.26
Mit dieser Option gehen Sie auf Nummer sicher.

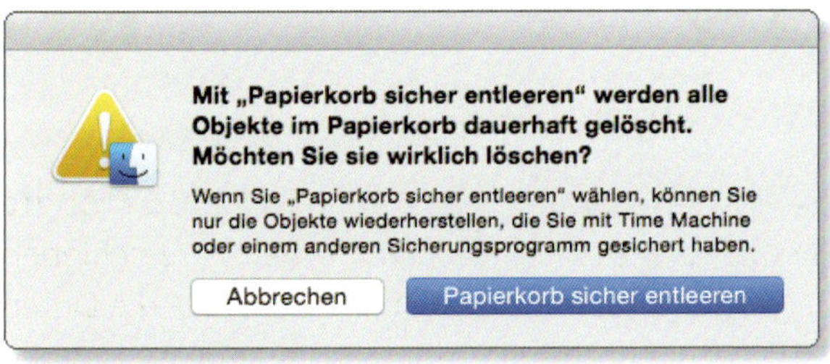

Abbildung 6.27
Nun sind nur noch mit Time Machine gesicherte Daten wiederherstellbar.

Dokumente schnell wiederfinden: die Suchfunktionen unter OS X

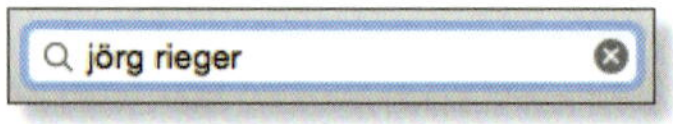

Abbildung 6.28
Das Suchfeld gibt es in allen Finder-Fenstern.

Es wird bald der Zeitpunkt kommen, an dem Sie ein bestimmtes Dokument auf Ihrem Mac suchen. »Irgendwo hatte ich es doch abgespeichert …« – Doch wo? Diese Frage stellt sich jeder Computerbenutzer, da müssen Sie sich keine Gedanken machen. Eine kurze Unaufmerksamkeit beim Abspeichern eines Fotos, eines Schriftstücks oder einer Grafik und schon ist das Dokument in einem völlig anderen Ordner abgelegt als gedacht.

Doch während sich die einen stundenlang durch sämtliche Ordner klicken, haben Sie die Suchfunktion des Finders »im Gepäck«. Die Fahndung nach Dateien und Ordnern kann in jedem Finder-Fenster gestartet werden. Besonders praktisch: OS X sucht nicht nur nach dem Dokumentnamen, sondern durchforstet auch die Dateiinhalte selbst nach dem gesuchten Begriff. Der Vorteil liegt auf der Hand: Wenn Sie einen Brief suchen, dessen Dateinamen aber nicht wissen, geben Sie einfach ein eindeutiges Wort aus dem Inhalt des Briefes in die Suche ein, und OS X wird sicherlich das passende Ergebnis liefern.

Die Suche ist sehr unkompliziert: Geben Sie einfach im Suchfenster den Begriff, ein eindeutiges Wort oder auch einen ganzen Satz ein. OS X bringt in Echtzeit die passenden Ergebnisse auf den Bildschirm. Wie Sie sehen, hat OS X tatsächlich auch die Dokument- und Nachrichteninhalte durchsucht, der Suchbegriff »Jörg Rieger« taucht zwar in Dateinamen auf, aber offensichtlich auch immer im Inhalt. Dabei spielt es keine Rolle, ob nur ein Teil des Namens vorkommt oder die richtige Reihenfolge eingehalten wurde, es werden alle »Vorkommen« gesucht. Wichtig ist, dass Sie den Ort bestimmen, an dem gesucht werden soll. Wird Ihr Mac also einmal nicht fündig, vergewissern Sie sich, dass **Diesen Mac** 1 aktiviert ist.

Abbildung 6.29
Jede Menge Dokumente und Chats wurden gefunden.

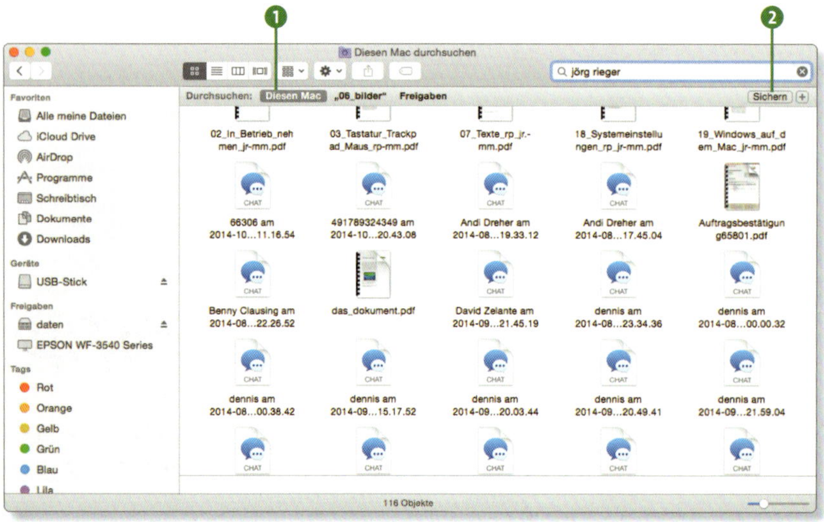

In dieser Liste können Sie das gewünschte Dokument dann einfach wie gewohnt per Doppelklick laden. Zusätzlich kann die Suche für einen Schnellzugriff gespeichert werden ❷, sie erscheint dann in der linken Finder-Leiste ❸ und kann hier jederzeit angeklickt werden.

Wenn Sie ein Dokument oder Bild suchen, das Sie erst vor Kurzem geöffnet oder erstellt haben, genügt übrigens zumeist ein Blick in **Alle meine Dateien** in der Finder-Leiste. Dort sind alle aktuellen Dateien streng nach Datum sortiert und ebenfalls ganz fix gefunden, da OS X 10.10 Yosemite hier sämtliche Daten auflistet, unabhängig davon, wo sie letztlich abgespeichert wurden.

Abbildung 6.30
Gespeicherte Suchen erkennen Sie am Zahnradsymbol.

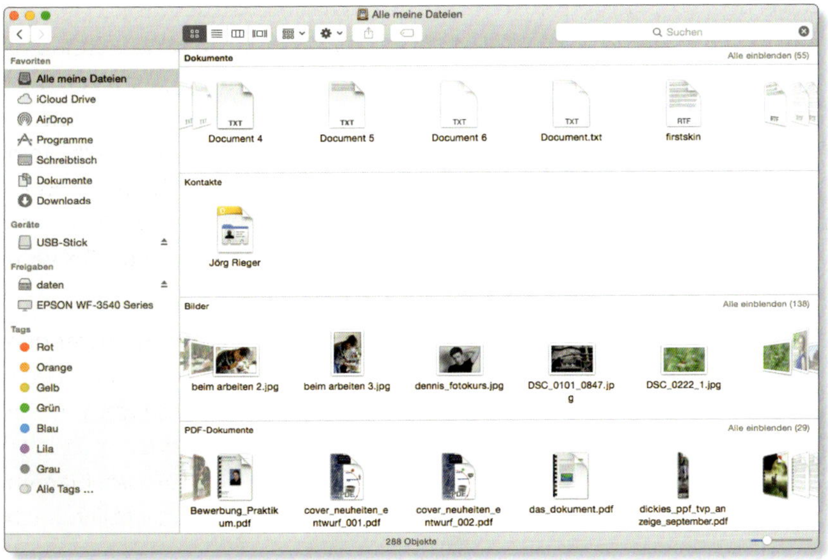

Abbildung 6.31
Eher manuell, aber ebenfalls effektiv ist die Dokumentensuche über »Alle meine Dateien«.

Die Spotlight-Suche

Wenn Sie nicht nur in Ihren Dokumenten und Dateien, sondern etwa auch im Adressbuch, im Web und in Wikipedia nach einem Begriff Ausschau halten, lohnt der Klick in die Spotlight-Suche. Sie finden Spotlight als kleines Lupensymbol ❹ rechts oben in der Finder-Leiste.

Sobald Sie die Lupe anklicken, erscheint der folgende Bildschirm, der Ihnen die wirklich fantastischen neuen Funktionen der Spotlight-Suche nahebringt.

Abbildung 6.32
Wird gerne übersehen – die Spotlight-Suche symbolisiert durch eine Lupe

Abbildung 6.33 >
Kann noch nicht Wäsche bügeln, aber so ziemlich alles finden – die Spotlight-Suche in OS X.

Keine Größenänderung

Spotlight wurde in OS X 10.10 generalüberholt, leider wurde aber die Möglichkeit, das Suchfenster in der Größe zu skalieren, nicht berücksichtigt. Auch bei umfangreichen Suchergebnissen bleibt es winzig klein in der Bildschirmmitte stehen und macht Scrollen notwendig.

Tippen Sie in das Suchfeld ❺ einfach den gewünschten Suchbegriff ein, OS X präsentiert dann direkt die passenden Ergebnisse. Dieses Mal werden aber Browserverlauf, Adressbuch, Internet, SMS und Kalender mit durchforstet. Wenn Sie mit dem Mauszeiger auf ein Ergebnis klicken, dann präsentiert die Suche direkt eine Vorschau des Dokuments, Bildes oder Kalenderereignisses ❻. Ein Doppelklick auf den Namen in der Liste öffnet das gewählte Element direkt im zugehörigen Programm.

^ Abbildung 6.34
Sehr übersichtlich – Spotlight ist die umfassende Suchfunktion.

So eine umfassende Suchfunktion ist aber unter Umständen nicht immer gewünscht. In Kapitel 18, »Systemeinstellungen im Überblick«, zeigen wir Ihnen, wie Sie Spotlight passend konfigurieren und beispielsweise Ordner oder Laufwerke aus der Suche ausschließen, um das Ganze etwas übersichtlicher zu gestalten. Auch die Sicherheitseinstellungen können Sie hier einfach konfigurieren, damit Apple keine Userdaten auswertet.

Verloren in der Ordnerstruktur?

Am Mac kann man mit Ordnern und Unterordnern eine tolle Struktur aufbauen, indem man beispielsweise im **Dokumente**-Ordner in **Privat** und dort wiederum in **Briefe**, **Glückwunschkarten** und **Sonstiges** unterteilt und hierunter dann jeweils die Dokumente passend abspeichert. Auch kann man jederzeit weitere Unterordner erstellen.

Wenn Sie im Finder unterwegs sind, stellt sich allerdings die Frage, in welcher Ordnerebene Sie sich eigentlich befinden. Hier gibt es ein praktisches Hilfsmittel: die Pfadleiste (Abbildung 6.37). Sie zeigt Ihnen in jedem Ansichtsmodus am unteren Rand eines Finder-Fensters an, wo in der Ordnerhierarchie Sie sich gerade genau befinden. Die Pfadleiste wird im Finder über das Menü **Darstellung** und den Menüpunkt **Pfadleiste einblenden** aktiviert.

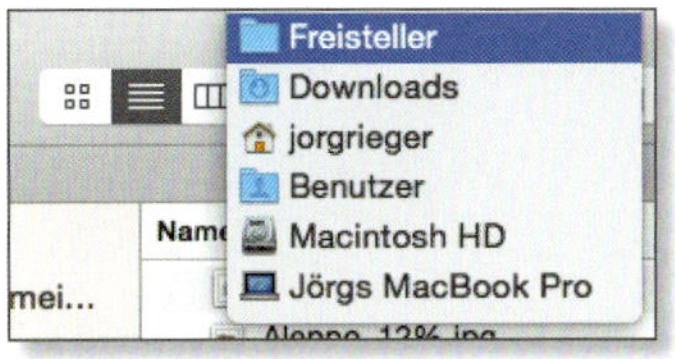

Abbildung 6.35
Wenn Sie mit gedrückter cmd-Taste auf den Ordnernamen am oberen Finder-Rand klicken, sehen Sie die übergeordneten Ordner.

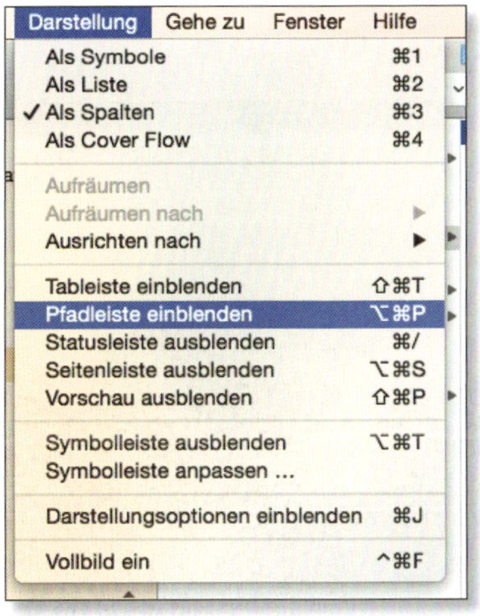

Abbildung 6.36
Die Pfadleiste wird im Finder eingeblendet.

Für unser Beispiel haben wir zusätzlich zur Pfadleiste noch die Statusleiste mit interessanten Informationen über den Speicherplatzverbrauch und die im jeweiligen Ordner enthaltenen bzw. markierten Objekte eingeblendet.

Abbildung 6.37
Die Pfadleiste ist enorm hilfreich, um den Überblick zu behalten. Auch die Statusleiste darunter gibt Interessantes preis.

In unserem Beispiel sehen Sie, dass Sie sich im Ordner **Urlaub-2014** befinden, der auf der Macintosh HD im **Dokumente**-Ordner abgelegt ist.

Die Finder-Tags: Farbe mit System

Sie kennen das – Sie müssen 30 Dokumente nachbearbeiten, korrigieren oder an unterschiedliche Empfänger schicken und vorher vielleicht noch teilweise umbenennen. Doch wie behält man hier den Überblick darüber, was schon korrigiert ist oder noch verschickt werden muss?

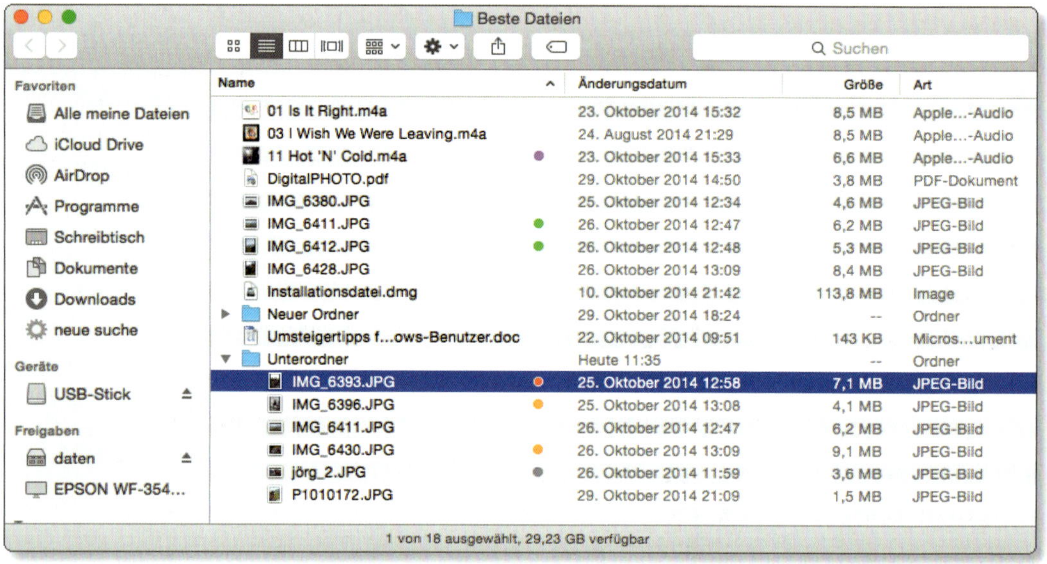

Abbildung 6.38
Die bunten Tags bringen Ordnung in den Finder.

Daten an Windows-Anwender weitergeben

Wenn Sie Ihre Dateien an einen Windows-Anwender weitergeben, sieht der nach wie vor keine bunte Welt, denn das Betriebssystem unterstützt die farbige Anzeige nicht.

Apple hat dieses Problem schon vor Jahren erkannt und *Tags* (= englisch für *Etiketten*) eingeführt. Mit ihnen kann jede Datei und jeder Ordner farbig markiert werden. Vorteile bringt das genug – Übersichtlichkeit ist wohl der allergrößte. Sicher werden Sie diese Funktion bald nicht mehr missen wollen.

Sehen wir uns nun aber die Praxis an: Wählen Sie per Maus jene Dateien aus, die Sie farbig markieren möchten. Klicken Sie nun auf das Zahnradsymbol in der Finder-Leiste oder alternativ mit der rechten Maustaste auf eines der ausgewählten Objekte. In beiden Menüs finden Sie den Eintrag **Tags** ❶.

Wählen Sie im zugehörigen Menü Ihre Wunschfarbe aus – das war es dann auch schon. Zukünftig finden Sie Ihre farbig markierten Dateien und Ordner leicht auf. Sollen Dateien wieder entfärbt werden, gehen Sie genauso vor wie eben beschrieben und klicken unter **Tags** einfach auf die gleiche Farbe.

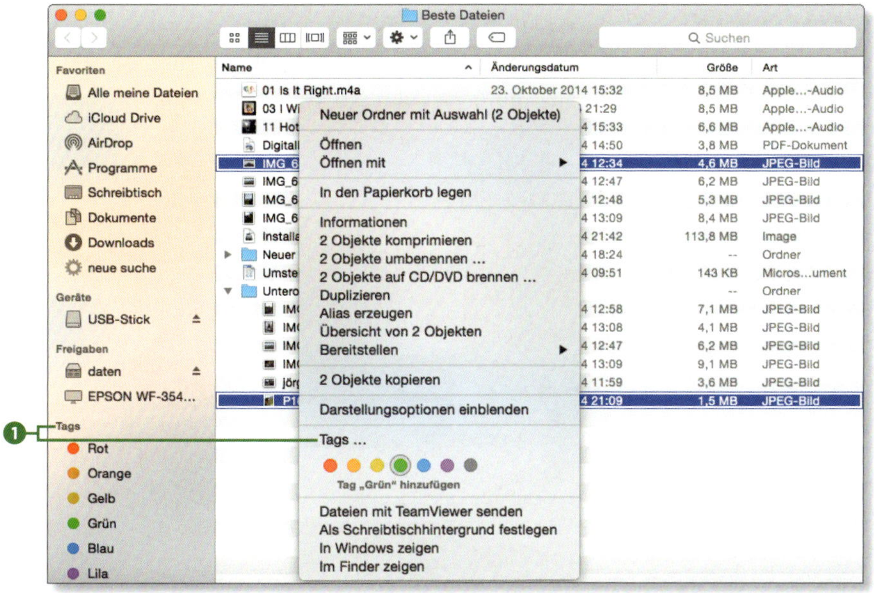

< **Abbildung 6.39**
Im Kontextmenü können Sie die Farbe des Tags für die gewählten Dateien aussuchen.

Auf diesem Wege können Sie auch Laufwerke und Ordner farbig kennzeichnen. Eine weitere Möglichkeit ist der Klick auf das **Tags bearbeiten**-Symbol ❷ in der Finder-Leiste, das die identische Funktionalität bietet.

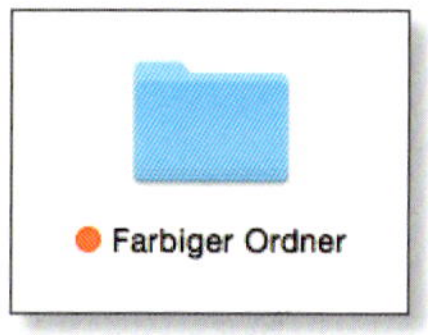

^ **Abbildung 6.40**
Auch Ordner können unter OS X farbig markiert werden.

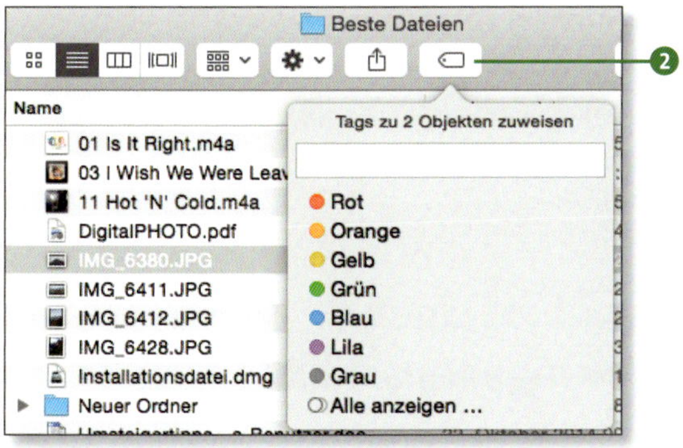

^ **Abbildung 6.41**
Ganz ohne Umwege bietet das Menü »Tags« die Möglichkeit, farbig zu markieren.

Anstelle der vorgegebenen Tags können Sie auch eigene Begriffe anlegen. Das klappt aber nur über den gerade erwähnten Button und nicht über die Seitenleiste oder das Kontextmenü. Dazu müssen Sie, anstatt eine Farbe auszuwählen, einfach in das leere Feld klicken ❸ und einen neuen Namen eintippen. Das Problem ist allerdings, dass Sie damit beliebige Dateien markieren können, die Markierung aber nicht farbig angezeigt

Tags in der Wolke

Auch die Tags sind, eine Apple-ID vorausgesetzt, geräteübergreifend verfügbar. Einmal angelegt, erscheint ein individuelles Tag automatisch sowohl an Ihrem Desktop-Mac als auch auf dem MacBook.

wird. Über die Seitenleiste im Finder und einen sekundären Mausklick auf das jeweilige Tag können Sie den Namen wieder ändern.

Abbildung 6.42
Sie können eigene Tags anlegen, aber keine Farbe zuweisen.

Praktisch kann das »Tagging« mit eigenen Begriffen trotzdem sein: In der Seitenleiste im Finder rechts finden Sie alle Tags gelistet. Ein Klick auf das jeweilige Tag zeigt sämtliche damit markierten Elemente an, egal auf welchem Laufwerk sie gesichert wurden.

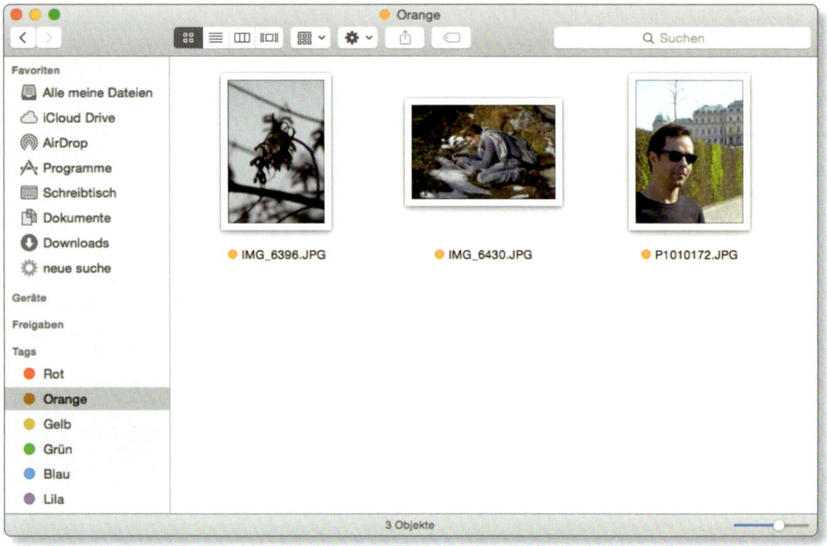

Abbildung 6.43
Die Suche mithilfe von Tags klappt über die Seitenleiste und laufwerksübergreifend.

Dateien auf den Mac übertragen – Laufwerke und Datenträger anschließen

Abbildung 6.44
Kleiner Datenriese – aktuelle USB-Sticks sichern locker 32 Gigabyte und mehr Daten. (Foto: Sandisk)

Um Daten abzuspeichern, benötigt auch ein Mac Laufwerke oder Datenträger. Intern arbeitet in jedem Apple-Computer eine Festplatte, die Macintosh HD. Diese Festplatte ist fest installiert und hat Kapazitäten im Bereich von vielen Hundert Gigabyte – genügend Platz für Bilder, Filme, Dokumente und Anwendungen aller Art.

Doch was, wenn die Daten mitgenommen werden sollen? Sei es, dass Sie Ihren Freunden Digitalfotos mitbringen möchten, Musik an Freunde weitergeben oder einfach Dokumente mit in die Firma nehmen wollen – in diesen Fällen kommen externe Speicherlösungen zum Zug. Die bekanntesten sind:

- externe Festplatten
- USB-Sticks
- digitale Speicherkarten
- CDs und DVDs

CD- und DVD-Rohlinge nehmen eine Sonderstellung ein – denn die Silberscheiben werden, ganz spitzfindig von den anderen Speicherlösungen getrennt, als Datenträger bezeichnet und nicht als Laufwerke. Warum, ist schnell erklärt: CDs und DVDs benötigen zusätzlich ein Laufwerk, um gelesen werden zu können. Das gilt übrigens auch für Disketten, die aber am Mac schon seit über 15 Jahren keine Verwendung mehr finden. Mit der aktuellen Mac-Computer-Generation sind auch CDs und DVDs Geschichte.

Abbildung 6.46
Alle Arten von Geräten, Laufwerken und Volumes vereint

Im ersten Schritt trainieren wir den Umgang mit USB-Sticks und externen Festplatten. Für diesen kleinen Exkurs sollten Sie zumindest eines dieser Geräte besitzen.

Volume anschließen

Schließen Sie das Gerät an der USB-Schnittstelle Ihres Macs an – Sie finden diesen Anschluss bei MacBooks an der linken Gehäuseseite, beim iMac und Mac mini hinten am Gehäuse. Bitte nicht verwechseln mit dem Netzwerkanschluss, der ganz ähnlich aussieht. Zudem hat ein USB-Stecker immer zwei Seiten – er passt nur in einer Richtung in den Anschluss am Computer. Probieren Sie es einfach vorsichtig aus.

Volume öffnen

Wurde das USB-Laufwerk bzw. -Volume erkannt, erscheint es direkt als neues Gerät in der Seitenleiste des Finders **1** und automatisch auf dem

Volume oder Laufwerk?

Geräte zur Speicherung von Daten werden am Mac als »Volume« oder »Gerät« bezeichnet. Daher verwenden wir hier im Buch häufig diese Begriffe anstelle der Bezeichnungen »Laufwerk« und »Datenträger«. Einen Unterschied gibt es aber nicht.

Abbildung 6.45
In der Seitenleiste sind die Volumes weniger hübsch dargestellt.

Disketten, CDs und DVDs am Mac

Sie haben noch einige Disketten und CDs, vielleicht von einem alten PC, und möchten die darauf befindlichen Daten auf Ihren Mac kopieren? Da der Mac schon seit Jahren kein Diskettenlaufwerk und CD-Laufwerk mehr an Bord hat, müssen Sie hierfür eine externe Lösung kaufen. USB-Diskettenlaufwerke und CD-Laufwerke kosten rund 30 € und funktionieren am Mac ganz ohne Treiber.

Schreibtisch. Mit einem Doppelklick auf das Symbol auf dem Schreibtisch wird das Volume geöffnet, in der Seitenleiste genügt ein einfacher Klick. Damit ist das Gerät sofort einsatzbereit. Jetzt können Daten direkt darauf gesichert werden. Das geht ganz einfach, indem Sie die betreffenden Dateien markieren und per Drag & Drop auf das Gerät ziehen.

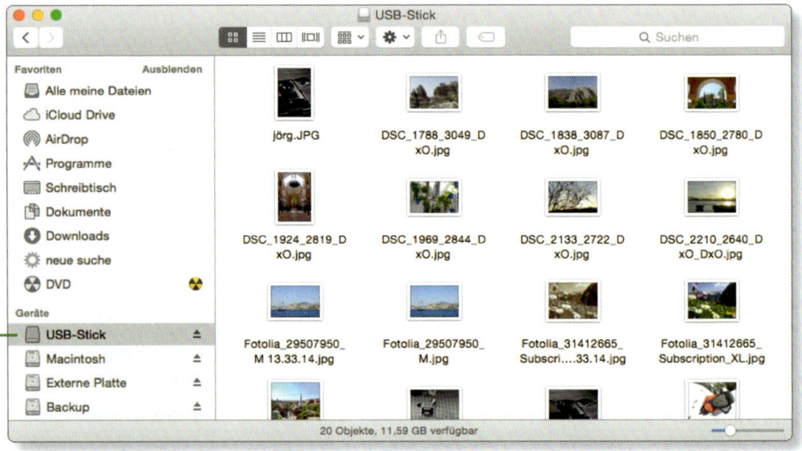

Abbildung 6.47
Ein angeschlossenes Volume erscheint direkt im Finder in der Seitenleiste.

Volume auswerfen

Wenn Sie das Volume nicht mehr benötigen und vom Mac entfernen möchten, geht das nur über einen kleinen Umweg: Sie müssen das Gerät auswerfen. Damit kann das System Daten, die eventuell noch nicht übertragen wurden, abschließend überspielen, und das externe Laufwerk kann dann ohne Datenverlust entfernt werden. Klicken Sie zum Auswerfen des Geräts auf den **Auswerfen**-Button ❷. Alternativ, wenn das Gerät auf dem Schreibtisch angezeigt wird: Ziehen Sie das Volume-Symbol mit gedrückter Maustaste auf den Papierkorb im Dock.

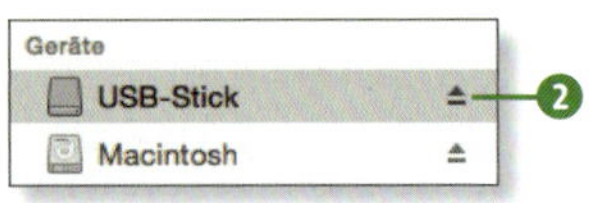

Abbildung 6.48
Um ein externes Volume vom Mac zu trennen, muss es zuerst vom System ausgeworfen werden.

Abbildung 6.49
Auch über das Dock und den Papierkorb kann ein Volume ausgeworfen werden.

Der Papierkorb ändert daraufhin sein Aussehen und wird zum Auswerfen-Symbol. Lassen Sie nun die Maustaste los – das Volume verschwindet vom Schreibtisch und aus dem Finder. Jetzt können Sie das Gerät vom Computer abnehmen.

Beschäftigt: Volume in Verwendung

Haben Sie eine Datei auf einem externen Gerät geöffnet, kann das Volume nicht ausgeworfen werden. OS X quittiert dies mit einer entsprechenden Meldung auf dem Bildschirm. Damit Sie wissen, welches Programm das Auswerfen blockiert, wird das entsprechend angezeigt.

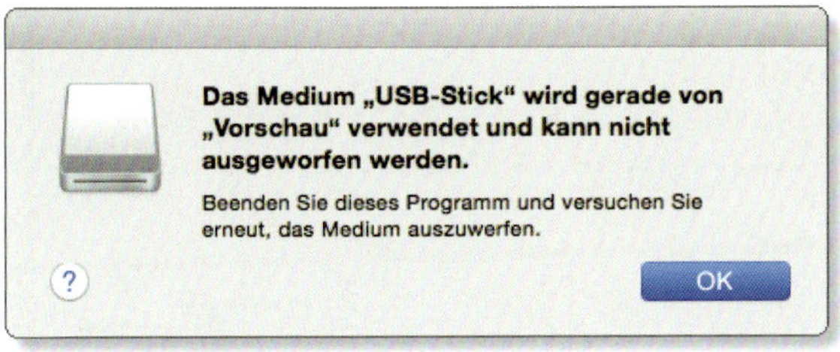

< Abbildung 6.50
Wird eine Datei von einem externen Volume verwendet, kann man es nicht auswerfen.

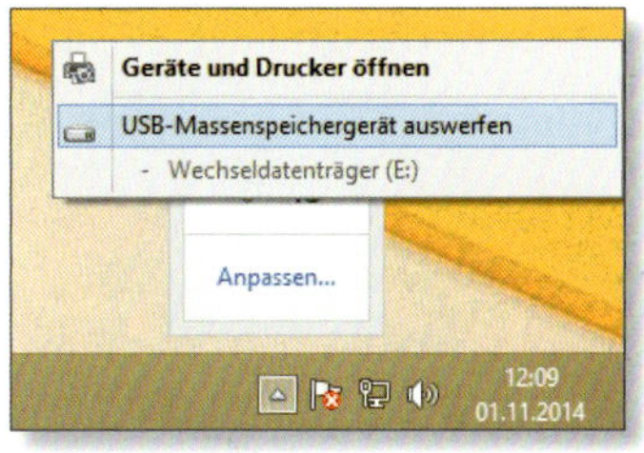

^ Abbildung 6.51
Auch bei ehemaligen Windows-Anwendern bekannt – das Auswerfen von Datenträgern in gewohnt sperriger Ausdrucksweise

Wechseln Sie in das angezeigte Programm – hier sind dann sicherlich noch eine oder mehrere Dateien geöffnet, die auf dem externen Gerät gespeichert sind. Wenn diese geschlossen werden, klappt im nächsten Anlauf auch das Auswerfen. Sie sehen, die Art des Auswerfens eines Geräts bzw. Volumes am Mac ist absolut sinnvoll, um Datenverluste zu vermeiden. Wenn Sie trotzdem ein Volume einfach vom Mac entfernen, meckert OS X ziemlich deutlich:

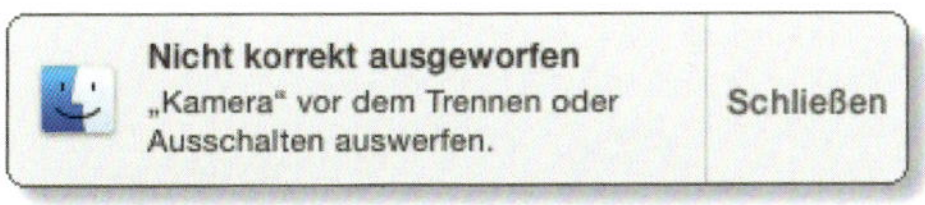

^ Abbildung 6.52
So bitte nicht – OS X ist der Lehrmeister in Sachen Laufwerksauswurf.

Auswerfen per Tastatur

Auf der Apple-Zubehörtastatur und der Tastatur beim 13-Zoll-Mac-BookPro ohne Retina-Display, also bei allen Keyboards bzw. Macs, die über ein Laufwerk verfügen, finden Sie ebenfalls ein Auswerfen-Symbol. Das funktioniert aber standardmäßig nur für CDs oder DVDs.

Volumes löschen und in ein anderes Datenformat konvertieren

Sie haben eine neue externe Festplatte gekauft und können sie am Schreibtisch nicht sehen oder keine Daten darauf kopieren? Dann liegt das zumeist daran, dass diese Festplatte für Windows im NTFS-Dateisystem formatiert ist. Dieses Dateisystem bringt unter Windows-Systemen große Vorteile, für den Mac bedeutet das aber: Lesen von Daten möglich, aber kein Abspeichern. Daher müssen Sie zuerst eine neue leere Festplatte initialisieren. Das geht mit dem Festplatten-Dienstprogramm. Im Abschnitt »Aufräumen und löschen: das Festplatten-Dienstprogramm« ab Seite 359 zeigen wir Ihnen, wie es funktioniert.

Mit AirDrop Dateien austauschen

NTFS-Festplatten am Mac

Wenn Sie mit Windows-Anwendern zusammenarbeiten oder selbst noch einen Windows-Computer haben, müssen Sie vielleicht einfach mit NTFS am Mac arbeiten. Hier gibt es eine Lösung: *Paragon NTFS*. Unter *www.paragon-software.com* kann diese kleine Erweiterung gekauft werden. Nach der Installation kann OS X auch mit NTFS-Festplatten ohne Einschränkungen umgehen.

Wenn Sie zusammen mit einer weiteren Person an verschiedenen Macs im Haushalt arbeiten, kann es ja immer wieder vorkommen, dass Sie Dateien untereinander austauschen möchten. Dafür hat Mac OS X eine ganz einfache Möglichkeit vorgesehen fernab von komplizierter Netzwerkkonfiguration: AirDrop. Einzige Voraussetzung – alle Macs müssen im gleichen Netzwerk, also per Ethernet oder WLAN über Router, ins Web gehen. Wie Sie das bewerkstelligen, erfahren Sie in Kapitel 8, »Ich geh' online – mit meinem Mac und Safari«.

1. AirDrop aufrufen

Klicken Sie im Dock auf den Finder, und wählen Sie **AirDrop** ❶ in der Seitenleiste. Rechts sehen Sie im unteren Bereich sich selbst ❷, im oberen Bereich alle in der Nähe befindlichen Mac-Computer mit OS X 10.8 oder höher ❸. Es werden aber nur jene Macs angezeigt, die AirDrop im Finder aktiviert und dieses Fenster tatsächlich geöffnet haben. In unserem Beispiel ist es nur einer.

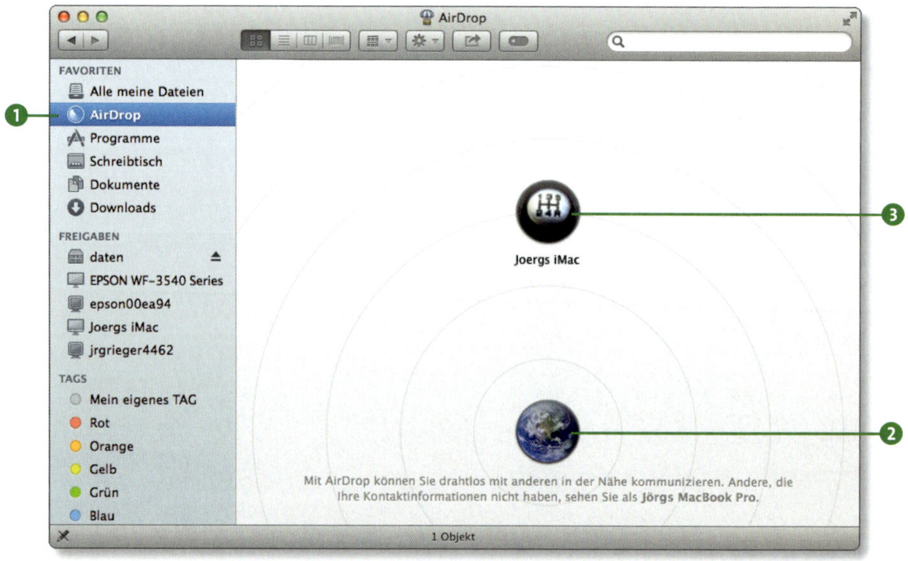

Abbildung 6.53
Zwei Macs vor dem Datenaustausch mit AirDrop

2. Dateien wählen und ziehen

Ziehen Sie jetzt alle Dateien, die Sie an den anderen Mac senden wollen, auf das Icon dieses Macs im AirDrop-Fenster. Vor dem Senden werden Sie sicherheitshalber noch mal gefragt, ob Sie dies wirklich tun wollen. Klicken Sie auf **Senden** ❹.

< **Abbildung 6.54**
Klicken Sie auf »Senden«, um die Übertragung zu starten.

3. Übertragung

Nun muss noch die »Gegenseite« akzeptieren, und daher erscheint bei Ihnen zunächst folgende Nachricht …

< **Abbildung 6.55**
Sie müssen warten.

… während der andere Mac-Anwender die in der folgenden Abbildung zu sehende Information bekommt.

< **Abbildung 6.56**
Der Empfänger muss bestätigen.

AirDrop am iPhone und iPad

Die iPhones ab Version 5 und aktuelle iPads sind ebenfalls mit einer AirDrop-Funktion für den schnellen Datenaustausch ausgestattet. Ab iOS 8.1 können Sie munter zwischen sämtlichen Apple-Geräten via AirDrop Daten austauschen.

Für Ihr Gegenüber ist **Sichern und öffnen** 5 die richtige Wahl, damit der Datentransfer startet. Die gesendeten Daten landen übrigens immer im

Downloads-Ordner, den Sie rechts im Dock oder alternativ links in der Finderleiste anklicken können.

Abbildung 6.57
Der Fortschritt der Übertragung wird direkt angezeigt.

Abbildung 6.58
Nichts zu machen – natürlich kann ein Dateitransfer auch abgelehnt werden.

Wichtig – AirDrop dient ausschließlich dem schnellen Datenaustausch zwischen beliebigen Mac-Computern, iPhones oder iPads. Es ist keine Netzwerkverbindung und auch keine Freigabe. Es ist also nicht möglich, dass ein anderer Anwender über AirDrop Zugriff auf die Dateien auf Ihrem Mac erlangt.

CDs und DVDs brennen

Abbildung 6.59
Das externe Apple-DVD-Laufwerk passt natürlich perfekt zu den Mac-Rechnern. ABER – wenn Sie schon ein externes Laufwerk kaufen, sollte es vielleicht doch auch noch Blu-ray-fähig sein. OS X unterstützt die Datenträger mit hoher Speicherkapazität softwareseitig. In Sachen Hardware verweigert Apple aber hier seit Jahren eine Zusammenarbeit mit diesem Standard. Sie können jedes beliebige externe USB-Laufwerk an Ihren Mac anschließen. (Foto: Apple)

Die Silberscheiben sind nach wie vor ein beliebtes Speichermedium, um Daten zu archivieren oder zu transportieren. Apple sieht das allerdings anders und spendiert keinem aktuellen Mac mehr ein entsprechendes Laufwerk.

Zugegebenermaßen – im Vergleich zu USB-Sticks mit Kapazitäten von vielen Gigabytes sehen CDs und DVDs wirklich alt aus. Trotzdem werden wir die »antiken« Datenträger nicht unerwähnt lassen und Ihnen zeigen, wie Sie am Mac damit umgehen. Sie können auf CDs und DVDs Dateien beliebiger Art speichern. Grenzen setzen hier nur die Kapazitäten – bei einer CD ist bei rund 700 Megabyte Schluss, auf eine DVD passen immerhin 4,7 Gigabyte Daten, was ungefähr dem siebenfachen Platz einer CD entspricht. Andersherum gesagt: Auf eine CD passen ungefähr 200 »normale« Digitalfotos, auf eine DVD rund 1.400.

Beide Medien kann man am Mac direkt über OS X brennen. Allerdings bleibt man hier darauf beschränkt, Daten-CDs zu erstellen. Ein direktes Kopieren von CDs ist ohne zusätzliche Programme überhaupt nicht möglich, Audio-CDs werden über iTunes (siehe dazu Kapitel 13, »iTunes für die Musik am Mac«) und DVD-Filme von Ihren digitalen Filmen (siehe Kapitel 15, »Bewegte Bilder: Videos am Mac«) erstellt.

Daten auf eine CD oder DVD bringen

Sie bringen Ihre Daten über den Finder auf eine CD oder DVD, wenn Sie wie im Folgenden beschrieben vorgehen:

1. CD/DVD einlegen

Legen Sie zunächst den Rohling in Ihr CD-Laufwerk am Mac ein. Bitte beachten Sie: Die beschriftete Seite muss immer nach oben (MacBooks, Mac Pro oder Mac mini) oder nach vorn (iMac) zeigen.

2. Aktion festlegen

Sobald der Datenträger erkannt wurde, öffnet der Finder ein Fenster mit dem Dialog aus der folgenden Abbildung.

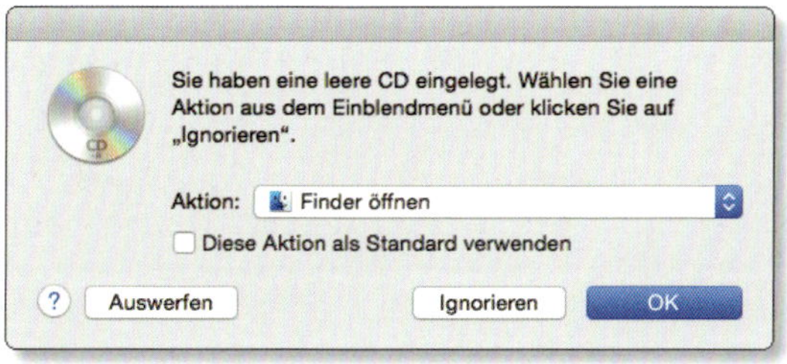

Abbildung 6.60
Was soll mit der eingelegten CD geschehen?

Hier soll direkt der Finder geöffnet werden, und das ist auch in unserem Fall genau richtig. Klicken Sie daher einfach auf **OK**.

3. Dateien auswählen

Die CD erscheint nun im Finder unter **Favoriten** mit einem Brennen-Symbol. Nun können Sie bequem aus den verschiedensten Ordnern Dateien heraussuchen und diese einfach auf das CD-Symbol ziehen.

Abbildung 6.61
Die Daten gelangen per Drag & Drop auf die CD.

Wenn Sie sehen möchten, welche Dateien für das Brennen auf CD vorgesehen sind, klicken Sie einfach unter **Favoriten** auf die entsprechende CD. Hier sehen Sie die ausgewählten Dateien. Leider zeigt OS X nicht standardmäßig an, wie viel Platz auf der CD noch verfügbar ist. Um

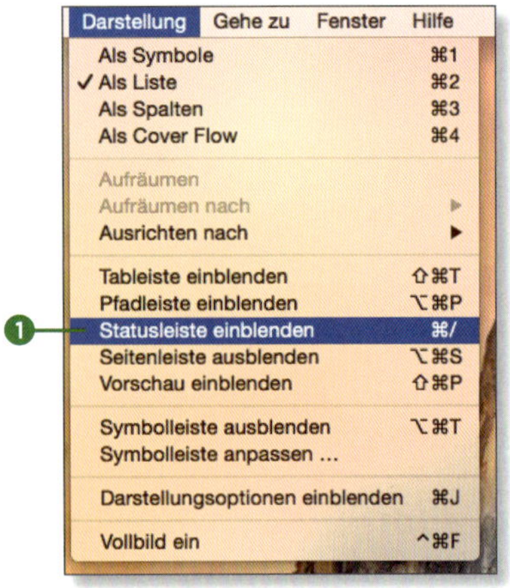

Abbildung 6.62
Um zu sehen, ob auf der CD oder DVD noch Platz für weitere Daten ist, müssen Sie erst die Statusleiste einblenden.

das zu sehen, müssen Sie im Menü **Darstellung** des Finders die Statusleiste zunächst einblenden ❶. Erst dann haben Sie in der Fußzeile die gewünschte Info parat ❷.

4. Brennen vorbereiten

Haben Sie alle Dateien beisammen? Dann klicken Sie einfach oben auf **Brennen** ❸, oder Sie klicken das Brennen-Symbol ❹ in der Seitenleiste an.

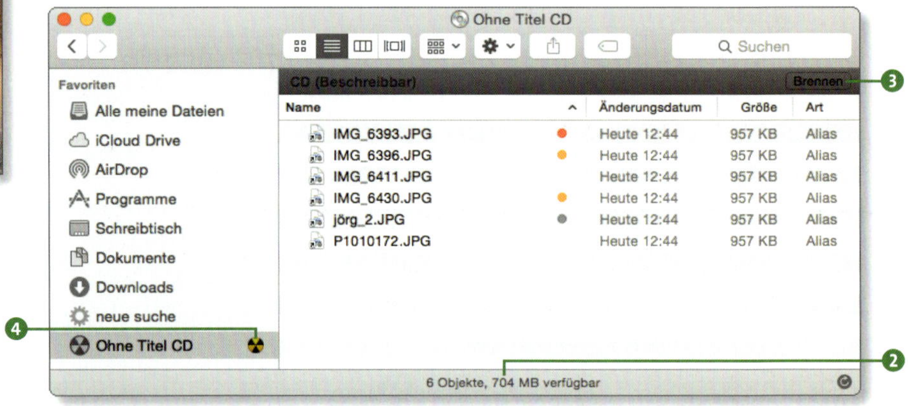

Abbildung 6.63
Die Statusleiste gibt Auskunft über den verfügbaren Speicherplatz.

Praktisch: Im nächsten Dialogfenster kann der CD/DVD-Name noch nach Wunsch geändert werden. Die Brenngeschwindigkeit lassen Sie auf **Maximal** stehen. Kommt der Computer nicht mit dem »Datenschaufeln« hinterher, schaltet OS X automatisch eine Stufe langsamer.

Abbildung 6.64
Hier werden Name und Brenngeschwindigkeit festgelegt.

5. Brennen starten

Mit einem Mausklick auf **Brennen** ❺ werden die ausgesuchten Daten dann auf die Silberscheibe gebrannt. Nach Abschluss des Brennvorgangs

Auswerfen der leeren CD

Das ist komisch – wenn Sie gar keine CD brennen, sondern diese einfach nur auswerfen möchten, geht das nicht. Das Auswerfen-Symbol fehlt im Finder, und wenn Sie die CD auf den Papierkorb ziehen, erscheint das Brennen-Symbol. Die Lösung ist ganz einfach: Ziehen Sie die CD trotzdem auf den Papierkorb, und starten Sie den Brenndialog. Hier haben Sie dann tatsächlich die Möglichkeit, Ihre leere CD über einen Auswerfen-Button auszuwerfen.

wird die CD automatisch als »fertiger« Datenträger in den Geräten angezeigt. Hier können Sie nochmals kontrollieren, ob auch wirklich alle Dateien auf der CD gelandet sind, und sie anschließend auswerfen.

CD/DVD kopieren – ganz schön kompliziert

Eine CD oder DVD zu kopieren sollte eigentlich eine leichte Übung für OS X sein, oder? Leider gestaltet sich dieser Vorgang mit den Hausmitteln von 10.10 Yosemite mehr als kompliziert. Sie müssen dazu im Festplatten-Dienstprogramm auf einer unübersichtlichen Oberfläche komplexe Einstellungen und Schritte vornehmen, die wir Ihnen lieber nicht empfehlen.

Daher unser Tipp: Wenn Sie öfter CDs oder DVDs kopieren möchten, lohnt der Kauf eines Brennprogramms wie *Roxio Toast* – da klappt das Kopieren und Brennen der Silberscheiben ganz unkompliziert. Zwar ist es für den stolzen Preis von knapp 90 € erhältlich, doch bekommt man noch viele praktische Zusatzprogramme mitgeliefert.

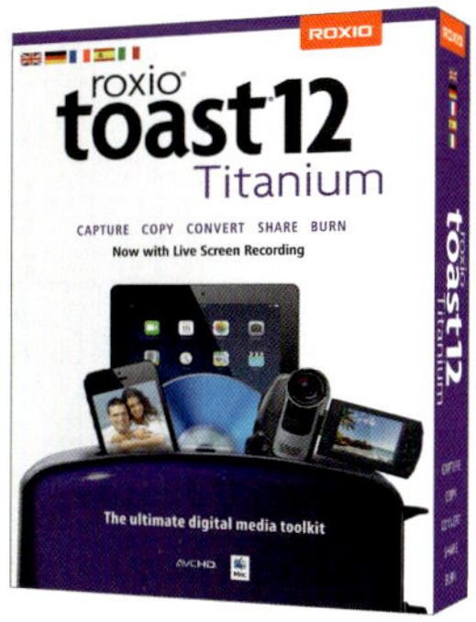

Abbildung 6.65
Roxio Toast 12 kopiert DVDs und CDs ganz unkompliziert (www.roxio.de).

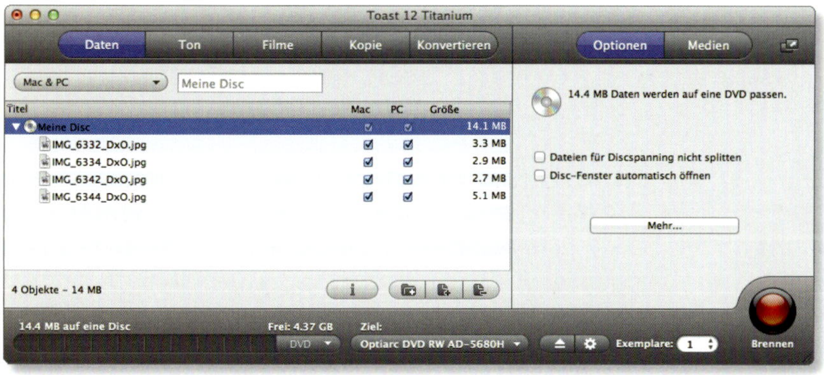

Abbildung 6.66
Deutlich praktischer zum Brennen von CDs und DVDs ist Roxio Toast 12.

7 Texte schreiben, gestalten und ausdrucken

Ganz zu Beginn der Computerzeit konnten die damals etwas unförmigen grauen Kästen eines: Textverarbeitung. Das hat sich bis heute nicht geändert, wenn auch die »Hülle« zugegebenermaßen deutlich schicker geworden ist und selbst die einfachsten Textprogramme zehnmal mehr können als die damals sensationellen Applikationen.

Abbildung 7.1
Schon vor über 25 Jahren konnte man am Apple Texte schreiben. (Foto: Apple)

Bis heute, rund 30 Jahre nach den ersten Home-Computern und über 25 Jahre nach dem ersten »richtigen« Apple-Computer, dem Apple LISA, ist das Schreibprogramm eine wichtige Anwendung geblieben. Auf Ihrem Mac ist solch ein Programm, wenn auch in einer recht einfachen Variante, bereits installiert. Für Briefe und kleine Texte ist es durchaus hinreichend; die Lösungen für anspruchsvollere Werke stellen wir Ihnen am Ende dieses Kapitels vor – Apple bietet mit den iWork-Programmen die passende Lösung für alle Gestaltungsaufgaben.

TextEdit im Einsatz

^ **Abbildung 7.2**
TextEdit, die digitale Schreibmaschine auf Ihrem Mac

TextEdit ist die erste Lösung für Texte aller Art – auch dieser Text wurde ursprünglich damit geschrieben, aber später in Microsoft Office »feingetunt«. Denn für große Werke jenseits von zehn Seiten Text sollten Sie auf andere Schreibprogramme setzen, die wir Ihnen im Anschluss vorstellen. Die Bedienungsgrundlagen sind erfreulicherweise in allen Schreibprogrammen identisch, also – legen Sie einfach einmal los in TextEdit.

1. TextEdit starten

Starten Sie TextEdit aus dem **Programme**-Ordner oder Launchpad. Der Startbildschirm präsentiert sich ganz im iCloud-Look und verweist zunächst auf das iCloud-Verzeichnis 1. Sie können Dokumente direkt von dort laden (siehe auch Kapitel 11, »Perfekt organisiert: iCloud, Erinnerungen, Termine und Adressen«), aber auch ganz klassisch von der Festplatte oder einem anderen Datenträger. In unserem Fall möchten wir aber einfach mit einer neuen leeren Seite beginnen.

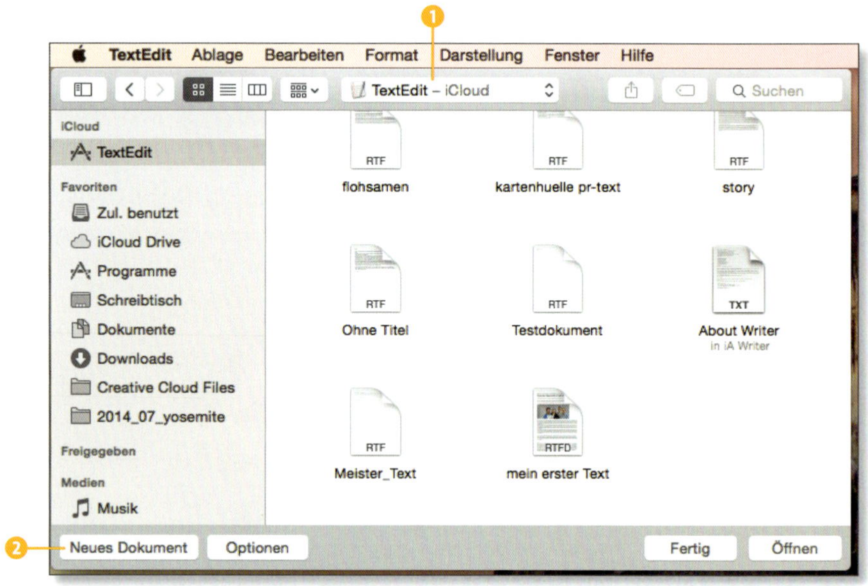

Abbildung 7.3 >
iCloud überall – auch beim Start von TextEdit wird man mit der Wolke konfrontiert.

Klicken Sie dazu einfach auf **Neues Dokument** 2. Es öffnet sich ein neues, noch völlig leeres DIN-A4-Dokument mit Randbegrenzungen und sogar einem Lineal am oberen Rand. Wenn Sie genau hinsehen, blinkt auch bereits der Cursor.

2. Das erste Wort

Ihrem ersten Schreibversuch steht nichts mehr im Weg, tippen Sie also munter los. Natürlich ist das nicht sensationell, auch die Schrift ist nur ein Systemstandard. Aber schließlich kommt es ja darauf an, was man schreibt, und auch Max Frisch oder, besser, sein Protagonist aus *Homo Faber* hat seine Werke am liebsten auf einer kleinen, unscheinbaren Reiseschreibmaschine getippt.

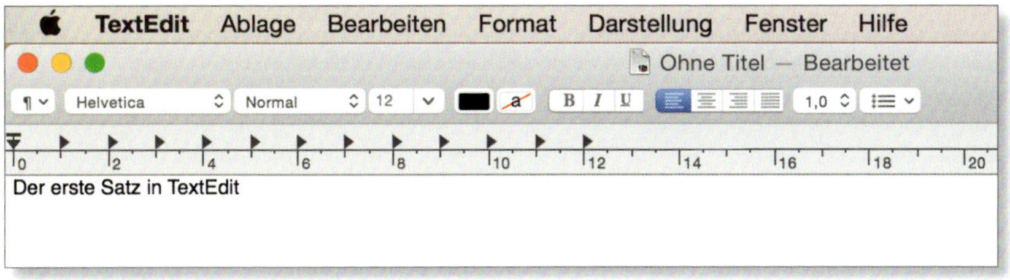

Abbildung 7.4
Nicht besonders spektakulär, aber funktional: die Texteingabe in TextEdit

Helvetica und Arial

Kennen Sie Microsoft Word, dann kennen Sie auch Arial. Das ist die Standardschriftart am Windows-PC und daher allgegenwärtig. Diese gibt es auch am Mac, allerdings wird dort aus Tradition eher die Helvetica als Standardschriftart verwendet. Beide Schriften ähneln einander sehr stark, was daran liegt, dass die Arial-Schrift eine abgeänderte Form der Helvetica-Schriftart ist.

3. Texte löschen

Falsch Geschriebenes löschen Sie mit der Rücktaste [←], die sich über der Eingabetaste [↵] befindet. Sprich, Sie setzen per Mausklick den Cursor hinter den zu löschenden Buchstaben oder das Wort und drücken so oft [←], bis Sie wie gewünscht einzelne Buchstaben, Wörter oder sogar ganze Sätze gelöscht haben.

Im Gegensatz zum PC hat der Mac bei den Notebooks und auf der Funktastatur keine [Entf]-Taste (Entfernen), mit der man auch *vor* das zu löschende Wort klicken kann und mit der sich dann bei jedem Tastendruck ein weiterer Buchstabe dieses Wortes löschen lässt.

Abbildung 7.5
Die Rücktaste löscht Ihren Text.

4. Profitricks mit der Rücktaste

Die absoluten »Killer«-Tricks mit der Rücktaste liegen eine Tastenkombination entfernt. Wenn Sie [alt]+[←] drücken, wird nicht nur der hinter dem Cursor stehende Buchstabe, sondern gleich das ganze Wort gelöscht. Noch radikaler geht es mit [cmd]+[←] – so wird der gesamte Text gelöscht, der vor dem Cursor steht.

5. Texte markieren

Um einen geschriebenen Text zu formatieren, also Schriftgröße, Zeilenabstand oder Schriftstil zu ändern, müssen Sie diesen erst einmal markieren. Das klappt am besten mit der Maus: Klicken und ziehen Sie mit gedrückter Maustaste über den gewünschten Textbereich, dieser wird dann blau markiert. Wer es lieber per Tastatur mag, geht mit dem Cursor an den Beginn des zu formatierenden Textbereichs und drückt dann die Umschalttaste [⇧]. Diese halten Sie gedrückt und fahren nun mit den Pfeiltasten auf Ihrer Tastatur über den zu markierenden Text. Das Ergebnis ist identisch mit dem der Mausmarkierung.

Der ganze Text mit einem Tastendruck markiert

Um den kompletten Text im gesamten Dokument zu markieren, nutzen Sie die Tastenkombination [cmd]+[A].

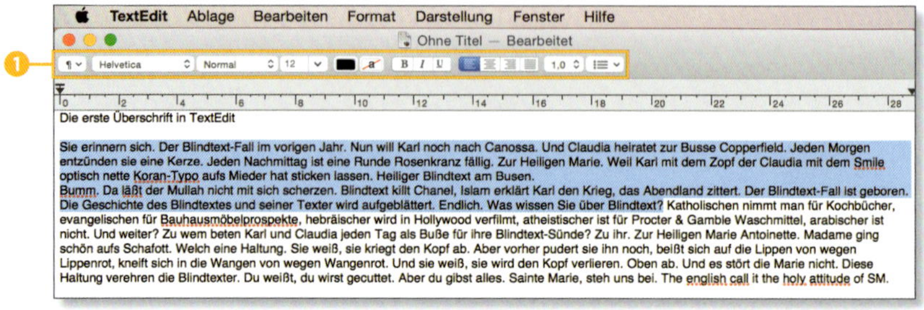

Abbildung 7.6 >
Die blaue Hinterlegung zeigt an, dass dieser Text markiert wurde.

6. Schriften wählen und formatieren

Wenn Sie die Schriftart, sei es in Größe, Stil oder Art, verändern möchten, werfen Sie einen Blick in die Symbolleiste von TextEdit ❶. Links befindet sich die Rubrik der Schriftarten, per Mausklick offenbart sich die gesamte Vielfalt.

> **Nicht zu viele Schriften**
>
> Es gibt so viele tolle Schriften – allerdings sollten Sie nicht alle auf einmal einsetzen. Besser, Sie beschränken sich auf eine oder zwei Schriften in einem Dokument, das wirkt eleganter und professioneller.

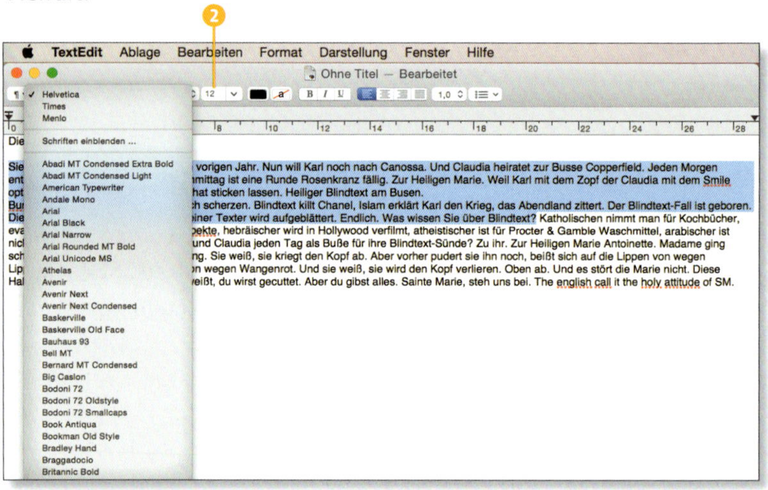

Abbildung 7.7 >
Wenn Sie eine neue Schriftart aus der Liste wählen, ändert sich nur der markierte Text.

Gleich daneben wird die Schriftgröße ❷ eingestellt. Für normalen »Brieftext« sind 10 bis 12 Punkt eine gängige Größe. Die Farbe wird per Klick auf die momentan schwarze Box geändert ❸. Je nach Textfarbe nimmt diese dann auch die gewählte Farbe an. Im Anschluss finden Sie die unterschiedlichen Stile für Ihren Text, also fett, kursiv oder unterstrichen ❹. Wobei gerade Letzteres heutzutage meistens einen Link darstellt, um auf eine Website zu gelangen, oder noch ein Relikt aus Schreibmaschinenzeiten ist, als man noch keine anderen Formatierungsmöglichkeiten hatte.

7. Absätze formatieren

Als Absatzformate ❺ stehen linksbündig, zentriert, rechtsbündig und der Blocksatz parat. Mit der Einstellung **Blocksatz** sehen große Textmengen sehr übersichtlich aus, da sie akkurat am Seitenende aufhören. Zum Absatz gesellt sich der Zeilen- und Absatzabstand ❻, hier durch eine schlichte Zahl gekennzeichnet. Um ein Dokument luftiger wirken zu lassen, empfiehlt sich ein Zeilenabstand von 1,5.

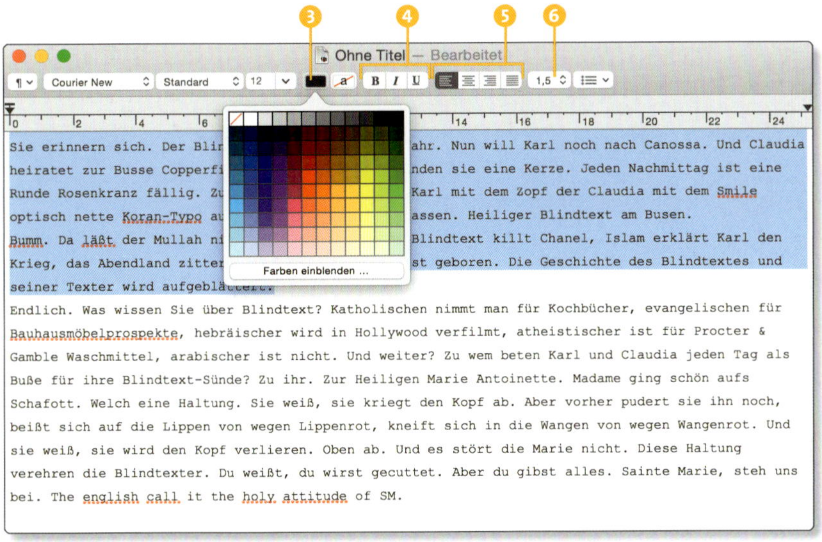

Abbildung 7.8
Der obere, markierte Absatz, der blau hinterlegt ist, hat einen Zeilen- und Absatzabstand von 1,5 und ist sofort besser lesbar.

8. Abspeichern

Ihr Werk sollte natürlich von Zeit zu Zeit gespeichert werden. Zwar erstellt Apple auch im Hintergrund Sicherungskopien, aber darauf sollte man sich nicht verlassen. Gehen Sie zum Abspeichern in das **Ablage**-Menü, und klicken Sie auf **Sichern**. Im folgenden Dialog geben Sie einen passenden Dateinamen ein. Bei **Ort** 7 muss noch definiert werden, wo Ihr Dokument gesichert werden soll. TextEdit schlägt Ihnen standardmäßig iCloud, also Ihren virtuellen Speicherplatz, vor. Die Wahl ist dann sinnvoll, wenn Sie das Dokument später beispielsweise auf Ihrem iPad oder iPhone weiterbearbeiten wollen. Alternativ können Sie aber problemlos über **Ort** beispielsweise zum Verzeichnis **Dokumente** auf Ihrer Festplatte wechseln. Klicken Sie abschließend auf **Sichern** 8.

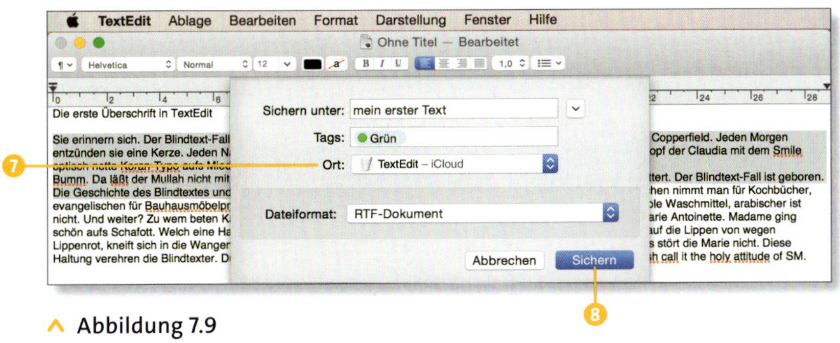

Abbildung 7.9
Das Dokument wird gespeichert.

Harter und weicher Zeilenumbruch

Wir machen Sie hier auf den Unterschied zwischen hartem und weichem Zeilenumbruch aufmerksam, weil dies für viele Computerbenutzer noch immer ein Mysterium ist. Wenn Sie einen neuen Absatz beginnen möchten, nutzen Sie allein die ↵-Taste (für einen harten Zeilenumbruch). Wollen Sie hingegen nur einen (weichen) Zeilenumbruch innerhalb eines Absatzes bewirken, klappt das mit ⇧+↵. »Wo ist der Unterschied?«, werden Sie nun fragen, denn tatsächlich sieht das Ergebnis identisch aus. Die Tücke liegt im Detail, wenn Sie später mit Formatvorlagen arbeiten – automatische Textformatierungen werden durch ein »hartes« ↵ unterbrochen, beim Arbeiten mit dem »weichen« ⇧+↵ dagegen nicht.

Texte unter OS X und Windows

Sie können Textdokumente aus Word, TextEdit oder OpenOffice problemlos zwischen Windows und OS X austauschen. Lediglich in Sachen Schriftart und Formatierung kann es unter Umständen zu Problemen kommen (siehe den Abschnitt unten). Bei Standardschriftarten wie Arial oder Times sind beide »Welten« aber weitestgehend kompatibel.

Apple sichert das Dokument als RTF-Datei. Diese ist von Windows- und Mac-Computern mit fast allen Textverarbeitungsprogrammen lesbar. Möchten Sie das Dokument aber vielleicht ganz speziell mit Benutzern von Microsoft Office oder OpenOffice austauschen, steht unter **Dateiformat** eine Auswahl weiterer gängiger Dateiformate zur Verfügung. Ihrem Text passiert dadurch nichts, er bleibt unverändert.

Dokumente wiederfinden

Standardmäßig wird Ihr Werk ja im **Dokumente**-Ordner abgelegt, den Sie über den Finder schnell aufrufen können. Sollte es sich allerdings wider Erwarten nicht dort befinden, tippen Sie einfach den Dokumentnamen oder einige Wörter, die in diesem Dokument vorkommen, in das Suchfeld rechts oben ❶ ein. OS X Yosemite durchsucht dann Ihre gesamte Festplatte, iCloud und den Inhalt sämtlicher Dokumente, und dann sollte auch Ihr geschriebenes Wort in der Auswahlliste auftauchen.

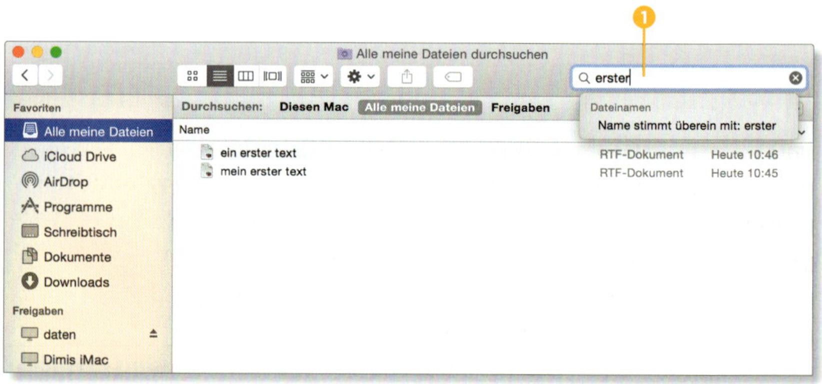

Abbildung 7.10 >
Schnell gefunden – über den Finder finden Sie verloren geglaubte Texte ganz schnell wieder, OS X Yosemite durchsucht sogar den Inhalt von Dokumenten nach dem eingetippten Wort.

Dokumentweitergabe – wo sind die Schriften?

Kommt Ihr »getippter Stolz« bei anderen Computerbenutzern ganz anders an, wenn Sie ihn per E-Mail oder USB-Stick weitergeben? Ist er voller falscher Zeilenumbrüche und beinhaltet vielleicht sogar komplett andere Schriftarten? Dann liegt das daran, dass Ihr »Gegenüber« die von Ihnen gewählten Schriftarten nicht installiert hat. Diese werden nämlich in Office-Dokumenten nicht mitgeliefert. Daher: Wenn Sie sichergehen möchten, dass jeder Nutzer Ihre Werke genauso sieht wie Sie, müssen Sie sie als PDF-Datei abspeichern. Dort werden nämlich Schriften mitgeliefert und bei Bedarf dann auch geladen. Wie das im Detail geht, erfahren Sie im Abschnitt »Textdokumente als PDF weitergeben« ab Seite 158.

^ Abbildung 7.11
Gratis schreiben, rechnen und präsentieren mit OpenOffice

Alternative Schreibprogramme für den Mac

Natürlich ist TextEdit unter OS X Yosemite nur ein kleines Programm für den normalen Schreibgebrauch und den kleinen Brief »zwischendurch«. Für größere Dokumente lohnt es sich, auf andere Programme zuzugreifen. Hier stellen wir Ihnen die drei gängigsten Lösungen vor, die Ihren Mac in eine vollwertige Multimedia-Schreibmaschine verwandeln.

OpenOffice ist seit Jahren eine sehr beliebte und kostenlose Office-Lösung mit Textverarbeitung, Tabellenkalkulation und Präsentationsprogramm. Eine freie Entwicklergemeinde unter der Federführung von Apache ärgert mit dieser Anwendung den eigentlichen Platzhirsch Microsoft und wird millionenfach eingesetzt.

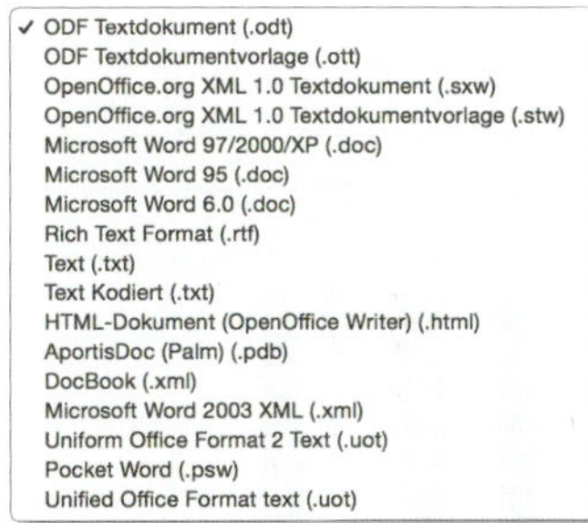

Abbildung 7.12
Ihr OpenOffice-Text kann in unzähligen Formaten abgespeichert werden.

Und das nicht ohne Grund, denn die Anwendungen sind auf aktuellem Niveau, hervorragend zu bedienen und mit allen bekannten Programmen kompatibel. Sie können damit z. B. Microsoft-Word-Dokumente oder Microsoft-Excel-Tabellen öffnen und speichern, sodass jeder Computerbenutzer darauf zurückgreifen kann. Auch jede Menge anderer Dateiformate versteht dieses Gratisprogramm. In Abbildung 7.12 sehen Sie eine kleine Auswahl.

Eines muss hier allerdings doch angemerkt werden: Die Bedienung ist nicht ganz so smart, wie man es von den Apple-Programmen her gewohnt ist. Hier herrscht eher ein nüchterner »Programmierer-Style«, der aber trotzdem auch von Einsteigern leicht zu verstehen ist. Außerdem helfen bei Problemen und aufkommenden Fragen sowohl eine sehr gute Hilfefunktion in deutscher Sprache als auch die große Fangemeinde im Internet gerne weiter. Wir finden: Die Installation lohnt sich definitiv.

Download OpenOffice

Unter *www.openoffice.org* können Sie die aktuellste Version des Office-Pakets kostenlos herunterladen. Eine schnelle Internetverbindung ist bei rund 200 Megabyte Installationsdaten dafür allerdings durchaus angebracht.

Microsoft Office für den Mac

Microsoft Office (MS Office) ist jedem, der schon irgendwann einmal mit Computern in Berührung gekommen ist, ein Begriff. Schon zu Zeiten, als man noch mit MS-DOS-Betriebssystemen arbeitete, gab es mit MS Word bereits das erste Programm der MS Office Suite.

Mit der Zeit ist das Anwendungspaket stark gewachsen und seit einigen Jahren auch für Apple-Computer erhältlich. Neben dem Schreibprogramm Word ist zudem auch Excel als Tabellenkalkulation und PowerPoint als Präsentationsprogramm mit an Bord. Outlook, das E-Mail- und Organisationstool, ist in der deutlich teureren Business-Edition erhältlich. Für den Hausgebrauch ist Apple Mail eine ganz hervorragende Alternative (siehe Kapitel 10, »E-Mails – denn Briefe waren gestern«). Office 365 ist das Abo-Modell von Microsoft – für rund 99 € im Jahr können Sie die

Abbildung 7.13
Die Office-Symbole sind am Mac sehr schwungvoll dargestellt.

Software abonnieren, Office auf bis zu fünf Macs installieren und sind immer auf dem aktuellsten Softwarestand. Zudem stehen 20 Gigabyte Online-Speicherplatz parat.

Testversion von Office

Unter *www.microsoft.com/germany/mac* können Sie Microsoft Office kostenfrei herunterladen und 30 Tage lang testen. Eine ebenfalls kostenlose Anmeldung bei Microsoft ist hierbei aber unumgänglich.

Wer Office vom PC her kennt, wird sich am Mac ein wenig umgewöhnen müssen, denn der Funktionsumfang ist nicht immer identisch, auch die Menüs und Anordnungen sind in Office 2011 für den Mac etwas anders. Allerdings funktioniert die Zusammenarbeit zwischen dem Office für Windows und dem Mac-Pendant ganz hervorragend; selbst Makros, also die kleinen Helferlein mit hinterlegten Aktionen, funktionieren unter OS X Yosemite. Daher werden Ihre Freunde und Bekannten die von Ihnen erstellten Office-Dokumente ganz problemlos öffnen können.

Alles in allem ist das MS Office für den Mac daher eine prima Anwendung und eine Komplettlösung weit über einen Brief oder eine kleine Tabellenkalkulation hinaus. Also genau richtig, wenn Sie nicht nur reinen Text schreiben, sondern auch kreativ tätig werden möchten.

Apple iWork: Pages, Numbers und Keynote

Abbildung 7.14
Die drei Office-Apps von Apple sind unter OS X und auch für das iPhone verfügbar.

Sie mögen die Apple-Programme? Dann sind die Office-Tools von Apple für Sie die richtige Wahl. Mit Pages, Numbers und Keynote sind Sie in der Lage, dank zahlreicher professioneller Vorlagen schnell sehr ansprechende Arbeiten zu erstellen.

Ob Briefbogen, Einladung oder die ansprechende Präsentation der Haushaltskasse – alles geht mit wenigen Mausklicks und sehr eleganten Effekten. Bei einem neuen Mac sind diese Apps standardmäßig an Bord, ansonsten muss man sie einzeln nachkaufen. Ein weiterer, wirklich unschlagbarer Vorteil ist, dass die Apps auch online in Ihrem iCloud-Account zur Verfügung stehen (siehe dazu Kapitel 11, »Perfekt organisiert: iCloud, Erinnerungen, Termine und Adressen«) und Sie auf die Art Texte schreiben, Tabellen erzeugen oder eindrucksvolle Präsentationen erstellen können, ohne die Programme zu installieren. Solche online erstellten Dokumente werden ständig automatisch gesichert und auf allen Ihren Apple-Geräten zur Verfügung gestellt. Auf iPhone oder iPad sind die Apps ebenfalls verfügbar, hier sogar kostenlos, und ermöglichen das Bearbeiten und Erstellen von Dokumenten über den iCloud-Speicher.

Mit den Programmen zu arbeiten macht Ihnen sicher Spaß, da hier auch Einsteiger schnell zu wirklich guten Ergebnissen gelangen. Grundsätzlich kann man alle hier erzeugten Dokumente so abspeichern, dass diese beispielsweise auch PC-Benutzer mit Windows öffnen können. Allerdings sind dann nicht immer alle grafischen Effekte verfügbar. Aber aufgepasst: Die Apple-Office-Programme sind nicht als Ersatz für Lösungen wie Microsoft Office oder OpenOffice zu verstehen. Dafür ist ihr Funktionsumfang doch zu sehr auf den »Heimanwender« abgestimmt. Was aber wirklich ein Vorteil ist: Alle drei Programme gibt es auch als App für iPhone und iPad, Sie können die Dokumente also auch mit diesen Geräten problemlos bearbeiten und betrachten.

Drucker installieren

Das papierlose Büro oder Home-Office ist eine Illusion, die man in den 1990er-Jahren in die Welt setzte und bis heute eher dazu geführt hat, dass mehr Papier denn je bedruckt wird. Fakt ist: Es geht doch nichts über gedruckte Dokumente. Und eine Glückwunschkarte muss natürlich auf Papier oder besser noch Fotokarton gebracht werden, um die gewünschte Wirkung zu erzielen. In diesem Abschnitt lotsen wir Sie also von der Druckerinstallation bis hin zum perfekten Ausdruck von Dokumenten und Fotos. Sie werden sehen, das ist kein Hexenwerk.

Abbildung 7.15
Starker Ausdruck – mit einem Drucker ist das am Mac kein Problem. (Foto: Epson)

Einen USB-Drucker installieren

Sie haben sich zusammen mit dem Mac gleich einen neuen Drucker gekauft oder ein solches Gerät separat erworben? Dann einfach auspacken und anschließen. Beachten Sie aber trotzdem in jedem Fall die jeweilige Bedienungsanleitung. Sowie der Finder am Mac geladen ist,

Kaufberatung für Drucker

Ein Tintenstrahldrucker ist immer eine gute Wahl, wenn Sie nicht allzu viel Text, aber auch Bilder drucken möchten. Gute Geräte sind schon ab 70 € zu haben. Geräte mit vier Farben liefern meist keine gute Fotoqualität, hier lohnt die Investition in einen Drucker mit wenigstens 6 Farben für wirklich brillante Drucke.

Wenn Sie täglich viele Dokumente in Schwarz-Weiß ausdrucken, ist ein Laserdrucker empfehlenswert. Schon für knapp 200 € erhält man gute Bürogeräte. Aber: Fotodruck ist hier nicht machbar.

Das gilt auch für die Farblaserdrucker – selbst Modelle für 1.000 € können in der Bildqualität einem Tintenstrahldrucker, der auf Fotopapier druckt, nicht das Wasser reichen. Farblaser sind hingegen für Grafiken und bunte Texte sehr gut geeignet. Allerdings warten die Geräte im Bereich bis 500 € oft mit hohen Folgekosten auf – der Toner ist beim Neugerät nie ganz voll, die Tonerkartusche im Nachkauf teuer.

Abbildung 7.16
Das Icon für die Systemeinstellungen im Dock

verbinden Sie den Drucker per USB-Kabel mit Ihrem Mac, den passenden Anschluss finden Sie an der Gehäuserückseite bzw. bei den MacBooks an der Seite. USB-Drucker sind weitverbreitet und stellen die gängigste Druckersorte dar. Auf Netzwerkdrucker gehen wir etwas später noch ein.

Der Vorteil unter OS X Yosemite liegt darin, dass das System Ihren Drucker in vielen Fällen erkennt und Sie sich umständliche Installationsroutinen mitgelieferter CDs sparen können; die Voraussetzung hierfür ist jedoch eine Internetverbindung. Wenn Sie verbunden sind, erscheint die Meldung aus Abbildung 7.17 auf Ihrem Display.

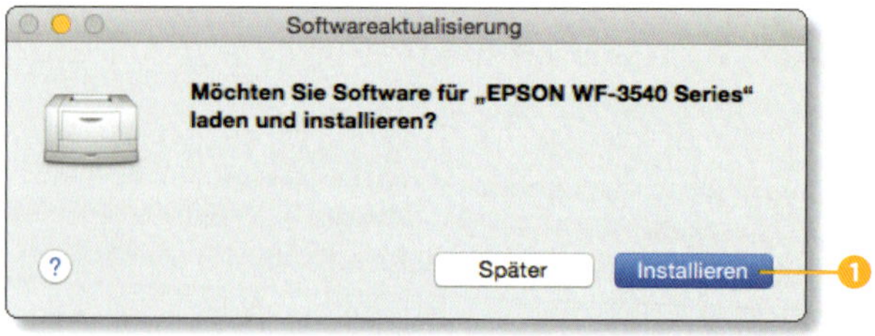

Abbildung 7.17
Ein neuer Drucker wurde erkannt.

Mit einem Klick auf **Installieren** 1 wird die notwendige Software direkt aus dem Internet geladen, und der neue Drucker wird installiert.

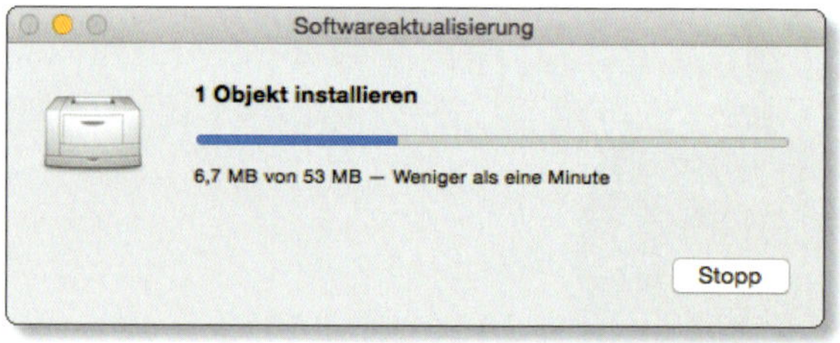

Abbildung 7.18
Ganz unkompliziert lädt OS X Yosemite die notwendigen Treiber aus dem Web.

Um zu erfahren, ob die Installation erfolgreich war, öffnen Sie die Systemeinstellungen über das Dock oder über den **Programme**-Ordner. In diesem Fenster klicken Sie auf das Icon **Drucker & Scanner** 2. Wenn Ihr Drucker im nächsten Fenster direkt mit seinem Namen und einem grünen Symbol angezeigt wird, war die Installation erfolgreich – in unserem Beispiel wurde der Canon-Drucker erkannt und eingerichtet.

Abbildung 7.19
Hier gelangen Sie zu den Druckereinstellungen.

Falls Ihr Drucker in dem genannten Menü nicht sichtbar ist, muss er manuell installiert werden. Bei einem neuen Drucker installieren Sie die Software dann einfach von der mitgelieferten CD wie im Abschnitt »Programme installieren« ab Seite 98 beschrieben. Für die ganz aktuellen Versionen lohnt sich sicherlich auch ein Blick auf die Internetseiten der Hersteller. Dort finden Sie meistens unter den Menüpunkten »Support« oder »Download« die passenden, ganz aktuellen Treiber für Ihren Drucker. Achten Sie bei der Auswahl jedoch unbedingt darauf, dass der Treiber explizit für OS X 10.10 geeignet ist.

Systemeinstellungen für das Drucken

Falls noch nicht geschehen, öffnen Sie jetzt die Systemeinstellungen, und klicken Sie dort auf **Drucker & Scanner**. In diesem Fenster können Sie Ihren Drucker nun noch, sofern er das unterstützt, über **Optionen & Füllstände** 3 konfigurieren, beispielsweise für ein zweites Ausgabefach oder eine Duplexeinheit für automatischen doppelseitigen Druck, und überprüfen, wie viel Tinte oder Toner noch verfügbar ist. Mit **Drucker-Warteliste öffnen** 4 haben Sie immer im Blick, welche Dokumente gerade auf ihren Ausdruck warten. Das wird automatisch bei jedem Ausdruck auch im Dock angezeigt.

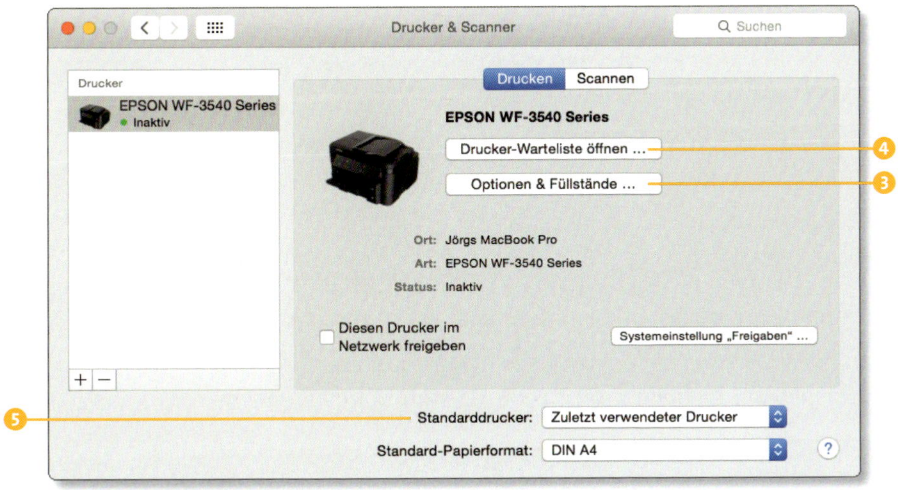

Abbildung 7.21
Voilà – der Drucker wurde einwandfrei installiert.

Wenn Sie mehrere Drucker an Ihrem Mac angeschlossen haben, können Sie in diesem Fenster außerdem noch den Standarddrucker festlegen, also jenes Gerät, welches Sie am häufigsten verwenden. Klicken Sie hierzu in das Rollout-Menü **Standarddrucker** 5, und wählen Sie dort den gewünschten Drucker aus.

Alter Drucker mit Parallel-Anschluss

Sie haben von Bekannten einen älteren Drucker mit Parallel-Anschluss (von einem Windows-PC)? Diesen können Sie nicht am Mac anschließen. Hierzu benötigen Sie ein USB-Adapterkabel (ca. 30 €) und erweiterte Kenntnisse, um solch einen »Oldie« in Betrieb zu nehmen. In den meisten Fällen lohnt sich dieser Aufwand jedoch nicht, und der Gang zum Elektronik-Fachmarkt, um dort einen neuen Drucker zu kaufen, ist in der Regel die bessere Alternative.

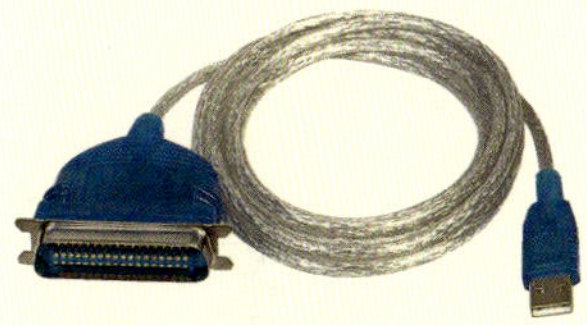

Abbildung 7.20
Adapterkabel für alte Windows-Drucker (Foto: pearl.de)

USB-Drucker gemeinsam nutzen

Über die Apple Time Capsule können Sie Ihren ganz normalen USB-Drucker ebenfalls mit allen Computerbesitzern in Ihrem Haus sogar kabellos über WLAN (Wi-Fi) teilen. Zudem kann die Time Capsule die Datensicherung übernehmen.

Abbildung 7.22
Wählen Sie hier Ihren Standarddrucker aus.

Jetzt können Sie die Einstellungen für Ihren Drucker einfach über einen Klick auf das rote Icon schließen, und es kann mit dem ersten Ausdruck losgehen.

Netzwerkdrucker über Bonjour installieren

In OS X 10.10 Yosemite ist der Druck natürlich auch über ein Netzwerk möglich. Netzwerkdrucker haben einen eigenen Ethernet-Anschluss, funktionieren also in einem Netzwerk wie kleine Computer und sind nicht direkt mit Ihrem Mac verbunden. Sie kennen das sicherlich vom Büro – hier teilen sich ja oft mehrere Personen einen Drucker. Dank der sogenannten Bonjour-Technologie entfällt auch bei den meisten Druckern die Treiberinstallation. Netzwerkdrucker werden allerdings nicht automatisch erkannt, sondern müssen über **Drucker & Scanner** in den Systemeinstellungen separat hinzugefügt werden.

Über das Plussymbol (1) am linken Bildschirmrand gelangen Sie in das Auswahlmenü, um mit den verschiedensten Methoden nach vorhandenen Druckern zu fahnden.

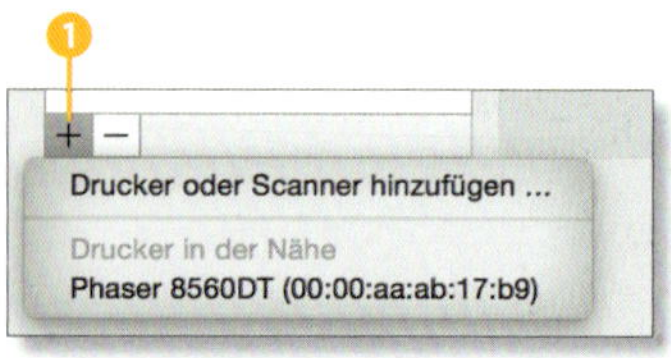

Abbildung 7.23
Über das Plussymbol kann man zusätzliche Drucker installieren.

Falls der Netzwerkdrucker Bonjour unterstützt, erscheint er nach kurzer Wartezeit in dieser Liste und kann direkt ausgewählt werden. Mit der Bonjour-Technologie werden alle Konfigurationen automatisch durchgeführt. Eventuell müssen Sie aber vorab einen Treiber installieren, falls er auf Anhieb nicht gefunden wird. Anderenfalls wird es komplizierter – dann hilft ein Blick in das Handbuch des Druckerherstellers oder die Lektüre weiterführender Literatur, da die IP-gestützte Druckerinstallation doch etwas komplexer ist.

Die richtigen Einstellungen für den Druck

Ihr Drucker ist jetzt eingerichtet, und dem ersten Ausdruck steht nichts im Weg. Anhand eines kleinen Dokuments aus TextEdit zeigen wir Ihnen, wie das funktioniert. Dieser Vorgang funktioniert in allen anderen Programmen ganz ähnlich. Zu Beginn erstellen Sie in TextEdit ein kleines Textdokument, gerne auch bunt, mit beliebigem Inhalt.

Gehen Sie in das **Ablage**-Menü, und klicken Sie dort auf **Drucken**. Es öffnet sich daraufhin ein übersichtliches neues Fenster mit allen wichtigen Informationen rund um Ihren Ausdruck.

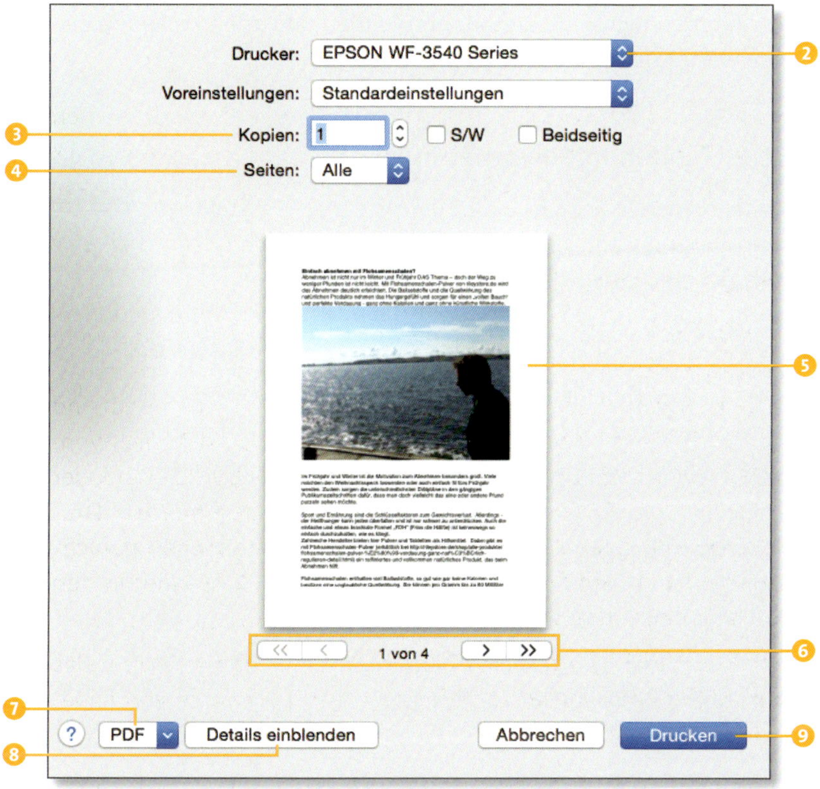

Abbildung 7.24
Noch recht wenige Einstellungsmöglichkeiten bietet der Standard-Druckdialog.

2 Hier sehen Sie, welcher Drucker gerade ausgewählt ist; per Klick auf dieses Rollout-Menü können Sie diesen auch wechseln.

3 Die Anzahl der Kopien wird entweder direkt per Tastatur eingetragen oder über die kleinen Pfeile bestimmt.

4 Wenn Sie nur ausgewählte Seiten Ihres Dokuments drucken wollen, müssen Sie dies hier angeben.

5 Die Ganzseitenvorschau zeigt das Dokument zur Kontrolle an, über die Pfeile 6 können Sie bei mehrseitigen Werken auch diese vor dem Ausdruck nochmals kontrollieren.

7 Aus dem Druckmenü kann man auch PDF-Dokumente erzeugen, mehr dazu im folgenden Abschnitt »Genauere Einstellungen vornehmen«.

8 Mit **Details einblenden** haben Sie Zugriff auf alle Einstellungsmöglichkeiten zu Ihrem Drucker wie Papiersorte, Druckqualität und Ähnliches.

9 Über den Button **Drucken** wird der Ausdruck direkt ohne weitere Nachfrage gestartet.

An dieser Stelle könnten Sie den Ausdruck mit einem Klick auf **Drucken** direkt starten. Allerdings haben Sie bislang weder die Papiersorte noch die Druckqualität bestimmt. Denn gerade bei Tintenstrahldruckern, die sowohl auf Normalpapier als auch auf Fotopapier drucken können, sollte man unbedingt zunächst die **Details einblenden** und entsprechende Einstellungen vornehmen.

Genauere Einstellungen vornehmen

Das sich nun öffnende Fenster bietet deutlich mehr Einstellungsmöglichkeiten, die allerdings auf den ersten Blick etwas unübersichtlich wirken. Ganz links sehen Sie die Vorschau ①. Je nach Umfang des Textdokuments steht hier schon die Gesamtanzahl der Seiten ②. Mit den Bedienelementen ③ ist es möglich, vorab durch alle Seiten zu blättern.

Rechts geht es ausschließlich um die Druckeinstellungen. Im Feld **Drucker** ④ ist immer Ihr Standarddrucker aktiviert. Um zu einem anderen Gerät zu wechseln, klicken Sie in dieses Feld und wählen den gewünschten Drucker aus.

Im Feld **Voreinstellungen** ⑤ ist immer **Standardeinstellungen** gesetzt. Später können Sie hier, wenn Sie beispielsweise alle Einstellungen für einen Ausdruck in Fotoqualität getätigt haben, diese mit dem Befehl **Aktuelle Einstellungen als Voreinstellung sichern**, aus dem Rollout-Menü ablegen und anschließend immer wieder mit einem Mausklick aktivieren.

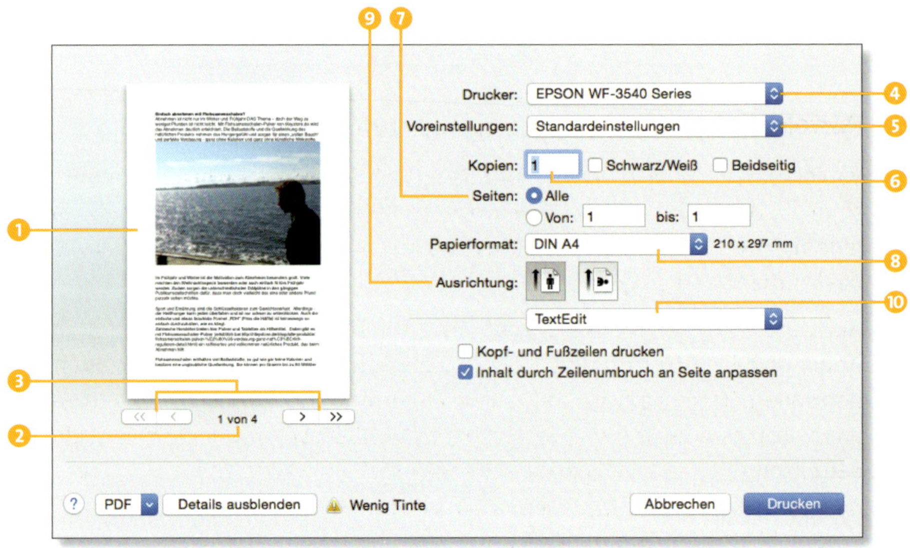

Abbildung 7.25
Das Apple-Druckmenü mit eingeblendeten Details

Klar, das Feld für **Kopien** ⑥ gibt an, wie oft das Dokument gedruckt werden soll. Bei **Seiten** ⑦ werden in der Standardeinstellung immer alle Seiten gedruckt. Ein Eintrag in den zwei Feldern **Von** und **Bis** lässt hier aber Spielraum für Ihren ganz persönlichen Druckwunsch. Die Felder **Von** und **Bis** ermöglichen es, bei umfangreichen Dokumenten nur einen bestimmten Seitenabschnitt zu drucken (beispielsweise die Seiten 4 bis 10).

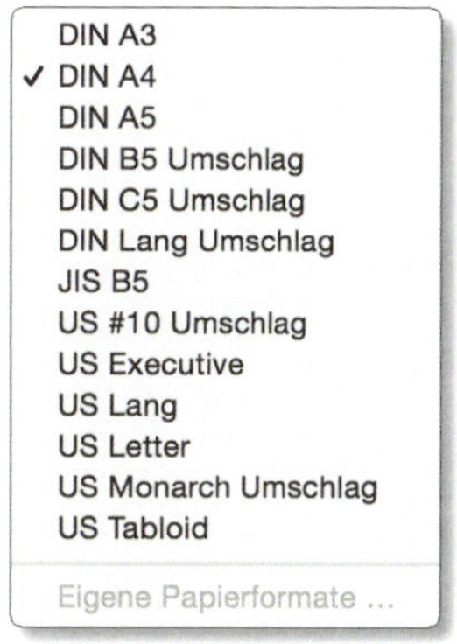

Abbildung 7.26
Auswahl einiger der Papierformate

Bei **Papierformat** ⑧ werden Sie meistens DIN A4 wählen, ein Wechsel ist aber per Mausklick schnell erledigt. Hier sind alle Papierformate aufgelistet, die Ihr Drucker unterstützt. Mit der Ausrichtung ⑨ in Hoch- oder Querformat definieren Sie, in welcher Form das Dokument gedruckt werden soll.

Das nächste Feld, **TextEdit** ⑩, wirkt unscheinbar, enthält aber weitere wichtige Druckeinstellungen. Dieses Feld ist übrigens immer unterschiedlich benannt und heißt im Safari-Browser **Safari** oder in Word entsprechend **Word**. Klicken Sie darauf, um weitere Einstellungen an Ihrem Drucker vorzunehmen. Hier können Sie u. a. entscheiden, ob Ihr Dokument farbig oder schwarz-weiß gedruckt werden soll.

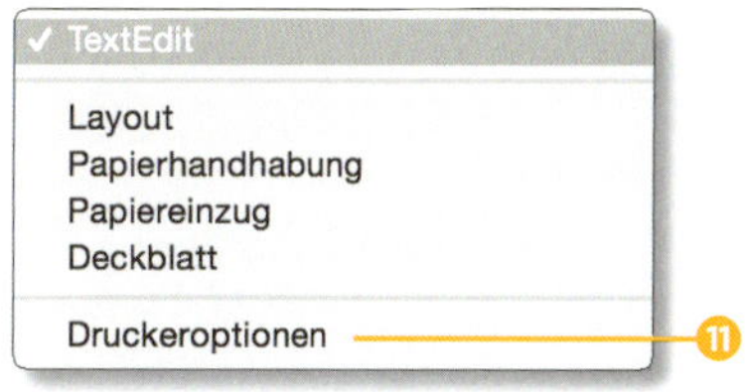

Abbildung 7.27
Zahlreiche Einstellungsmöglichkeiten für den perfekten Druck

Welche Menüpunkte im unteren Bereich des Menüs **TextEdit** zum Vorschein kommen (⑪ in Abbildung 7.27), kann je nach Druckertyp etwas variieren. Davon unabhängig sind die Punkte der ersten Abteilung, die immer gleich aussehen, egal, in welchem Programm Sie sich befinden oder welcher Drucker angeschlossen ist.

Wir betrachten im Folgenden nun genau die Einstellungen, die Sie für die Druckausgabe vornehmen müssen.

Perfektes Layout, um Papier zu sparen

Papiersparen ist besonders beim Ausdruck umfangreicher Dokumente sinnvoll, die man vielleicht nur zum schnellen Durchsehen benötigt. In jedem Programm haben Sie daher die Möglichkeit, dies über **Layout** zu bestimmen. Und so geht es:

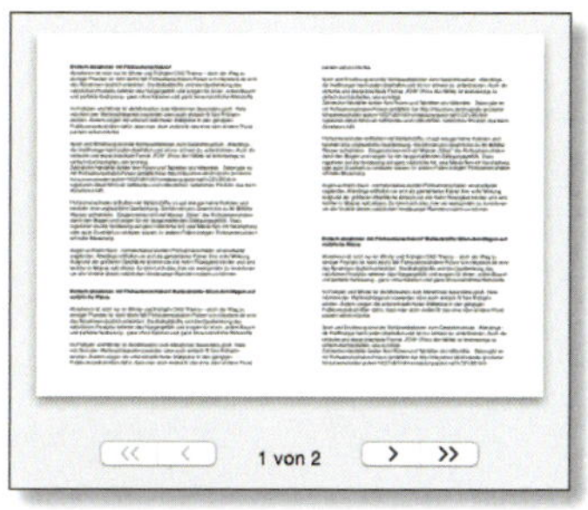

Abbildung 7.28
Sparen Sie Papier, indem Sie mehrere Seiten auf ein Blatt verkleinern.

Aktivieren Sie den Punkt **Layout**. Im nun sichtbaren Menüfeld (⑫ in Abbildung 7.29) bestimmen Sie, wie viele Seiten pro Blatt gedruckt werden sollen. Beispielsweise ordnen Sie ein umfangreiches Dokument dann ganz professionell mit vier Seiten pro DIN-A4-Blatt an. Der Wert im Feld **Seitenfolge** ⑬ lässt sich ganz nach individuellen Lesegewohnheiten definieren. Der Rahmen kann die so angeordneten Seiten auf Wunsch mit unterschiedlichen Trennlinien separieren ⑭. Beherrscht Ihr Drucker sogar den automatischen Duplexdruck, kann zudem die Option **Beidseitig** ⑮ aktiviert werden, um Vorder- und Rückseite des Papiers zu bedrucken.

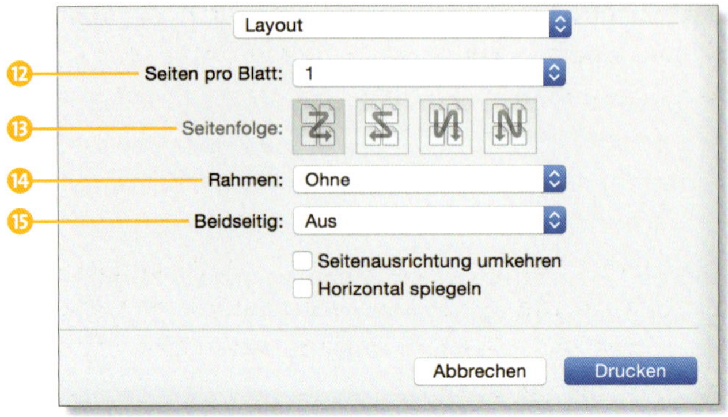

Abbildung 7.29
Einstellungen im Bereich »Layout«

Farbanpassung

Im nächsten Feld des Rollout-Menüs, **Farbanpassung**, hat man als Heimanwender wenige Möglichkeiten. Das sogenannte *Farbmanagement*, das die farbgetreue Wiedergabe von Bildern, Fotos und Grafiken an Bildschirm und Drucker bestimmt, ist mit Hausmitteln nur begrenzt möglich. Daher – lassen Sie hier alle Einstellungen wie vorgegeben.

Fotodruck

Für den Fotodruck gelten ganz besondere Einstellungen, die in den Druckereinstellungen vorgenommen werden müssen. Mehr dazu erfahren Sie im Abschnitt »Fotos drucken über iPhoto« ab Seite 317.

Papierhandhabung

Die Papierhandhabung eröffnet viele Möglichkeiten bei der Seitenausgabe. Mit **Zu druckende Seiten** 1 werden beispielsweise nur gerade oder nur ungerade Seiten gedruckt. Wenn Sie **An Papierformat anpassen** 2 aktivieren, ist es möglich, beispielsweise ein DIN-A3-formatiges Dokument auf DIN A5 oder DIN A4 zu verkleinern.

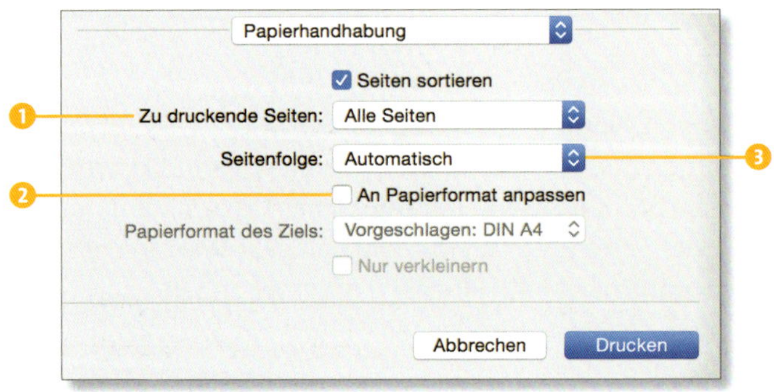

Abbildung 7.30
Sie bestimmen, welche Seiten der Drucker in welcher Reihenfolge ausdrucken soll.

Die Seitenfolge ③ wird automatisch vorgegeben, kann aber ebenfalls geändert werden. So können Sie beispielsweise festlegen, dass zuerst die letzte Seite eines Dokuments gedruckt werden soll.

Deckblatt

Der Punkt **Deckblatt** ist für den Hausgebrauch auch eher uninteressant. Sie benötigen für Ihre Dokumente sicher kein automatisch erstelltes Deckblatt mit Beschriftungen wie »Geheim« oder »Vertraulich«, daher dürfen Sie diesen Punkt ebenfalls ignorieren.

Spezifische Druckereinstellungen

In der zweiten Sektion der Rollout-Menüs finden Sie nun Einstellungen, die immer speziell für Ihren Drucker gelten. Die Menüpunkte können teilweise anders benannt sein, auch die Funktionen können an anderen Stellen verstreut sein. Hier können wir Ihnen daher nur ganz allgemeingültige Regeln nennen: Für unseren Beispieldrucker können Sie unter **Druckereinstellungen** einstellen, welches Papier Sie im Drucker eingelegt haben und mit welcher Qualität Sie drucken möchten. Für den normalen Textdruck sind diese Einstellungen, **Standardpapier** ④ und **Normal** im Feld **Qualität** ⑤, genau richtig. Wenn Sie das Dokument komplett in Schwarz-Weiß drucken möchten, genügt ein Häkchen bei der entsprechenden Option ⑥.

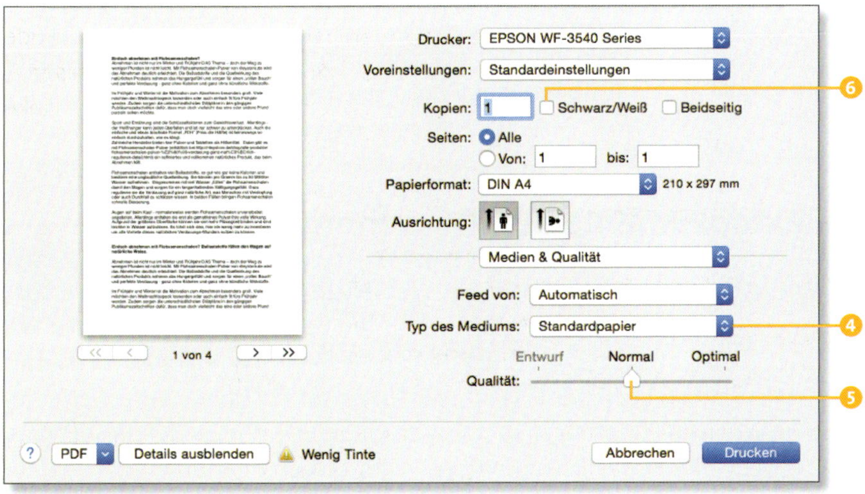

Abbildung 7.31
Wichtig: Die Einstellungen zu Qualität und Druckmedium sind für den perfekten Ausdruck unumgänglich – hier der Blick in die Einstellungen eines EPSON-Druckers.

Und zum Vergleich sehen Sie in der folgenden Abbildung die Einstellungen eines anderen Druckertyps.

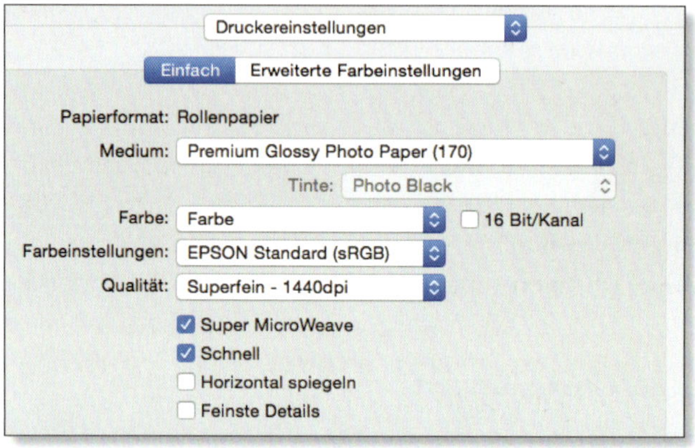

Abbildung 7.32 >
Ganz anders und doch ähnlich – die Qualitätseinstellungen bei einem anderen Druckermodell.

Alle anderen Optionen, wie z. B. randloser Druck oder Duplexdruck, werden nur angezeigt, wenn Ihr Drucker diese Funktionen auch unterstützt. Hier müssen wir Sie dann leider auf Ihr Druckerhandbuch verweisen, mit dessen Hilfe Sie tatsächlich alle Einstellungsmöglichkeiten Ihres Geräts ergründen können.

Drucken endgültig starten

Wenn Sie möchten, können Sie an dieser Stelle nun den ersten Druck starten – das Dokument wird Ihnen direkt ausgegeben. Also perfekt für Textdokumente und wenn die Qualität nicht der entscheidende Faktor ist. Die Einstellungen für den perfekten Fotoausdruck erfahren Sie im Abschnitt »Fotos drucken über iPhoto« ab Seite 317.

Textdokumente als PDF weitergeben

^ Abbildung 7.33
PDF heißt das Zauberwort für unkomplizierte Dokumentweitergabe. Im Finder sehen Sie immer direkt eine Vorschau des jeweiligen Dokuments schon im Dateisymbol (PDF von DigitalPHOTO).

Wie kann man ein Dokument, sei es mit TextEdit, Microsoft Office oder einem anderen Programm geschrieben, am besten weitergeben? Klar, die erste Möglichkeit, den Ausdruck, haben Sie bereits kennengelernt. Natürlich kann man auch per E-Mail, USB-Stick oder CD Dokumente weitergeben. Wenn der Empfänger aber keinen Mac oder keine passende Software besitzt, kann er das Dokument gar nicht öffnen oder erhält eine veränderte Darstellung des Originals. Beim Versand per E-Mail kommt hinzu, dass die Dokumente auch nicht allzu groß sein sollten, damit die Übertragung schnell geht und das Postfach des Empfängers nicht überläuft.

PDF als Problemlöser für die Dokumentweitergabe

Hier springt ein sehr praktisches Datenformat ein, das PDF. In ihm können Texte, Bilder und mittlerweile sogar Multimedia-Inhalte eingefügt sein. Ein PDF kann am Mac aus jedem beliebigen Programm erzeugt werden und als fertige PDF-Datei an jeden beliebigen Computerbesitzer weitergegeben werden. Fast jeder PC, egal ob Windows, Mac oder Linux, kann ein PDF anzeigen – und zwar exakt so, wie Sie das Dokument erzeugt haben. Darstellungsfehler gibt es hier nicht, denn ein PDF hat Schriftarten, Bilder und Grafiken komplett mit an Bord. Zudem kann man nicht so einfach wie bei einem normalen Textdokument eingreifen und Änderungen vornehmen. Dafür ist Spezialsoftware notwendig, wie z. B. Acrobat Professional von Adobe. Ihr Dokument ist daher auch besser gegen unerwünschte Veränderungen und Eingriffe geschützt.

PDF erzeugen leicht gemacht

Laden Sie zunächst das gewünschte Dokument – ob das nun ein Dokument in Pages, TextEdit, OpenOffice oder eine einzelne Internetseite ist, spielt gar keine Rolle, denn wirklich jedes dieser Dokumente kann in ein PDF verwandelt werden.

1. Druckdialog

Starten Sie nun in Ihrer Software den Druckdialog, zumeist über **Ablage > Drucken** oder über das Tastenkürzel [cmd]+[P].

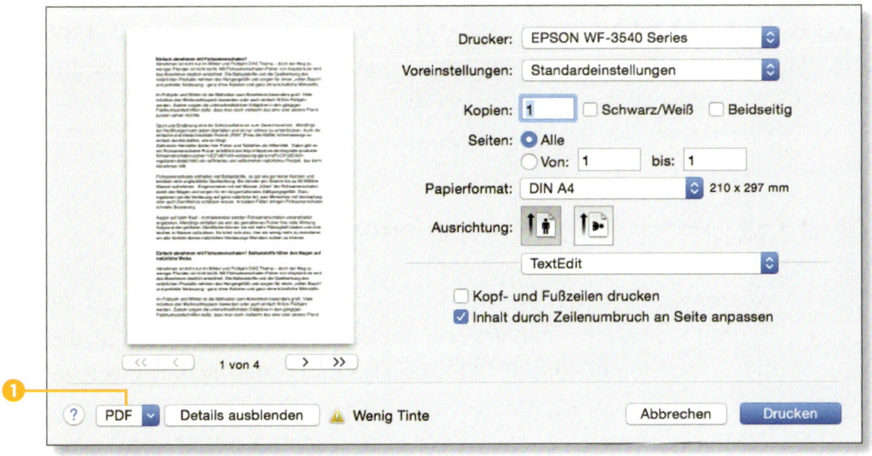

Abbildung 7.34
Um ein PDF zu erstellen, starten Sie den Druckdialog.

2. Einstellungen

Jetzt nehmen Sie die Einstellungen für die Seitenbereiche sowie die Seitenanordnung ganz so vor, als würden Sie einen Ausdruck vorbereiten.

Klicken Sie nun aber nicht auf **Drucken**, sondern auf den Button **PDF** (1 in Abbildung 7.34 auf Seite 159). Es erscheint daraufhin die Auswahlliste aus Abbildung 7.35.

3. PDF erzeugen

Die Auswahl **Als PDF sichern** 2 ist genau richtig, wenn Sie aus Ihrem Dokument eine PDF-Datei erzeugen und diese auf Festplatte, USB-Stick oder CD kopieren möchten. Wenn das PDF per E-Mail verschickt werden soll, wählen Sie **PDF per Mail versenden** 3 aus. Das PDF wird dann direkt einer neuen E-Mail-Nachricht hinzugefügt, und Apple Mail wird gestartet. Voraussetzung hierfür ist, dass Ihr E-Mail-Programm richtig konfiguriert ist (siehe Kapitel 10, »E-Mails – denn Briefe waren gestern«).

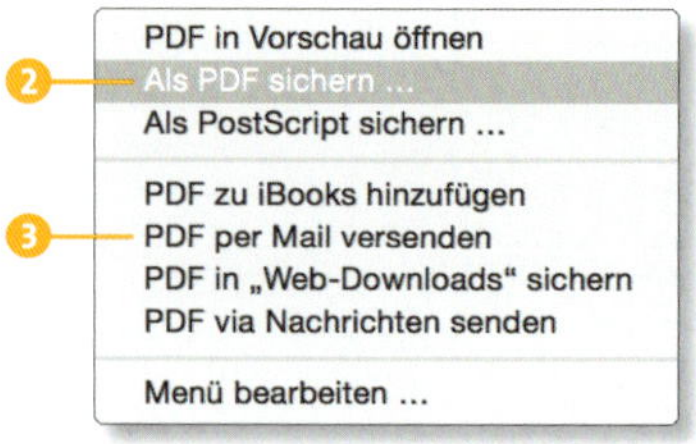

Abbildung 7.35
Möglichkeiten der PDF-Erzeugung

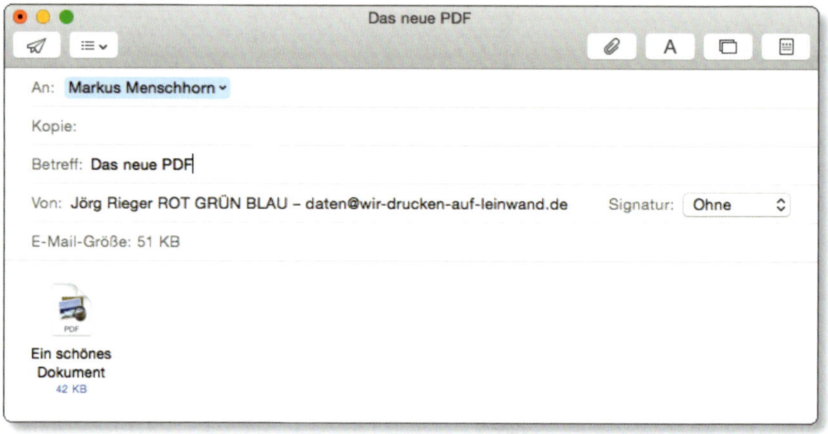

Abbildung 7.36
Die E-Mail wird automatisch geöffnet, Empfänger und Betreff müssen Sie natürlich selbst eintragen.

PDFs erzeugen leicht gemacht – das ist wirklich eine praktische Zusatzfunktion unter OS X 10.10 Yosemite, die Sie in jedem Fall nutzen sollten.

8 Ich geh' online – mit meinem Mac und Safari

Das Internet ist aus dem täglichen Leben nicht mehr wegzudenken. Das glauben Sie nicht? Spätestens mit dem Kauf Ihres Apple-Computers haben Sie aber bereits einen entscheidenden Schritt in diese Richtung getan. Denn OS X Yosemite ist erst dann richtig leistungsfähig, wenn es permanent mit dem Internet verbunden ist; also am besten über DSL oder per Kabelanschluss. Die meiste Zeit arbeitet das System im Hintergrund, lädt Systemaktualisierungen aus dem Web, kümmert sich um Ihre Musiksammlung und lädt Titel und CD-Cover nach oder sortiert mit iPhoto Ihre Fotos auf einer virtuellen Landkarte (siehe den Abschnitt »Fotos nach Orten sortieren« ab Seite 304). Auch kostenloses Telefonieren ist dank Internet möglich.

Grundsätzlich können Sie Ihren Mac (und natürlich dieses Buch) auch ohne Internetverbindung effektiv nutzen oder einfach erst nach einem gewissen Zeitraum, wenn Sie sich mit allen anderen Funktionen Ihres Computers vertraut gemacht haben, online gehen. Den meisten Nutzern geht es aber bei Computern ja gerade ums Internet.

Flatrate

Man hört es überall: »Flatrate« – damit werden Tarife bezeichnet (egal, ob Internet, Telefon oder Mobilfunk), für die man eine Monatspauschale zahlt, aber unbegrenzt Leistung in Anspruch nehmen kann. Das bedeutet also: unbegrenzt surfen und/oder telefonieren. Beim Internetzugang lohnt eine Flatrate immer, beim Telefon müssen Sie selbst entscheiden, ob Sie so viel telefonieren, dass sich so eine »Plauderpauschale« für Sie rechnet.

Grundvoraussetzung: der Internetanschluss

Damit Sie das Internet am Mac nutzen können, benötigen Sie einen Internetanschluss in Ihrem Haus. Hier gibt es folgende gängige Möglichkeiten:

- Einwahlmodem über die normale Telefonleitung (analog/ISDN)
- DSL-Verbindung
- Kabelverbindung
- mobile Verbindung über UMTS- oder LTE-Surfstick
- mobile Verbindung direkt über Ihren iPhone-Datentarif (Hotspot)

Unser Tipp: Suchen Sie sich je nach Anschlussart den passenden Anbieter, denn die Tarife sind doch recht unterschiedlich, und ein Preisvergleich lohnt sich.

Einwahlmodem

Internet-by-Call-Tarife

Unter *www.xdial.de/tarife/ibc.asp* erhalten Sie eine stets aktuelle Übersicht, welcher Anbieter gerade den günstigsten Einwahltarif hat.

Über jeden Telefonanschluss ist es möglich, per Einwahlmodem ins Internet zu gehen. Die Mac-Computer der aktuellen Generation haben kein Modem mehr integriert, das muss als Zubehör separat erworben werden. Fakt ist – das Einwahlmodem ist ein schlechter, langsamer Kompromiss, wenn wirklich keine andere Möglichkeit besteht, ins Internet zu kommen. Vernünftiges Arbeiten ist damit unmöglich.

Die großen Nachteile: Bei einer analogen Leitung ist das Festnetz blockiert, während Sie online sind. Zudem ist die Datenübertragungsrate so niedrig, dass viele Internetseiten nur schleppend angezeigt werden. An das Betrachten von Videos oder das Hören von Webradio ist erst gar nicht zu denken. Auch das Versenden und Empfangen von Bildern ist mit einem Modem eine Geduldsprobe. Wenn Apple für OS X Yosemite neue System-Updates bereitstellt, was ungefähr alle zwei Wochen passiert, kann man diese kaum mit einem Modem herunterladen. Rund 100 bis 200 Megabyte sind diese Datenpakete groß, der Download würde mehrere Stunden dauern. Die Alternative zum Modem, wenn z.B. in Ihrer Region gar keine Highspeed-Internetzugänge per Kabel oder DSL verfügbar sind, ist ein mobiler UMTS-Surfstick. Diese sind schneller, leistungsfähiger und auch gar nicht teuer.

DSL

DSL ist das schnelle Internet über die Telefonleitung. Hier gibt es zahlreiche Telekommunikationsanbieter, die alle das perfekt laufende Internet versprechen. Grundsätzlich ist die DSL-Verbindung nur mit einem Telefonanschluss möglich, da mit diesem die Daten übertragen werden. Die Angebotspalette ist dann aber vielfältig und von Anbieter zu Anbieter unterschiedlich. Immer gleich ist mittlerweile, dass Sie per DSL ohne Grenzen im Internet surfen können – weder die Nutzungszeit noch die übertragene Datenmenge sind von Bedeutung, Sie zahlen immer denselben Tarif. Zudem ist DSL unabhängig von der Telefonleitung – Sie können also während des Surfens im Internet problemlos telefonieren.

Bei der Geschwindigkeit gibt es aber durchaus verschiedene Abstufungen. Im ländlichen Raum bietet die Telekom beispielsweise als »Notbehelf« DSL light mit 320 Kilobit (ca. 0,3 Megabit) an, das ist immerhin schon sechsmal so schnell wie ein normales Modem. Standard sind allerdings Verbindungen im Bereich von 2 bis 25 Megabit Datenübertragungsrate. Wer gerne Videos im Internet ansehen möchte, sollte in jedem Fall einen DSL-Anschluss mit über 8 Megabit Datenübertragungsrate wählen, damit die Daten flüssig heruntergeladen werden. Gelegenheitssurfer können aber problemlos auch mit 2 Megabit im Internet unterwegs sein. Ein Aufrüsten auf einen schnelleren Zugang ist bei allen Tarifen möglich, sofern die vorhandene Infrastruktur Ihrer Region die gewünschte Geschwindigkeit ermöglicht.

Kabelanschluss

Die Kabelanbieter bringen nicht nur Fernsehen, sondern seit einigen Jahren auch pfeilschnelles Internet ins Haus. Über das Leitungsnetz werden Daten mit bis zu 150 Megabit übertragen – selbst das vergleichsweise teure VDSL erreicht nur 50 Megabit. Ansonsten ist es reine Geschmackssache, ob man sich für Kabel oder DSL entscheidet. Wer bereits Kabelfernsehen hat, erhält das Internet und Telefon fast gratis als Paket dazu. Entgegen vieler Aussagen gibt es übrigens bei den Kabelanbietern das Internet- und Telefonpaket auch ohne Fernsehen, da muss man einfach etwas konkreter nachfragen und kann so einige Euros im Monat sparen.

Wichtig: Beim Kabelanschluss hat man auch Telefon und kann normalerweise die vorhandene Festnetzrufnummer mitnehmen. Allerdings haben Sie kein »echtes« Festnetztelefon mehr, die Gespräche werden im Kabelmodem in VoIP-Signale umgewandelt und über das Internet geschickt. Das merken Sie normalerweise gar nicht, die Sprachqualität ist hier mit ISDN vergleichbar. Allerdings funktioniert bei einem Stromausfall auch das Telefon nicht mehr, was beim analogen Festnetz nicht der Fall war. Wer aber sowieso noch ein Mobiltelefon hat, kann diese kleine Einschränkung durchaus hinnehmen.

UMTS- oder LTE-Surfstick

Für alle, die mobil unterwegs sind oder bei sich zu Hause weder Kabel- noch DSL-Anschluss erhalten, ist ein Surfstick eine gute Alternative. Zudem kann man damit überall ins Internet, was besonders für Besitzer von MacBooks außerordentlich praktisch ist.

Die Surfsticks gibt es bei allen Mobilfunkanbietern, mit Vertrag bereits ab 10 € pro Monat oder per Prepaid-Angebot. Mit einem solchen Surfstick machen Sie Ihren Mac über das Mobilfunknetz und LTE, UMTS oder GPRS mobil. Beides sind Datenübertragungsstandards, die aber je nach

Surfstick im Ausland

Natürlich funktioniert der Surfstick auch im Ausland, dann wird es aber richtig teuer. Erinnern Sie sich noch, wie Sie aus dem letzten Italienurlaub nach Hause telefoniert haben? Mit ähnlichen Kosten müssen Sie dann auch beim Surfen rechnen. Unser Tipp: Viele Mobilfunkanbieter haben mittlerweile »Urlaubstarife« im Angebot – fragen Sie einfach nach. Oder Sie kaufen sich einfach im Urlaubsland vor Ort einen Surfstick mit Guthaben und gehen dann so günstig wie zu Hause online.

Verfügbarkeit entweder DSL-Geschwindigkeit oder Modemgeschwindigkeit anbieten.

Bei den Surfsticks sind die zugehörigen Tarife meist volumengebunden, beispielsweise mit einem Limit bei 500 Megabyte Datentransfer pro Monat. Nach Verbrauch dieses Volumens kann man zwar in der Regel weiter surfen, jedoch deutlich langsamer als zuvor. In jedem Fall sind Sie damit besser bedient als mit einem Einwahlmodem. Allerdings: Lassen Sie beim Mobilfunkanbieter Ihrer Wahl zuerst prüfen, ob Ihre Wohnung im Empfangsgebiet liegt und eine stabile Verbindung möglich ist.

Das Smartphone als mobiler Hotspot

Nahezu jedes Smartphone, das iPhone natürlich inklusive, ist mit einem Internet-Datenpaket unterwegs – anderenfalls könnten Sie es gar nicht ausgiebig verwenden. Dieses Datenpaket kann man nutzen, um mit dem Mac-Computer überall mobil online zu sein. Bei Apple heißt das »mobiler Hotspot«, Ihr Telefon wird damit zum schnellen LTE- oder UMTS-Modem, je nach Anbieter und iPhone. Ganz wichtig: Diese Möglichkeit klappt tatsächlich nur mit einem Apple-Smartphone. Wie das im Detail funktioniert, zeigen wir Ihnen im Abschnitt »Das iPhone als WLAN-Hotspot benutzen« ab Seite 169.

Das Internet einrichten

Das Internet lässt sich am Mac normalerweise ganz stressfrei einrichten. Das liegt daran, dass die Modems und Router für Ihren schnellen Internetzugang seit geraumer Zeit die gesamte Software bereits vorinstalliert haben und Sie dementsprechend auf Ihrem Mac gar nichts mehr installieren müssen. Sie müssen lediglich die Konfiguration mit Passwort und Zugangsdaten eintippen, und das klappt mit jedem Internetprogramm im Handumdrehen.

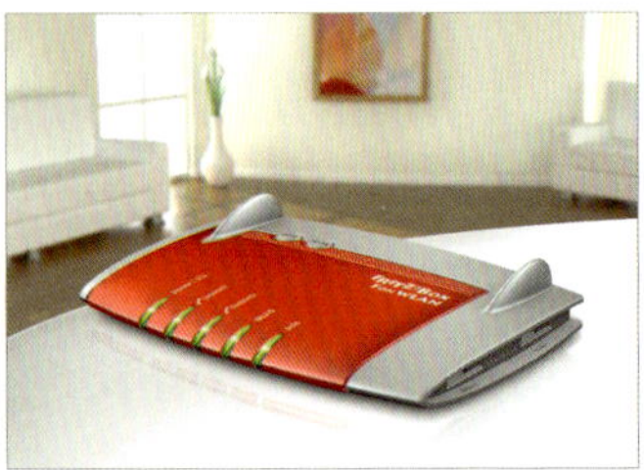

Abbildung 8.1
Ein sogenannter Router sorgt für eine schnelle Internetverbindung. (Foto: AVM)

Auf den folgenden Seiten geben wir Ihnen Hinweise und Tipps, wie Sie den Weg ins Netz einfach und bequem finden. Bitte beachten Sie, dass wir aufgrund der vielen unterschiedlichen Anbieter und Konfigurationsmöglichkeiten hier nur allgemeine Hinweise geben können. Für die genaue Einstellung von Modems, Passwörtern und Zugangskonfigurationen liegt aber von Ihrem Internetanbieter immer eine kleine Anleitung bei; wenn es gar nicht klappt, hilft ein Telefonat mit dem entsprechenden Service.

WLAN und Wi-Fi – kabellos ins Netz

Über ein WLAN kommen Sie am unkompliziertesten ins Internet. Für diese Art Internetzugang benötigen Sie DSL oder Kabel sowie einen sogenannten Router, der das WLAN-Signal ausstrahlt. Den Router, quasi den »Verteiler« zwischen Telefon- und Internetsignalen, gibt es bei allen Internetanbietern mit dazu. Fragen Sie hier nach, ob WLAN auf alle Fälle unterstützt wird.

Zu Hause müssen Sie den Router nur noch konfigurieren – und für die Basiskonfiguration einmalig tatsächlich per Kabel (Netzwerk- oder USB-Kabel) mit Ihrem Mac verbinden. Die Einstellungen für den Router erreichen Sie fast immer über Safari, das Internetprogramm Ihres Macs, und die Eingabe einer Nummer, die IP-Adresse, bzw. eines Namens, beispielsweise »FRITZ.Box«.

Das ist aber alles im Handbuch Ihres Routers genau beschrieben. Wichtig ist, dass für die Konfiguration Safari aus dem Dock gestartet wird. In die Adressleiste geben Sie die IP-Adresse ein und drücken dann die ↵-Taste, um die Konfigurationsseite Ihres Routers aufzurufen.

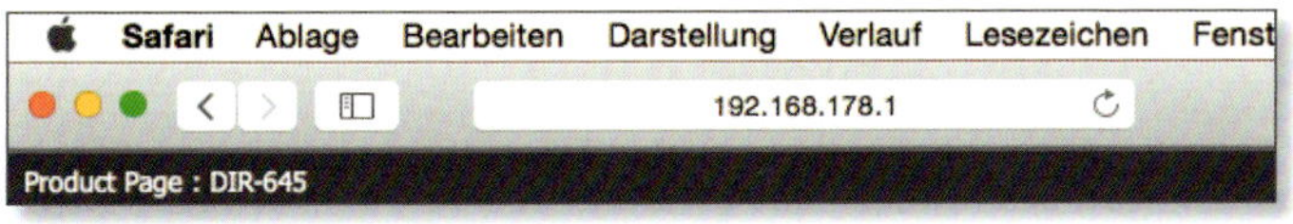

Abbildung 8.2
In die Adressleiste von Safari geben Sie die IP-Adresse des Routers ein. Das kann eine Nummer oder ein Name sein.

Dort geben Sie dann noch Ihre Daten ein, die benötigt werden, um die Internetverbindung herzustellen. Hier wird auch ein Name verlangt – diesen bitte eindeutig vergeben, damit Sie sich später mit dem richtigen Netzwerk verbinden und nicht lange suchen müssen. Zusätzlich ist zu beachten, dass Sie das WLAN aktivieren. Nur dann können Sie das Internet später auch ohne Kabel erreichen. Hier wird es dann etwas kompliziert, da der Router zusätzliche Passwörter verlangen wird. Warum? Ganz einfach: Wenn kein Passwort für das WLAN vergeben wird, kann die ganze Nachbarschaft mitsurfen. Und das muss ja nun wirklich nicht sein, oder? Zudem – sollte Ihr Nachbar mit Ihrer Verbindung illegale Inhalte aus dem Web herunterladen, tragen Sie im Falle eines Falles Mitschuld; das aber nur am Rande. Daher achten Sie also stets darauf, dass das WLAN mit einem Passwort geschützt wird. Statt »Passwort« wird hier auch gerne der Begriff »Verschlüsselung« verwendet, dies ist aber im Prinzip genau das Gleiche. Merken Sie sich dieses Passwort gut, denn um die drahtlose Verbindung mit dem Mac-WLAN herzustellen, wird es erneut benötigt.

Wi-Fi und WLAN

Mit *Wi-Fi* oder *WLAN* bezeichnet man im Allgemeinen den drahtlosen Zugang zum Internet über Funktechnologie. Der Router sendet die Signale über eine kleine Antenne in den Raum, alle Geräte mit WLAN-Funktionalität können dann darauf zugreifen. Sicherheit wird durch Passwörter und Verschlüsselung gewährleistet.

Ist die Konfiguration erfolgreich abgeschlossen, trennen Sie die Netzwerkkabelverbindung von Router und Mac und schließen das Safari-Programm. Ab sofort klappt der »Drahtlosbetrieb«.

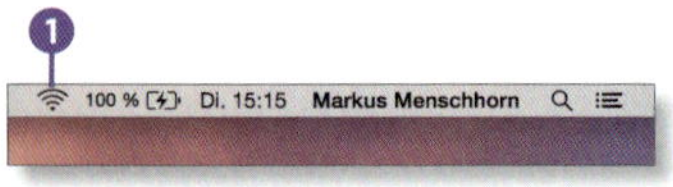

Abbildung 8.3
Hier ist WLAN schon aktiviert und voller Empfang gegeben.

Gehen Sie nun in den Finder, oder klicken Sie auf den Schreibtisch. In der Menüleiste finden Sie, ganz wie bei Ihrem Handy, eine Anzeige zur Signalstärke ❶.

Beim Mac geht es natürlich um die Empfangsstärke des drahtlosen Internets. Je nach Konfiguration ist das WLAN deaktiviert; in diesem Fall müssen Sie auf das graue, leere Symbol klicken und **WLAN aktivieren** ❷ anwählen.

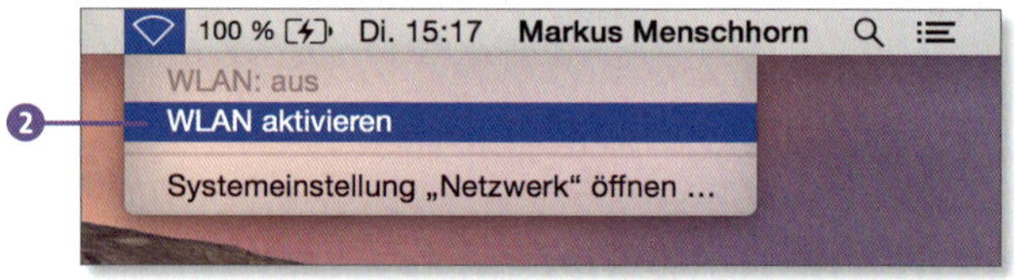

Abbildung 8.4
WLAN muss hier zunächst aktiviert werden.

Abbildung 8.5
Noch recht übersichtlich – die erreichbaren drahtlosen Netzwerke in Ihrer Umgebung

Ist WLAN, also quasi die Antenne für das drahtlose Internet, aktiviert, erhalten Sie über einen Mausklick auf das Symbol eine ganze Liste der in der Umgebung verfügbaren Netzwerke. Ganz schön viele, oder? In Abbildung 8.5 sind auch fast alle Verbindungen passwortgeschützt, was man am Schlosssymbol hinter dem Namen erkennen kann. Die Signalstärke dahinter gibt an, ob eine Verbindung möglich wäre – und hier in der Liste sehen Sie, dass nicht alle Verbindungen über WLAN in Reichweite sind, die »Empfangsstriche« befinden sich teilweise nur am unteren Ende.

Ist Ihr Funknetz schon mit dabei? Falls nicht, deaktivieren Sie die WLAN-Funktion einfach noch einmal, und aktivieren Sie sie erneut. Es kann sein, dass Ihr Mac beim ersten Mal ein wenig Zeit braucht, um das neue Netzwerk zu finden. Klicken Sie nun Ihr WLAN an – es erscheint sofort das Feld von OS X Yosemite, in dem Sie das Passwort eintragen müssen, das Sie sich ja hoffentlich notiert haben.

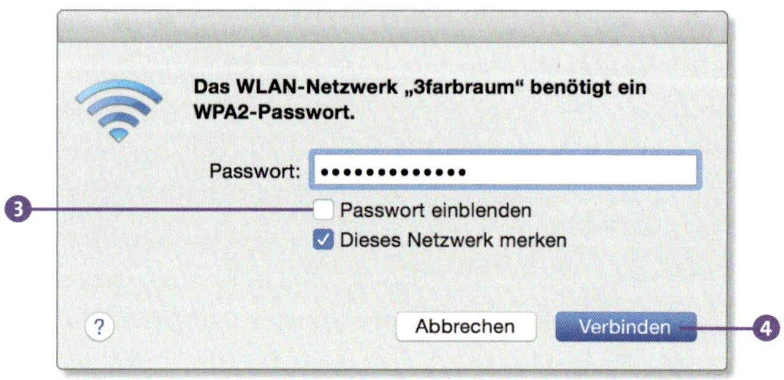

Abbildung 8.6
Hier müssen Sie das Passwort für Ihre drahtlose Verbindung eingeben.

Zur besseren Übersicht bei den oft sehr langen Kennwörtern sieht man über **Passwort einblenden** ❸ ausnahmsweise mal statt schwarzer Punkte tatsächlich die eingegebenen Buchstaben und Ziffern. Wenn Sie fertig sind, klicken Sie auf **Verbinden** ❹, und dann sollte Ihr Internet eigentlich startklar sein. War das Passwort falsch, wird OS X Yosemite Ihnen das melden, und Sie können es nochmals versuchen. Wenn Sie Safari nun erneut aufrufen, begrüßt Sie die Apple-Startseite – Sie sind damit definitiv im Internet angekommen. Glückwunsch!

Abbildung 8.7
Geschafft – beim Start von Safari wird standardmäßig die Apple-Website mit aktuellen News geladen.

Per Ethernet-Kabel ins Internet

Wer nicht per WLAN und mit der damit verbundenen Funkstrahlung ins Internet will, kann die Verbindung bei allen Routern auch über ein ganz normales Netzwerkkabel herstellen. Dieses kann locker zehn Meter lang sein, Rechner und Router müssen also nicht zwingend nebeneinanderstehen. Ein sogenanntes Ethernet-Kabel gibt es in jedem Elektronik-Fachmarkt.

Abbildung 8.8
Öffnen Sie die Systemeinstellungen, um die Verbindung zu prüfen.

Die Basiskonfiguration von Kabel- oder DSL-Zugang funktioniert zunächst wie beim WLAN: Sie verbinden Ihren Mac mithilfe des Ethernet-Kabels mit dem Router und starten dann über Ihren Safari-Browser das Einstellungsprogramm für die Internetverbindung. Die IP-Adresse, die Sie hier eingeben müssen, erhalten Sie immer von Ihrem Anbieter.

Im Konfigurationsprogramm geben Sie dann alle geforderten Informationen ein. Das WLAN kann hier aber, wenn danach gefragt wird, komplett deaktiviert werden.

An dieser Stelle steht die Internetverbindung schon bereit. Das kann man am Mac ganz einfach überprüfen. Aktivieren Sie die Systemeinstellungen (über das Zahnradsymbol im Dock). Im darauf folgenden Fenster aktivieren Sie das **Netzwerk** ①.

Abbildung 8.9 >
Hier müssen Sie das Netzwerk auswählen.

Das nächste Fenster zeigt Ihnen an, über welche Verbindungsarten Sie gerade erfolgreich mit dem Internet verbunden sind.

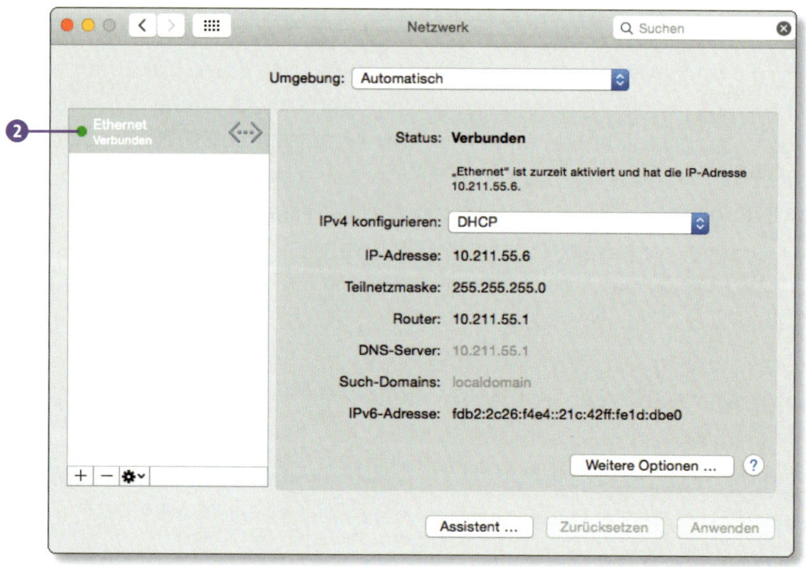

Abbildung 8.10 >
Erfolgreich – ein grüner Punkt bedeutet, dass die Verbindung steht.

Für die erfolgreiche Verbindung per Netzwerkkabel zu Ihrem Router muss bei **Ethernet** ein grüner Punkt ❷ erscheinen. Falls das der Fall ist, starten Sie einfach Safari – es sollte nun standardmäßig die Apple-Website erscheinen. Ist der Punkt orange, hat Ihr Mac zwar eine Verbindung ins Web gefunden, darf aber nicht rein. Hier ist meist ein falsch eingetragenes Passwort die Ursache. Führen Sie dann nochmals die Router-Konfiguration durch, sicherlich war es nur ein Tippfehler. Steht das Symbol auf Rot, liegt das Problem beim Anbieter Ihres Internetzugangs – rufen Sie in diesem Fall bei der Hotline an, womöglich ist Ihr Zugang noch gar nicht umgestellt worden.

Per Modem oder USB-Surfstick online gehen

Bei der Einwahl über Modem oder USB-Surfstick sind die Möglichkeiten so vielfältig, dass wir hier nicht detailliert darauf eingehen können. Sowohl beim Modem als auch beim Stick muss eine zusätzliche Software auf Ihren Mac gespielt werden. Halten Sie sich hier an die Anleitungen Ihres Anbieters, und fragen Sie unbedingt vor dem Kauf eines dieser Geräte nach, ob es auch Software für OS X Yosemite gibt.

Das iPhone als WLAN-Hotspot benutzen

Sie können das Internetdatenpaket Ihres iPhones dazu nutzen, auch mit Ihrem Mac-Computer mobil und überall ins Internet zu gehen. Bei Apple heißt das »mobiler Hotspot«, Ihr Telefon wird damit zum schnellen Internetmodem. Das iPhone kann sich gleich auf dreifache Weise mit Ihrem Mac verbinden:

- per USB-Kabel
- per Bluetooth
- per Wi-Fi (WLAN)

Die Verbindung zwischen Ihrem Mac und dem iPhone per WLAN ist schnell eingerichtet, die direkte Kabelverbindung oder Bluetooth machen in der Praxis wenig Sinn, denn sie bringen keine Vorteile. Damit Sie über Ihr iPhone ins Internet gehen können, müssen Sie zunächst das mobile Datennetzwerk an Ihrem Smartphone aktivieren. Je nach Mobilfunkvertrag und -anbieter gibt es hierfür unzählige Varianten. Bei Unklarheiten fragen Sie einfach bei Ihrem Anbieter nach. Wir zeigen Ihnen nun Schritt für Schritt, wie Sie generell vorgehen müssen:

Anderes Smartphone?

Natürlich können auch andere Smartphones mit Android- oder Windows-Betriebssystem einen Hotspot für Ihren Mac-Computer bereitstellen. Die Vorgehensweise ist hier ganz ähnlich.

1. Daten eintragen

Auf dem iPhone mit iOS 7 und iOS 8 finden Sie das Menü zur Konfiguration Ihres mobilen Datennetzwerks unter **Einstellungen > Mobiles Netz > Mobiles Datennetzwerk**.

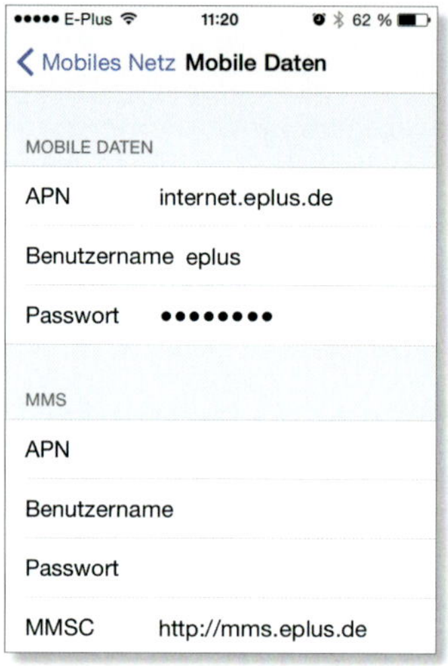

Abbildung 8.11 >
Das mobile Datennetzwerk muss meistens nachträglich eingerichtet werden.

Sobald Sie hier alle Zugangsdaten richtig konfiguriert haben (ganz wichtig ist hier die Einstellung bei »mobiler Hotspot«), ist Ihr Mobiltelefon als mobiler Internetzugang so gut wie startklar. Die notwendigen Daten sind hier entweder schon von Ihrem Anbieter eingetragen oder müssen von Ihnen beim Mobilfunkanbieter erfragt werden.

2. Hotspot aktivieren

Aktivieren Sie unter **Einstellungen > Persönlicher Hotspot** ❶ die Funktion. Sie gelangen dann in ein neues Menü.

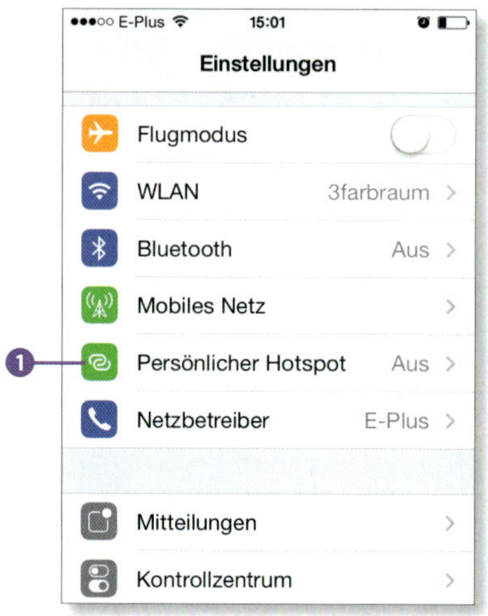

Abbildung 8.12 >
Der persönliche Hotspot kann in den Einstellungen aktiviert werden.

3. **WLAN-Passwort**

Hier gibt Ihnen Apple auch direkt ein Passwort vor. Das ist gleichzeitig auch das WLAN-Passwort, das Sie später für die Konfiguration am Mac benötigen (siehe dazu den Abschnitt »WLAN und Wi-Fi – kabellos ins Netz« ab Seite 165).

Abbildung 8.13
Der Hotspot kann verwendet werden.

4. **WLAN-Verbindung herstellen**

Da Ihr Hotspot nun eingerichtet wurde, können Sie Ihr iPhone als Modem benutzen und darüber auch mit Ihrem Mac ins Internet gehen. In OS X Yosemite gehen Sie nun ganz genauso vor wie bei der WLAN-Aktivierung, die wir im Abschnitt »WLAN und Wi-Fi – kabellos ins Netz« ab Seite 165 beschrieben haben, und schon sind Sie auch auf Ihrem Mac mit OS X Yosemite über Ihr Smartphone online.

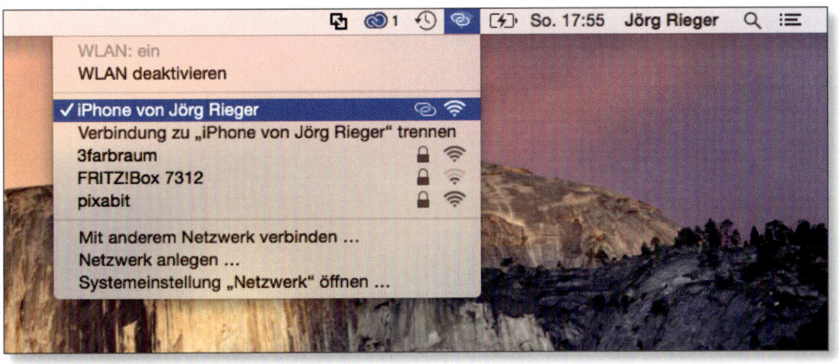

Abbildung 8.14
Ihr Smartphone als WLAN-Zugang

Zwei Sachen gleichzeitig? Nicht möglich!

Das aktuelle iPhone kann zwar einen Internetzugang herstellen, parallel zu telefonieren ist dann aber nicht möglich. Sprich, sobald Sie telefonieren, wird die Internetverbindung getrennt, danach aber wieder automatisch hergestellt. Das Telefon hat also in jedem Fall »Priorität«, es geht kein Anruf verloren.

Ins Internet mit Safari

Besser surfen mit anderen Programmen

Sie kennen den Internet Explorer vom Windows-Computer? Den gibt es für den Mac nicht (mehr). Schon vor rund zehn Jahren hat Microsoft die Entwicklung für das Apple-Betriebssystem eingestellt und Apple Safari den Vorzug gelassen. Immerhin kann man den Firefox-Browser auch unter OS X Yosemite installieren – wie das geht und wie er funktioniert, erfahren Sie im Abschnitt »Programme aus dem Internet« ab Seite 102 und im Abschnitt »Firefox statt Safari – freies Surfen für alle« ab Seite 201.

Haben Sie die Einrichtung des Internets erfolgreich vorgenommen? Dann steht einem ersten Ausflug ins World Wide Web nichts mehr im Weg, denn natürlich können Sie in OS X selbst ins Internet gehen und drauflossurfen. Standardmäßig übernimmt Apple Safari das Kommando.

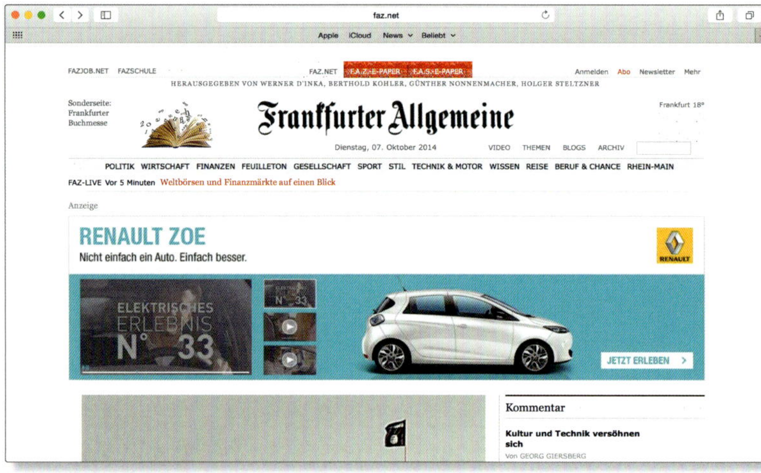

Abbildung 8.15
Das Internet wird am Mac mit dem Safari-Programm erkundet, hier beispielsweise, um die neuesten Nachrichten zu erfahren.

Das Programm-Icon gleicht einem Kompass und ist schon im Dock als Programmsymbol angelegt. Mit einem Mausklick wird der sogenannte *Browser* gestartet und begrüßt Sie mit einer schicken Animation. Und dann kann's losgehen, Safari ist einsatzbereit.

Abbildung 8.16
Das Safari-Icon

Eine Internetseite aufrufen

Der erste Schritt im Internet muss nicht zwangsläufig auf der Apple-Website stattfinden, die hier standardmäßig mit den neuesten Innovationen lockt. Um auf eine andere Internetseite zu wechseln, tippen Sie ganz oben in die Adressleiste (1) einfach eine andere Adresse ein. Diese beginnt normalerweise mit »www«. Das können Sie sich aber in den meisten Fällen sparen, der Browser ergänzt das automatisch.

Der erste Ausflug führt daher am besten einfach zur Internetsuchmaschine Google. Tippen Sie in die Adressleiste »www.google.de« ein, und bestätigen Sie mit der [↵]-Taste. Die spartanisch gestaltete Seite wird daraufhin in wenigen Augenblicken geladen.

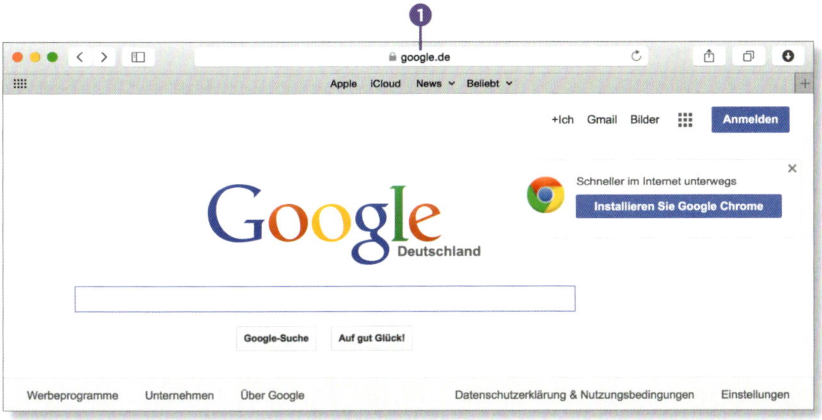

Abbildung 8.17
Googeln Sie los!

Vor und zurück per Trackpad oder Magic Mouse

Wie in Kapitel 3, »Den Mac bedienen – Tastatur, Trackpad und Maus«, gelernt, können Sie auch ganz bequem per Fingergesten im Internet eine Seite vor oder zurück navigieren.

Damit ist Ihre erste selbst aufgerufene Internetseite geladen. Und genau nach diesem Prinzip können Sie jede andere Webseite der Welt aufrufen.

Browserfunktionen und Symbole

Surfen im Internet ist mit Safari und OS X Yosemite eine einfache, komfortable und auch sichere Angelegenheit. Hacker und Viren haben, und das kann man nicht oft genug betonen, am Mac kaum Chancen. Hier zeigen wir Ihnen nun, was Sie über Safari wissen müssen, um bequem im Web navigieren zu können.

Zwischen bereits geladenen Seiten navigieren Sie mit den Pfeilen am linken oberen Rand Ihres Fensters ❷. Mit dem Button **Seitenleiste** ❸ erhalten Sie ein Menü, um Ihre Lieblingswebseiten bequem abzulegen und andere Seiten für das spätere Durchforsten vorzumerken.

In der Adressleiste ❹ wird die gewünschte Internetadresse oder ein Teil davon eingetragen. Über den runden Pfeil ❺ wird die gerade aufgerufene Seite aktualisiert; das ist z. B. bei einer News-Seite sinnvoll, die ständig neue Nachrichten anzeigt. Diese werden dann per Klick auf diesen Pfeil entsprechend aktualisiert.

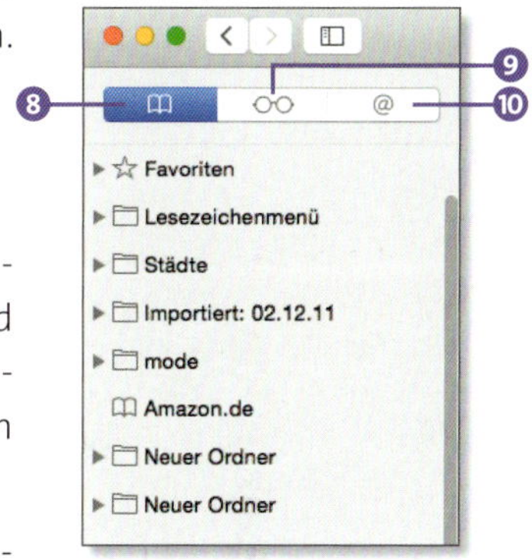

Abbildung 8.18
Die Seitenleiste in Safari ermöglicht das Ablegen von Favoriten, den sogenannten Lesezeichen ❽, die schnelle Ablage von Internetseiten zum späteren Durchsehen (Leseliste) ❾ und einer Liste der an Freunde gesendeten Links ❿.

Abbildung 8.19
Das Handwerkszeug für das richtige Surfen liegt hauptsächlich in der Safari-Leiste.

Mit **Senden** ❻ verschicken Sie den Link der gerade aufgerufenen Seite per E-Mail oder als Nachricht, teilen sie via Facebook oder legen sie in

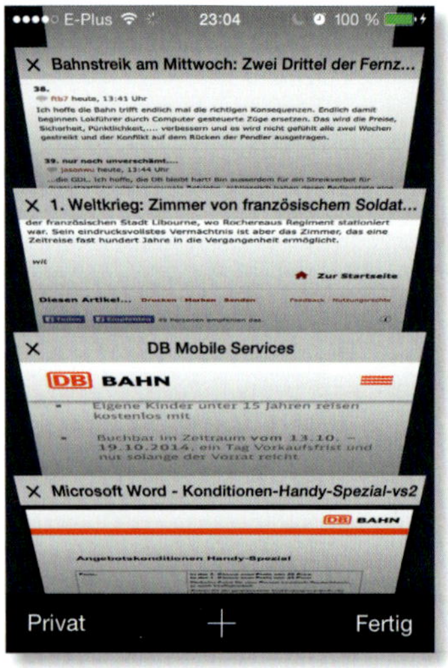

Abbildung 8.20
Die Tabs auf dem iPhone ...

Ihren Lesezeichen ab. Auch das Teilen per Twitter oder als Sofortnachricht ist machbar. Ganz rechts finden Sie noch **Alle Tabs einblenden** ⑦ – ein Klick auf diesen Button zeigt Ihnen alle aktuell geöffneten Browsertabs an – unabhängig davon, auf welchem Gerät Sie gesurft haben. Sprich, Sie haben hier eine schnelle Übersicht über Ihre Tabs in Safari auf Ihrem Mac, Ihrem iPhone und Ihrem iPad. Das ist enorm praktisch und erspart mühsames »Webseitenmerken«. Tabs sind übrigens eine hochpraktische Angelegenheit – mehr dazu im Abschnitt »Fensterchaos vermeiden: Webseiten in Tabs öffnen« ab Seite 176.

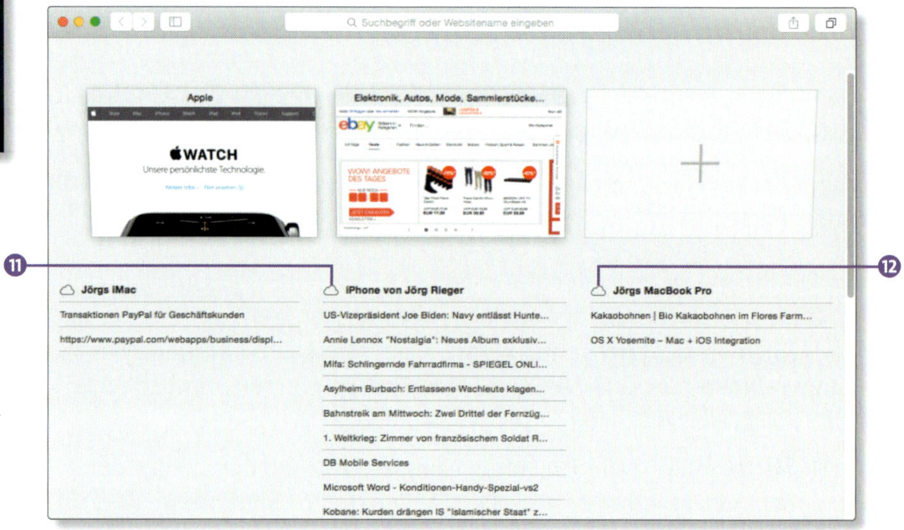

Abbildung 8.21
... werden über »Tabs einblenden« direkt auf Ihrem Mac angezeigt ⑪. Auch die geöffneten Tabs vom Mac-Book ⑫ sind sichtbar.

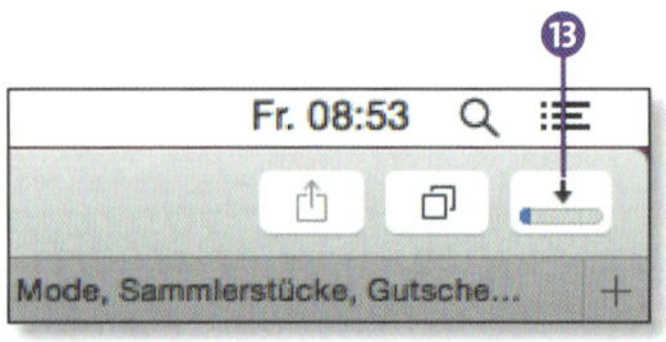

Abbildung 8.22
Der Download-Fortschritt wird direkt in Safari angezeigt.

Das Pfeilsymbol rechts außen ⑬ ist nur dann sichtbar, wenn Sie ein Programm oder eine Datei herunterladen.

Wer mehr wissen will, kann direkt auf das Icon klicken. Safari blendet dann beispielsweise die geschätzte Dauer und die Dateigröße des Downloads ein. Gerade bei großen Datenmengen ist diese Fortschrittsanzeige sehr praktisch und informativ. Nach erfolgtem Herunterladen bringt Sie Safari übrigens mit dem Lupensymbol ⑭ direkt in den Finder zum »Ort des Geschehens« – mühseliges Suchen nach der Datei entfällt also.

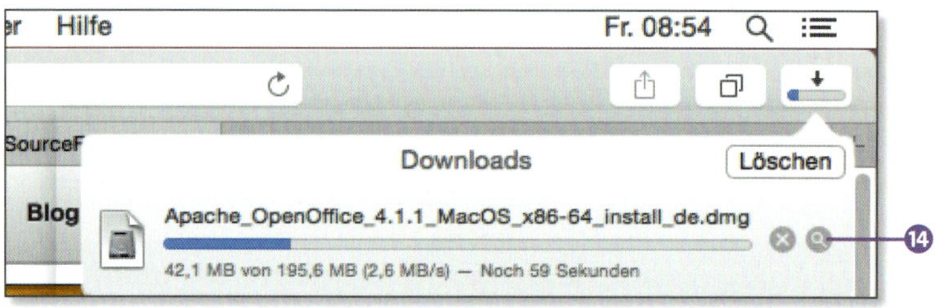

Abbildung 8.23
Ganz schön viele Informationen zum Thema »Download«

Ein neues Fenster öffnen

Natürlich will man nicht immer nur eine einzige Webseite betrachten oder sich mit den Navigationspfeilen behelfen. Ein neues Browserfenster muss her! Dazu gehen Sie auf das **Datei**- oder **Ablage**-Menü (je nach Browser) und klicken dort auf **Neues Fenster**. Schneller klappt das auch mit dem Tastenkürzel `cmd`+`N`.

Suchen in Safari

Sie kennen sicherlich die klassische Websuche über *www.google.de* – dies ist meist auch die erste von uns aufgerufene Webseite, wenn wir mal Informationen benötigen.

Mit Safari können Sie sich diesen Schritt aber zukünftig sparen. Geben Sie zunächst den Suchbegriff oder die Wortfolge einfach direkt in die Adressleiste ein, Google wird daraufhin sofort aktiviert und präsentiert die Ergebnisse ❶. Auch für die Begriffssuche auf einer geöffneten Internetseite klappt dieser Vorgang; parallel durchforstet Safari auch den Browserverlauf und Ihre Lesezeichen ❷ – auch hier arbeitet die App, sofern Sie weitere Apple-Geräte über die Apple-ID miteinander verbunden haben, übergreifend und nutzt das »Wissen« der mobilen und der weniger mobilen Endgeräte.

Abbildung 8.24
Die Google-Suche ist bei Safari integriert.

Wählen Sie das gewünschte Ergebnis mit einem Mausklick aus, oder drücken Sie `↵`, wenn es markiert ist. Schon werden die passenden Ergebnisse im Google-Browserfenster geladen.

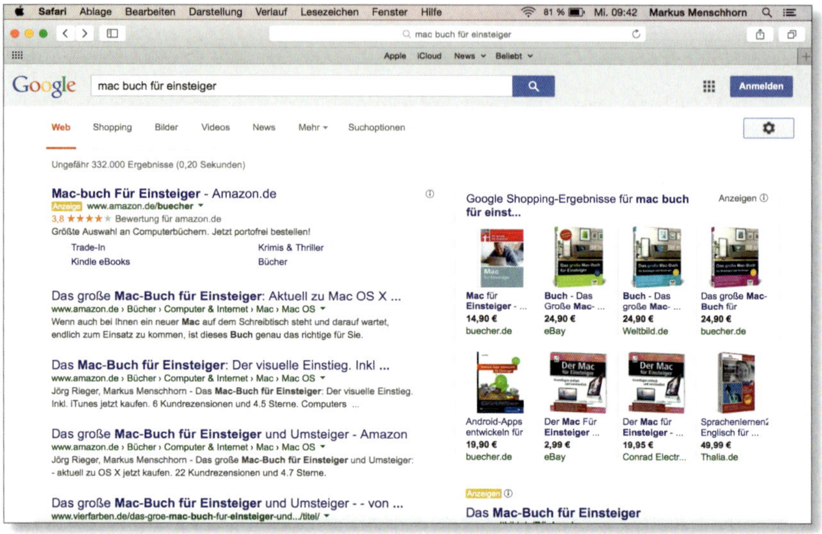

Abbildung 8.25 >
Das Suchergebnis wird in Google angezeigt, der Suchbegriff wurde in der Browserleiste jedoch von Safari eingefügt.

Fensterchaos vermeiden: Webseiten in Tabs öffnen

Wenn man im Internet unterwegs ist und z. B. für eine Reise das passende Hotel sucht, hat man schnell unzählige Browserfenster geöffnet – wirklich übersichtlich ist das nicht. Anstatt immer ein neues Browserfenster zu öffnen oder gar im gleichen Bildschirm stets vor- und zurückzuspringen, gibt es in allen Browsern am Mac eine tolle Alternative.

Abbildung 8.26 >
Wenn Sie jede Seite in separaten Fenstern öffnen, ist dies unübersichtlich und verwirrend.

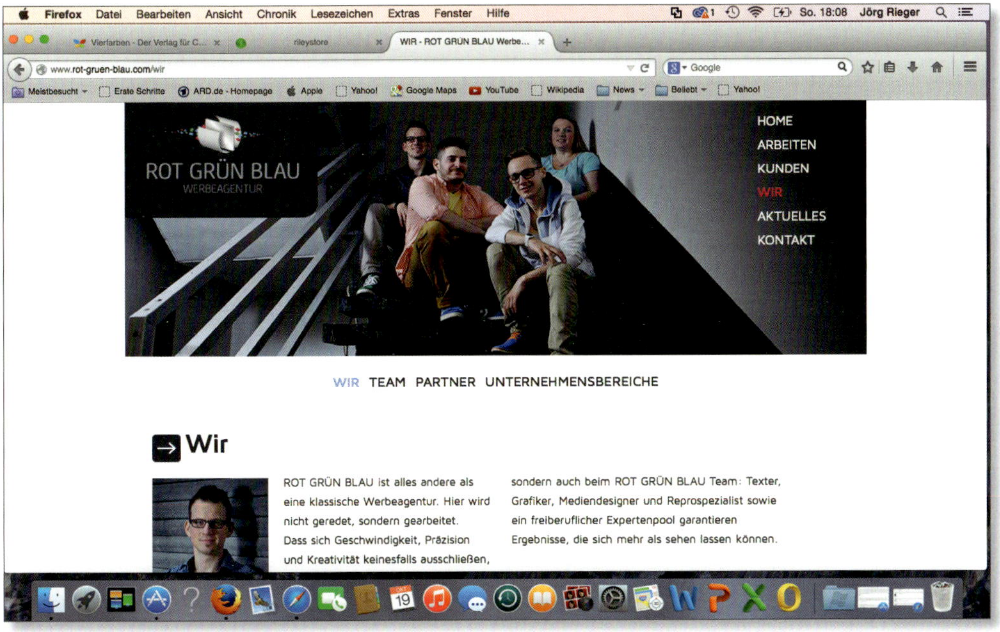

Abbildung 8.27
Auch Firefox beherrscht das Tabbed Browsing.

Mit dem sogenannten *Tabbed Browsing* können Sie viele Seiten öffnen und behalten dabei den Überblick. Das funktioniert sowohl in Safari als auch in Firefox, den Sie am Ende dieses Kapitels noch besser kennenlernen werden. Grundsätzlich: Anstatt neue Seiten zu öffnen, können Sie einen neuen Tab öffnen. Das funktioniert am besten mit dem Tastenkürzel `cmd` + `T` (oder manuell über das **Datei**- oder **Ablage**-Menü). In Ihrem Browser sieht das dann so aus, wie es Abbildung 8.29 zeigt.

Abbildung 8.28
Firefox – eine durchaus annehmbare Alternative zu Safari

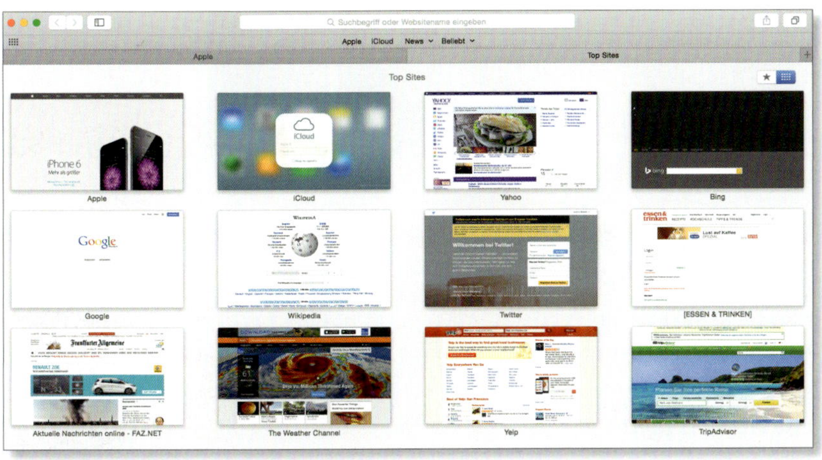

Abbildung 8.29
Ein neuer Tab in Safari kommt gleich mitsamt Ihren Lieblingsseiten auf den Bildschirm.

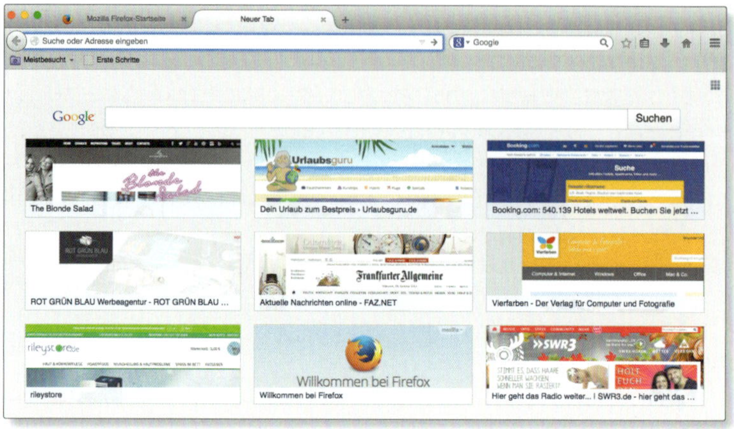

Abbildung 8.30 >
Auch Firefox bringt die meistbesuchten Webseiten in einem neuen Tab auf den Bildschirm.

Tabs schließen

Sie möchten nur einen Tab schließen? Aktivieren Sie dazu den gewünschten Tab, und klicken Sie im Reiter oben auf das kleine Kreuz. Alternativ kann das gerade angezeigte Fenster auch über [cmd]+[W] geschlossen werden.

Sie sehen die praktischen Reiter ❶ – per Klick schalten Sie ganz unkompliziert zwischen den Seiten hin und her, egal wie viele Tabs Sie geöffnet haben. Bei einem neuen Tab gehen Sie einfach wie üblich vor und geben die gewünschte Webseite in die Adressleiste ein – fertig! Und in Abbildung 8.31 sehen Sie noch das eingangs gezeigte »Chaosbild« in der aufgeräumten Tab-Version.

Abbildung 8.31 >
Es geht auch geordnet, wie dieses Bildschirmfoto beweist.

Tabs in Fenster umwandeln

Möchten Sie nun doch eine Seite separat haben, beispielsweise um Preise für eine Ferienwohnung auf zwei Portalen nebeneinander zu vergleichen, geht das ganz einfach: In Firefox wie auch in Safari ziehen Sie den Tab einfach mit gedrückter Maustaste außerhalb des Browserfensters und lassen dann los – schon wird der Tab zum »echten« separaten Fenster.

Leseliste und Lesezeichen

Die Leseliste ist, wie bereits angesprochen, eine Art Haftnotizzettel für das Internet. Wenn Sie beispielsweise auf verschiedenen Shopping-Seiten die Preise vergleichen oder einen Gebrauchtwagen auf verschiedenen Webseiten suchen, verliert man schnell den Überblick. Manchmal findet man ja auch einen interessanten Artikel im Web, den man später noch lesen möchte. Auch hier hilft Ihnen die Leseliste weiter. Und so einfach funktioniert es:

Nicht von Dauer

In der Leseliste sollten Sie nicht Ihre Lieblingsseiten archivieren, das macht man mit den Lesezeichen – bitte nicht verwechseln.

1. Leseliste einblenden

Blenden Sie in Safari die Seitenleiste über das entsprechende Symbol ❷ und einen Klick auf das Leselistensymbol ❸ oben ein. Es erscheint eine zusätzliche Leiste, die momentan natürlich noch ziemlich leer aussieht. Sollten hier schon Einträge gelistet sein, stammen diese höchstwahrscheinlich von Ihrem iPad oder iPhone, denn Apple synchronisiert auch die Leseliste auf allen per iCloud verbundenen Geräten. Mehr dazu lesen Sie in Kapitel 11, »Perfekt organisiert: iCloud, Erinnerungen, Termine und Adressen«.

Abbildung 8.32
Beim ersten Aufruf ist die Leseliste noch leer.

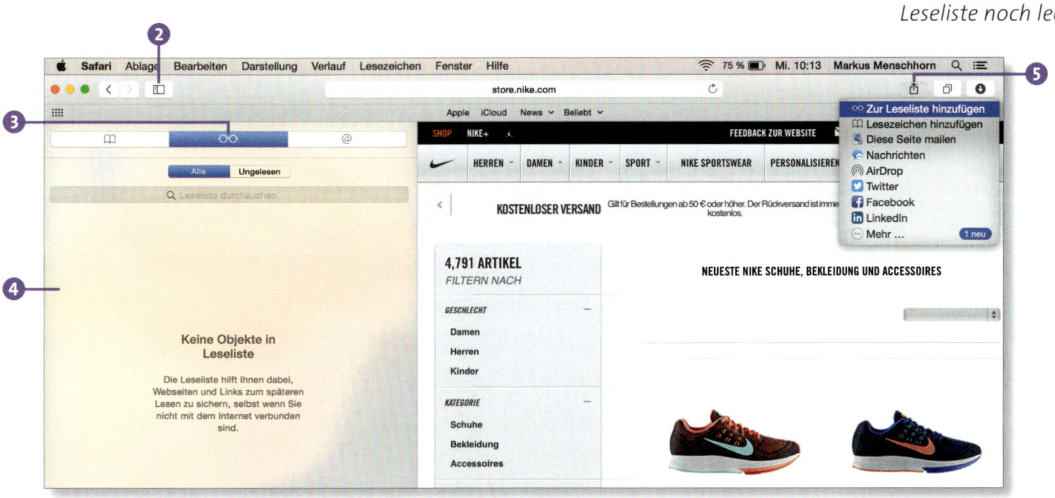

2. Seiten hinzufügen

Jetzt können Sie der Leseliste eine beliebige Webseite hinzufügen – entweder indem Sie die Webseite per Drag & Drop in die Leseliste-Spalte ziehen ❹ oder über den **Senden**-Button in der Safari-Leiste ❺. In der Leiste links werden die Seiten dann zum späteren Nachlesen abgelegt.

3. Richtig einsetzen

Sobald Sie eine Webseite aus der Leseliste anklicken, wird sie automatisch als gelesen markiert und verschwindet aus der standardmäßig eingeblendeten **Ungelesen**-Auflistung ❻. Mit einem Klick auf **Alle** ❼ werden aber wieder alle abgelegten Webseiten angezeigt.

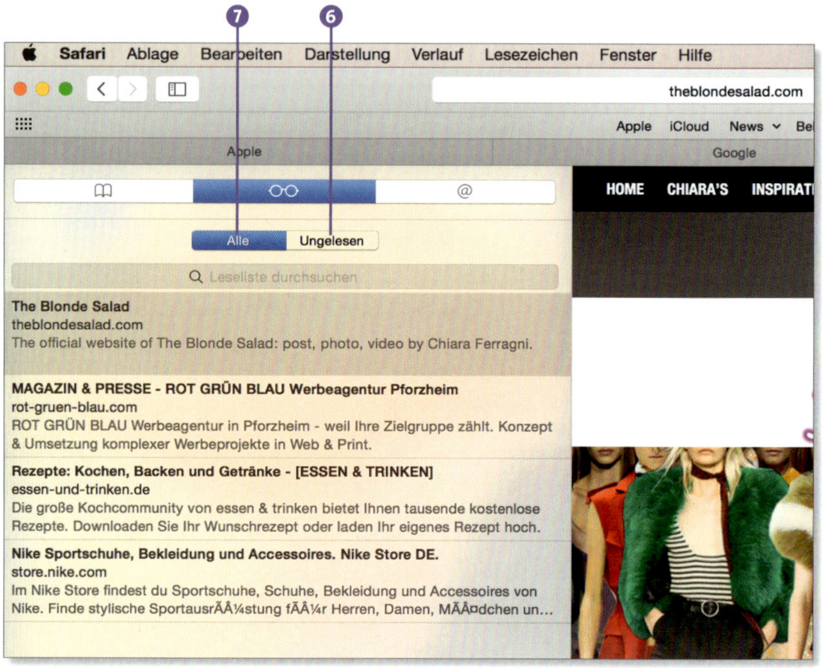

Abbildung 8.33 >
Die Leseliste wird gefüllt.

4. Aufräumen

Nach getaner »Nachlese« sollten Sie die Leseliste wieder aufräumen, sonst wird es hier schnell unübersichtlich, und der Sinn des schnellen Wiederfindens von Webseiten geht verloren. Einzelne Seiten löschen Sie über das kleine Kreuz hinter dem jeweiligen Listeneintrag. Die komplette Webseitenliste wird über **Alle Objekte entfernen** durch einen sekundären Mausklick entsorgt.

^ Abbildung 8.34
Ein Klick auf das Lesezeichen-Symbol bringt gleich einen ganzen Schwung Sortierfunktionen.

Von etwas längerer Dauer sind im Vergleich zur vorher gezeigten Leseliste die Lesezeichen in Safari. Sie werden dann eingesetzt, wenn Sie oft benötigte oder einfach interessante Seiten abspeichern und dann per Mausklick darauf zugreifen wollen. Das Menü bietet Ihnen komfortablen Zugriff auf Ihre Lieblingslinks, irritiert aber ein wenig durch die Aufteilung in **Sammlungen** und **Lesezeichen**.

Sehr praktisch ist der Webseitenverlauf, der direkt über das **Verlauf**-Menü und **Verlauf einblenden** gestartet wird. Hier sind alle Seitenaufrufe chronologisch aufgelistet. Da fällt es leicht, eine Internetseite wiederzufinden. Klicken Sie einfach auf das gewünschte Datum ❽, und suchen Sie sich die passende Seite ❾. Per Doppelklick wird diese dann in Safari wieder geladen.

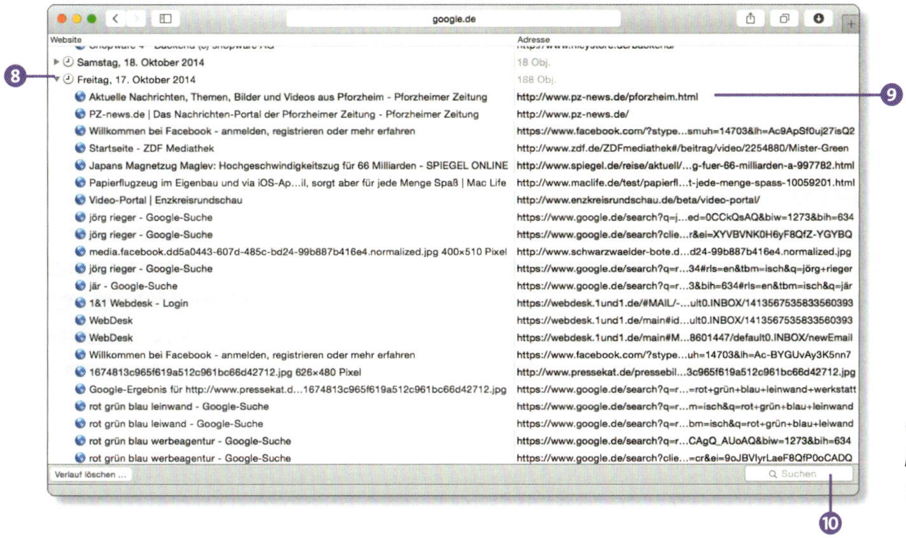

< **Abbildung 8.35**
Der Verlauf zeichnet alle Webseitenbesuche auf.

Wenn Sie auf der Suche nach einer Internetseite sind und nicht mehr genau wissen, wann Sie dort unterwegs waren, hilft im Verlauf das separate Suchfeld ⑩ weiter. Dort tippen Sie einfach einen Begriff ein, der auf der Seite zu finden war, und Safari zeigt Ihnen dann im Idealfall gleich das passende Ergebnis an.

Doch der Verlauf ist natürlich nicht von Dauer – für permanente Lesezeichen gibt es das **Lesezeichen**-Menü. Bei einer beliebigen Internetseite klicken Sie einfach auf das **Senden**-Symbol in der Adressleiste ⑪. Über **Lesezeichen hinzufügen** wählen Sie einen Ablageort. Die Bezeichnung der Seite wird von Safari automatisch vorgeschlagen, Sie können aber auch Änderungen vornehmen. Tippen Sie dann einfach Ihre Wunschbezeichnung ⑫ ein, und klicken Sie danach auf **Hinzufügen** ⑬.

< **Abbildung 8.36**
Ein Klick auf das Symbol »Senden« bringt die Webseite in das »Lesezeichen«-Menü.

< **Abbildung 8.37**
So fügt man ein Lesezeichen hinzu.

Die so gesicherten Seiten sind dann in der Seitenleiste der Lesezeichen unter dem Symbol **Lesezeichen** erreichbar. Über den Bearbeiten-Button ⑭ haben Sie außerdem die Möglichkeit, zusätzliche Ordner anzulegen und so Ihre Webseitensammlung perfekt zu strukturieren.

Abbildung 8.38
Perfekt sortiert findet man die besten Links am schnellsten.

Safari anpassen

Apple hat der Plattform Adobe Flash vor Jahren den Kampf angesagt. Flash wird von vielen Websites verwendet, um Animationen oder auch Videofilme anzuzeigen. Auf iPhones und iPads funktioniert das gar nicht mehr, denn Apple hat hier die Unterstützung komplett verweigert und beruft sich darauf, dass der Flash Player zu viele Systemressourcen beansprucht und sich damit die Akkulaufzeit mobiler Geräte verringert.

Auf Ihrem Mac können Sie Flash-Animationen mit Safari problemlos anzeigen, müssen hierzu aber den Flash Player von Adobe separat laden. Denn ohne dieses kleine Zusatzprogramm (*Plug-in*) wird lediglich eine leere Seite anstelle von bewegten Bildern gezeigt. Trotzdem sind nur wenige Mausklicks notwendig, um Safari »Flash-kompatibel« zu machen. Diese Vorgehensweise gilt auch für alle anderen Plug-ins, die in Safari fehlen.

< **Abbildung 8.39**
Eine leere Seite ohne Angebote – hier fehlt noch das Flash-Player-Plug-in.

^ **Abbildung 8.40**
Plug-in fehlt? Kein Problem, immerhin ist nachträgliches Installieren möglich.

1. Plug-in suchen

Wenn Sie eine Internetseite mit Flash-Elementen öffnen, erscheint ein Hinweis auf ein fehlendes Plug-in, wie in Abbildung 8.39 zu sehen ist. Klicken Sie auf **Weitere Infos ...** ❶, wird ein neuer Hinweisbildschirm geladen. Dort wählen Sie **Weitere Infos**, um die Seite des Herstellers des fehlenden Plug-ins, in diesem Falle Adobe, aufzurufen.

2. Plug-in herunterladen und installieren

Von der Internetseite laden Sie das kostenlose Flash-Plug-in herunter. Es wird in Ihrem **Downloads**-Ordner als Image-Datei abgelegt.

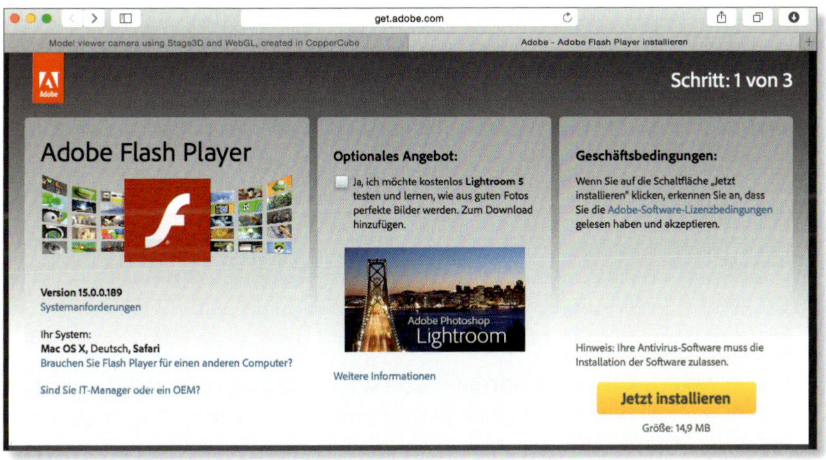

< **Abbildung 8.41**
Der Flash Player kann kostenlos geladen werden.

3. Plug-in installieren

Beenden Sie jetzt Safari. Der Browser darf während der Flash-Installation nämlich nicht geöffnet sein. Wechseln Sie anschließend über den Finder in Ihren **Downloads**-Ordner, und doppelklicken Sie auf die Flash-Installationsdatei. Die Installation erfolgt ganz so wie in Kapitel 5, »Mit Programmen arbeiten – die Apps am Mac«, beschrieben.

4. Bewegte Bilder in Safari

Nach der Installation des Flash Players öffnen Sie Safari wieder – ab sofort können auf Ihrem Mac auch Flash-Animationen angezeigt werden.

Lesezeichen und Favoriten vom PC auf den Mac übertragen

Im- und Export crossover

Sie können Ihre Lesezeichen aus dem Internet Explorer von Windows exportieren und dann in Safari oder Firefox am Mac importieren. Auch ein Export von Firefox in Windows mit anschließendem Import in Safari ist möglich.

Sie haben sicherlich viele Webseiten im Internet Explorer oder Firefox als Favoriten oder Lesezeichen gesichert. Wenn Sie von einem Windows-PC auf einen Mac umgestiegen sind, wäre es doch schade, wenn diese einfach verloren wären, oder? Glücklicherweise klappt die Datenübertragung ganz einfach.

Internet Explorer (ab Version 7)

Klicken Sie im Internet Explorer zunächst auf den **Favoriten**-Button ❶ und dann auf den Pfeil hinter **Zu Favoriten hinzufügen** ❷. Im zugehörigen Menü erscheint dann die Option **Importieren und Exportieren**.

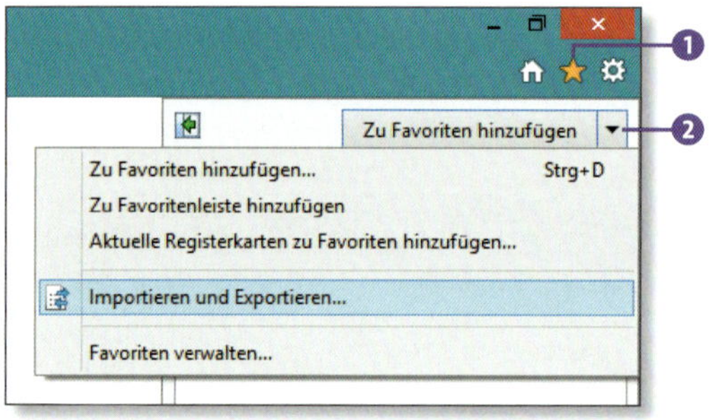

Abbildung 8.42 >
So können Sie den Export Ihrer Windows-Favoriten starten.

Im nächsten Menü geben Sie an, dass Sie Ihre Favoriten in eine Datei exportieren wollen; zusätzlich werden Sie gefragt, ob Sie nur Ihre Favoriten oder auch Feeds und Ihre Sortier-Ordner absichern möchten. Zu guter Letzt steht noch die Frage nach dem Speicherort an – für die komfortable Übertragung ist ein USB-Stick sinnvoll. Die Favoriten werden anschließend in einer HTML-Datei abgelegt.

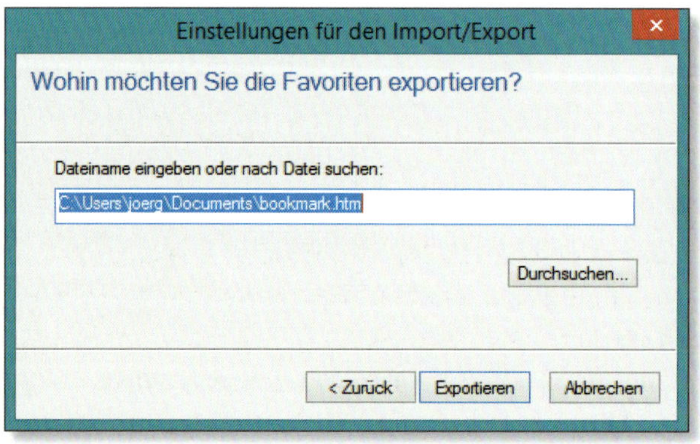

Abbildung 8.43 >
Der Internet Explorer sichert Ihre Webseiten als HTML-Datei.

Stecken Sie nun den USB-Stick, auf dem die HTML-Datei gespeichert ist, an Ihren Mac und öffnen Sie Safari. Über das Menü **Ablage > Lesezeichen importieren** wählen Sie einfach die HTML-Datei von Windows aus, und schon sind alle gespeicherten Webseiten auch in Safari auf dem Mac verfügbar.

Firefox

Noch einfacher ist der Umzug Ihrer Lieblingswebseiten in Firefox. Öffnen Sie unter Windows das **Favoriten**-Menü ❸ in diesem Browser und klicken Sie darin auf **Lesezeichen verwalten** ❹. Bei **Importieren und Sichern** ❺ wählen Sie den Eintrag **Lesezeichen nach HTML exportieren**, geben einen Namen und den Speicherplatz für die Datei an, z. B. einen USB-Stick, und schon sind auch hier Ihre Webseiten für die Übertragung auf den Mac bereit.

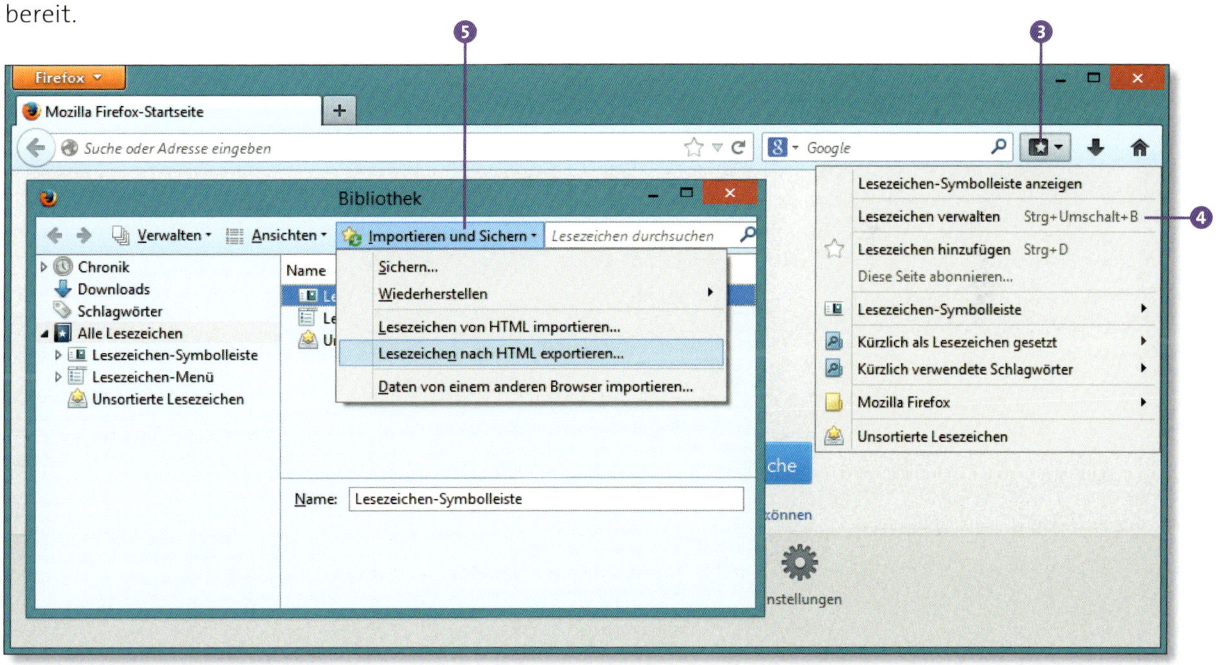

^ Abbildung 8.44
Unter Windows müssen Sie die Lesezeichen von Firefox als HTML exportieren.

Wie zuvor beim Internet Explorer können Sie auch diese Datei ganz einfach in Safari importieren (siehe Seite 184). Wenn Sie aber auch am Mac lieber mit Firefox surfen, klicken Sie hier ebenfalls auf **Favoriten > Lesezeichen verwalten**. Das nächste Fenster unterscheidet sich etwas von Windows, hier ist der HTML-Import unter einem weiteren Button versteckt (❻ in Abbildung 8.45). Geben Sie den Speicherort der am PC erstellten

HTML-Datei an, und schon kennt auch der Browser am Mac Ihre abgespeicherten Internetseiten.

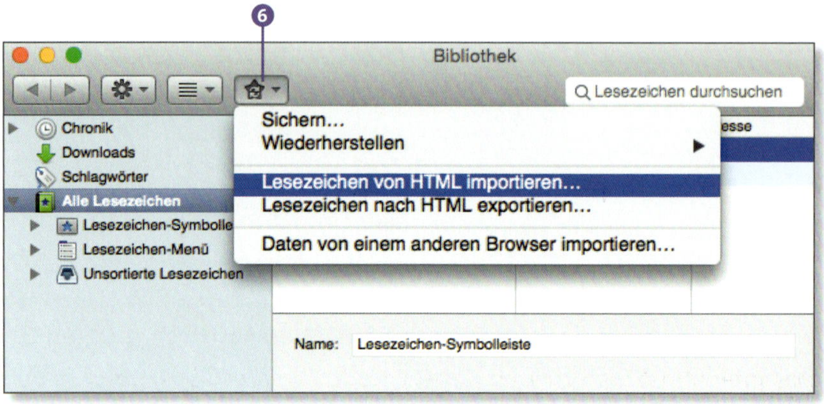

Abbildung 8.45
Der Lesezeichen-Import in Firefox für OS X Yosemite

Firefox synchron

Ganz wie mit Safari, Mac und OS X Yosemite können Sie auch im Firefox Ihren Browserverlauf und Ihre Favoriten geräteübergreifend synchronisieren. Dazu müssen Sie sich im Menü **Extras** unter **Firefox-Sync** ein kostenloses Konto erstellen. Danach synchronisieren sich alle Firefox-Browser, bei denen Sie sich mit Mail und Kennwort anmelden, vollautomatisch. Das ist praktisch, wenn Sie beispielsweise ein Smartphone mit Android und gleichzeitig noch einen Windows-PC neben Ihrem Mac verwenden – so bleiben alle Daten immer synchron.

9 Sicher und schnell im Internet surfen

Das Internet ist eine kreative Spielwiese, ein weltweiter Raum zum Entdecken und sicher das größte Einkaufscenter der Welt. In diesem Kapitel zeigen wir Ihnen, wie Sie sicher im Internet surfen. Unter Beachtung einiger Regeln ist es dort ziemlich sicher allen »Horrormeldungen« der Medien zum Trotz.

Abseits der notwendigen Sicherheitsmaßnahmen macht das Internet aber vor allem eines: Spaß. Für noch mehr Spaß und sogar Effizienz zeigen wir Ihnen ein paar Kniffe und Tricks, wie Sie Inhalte von Webseiten auf Ihren Mac transferieren und die Suchmaschine Google für weitaus mehr als nur die Websuche nutzen.

< **Abbildung 9.1**
Hacker arbeiten mit präzisen Werkzeugen – richtig gesichert, kommen sie aber auch damit nicht in Ihren Mac. (Foto: pn-photo, Fotolia)

Goldene Regeln für die Sicherheit im Web

Gefahren lauern im Internet quasi an jeder Ecke. Sicher haben Sie bereits in den Medien oder von Bekannten und Freunden von Virenangriffen, Hackerattacken und Ähnlichem gehört. Hätten Sie einen Windows-PC, wäre Panik berechtigt. Beim Mac können Sie sich aber relativ entspannt zurücklehnen. Viren unter OS X sind bis zum heutigen Tag kein Thema, da dieses Betriebssystem schlicht und ergreifend keine Angriffsfläche für digitale Schädlinge bietet. Dennoch sollten Sie ein wenig die Augen aufhalten und wie im Straßenverkehr auf einige grundlegende Dinge achten.

Persönliche Daten nicht beliebig eingeben

Geben Sie Ihre Adresse jedem x-beliebigen Fremden? Sicherlich nicht, doch im Internet ist man gerne geneigt, seine E-Mail-Adresse immer und überall zu verwenden – für Gewinnspiele, Aktionen, Newsletter und vieles mehr. Und genau da liegt der Haken; denn meistens wird man dann regelmäßig mit Werbung überflutet – das wirkt sich dann zwar nur auf das Postfach des E-Mail-Programms aus, ist aber äußerst lästig. Überlegen Sie daher genau, ob Sie wirklich an jedem Gewinnspiel im Web teilnehmen müssen. Zudem sind gerade jene Gewinnversprechungen à la »Sie sind der 100.000. Besucher unserer Website« einfach unseriös, und es handelt sich dabei meist um »Datensammler«, die E-Mail-Adressen für Werbemail-Aktionen einsammeln wollen. Hier gilt das, was auch schon bei der Werbung im Briefkasten gilt: Weg damit!

Abbildung 9.2
Ganz schön frech – hier wird das kostenlose OpenOffice zum Download angeboten, das Kleingedruckte offenbart jedoch die wahren Kosten.

Heikler verhält es sich mit Internetseiten, die vermeintlich kostenlose Dienste (Klassiker sind hierbei Horoskope, Ahnenforschung oder Software-Downloads) gegen Eingabe Ihrer kompletten persönlichen Daten anbieten. Hier ist äußerste Vorsicht geboten, denn oftmals steht nur im Kleingedruckten etwas von unverschämt hohen Kosten, die anschließend per Rechnung ganz klassisch in Ihrem Briefkasten landen, meist mit einer direkten Inkasso-Drohung. Sollte so etwas passieren, raten wir Ihnen, nicht gleich die Rechnung zu bezahlen, sondern zuerst die Verbraucherzentrale einzuschalten. Meistens kann man diese Art von Geldeintreibung einfach ignorieren. Zusammengefasst: Wenn Ihnen im Internet jemand etwas schenken möchte, dazu aber mehr als Ihre E-Mail-Adresse und Ihren Namen verlangt, ist höchste Vorsicht geboten.

Virenschutz – Nächstenliebe für Ihre PC-Freunde

Ohne zu viele Lobeshymnen auf OS X Yosemite singen zu wollen: Das Betriebssystem ist frei von lästigen Viren. Es gibt bis heute kein

Schadprogramm und keine Malware, die Ihrem Betriebssystem oder Ihren Daten Schaden zufügen können. Die Gründe hierfür sind schnell aufgezählt:

- OS X Yosemite basiert auf der Unix-Technologie, die schon von Haus aus recht unempfindlich gegen Viren und Hacker ist. Nicht umsonst laufen viele Server weltweit mit Unix.
- Jede tief greifende Änderung muss unter OS X Yosemite per Passwort autorisiert werden. Eine Installation schädlicher Apps, wie sie gerade unter Windows bei per Mail versendeten Viren verbreitet ist, ist somit gar nicht möglich.
- Mac-Computer sind mit rund 5 bis 10 % Anteil an der Gesamtsumme aller Computer weltweit eher ein unattraktives Ziel für Virenprogrammierer. Selbst der schönste Virus läuft ins Leere, wenn bei maximaler Reichweite überhaupt nur ein Bruchteil aller Computer betroffen sein kann.
- Alle Programme aus dem App Store von Apple werden vor ihrer Veröffentlichung gründlich geprüft. Sie können sicher sein, dass auch die Gratis-Apps aus dem App Store garantiert sicher sind und weder Daten auslesen noch sonstigen Schaden an Ihrem Mac anrichten können.

Nun haben Sie trotzdem vielleicht schon von Antivirensoftware für OS X Yosemite gehört. Diese benötigen Sie jedoch nur zum Schutz für Ihre Windows-Freunde. Wenn Sie mit Windows-Anwendern zusammenarbeiten, können nämlich Viren und Trojaner, die für Sie und OS X Yosemite unschädlich sind, im Anhang einer Mail bei anderen Betriebssystemen ganz schön für Aufregung sorgen.

Daher unser Tipp: Nutzen Sie einfach den kostenlosen Virenscanner von Avira – so sind Sie in jedem Fall auf der sicheren Seite.

Download Avira-Virenscanner

Als Windows-Anwender kennen Sie wahrscheinlich schon den Avira-Virenscanner. Diesen gibt es auch für Mac-Anwender gratis zum Download. Unter *www.avira.com* steht das Installationspaket für OS X zum Download bereit.

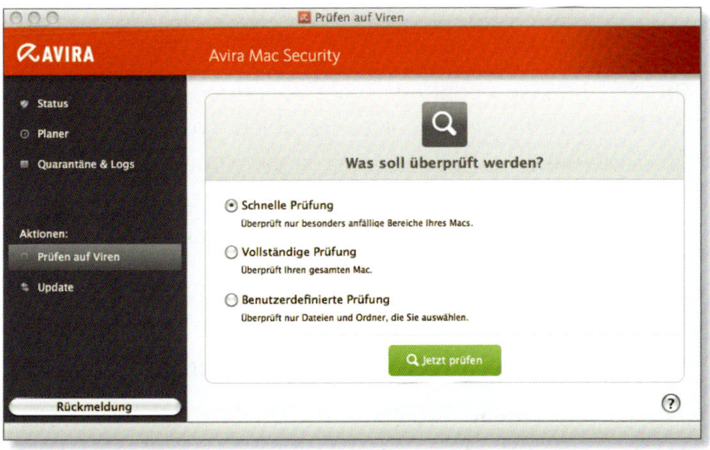

Abbildung 9.3
Für Windows-Anwender ein alter Bekannter – der Avira-Virenscanner läuft auch auf OS X.

Trotzdem muss man der Ehrlichkeit halber sagen: Es kann nicht ausgeschlossen werden, dass es in der Zukunft auch Trojaner und Viren für OS X Yosemite geben wird. Als beste Vorsichtsmaßnahme dient die automatische Passwortabfrage vor jeder Softwareinstallation. Bei aus dem Web geladenen Anwendungen kommt zusätzlich eine weitere Sicherheitsabfrage. Lesen Sie daher den entsprechenden Warnhinweis immer genau durch, und schauen Sie nach, ob es sich wirklich um die Software handelt, die Sie starten möchten.

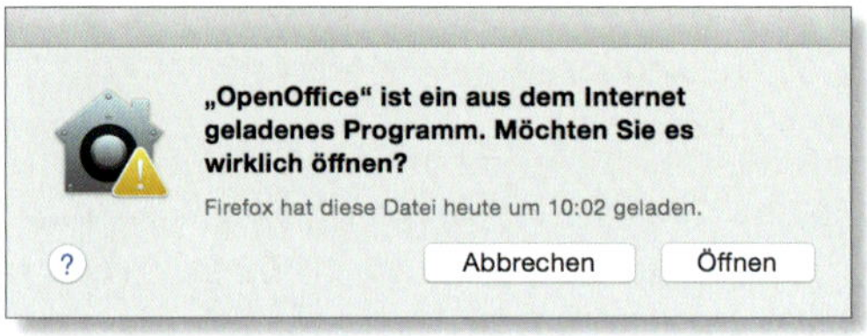

Abbildung 9.4 >
Apps, die aus dem Web geladen und installiert wurden, müssen beim ersten Programmstart nochmals von Ihnen freigegeben werden.

Online-Banking – supersicher

Sehr praktisch ist das Online-Banking – es spart den Weg zur Bank, geht sehr schnell, und zudem hat man immer den aktuellen Kontostand auf dem Computer. Für das elektronische Banking benötigt man bei allen Banken nur einen Internetbrowser und kann sich dann mit einer Zugangsnummer (zumeist die Kontonummer) und einem PIN-Code einloggen.

Damit hier niemand »mithören« kann, läuft das immer und ausschließlich über gesicherte Webverbindungen. Das erkennen Sie am *https://* vor der eigentlichen Bank-Webseite im Adressfeld des Safari-Browsers oder an einem Schlosssymbol im Adressfeld 1. Zudem haben alle großen Banken oder andere Finanzdienstleister ein sogenanntes Sicherheitszertifikat 2.

Abbildung 9.5 >
Sicheres Online-Banking ist heute kein Problem mehr.

Ist dieses gültig und verifiziert, wird es in Safari angezeigt – die grüne Farbe bedeutet, dass alles in Ordnung ist. Ein Klick darauf zeigt an, um welches Sicherheitszertifikat es sich handelt.

Mit diesen Sicherheitsgurten ist es Außenstehenden so gut wie unmöglich, sich hier einzuloggen und die Daten abzufangen. Hinzu kommt: Jede Transaktion auf Ihrem Online-Konto muss mit einer Transaktionsnummer, der sogenannten TAN, bestätigt werden. Und die Liste mit diesen TANs haben nur Sie. Daher kann niemand, selbst wenn Ihre Login-Daten bekannt sind, Überweisungen in Ihrem Namen online tätigen. Online-Banking ist also, egal ob am Mac oder am PC, eine sichere und praktische Sache und bedenkenlos zu verwenden.

Misstrauisch sollten Sie werden, wenn Sie per E-Mail von Ihrer Bank aufgefordert werden, sich über einen angegebenen Link in Ihren Account einzuloggen und ein paar TANs zur Sicherheit einzugeben. Das sind *immer* gefälschte E-Mails von Internetkriminellen, die Ihre persönlichen Daten einsammeln wollen und, ausgestattet mit genügend TANs, dann auch tatsächlich mit Ihren Kontodaten arbeiten können. Daher dürfen Sie solche E-Mails *niemals* beachten oder gar den Anweisungen folgen: Keine Bank der Welt wird jemals die Eingabe Ihrer TAN-Nummern in ein Webformular fordern. Wirklich wichtige Informationen schickt Ihnen übrigens auch eine Online-Bank per Post.

Warum gerade ich?

Sie fragen sich, warum gerade Sie seltsame Werbemails oder gar eine gefälschte E-Mail von Ihrer vermeintlichen Bank erhalten? Keine Panik, auch andere Menschen haben die gleiche E-Mail erhalten, hier streuen Server nach dem Gießkannenprinzip Millionen von sogenannten Spam-Mails in die Welt und setzen dabei auf den Effekt, dass ein gewisser Prozentsatz doch »anbeißt«.

Firewall einschalten

Die Firewall ist das digitale Schutzschild gegen Hacker, die über das Internet auf Ihren Rechner Zugriff erlangen wollen. Standardmäßig bietet Ihr Mac sehr wenig Angriffsfläche – der Aufwand, in einen OS-X-Yosemite-Computer einzusteigen, ist ungleich höher als bei einem Windows-Computer. Trotzdem sollten Sie auch an Ihrem Mac die Firewall aktivieren, die jegliche unerwünschte Verbindungen effektiv blockiert und im Zweifel nachfragt, ob eine Verbindungsanforderung in Ordnung geht oder illegal ist. Somit können Sie wirklich beruhigt im Netz unterwegs sein. Eher beunruhigend ist die Tatsache, dass die Firewall bei Apple standardmäßig deaktiviert ist, bei einer Neuinstallation ist sie nicht im Einsatz. Mit wenigen Mausklicks fahren Sie allerdings den digitalen Schutzschild nach oben:

Abbildung 9.6
Die Systemeinstellungen laden Sie über das Icon im Dock oder über den Ordner »Programme« im Finder.

1. Systemeinstellungen laden

Gehen Sie zum Aktivieren der Firewall in die Systemeinstellungen, und klicken Sie dort auf den Menüpunkt **Sicherheit** 3. Hier gibt es viele Einstellungen, wir benötigen hier aber nur die Rubrik **Sicherheit**.

Abbildung 9.7 >
Wie immer die zentrale Anlaufstelle für Konfigurationen aller Art: die Systemeinstellungen

2. Firewall-Einstellungen anzeigen

In den Reitern gehen Sie, falls Ihr Mac das nicht schon automatisch gemacht hat, mit der Maus auf den Bereich **Firewall**. Hier wird vermutlich **Firewall: Aus** eingestellt sein. Sprich, Ihr Mac geht bisher ungeschützt im World Wide Web spazieren. Das ist bei OS X Yosemite leider die Standardeinstellung.

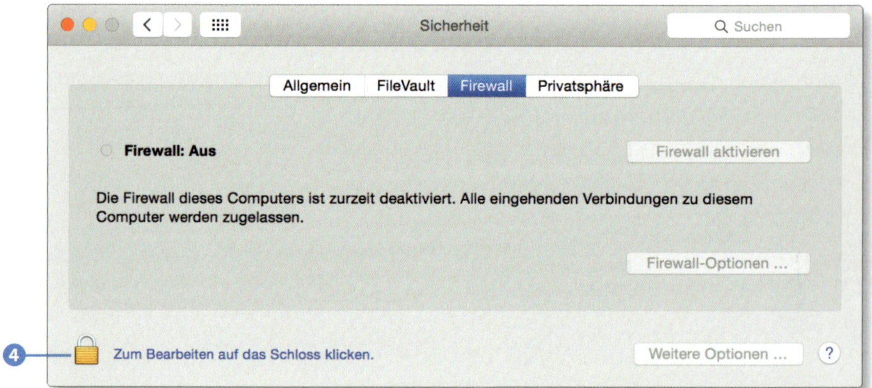

Abbildung 9.8 >
Dieser Zustand muss geändert werden.

3. Entriegeln

Entriegeln Sie nun mit einem Klick das Schloss links unten ④, und öffnen Sie durch Eingabe Ihres Computerpassworts ⑤ die Systemeinstellungen.

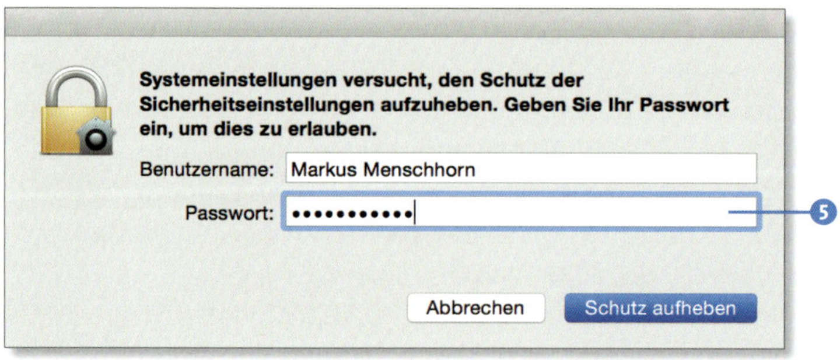

Abbildung 9.9 >
Für manche Änderungen in den Systemeinstellungen wird Ihr Passwort benötigt.

4. Firewall starten

Ein Klick auf den Button **Firewall aktivieren** setzt die Firewall in Gang und blockiert zukünftig Verbindungen aus dem Internet, die unerlaubterweise

Zugriff auf Ihren Mac erhalten möchten. In den meisten Fällen sind die Einstellungen in der Apple-Voreinstellung perfekt.

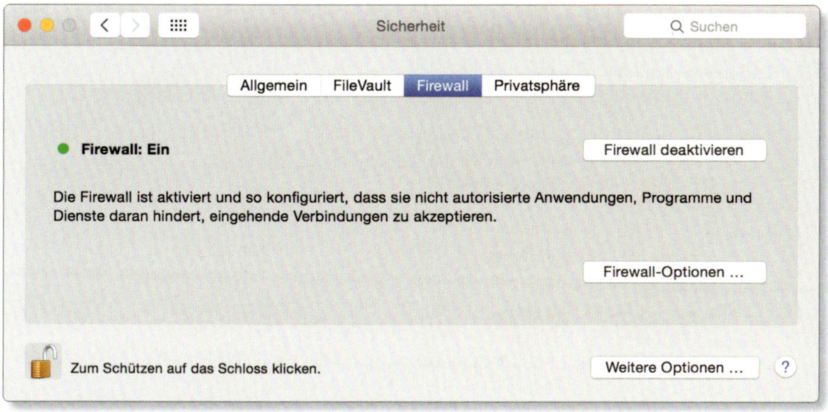

Abbildung 9.10
Ihr Computer ist ab sofort vor Angriffen aus dem Internet geschützt.

In seltenen Fällen, gerade bei Filesharing-Software oder bei einigen Chat-Programmen, kann es allerdings vorkommen, dass OS X Yosemite hier die Verbindung ins Web blockiert, da die Anwendung fälschlicherweise für ein Spionageprogramm oder eine Hackeranwendung gehalten wird. Dann müssen Sie manuell eingreifen und auf **Firewall-Optionen** klicken. Hier ist dann aber schon Experten-Know-how notwendig, und Änderungen legen ganz schnell Ihre gesamte Internetverbindung lahm.

Spuren verwischen im Internet

Mal ehrlich – es muss ja nicht jeder wissen, wo und wie Sie in Ihrer Freizeit im Internet unterwegs sind. Das kann beispielsweise die Geburtstagsüberraschung, sei es ein tolles Buch oder doch der Brillantring, gewaltig in den Sand setzen, wenn Ihre Partnerin oder Ihr Partner versehentlich auf der kürzlich aufgerufenen Bestellseite landet.

Standardmäßig vergisst der Internetbrowser nichts. Jede Eingabe, jede besuchte Seite wird peinlichst genau abgespeichert und auch nach Monaten noch direkt bereitgestellt. Wie Sie sicherlich schon bemerkt haben, genügt schon die Eingabe eines Wortes in der Adressleiste, um die Abfrage nach besuchten und eventuell infrage kommenden Seiten zu starten.

Der Verlauf weiß es

»Ich weiß, wo du gestern gesurft hast.« – Safari zeichnet alle Ihre Internetaktivitäten auf. Das ist praktisch, um eine Seite wiederzufinden. Sie finden die Liste der zuletzt besuchten Seiten im Menüpunkt **Verlauf** oder in den **Top Sites**. Mit der hier vorgestellten »Bereinigungsfunktion« und dem privaten Surfen ist zwar Ihr privater Computer »sauber«, Ihr Provider allerdings, egal ob Telekom, Vodafone oder wer auch immer, kann Ihr Surfverhalten nachvollziehen und speichern. Nicht zuletzt sprechen die Datenskandale um Edward Snowden und die NSA hier ja eine deutliche Sprache.

Verwöhnte Windows-Anwender

Sie kennen es vielleicht vom Internet Explorer, dass Sie hier detaillierter wählen können, welche Webseiten-Daten gelöscht werden. Safari bietet hier leider keine Einstellungsmöglichkeiten.

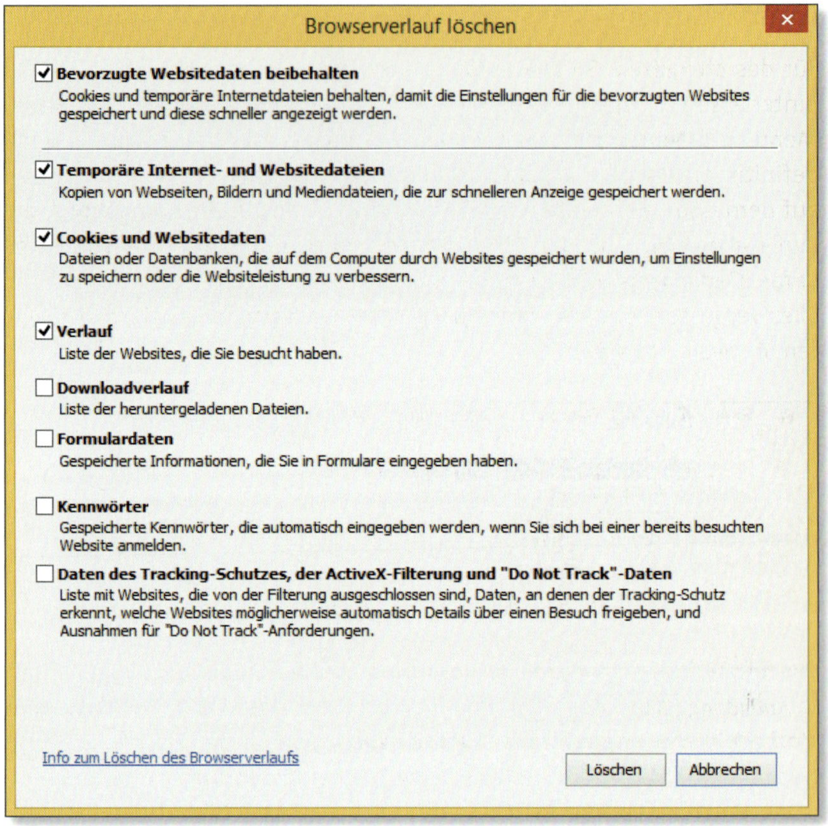

Abbildung 9.11 >
Unter Windows gab es mehr Einstellungsmöglichkeiten, den Browserverlauf zu löschen.

Glücklicherweise kann man Safari das Gedächtnis löschen: Über **Safari > Verlauf und Websitedaten löschen** wird das Programm in den Auslieferungszustand zurückversetzt oder eben nur um die Erinnerungen der letzten Tage beraubt. Leider kann man in Safari aber nicht, wie das andere Browser können, nur die Cookies oder nur die temporären Webdaten löschen.

Daten löschen – ganz oder gar nicht

Aufgepasst – das Löschen des Browserverlaufs betrifft nicht nur Ihren Mac, sondern alle Geräte, die via iCloud verbunden sind. Sprich, nach einer Löschaktion haben auch iPhone und iPad die Webseiten »vergessen«.

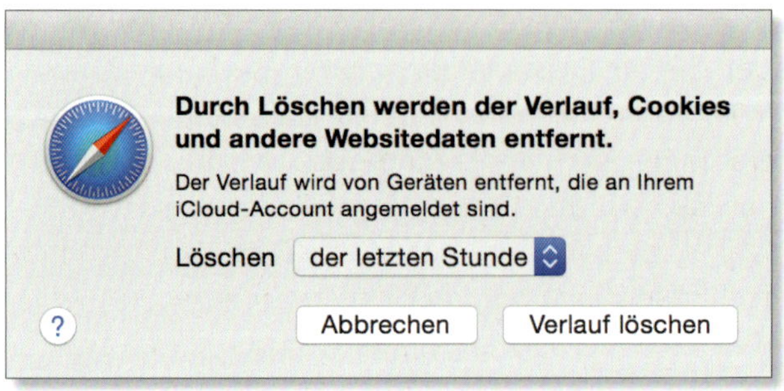

^ **Abbildung 9.12**
So »vergisst« Safari, wo Sie im Internet unterwegs waren.

Privates Surfen

Für das stressfreie Surfen, ohne Spuren auf Ihrem Apple-Computer zu hinterlassen, ist das private Surfen gedacht. Wird es über das **Ablage**-Menü und **Neues privates Fenster** ❶ aktiviert, speichert der Browser definitiv nichts von den im Anschluss daran besuchten Internetseiten auf dem Computer. Passwörter, Bilder, Zwischenspeicher, Eingaben, Verlauf – alles bleibt auf den Moment beschränkt und landet keinesfalls im Safari-Gedächtnis. Mit dem Schließen des Browserfensters ist wirklich alles vergessen, und niemand kann mehr herausfinden, welche Webseiten Sie besucht haben.

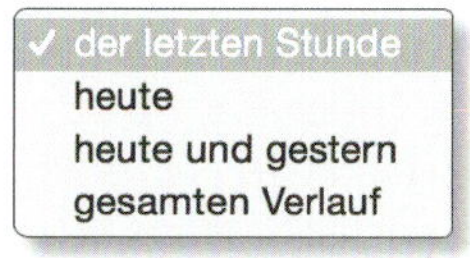

Abbildung 9.13
Hier können Sie wählen, ob Ihr gesamter Verlauf oder nur ein Teil gelöscht werden soll.

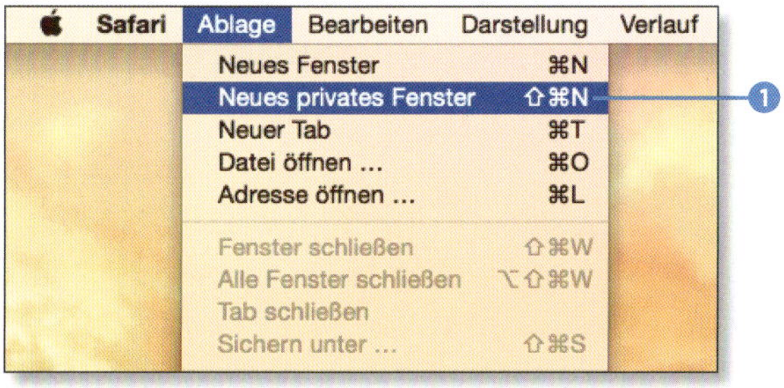

Abbildung 9.14
Möchten Sie wirklich ganz privat »auf Safari« gehen?

Der Schlüsselbund: Passwortverwaltung mit iCloud

Mit Ihrer Apple-ID haben Sie sich bereits automatisch für Apples virtuellen Speicherplatz iCloud angemeldet. Auf Wunsch können hier auch systemübergreifend alle Ihre Login-Daten hinterlegt werden. Das ist besonders praktisch, wenn Sie neben dem Mac auch mit iPhone und iPad unterwegs sind. Haben Sie Ihr Passwort, beispielsweise für Ihr Online-Mail-Programm oder Facebook, einmal gespeichert, ist es direkt auch auf allen anderen Geräten bekannt. Der Login klappt entsprechend ohne ständiges Wiederholen der Daten, stattdessen füllt der Schlüsselbund Benutzername und Passwort für Sie automatisch aus. Laut Apple sind die Passwörter stark verschlüsselt und werden sicher gespeichert – nun ja, so sicher, wie man in Zeiten diverser Abhörskandale eben Daten sichern kann. Eines muss hier aber festgestellt werden: Wenn jemand Ihr Passwort knacken möchte, geht das auch auf anderem Wege. Sie können den Schlüsselbund in iCloud unserer Ansicht nach daher bedenkenlos nutzen.

Abbildung 9.15
Wie Sie die im iCloud-Schlüsselbund gesicherten Passwörter ändern und löschen können, zeigen wir Ihnen in Kapitel 11, »Perfekt organisiert: iCloud, Erinnerungen, Termine und Adressen«.

Standardmäßig ist die Schlüsselbundfunktion schon aktiviert. Falls nicht, beispielsweise wenn Sie sich nicht direkt bei der Computerinstallation mit Ihrer Apple-ID angemeldet haben, müssen Sie folgende Schritte durchführen.

Zunächst müssen Sie in den Systemeinstellungen unter **iCloud** die Funktion **Schlüsselbund** anklicken.

Abbildung 9.16 >
Der Schlüsselbund ist, sofern Sie bei der Computerinstallation Ihre Apple-ID angegeben haben, schon aktiviert. Ansonsten setzen Sie hier den Haken.

Im nächsten Schritt müssen Sie sich mit Ihrer Apple-ID anmelden. Danach wird eine Bestätigung gefordert, damit wirklich nur Sie den Schlüsselbund nutzen können. Sie haben hier zwei Möglichkeiten – entweder über die Bestätigung (siehe ❶ im folgenden Schritt 1), wenn Sie ein iPhone oder iPad haben, oder, sollten Sie »nur« ein normales Mobiltelefon haben, auch über einen SMS-Code (siehe ❷ in Schritt 1). So funktionieren die beiden Möglichkeiten:

1. Schlüsselbund via Bestätigung freischalten

Klicken Sie auf **Bestätigung anfordern** ❶. Apple versendet eine Nachricht an Ihr iPhone oder iPad, die Sie dort mit Ihrem Apple-ID-Passwort bestätigen müssen.

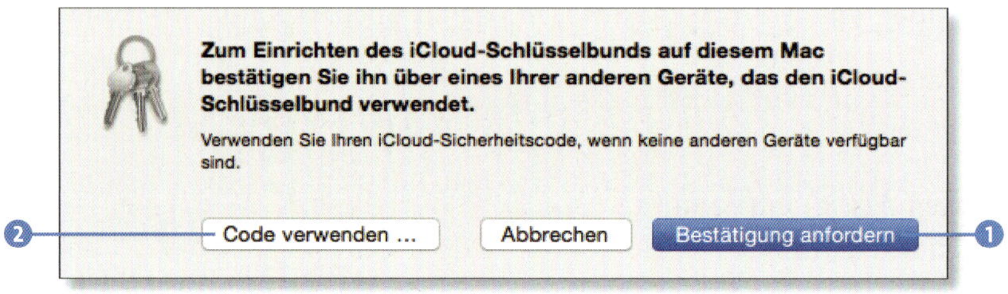

Abbildung 9.17 >
Der Schlüsselbund mit Ihren Passwörtern funktioniert erst nach einer gezielten Freischaltung.

2. Schlüsselbund via SMS-Code freischalten

Alternativ können Sie auch **Code verwenden** ② wählen – dann erhalten Sie nach Eingabe Ihres iCloud-Sicherheitscodes (der bei der Einrichtung der Apple-ID festgelegt wurde) eine SMS mit einem Verifizierungscode.

Abbildung 9.18
Hier müssen Sie Ihren Sicherheitscode eingeben.

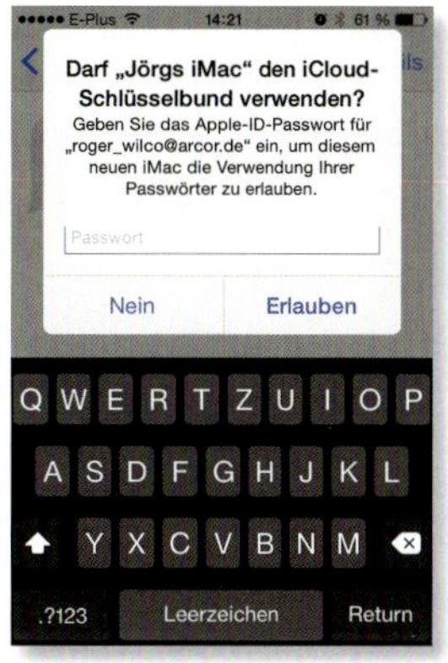

Abbildung 9.19
Der Schlüsselbund muss über ein anderes Gerät bestätigt werden, hier über das iPhone.

Der Bestätigungscode ist sechsstellig. Hat alles geklappt, steht der Verwendung Ihres persönlichen Schlüsselbundes nichts mehr im Wege.

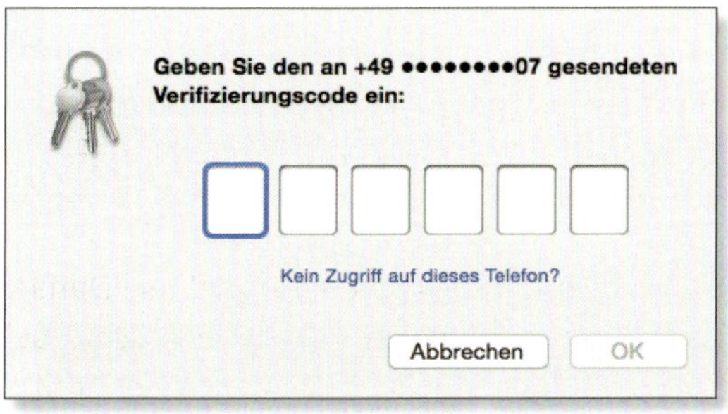

Abbildung 9.20
Der sechsstellige Sicherheitscode kommt von Ihrem Handy.

Künftig erhalten Sie, nachdem Sie sich in Safari erstmalig auf einer Seite mit Benutzername und Passwort angemeldet haben, immer die in Abbildung 9.21 dargestellte Meldung.

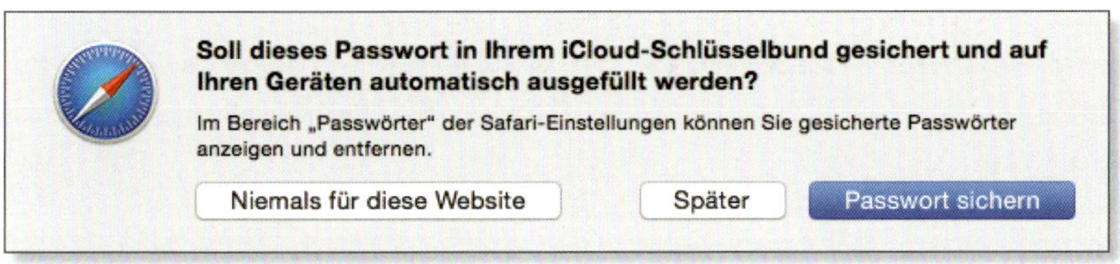

Abbildung 9.21
Das System fragt noch einmal nach, ob die Daten gespeichert werden sollen.

Abbildung 9.22
Der einmalig verwendbare Sicherheitscode kommt als »normale« SMS auf Ihr Mobiltelefon und funktioniert damit auch mit einem älteren oder »Nicht-Apple«-Gerät.

Der Vorteil des iCloud-Schlüsselbunds ist offensichtlich: Nie wieder lästiges Passworteintippen! Besonders am iPhone oder iPad ist das, je nach Komplexität des gewählten Kennworts, mit der Touch-Tastatur ja immer eine Herausforderung gewesen.

Bilder, Texte und Co. aus dem Web kopieren

Das Internet ist eine reichhaltige Quelle für Informationen aller Art: Texte, Bilder und vieles mehr sind umfassend vorhanden, und schnell kommen Sie an den Punkt, an dem Sie die eine oder andere Info ganz gerne abspeichern möchten. Das funktioniert mit dem Internetbrowser Safari problemlos.

Texte kopieren

Egal, ob Text oder Bild – es gibt im Web so viele interessante Dinge, die man einfach auch noch lokal auf dem Computer haben möchte. Der einfachste Weg führt dabei über die OS-X-Yosemite-Zwischenablage. Sprich, Sie markieren den gewünschten Text und kopieren ihn über **Bearbeiten > Kopieren** in das Computergedächtnis, die Zwischenablage. Anschließend öffnen Sie eine Textverarbeitung, z. B. *TextEdit*. Nun kopieren Sie über **Bearbeiten > Einfügen** den Text dort hinein. Ausführliche Informationen zu diesem Thema erhalten Sie übrigens in Kapitel 7, »Texte schreiben, gestalten und ausdrucken«. Profis verwenden die Tastenkombinationen: cmd+C kopiert, cmd+V fügt ein.

Abbildung 9.23
Zuerst muss der Text markiert werden.

Textabschnitte direkt als Datei speichern

Weitaus praktischer ist es, Textabschnitte mit Safari direkt als Datei zu speichern und auf Ihrer Festplatte oder dem Schreibtisch abzulegen.

1. **Text markieren**
Markieren Sie den gewünschten Textabschnitt einer Webseite mit gedrückter Maustaste. Achtung: Wenn die Seite in Frames aufgebaut ist, kann es durchaus sein, dass Sie nicht jeden Text direkt markieren können.

2. **Text ziehen**
Ziehen Sie den markierten Text mit gedrückter Maustaste einfach auf den Schreibtisch – fertig! Der Text ist nun direkt als frei verwendbares Textdokument abgespeichert.

Abbildung 9.24
Der Text wird mit gedrückter Maustaste auf den Schreibtisch gezogen.

Bilder kopieren

Das Internet bietet natürlich auch unzählige Bilder, die man »offline« benötigen könnte. Diese können Sie in den meisten Fällen ebenfalls einfach auf Ihren Computer laden. Klicken Sie dazu das gewünschte Bild mit der rechten Maustaste an, und wählen Sie **Bild sichern unter** – es erscheint der bekannte Dialog zum Speichern einer Datei. Hier müssen Sie nur noch den Speicherort auswählen, eventuell den Dateinamen ändern und abschließend auf **Sichern** klicken. Und schon hat das Bild aus dem World Wide Web zu Ihnen nach Hause auf den Schreibtisch gefunden.

Abbildung 9.25
So wird der Text von der Webseite auf dem Schreibtisch abgelegt.

Urheberrecht bei Bildern beachten

Bei Fotos gilt das gängige Urheberrecht – für private Zwecke können Sie natürlich jedes Bild aus dem Internet abspeichern und für eine kleine Fotomontage oder eine Einladungskarte verwenden. Doch wenn Sie ein Webbild auf Ihrer Homepage für die Öffentlichkeit bereitstellen, ist das bereits illegal und kann richtig teuer werden. Daher – aufgepasst und im Zweifelsfall beim Besitzer des Fotos nachfragen. Wenn dieser sein Okay gibt, dürfen Sie das Bildmaterial auch verwenden.

Abbildung 9.26
Mit einem rechten Mausklick auf eine Grafik öffnet sich das Kontextmenü.

Die zweite Möglichkeit funktioniert, wie vorhin bei den Texten beschrieben: einfach das Bild mit der primären gedrückten Maustaste anpacken und auf den Schreibtisch ziehen.

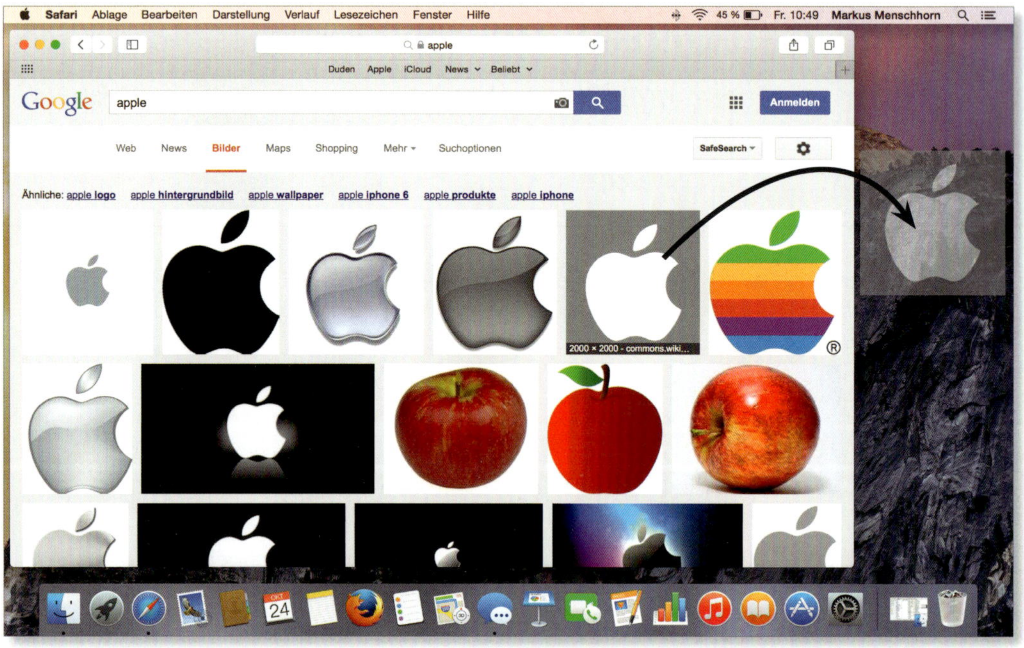

Abbildung 9.27
So simpel geht's – das Foto einfach auf den Schreibtisch ziehen.

Firefox statt Safari – freies Surfen für alle

Sie haben bisher Safari als Internet-App kennengelernt. Es gibt allerdings noch weitere, kostenlose Programme zum Surfen im Internet. Hier sei an erster Stelle Mozilla Firefox genannt. Der Vorteil von Firefox, der übrigens völlig kostenlos von einer freien Entwicklergemeinde programmiert wird: Sie haben damit unzählige Erweiterungen, um das Internet so bequem wie möglich nutzen zu können. Sei es eine Erweiterung, um Ihre eBay-Auktionen immer im Blick zu haben, um einen Radiostream als MP3-Datei aufzuzeichnen oder um dem Programm ein ganz individuelles Aussehen zu geben – für all das ist Firefox die richtige Wahl. Auch bei der Surfsicherheit ist der Browser ganz vorn mit dabei, und in Sachen Geschwindigkeit kann der »Feuerfuchs« locker mit Safari mithalten.

Wie man diese Applikation herunterlädt und installiert, haben Sie ja schon im Abschnitt »Programme aus dem Internet« ab Seite 102 gelernt, daher legen wir jetzt direkt los, wenn Firefox erfolgreich gestartet wurde. Die Bedienung ist denkbar einfach und der von Safari nicht unähnlich. Der Startbildschirm informiert Sie über die aktuelle Version und zeigt Ihnen die interessantesten Neuheiten an.

Abbildung 9.28
Die Startseite von Firefox

Auch in Firefox arbeitet man über eine übersichtliche Menüleiste, die wir Ihnen im Folgenden kurz erläutern.

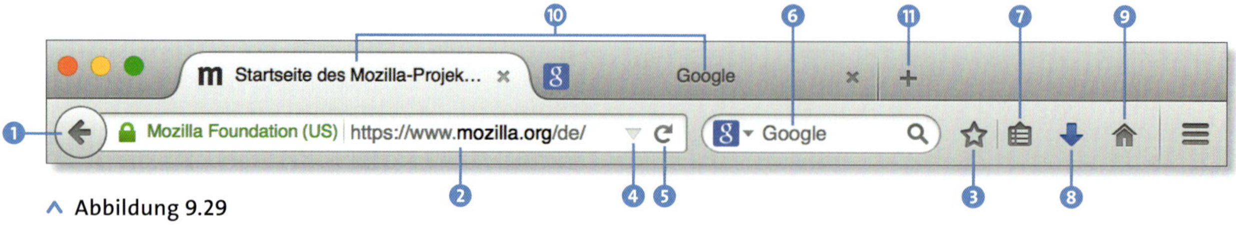

Abbildung 9.29
Die Firefox-Menüleiste bietet alles, was man zum Surfen so braucht.

1. Mit den Pfeilen springen Sie eine Webseite vor oder zurück. (Sobald Sie den Zurück-Pfeil betätigt haben, ist auch der Vorwärts-Pfeil sichtbar.)
2. Die Adressleiste zeigt die gerade aufgerufene Seite an. Hier tippen Sie auch die Internetseite ein, die Sie besuchen möchten.
3. Ihr Favorit – klicken Sie auf den Stern, wenn Sie eine Internetseite bei Ihren Lesezeichen speichern möchten.
4. Der Pfeil nach unten ermöglicht den Zugriff auf die von Ihnen zuletzt besuchten Internetseiten.
5. Mit dem **Aktualisieren**-Button wird die gerade angezeigte Seite neu geladen. Das ist z.B. bei Nachrichtenseiten oder einer eBay-Auktion sinnvoll, wo sich innerhalb weniger Sekunden die Darstellung ändern kann.
6. Schnell mal googeln? Dazu muss man nicht die Google-Seite laden. Einfach den gewünschten Begriff eintippen und drücken – schon werden die passenden Suchergebnisse präsentiert.
7. Hinter dem Listensymbol verbirgt sich die Lesezeichenverwaltung, mit der Sie Ihre Lieblingsseiten organisieren können.
8. Werden Dateien aus dem Web geladen, sehen Sie hier eine Fortschrittsanzeige. Ein Klick auf diesen Button zeigt die zuletzt heruntergeladenen Dateien in einer Liste an.
9. »Home is where your heart is« – das gilt auch für Firefox. Mit diesem Button kommen Sie immer auf die Startseite zurück.
10. Das sind sogenannte *Tabs*, auch *Reiter* genannt. Sie sorgen dafür, dass auch bei vielen geöffneten Webseiten der Überblick nicht verloren geht. Über das Plussymbol ⑪ oder cmd + T wird ein neuer leerer Tab geöffnet (siehe dazu auch den Abschnitt »Fensterchaos vermeiden: Webseiten in Tabs öffnen« ab Seite 176).

Sie sehen – Firefox funktioniert im Grunde genommen ganz ähnlich wie Safari. Gerade wenn Sie vielleicht vom PC umsteigen und dort Firefox gewohnt waren, können Sie ihn einfach am Mac weiter bedienen.

Weitere Surf-Alternativen

Neben Safari und Firefox können Sie unter OS X Yosemite auch mit Google Chrome oder Exoten wie Opera surfen. In der Bedienung unterscheiden sich die Mac-Versionen kaum von der Windows-Variante.

10 E-Mails – denn Briefe waren gestern

E-Mails sind aus dem täglichen Leben vieler Menschen nicht mehr wegzudenken. Sicherlich haben auch Sie schon eine E-Mail-Adresse. Wahrscheinlich rufen Sie die E-Mail-Nachrichten bislang über ein Internetprogramm auf, oder? Sprich, Sie gehen ins Web und tippen dann die Adresse des E-Mail-Anbieters ein.

Abbildung 10.1
Urlaubsbilder per E-Mail – in Sekunden beim Empfänger und alles andere als unpersönlich

Das ist für unterwegs praktisch, aber wenn Sie einen Mac zu Hause haben, geht es auch deutlich komfortabler, denn schon das Versenden mehrerer Fotos macht über diese Webmail-Anwendungen kaum Spaß – das Hochladen funktioniert hier oftmals nur mit Einzelbildern, und

Abbildung 10.2
Apple Mail ist Ihr Programm für digitale Nachrichten.

auch die Bildgröße kann hier selten angepasst werden. Zudem haben die kostenlosen E-Mail-Angebote meist nur begrenzten Speicherplatz, und eigentlich ist es nicht Sinn und Zweck der Sache, dass Sie Ihre Nachrichten immer wieder löschen müssen, um Platz für neue E-Mails zu haben. Eigentlich möchte man die teils sehr persönlichen Nachrichten ja doch wie Briefe archivieren.

Gut, dass es Apple Mail gibt. Das ins Betriebssystem OS X integrierte Programm arbeitet mit sämtlichen Anwendungen an Ihrem Mac zusammen und vor allem auch mit Ihrem E-Mail-Anbieter. Apple Mail holt Ihre Nachrichten aus dem Internet ab, bringt sie in übersichtlicher Form auf den Bildschirm und speichert sie auf Wunsch auf Ihrem Rechner. Zusätzlich werden Werbemails (*Spam*) aussortiert, Ihre Nachrichten organisiert und dank einer raffinierten Suchfunktion auch schnell wiedergefunden. Für Besitzer eines Modems mit Einwahlfunktion sehr interessant: Sie können die E-Mail bequem ohne Internetverbindung verfassen und erst zum Versand online gehen – das spart Geld und hält Ihre Telefonleitung frei. Erfreulicherweise geht die Einrichtung von Apple Mail ganz schnell und unkompliziert, sofern Sie eine E-Mail-Adresse bei einem der bekannten Anbieter haben.

Außerdem arbeitet Apple Mail, Sie ahnen es vielleicht schon, wunderbar mit Ihren anderen Apple-Geräten zusammen. Egal, von welchem Gerät eine Nachricht geschrieben oder empfangen wird, sie steht dann ganz automatisch »überall« zur Verfügung. Grundvoraussetzung ist hier natürlich wieder die Apple-ID.

@-Zeichen schreiben

Den »Klammeraffen«, das *At-Zeichen*, bekommen Sie auf der Tastatur, indem Sie die `alt`-Taste und dann die `L`-Taste zugleich drücken. Das @-Zeichen trennt Ihren eigentlichen E-Mail-Namen von der Adresse des Anbieters (des *Providers*). Sollten Sie vorher einen PC mit Windows besessen haben, müssen Sie doppelt aufpassen: Die von Umsteigern gern gedrückte Kombination `cmd`+`Q` beendet am Mac Programme und ergibt kein @-Zeichen!

Apple Mail einrichten

Damit Apple Mail an Ihrem Mac einsatzbereit ist, müssen Sie der Anwendung Ihre E-Mail-Adresse und das Passwort Ihres E-Mail-Anbieters mitteilen sowie eventuell die Zugangsdaten. Letztere kann man sich in den meisten Fällen sparen; denn Apple Mail findet diese Daten häufig vollautomatisch. Ansonsten lohnt ein Blick auf die Hilfeseiten Ihres E-Mail-Anbieters.

So rufen Sie E-Mails am Mac ab

Die folgenden Schritte müssen Sie ausführen, um die E-Mails zukünftig bequem am Mac abrufen und versenden zu können:

1. Apple Mail starten und Daten angeben

Starten Sie das Programm aus dem Dock mit einem primären Mausklick. Nun erscheint ein Startbildschirm, der Ihnen viele »hausinterne« Lösungen anbietet. In der Regel müssen Sie aber auf **Anderen Mail-Account hinzufügen** und dann auf **Fortfahren** klicken.

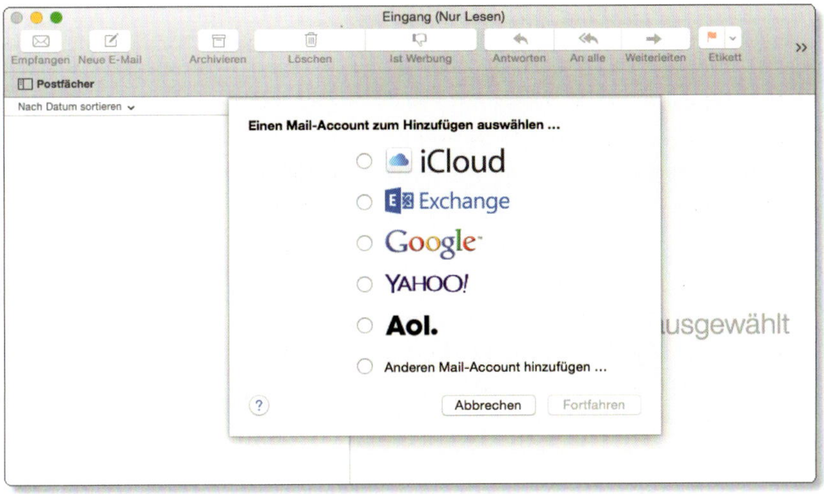

Abbildung 10.3
Wählen Sie hier Ihren Mail-Anbieter aus.

Es folgt der Anmeldebildschirm, in dessen Maske Ihr Name **1** bereits eingetragen ist. Dieser Name wird auch beim Empfänger als Absender der verschickten E-Mails angezeigt. Sie können dort auf Wunsch auch jeden anderen beliebigen Namen oder nur Ihren Vornamen eintragen. Aber Achtung: Wenn Sie z. B. eine Bewerbung per E-Mail verschicken, und diese landet dann mit dem Absender »Zuckerschnute55« im Postfach, ist das nicht ganz so günstig.

Ihre E-Mail-Adresse und das Passwort **2** müssen Sie nun selbst eintragen. Besonders bei der Eingabe des Passwortes müssen Sie sorgfältig sein, da es nicht in Reintext, sondern nur in Form von Punkten sichtbar ist.

Abbildung 10.4
E-Mail-Adresse und Kennwort eintragen

2. Falsch eingetippt?

Wenn Sie Ihre E-Mail-Adresse oder das Passwort falsch eingetippt haben, gelangen Sie automatisch zur manuellen Einrichtung ohne Hinweis auf ein falsches Kennwort. Beachten Sie, dass Apple auf die Groß- und Kleinschreibung des Passwortes achtet. Lautet es »Xg3456ABc«, muss es genau so eingetippt werden. Die Eingabe »Xg3456abc« würde somit auch zu einer Fehlermeldung führen.

3. Alles perfekt
Wenn alle Angaben korrekt waren, bringt Sie die Mail-App direkt auf den Hauptbildschirm und lädt die auf Ihrem Mail-Account vorhandenen Mails.

Abbildung 10.5 >
Es hat alles geklappt – der Account steht nun bereit.

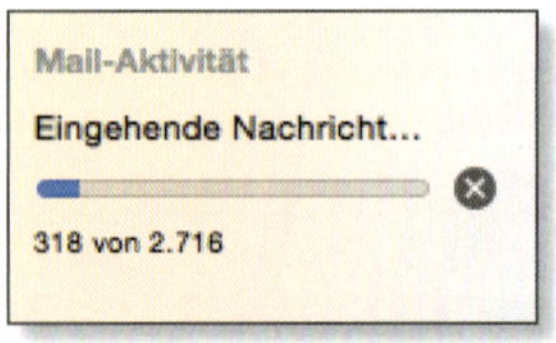

^ **Abbildung 10.6**
Hier werden jede Menge Nachrichten abgerufen.

Damit sind Sie startklar. Wenn Sie die E-Mail-Adresse schon für Ihren Apple-Account und iCloud registriert haben, werden die Programme Notizen, Kontakte und Kalender & Erinnerungen ebenfalls direkt und automatisch in OS X angemeldet.

Manuelle Einrichtung von Apple Mail

Apple Mail verfügt über eine gewisse Grundintelligenz und ist in der Lage, die Zugangsdaten vieler E-Mail-Anbieter online und automatisch abzurufen so wie gerade beschrieben. Das funktioniert aber dann nicht mehr, wenn Sie eine eigene Internetseite und eine passende E-Mail-Adresse, z. B. *julia@juli-koegler.de*, eingerichtet haben. Dann müssen Sie die Angaben zum Posteingangs- und Postausgangsserver manuell nachtragen. Diese Angaben erhalten Sie vom jeweiligen E-Mail-Anbieter.

Die manuelle Einrichtung muss auch dann vorgenommen werden, wenn Sie statt eines IMAP-Servers lieber einen POP3-Server haben möchten. Ein POP3-Account macht aber in der Regel keinen Sinn, da hier die Mails immer lokal und nicht auf dem Server verwaltet werden.

1. Daten eingeben für den Posteingang
Sie geben im ersten Bildschirm einfach Ihren Namen, Ihre E-Mail-Adresse und Ihr Passwort ein. Das Programm wird direkt reklamieren, dass eine manuelle Einrichtung notwendig ist (1).

Abbildung 10.7
Klein, aber fein – der dezente Hinweis auf eine manuelle Account-Einrichtung

Im nächsten Bildschirm geht es etwas »in die Tiefe«. Den Servertyp wählen Sie aus dem Menü **Accounttyp** ②. Apple schlägt hier IMAP vor – fast alle Mail-Anbieter unterstützen diesen Service. Der Vorteil: Mit IMAP können Sie iPhone, Computer und iPad perfekt synchronisieren. Mit POP, der älteren Alternative, ist das recht problematisch.

Unter **Mail-Server** ③ tragen Sie jene Daten ein, die Sie von Ihrem Anbieter für den Posteingangsserver erhalten haben. Der Benutzername ist zumeist Ihre eigene E-Mail-Adresse, das Kennwort ist mit dem Login für Ihr Webmail-Konto identisch.

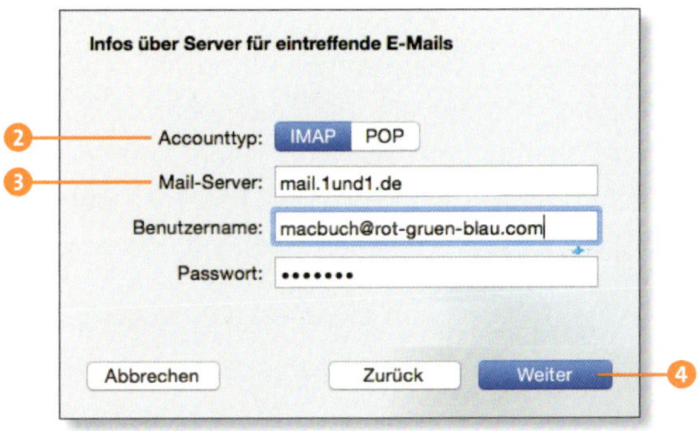

Abbildung 10.8
Legen Sie zunächst den Servertyp fest.

Wenn Sie auf **Weiter** ④ klicken, wird sofort ein Verbindungscheck durchgeführt. Sind alle Daten korrekt, geht es weiter zum nächsten Schritt, anderenfalls erscheint eine Fehlermeldung, und Sie müssen Ihre Angaben entsprechend korrigieren.

2. Postausgang einrichten

Natürlich sollen nicht nur E-Mails auf Ihrem Mac ankommen, sondern auch von dort aus verschickt werden. Das funktioniert über einen Postausgangsserver, quasi Ihren ganz persönlichen Abholservice für alle Nachrichten. Wenn das mal nur die Post bei normalen Briefen auch hinbekommen würde ... Doch Spaß beiseite, hat die Einrichtung des Posteingangsservers geklappt, geht es nun an den Postausgangsserver. Auch

Abbildung 10.9
Es kann sein, dass für den Posteingangsserver und Postausgangsserver weitere Informationen abgefragt werden. Diese können Sie in der Regel komplett unverändert lassen ...

hier müssen Sie entsprechende Angaben machen, die Ihnen Ihr E-Mail-Anbieter zur Verfügung stellt. Der Postausgangsserver wird auch als SMTP-Server bezeichnet.

Abbildung 10.10
Erforderliche Daten für den Postausgangsserver

Ein Klick auf **Erstellen** 5 schließt den Anmeldevorgang ab, und das Mail-Programm wird erstmalig geladen.

Die Benutzeroberfläche von Apple Mail

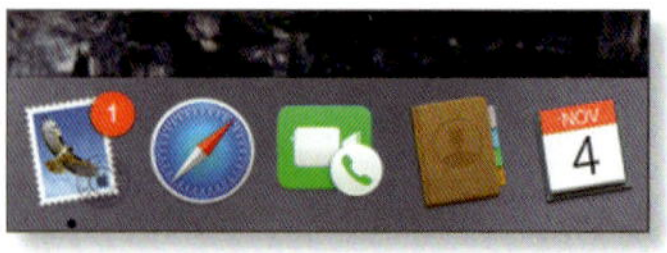

Abbildung 10.11
Sie haben Post – das zeigt sogar das kleine Icon im Dock an.

Beim ersten Start ist Apple Mail noch leer – erst nach einigen Minuten werden eventuell vorhandene E-Mail-Nachrichten von Ihrem E-Mail-Anbieter abgerufen. Diesen Vorgang können Sie aber mit einem Klick auf das **Empfangen**-Icon 1 ändern. Je nachdem, wie viele Nachrichten in Ihrer Webmail-Anwendung abgelegt sind und wie schnell Ihre Internetverbindung ist, kann dieser Vorgang sehr flott gehen oder auch richtig lange dauern, einen Richtwert kann man hier nicht geben.

Abbildung 10.12
Auch die Mitteilungszentrale zeigt die Nachricht prompt an.

Abbildung 10.13
Ganz frisch – der Bildschirm des E-Mail-Programms

Sind E-Mail-Nachrichten vorhanden, sieht der Bildschirm schon deutlich besser aus. Alle Nachrichten werden chronologisch in der linken Spalte, im Eingang 2, abgelegt. Der blaue Punkt vor einer E-Mail 3 zeigt an:

»Nachricht noch nicht gelesen«. Wenn Sie eine Nachricht auswählen, wird diese automatisch als »gelesen« markiert, der Punkt verschwindet.

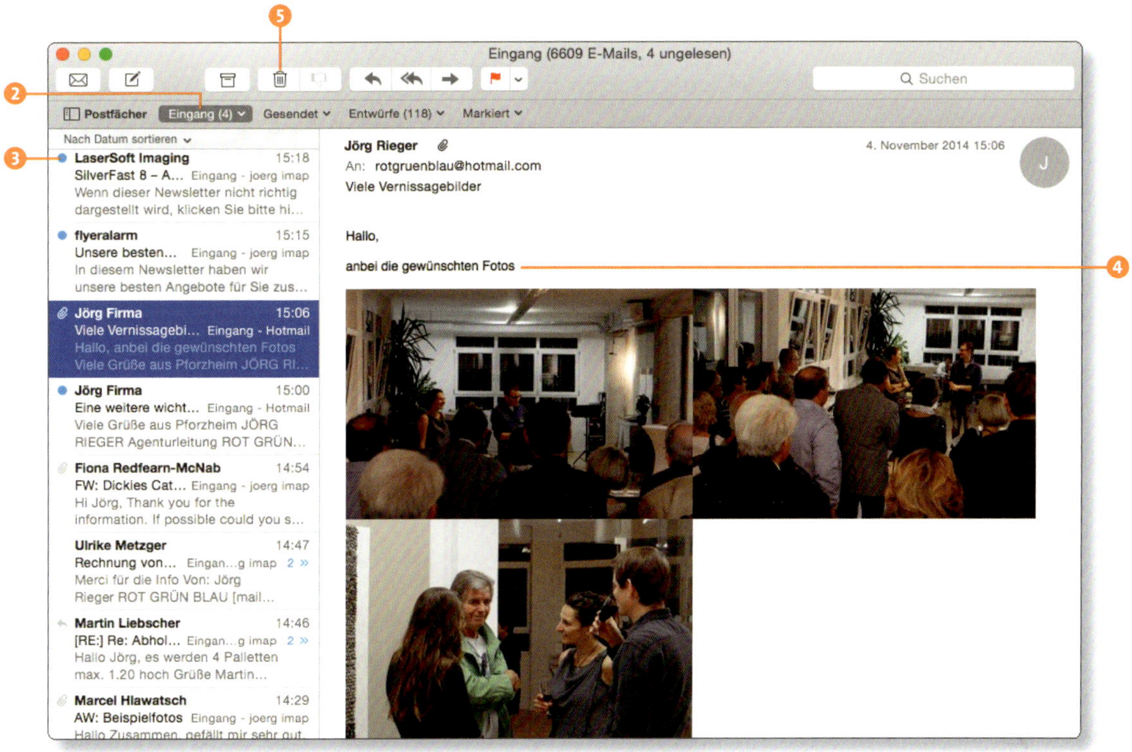

Abbildung 10.14
Das E-Mail-Programm mit ungelesenen Nachrichten

Im Hauptfenster rechts sehen Sie die im Eingang angewählte E-Mail komplett. In dieser E-Mail sind z. B. Text ④ und Bilder verschickt worden. Wenn Sie eine Nachricht löschen möchten, wählen Sie diese einfach an und klicken dann auf **Löschen** ⑤. Aber keine Sorge, die Nachricht ist dann nicht komplett gelöscht, sondern wandert erst einmal in den Papierkorb. Der wird alle 30 Tage automatisch geleert, vorher können Sie versehentlich gelöschte Nachrichten jederzeit wiederherstellen.

Details über den Posteingang

Um an den Papierkorb und die anderen Ordner Ihres Postfachs zu kommen, klicken Sie in der oberen Leiste auf **Postfächer** ⑥ – eine zusätzliche Spalte erscheint.

Abbildung 10.15
Ein Klick auf »Postfächer« bringt mehr Details in Ihren Posteingang.

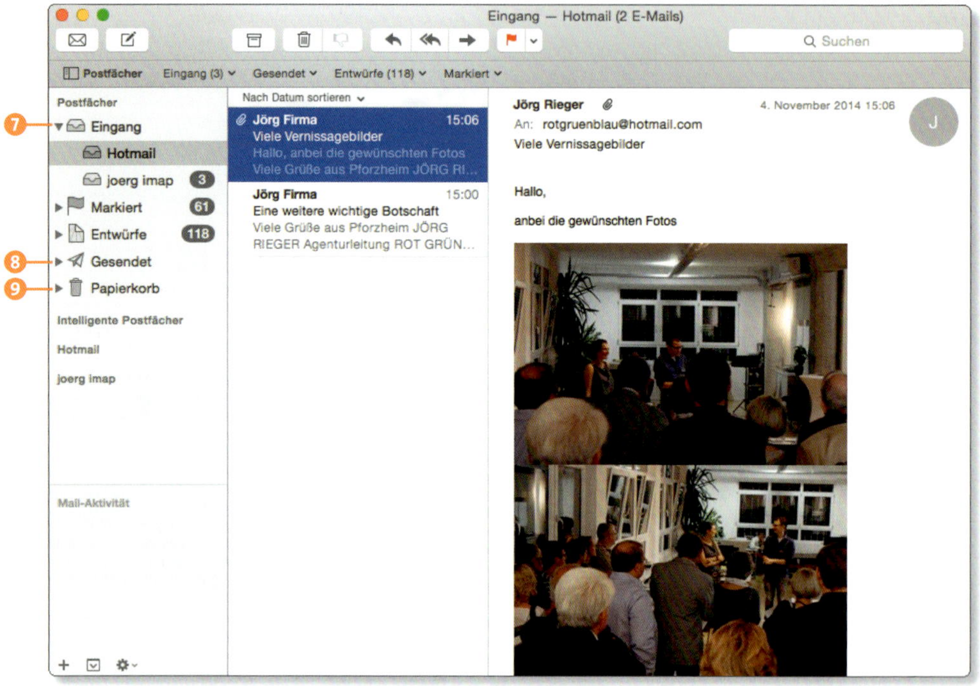

Abbildung 10.16
Die zusätzliche Spalte auf der linken Seite ist hilfreich, um den Überblick zu behalten.

In dieser Spalte sehen Sie zum einen Ihren Posteingang 7, aber auch die gesendeten Objekte 8 und den Papierkorb 9. Mehr dazu erfahren Sie auf den folgenden Seiten. Doch zunächst werden wir eine neue E-Mail verfassen und versenden.

E-Mails schreiben und versenden

Eine E-Mail ist nichts anderes als ein digitaler Brief, nur deutlich flexibler und viel schneller als in Papierform. Sie können per E-Mail nicht nur Text, sondern auch Fotos und jede andere Datei verschicken. Limits werden hier nur durch Ihren Anbieter und die Postfachgröße des Empfängers gesetzt.

Abbildung 10.17
Eine neue E-Mail erstellen

Eine neue Nachricht verfassen Sie mit einem Klick auf das Symbol mit Papier und Stift in der Leiste von Apple Mail. Es öffnet sich ein neues Fenster, das nun einige Angaben fordert. Wie beim Brief müssen Sie auch hier zunächst den Empfänger eintragen 1. Praktisch: Wenn Sie das Adressbuch schon mit Namen gefüllt haben und der Empfänger Ihrer

E-Mail hier mit E-Mail-Adresse hinterlegt ist, ergänzt Apple Mail schon nach der Eingabe der ersten Buchstaben die gesamte E-Mail-Adresse oder gibt Auswahlmöglichkeiten vor. Alternativ genügt ein Klick auf das kleine Plussymbol 2, um auf Ihre Kontakte zugreifen zu können.

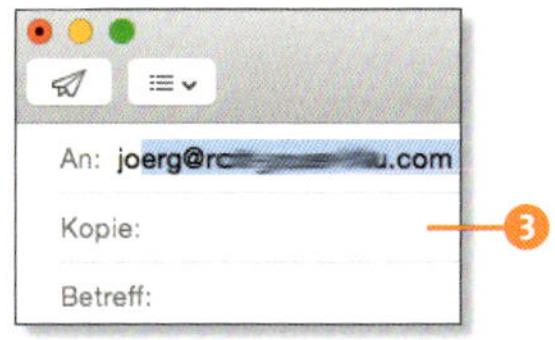

Abbildung 10.18
Zwei Buchstaben eingetippt – und schon gibt Apple Mail passende Empfänger aus dem Adressbuch vor.

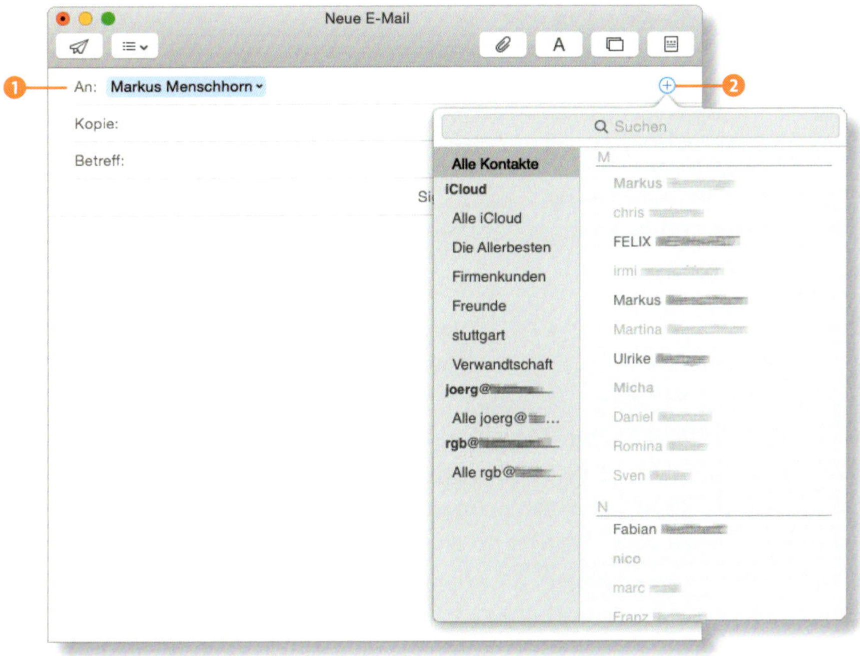

Abbildung 10.19
Noch ist diese neue Nachricht ganz leer.

Ansonsten wird einfach die genaue E-Mail-Adresse eingetippt. Wichtig: Eine E-Mail-Adresse hat *immer* ein @-Zeichen in der Mitte, ansonsten ist es keine E-Mail-Adresse, und die E-Mail kann dann auch nicht dorthin verschickt werden.

In das Feld **Kopie** 3 ist es ebenfalls möglich, Empfänger einzutragen. Das wird gerne in der Geschäftswelt genutzt, wenn jemand eine E-Mail nur zur Info bekommen soll, er aber nicht der Hauptempfänger ist. Achtung: Sowohl der Hauptempfänger als auch der Empfänger der Kopie können sehen, an wen die Nachricht ging. Dies eignet sich also nicht für ein »Hinter-dem-Rücken«-Verschicken.

In die Zeile **Betreff** 4 können Sie eine Kurzinfo schreiben – dies ist die Zeile, die dann als Erstes im Posteingang erscheint. Die Info darf gerne eindeutig und knackig sein. Vermeiden Sie aber Anzüglichkeiten, denn diese werden sehr gerne von Werbefiltern missverstanden, und Ihre Nachricht wird bereits vom Server als »unseriös« aussortiert.

Mehrere Empfänger

Eine E-Mail kann an beliebig viele Empfänger geschickt werden. Um z. B. Ihre Vereinsfreunde zum Kegelabend einzuladen, tragen Sie einfach die E-Mail-Adressen, jeweils durch ein Komma getrennt, ein. Wenn das E-Mail-Programm die Empfänger schon kennt, funktioniert die Trennung ganz automatisch, die Namen stehen dann in blauen Blasen. Ganz wichtig: Bei dieser Vorgehensweise kann jeder Empfänger sehen, an wen diese E-Mail sonst noch geschickt wurde. Wenn Sie das nicht wünschen, müssen Sie die Nachrichten einzeln versenden.

Abbildung 10.20
Schon etwas mehr Text

Die eigentliche Nachricht tippen Sie in das große Feld. Klicken Sie einfach mit der Maustaste dort hinein, und schreiben Sie direkt los. Sie können über den **Schriften**-Button 5 zwar auf viele Fonts 6 zurückgreifen, halten Sie sich damit aber nicht allzu lange auf – denn hat der Empfänger die gewählte Schriftart nicht, wird sowieso wieder die normale Standardschrift angezeigt. Schriftgrößen 7 sowie Fettung bzw. Kursivierung 8 können Sie hingegen beliebig einsetzen. Markieren Sie dazu den gewünschten Textabschnitt mit gedrückter Maustaste, und stellen Sie in der Schriftenleiste die gewünschten Formate ein. Das geht genauso wie in der Textverarbeitung – in Kapitel 7, »Texte schreiben, gestalten und ausdrucken«, erklären wir Ihnen ganz genau, wie das mit der Markierung und Formatierung von Text funktioniert.

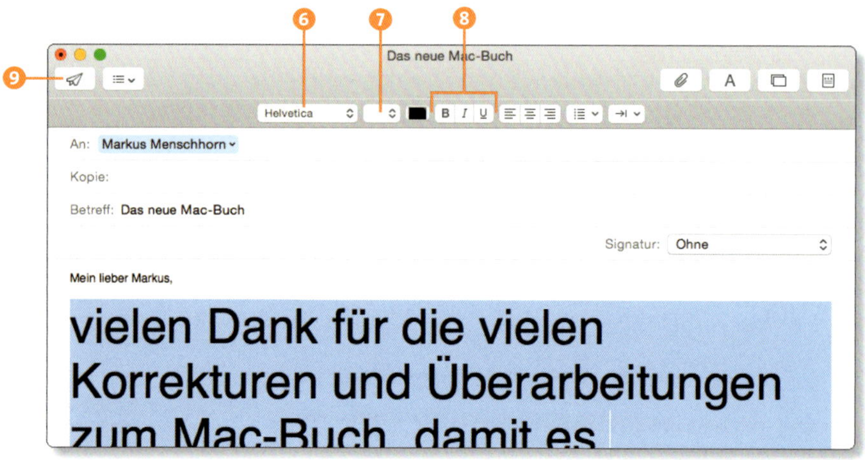

Abbildung 10.21
Text kann beliebig formatiert werden.

So, damit wäre Ihre Nachricht sendebereit. Ein Klick auf den Papierflieger, den **Senden**-Button (9 in Abbildung 10.21), schickt sie auf die Reise. Normalerweise ist sie dann innerhalb weniger Augenblicke beim Empfänger. Diese Nachricht wird übrigens zur Sicherheit immer im **Gesendet**-Ordner 10 abgelegt und kann dort jederzeit wieder aufgerufen werden.

Abbildung 10.22
Hier finden Sie alle gesendeten Nachrichten.

Abbildung 10.23
Mit der virtuellen Büroklammer können Sie Ihrer E-Mail Bilder, Texte und Dokumente anhängen.

Dateien per E-Mail versenden

Wenn Sie per E-Mail eine Datei, z. B. ein Textdokument, versenden möchten, gehen Sie einfach wie folgt vor: Öffnen Sie eine neue Nachricht, und schreiben Sie Ihren Text wie gewohnt. Klicken Sie dann auf die Schaltfläche **Anhang** mit der Büroklammer 1 – es öffnet sich daraufhin ein Auswahlfenster, in dem Sie zu dem Ordner navigieren können, der die zu sendende Datei 2, z. B. ein Bild oder PDF-Dokument, enthält. Klicken Sie dann auf **Datei wählen** 3. Die Datei wird angefügt, und die Nachricht kann verschickt werden.

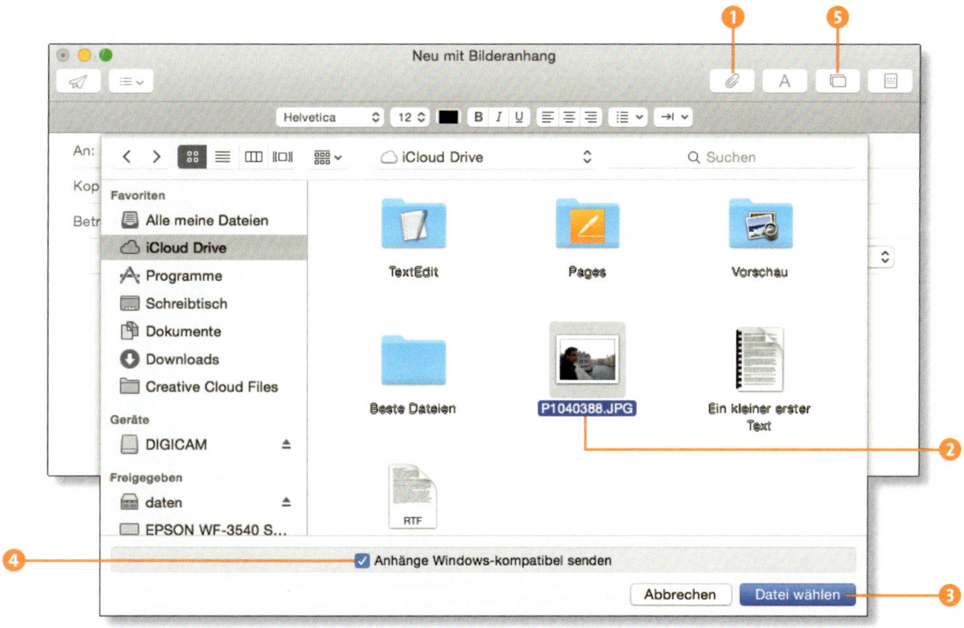

Abbildung 10.24
Welche Datei darf es sein?

Die Option **Anhänge Windows-kompatibel senden** 4 ist besonders bei Bildern von Vorteil – Apple Mail hat die Angewohnheit, Fotos in die E-Mail zu integrieren, sodass man sie in Windows nicht als normale Anhänge sieht. Lassen Sie das Häkchen hier daher einfach stehen.

Abbildung 10.25
Alternativ kann man Bilder direkt aus iPhoto in die E-Mail einfügen.

Wenn Sie Bilder versenden möchten, können Sie das sehr leicht über die Fotoübersicht (5 in Abbildung 10.24) oder über iPhoto tun. Auch die Fotoübersicht greift übrigens auf die iPhoto-Bibliothek zu. Geübte Anwender können übrigens aus jedem Finder-Fenster heraus die Dateien per Drag & Drop direkt in die E-Mail hineinziehen.

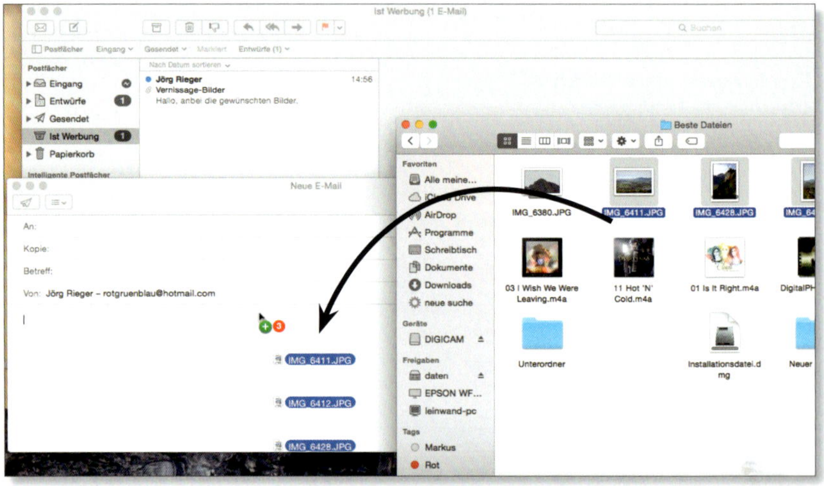

Abbildung 10.26
Per Drag & Drop können Sie ebenfalls Dateien ins E-Mail-Programm ziehen.

Richtig große Daten versenden mit Mail Drop

Viele E-Mail-Programme können mit großen Datenmengen nicht umgehen. Sprich, nach 5 oder 10 Megabyte kommt die Mail nicht mehr beim Empfänger an. Das ist im Zeitalter hochauflösender Digitalfotos und Videofilme doch herzlich wenig. Apple hat hier eine praktische Lösung – zu große Dateianhänge werden, eine Apple-ID vorausgesetzt, einfach im Hintergrund auf Ihre iCloud geladen, und der Empfänger erhält einen Download-Link per Mail, um diese Datei dann einfach über das Web herunterzuladen.

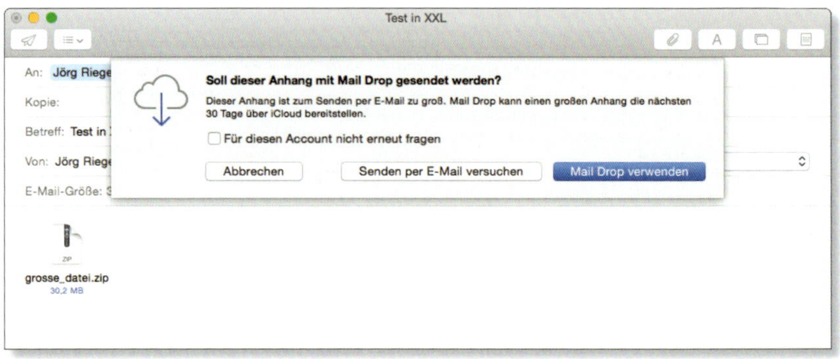

Abbildung 10.27
Große Daten per Mail – mit Mail Drop gar kein Problem mehr!

Die Funktionsweise ist simpel – laden Sie Ihren Anhang wie gewohnt einfach in die Mail. Ein Größenlimit gibt es hier nicht, das wird lediglich durch Ihren iCloud-Account bestimmt. Nach dem Drücken des **Senden**-Buttons erscheint bei entsprechender Datenmenge der Hinweis aus Abbildung 10.27.

Die Datei wird dann im Anschluss auf Ihren iCloud-Account geladen, das dauert ungefähr ähnlich lange, wie wenn Sie die Mail »normal« versenden würden. Danach erhält der Empfänger Ihre Mail, allerdings mit einem Download-Link und nicht mit einem riesigen, postfachsprengenden Anhang.

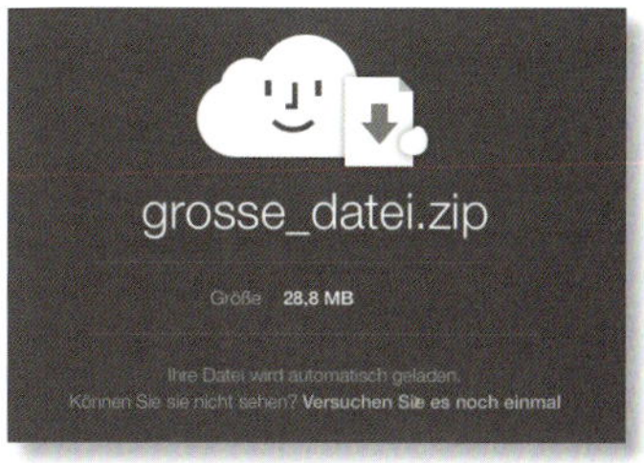

Abbildung 10.28
Der Download startet.

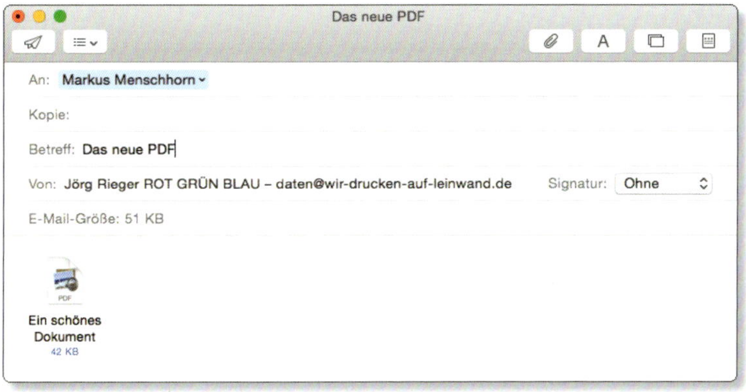

Abbildung 10.29
So erscheint die Mail mit dem Mail-Drop-Anhang beim Empfänger – hier zugegebenermaßen noch unter OS X 10.9 auf einem der Autorenrechner.

Dateianhänge sichern

Sie haben Dokumente oder Bilder per Mail bekommen und möchten sie speichern? Bei einer oder zwei Dateien geht das ganz einfach: Ziehen Sie die Dateianhänge einfach aus dem Nachrichtenfeld auf Ihren Schreibtisch oder in ein anderes bereits geöffnetes Finder-Fenster. Bei Mails mit mehreren Bildern ist Folgendes einfacher: Mittig in der Mail, unter der Betreffzeile, finden Sie beim Überfahren mit dem Mauszeiger den Hinweis auf die Anhänge und den **Anhang**-Button mit Büroklammersymbol. Ein Klick darauf genügt, um einzelne oder alle Dateien in einen Ordner auf Ihrer Festplatte zu speichern.

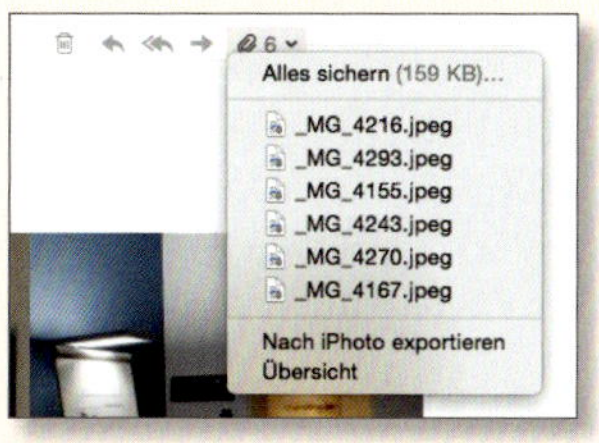

Abbildung 10.30
So einfach speichern Sie Fotos und Dateien aus E-Mails ab.

Werbemails entsorgen

Wenn Sie schon längere Zeit eine E-Mail-Adresse besitzen, haben Sie sicherlich auch schon unerwünschte Werbung erhalten. Gerne wird für Potenzpillen und die Vergrößerung sämtlicher Körperteile oder für Wunderpillen geworben. Das nervt und ist einfach unseriös. Leider gibt es bei E-Mails nicht, wie beim normalen Briefkasten, einen Aufkleber »Bitte keine Werbung«. Sogar kriminelle Banden sind darauf spezialisiert, Werbemails an Millionen Empfänger zu versenden. Im Abschnitt »Goldene Regeln für die Sicherheit im Web« ab Seite 188 haben wir schon einige »Auswüchse« dieser E-Mail-Attacken behandelt, lesen Sie hier einfach nach. In jedem Fall kostet es Sie Zeit, alle diese E-Mails auszusortieren. Apple Mail hat einen Filter für Werbemails eingebaut, der das automatisch erledigt.

Standardmäßig werden Werbemails allerdings nur markiert, löschen müssen Sie sie dann selbst. Aber das Programm übernimmt auch die Aussortierung, wenn Sie das entsprechend einstellen. Öffnen Sie das Menü **Mail** und dort **Einstellungen**. In diesem Fenster klicken Sie auf **Werbung**.

Dort aktivieren Sie **In das Postfach für unerwünschte Werbung bewegen** ① – damit werden alle Nachrichten, die potenziell als unerwünschte Spam-Mails klassifiziert werden, in einem bestimmten Postfach abgelegt.

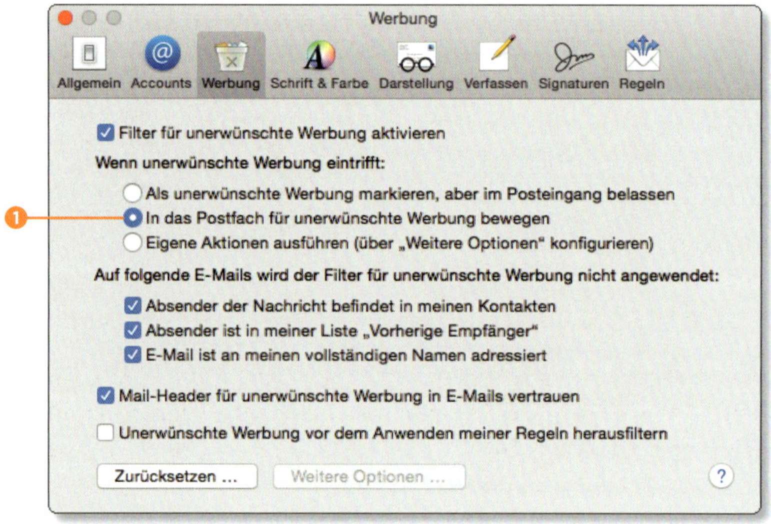

Abbildung 10.31
Einstellungen für unerwünschte Post

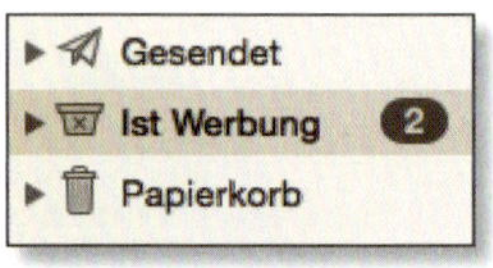

Abbildung 10.32
Hier landen die Spam-Mails zukünftig automatisch.

Die Werbemails landen nun zukünftig im Postfach **Werbung**, und Sie werden im Posteingang nicht mehr damit belästigt. Auch dieser Ordner wird, wie der Papierkorb, nach 30 Tagen geleert. Vorher sollten Sie aber immer mal einen Blick hineinwerfen. Teilweise nimmt es Apple Mail zu genau und sortiert auch ganz normale E-Mails aus – z. B. wenn ein Bekannter eine E-Mail ohne oder mit zweideutigem Betreff schickt. Auch die E-Mail-Adresse kann für die Software Grund zur Beunruhigung sein.

Aber der Werbefilter lernt mit – wenn eine Nachricht versehentlich als Werbung klassifiziert wurde, wählen Sie diese an, und klicken Sie zunächst auf das Symbol mit dem Daumen nach oben und dann auf **Keine Werbung** (② in Abbildung 10.33). Damit hat Apple Mail gelernt, dass diese Nachricht und der zugehörige Absender zukünftig Ihr Vertrauen genießen. Sie erhalten also dann unbeanstandet vom Filter die Nachricht.

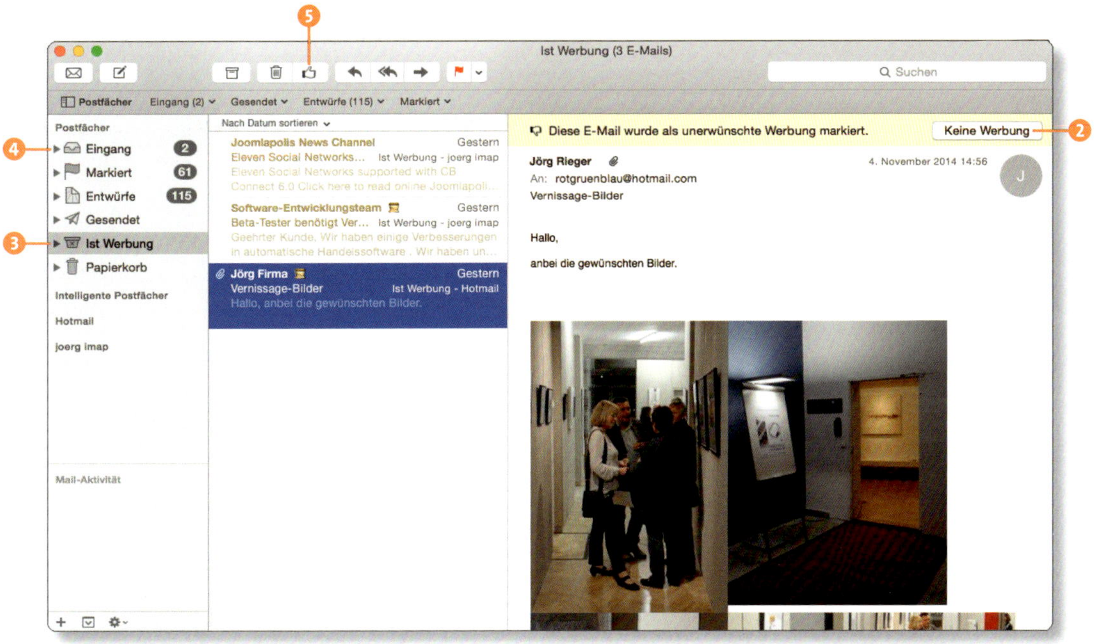

Abbildung 10.33
Werbung – oder doch nicht?

Sie müssen die Nachricht dann aber auch noch per Drag & Drop aus dem Ordner **Ist Werbung** 3 zurück in den Posteingang 4 legen, damit sie nach 30 Tagen nicht gelöscht wird. Denn sie liegt ja, obwohl Sie sie akzeptiert haben, noch immer im Spam-Ordner.

Umgekehrter Fall: Sie erhalten eine E-Mail, die Werbung ist, aber das E-Mail-Programm erkennt sie nicht als solche? Klicken Sie in diesem Fall die Nachricht an, und ziehen Sie sie in den Ordner **Ist Werbung**. (Alternativ genügt auch ein Klick auf den dann nach unten zeigenden Daumen in der Menüleiste 5.) Zukünftig werden E-Mails mit ähnlichem Inhalt oder gleichem Absender direkt in **Ist Werbung** verschoben. So verlieren Spam-Mails ganz schnell ihren Schrecken, oder? Und Ihr Postfach bleibt schön sauber und übersichtlich.

Nachrichten suchen, finden und sortieren

Wenn Sie auf der Suche nach einer Nachricht sind, aber nur noch Stichworte des Inhalts wissen, können Sie diese einfach in das Suchfeld 6 eintragen. Apple Mail sortiert die E-Mails dann nach Relevanz – so kommen Sie sicher zum Ziel. Markieren Sie einfach jene Nachricht, die Sie benötigen.

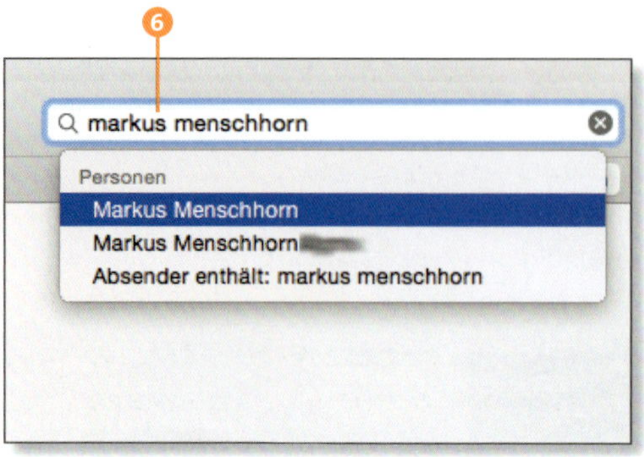

Abbildung 10.34 > *Schnell gefunden über die Suchleiste*

Ein weiteres Hilfsmittel, um den Überblick im E-Mail-Verkehr zu behalten, hat Apple Mail automatisch mit an Bord. Wenn Sie mit einem Bekannten mehrfach über **Antworten** hin und her schreiben, sammelt Apple Mail diesen Schriftverkehr sehr übersichtlich in einer Liste, die sich mit einem Klick auf den kleinen Pfeil 7 öffnet. Hier wird erneut auf das iPhone-Prinzip zurückgegriffen, indem Apple Mail die Ordner **Posteingang** und **Gesendete Objekte** kombiniert.

Abbildung 10.35 > *Ein Klick auf den kleinen Pfeil zeigt die zugehörigen E-Mails zum Schriftverkehr an.*

E-Mails auf den Mac übertragen

Einer der Autoren dieses Buches – er möchte nicht genannt werden – hat tatsächlich seit 1999 alle wichtigen E-Mails in seinem E-Mail-Programm gespeichert. Vielleicht haben auch Sie in Windows Live Mail, Outlook oder Thunderbird ein beachtliches E-Mail-Archiv angelegt, das Sie nun gern auf den Mac retten möchten. In diesem Abschnitt erhalten Sie einige Tipps, wie Sie dazu vorgehen.

Zunächst zeigen wir Ihnen, wie Sie E-Mails von Outlook, Outlook Express und Windows Live Mail übertragen. Eine wichtige Rolle dabei spielt das Programm Mozilla Thunderbird, das Sie – wenn Sie es schon von Windows her kennen – auch am Mac weiternutzen können. Im Abschnitt »Import in Apple Mail« ab Seite 226 erfahren Sie dann noch, welche Daten Apple Mail direkt importieren kann.

Outlook Express, Windows Live Mail und Outlook

Und schon gibt es die Hiobsbotschaft: Apple Mail kann keine Daten direkt aus Outlook, Windows Live Mail oder Outlook Express importieren. Auch ein Transfer Ihrer Outlook-Daten vom PC auf Outlook für den Mac ist nicht vorgesehen – ganz zu schweigen von einer Exportmöglichkeit nach Apple Mail. Es gibt zwar Möglichkeiten eines Transfers, aber die sind bei einem großen E-Mail-Postfach und einem großen Adressbuch schlichtweg unbrauchbar und dazu noch viel zu kompliziert.

Pech gehabt? Das wäre doch ärgerlich. Wir zeigen Ihnen, wie es mit Trick 17 doch noch funktioniert: Hierzu müssen Sie einen Umweg über Thunderbird für Windows gehen und Ihre E-Mails dort importieren. Nach dem Import Ihrer E-Mails am PC haben Sie die Wahl:

- Möchten Sie auch am Mac mit Thunderbird weiterarbeiten, transferieren Sie Ihre E-Mails wie im Abschnitt »Thunderbird – von Windows zu Mac« ab Seite 220 beschrieben.
- Wollen Sie lieber Apple Mail nutzen, können Sie die Thunderbird-E-Mails direkt importieren (siehe den Abschnitt »Import in Apple Mail« ab Seite 226).

Zunächst müssen Sie Ihre E-Mails aber (auf dem PC) in Thunderbird importieren: Für Outlook und Outlook Express bietet Thunderbird eine automatische Importoption. Öffnen Sie dazu in Thunderbird das Menü **Extras > Importieren**.

E-Mails aus dem Programm Windows Live Mail werden auf diese Weise jedoch nicht importiert. Hier müssen Sie die E-Mails manuell kopieren:

1. Öffnen Sie zunächst Thunderbird.
2. Öffnen Sie dann den Explorer und dort den Ordner **AppData**. Wie Sie dahin kommen, zeigen wir im Detail im Abschnitt »Alternative: E-Mails manuell kopieren« ab Seite 223.
3. Dort angekommen, klicken Sie auf den Ordner **Microsoft** und dann auf **Windows Live Mail**.
4. Hier sollte sich ein Ordner befinden, der ähnlich wie Ihre angelegte E-Mail-Adresse heißt. Dort finden Sie dann alle E-Mail-Ordner, z. B. **Inbox** (Posteingang) und Ihre selbst angelegten Ordner. In jedem dieser Ordner sind alle E-Mails als einzelne Dateien angelegt. Dass diese ganz seltsam benannt sind, braucht Sie nicht zu irritieren.
5. Markieren Sie einfach diesen Datensalat, und ziehen Sie ihn in Thunderbird – und schon sind Ihre E-Mail-Daten importiert!

Adressdaten aus Outlook

Sie können in Outlook Ihre gesamte Kontaktliste markieren und per rechtem Mausklick und **Vollständigen Kontakt senden** in einen E-Mail-Anhang verwandeln (vCard). Diesen Anhang sichern Sie auf Ihrem USB-Stick. Um Ihre Kontaktdaten von Outlook auf den Mac zu bringen, öffnen Sie die vCard einfach in Ihrem OS-X-Adressbuch.

Thunderbird installieren

Falls Sie Thunderbird bisher noch nicht am PC genutzt haben, ist es schnell installiert. Sie finden eine aktuelle Version der kostenlosen Software unter *www.mozilla.org/de/thunderbird*.

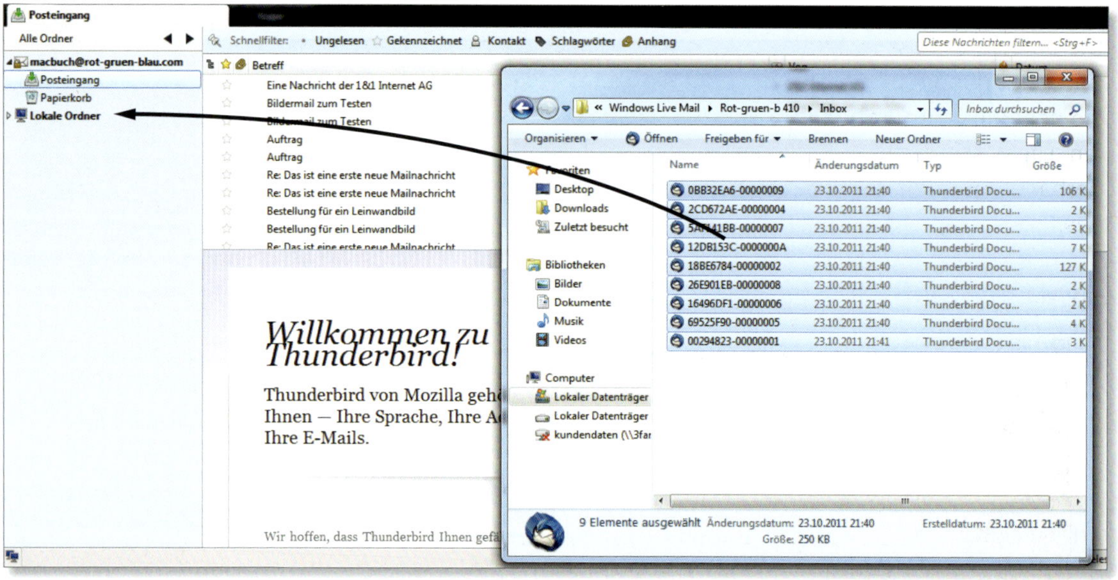

Abbildung 10.36
Die Nachrichten von Windows Live Mail können einfach per Drag & Drop in Thunderbird importiert werden.

Nun befinden sich Ihre E-Mails in Thunderbird. Wie der Transfer vom PC zum Mac erfolgt, erfahren Sie im nächsten Abschnitt.

Thunderbird – von Windows zu Mac

Thunderbird ist eine beliebte Alternative zu Outlook Express und läuft auf Linux, Windows und natürlich auch OS X. Auf den vorhergehenden Seiten haben Sie die Mac-Variante ja schon kennengelernt. Wenn Sie Thunderbird auch unter Windows genutzt haben, werden Sie innerhalb weniger Minuten auch am Mac Ihre gewohnten Konten, E-Mails und Verzeichnisse wiederfinden, garantiert! Sollten Sie unter Windows bisher Outlook Express eingesetzt haben, lohnt der Datenimport in Thunderbird für Windows, um dann am Mac wieder alle E-Mails zur Verfügung zu haben.

Thunderbird-Konto auf den Mac kopieren

Am PC haben Sie mit der kostenlosen, leider nur auf Englisch verfügbaren Mac-Software *MozBackup* die Möglichkeit, ganz ohne kompliziertes Ordnersuchen Ihr komplettes Thunderbird-Konto zu kopieren.

1. **Software starten**
Die Software muss lediglich unter *www.mozbackup.de* heruntergeladen und kann dann direkt, ohne Installation, gestartet werden. Sofort sehen Sie den Bildschirm mit einer Auswahl der Daten, die kopiert werden sollen. Hier kann man auch die gespeicherten Webseiten von Firefox wunderbar zusammenfassen. Jetzt wählen Sie aber Ihre Thunderbird-Version aus.

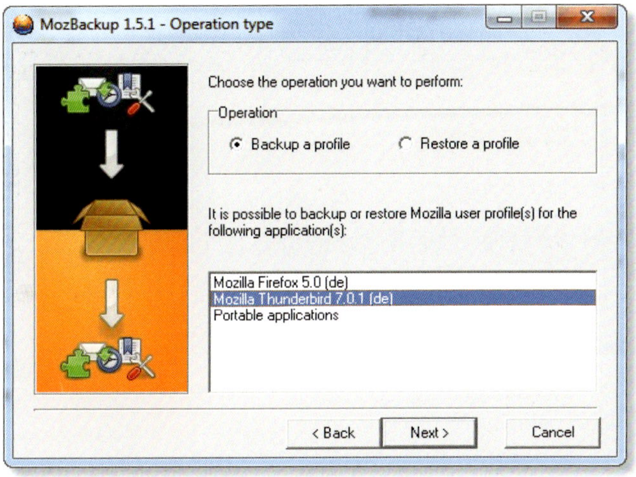

Abbildung 10.37
So erstellen Sie ein Backup Ihres Thunderbird-Kontos.

2. **Profil wählen**
Normalerweise haben Sie in Thunderbird nur ein Nutzerprofil. Wer mehrere E-Mail-Adressen unter dieser Software angelegt hat, wird hier allerdings auch mehrere Profile finden. Wählen Sie das benötigte per Mausklick aus.

Abbildung 10.38
Hier im Beispiel gibt es nur ein Profil namens »default«.

3. Passwortschutz

Den Passwortschutz für das spätere Archiv benötigen Sie in den meisten Fällen nicht, deshalb können Sie hier getrost auf **Nein** klicken. Den Weg vom PC zum Mac sollten Ihre Daten auch so überstehen.

Abbildung 10.39 >
Ein Passwort wird nicht benötigt.

4. Was soll exportiert werden?

Jetzt geht es ans Eingemachte: Hier muss ausgewählt werden, welche Daten und Informationen von Ihrem E-Mail-Programm exportiert werden sollen. Es empfiehlt sich, der Standardeinstellung zu folgen (wie abgebildet).

Abbildung 10.40 >
Mit den Standardeinstellungen sind Sie meist gut beraten.

5. Daten transferieren

Im nächsten Schritt wird der Speicherort für die Exportdatei (mit der Endung **.pcv**) abgefragt. Von dort kopieren Sie, nach Abschluss des

Vorgangs, genau diese Datei auf einen USB-Stick oder ein anderes Speichergerät und schließen dieses dann an den Mac an. Je nach Postfachgröße kann diese Datei übrigens durchaus auch mehrere Gigabyte umfassen.

6. Datei umbenennen

Zurück am Mac ist leider Handarbeit angesagt, denn es gibt keine MozBackup-Version für OS X. Somit können Ihre Daten damit auch am Mac nicht einfach per Klick wiederhergestellt werden. Aber im Grunde genommen ist es trotzdem nicht kompliziert. Am Mac ändern Sie die Endung **.pcv** in **.zip**, ignorieren die Warnung und entpacken die Zip-Datei per Doppelklick. Diese Daten müssen dann in den Ordner **Library** von OS X zu Thunderbird kopiert werden. Wie das geht, wird im Abschnitt »E-Mails in Thunderbird auf den Mac übertragen« ab Seite 224 erklärt.

Alternative: E-Mails manuell kopieren

Sie wollen den Thunderbird-Benutzerordner ohne MozBackup manuell kopieren? Das geht natürlich auch.

Zuerst steht unter Windows die Suche nach dem Verzeichnis an – wo waren doch gleich die E-Mails gespeichert? Standardmäßig müssen Sie sich zum Laufwerk **C:** und dort in den Bereich **Benutzer** bewegen. Darin steckt ein Ordner, der wie Ihr Benutzerkonto heißt. Einen Doppelklick später finden Sie nun den Ordner **AppData** (falls nicht, bitte weiter unten lesen) und dann **Local**. Diesen Ordner öffnen Sie wiederum, gehen auf **Thunderbird** und dann auf **Profiles**. Den nun angezeigten kryptischen Ordner 1 kopieren Sie sich auf einen externen Datenträger, also eine Wechselfestplatte oder einen USB-Stick. In ihm stecken all Ihre E-Mails und die kompletten Profildaten.

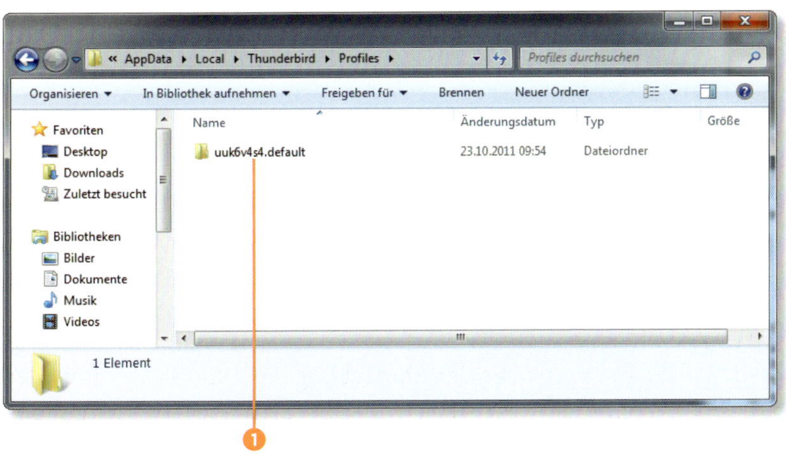

Abbildung 10.41
Wie haben Sie das vermisst – das Wühlen in den Windows-Systemordnern macht einfach keinen Spaß!

Kompliziert? Hier ist noch einmal der gesamte Dateipfad zum Nachvollziehen:

C:\Benutzer\Benutzername\AppData\Local\Thunderbird\Profiles

Nachdem Sie den Ordner mit Ihren E-Mails auf den externen Datenträger kopiert haben, schließen Sie diesen an den Mac an.

Falls Sie den Ordner *AppData* nicht sehen, sind die sogenannten versteckten Dateien und Ordner an Ihrem Computer ausgeblendet. Öffnen Sie die Systemsteuerung und dort den Menüpunkt **Darstellung und Anpassung**. Im Dialogfenster **Ordneroptionen** klicken Sie auf den Reiter **Ansicht** ❷ und scrollen bis zum Menüpunkt **Versteckte Dateien und Ordner** ❸. Anschließend wählen Sie **Ausgeblendete Dateien, Ordner und Laufwerke anzeigen** ❹. Nach einem Klick auf **OK** wird der Ordner *AppData* dann sichtbar.

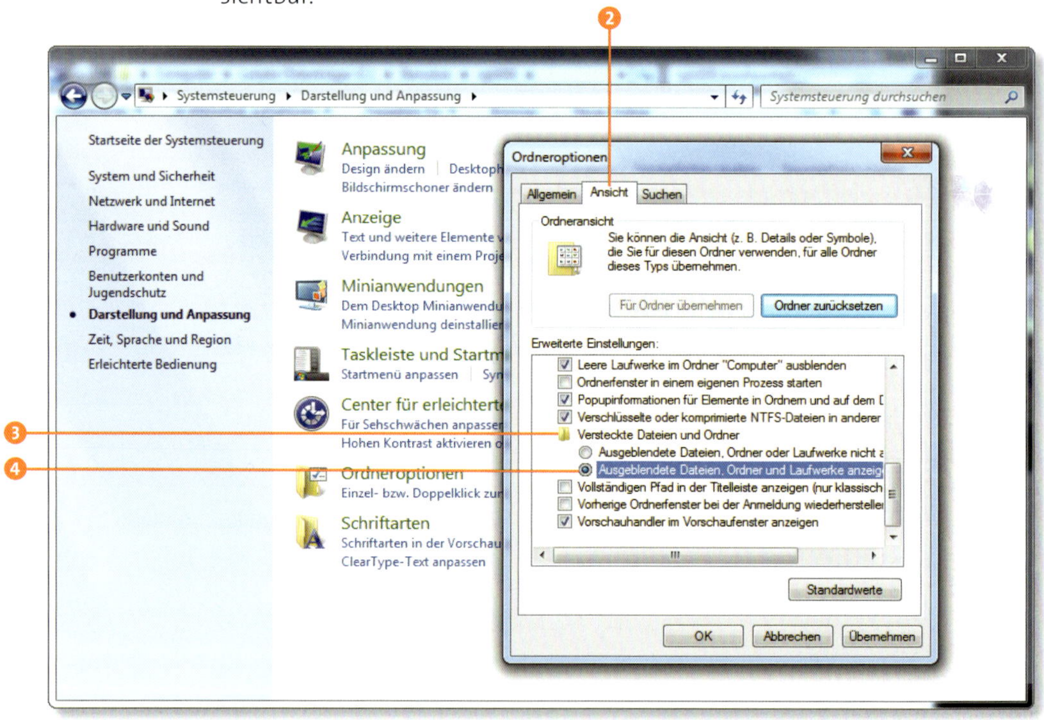

Abbildung 10.42
Machen Sie alles sichtbar, was Ihnen Windows bisher vorenthalten hat.

E-Mails in Thunderbird auf den Mac übertragen

Egal, ob Sie Ihre Thunderbird-Daten nun über MozBackup oder manuell kopiert haben: Auf dem Mac bleiben Sie nicht vom »Ordner-Hopping« verschont. Die Grundvoraussetzung, um Ihre E-Mail-Daten anzuzeigen, ist natürlich eine Installation von Thunderbird.

Beachten Sie bitte unbedingt, dass in den nächsten Schritten eventuell bereits vorhandene Thunderbird-Daten am Mac komplett überschrieben und eventuell vorhandene Konten unter OS X gelöscht werden! Und so kommen die E-Mails auf den Mac:

1. Öffnen Sie den Finder und dort das Menü **Gehe zu**. Drücken Sie dann die [alt]-Taste – nun erscheint der Ordner **Library**, der aus Sicherheitsgründen ausgeblendet ist. Diesen klicken Sie an. Auch hier werden Sie einen Ordner **Thunderbird** finden. Dort werden am Mac sämtliche E-Mails abgelegt. Nun muss das E-Mail-Programm unter OS X allerdings etwas überlistet werden, damit es Ihre wertvollen Daten von Windows versteht.

2. Klappen Sie anschließend, am besten in der Listenansicht, den Unterordner **Profiles** sowie den Benutzerordner (den mit der kryptischen Bezeichnung) auf. Löschen Sie den kompletten Inhalt des Benutzerordners, nicht jedoch den Ordner selbst! Lassen Sie dieses Fenster geöffnet.

^ Abbildung 10.43
Der Ordner »Library« erscheint nur mit einem Trick.

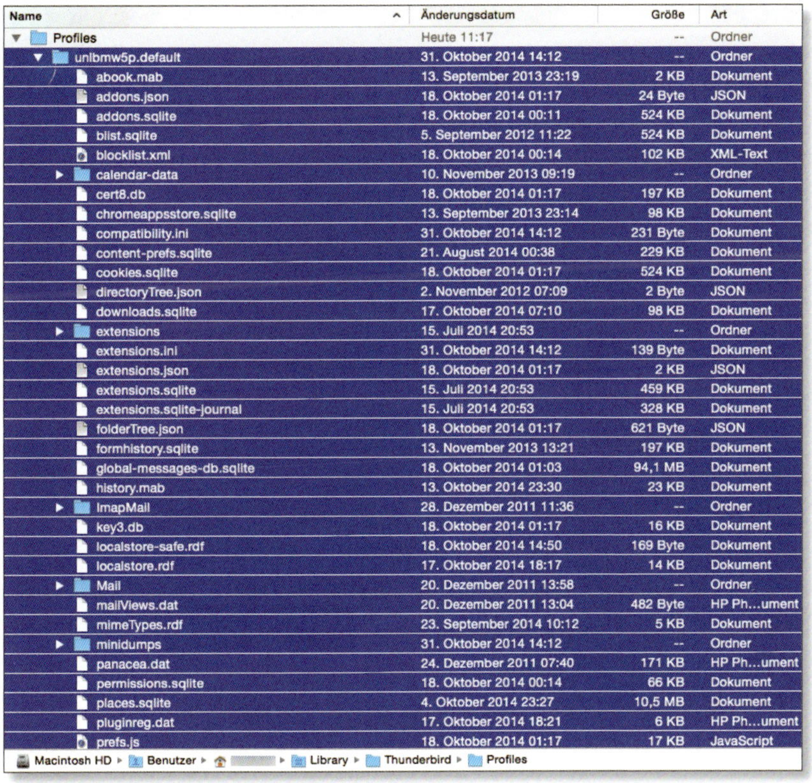

Name	Änderungsdatum	Größe	Art
▼ Profiles	Heute 11:17	--	Ordner
▼ unlbmw5p.default	31. Oktober 2014 14:12	--	Ordner
abook.mab	13. September 2013 23:19	2 KB	Dokument
addons.json	18. Oktober 2014 01:17	24 Byte	JSON
addons.sqlite	18. Oktober 2014 00:11	524 KB	Dokument
blist.sqlite	5. September 2012 11:22	524 KB	Dokument
blocklist.xml	18. Oktober 2014 00:14	102 KB	XML-Text
▶ calendar-data	10. November 2013 09:19	--	Ordner
cert8.db	18. Oktober 2014 01:17	197 KB	Dokument
chromeappsstore.sqlite	13. September 2013 23:14	98 KB	Dokument
compatibility.ini	31. Oktober 2014 14:12	231 Byte	Dokument
content-prefs.sqlite	21. August 2014 00:38	229 KB	Dokument
cookies.sqlite	18. Oktober 2014 01:17	524 KB	Dokument
directoryTree.json	2. November 2012 07:09	2 Byte	JSON
downloads.sqlite	17. Oktober 2014 07:10	98 KB	Dokument
▶ extensions	15. Juli 2014 20:53	--	Ordner
extensions.ini	31. Oktober 2014 14:12	139 Byte	Dokument
extensions.json	18. Oktober 2014 01:17	2 KB	JSON
extensions.sqlite	15. Juli 2014 20:53	459 KB	Dokument
extensions.sqlite-journal	15. Juli 2014 20:53	328 KB	Dokument
folderTree.json	18. Oktober 2014 01:17	621 Byte	JSON
formhistory.sqlite	13. November 2013 13:21	197 KB	Dokument
global-messages-db.sqlite	18. Oktober 2014 01:03	94,1 MB	Dokument
history.mab	13. Oktober 2014 23:30	23 KB	Dokument
▶ ImapMail	28. Dezember 2011 11:36	--	Ordner
key3.db	18. Oktober 2014 01:17	16 KB	Dokument
localstore-safe.rdf	18. Oktober 2014 14:50	169 Byte	Dokument
localstore.rdf	17. Oktober 2014 18:17	14 KB	Dokument
▶ Mail	20. Dezember 2011 13:58	--	Ordner
mailViews.dat	20. Dezember 2011 13:04	482 Byte	HP Ph...ument
mimeTypes.rdf	23. September 2014 10:12	5 KB	Dokument
▶ minidumps	31. Oktober 2014 14:12	--	Ordner
panacea.dat	24. Dezember 2011 07:40	171 KB	HP Ph...ument
permissions.sqlite	18. Oktober 2014 00:14	66 KB	Dokument
places.sqlite	4. Oktober 2014 23:27	10,5 MB	Dokument
pluginreg.dat	17. Oktober 2014 18:21	6 KB	HP Ph...ument
prefs.js	18. Oktober 2014 01:17	17 KB	JavaScript

^ Abbildung 10.44
Die markierten Dateien müssen gelöscht werden, damit Thunderbird Ihre E-Mails von Windows akzeptiert.

3. Öffnen Sie nun den Datenträger, der Ihre Windows-E-Mail-Daten von Thunderbird sowie den Benutzerordner enthält.

4. Markieren Sie den kompletten Inhalt dieses Ordners, nicht jedoch den Ordner selbst, und kopieren Sie alles auf die Festplatte Macintosh HD in den noch geöffneten Benutzerordner von Thunderbird.

Fertig! Sie können Thunderbird jetzt unter OS X starten, denn sämtliche E-Mails wie auch Konteneinstellungen sind übernommen worden!

Import in Apple Mail

Deutlich direkter ist der Weg, wenn Sie Ihre E-Mails von Thunderbird für Windows direkt in Apple Mail übertragen wollen: Kopieren Sie, wie im Abschnitt »Thunderbird-Konto auf den Mac kopieren« ab Seite 220 beschrieben, Ihre Thunderbird-E-Mails vom PC, und sichern Sie diese auf einen USB-Stick oder auf eine externe Festplatte.

Starten Sie anschließend Apple Mail, und wählen Sie **Ablage > Postfächer importieren**. Im nächsten Dialogfeld wählen Sie einfach **Thunderbird** (1) als Importoption aus, geben als Quelle Ihren externen Datenträger an, und schon werden alle E-Mail-Nachrichten in Apple Mail geladen inklusive Ihrer unter Thunderbird angelegten Ordner. Dieser Weg gilt natürlich nicht nur für diese E-Mail-Anwendung, sondern auch für andere gängige E-Mail-Programme am PC (Outlook und Windows Live Mail bzw. Outlook Express allerdings ausgeschlossen).

Abbildung 10.45 >
Warum kompliziert, wenn's doch so einfach geht? Apple Mail kann die E-Mails von Thunderbird, egal, ob von Windows oder Mac, einfach importieren.

11 Perfekt organisiert: iCloud, Erinnerungen, Termine und Adressen

Ihr Mac ist ein wahres Organisationstalent und wartet gleich mit einer ganzen Handvoll größerer und kleinerer Apps auf, um Ihr Leben zu vereinfachen. Damit es hier nicht zum Chaos kommt, zeigen wir Ihnen in diesem Kapitel, wie Sie mit den verschiedenen Applikationen tatsächlich mehr Ordnung schaffen und sich nicht noch zusätzliche Arbeit aufhalsen.

Grundsätzlich gilt auch unter OS X: Ordnung ist auch digital das halbe Leben, und wer seinen digitalen Kalender nicht richtig pflegt oder seine Adressen nicht auf Vordermann bringt, hat natürlich auch auf iPhone, iPad oder eben Mac-Computer ein Durcheinander. Sie werden aber erstaunt sein, wie einfach man am Mac alle Termine im Griff behält und garantiert nie wieder einen Geburtstag, Hochzeits- oder Jahrestag vergisst.

Insgesamt gilt auch hier: Die iCloud und die Apple-ID sind allgegenwärtig – hier geht eigentlich gar nichts »ohne«.

iCloud und Datenschutz

Sie sollten sich im Klaren darüber sein, dass Apple als amerikanisches Unternehmen anderen Datenschutzbestimmungen unterliegt. Zwar sind Ihre Daten normalerweise gegen den Zugriff durch Dritte geschützt, doch Apple selbst kann alle Informationen einsehen und darf bzw. muss sie im Verdachtsfall an ermittelnde Behörden weitergeben. Überlegen Sie sich daher vorher, welche Inhalte Sie in iCloud speichern. Sensible Unternehmensdaten sollten Sie beispielsweise lieber nicht über iCloud synchronisieren.

Bei der Anmeldung für iCloud stellt Apple 5 Gigabyte Speicherplatz zur Verfügung – kostenlos. Sollte das zu wenig sein, können Sie auf Wunsch weiteren Speicherplatz dazukaufen, und das sogar günstig: 10 Gigabyte zusätzlich kosten aktuell 16 €, 50 Gigabyte 80 € Jahresgebühr.

iCloud – Termine, Adressen und vieles mehr synchron

Apple schwebt auf Wolke 7 – mit iCloud ist es dem Unternehmen gelungen, einen Volltreffer zu landen. Der Dienst verspricht, im Zeitalter von intelligenten Smartphones, Tablet-Computern, Notebooks und natürlich »normalen« Computern das Datenchaos zu entheddern. Denn sicherlich kennen Sie das: Sie laden sich auf Ihr Notebook die neuesten Schnappschüsse Ihrer Kids herunter und möchten sie eigentlich auch auf dem Mobiltelefon und wenn möglich auch auf dem Home-Computer haben. Für den »Businessman« ist es ebenfalls unpraktisch, neue Kontakte aus

Abbildung 11.1
Das iCloud-Icon in OS X

dem Smartphone permanent manuell in das Adressbuch am Mac kopieren zu müssen – Chaos ist damit vorprogrammiert.

Apple sorgt mit iCloud durch ein simples Prinzip für Abhilfe – alle Geräte werden über einen externen Datenserver, die sogenannte *Cloud*, miteinander verbunden. Sie entscheiden, welche Daten synchronisiert werden sollen, und sobald Sie eines der angemeldeten Geräte anschließen, wird es mit den Daten der Cloud abgeglichen. Konkret gesprochen: Ein Adressbucheintrag auf Ihrem iPhone steht innerhalb von Sekunden auch auf Ihrem iPad oder MacBook im Adressbuch – ganz automatisch. Außerdem wird auf Wunsch der gesamte Inhalt Ihres iPads oder Smartphones jeden Abend in iCloud gesichert.

Sollte Ihr wertvolles Gerät defekt sein oder gestohlen werden, können Sie mit wenigen Klicks ein neues Gerät wieder auf den Stand der Dinge bringen. Beim Start jedes neuen iPhones oder iPads wird nämlich direkt die Frage gestellt, ob Sie einen iCloud-Account besitzen und von diesem Daten laden möchten. Sie erinnern sich – ganz ähnlich funktioniert das, wenn Sie einen neuen Mac kaufen und dann die Daten vom Time-Machine-Backup verwenden können.

Abbildung 11.2
Alles in der Wolke – Datenabgleich mit iCloud (Foto: Apple)

Geräte einrichten

Damit iCloud richtig funktioniert, müssen Sie auf allen Geräten mit der identischen Apple-ID angemeldet sein. Mobil werden nur Geräte mit iOS 5 oder höher unterstützt, also iPad, iPhone, iPod touch. Für Kontakte und Termine klappt es aber auch mit einem normalen Windows-PC.

Und es gibt noch eine praktische Funktion von iCloud. Sollte Ihr Computer, iPad oder iPhone gestohlen werden, können Sie das Gerät über iCloud orten und sperren.

Zusätzlich hält iCloud Ihre Musiksammlung synchron, allerdings nur die bei iTunes gekauften Titel. Diese werden dann auf Mac, iPhone und iPad immer aktuell übertragen – Sie haben also überall alle Musiktitel abspielbereit. Möchten Sie dieses tolle Feature für Ihre komplette Musiksammlung, kostet das knapp 25 € extra im Jahr. Ein ganz schön teurer Spaß, der aber durchaus sinnvoll und komfortabel ist.

Natürlich können Sie alternativ Ihre Musiktitel einfach wie bisher per iTunes kopieren.

- Vorteile von iCloud:
  - Termine und Adressen immer synchron
  - Änderungen auch online über das Web möglich
  - Fotostream für Bilder aus iPhoto
  - Weblinks, Lesezeichen und Webfavoriten auf allen Geräten synchron
  - gespeicherte Passwörter zentral verwaltet und mithilfe der Funktion *Schlüsselbund* auf allen Geräten verfügbar
  - Computer- und Handy-Ortung
  - automatische Integration in OS X
  - 5 Gigabyte Speicherplatz kostenlos
  - Synchronisierung gekaufter iTunes-Titel
  - iCloud Drive zur Ablage beliebiger Daten
- Nachteile von iCloud:
  - Es werden in der Basisversion nur die bei Apple gekauften Musiktitel vollautomatisch synchronisiert.

Wie Sie sehen, überwiegen die Vorteile eindeutig.

Die Einrichtung von iCloud ist im Normalfall schon beim ersten Start Ihres Macs passiert. Hier hat Apple neben der Abfrage oder der Neueinrichtung der Apple-ID schon alles für Sie erledigt. Haben Sie dort die iCloud-Einrichtung übersprungen, können Sie sie aber jederzeit über die Systemeinstellungen nachholen.

iCloud bereits konfiguriert?

Wenn Sie sich schon bei der Installation von OS X mit Ihrer Apple-ID für iCloud angemeldet haben, müssen Sie die Einrichtung nicht erneut durchführen.

iCloud im Internet

Sie können auf Ihre iCloud-Daten auch über das Web zugreifen. Das ist besonders dann praktisch, wenn Sie ein Smartphone einer anderen Marke als Apple besitzen. Damit haben Sie zumindest die Möglichkeit, Termine und Adressen zu ändern oder zu ergänzen oder nach Ihren Geräten online zu suchen, sollten diese gestohlen worden oder verloren gegangen sein.

1. Einloggen

Loggen Sie sich mit Ihrer Apple-ID einfach von einem beliebigen Browser aus unter *www.icloud.com* ein.

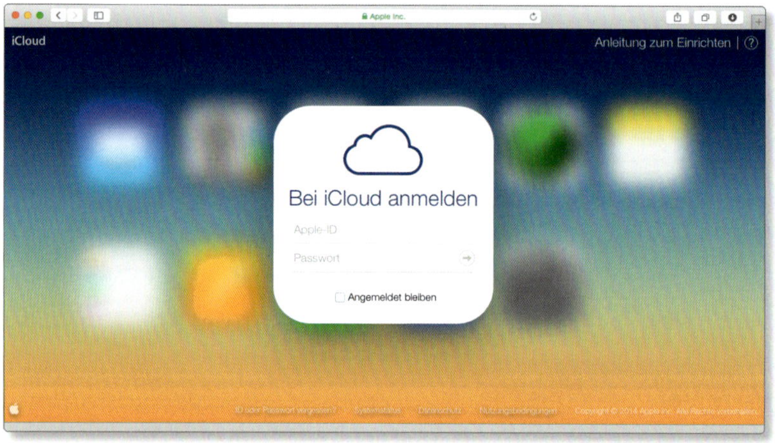

Abbildung 11.3 >
Das Login-Fenster im Browser

Kein iTunes oder iPhoto online

Sie haben gedacht, dass man über iCloud auch auf die Musiksammlung zugreifen und Musik im Browser abspielen oder gar eine Diashow über das Web starten kann? Diese Funktion gibt es in iCloud aktuell noch nicht, man darf aber gespannt sein, wann sich auch hier die »Türen« öffnen werden.

2. iCloud erkunden

Sie haben jetzt Zugriff auf Ihre iCloud-Services und können diese voll nutzen. Sie werden erstaunt sein, dass beispielsweise die Kontakte oder der Kalender sich wie am Mac bedienen lassen. Die Optik hingegen ist von iOS 8 geliehen.

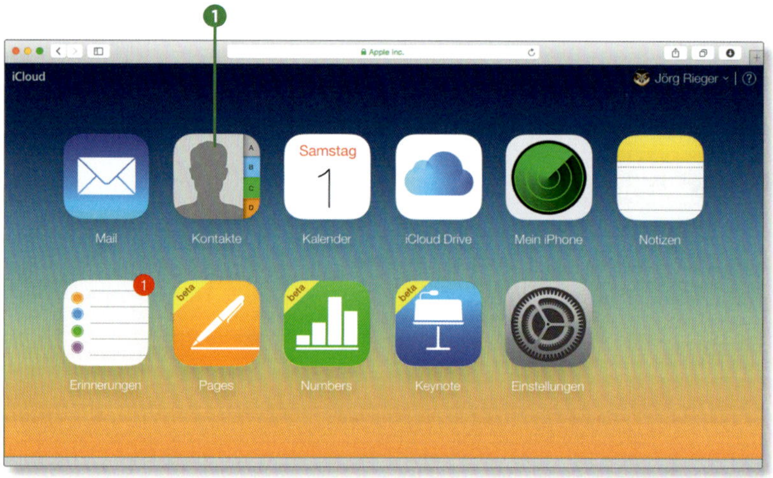

Abbildung 11.4 >
Die Services, die Sie in den Systemeinstellungen an Ihrem Mac für iCloud aktiviert haben, werden auch direkt in der Cloud angezeigt.

Als Beispiel, um die Funktionsweise von iCloud zu verstehen, öffnen Sie die App *Kontakte* ❶ und legen einen neuen Eintrag an. Sobald Sie fertig sind, starten Sie an Ihrem Mac das Adressbuch: Sie werden sehen, dass der neue, online eingetragene Kontakt sofort auch auf Ihrem Mac verfügbar ist. Ganz ohne zusätzlichen Mausklick.

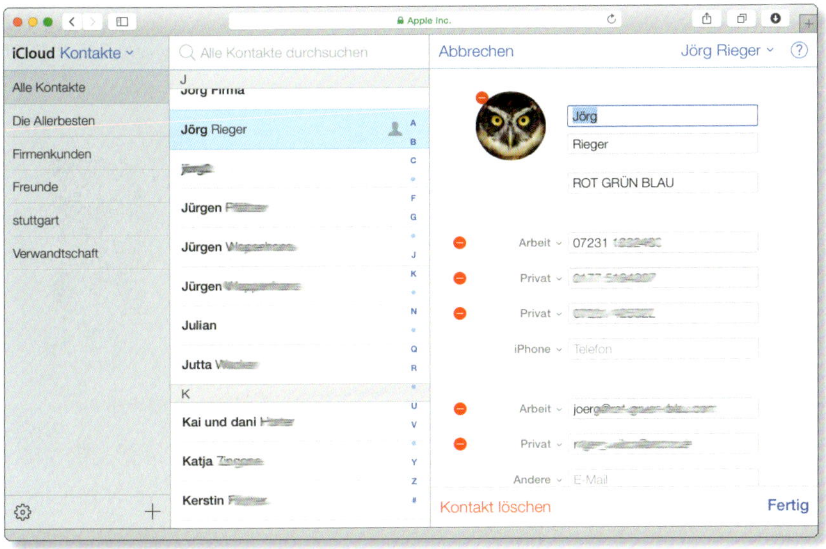

Vorgegriffen: Adressbuch

Zugegeben – wir haben hier etwas vorgegriffen. Wie das Adressbuch im Detail funktioniert, erfahren Sie im Abschnitt »Ein Adressbuch anlegen und organisieren« ab Seite 237.

Abbildung 11.5
Das Adressbuch online in iCloud ist vom Adressbuch unter OS X kaum zu unterscheiden und synchronisiert sich natürlich automatisch.

Online-Apps

Seit iOS 7 sind Apples Office-Programme Pages, Numbers und Keynote auch als Online-Apps in iCloud verfügbar. Zum Zeitpunkt der Drucklegung dieses Buches gibt es sie zwar nur als Beta-Version, aber schon mit voller Funktionalität. Mit diesen Programmen können Sie online ohne den Kauf der entsprechenden Apps ansprechende Dokumente erstellen, die via iCloud auch auf Ihrem Mac und anderen Apple-Geräten synchronisiert werden, sofern Sie die iWork-Programme installiert haben.

Abbildung 11.6
Pages in iCloud – die volle App-Funktionalität online

Sehr praktisch an diesen Programmen ist, dass die Apps ständig Ihre Änderungen sichern, ein versehentliches Schließen des Browsers bedeutet also keinen Datenverlust.

Natürlich ist das Arbeiten an einem Layout via Internet aktuell eher eine Notlösung denn eine ernsthafte Alternative zu einem fest installierten Programm. Apple ist hier unter Zugzwang und eifert Google nach; der Suchmaschinenkonzern bietet schon seit Jahren ein kostenloses Office-Programm im Web an (*Google Drive*).

Geräte über iCloud orten

Apple-Geräte sind begehrt – und bekommen daher gerne mal »Beine«. Andererseits kann es ja auch passieren, dass einem das iPhone unbemerkt aus der Tasche oder hinter das Sofa rutscht. In diesem Fall hilft iCloud weiter. Alle über iCloud angemeldeten Geräte, also auch iPad, MacBook oder iMac, können, sofern sie eine Verbindung zum Internet haben, über *www.icloud.com* geortet werden. Sie müssen sich dort nur mit Ihrem Benutzernamen anmelden und dann auf **Mein iPhone suchen** klicken – das gilt auch, wenn Sie nach Ihrem Notebook fahnden.

Wenige Augenblicke später sehen Sie auf einer digitalen Landkarte, wo sich Ihr Gerät aufhält. Diese Angabe ist bis auf wenige Meter genau. So funktioniert es:

1. iCloud starten

Gehen Sie auf *www.icloud.com*, und loggen Sie sich mit Ihrer Apple-ID ein. Klicken Sie dann direkt auf **Mein iPhone suchen**. Standardmäßig werden alle Geräte gesucht. Möchten Sie diese Suche einschränken, klicken Sie auf **Alle Geräte** und wählen das gewünschte Apple-Gerät aus.

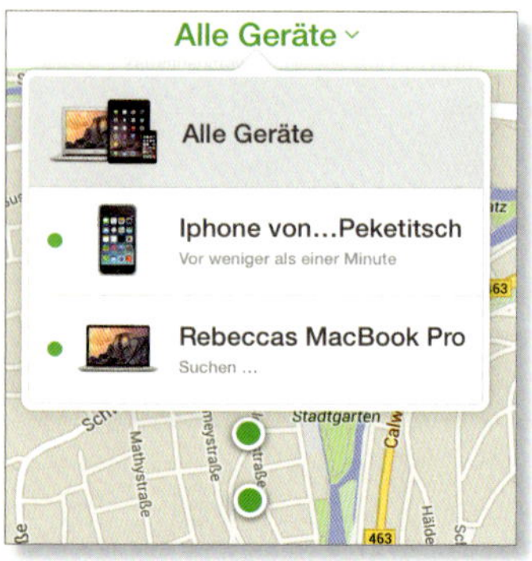

Abbildung 11.7
Die Suche nach den eigenen Gerätschaften ist über iCloud ganz einfach.

2. Ortung abwarten

Jetzt legt iCloud los und versucht, Ihr Gerät zu finden. Das klappt natürlich nur, wenn es auch eingeschaltet ist und eine Verbindung zum Internet besteht. Falls ja, erhalten Sie wenige Augenblicke später ein verblüffend exaktes Ergebnis angezeigt.

3. Tätig werden

Sie können, sollte Ihr Apple-Gerät tatsächlich in falschen Händen sein, nun aktiv werden. Klicken Sie in der Karte bei Ihrem Gerät auf das kleine i. Jetzt erscheint der Dialog aus Abbildung 11.8. Wir wollen zunächst noch nicht das gesamte Gerät löschen oder sperren, sondern erst einmal an das Gute im Menschen glauben. Die Wahl fällt daher auf die Optionen **Ton abspielen** ❶ oder **Modus „Verloren“** ❷.

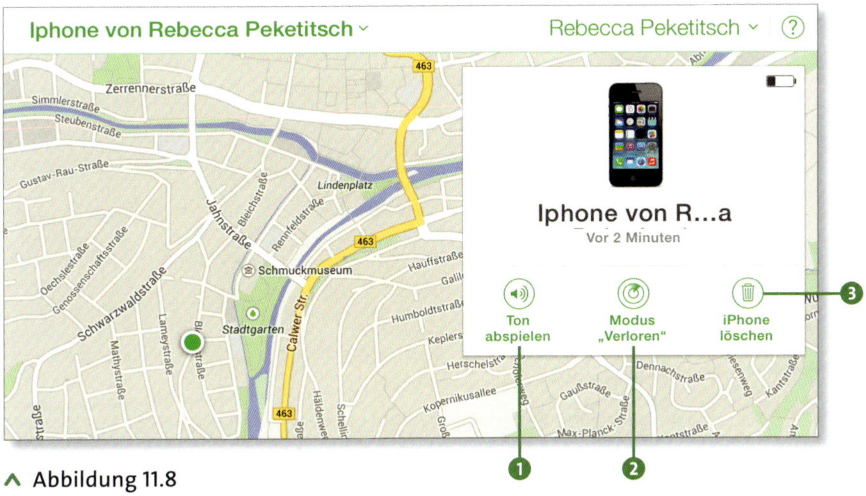

Abbildung 11.8
Das verschwundene iPhone wurde geortet.

Die kleine Soundinfo (❶ in Abbildung 11.8) ist dann praktisch, wenn Sie Ihr iPhone in der Wohnung verlegt haben. So finden Sie es auch unter dem Sofakissen ohne Probleme. Die Einstellung **Modus „Verloren“** (❷ in Abbildung 11.8) sollten Sie nur dann aktivieren, wenn Ihr Gerät wirklich weg ist. Dann können Sie iPhone und iPad für andere komplett unbrauchbar machen, indem Sie sämtliche Funktionen sperren. Das klappt natürlich nur dann, wenn das verlorene Gerät eingeschaltet ist. Ist es ausgeschaltet, wird die Sperre sofort bei der ersten Verbindung ins Netz aktiviert. Das macht iCloud automatisch. Zudem sendet der Dienst Ihnen Informationen zum Stand der Dinge an die von Ihnen hinterlegte E-Mail-Adresse. Im Ernstfall können Sie sogar Ihr iPhone über diesen Dialog komplett löschen ❸.

iCloud Drive

Ganz neu in OS X Yosemite ist iCloud Drive, Ihr virtueller Online-Speicher »in der Wolke«. Hier können Sie einfach beliebige Daten ablegen und über jeden Mac, an dem Sie per Apple-ID angemeldet sind, darauf zugreifen. Natürlich ist eine Internetverbindung eine zwingende Voraussetzung. iCloud Drive ist auch für Apps am iPhone oder iPad zugänglich. Diese müssen aber explizit eine solche Speichermöglichkeit unterstützen. Ein direkter Zugriff auf dieses Laufwerk ist an den mobilen Geräten nicht möglich. Aber immerhin klappt das unter OS X ganz einfach. Ein

Unterschied zu Dropbox und WeTransfer

Vielleicht haben Sie einen Service wie Dropbox oder WeTransfer schon selbst genutzt, um große Datenmengen über das Internet mit Freunden zu verteilen. Das ist mit iCloud Drive leider nicht möglich, so praktisch dies auch wäre.

Blick in die Seitenleiste des Finders offenbart den Speicher als Laufwerk in den Favoriten ❶.

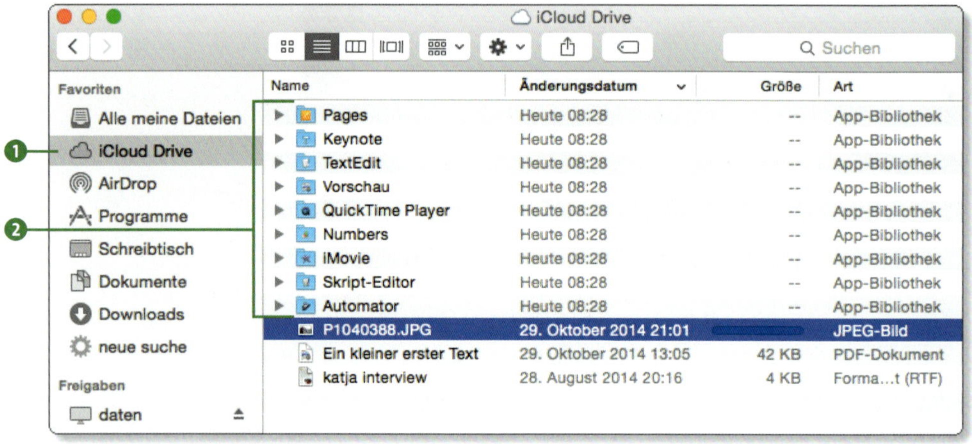

Abbildung 11.9
iCloud Drive unterscheidet sich nicht von einem normalen Laufwerk, ist aber komplett virtuell.

Die Bedienung ist kinderleicht – wie in den bisherigen Ausführungen zum Finder beschrieben. Kopieren Sie nach Belieben die gewünschten Daten in iCloud Drive, auch das Anlegen von Ordnern ist möglich. Von den bereits angelegten Ordnern ❷ sollten Sie aber die Finger lassen. Diese sind von Ihren Apps angelegt und werden benötigt, um bearbeitete Dokumente zu sichern.

Und wie gesagt – egal, an welchem Ihrer Computer Sie sich mit Ihrer Apple-ID anmelden, Sie haben immer direkten Zugriff auf diese praktische Speicherlösung.

iTunes Match

Mit iTunes Match wird Ihre gesamte Musiksammlung in die Cloud übernommen. Dieser Service kostet aktuell knapp 25 € pro Jahr. Dafür tauscht Apple aber sämtliche Musiktitel, die im Store in besserer Qualität als auf Ihrer Festplatte verfügbar sind, automatisch um. Das ist Service und Komfort – ob es das Geld wert ist, muss man selbst entscheiden. Wer gerne Musik hört, dürfte diesen automatischen Abgleich direkt zu schätzen wissen.

iTunes und iCloud

iTunes und iCloud arbeiten begrenzt zusammen, zumindest in der kostenlosen Basisversion. Sie können alle bei iTunes gekauften Musiktitel auf allen in iCloud angemeldeten Geräten automatisch synchronisieren lassen; sprich, Sie haben alle Musiktitel immer parallel auf iPod, iPad, Mac-Computer und iPhone. In der kostenlosen Basisversion klappt das aber nur mit bei iTunes und Ihrem Account erworbenen Titeln. Ihre selbst erstellte, beispielsweise von CDs konvertierte oder anderweitig gekaufte MP3-Musik bleibt außen vor. Immerhin – iCloud ist so großzügig, alle, auch eventuell schon vor Jahren gekaufte Musik zu übernehmen.

Abbildung 11.10
iTunes Match bringt Ihre gesamte Musiksammlung auf alle Geräte.

Die Synchronisierung ist in der Basiseinstellung von iTunes schon aktiviert. Apps und Musik werden vollautomatisch auf alle in iCloud registrierten Geräte übertragen. Dies geschieht natürlich immer erst dann, wenn Sie iTunes auf dem jeweiligen Gerät starten und eine Internetverbindung verfügbar ist.

Musikverwaltung mit iTunes

Alles zu iTunes erfahren Sie in Kapitel 13, »iTunes für die Musik am Mac«.

iCloud und iPhoto

Das Fotoalbum ist dank iCloud auch immer und überall mit dabei. Das Zauberwort heißt *Fotostream*, und diese Funktion ist in iPhoto beheimatet. Nach dem Start von iPhoto finden Sie die iCloud-Funktionalität unter **Freigaben** in der linken Seitenleiste. Beim ersten Aufruf müssen Sie die Funktionen zunächst mit Ihrer Apple-ID freischalten.

Standardmäßig werden in iPhoto alle Bilder geladen, die sich im Ordner **Aufnahmen** Ihres iPhones befinden. Möchten Sie Bilder aus iPhoto auf Ihr iPhone oder iPad bringen, ziehen Sie sie einfach auf das iCloud-Symbol (1 in Abbildung 11.11 auf Seite 236)

Abbildung 11.11 >
Die iCloud-Funktion für iPhoto muss zuerst bestätigt werden.

Eine Grundeinstellung ist in iPhoto aber ohnehin, dass alle neuen Aufnahmen, beispielsweise von Ihrer Digitalkamera, in den Fotostream und damit auf alle anderen Geräte geladen werden. Um das zu verhindern, wählen Sie **iPhoto > Einstellungen**. Unter **iCloud** ❷ deaktivieren Sie **Automatischer Upload** ❸, und schon werden nur jene Bilder mit allen Geräten geteilt, die Sie explizit auf das iCloud-Symbol ziehen.

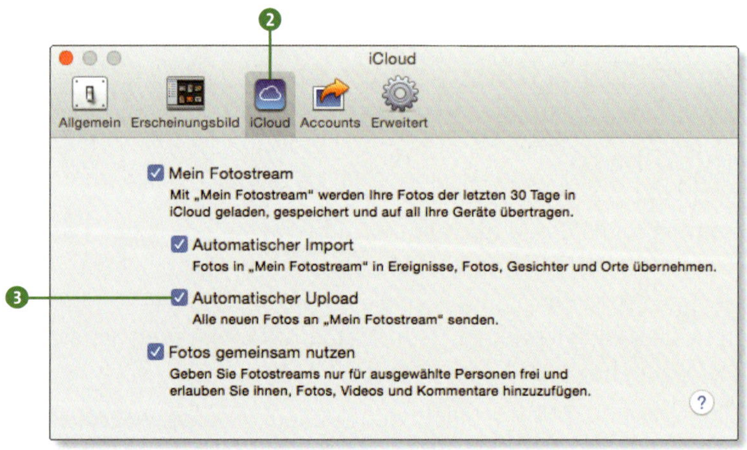

^ Abbildung 11.12
Deaktivieren Sie den automatischen Upload, wenn iPhoto nicht alle importierten Fotos direkt auf alle Geräte übertragen soll.

Leider ist der Fotostream in Sachen Komfort etwas minimalistisch ausgefallen, eine Sortierung nach Ordnern ist beispielsweise nicht möglich. Apple sieht diese Funktion wohl tatsächlich nur als Datenaustauschplattform, und diesen Zweck erfüllt Fotostream einwandfrei; dieser Service ist übrigens schon im kostenlosen iCloud-Paket inklusive.

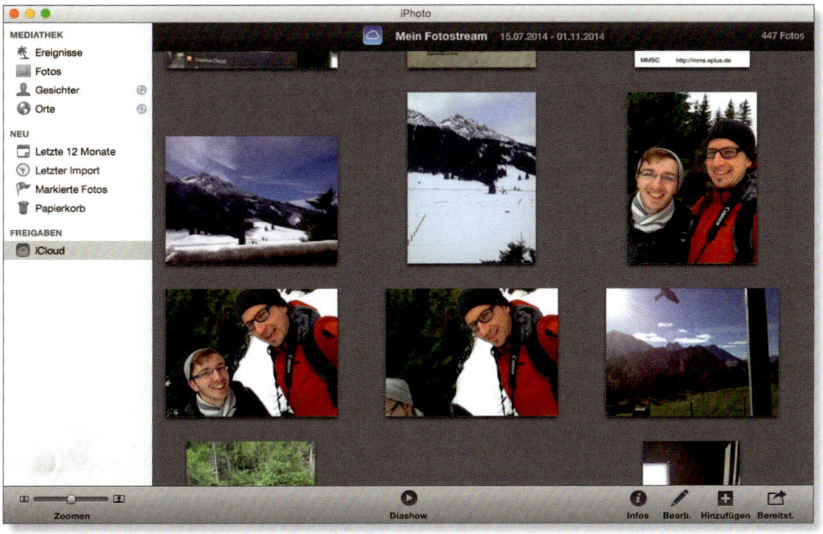

Fotoverwaltung mit iPhoto

Alles zum Fotostream und zu iPhoto erfahren Sie in Kapitel 14, »Bessere Fotos mit iPhoto«.

< Abbildung 11.13
Der Fotostream zum Bildertausch merkt sich die zuletzt geschossenen Bilder von iPhone und iPad und macht diese am Mac zugänglich.

Ein Adressbuch anlegen und organisieren

Das Adressbuch unter OS X gehört zum Betriebssystem dazu und ist vorinstalliert. Sie müssen lediglich die App *Kontakte* starten – entweder über das Symbol im Dock oder über das Launchpad. Wenn Sie via iCloud angemeldet sind und ein iPhone haben, werden diese Kontakte direkt übernommen und aufgelistet. Ansonsten präsentiert sich das Adressbuch sehr übersichtlich – hier finden sich lediglich der Eintrag der Apple GmbH und Ihr eigener Kontakt. Markieren Sie einen Eintrag per Mausklick. Auf der rechten Seite werden dann die Details angezeigt.

^ Abbildung 11.14
Das Kontakte-Icon im Dock

Einen neuen Kontakt anlegen

Jetzt geht es an das Anlegen eines neuen Eintrags. Das funktioniert in wenigen Schritten:

1. Neuen Eintrag anlegen und Namen eingeben
Klicken Sie mit der linken Maustaste auf das Plussymbol ❶ im unteren Fensterbereich und wählen Sie **Neuer Kontakt**.

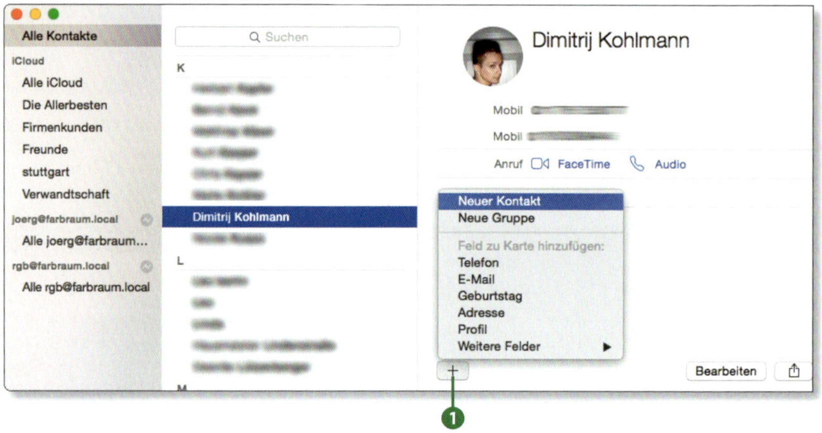

Abbildung 11.15 >
Los geht es mit einem neuen Kontakt.

Sofort wird ein neuer Eintrag angelegt, Apple nennt das »neue Visitenkarte«. Das Feld **Vorname** ❷ ist schon blau markiert und zur Eingabe bereit. Sie können direkt losschreiben, ohne den Platzhaltertext vorher mit der [←]-Taste löschen zu müssen. Mit der [⇥]-Taste oder per Klick springen Sie in das nächste Feld **Nachname** ❸. Auch hier ist der Text bereits blau markiert und kann einfach überschrieben werden, ohne dass er zuvor extra gelöscht werden müsste.

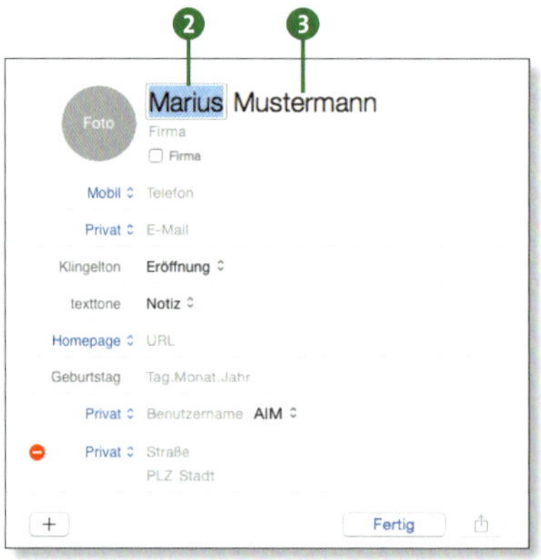

< Abbildung 11.16
Jetzt kann die Eingabe beginnen.

Übergreifend wichtig

Das Adressbuch wird im gesamten Betriebssystem benutzt, wenn Kontakte benötigt werden. So greift Ihr E-Mail-Programm automatisch darauf zurück, und auch iPhoto nutzt die hinterlegten Daten zur Personenerkennung auf Ihren Schnappschüssen. Nicht zuletzt ist auch der Kalender auf ein sauber angelegtes Adressbuch angewiesen. Es lohnt sich also, ein wenig Mühe in die Adressverwaltung zu investieren.

2. Details eingeben

Das Adressbuch macht Ihnen nun einige Vorschläge in Sachen Detailinformationen, die Sie ergänzen können. Glücklicherweise kann man diese Angaben nach Wunsch abändern. Die Informationen mit den kleinen Pfeilen sind die Rubrikbeschriftungen. Der erste Eintrag wäre also für die Telefonnummer bei der Arbeit vorgesehen. Wenn Sie hier lieber die private Telefonnummer hinterlegen möchten, klicken Sie einfach darauf und wählen die gewünschte Telefonvariante aus ❹. Die Telefonnummer selbst ergänzen Sie mit einem Klick auf das in Grau geschriebene Wort **Telefon**.

Details entfernen

Apple hat im Adressbuch viele zumeist selten benötigte Details hinterlegt. Diese können Sie mit einem Klick auf das rote Minussymbol einfach löschen.

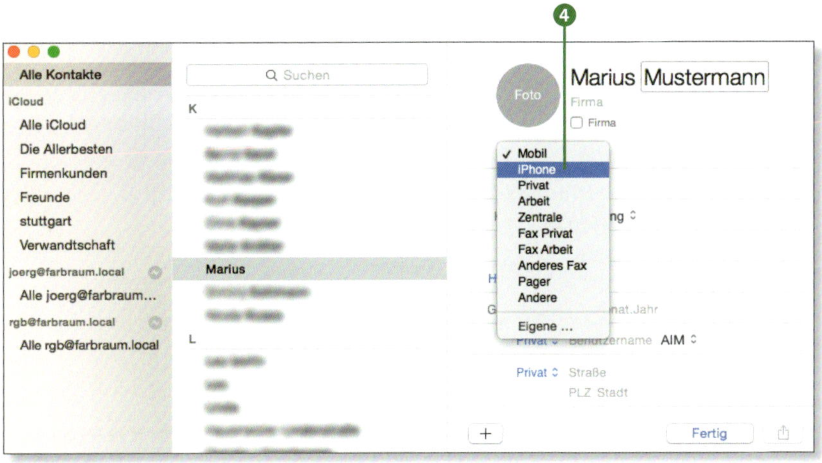

Abbildung 11.17
So füllen Sie die vorgegebenen Felder aus.

3. Neue Details (Felder) ergänzen

Sicherlich fehlt noch das eine oder andere Detail, um die perfekte und vollständige Visitenkarte zu erstellen. Es wäre doch prima, z. B. gleich den Geburtstag der entsprechenden Person zu hinterlegen oder vielleicht deren Website? Das alles ist möglich, allerdings mit etwas Handarbeit verbunden. Aktivieren Sie den entsprechenden Kontakt und klicken Sie auf das Plussymbol 5. Hier gibt das Adressbuch die wichtigsten Möglichkeiten vor. Wählen Sie einfach das gewünschte Feld an, und schon erscheint es ausfüllbereit in der Visitenkarte.

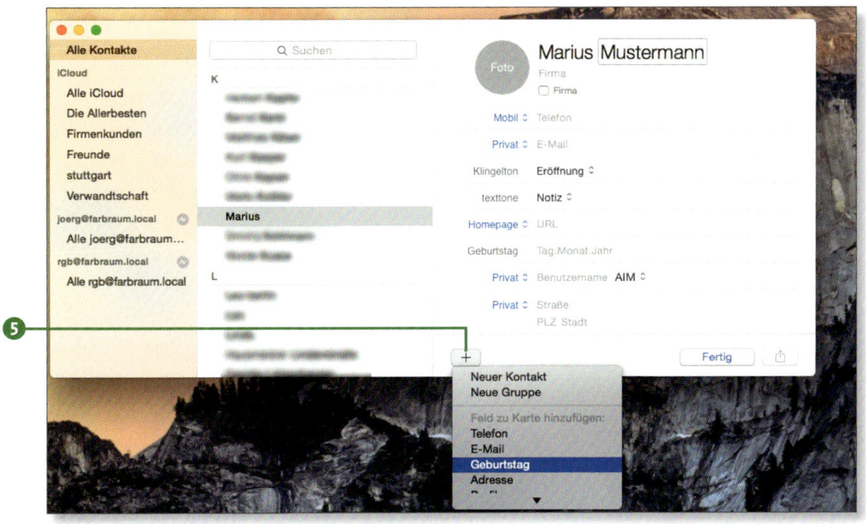

Abbildung 11.18
Eine Liste weiterer Felder finden Sie über das Plussymbol am Kontakt.

Visitenkartenvorlage ändern

Sie möchten gerne die Apple-Vorlage eines neuen Kontakts umgestalten, also beispielsweise in der Form, dass immer die private Telefonnummer vorhanden ist und Geburtstag sowie Geburtsname als Eingabefeld bereitstehen? Gehen Sie hierzu in das Menü **Visitenkarte**, und klicken Sie dort auf **Feld hinzufügen**. Hier finden Sie ganz unten den Eintrag **Vorlage bearbeiten**. Es wird ein neues Fenster geladen, das Ihnen vollen Zugriff auf die Mustervorlage bietet. Alles, was Sie hier ändern, wird zukünftig beim Anlegen eines neuen Kontakts eingeblendet. Diese Änderungen haben auf Ihre bereits angelegten Kontakte keinen Einfluss, hier wird weder etwas gelöscht noch geändert.

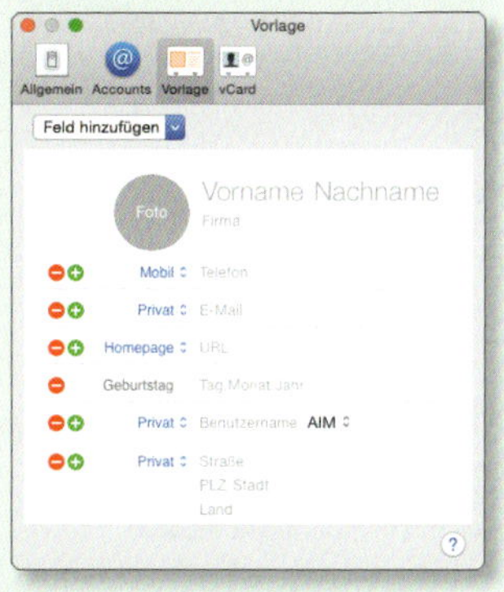

Abbildung 11.19
Die Vorlage kann angepasst werden; künftig werden alle neuen Kontakte diese Felder automatisch anzeigen.

4. **Foto einfügen über die Webcam**
Der neue Kontakt steht gerade neben Ihnen am Computer, oder Sie haben bereits einen Schnappschuss der Person in iPhoto abgelegt? Dann klicken Sie doppelt auf das Bildfeld ❻. Ein Klick auf **Kamera** ❼ startet die Webcam, und innerhalb von drei Sekunden werden Sie bzw. Ihr neuer Kontakt hier abgelichtet.

Abbildung 11.20 >
Ein Schnappschuss mit der eingebauten Kamera

^ Abbildung 11.21
Auch aus dem Fotostream kann man ein Profilbild speichern.

Alternativ können Sie auch ein Bild aus dem Fotostream der iCloud oder den in iPhoto erkannten Gesichtern wählen.

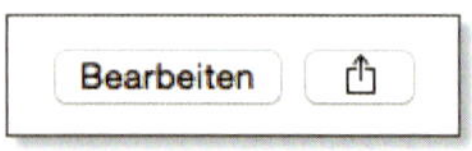

^ Abbildung 11.22
Über den Button »Bearbeiten« können Sie Visitenkarten jederzeit editieren.

Vorhandene Kontakte ändern

Sie möchten einen vorhandenen Kontakt ändern oder dort Daten ergänzen? Hierzu müssen Sie den entsprechenden Kontakt markieren und auf **Bearbeiten** am unteren Fensterrand klicken. Damit sind Änderungen und Ergänzungen möglich – sie werden genauso gemacht wie bei einem neuen Eintrag.

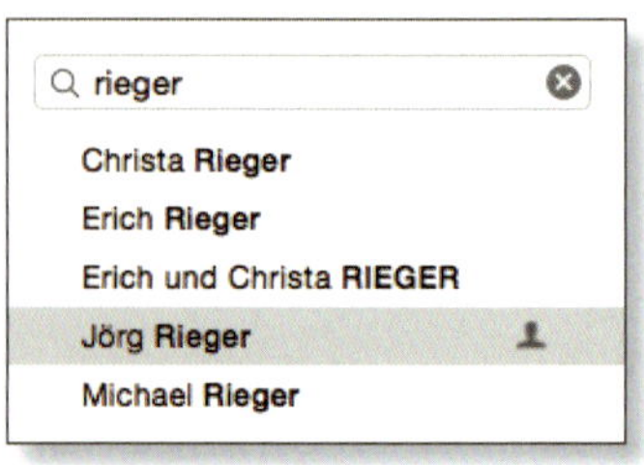

^ Abbildung 11.23
Über die Suchleiste finden Sie Kontakte im Handumdrehen.

Adressen finden

So, Ihr neues digitales Adressbuch nimmt langsam die gewünschten Formen an. Sie haben bereits mehrere Kontakte eingetragen? Das ist doch schon richtig übersichtlich, oder?

Wenn Sie übrigens ganz schnell einen bestimmten Kontakt finden möchten, geht das nicht nur per Scroll in der Namenleiste, sondern auch über das Suchfeld im Adressbuch-Fenster links oben. In das leere Feld neben der Lupe tragen Sie einfach den gewünschten Suchbegriff ein, egal ob Straße, Vorname oder gar Geburtsjahr, und schon filtert der Computer die Treffer heraus.

Gruppen für mehr Komfort im Adressbuch

Spannend ist zudem noch die Funktion *Gruppe* – besonders wenn man mehr als zehn Kontakte hat. In einer Gruppe kann man die Adressen nach verschiedenen Kriterien zusammenfassen und hat damit auf einen Klick die gesamte Verwandtschaft, die Kegelfreunde oder Internetbekanntschaften eingeblendet. Doch das ist noch nicht alles. In Ihrem E-Mail-Programm können Sie z. B. mit Eingabe des Gruppennamens eine E-Mail mit nur einem Mausklick an alle Mitglieder dieser Gruppe senden und müssen nicht mühselig alle Empfänger einzeln hinzufügen. Mehr zum Thema E-Mail am Mac erfahren Sie übrigens in Kapitel 10, »E-Mails – denn Briefe waren gestern«. In der Textverarbeitung Pages drucken Sie in ganz ähnlicher Weise Serienbriefe aus – auch diese Anwendung greift auf das Adressbuch zu. Eine neue Gruppe legen Sie über das Menü **Ablage > Neue Gruppe** an.

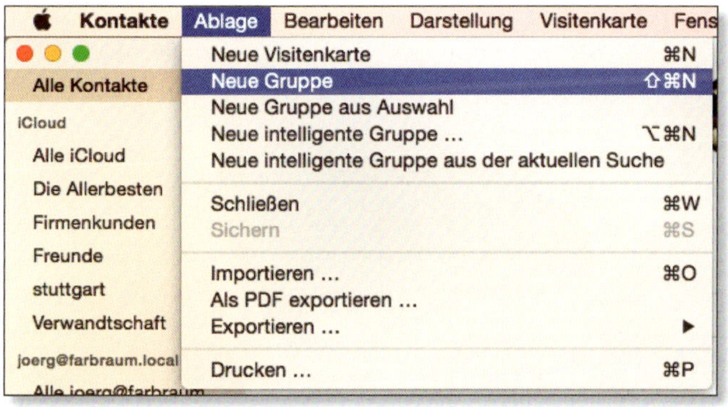

Abbildung 11.24
Eine neue Gruppe wird über das Menü »Ablage« angelegt.

Abbildung 11.25
Gruppen sorgen für mehr Übersichtlichkeit.

Tippen Sie einen möglichst aussagekräftigen Namen ein. Logischerweise ist dieser Gruppe noch kein Kontakt zugeordnet. Das müssen Sie jetzt erledigen. Klicken Sie wieder auf **Alle Kontakte** 8, und suchen Sie einen oder mehrere passende Kontakte für die neue Gruppe aus. Ziehen Sie diesen mit gedrückter Maustaste auf die Gruppe, und lassen Sie ihn dort fallen, wenn unter dem Kontakt das Plussymbol erscheint.

Abbildung 11.26
Adressgruppen sind im Handumdrehen erzeugt.

Unser Tipp: Sie können einen Kontakt beliebig vielen Gruppen zuordnen – eine Person kann also durchaus sowohl der Gruppe **Verwandtschaft** als auch **Kegelfreunde** zugeordnet sein. Das ist kein Problem und mitunter durchaus praktisch.

Doch lieber auf Papier – das Adressbuch drucken

Das papierlose Büro und auch der papierlose Schreibtisch zu Hause sind eine Illusion, die man sich in der Euphorie der ersten Home-Computer ausgemalt hatte. Fakt ist: Man hat einfach manches doch lieber zusätzlich haptisch in der Hand und nicht nur optisch auf dem Bildschirm.

Auch das Adressbuch am Mac kann ganz übersichtlich als Papierversion gedruckt werden. Allerdings hat Apple die Funktion ganz gut versteckt, denn ohne »Trick 17« wird immer nur die gerade angezeigte Visitenkarte auf dem Drucker ausgegeben. Daher zeigen wir Ihnen jetzt, wie Sie Ihr gesamtes Adressverzeichnis als übersichtliche Tabelle in Papierform oder als PDF-Dokument erstellen:

1. Voreinstellungen für den perfekten Druck

Zuerst aktivieren Sie jene Gruppe, die Sie gerne ausdrucken möchten. Für alle Adressen gehen Sie bitte auf **Alle Kontakte**. Gehen Sie nun in das Menü **Ablage**, und klicken Sie dort auf den Menüpunkt **Drucken**. Es erscheint daraufhin das Standarddruckmenü mit einer Seitenvorschau. Klicken Sie auf **Details einblenden**, um mehr Einstellungsmöglichkeiten zu bekommen.

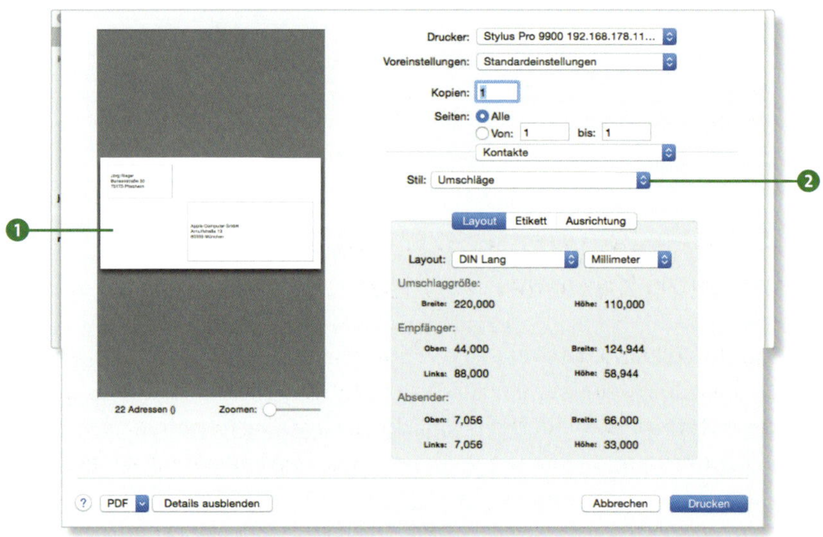

Abbildung 11.27 >
Neben dem Ausdruck als Liste ist auch ein Druck von Umschlägen und Adressetiketten möglich.

2. **Eine Frage des Stils**
Im nächsten Fenster sehen Sie links eine Druckvorschau ❶, die in der Standardeinstellung auf **Umschläge** eingestellt ist. Das muss über den Punkt **Stil** ❷ geändert werden. Klicken Sie im zugehörigen Feld auf **Listen**.

3. **Viele Einstellungen**
Das Papierformat sollte auf **DIN A4** stehen ❸. Falls nicht, ändern Sie dies entsprechend über das Rollout-Menü. Bei **Attribute** ❹ setzen Sie vor jene Details ein Häkchen, die später in der Adressliste erscheinen sollen. Sie legen hier also fest, ob die Adresse zu sehen sein soll, das Geburtsdatum oder, oder, oder ...

Sie sehen übrigens in der Druckvorschau links direkt, wie die Liste aussehen wird. Ein Klick auf **Drucken** ❺ bringt das Adressbuch dann in die klassische Papierform. Ganz einfach, oder?

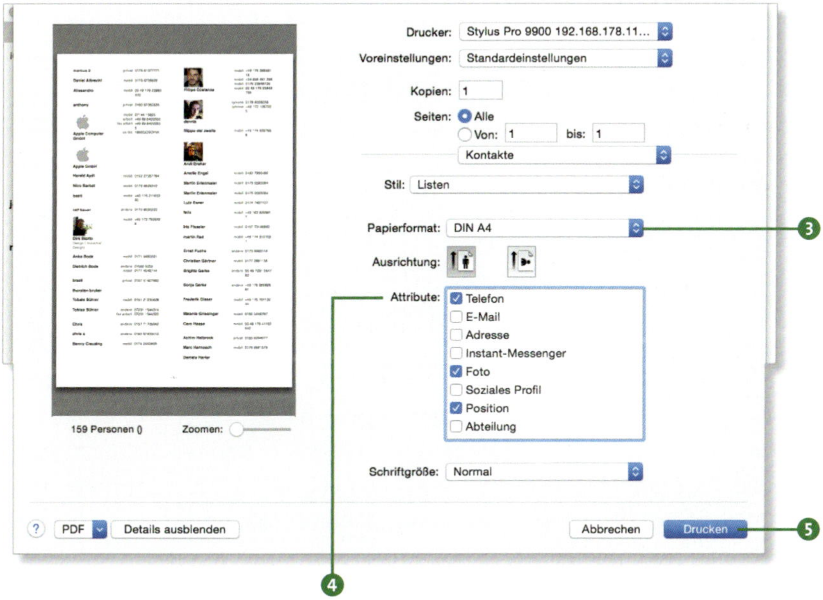

< **Abbildung 11.28**
Nehmen Sie die gewünschten Einstellungen vor.

Geburtstagskalender anlegen mit den Programmen Kalender und Kontakte

^ **Abbildung 11.29**
Das Kalendersymbol aktualisiert sich jeden Tag automatisch im Dock.

Viele Freunde, viele Geburtstage – das kann man sich nicht alles merken. Und nichts ist peinlicher als ein verpasster Jubeltag. Praktisch, dass Ihr Computer mitdenkt und rechtzeitig Alarm schlägt. Das funktioniert mit dem Kalender-Programm, das Sie in diesem Abschnitt ein wenig kennenlernen werden.

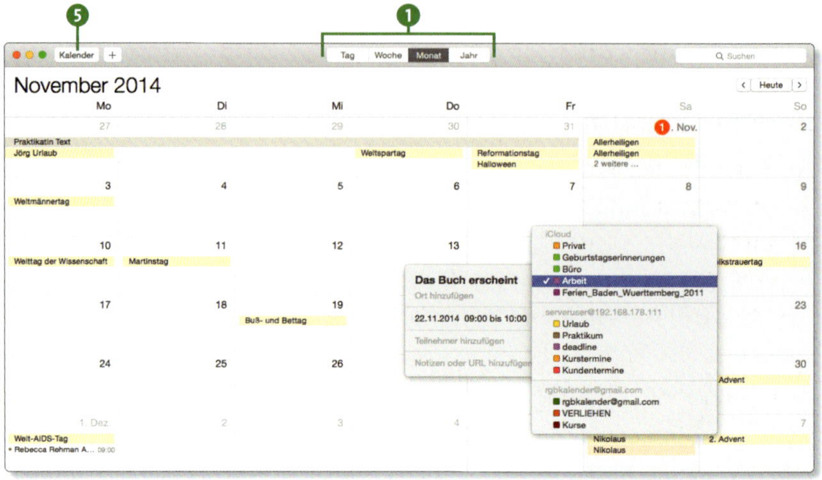

Abbildung 11.30 >
Der Kalender ist ein umfassendes Termin- und Planungsprogramm – privat und geschäftlich.

Kein Geburtstagseintrag über Kalender

Sie können in den Kalender keinen Geburtstag eintragen, das funktioniert definitiv nur über die App Kontakte und die entsprechende Kontaktinfo **Geburtstag**.

Als Grundlage für einen vollautomatischen Geburtstagskalender müssen Sie hier ein wenig der Apple-Logik folgen: Wenn Sie den Geburtstag einer Person kennen, kennen Sie auch zumindest deren Namen. Also wird der Geburtstag nicht im Kalender hinterlegt, sondern im Adressbuch. Das haben Sie ja bereits bei einigen Personen so gemacht. Falls nicht, sollten Sie für diesen kleinen Exkurs einfach testweise im Adressbuch einen Eintrag mit Geburtstag erzeugen.

Doch weiter in der Logik: Der OS-X-Kalender arbeitet stur mit dem Adressbuch zusammen, die Geburtstage können Sie automatisch in Ihren Terminkalender eintragen lassen. Hierzu starten Sie den Kalender entweder über das Dock oder über den Ordner **Programme** im Finder. Hier ist weit und breit noch kein Termin vorhanden, geschweige denn ein Geburtstag. Sie können gerne mal über die Datumsleiste ❶ suchen (siehe Abbildung 11.30) – Sie werden nichts finden. Können Sie auch nicht, denn der Geburtstagskalender lässt sich leider nur etwas umständlich einblenden. Öffnen Sie dazu das Menü **Kalender** ❷, und klicken Sie darin auf **Einstellungen**.

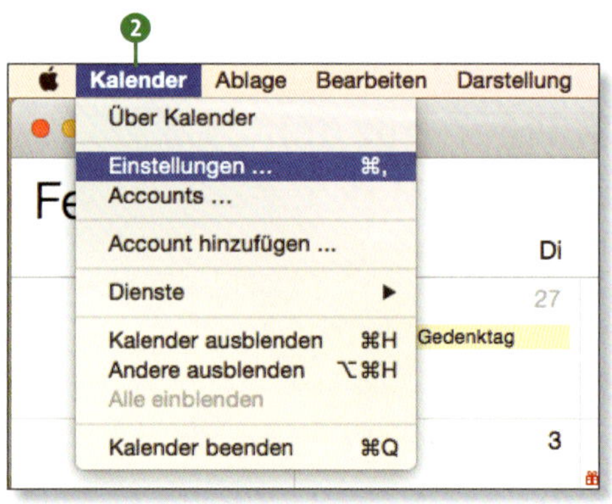

< Abbildung 11.31
Die Einstellungen führen zu Ihrem Ziel, einen eigenen Geburtstagskalender zu erzeugen.

Im folgenden Fenster finden Sie den Eintrag **Geburtstagskalender einblenden** ❸ – setzen Sie hier das Häkchen, und schließen Sie das Fenster über die rote Schaltfläche links oben ❹.

Der Kalender hat »dazugelernt« und zeigt Ihnen links unter **Andere** die Geburtstage als zusätzlichen Kalender an. Die Leiste blenden Sie übrigens mit einem Klick auf **Kalender** (❺ in Abbildung 11.30) ein. Wenn Sie nun über die Datumsleiste auf ein Datum klicken, an dem ein Geburtstag erscheinen müsste, werden Sie sehen – er ist plötzlich da!

Ist iCloud aktiviert?

Sollten Sie via iCloud mit Ihrem iPhone verbunden sein, kann es durchaus sein, dass der Geburtstagskalender und viele weitere Einträge aus Ihrem iPhone schon standardmäßig eingeblendet werden. Denn logischerweise übernimmt auch der OS-X-Kalender die Termine aus der Cloud.

Abbildung 11.32
Über diesen Dialog lässt sich der Geburtstagskalender einblenden.

Und er wird es jedes Jahr aufs Neue sein, denn der Kalender geht natürlich direkt von einem wiederkehrenden Ereignis aus. So werden Sie nie wieder einen Geburtstag versäumen, garantiert!

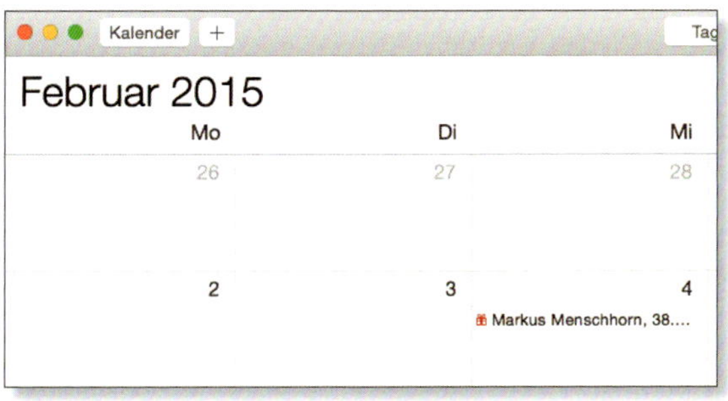

Abbildung 11.33
Geburtstage erscheinen künftig automatisch im Kalender.

Erinnerungen und Notizen

Die Erinnerungen haben den Weg in OS X gefunden. Bislang war diese Funktion den Benutzern eines iPhones, iPads oder iPod touch vorbehalten. Dieser »digitale Knoten im Taschentuch« ist multifunktional einsetzbar, erinnert Sie an alles, was dringend zu erledigen ist – dank iCloud natürlich auch geräteübergreifend.

Starten Sie das Programm Erinnerungen aus dem Dock, Launchpad oder **Programme**-Ordner mit einem Mausklick. Sind Sie mit iCloud verbunden und haben an einem Ihrer mobilen Endgeräte bereits Erinnerungen hinterlegt, erscheinen diese auch direkt. Ansonsten erhalten Sie eine leere Listenansicht.

Abbildung 11.34 >
Die Erinnerungen-App dient als kleine Gedächtnisstütze.

Eine neue Erinnerung legen Sie mit einem Klick auf das Plus ❶ an. Hier können Sie einfach per Klick hineinschreiben, dann ist die Erinnerung notiert. Damit sich die Erinnerung zu einem bestimmten Zeitpunkt meldet, müssen Sie auf das i ❷ klicken und die Details nach Wunsch abändern. Dies kann entweder ein Datum sein oder auch ein Ort. Sie können sich also beispielsweise beim Verlassen der Wohnung daran erinnern lassen, ja das Dachfenster zu schließen oder zu prüfen, ob der Herd wirklich ausgeschaltet ist.

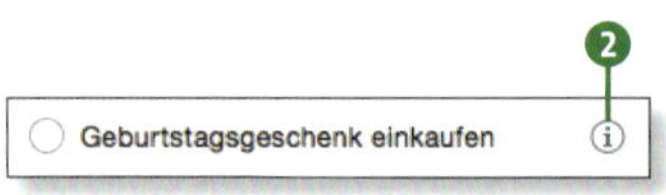

^ Abbildung 11.35
Über das i editieren Sie Ihren Eintrag.

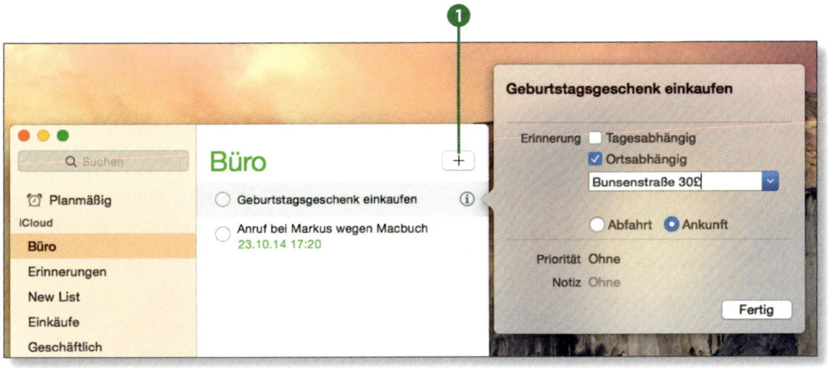

Abbildung 11.36
Stellen Sie ganz exakt ein, wann Sie erinnert werden wollen.

Sowohl am Mac als auch an allen über iCloud angeschlossenen Geräten ist diese Erinnerung dann sichtbar. Haben Sie eine Aufgabe erfolgreich erledigt, haken Sie sie einfach mit einem Klick vor den entsprechenden Eintrag 3 ab, sie verschwindet dann aus der Liste..

Für Ordnungsliebende gibt es zusätzlich die Option, Listen anzulegen und die Erinnerungen perfekt zu organisieren. Eine neue Liste legen Sie einfach über das Plussymbol 4 am unteren Ende des App-Fensters an.

Abbildung 11.37
Auch das iPhone erkennt automatisch, welche Erinnerungen Sie am Mac erstellt haben.

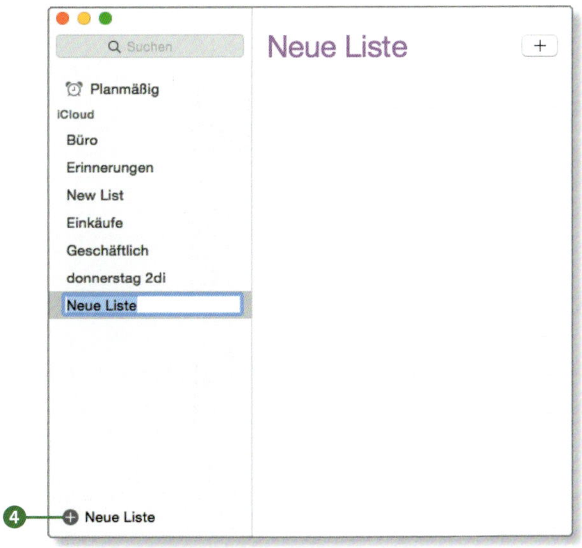

Abbildung 11.38
Wer es gerne noch ordentlicher hat, kommt um Erinnerungslisten nicht herum.

Ihre Erinnerungen werden übrigens unter OS X 10.10 Yosemite in den Mitteilungen angezeigt. Diese Funktion kennen Sie schon aus Kapitel 4, »Die Benutzeroberfläche kennenlernen«. Die Notizen sind, wie könnte es anders sein, ebenfalls aus iOS, dem mobilen Betriebssystem von Apple, entnommen.

Mitteilungen

Kalenderabos

Sie haben sich vielleicht gewundert, dass der Kalender Ihren Geburtstagskalender unter **Andere** abgelegt hat? Das hat den Hintergrund, dass Sie mit der App fertige Kalender abonnieren können. Gehen Sie einfach auf die Internetseite *http://icalshare.com* – hier stehen beispielsweise Bundesliga-Kalender, Schulferienkalender und vieles mehr bereit. Besonders praktisch: Wenn diese aktualisiert werden, werden die aktuellen Daten auch von Ihrem Kalender automatisch mit übernommen. Die Seite ist leider nur in englischer Sprache verfügbar. Wenn Sie aber in das Suchfeld »deutsch« eintippen, erhalten Sie gleich die passenden Kalender.

Ihr Mac sagt »Hallo« – in Form der Mitteilungen, die sich in vielfältiger Weise am rechten Bildschirmrand präsentieren. In Kapitel 4, »Die Benutzeroberfläche kennenlernen«, haben wir Ihnen bereits ausführlich gezeigt, wie Sie dieses praktische Hilfsmittel für Ihren Mac korrekt einrichten. Hier zeigen wir Ihnen nochmals kurz, wie vielfältig diese Anzeige nicht nur Termine, sondern eben auch Notizen, E-Mails und Erinnerungen auflistet.

Abbildung 11.39
Alles im Griff – die Mitteilungen unter OS X 10.10

Handoff – vom Mac zum iPhone und zurück

Mit der Handoff-Funktion von OS X und Ihrem iPhone bzw. iPad können Sie mit Apps, die dies unterstützen, nahtlos auf allen Geräten weiterarbeiten. Beispielsweise starten Sie mit dem Lesen einer Internetseite am Mac und verlassen dann Ihren Rechner. Ab einem gewissen Abstand wird genau jene Seite an der entsprechenden Position auf Ihrem iPhone oder iPad angezeigt, um »kontinuierlich« weiterarbeiten zu können.

Diese komplett neue Funktion wird aktuell nur von Apple-Programmen wie Mail, Nachrichten, iWork und anderen unterstützt. Andere Hersteller werden diese Funktion wohl erst Stück für Stück integrieren.

Grundsätzlich fragen wir uns beim Schreiben dieses Buches schon, wann und ob man diese Funktion wirklich braucht. Denn mal ehrlich – eine

Kurznachricht werden Sie sicherlich niemals am iMac zu schreiben anfangen, um sie später am iPhone zu vervollständigen. Und ein Pages-Dokument ist sowieso auf Wunsch automatisch in der Cloud gespeichert und dann per Klick auf allen Geräten aufrufbar.

Daher – eine nette Spielerei, die allerdings noch nicht so reibungslos einzurichten ist. Wir zeigen Ihnen trotzdem, wie es funktioniert:

1. Bluetooth aktivieren

Im ersten Schritt aktivieren Sie über die Menüleiste im Finder Bluetooth und WLAN – beides sind die Voraussetzungen dafür, dass Handoff funktioniert. Auch auf Ihrem iPhone oder iPad müssen Bluetooth und WLAN aktiviert sein.

2. Geräte koppeln

Wichtig ist, dass das iPhone oder iPad mit dem Mac »gekoppelt« wird, sonst klappt die Verbindung nicht. Gehen Sie in den **Systemeinstellungen** zum Punkt **Bluetooth**.

Abbildung 11.40
Bluetooth findet Geräte im näheren Umkreis.

Hier wird Ihnen idealerweise Ihr mobiles Endgerät ❶ angezeigt. Klicken Sie auf **Verbinden** ❷.

Abbildung 11.41
Sicherheit geht vor – auch bei Bluetooth.

Abbildung 11.42
Auch das iPhone gibt Bescheid, dass nun »gekoppelt« wird.

Damit sich niemand »einfach so« mit Ihren Geräten verbinden kann, müssen Sie den angezeigten Sicherheitscode an Ihrem iPhone eintragen bzw. einfach nur bestätigen.

3. Systemeinstellungen »Allgemein« prüfen
Laden Sie die Systemeinstellungen und den Punkt Allgemein. Hier sollte, wenn alles geklappt hat, der Hinweis zu Handoff ❶ angehakt sein.

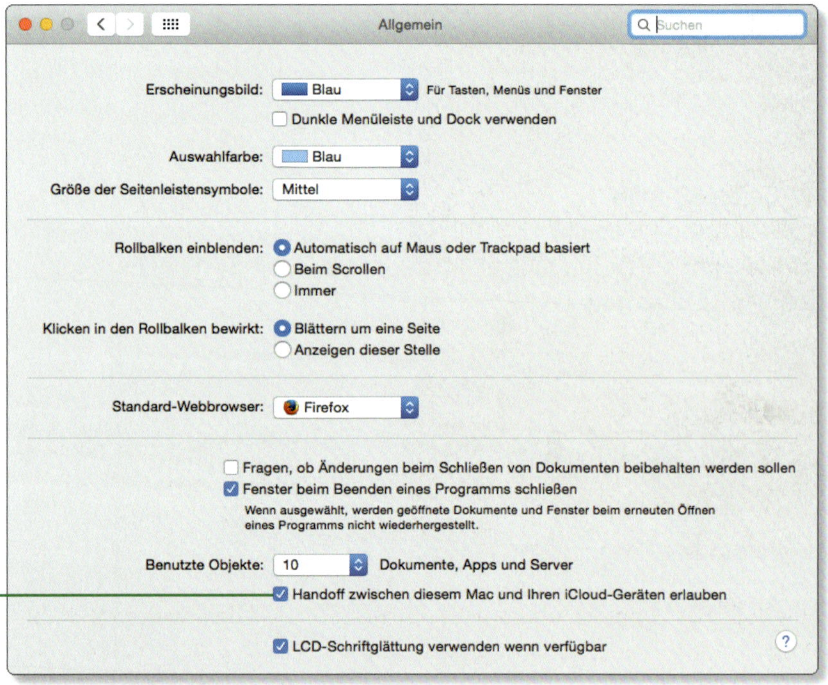

Abbildung 11.43
Handoff hat sich in den allgemeinen Systemeinstellungen versteckt.

Erscheint dieser Hinweis nicht, ist zumindest eines Ihrer Geräte nicht Handoff-fähig. Konkret sind das alle iPhones unter 5, iPads unter 2 und alle Macs vor dem Baujahr Mitte 2012.

4. Safari am Mac aufrufen
In der Praxis funktioniert Handoff nun so: Surfen Sie in Safari einfach munter drauflos, auf eine beliebige Webseite. Verlassen Sie mit Ihrem iPhone Ihren Mac, können Sie dort weitersurfen. Ein Icon im Dock zeigt zudem an, dass Handoff nun funktioniert.

Abbildung 11.44
Handoff ist aktiviert.

5. Handoff-App am iPhone aufrufen
Am iPhone ist Handoff extrem gut versteckt. Sie erreichen den »Handoff«-Safari per doppelten Druck auf die Home-Taste und Fingerwisch nach

links. Aktivieren Sie dann die App, und surfen Sie genau an jener Stelle weiter, an der Sie Ihren Mac verlassen haben.

Abbildung 11.45
Gut versteckt – Handoff am iPhone

Handoff funktioniert übrigens auch noch mit vielen weiteren Apple-Programmen wie der kompletten iWork-Suite, den Nachrichten oder dem Mail-Programm. Natürlich auch umgekehrt: Kommen Sie mit Ihrem iPhone in Reichweite Ihres iMacs, können Sie dort ebenfalls »nahtlos« übernehmen.

12 In Kontakt bleiben: Nachrichten und Videotelefonie

Nachrichten, ehemals iChat, sowie FaceTime sind Kommunikationsprogramme von Apple, die direkt mit OS X Yosemite mitgeliefert werden. Damit kann man Freunde und Bekannte kontaktieren, chatten oder per Video kommunizieren. Allerdings werden diese Programme nur von Apple unterstützt. Die große Masse der PC-Anwender, die beispielsweise mit Skype unterwegs ist, erreicht man damit nicht. iPhone- und iPad-User haben Sie mit diesen einfach zu bedienenden Apps aber »an der Strippe«. Zudem können Sie, ein iPhone vorausgesetzt, ganz bequem an Ihrem iMac oder MacBook »normale« Anrufe entgegennehmen oder hinaustelefonieren. Auch das Schreiben von SMS klappt, ohne das iPhone in die Hände nehmen zu müssen.

Neben Nachrichten und FaceTime stellen wir Ihnen Skype vor – ein Programm, das weit verbreitet und auch für Windows-Anwender zugänglich ist. Für alle Anwendungen gilt, dass sie ausschließlich über das Internet und dann am besten mit einer schnellen DSL- oder Kabelmodem-Leitung oder via mobiles Internet funktionieren. Mit einem Einwahlmodem oder per ISDN macht das wenig Spaß; hakelige Gespräche und pixelige Videobilder wären die Folge.

Nachrichten

Die App *Nachrichten* ist weit mehr als nur ein Chat-Programm. Mithilfe dieser Software können Sie nämlich nicht nur mit anderen Mac-Anwendern chatten, sondern auch allen Bekannten mit iPhone oder iPad sogenannte *iMessages* schicken. Das kostet Sie keinen Cent.

^ Abbildung 12.1
Gute »Nachrichten« – die App ist ein vielfältiges Kommunikationswerkzeug.

Ganz schön praktisch – wenn Sie ein iPhone und/oder iPad besitzen, werden die Nachrichten automatisch abgeglichen. Sprich, die gesamten

Handoff

Als »ultramobiler« Nutzer und mit Apple-Geräten der neuesten Generation können Sie die *Handoff*-Funktion von Apple nutzen. Voraussetzung ist mindestens ein iPhone 5 und ein Apple-Computer ab Baujahr 2012 mit aktiviertem Bluetooth. Sie müssen die Funktion am iPhone in den Einstellungen bei **Allgemein** einfach aktivieren, und schon können Sie am Mac mit dem Schreiben einer Nachricht beginnen und dann einfach von unterwegs am iPhone die Nachricht fortsetzen.

Chat-Verläufe sind auf allen Geräten parallel verfügbar. Es ist damit möglich, am iMac mit dem Schreiben zu beginnen und die Unterhaltung direkt mobil am iPhone von unterwegs aus fortzuführen.

Ebenfalls mit den Nachrichten machbar: Das Annehmen von Anrufen und das Telefonieren ins Fest- oder Mobilfunknetz. Für beide Funktionen ist ein iPhone notwendig und kostet entsprechend Ihrem Mobilfunktarif. Doch dazu später mehr.

Erst einmal zurück zu Ihrem Mac. Haben Sie das Programm Nachrichten über das Dock, Launchpad oder den Ordner **Programme** gestartet, erscheint sofort das Nachrichtenfenster.

Erstellen Sie zunächst über das entsprechende Icon (1) eine neue Nachricht. Im Feld **An** (2) auf der rechten Seite tippen Sie die Anfangsbuchstaben jenes Kontakts ein, den Sie gerne erreichen möchten. Apple greift hier auf Ihr Adressbuch zu, das natürlich idealerweise mit iCloud verbunden ist. Wählen Sie den Kontakt aus, und geben Sie dann direkt Ihre Nachricht in das Textfeld (3) ein. Schreibt Ihr Gegenüber, sehen Sie das an drei kleinen Punkten, denen dann alsbald die fertige Nachricht folgt.

Abbildung 12.2
Ab dem iPhone 5 können Sie die praktische Handoff-Funktion nutzen, um Nachrichten und Mails systemübergreifend und »ohne Unterbrechung« schreiben zu können.

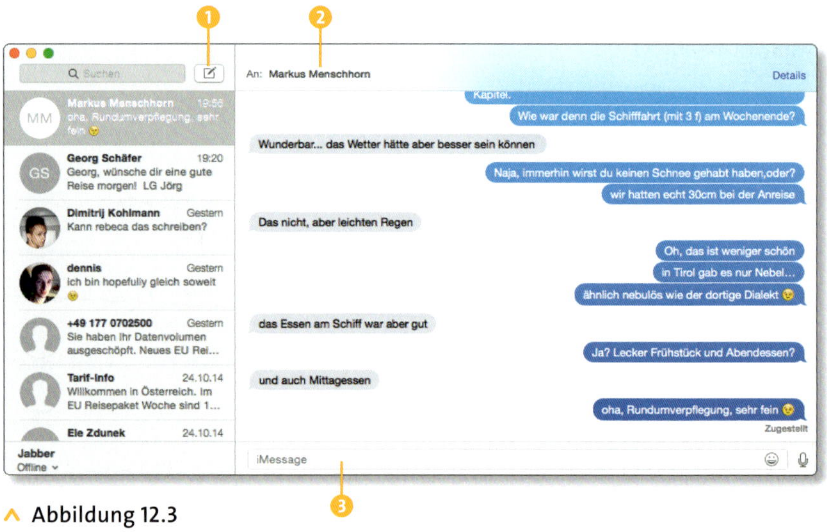

Abbildung 12.3
Das Nachrichtenfeld

Dies ist das simple Prinzip der Nachrichten – einfach, unkompliziert, aber äußerst praktisch. Neue Mitteilungen werden übrigens auch direkt in den Mitteilungen aufgelistet.

Sie können mit den Nachrichten aber auch ganz bequem SMS versenden, natürlich zu dem Tarif Ihres Mobilfunkanbieters. Die SMS werden nämlich, auch wenn Sie sie über die App am Mac absenden, über Ihr iPhone versendet. Ganz wichtig: SMS werden automatisch verschickt ohne besondere Rückfrage, sofern der Adressat keine iMessages empfangen kann. Ob dies der Fall ist, verraten lediglich der kleine Hinweis im Chat-Fenster 4 und die Farbe der versendeten Nachricht. Grüne Nachrichten sind immer normale SMS, blaue hingegen iMessages. Die Kosten für eine SMS sind so hoch wie in Ihrem iPhone-Mobilfunkvertrag hinterlegt. Es entstehen keine zusätzlichen Gebühren.

Abbildung 12.4
SMS war gestern, mit Apple schreibt man heute iMessages.

Abbildung 12.5
SMS per Nachrichten-App? Kein Problem, aber natürlich je nach Mobilfunkvertrag kostenpflichtig.

Der Empfang von SMS-Nachrichten ist übrigens kostenfrei.

Damit der SMS-Versand und -Empfang korrekt funktionieren, müssen Ihr Mac und Ihr iPhone bzw. iPad übrigens im gleichen WLAN-Netz eingebunden sein, was zu Hause in der Regel der Fall sein sollte.

FaceTime

Ganz ähnlich wie Nachrichten präsentiert sich FaceTime, das Videotelefonie-Programm unter OS X. Diese App kann aufgrund der bei der Apple-ID angegebenen E-Mail-Adresse Anrufe zwischen verschiedenen Apple-Anwendern, egal ob iPhone, Mac OS X oder iPad, durchführen. FaceTime ist ab iOS 7 an allen Apple-Geräten installiert und funktioniert völlig identisch. Damit Sie mit Ihrem Gegenüber auch tatsächlich per Webcam sprechen können, müssen sowohl Sie als auch der andere über WLAN mit dem Internet verbunden sein. Nur über die Mobilfunkverbindung klappt FaceTime nicht.

Abbildung 12.6
FaceTime lädt zur Videotelefonie ein.

Bei FaceTime können Sie aber nicht nur videotelefonieren, sondern auch, ein iPhone vorausgesetzt, ganz bequem über Ihren Mac via Festnetz und Mobilfunk telefonieren oder Anrufe entgegennehmen.

iMessage, der SMS-Killer

Sie haben es vielleicht schon an Ihrem iPhone bemerkt – wenn Sie eine SMS an einen anderen iPhone-Benutzer senden, steht da plötzlich **iMessage**. Dieses Format ist quasi der SMS-Killer von Apple, denn der Versand erfolgt nicht per SMS, sondern über Ihren Apple-Account. Der Vorteil: keine Längenbegrenzung, und Ihr SMS-Konto wird nicht belastet. Sollte keine mobile Internetverbindung verfügbar sein, dann wird Ihre Nachricht aber als normale SMS versandt. Ob iMessage verfügbar ist, erkennen Sie an der gleichnamigen Meldung im Eingabefeld.

1. Der erste Anruf

Die App ist sehr schnell eingerichtet, starten Sie sie zunächst wie gewohnt aus dem Dock, dem Launchpad oder dem **Programme**-Ordner. Hier müssen Sie sich unter Umständen mit Ihrer Apple-ID anmelden und können dann direkt loslegen.

Abbildung 12.7 >
Der Startbildschirm von FaceTime gibt sich spartanisch.

2. Adressbuch & Kontakt suchen

Wie bei der Nachrichten-App erscheinen Ihre Kontakte nicht komplett aufgelistet wie im Adressbuch. Zu Beginn steht hier eine leere Liste. Erst dann, wenn Sie den Namen in das Suchfeld 1 eintragen, werden passende Vorschläge eingeblendet. Sie sehen dann anhand der Icons, ob mit dem Teilnehmer ein FaceTime-Chat mit Video 2 oder nur ein reguläres Telefonat via iPhone 3 machbar ist.

Unser Praxistipp

Vor dem Videoanruf unbedingt anziehen und die Wohnung aufräumen ...

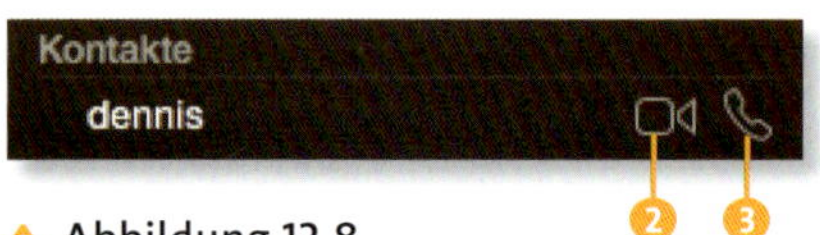

^ Abbildung 12.8
Hier kann man sowohl per FaceTime sprechen als auch »ganz normal« via Mobilfunk oder Festnetz telefonieren.

3. Reden müssen Sie selbst

Das FaceTime-Fenster präsentiert sich nach Anrufannahme extrem minimalistisch. Sie sehen sich im kleinen 4 und Ihren Gesprächspartner im großen Fenster 5.

Um das Mikrofon auszuschalten (Stummschaltung) 6, bewegen Sie kurz die Maus oder tippen auf Ihr Trackpad, es erscheint dann die Steuerungsleiste. Hier kann auch aufgelegt 7 oder das Videofenster auf Vollbild 8 gebracht werden. Außerdem können Sie auf Wunsch von Hoch- auf Querformat umschalten, aber natürlich nur Ihr eigenes Kamerabild 9.

▲ **Abbildung 12.9**
Das FaceTime-Fenster bei einem aktiven Anruf

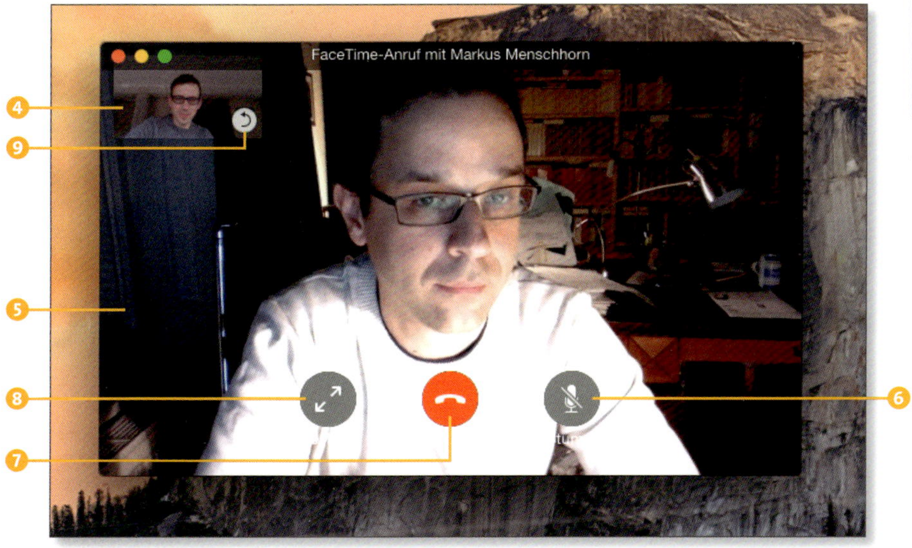

▲ **Abbildung 12.10**
FaceTime gibt es auch im Querformat – das erledigen Sie über den Pfeilbutton in Ihrem Vorschaubild.

Wenn Sie mit FaceTime telefonieren, werden Sie sicher von der Bildqualität überrascht sein – je nach Gerät sendet FaceTime tatsächlich in HD-Qualität.

Nach Hause telefonieren – Anmeldung bei Skype

Skype ist ein Programm, um Textnachrichten auszutauschen, zu telefonieren oder sogar per Video mit anderen Menschen zu sprechen. Auch Daten wie Word-Dokumente oder Fotos können hier ganz einfach verschickt werden. Sie können gegen zusätzliches Entgelt sogar Telefonate ins Fest- und Mobilfunknetz führen.

▲ **Abbildung 12.11**
Skype – damit telefonieren Sie per Internet.

Skype ist auf Ihrem Mac nicht vorinstalliert, kann aber völlig kostenlos unter *www.skype.de* heruntergeladen und installiert werden. Das Herunterladen klappt ganz ohne Anmeldung. Damit Sie Skype verwenden können, müssen Sie sich auf der Webseite aber kurz anmelden. Das ist kostenlos.

Wenigstens Name und E-Mail-Adresse sind Pflicht, und auch einen Benutzernamen und ein Passwort müssen Sie sich ausdenken. Alternativ geht die Anmeldung auch mit einem Facebook- oder Microsoft-Konto. Sollten Sie Skype bereits nutzen, z. B. unter Windows, gelten natürlich Ihre üblichen Zugangsdaten.

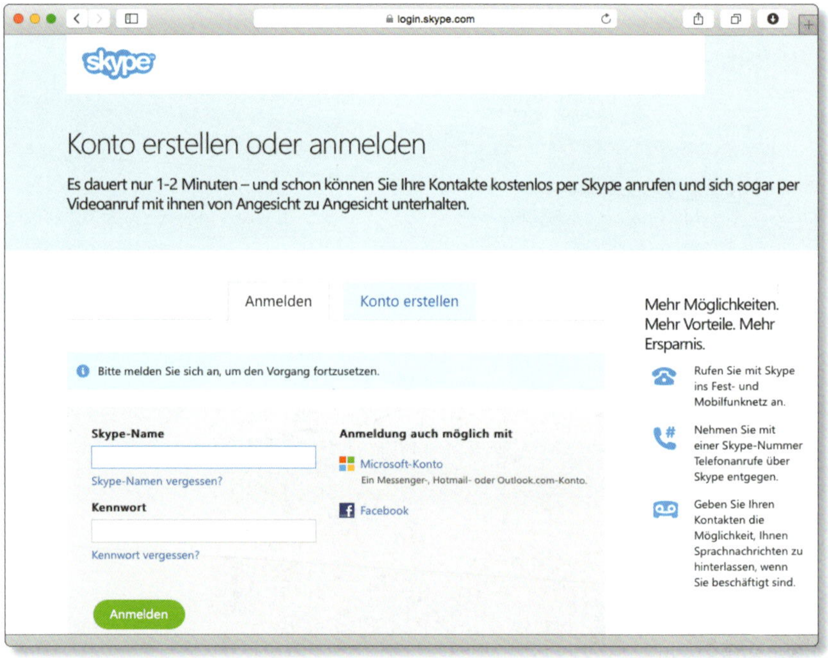

Abbildung 12.12
Ganz fix – die Anmeldung bei Skype ist gratis und wirklich schnell erledigt.

Auf dem Schreibtisch erscheint nun das Volume (das Installationspaket) von Skype, und das Installationsfenster öffnet sich automatisch. Wie Sie im Abschnitt »Programme aus dem Internet« ab Seite 102 gelernt haben, müssen Sie bei dieser Art von Programm lediglich das Skype-Symbol mit gedrückter Maustaste auf das abgebildete Symbol **Applications** ziehen. Damit wird das Programm direkt in Ihren **Programme**-Ordner überspielt. Eine Alternative für die Profis: Sie können natürlich das Skype-Symbol auch direkt in Ihren **Programme**-Ordner ziehen, das ist genau der gleiche Vorgang.

Skype oder FaceTime und Nachrichten?

Die Entscheidung für eines der Programme können wir Ihnen nicht abnehmen, und ein klares Für und Wider gibt es nicht. Alle Kommunikationsprogramme haben einen nahezu identischen Funktionsumfang, sehen gleich schick aus und lassen sich unkompliziert bedienen. Daher wird die Entscheidung davon abhängen, bei welchem Dienst Ihre Freunde und Bekannten angemeldet sind – damit Sie künftig möglichst viele über das Internet erreichen können. Abgesehen davon ist es auch kein Problem, mehrere kostenlose Messenger auf dem Mac zu installieren.

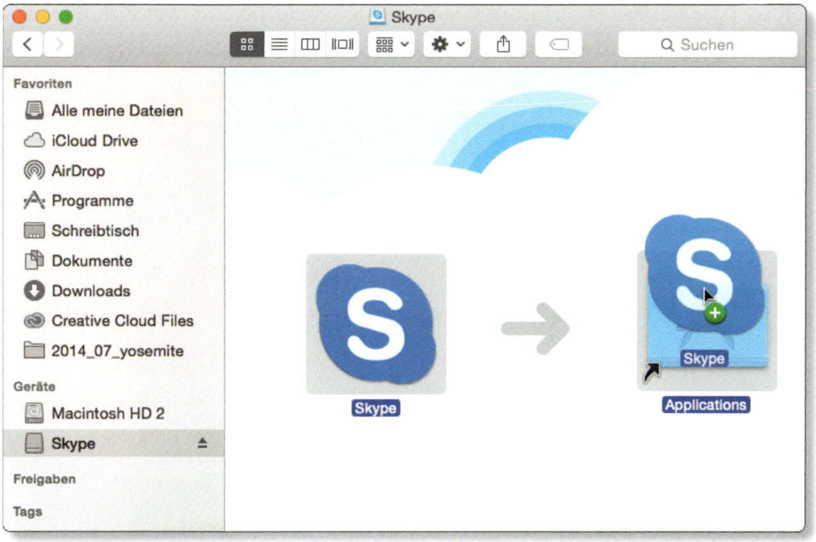

Abbildung 12.13
Sie müssen das Skype-Symbol auf den Ordner »Applications« ziehen.

Wenige Augenblicke später ist Ihr neues Internettelefonie- und Kommunikationsprogramm installiert. Sie können also das Installations-Volume auf Ihrem Schreibtisch in den Papierkorb ziehen und damit auswerfen.

Abbildung 12.14
Ein Rechtsklick auf das Symbol im Dock genügt, um das gerade geöffnete Programm zukünftig im Dock zu behalten.

Jetzt starten Sie Skype über den Finder oder über das Launchpad zum ersten Mal. Da es sich hier um ein Programm aus dem Internet handelt, möchte OS X diese Aktion separat bestätigt wissen. Wählen Sie hier einfach **Öffnen** 1 aus.

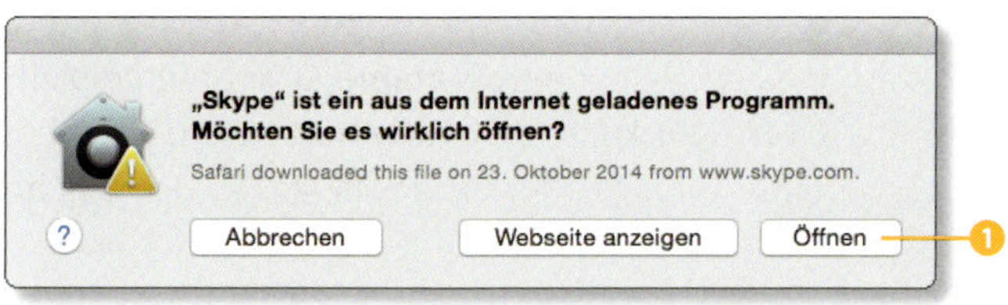

Abbildung 12.15
OS X möchte wissen, ob Sie dieses Programm tatsächlich starten wollen. Das ist eine reine Routinefrage.

Skype ist geladen. Nun müssen Sie sich lediglich mit Ihren Benutzerdaten anmelden.

Abbildung 12.16 >
Geschafft – der Start von Skype verlangt nach Ihren Benutzerdaten.

Unser Tipp: Setzen Sie einen Haken bei **Bei Skype-Start automatisch anmelden** 2, um sich die Kennwort-Eingabe zukünftig zu ersparen.

Grundlagen der Bedienung in Skype

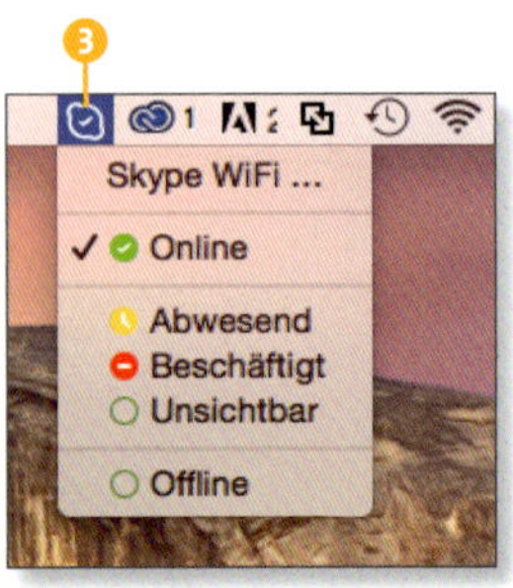

^ Abbildung 12.17
Und was machen Sie gerade vor dem Mac?

Im Skype-Fenster erkennen Sie ganz oben sich selbst. Das grüne Häkchen vor Ihrem Namen bedeutet, dass jeder Sie erreichen kann. Ein Klick auf das grüne Symbol zwischen Ihrem Profilbild und dem Namen öffnet eine Liste mit anderen Symbolen, alternativ geht das auch über die Menulets-Leiste rechts oben an Ihrem Bildschirm 3. Der Status kann nach Bedarf ausgewählt werden. Damit signalisieren Sie den anderen Skype-Nutzern, ob Sie verfügbar sind oder momentan besser nicht gestört werden:

- **Online:** Sie sind verfügbar und können angerufen werden.
- **Abwesend:** Sie sind zwar online, aber gerade für kurze Zeit nicht am Computer. Ihre Kontakte sehen damit, dass sie Sie bald wieder kontaktieren können.
- **Beschäftigt:** Das rote Symbol ist Programm. Wenn Sie diesen Status aktiviert haben, werden Sie über ankommende Chats oder Anrufe nicht benachrichtigt und können daher ganz ungestört arbeiten.
- **Unsichtbar:** In diesem Modus sieht niemand, dass Sie eigentlich online sind. Das ist genau die richtige Wahl, wenn Sie völlig ungestört am

Computer arbeiten möchten. Eine andere Alternative wäre natürlich, Skype einfach gar nicht zu starten.

- Das gilt auch für den letzten Punkt: **Offline**. Ist dieser aktiviert, dann sehen Sie allerdings auch nicht, welcher Ihrer Kontakte gerade in Skype verfügbar ist.

Auch wenn es lästig erscheinen mag: Sie sollten Ihren Status immer Ihrer tatsächlichen Verfügbarkeit anpassen. So vermeiden Sie, dass Sie jemand kontaktiert, obwohl Sie in diesem Moment eigentlich gar nicht gestört werden wollen.

Kontakte hinzufügen

Skype ist nun endgültig startklar. Freunde und Bekannte werden in der Anwendung über **Kontakte** 4 in der Seitenleiste und über das Feld **Kontakt hinzufügen** 5 gefunden. Tragen Sie dort den exakten Namen, den Skype-Namen oder die E-Mail-Adresse ein. Klicken Sie anschließend auf **Suchen** 6 – das Kontaktnetzwerk wird dann durchforstet, und die möglichen Treffer werden angezeigt. Ihr Kontakt ist dabei? Dann klicken Sie auf **Kontakt hinzufügen**. Im nächsten Fenster sollten Sie noch eine Nachricht eintippen, die Ihr neuer Kontakt erhält. Er kann Sie daraufhin auch freischalten. Schreiben Sie hier eine möglichst persönliche Nachricht, und senden Sie sie mit einem Klick auf **OK** ab.

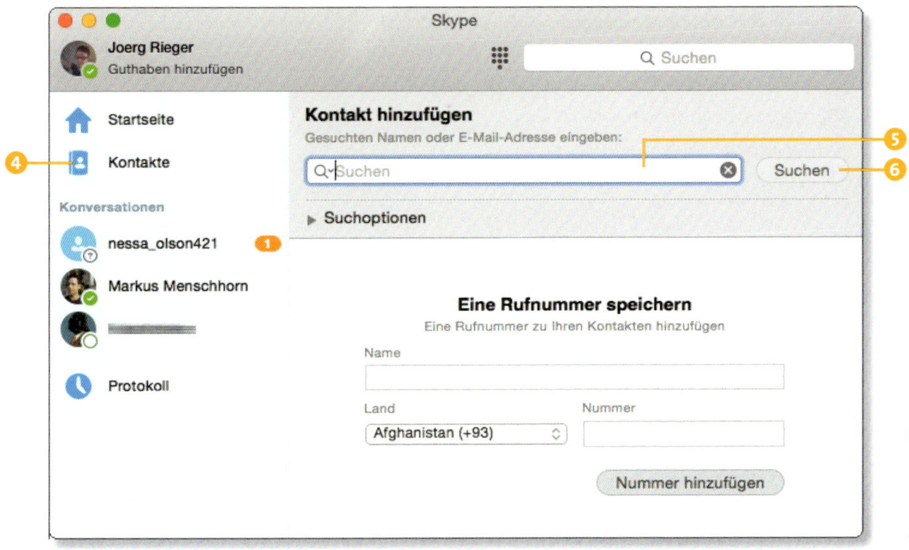

Abbildung 12.18
Hier können Sie nach Freunden und Bekannten suchen, die auch bei Skype sind.

Der Name erscheint jetzt mit einem Fragezeichen-Symbol in Ihrer Skype-Adressliste. Dies bedeutet, dass Ihr gewünschter Kontakt Sie noch nicht bestätigt hat. Ist das aber passiert, wechselt das Symbol auf eines der vorher gelisteten Statuszeichen. Jetzt können Sie starten!

Chatten: flinke Finger für spannende Unterhaltung

Die erste Kontaktaufnahme passiert am besten über die Tastatur. Gechattet wird bei Skype folgendermaßen: Markieren Sie den gewünschten Kontakt. Das Chat-Fenster ist direkt geöffnet, und Sie können losschreiben.

Abbildung 12.19
Rechts oben in Ihrem Mac-Display sehen Sie immer, was sich in Skype so tut, egal, in welcher App Sie gerade sind. Das Fenster können Sie aber auch auf Wunsch an einer anderen Stelle am Bildschirm platzieren.

Übrigens auch dann, wenn der Kontakt nicht verfügbar ist. In diesem Fall werden die Nachrichten zwischengespeichert. Im unteren Bereich **1** tippen Sie Ihre Nachricht ein, das Drücken der [↵]-Taste schickt sie los. So einfach ist das! Wenn Sie das Zehnfingersystem beherrschen, haben Sie einen klaren Vorteil, aber auch mit dem »Adler-Such-System« kommen Sie hier zum Ziel.

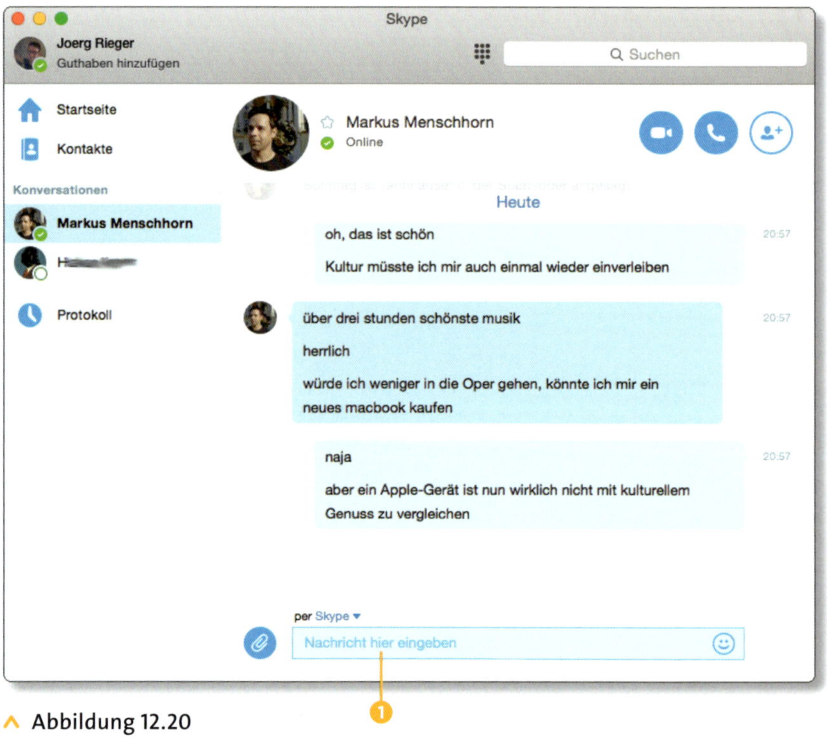

Abbildung 12.20
Ihre erste Chat-Nachricht

Die Nachrichten des Chat-Partners erhalten Sie in Echtzeit im oberen Fenster angezeigt, in dem auch der gesamte Verlauf des »getippten« Gesprächs aufgezeichnet wird. Das ist sehr praktisch, um eben mal schnell nachzusehen, was man denn vor einer Viertelstunde so alles geschrieben hat. Das klappt übrigens auch noch nach Wochen und Monaten.

Emoticons – schnell alles gesagt, auch ohne viele Worte

Sicherlich kennen Sie die Smileys wie :) oder :-). Sie werden nicht nur im Internet eingesetzt, um ganz schnell und ohne viele Worte eine Emotion auszudrücken, z. B. um einer Chat-Nachricht einen ironischen Unterton zu verleihen, Freude, Trauer oder auch Wut auszudrücken. Skype hat hier gleich ein paar Dutzend hübscher Smileys für jeden Verwendungszweck eingebaut – einige davon sind sogar animiert.

Ein Klick auf das Smiley-Symbol 2 im Chat-Fenster öffnet die Auswahl. Fahren Sie einfach mit dem Mauszeiger über ein Gesicht, um zu erfahren, was es ausdrücken soll. Wenn Sie das passende Gesicht gefunden haben, wählen Sie es einfach mit einem Mausklick aus.

Im Nachrichtenfeld erscheint nun aber noch nicht das Gesicht, sondern die Zeichenabkürzung, so wie sie auch direkt eingetippt werden könnte. Erst wenn sie per Druck auf die ↵-Taste abgesendet wird, erhält sie die grafische Form. Probieren Sie es doch einfach einmal aus.

Abbildung 12.21
Ulkig, oder? Viel sagen mit lustigen Emoticons

Datenversand – große Pakete über Skype versenden

Im Chat kann nicht nur geplaudert, sondern auch Datenaustausch betrieben werden. Mit einer schnellen Internetleitung versenden Sie über Skype auch große Dateimengen schneller und direkter als per E-Mail.

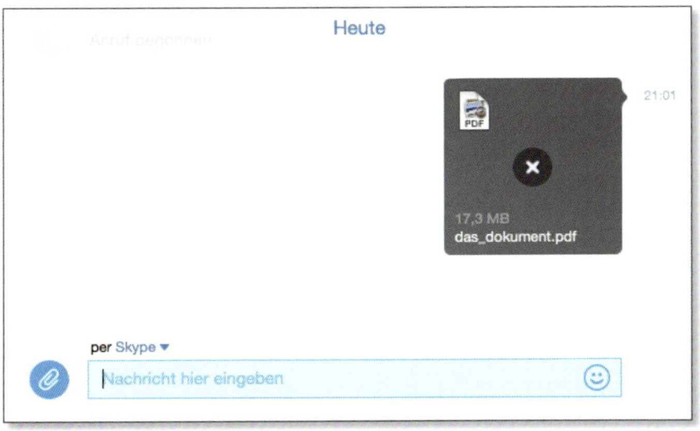

Abbildung 12.22
Mit Skype können Sie auch Dateien versenden.

Ziehen Sie die gewünschten Daten, z. B. Fotos, für den Versand einfach in das Chat-Fenster – fertig! Ihr Gegenüber muss dann nur noch die Daten annehmen, um die Übertragung zu starten. Wie schnell diese ist, hängt von Ihrer Internetgeschwindigkeit, von der des anderen Kontakts und von der Auslastung des Skype-Servers ab. Besonders in den Abendstunden kann es da schon mal zu längeren Wartezeiten kommen.

Anrufen mit Skype – inklusive Videobild

Skype wäre nicht Skype, wenn man nicht einfach auch direkt »videofonieren« könnte. Das klappt grundsätzlich mit jedem Kontakt, der auch bei Skype angemeldet ist. Ob Sie Ihren Gesprächspartner ebenfalls hören und sehen können, hängt davon ab, ob dieser auch eine Webcam und ein Mikrofon angeschlossen hat.

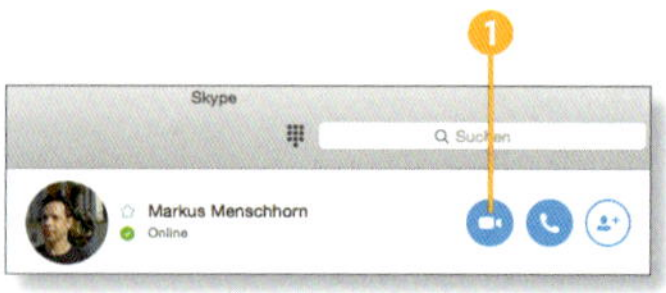

Abbildung 12.23
Für einen Videoanruf klicken Sie auf den entsprechenden Button.

Statt des Chat-Buttons wählen Sie nun den **Videoanruf**-Button 1 mit der kleinen Kamera aus. Sofort wird der Teilnehmer angerufen, und normalerweise wird er dann auch abnehmen. Sobald das Gesprächsfenster geladen ist, können Sie lossprechen. Die Videokamera ist standardmäßig deaktiviert und muss separat über das Kamera-Icon 2 eingeschaltet werden. So bleibt Zeit, noch schnell den Schreibtisch aufzuräumen, die Haare zu kämmen und das Sonntagsgesicht aufzusetzen.

Abbildung 12.24
Anrufen in Skype per Video – das macht richtig Spaß!

Und dann bleibt es Ihnen überlassen, was Sie mit Ihrem Gesprächspartner besprechen. Sie können ganz normal sprechen – im großen Fenster sehen Sie Ihr Gegenüber, im kleinen Fenster 3 sich selbst. Für ein bildschirmfüllendes Erlebnis lohnt der Klick auf den Vergrößerungs-Button 4, der das Webcam-Bild auf dem gesamten Monitor anzeigt. Mit einem Tastendruck auf die esc-Taste gelangen Sie ganz einfach wieder zur Normalansicht zurück.

Das Gespräch ist beendet? Dann genügt ein Klick auf **Auflegen** 5, und die Verbindung wird genauso wie beim normalen Telefon getrennt.

Anrufe entgegennehmen

Sie können natürlich auch angerufen werden, vorausgesetzt, Sie haben Skype geöffnet und Ihren Status nicht auf **Abwesend**, **Beschäftigt**, **Unsichtbar** oder **Offline** gesetzt. Wenn Sie einen Anruf erhalten, erscheint ein deutlicher Hinweis auf Ihrem Bildschirm (Abbildung 12.25). Sie müssen lediglich mit einem Klick auf den grünen Hörer abnehmen und führen dann das Gespräch genauso, wie wir es bereits beschrieben haben. Wenn es gerade unpassend ist, kann der Anruf natürlich auch abgelehnt werden, das ist aber doch recht unhöflich. Besser, Sie öffnen das Menü **Kontakte**, wählen die entsprechende Person aus und tippen kurz ein, warum Sie jetzt gerade nicht telefonieren möchten.

Abbildung 12.25
Überlegen Sie sich gut, was Sie tun ... Ist auch alles aufgeräumt?

SkypeOut: Anrufe ins Festnetz

Mit Skype können Sie auch ganz normal ins Festnetz telefonieren und damit Ihren alten Apparat in den Ruhestand schicken. Klar, dass Sie hier nur per Sprache und nicht per Video kommunizieren können, aber praktisch ist es allemal.

Allerdings ist das nicht gratis zu haben. Die sogenannten SkypeOut-Anrufe kosten Geld. Dafür müssen Sie wie beim Mobiltelefon zuerst Guthaben kaufen. Das klappt erstaunlich unkompliziert, allerdings müssen Sie mindestens 10 € auf Ihr Skype-Konto laden.

Klicken Sie hierzu auf das Eurosymbol ganz oben in Skype, um Ihr bescheidenes Guthaben von 0,00 € etwas aufzuladen – es klappt daraufhin ein Fenster auf mit der Möglichkeit, Skype-Guthaben zu kaufen. Während dieses Vorgangs, der im Grunde wie Online-Shopping funktioniert, müssen Sie Name, Adresse und Zahlungsart eingeben. Hier setzt Skype aber ganz auf Kreditkarte oder PayPal; Lastschrift oder Überweisung sind leider nicht möglich.

Jetzt geht's los: Klicken Sie auf das Nummernfeld-Symbol – es wird eine nahezu echt wirkende Tastatur eingeblendet (siehe Abbildung 12.26). Alternativ können Sie die Nummer auch per Mac-Tastatur ganz einfach im entsprechenden Feld ganz oben eintragen 1. Falls Sie ins Ausland telefonieren möchten, müssen Sie die Telefonnummer mit Landesvorwahl eingeben.

Mit einem Klick auf die grüne Schaltfläche **Anruf** 2 wird der Anruf getätigt und funktioniert nun ganz wie beim »normalen« Telefonat. Die Sprachqualität ist mindestens genauso gut, in vielen Fällen sogar deutlich besser als via Telefonnetz. Der Angerufene sieht übrigens keine kryptische, irritierende Nummer von Ihnen auf dem Display, sondern bekommt einfach gar nichts angezeigt.

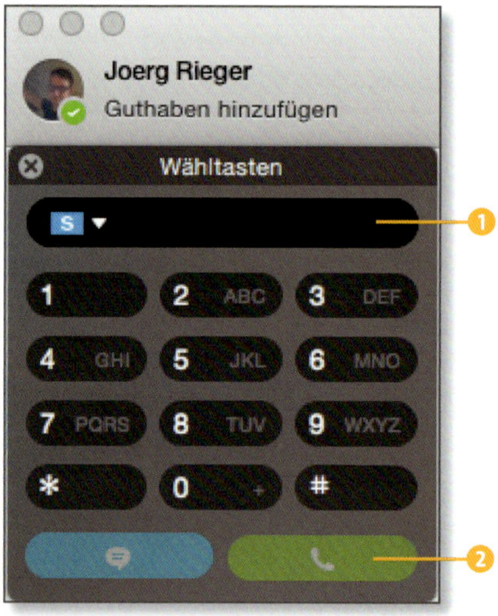

Abbildung 12.26 >
Fast wie im normalen Festnetz – so telefoniert man von Skype in die ganze Welt, Guthaben vorausgesetzt.

Wenn Sie telefonieren, sehen Sie im Skype-Fenster jederzeit das verfügbare aktuelle Guthaben. Skype rechnet im Minutentakt ab, und folglich wird es Minute für Minute weniger.

13 iTunes für die Musik am Mac

Mac und OS X Yosemite sind wahre Entertainer und besser als jede Stereoanlage. Statt eines übergroßen CD-Regals genügt Ihr Computer, auf dem Zehntausende Musiktitel ganz kompakt gelagert werden. Lautsprecher sind sowieso in jeden Mac eingebaut. Um das »Zusammenspiel« kümmert sich vor allem die iTunes-Software, aber auch zahlreiche Systemprogramme.

Sie können am Computer Ihre CD-Sammlung digitalisieren und immer auf der Festplatte parat haben, digitale Musik und Videos sowie mittlerweile auch digitale Bücher kaufen. Das klappt, wie könnte es anders sein, mit der Apple-Software iTunes und dem damit raffiniert verknüpften iTunes Store. Diesen werden wir uns später noch genauer ansehen. Im ersten Schritt wollen wir uns anschauen, was OS X ganz ohne Programmstart mit Ihrer Musik so alles machen kann. Danach werden wir iTunes einrichten und Ihre vorhandenen CDs auf den Mac kopieren, dort verwalten und natürlich auch anhören.

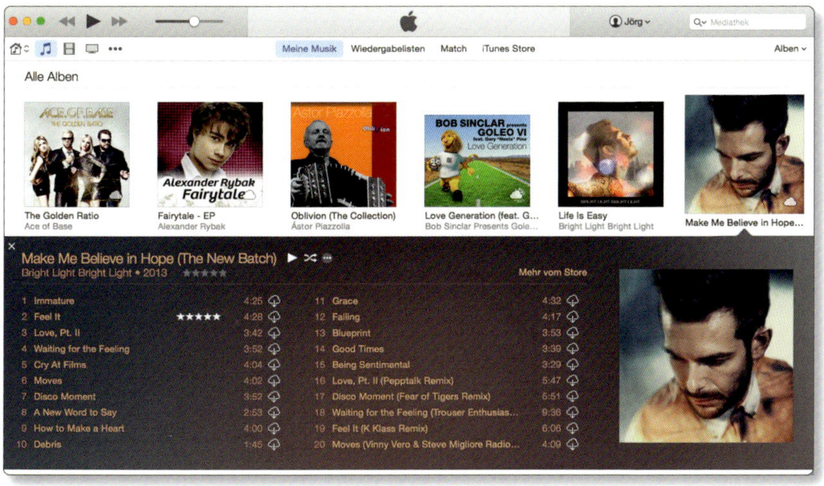

Abbildung 13.1
iTunes ist Ihre digitale Jukebox unter OS X.

CDs im Finder abspielen

Ganz ohne zusätzliche Programme ist OS X ein bereits recht ausgewachsener CD-Player und geeignet, mal kurz in eine CD hineinzuhören. Voraussetzung ist, dass Ihr Mac noch ein CD-Laufwerk integriert hat. Falls nicht, gibt es entsprechende externe Laufwerke, die per USB-Kabel angeschlossen werden, für unter 50 € zu kaufen. Legen Sie die gewünschte Audio-CD in das Laufwerk Ihres Macs ein, und warten Sie einen Moment. Ein Blick auf den Schreibtisch zeigt – die CD ist geladen und bereit, abgespielt zu werden.

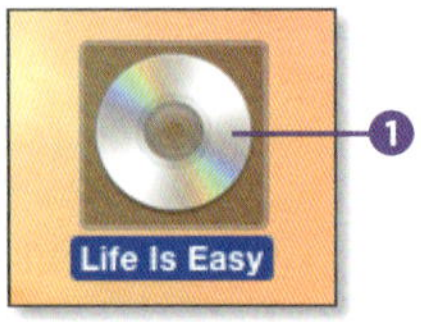

Abbildung 13.2
Nach dem Einlegen erscheint die CD als Symbol auf dem Schreibtisch.

Parallel wird iTunes geladen und bietet an, die CD direkt auf den Rechner zu laden. Das brechen Sie hier zunächst ab, denn um iTunes kümmern wir uns später. Ein Doppelklick auf das CD-Symbol auf dem Schreibtisch ❶ oder ein Klick in die Finder-Seitenleiste ❷ zeigt nun den Inhalt der Audio-CD an. Alle Musiktitel sind als kleine Symbole aufgelistet. Ist Ihr Mac mit dem Internet verbunden, wird die Titelliste der CD direkt geladen. Das ist ein netter Service, der natürlich nur mit gekauften CDs und nicht mit eigenen Zusammenstellungen funktioniert. Auf eine hübsche Darstellung des CD-Covers muss man im Finder allerdings verzichten.

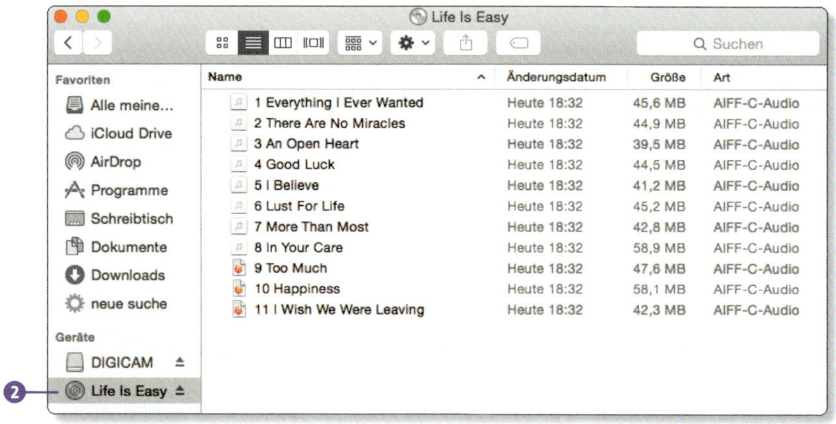

Abbildung 13.3
Ihre CD auf dem Mac, ganz schön musikalisch

Doch wie kann man nun einen Musiktitel anhören? Markieren Sie den gewünschten Titel mit einem einfachen Klick, und drücken Sie dann die Leertaste auf Ihrer Tastatur. Es öffnet sich ein neues Fenster, der Musiktitel wird abgespielt. Über die Pause-Taste ❸ kann man die Wiedergabe anhalten. Möchten Sie bei einem Titel etwas »vorspulen«, klappt das über den Schieberegler ❹. Ein erneutes Betätigen der Leertaste beendet den Musiktitel komplett.

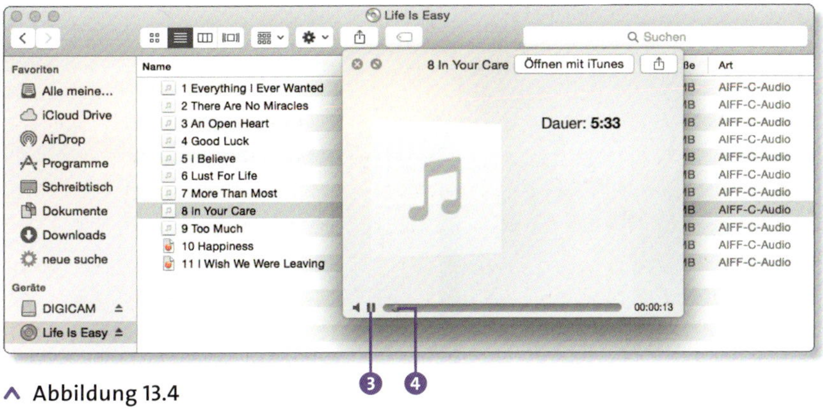

Abbildung 13.4
Jetzt wird die Musik direkt von der CD abgespielt.

Dies können Sie mit sämtlichen auf der CD gespeicherten Musiktiteln machen und so ganz schnell und unkompliziert den konventionellen CD-Player vergessen. Gut, es ist noch etwas unkomfortabel, denn jeder Titel muss separat gestartet werden. Aber das Mehr an Komfort kommt später in iTunes, versprochen.

Geübte Anwender könnten an dieser Stelle die einzelnen Musiktitel per Drag & Drop auf die Festplatte kopieren, aber die Musik ist auf CDs unkomprimiert gespeichert, und der Platzbedarf dafür ist enorm – eine komplette Audio-CD besitzt schnell mal 700 Megabyte Datenvolumen. Wenn die Musik auf Festplatte gespeichert werden soll, damit Sie nicht immer eine CD einlegen müssen, verwenden Sie besser iTunes.

Kopiergeschützte CDs?

Ende der 1990er-Jahre waren kopiergeschützte CDs schwer in Mode, mittlerweile werden sie kaum mehr verwendet. Sie werden am Mac aber kaum Probleme damit haben, da viele dieser Verfahren nur auf Windows-PCs ausgelegt waren. Aber: Sollte sich dennoch einmal eine CD gar nicht lesen lassen, ist hier wohl tatsächlich ein mechanischer Kopierschutz eingebaut, der sich dann auch nicht umgehen lässt.

Abbildung 13.5
Stumm, lauter und leiser – ganz einfach über das Keyboard

iTunes zum ersten Mal starten

Damit Ihre digitale Jukebox zukünftig als flacher Mac auf dem Schreibtisch steht, sind beim ersten Start der iTunes-Software ein paar wenige Mausklicks notwendig, um damit arbeiten oder vielmehr Musik hören zu können. Starten Sie iTunes mit einem einfachen Klick aus dem Dock oder aus dem Launchpad. Die Begrüßung »erschlägt« Sie beinahe mit der Lizenzierung für die Software. Nach einem Klick auf **Akzeptieren** wird iTunes gestartet und ist betriebsbereit.

Damit Sie iTunes komplett nutzen können, empfehlen wir Ihnen unbedingt eine Verbindung zum Internet und die Anmeldung mit Ihrer Apple-ID. Falls Sie die Apple-ID nicht sowieso schon bei der Erstinstallation angelegt haben, können Sie das nun nachholen (siehe den Abschnitt »Schritt 5: Die Apple-ID« ab Seite 30).

Abbildung 13.6
Am Mac spielt in iTunes die Musik.

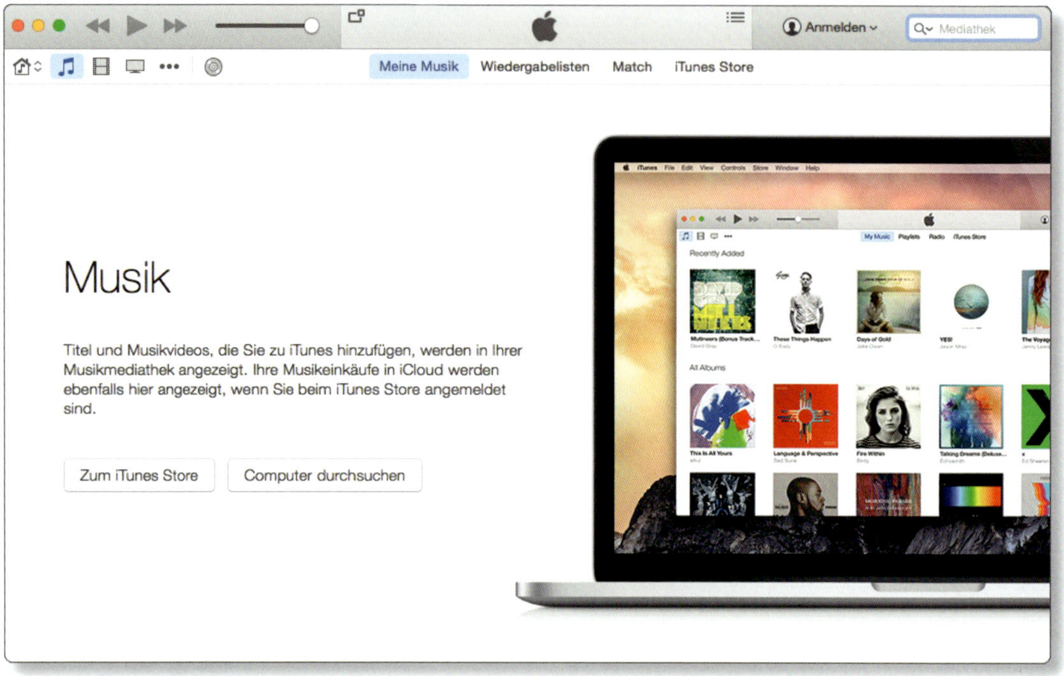

Abbildung 13.7
iTunes erfreut gleich zum Start mit der Möglichkeit, den Store aufzusuchen.

Kein Internet, keine Titel

Wenn Sie keine Internetverbindung haben, werden Ihre CDs nicht erkannt und nicht automatisch beschriftet. Beim Import würde dann die Musik als **Unbekannt** abgelegt. Das ist nicht sinnvoll und macht spätestens nach dem Digitalisieren von drei CDs auch keine Freude mehr. Hier müssen Sie dann selbst ran, die Liste *vor* dem Import umbenennen (ganz wie bei Dateien im Finder) und den Importvorgang manuell über den Button **CD importieren** (1) oben rechts starten.

CDs in iTunes importieren

iTunes ist jetzt installiert, wagen wir uns einfach an das erste Projekt: Ihre CD-Musiksammlung auf den Computer digitalisieren! Klingt praktisch und ist es auch, denn Sie haben dann immer alle Lieblingstitel abspielbereit auf dem Computer, müssen nie wieder CDs wechseln, können individuelle Abspiellisten erstellen und Audio-CDs ganz nach Ihrem Wunsch brennen. Wie schon erwähnt: Wenn Ihr Mac kein CD-Laufwerk hat, können Sie für verhältnismäßig wenig Geld eine externe Lösung, die über USB funktioniert, dazukaufen.

1. CD einlegen

Beim Einlegen einer Audio-CD wird iTunes automatisch gestartet und bringt, wenn eine Internetverbindung besteht, direkt eine Vorschlagsliste, um welche CD es sich handelt. OS X bedient sich hierbei einer weltweiten Datenbank und kann daher fast jede gekaufte CD identifizieren. Ist sich OS X hundertprozentig sicher, wird direkt eine Titelliste mit benannten Titeln angezeigt.

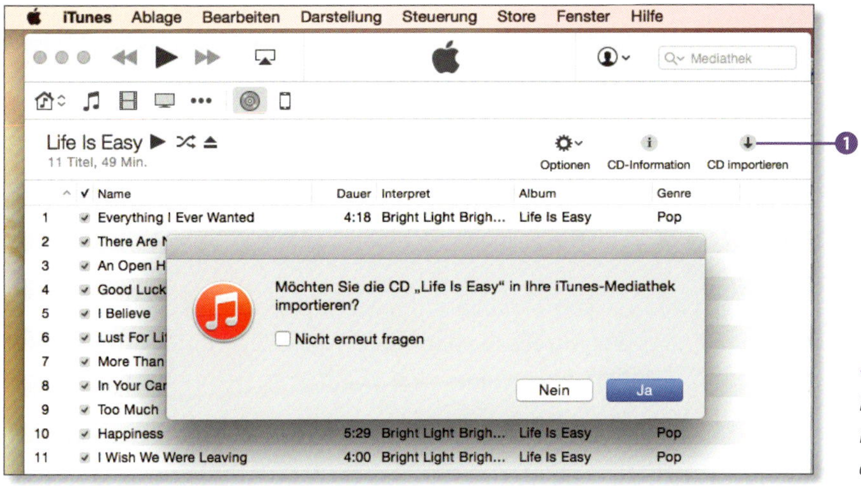

< Abbildung 13.8
iTunes hilft Ihnen bei der Benennung der CD und bietet den direkten Import an.

2. CD importieren

Die folgende Abfrage ist schnell beantwortet – möchten Sie die CD importieren? Klar doch, klicken Sie also auf **Ja**. Ihre CD wird daraufhin in digitale Musikdateien konvertiert. Wenn Sie keine Internetverbindung und damit auch keine korrekt benannte Titelliste haben, beachten Sie bitte die Tipps im Kasten »iTunes als CD-Player«!

3. Importvorgang

Import und Konvertierung der Musiktitel dauern nun einige Minuten. Das sich drehende Rädchen ② vor dem jeweiligen Titel zeigt an, dass der Import noch andauert. Der grüne Haken vor dem jeweiligen Titel ③ bedeutet, dass die Musik erfolgreich umgewandelt und auf Ihrem Mac gespeichert wurde.

iTunes als CD-Player

Wenn Sie iTunes bei der Importabfrage ein Nein zur Antwort geben, funktioniert iTunes einfach wie ein CD-Player. Sie können die einzelnen Titel jeweils nacheinander oder per Zufallsgenerator in unterschiedlicher Reihenfolge abspielen lassen.

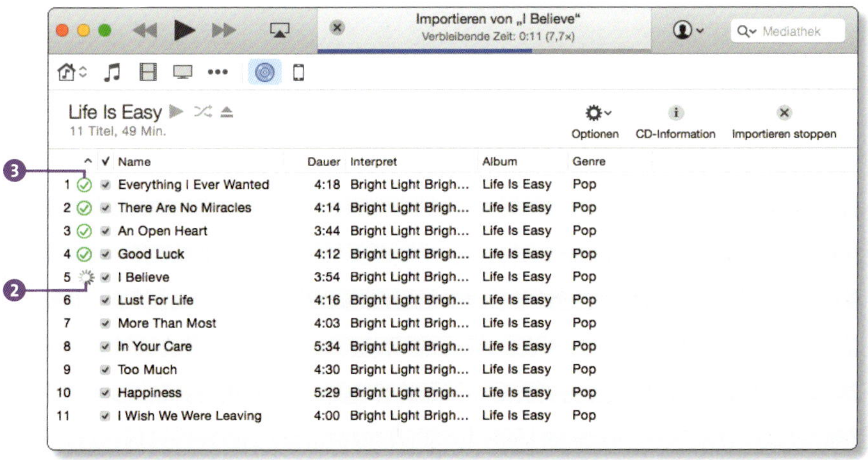

< Abbildung 13.9
Das Einlesen der CD ist in vollem Gange, währenddessen können Sie die Musiktitel auf der CD zwar anhören, das verlangsamt aber den Importvorgang.

4. Fertig

Bei dem Importvorgang wird Ihre Musik übrigens konvertiert und in komprimierter Form gespeichert. Standardmäßig werden die digitalen Musikdateien in iTunes in das AAC-Format umgewandelt. Alternativ können Sie aber auch das MP3-Format verwenden. Die Komprimierung spart locker 80 % Speicherplatz, tut der Klangqualität aber nahezu keinen Abbruch. Zudem sind in den digitalen Musikdateien Albuminformationen und Titel mit abgespeichert, die Ihnen dann bei der Wiedergabe angezeigt werden.

Der Importvorgang ist nun abgeschlossen, das Album erscheint in iTunes mit den korrekten Titelbezeichnungen. Mit allen anderen CDs Ihrer Sammlung verfahren Sie genauso und erhalten dann Stück für Stück eine tolle Musiksammlung auf Ihrem Mac.

Abbildung 13.10
Das Album wurde importiert. Die CD können Sie nun über das entsprechende Symbol 4 *gleich neben dem Albumtitel auswerfen.*

Die iTunes-Oberfläche im Überblick

An dieser Stelle zeigen wir Ihnen, wo die Funktionen in iTunes verborgen sind, auf die wir später immer wieder zu sprechen kommen werden. In der folgenden Liste erklären wir Ihnen jede Funktion, mit der Sie es auf der iTunes-Oberfläche zu tun haben:

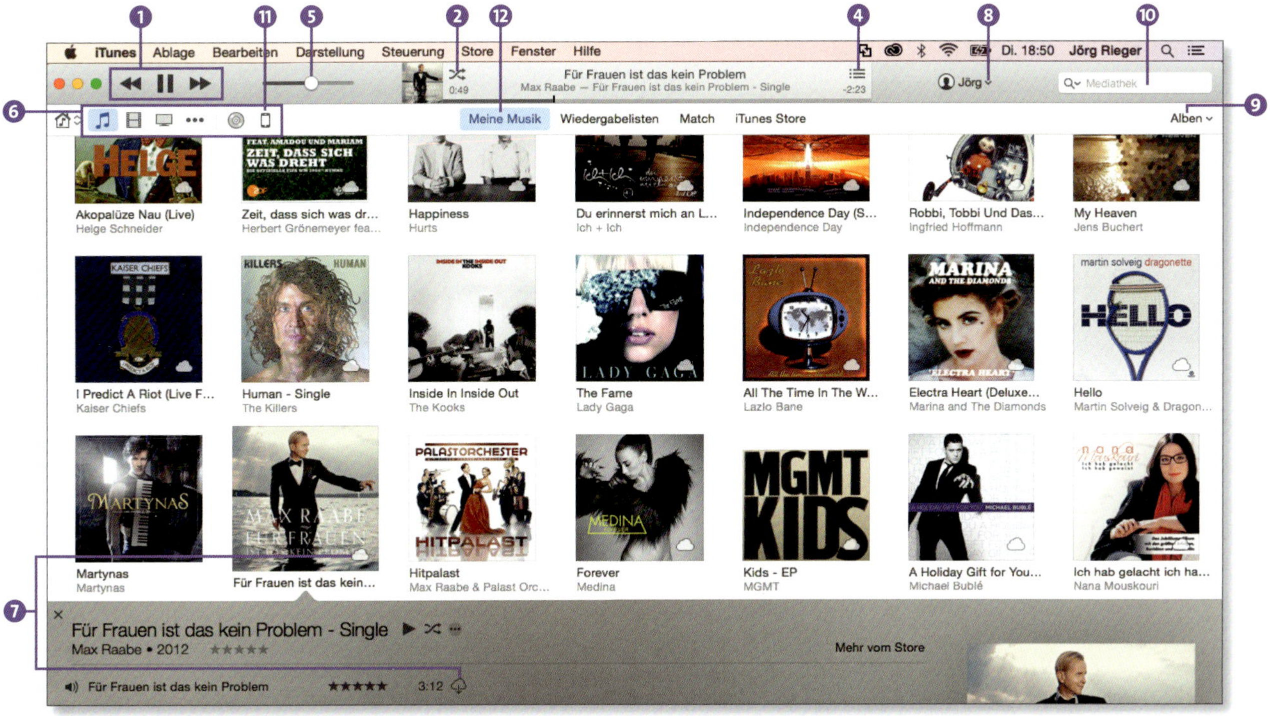

Abbildung 13.11
Trotz der zahlreichen Funktionen bleibt alles sehr übersichtlich – die Benutzeroberfläche von iTunes.

Abbildung 13.12
Wer nicht genug bekommen kann, lässt einen Titel oder ein Album wiederholen. Die Schaltfläche zur Wiederholung ❸ blenden Sie über einen Sekundärklick auf die Schaltfläche für die zufällige Wiedergabe ein.

❶ Musiktitelsteuerung – die Steuerungselemente kennen Sie vom CD-Player. Damit wird ein gewählter Titel gestartet, gestoppt und vor- oder zurückgespult. Für Abwechslung sorgen die Wiedergabemodi. Die zufällige Wiedergabe ❷ (*Shuffle*) würfelt die Musiktitel wild durcheinander und bringt Spannung hinein. Mit einem Sekundärklick auf dieselbe Schaltfläche können Sie die Wiederholung des einzelnen Titels über **Eins** bzw. des ganzen Albums über **Alle** aktivieren. Das Listensymbol ❹ zeigt die kommenden Musikstücke an, beispielsweise bei der Albumwiedergabe.

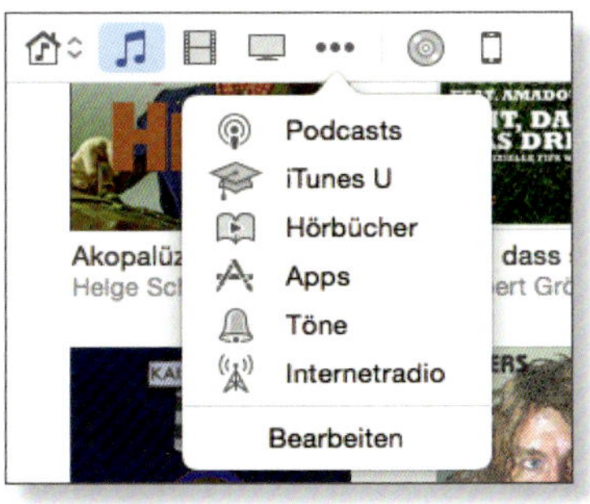

Abbildung 13.13
Die Mediathek trennt die Medien automatisch. Hier können Sie bequem wechseln.

❺ Die Lautstärke kann zusätzlich mit diesem Regler eingestellt werden. Sie ist unabhängig von der Gesamtlautstärke der Mac-Lautsprecher, die ja über die Tastatur gesteuert werden.

6 Hier wechseln Sie die Ansicht zwischen Musik, Filmen, TV-Sendungen, Apps, Musikfreigaben und einer eingelegten CD und Ihrem iPhone

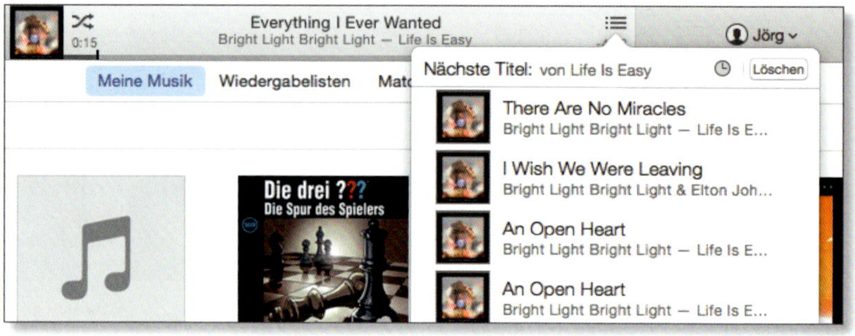

Abbildung 13.14 >
Im Infofeld wird der aktuell abgespielte Titel angezeigt – hier spielt die Musik auf die Sekunde genau.

7 Das iCloud-Symbol bei einem Titel oder Album bedeutet, dass dieser Musiktitel verfügbar ist, aber noch über iCloud auf Ihren Mac geladen werden muss. Die Übertragung geschieht automatisch, wenn Sie die Wiedergabe starten.

< Abbildung 13.15
Ihr Account von iTunes kann direkt aufgerufen werden.

8 Wenn Sie sich mit Ihrer Apple-ID angemeldet haben, erscheint hier Ihr Name. Ein Klick auf den kleinen Pfeil zeigt Ihnen die wichtigsten Infos rund um Ihren iTunes-Musikzugang an. Beispielsweise können Sie hier Ihre Einkäufe aufrufen oder einen iTunes-Gutscheincode einlösen. Solche Gutscheine gibt es ja mittlerweile in fast jedem Supermarkt oder Drogeriemarkt zu kaufen.

9 Die voreingestellte Darstellung ist die Albenansicht, in der die Musiktitel mit CD-Cover übersichtlich in einem Raster angezeigt werden. Wie Sie später sehen werden, hat diese Ansicht einige Überraschungen parat. Wenn Sie auf den kleinen Pfeil klicken, erhalten Sie weitere Ansichtsmöglichkeiten. Die Titelansicht liefert eine klassische Listenübersicht (siehe Seite 277), bei **Interpreten** erhalten Sie eine Liste der Künstler und ihrer Alben.

10 Das Suchfeld funktioniert wie überall am Mac und bringt ganz schnell den gewünschten Titel auf den Bildschirm. Je nachdem, ob Sie sich in

^ Abbildung 13.16
Die Ansichtsoptionen in iTunes

Ihrer Mediathek oder im iTunes Store befinden, beziehen sich die Suchergebnisse natürlich auch nur auf den jeweiligen Bereich.

11 Ist ein iPhone oder iPod am Mac angeschlossen, können Sie über diesen Button auf die Inhalte des Gerätes zugreifen und es nach Wunsch konfigurieren.

12 Mit **Meine Musik** gelangen Sie immer in Ihre gesamte Musiksammlung.

13 Mit den Listen unter **Wiedergabelisten** (Abbildung 13.18) wird jeder zum DJ – in einer Wiedergabeliste (oder auch *Playlist*) legt man Titel nach Lust und Laune ab und kann für eine Party oder für ein Abendessen zu zweit die passenden Titel zusammenstellen. iTunes hat zudem bei den Listen mit Zahnradsymbol einige Automatismen bereitgestellt, um Ihre Toptitel permanent anzuzeigen oder alles, was zuletzt abgespielt wurde. Der dort ebenfalls verfügbare Dienst **Genius** unterbreitet Ihnen automatisch Vorschläge zu Musik, die Ihnen auch gefallen könnte – natürlich aus dem iTunes Store und natürlich zum Sofortkaufen. Sie müssen diesen Service separat aktivieren, dann schickt iTunes Ihre gesamte Musikliste zur Analyse ins Web. Völlig gratis ist hingegen die Funktion **Genius Playlists**, die anhand Ihres Musikgeschmacks passende Wiedergabelisten erzeugt.

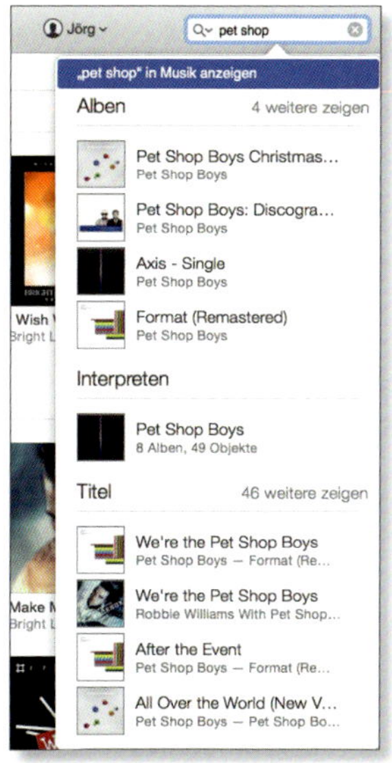

Abbildung 13.17
Das Suchfeld in iTunes liefert die Ergebnisse gut strukturiert.

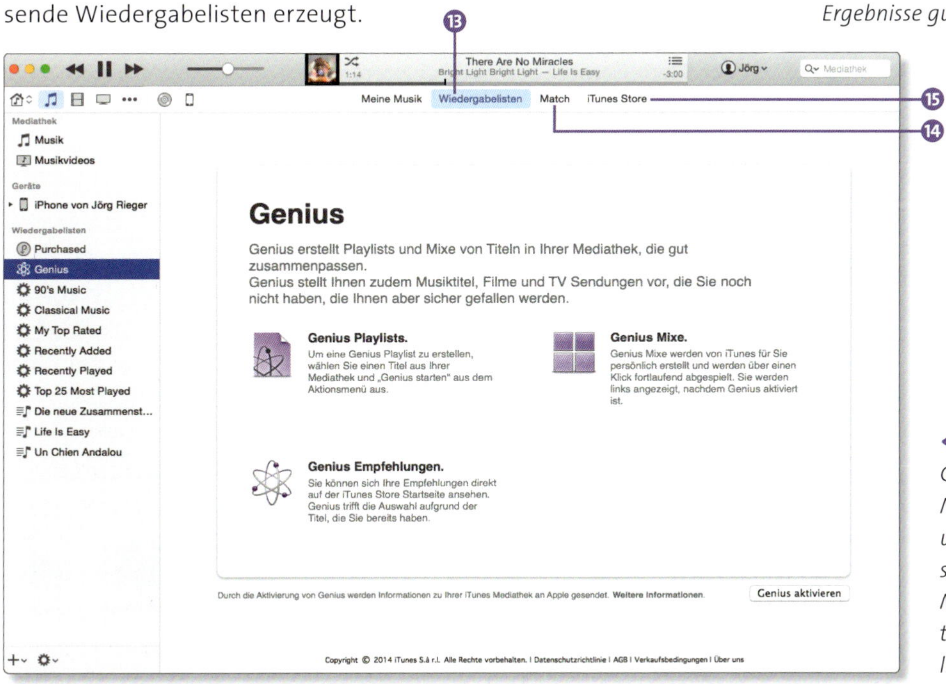

Abbildung 13.18
Genius »kennt« Ihren Musikgeschmack und kann neben Vorschlägen für neue Musik auch automatische Wiedergabelisten erzeugen.

14 iTunes Match kostet extra, wird hier aber mal wieder verkaufsfördernd von Apple platziert. Das kostenpflichtige Abo bringt Ordnung in Ihren Mix aus selbst erstellten MP3s von CD und die iTunes-Titel. Mehr dazu erfahren Sie im Abschnitt »iTunes Match« ab Seite 287.

⓯ Der Button **iTunes Store** bringt Sie in Apples »Musikfachgeschäft«. Sie werden beim Klicken durch iTunes bereits bemerkt haben, dass die ganze Software eine gut gemachte Verkaufsveranstaltung für die digitale Musik aus dem Apple Store ist.

Musik abspielen

Das Basiswissen, das Sie benötigen, um Ihre Musik in iTunes abzuspielen, ist schnell erläutert. Zusätzlich zeigen wir Ihnen auch, wie Sie Ihr iTunes »gestalten« können, wie es Ihnen gefällt. Rein optisch werden Ihnen die verschiedenen Ansichtsoptionen schon aus dem Finder bekannt vorkommen (siehe den Abschnitt »Ansichtsoptionen im Finder« ab Seite 111). Aber damit es nicht zu logisch wird, hat Apple die Ansichtsoptionen in iTunes umbenannt.

Windows & Mac: Einklang in der Bedienung

Wenn Sie iTunes bislang schon unter Windows genutzt haben, dürfte Ihnen vieles bekannt vorkommen, denn die Software unter OS X unterscheidet sich kaum von der Windows-Variante.

Musik anhören in der Albenansicht

In der Albenansicht kann man tatsächlich am besten ganze Alben anhören. Sie ist bei iTunes als Standard definiert. Hinter den farbenfrohen CD-Covern verbergen sich sogar noch praktische Zusatzfunktionen.

Per Doppelklick auf ein Album wird dieses direkt und komplett wiedergegeben. Für mehr Informationen oder die Anwahl eines speziellen Titels klicken Sie nur einmal auf das gewünschte Album ❶. Im iTunes-Fenster öffnet sich dann eine Auflistung mit allen Informationen ❷. Ein sehr schönes Detail: Bei über iTunes gekauften Titeln ist diese Auflistung immer farblich auf das jeweilige Album abgestimmt. In der Track-Liste spielen Sie den gewünschten Titel per Doppelklick ab. Ein weiterer einfacher Klick auf das Album schließt die ausführliche Ansicht wieder.

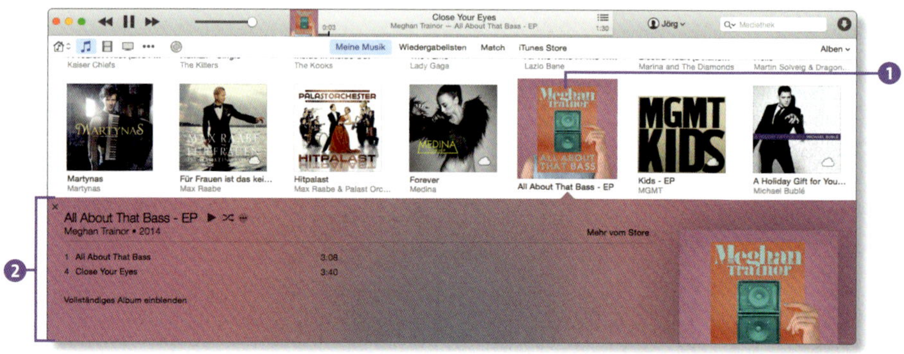

^ Abbildung 13.19
Die Albenansicht ist ein wahres Multitalent.

Musik anhören in der Titelansicht

In der Titelansicht wählen Sie per Doppelklick Ihren Wunschtitel aus, und schon wird er abgespielt. iTunes arbeitet hier entweder streng linear Titel für Titel ab oder sucht, falls die zufällige Wiedergabe ❸ aktiviert war, nach dem Zufallsprinzip ein anderes Musikstück aus. Sie sehen am Lautsprechersymbol ❹ und in der Infoleiste ❺ oben, welcher Titel gerade an der Reihe ist.

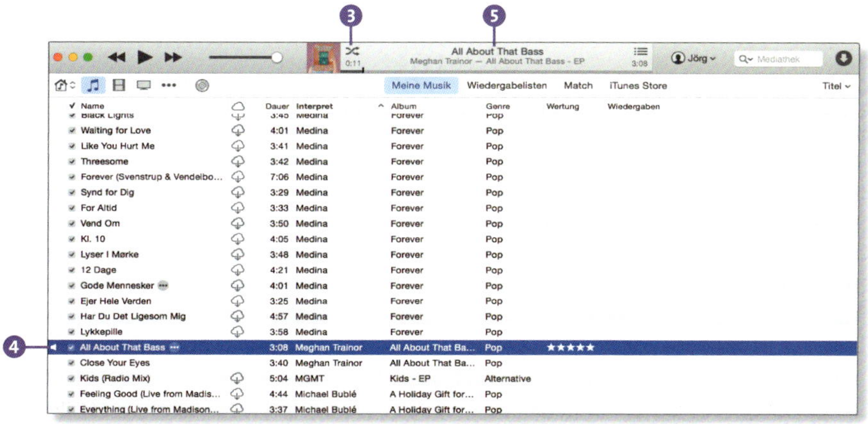

^ Abbildung 13.20
Musik hören in der Titelansicht – die ganze Sammlung vor Augen

Umzug der iTunes-Musik von Windows zum Mac

Die Gratis-Variante, um Ihre Musiktitel zum Mac zu übertragen, besteht im klassischen Kopieren der Musiktitel. Unter Windows finden Sie Ihre Musik meistens in den Ordnern **Eigene Dateien** und **Eigene Musik**. Kopieren Sie die MP3-Sammlung inklusive der Ordnerstruktur auf eine externe Festplatte. Am Mac übertragen Sie die Titel über den Finder anschließend in den Ordner **Musik**. Von dort ziehen Sie wieder alle Musiktitel in iTunes unter OS X. Bei über iTunes gekaufter Musik müssen Sie sich übrigens keine Gedanken machen, diese wird vollautomatisch auf Ihren Mac übertragen, sobald Sie iTunes starten und sich mit Ihrer Apple-ID anmelden.

Musik anhören in der Interpretenansicht

Ein Mix aus Alben- und Titelansicht ist die Darstellung nach Interpreten. Hier haben Sie neben einer Liste aller Musiker zusätzlich deren Alben inklusive der zugehörigen Titel vor Augen. Abgespielt wird per Doppelklick auf den jeweiligen Musiktitel oder Interpreten.

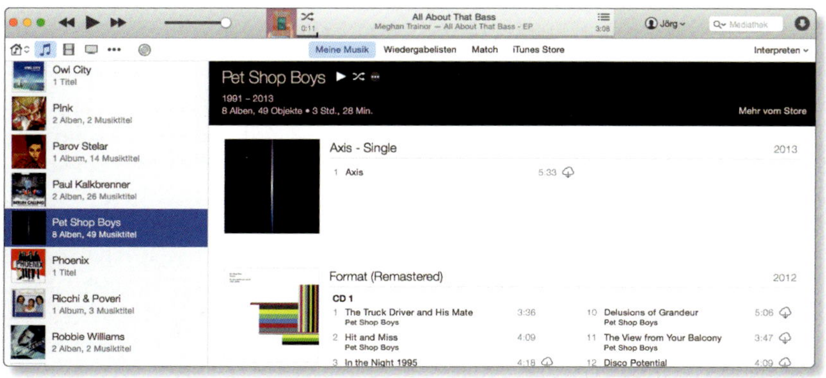

< Abbildung 13.21
Die Interpretenansicht zeigt alle Künstler und deren Alben an.

Musik anhören nach Genre

Eine weitere Variante zum Musikhören ist die Sortierung nach Genres. iTunes sortiert die Alben aufgrund der dafür jeweils hinterlegten Informationen in Pop, Klassik, Alternative usw. Das funktioniert aber leider nicht mit allen Alben, sondern nur mit denen, die es im Apple Store zu kaufen gibt.

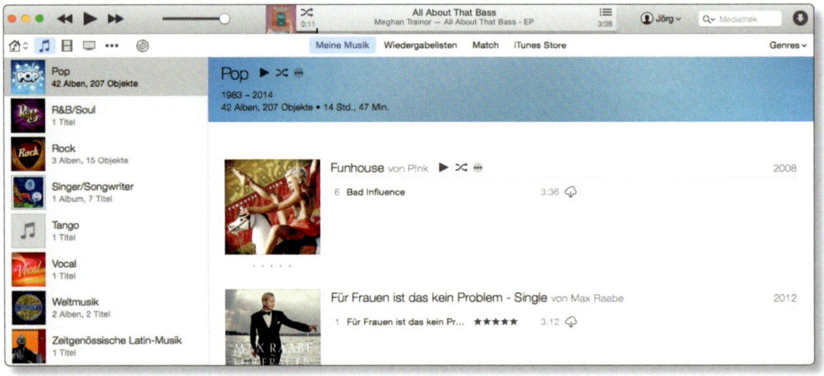

Abbildung 13.22 >
In der Genre-Ansicht wird Ihre Musik nach Stilrichtungen sortiert.

Anmeldung beim iTunes Store

^ Abbildung 13.23
Möchte Apple so vielleicht nur neue Kunden generieren?

Der iTunes Store spült Apple Milliarden Dollar in die Kassen – und verantwortlich dafür ist ein geniales Konzept. Sie können einzelne Musiktitel, ganze Alben, Filme, Fernsehsendungen, elektronische Bücher und auch Programme, also Apps, für iPhone und iPad kaufen. Zudem kann man im Store kostenlos stöbern und von jedem Musiktitel eine kostenlose Hörprobe abspielen. Das macht Spaß, und auch das Autorenteam hat auf diesem Weg schon sehr spannende Musik entdeckt, die es sonst vielleicht nie gefunden hätte.

Doch die Anmeldung beim iTunes Store hat auch praktische Gründe – z. B. können Sie erst nach Anmeldung beim Store die CD-Coverbilder für Ihre digitalisierten Audio-CDs automatisch laden lassen. Denn Apple hält einem, möchte man CD-Cover ohne iTunes-Account laden, ein wenig »die Möhre vor die Nase«, wie Abbildung 13.23 zeigt.

Die Anmeldung beim Store kostet übrigens keinen Cent – Sie zahlen lediglich, wenn Sie einen Musiktitel oder einen Film wirklich kaufen. Für die Anmeldung beim iTunes Store nutzen Sie einfach Ihre Apple-ID, die Sie idealerweise schon beim Einrichten des Macs angelegt haben. Falls nicht, können Sie diese Anmeldung in der Benutzerverwaltung der Systemeinstellungen nachholen (siehe den Abschnitt »Schritt 5: Die Apple-ID« ab Seite 30). Mit der Apple-ID haben Sie dann ganz unkompliziert Zugriff auf den iTunes Store.

1. iTunes Store öffnen

Zunächst klicken Sie rechts oben auf **iTunes Store**, daraufhin wird der iTunes Store, Ihr digitales Musikgeschäft, angezeigt. Hier können Sie schon mal nach Herzenslust stöbern. Die Anmeldung selbst starten Sie dann über einen Klick auf den Button **Anmelden** ❶.

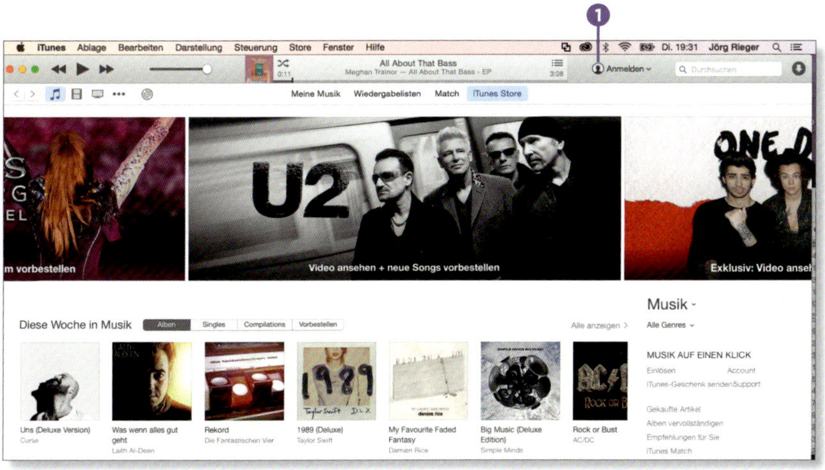

^ Abbildung 13.24
Steht die Internetverbindung, wird auch der iTunes Store sofort angezeigt.

Wenn Sie bereits eine Apple-ID haben, beispielsweise seit der Installation von OS X oder der Anmeldung bei iCloud oder weil Sie ein iPhone oder iPad besitzen, ist die Anmeldung ganz einfach. Tragen Sie die Anmeldedaten einfach in die Felder **Apple-ID** ❷ und **Passwort** ❸ ein, und los geht's. Ansonsten gibt es auch hier die Möglichkeit, sich eine Apple-ID zu erstellen ❹.

< Abbildung 13.26
Hier können Sie sich mit Ihren Daten anmelden bzw. einen neuen Account erstellen.

Im Store selbst ist nun »Stöbern« angesagt. Sicher werden Sie den einen oder anderen spannenden Titel entdecken.

iTunes-Gutscheinkarte

Für diesen kleinen Exkurs empfehlen wir Ihnen, im Elektronik-Fachmarkt Ihrer Wahl einen iTunes-Gutschein in Höhe von 10 € zu kaufen. So müssen Sie im Store keine Kreditkarten- oder Lastschriftdaten hinterlegen. Mit 10 € kann man nichts falsch machen, aber ein wenig »experimentieren«. Sie können die iTunes-Gutscheinkarte wie beim Handy als Prepaid-Guthaben sehen.

^ Abbildung 13.25
iTunes-Gutscheinkarten mit Guthaben gibt es fast überall zu kaufen.

Musik kaufen im iTunes Store

Kopierschutz

Die Musik in iTunes ist mittlerweile nicht mehr mit einem Kopierschutz versehen. Sprich, sie kann so an Freunde und Bekannte weitergegeben werden, wie es auch der Regelung beim Überspielen von Kassetten oder CDs entspricht.

Sie haben im iTunes Store einen tollen Musiktitel entdeckt und möchten ihn kaufen? Das geht schnell und unkompliziert. Wir zeigen Ihnen hier, wie es funktioniert:

1. Titel aussuchen

Wenn Sie sich für einen Titel entschieden haben, klicken Sie ganz hinten in der Liste der Musiktitel einfach auf den angezeigten Preis ❶. Damit sind Sie auf der sicheren Seite und brauchen nicht zu befürchten, die Katze im Sack zu kaufen. Übrigens, wenn Sie noch einmal vorab Probe hören möchten, geht das ganz vorn über den Play-Button ❷. Dieser erscheint, wenn Sie mit der Maus auf die angezeigte Track-Nummerierung zeigen.

Abbildung 13.27
Einfacher geht es wirklich nicht – Einkaufen per Klick im iTunes Store.

2. Anmelden und kaufen

Auch wenn Sie bei iTunes eingeloggt sind, folgt nach dem Klick auf **Kaufen** immer die Abfrage Ihres Benutzernamens (Apple-ID) und Ihres Passwortes. Das dient der Sicherheit, damit niemand einfach auf Ihre Kosten Musik shoppen kann.

Abbildung 13.28
Sie müssen eingeloggt sein, um Musik erwerben zu können.

3. Download

Der Musiktitel wird nun heruntergeladen – das wird auch in der Infoleiste oben rechts im Pfeil-Button ❸ angezeigt. Ist der Download beendet, wandert der Musiktitel automatisch in Ihre Mediathek. Sie finden ihn unter dem Menüpunkt **Musik** und können Ihnen nun anhören.

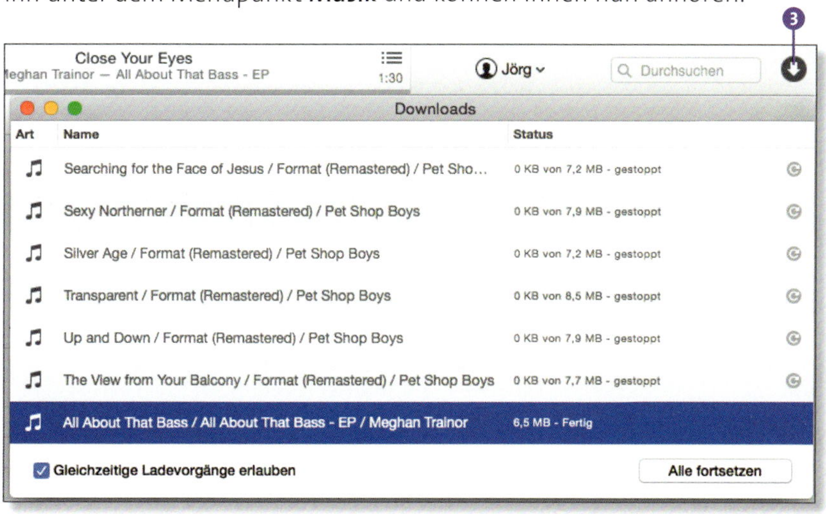

< **Abbildung 13.29**
Hier wird gerade ein gekaufter Titel heruntergeladen.

CD-Cover nachträglich laden

Sie haben schon viele CDs in iTunes geladen. Aber von passenden CD-Covern keine Spur, iTunes bringt hier lediglich ein Notensymbol auf den Bildschirm. Besonders beim Blättern durch die CD-Sammlung mit Cover Flow macht das nicht gerade Laune. Um diesem Umstand abzuhelfen, haben wir uns ja gerade beim iTunes Store angemeldet. Und jetzt geht das mit den CD-Hüllen auch ganz schnell und das auch noch kostenlos. Markieren Sie in der Symbolansicht einfach dasjenige Album, das noch ein Cover benötigt. Mit einem Klick mit der rechten Maustaste rufen Sie nun das Kontextmenü auf und wählen hier **Albumcover laden**.

^ **Abbildung 13.30**
Bald hat die Coverbild-Suche ein Ende.

Abbildung 13.31 >
Gleich ist es vollbracht und das CD-Cover hinzugefügt.

Abbildung 13.32
Die Suche nach dem Cover hat iTunes erfolgreich beendet.

Den darauf folgenden Warnhinweis können Sie schlichtweg ignorieren. Setzen Sie ein Häkchen bei **Nicht erneut fragen**, und klicken Sie dann auf **Albumcover laden**.

Abbildung 13.33
Sind Sie sicher?

Wenige Augenblicke später ist es vollbracht: Das Albumcover ist geladen und steht Ihnen somit zur Verfügung.

Audio-CDs brennen

Wie kommen die Musiktitel nun aus iTunes wieder heraus? Besonders bei digital gekaufter Musik stellt sich diese Frage, oder? Das Apple-Programm bringt Ihre Musik natürlich problemlos auf jeden iPod oder auf jedes iPhone (mehr dazu erfahren Sie im Abschnitt »iTunes und iCloud« auf Seite 287). Das Brennen als Audio- oder MP3-CD ist ebenfalls ganz einfach machbar. Dies gilt natürlich nur dann, wenn Ihr Mac noch ein CD-Laufwerk hat. Falls nicht, müssten Sie sich zu diesem Zweck ein externes CD-Laufwerk kaufen, das über USB oder FireWire angeschlossen wird.

Um eine CD zu brennen, ist eine Wiedergabeliste notwendig. Das klingt logisch, denn darin sammeln Sie alle Ihre Hits und bannen sie anschließend auf CD. Zudem können Sie diese Wiedergabeliste natürlich auch digital auf allen Geräten verwenden, um Ihre Lieblingsmusik abzuspielen.

Öffnen Sie zunächst die Ansicht **Wiedergabelisten**. Über das Plussymbol ❶ links unten in iTunes wird direkt eine neue Liste angelegt. Danach ändert sich die Ansicht, und im ersten Schritt können Sie die neue Liste nach Wunsch benennen ❷. Sie ist jetzt natürlich noch leer.

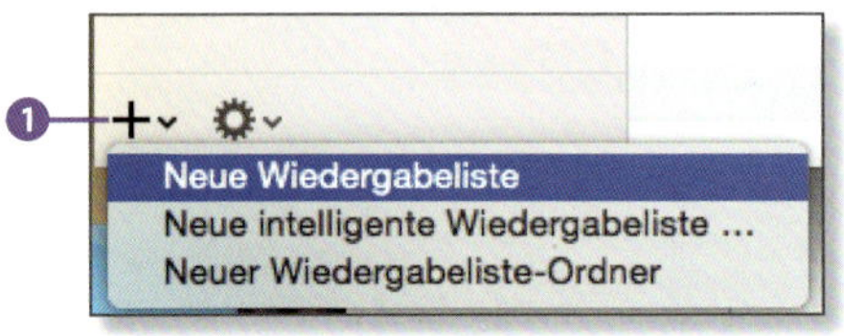

Abbildung 13.34
Die neue Wiedergabeliste wird per Klick auf das Plussymbol erzeugt.

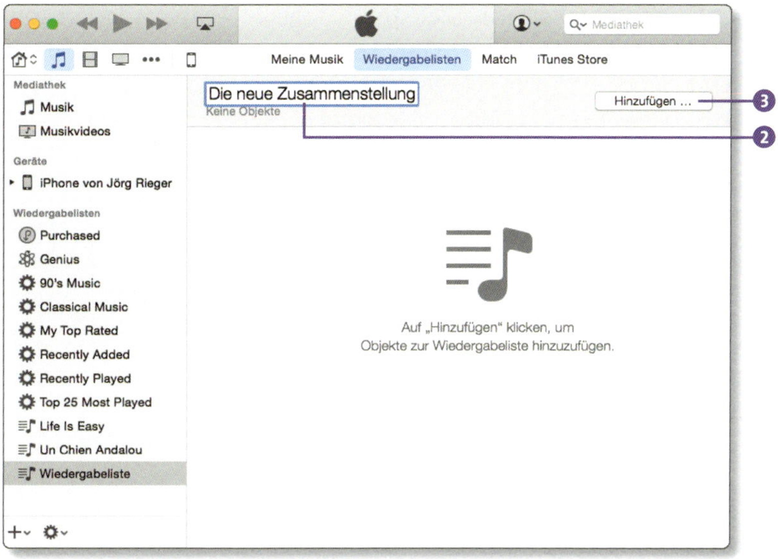

Abbildung 13.35
Einsortieren leicht gemacht in der Wiedergabeliste

Über **Hinzufügen** ❸ befüllen Sie die Liste schnell mit Ihren Wunschtiteln. Suchen Sie sich Ihre Favoriten, und ziehen Sie sie direkt in die Wiedergabeliste. In welcher Ansicht Sie dies erledigen, spielt keine Rolle. Zusätzlich können Sie immer prüfen, wie lang die Spielzeit der jeweiligen Titel ist – als Faustregel gilt, dass auf eine normale Audio-CD rund 74 Minuten Musik passen – das Infofeld ❹ gibt hierüber Aufschluss.

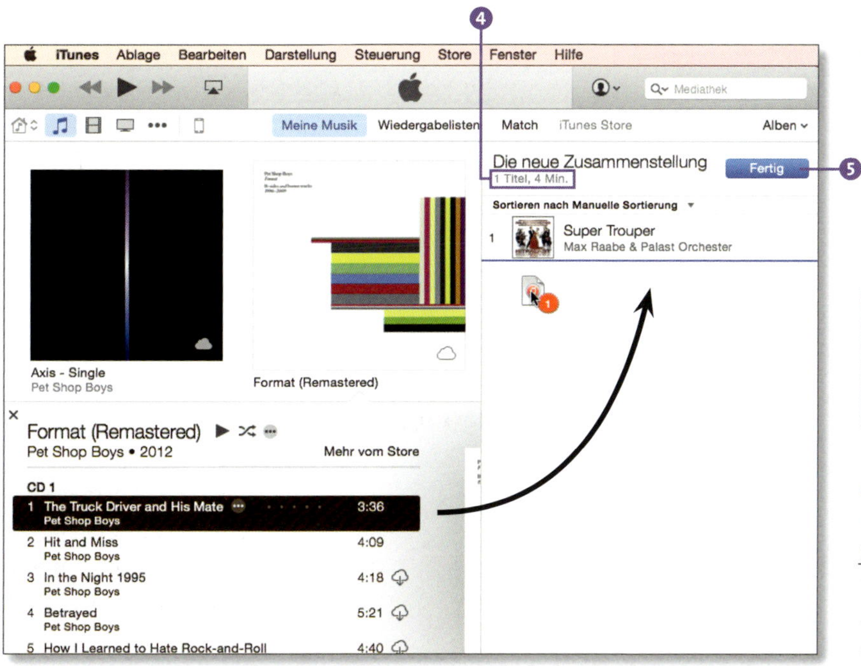

Abbildung 13.36
Die Wiedergabeliste enthält nun erste Titel.

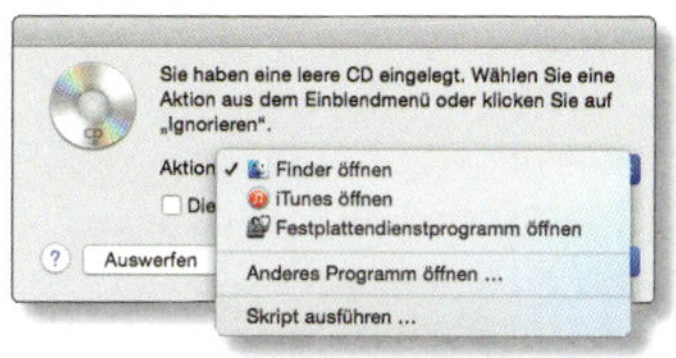

Abbildung 13.37
Wenn Sie eine leere CD einlegen, fragt OS X unter Umständen, was damit zu tun ist – wählen Sie dann aus der Liste »iTunes öffnen« aus.

Die Reihenfolge der Titel ändern Sie mit der Maus: Verschieben Sie das Musikstück einfach mit gedrückter Maustaste, und lassen Sie es an der gewünschten Position fallen. Ist das Arrangement perfekt, klicken Sie auf **Fertig** 5. Nun legen Sie eine leere CD ein und klicken im Menü **Ablage** auf **Wiedergabeliste auf Medium brennen**.

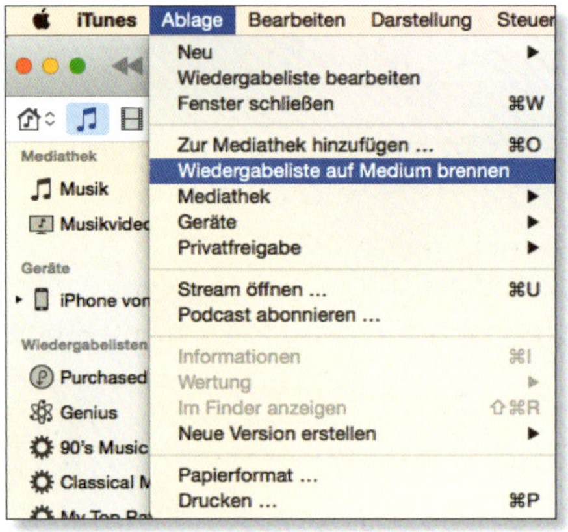

Abbildung 13.38
Komplizierter kann man »CD brennen« auch nicht mehr ausdrücken.

Im folgenden Fenster ist es wichtig, zu definieren, welche Art von CD Sie haben möchten. Der Standard ist **Audio-CD** 6. Eine MP3-CD 7 ist für das Autoradio praktisch, dann werden die Musiktitel als Dateien abgespeichert und im Autoradio abgespielt, wenn es MP3-Support hat, also MP3-Titel erkennen kann. Als MP3-Dateien können Sie knapp zehnmal so viele Daten ablegen. Die Beschränkung auf 74 Minuten gilt hier nicht, hier gilt nur die Beschränkung auf 700 Megabyte. Mit **Daten-CD oder -DVD** 8 werden die Daten gebrannt, wie im Abschnitt »CDs und DVDs brennen« ab Seite 136 beschrieben – und damit können viele CD-Player gar nicht umgehen.

Abbildung 13.39
Hier muss man nicht allzu viel beachten.

Chaos pur: MP3 von gekauften Musiktiteln

Quer stellt sich iTunes ganz besonders, wenn Sie von gekauften Musiktiteln eine MP3-CD erstellen wollen. Hier meckert die Software, dass diese erst manuell als MP3 konvertiert werden müssen. Sprich, Sie müssen Ihre Wunschtitel in der Wiedergabeliste auswählen und per rechtem Mausklick »in MP3 konvertieren« (und vorher in den erweiterten Einstellungen von iTunes dieses Format aktivieren). Paradoxerweise befinden sich diese MP3-Dateien natürlich nicht in der Wiedergabeliste, da es ja für iTunes neue Dateien sind. Also, nochmals eine neue Wiedergabeliste anlegen mit den MP3-Dateien. Diese sind übrigens Duplikate und damit dann doppelt in Ihrer Mediathek vorhanden. Das ist definitiv chaotisch und nervig und jede Menge Handarbeit für einen Vorgang, der bei Apple eigentlich automatisch im Hintergrund, vor dem Brennen, ablaufen könnte.

Wir entscheiden uns hier aber für **Audio-CD** und klicken anschließend auf **Brennen** ❾. Die CD wird nun gebrannt. Wenige Minuten später ist Ihre Audio-CD erstellt und bereit, im CD-Player angehört oder aber verschenkt zu werden.

iTunes mit iPhone, iPad und iPod nutzen

Der iPod ist der ultimative Musikplayer für unterwegs und verteidigt seit Markteinführung im Jahr 2001 seine Marktführerschaft ziemlich erfolgreich. Was der Walkman von Sony in den 1980ern war, ist der iPod in diesem Jahrhundert. Es gibt vier verschiedene iPods, und vielleicht haben auch Sie einen zu Hause oder möchten sich einen anschaffen. In Verbindung mit iTunes erhalten Sie ein gelungenes Entertainment-Paket, da hier eine nahtlose Zusammenarbeit stattfindet. Das gilt übrigens auch für das iPhone oder iPad, die ebenfalls digitale Musik speichern können. Nicht zuletzt deshalb ging der Verkauf der iPods in den vergangenen Jahren immer weiter zurück – denn wer ein iPhone hat, hat damit auch alle iPod-Funktionalitäten. Zum Joggen oder für das Fitnessstudio haben allerdings die kleinen, leichten Abspielgeräte durchaus noch eine Existenzberechtigung. Der erste Abschied wurde allerdings eingeläutet – der »klassische« iPod mit Wählrad wird nicht mehr hergestellt.

∧ Abbildung 13.40
Ein Klassiker – der allererste iPod von 2001 mit damals sensationellen 5 Gigabyte Speicher. Statt einer Flash-Speicherkarte wurde hier eine kleine Notebook-Festplatte im Inneren verbaut. (Foto: Apple)

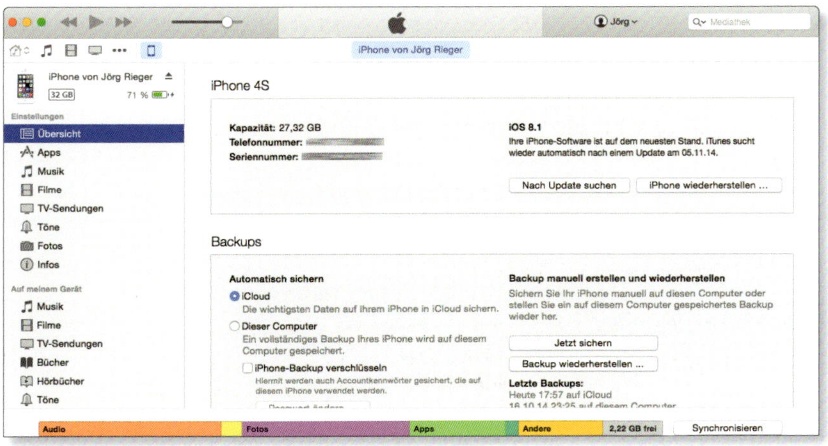

∧ Abbildung 13.41
iPhone, iPod und iTunes sind ein perfektes Team für digitalen Musikspaß.

Haben Sie Ihr Apple-Gerät am Mac angeschlossen und iTunes geladen, können Sie direkt beginnen, Musik und – je nach Modell – auch Videos und Apps darauf zu speichern. Direkten Zugriff erhalten Sie, wenn Sie in

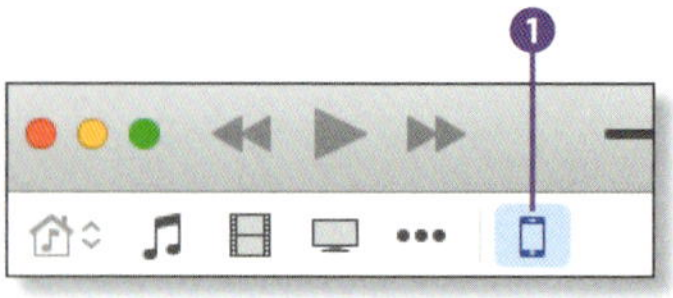

Abbildung 13.42
Über die Geräteschaltfläche ❶ greifen Sie auf Ihren iPod oder Ihr iPhone zu.

iTunes rechts oben auf das entsprechende Symbol klicken; in unserem Beispiel ist es das iPhone. Im Hauptbildschirm sehen Sie dann alles Wissenswerte rund um den kleinen Musikplayer. Standardmäßig synchronisiert sich jedes Gerät komplett mit iTunes. Das heißt, es wird versucht, die gesamte Musiksammlung von iTunes auf den Musikplayer zu kopieren. Jedes Mal, wenn Sie das Gerät wieder am Mac anschließen, wird die Musiksammlung angepasst – neue Musik wird also aus iTunes hinzugefügt, und gelöschte Titel werden auch vom angeschlossenen Gerät entfernt.

Gerade bei den kleineren iPods kann da der Platz ganz schnell knapp werden. Es gibt aber eine praktische Lösung im Menü **Musik** ❷. Hier hilft der Klick auf **Ausgewählte Wiedergabelisten, Interpreten, Alben und Genres** ❸. Auf die Art ziehen Sie nur jene Multimediadaten auf Ihren iPod, die Sie auch wirklich benötigen. Praktisch ist übrigens auch die Anzeige im unteren Bildschirmbereich zur Kapazität ❹ – hier sehen Sie genau, was den Speicherplatz Ihres Gerätes aktuell belegt.

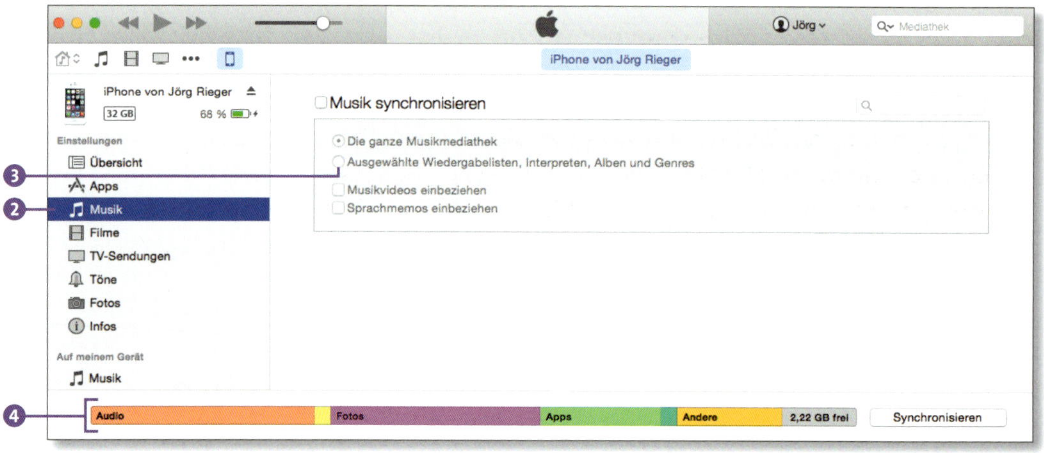

Abbildung 13.43
Alles oder nichts? Die Synchronisierung in iTunes bietet dann doch etwas mehr Auswahl.

iCloud synchronisiert

Ihre Musik, die Sie im iTunes Store kaufen, wird nicht etwa in iCloud gespeichert. Die Cloud merkt sich nur, welche Titel erworben wurden, und sorgt dafür, dass diese auf iPad, iPhone und Mac jeweils auch verfügbar sind.

iTunes und iCloud

iTunes und iCloud arbeiten zusammen, d. h., Sie können alle bei iTunes gekauften Musiktitel auf all Ihren bei iCloud angemeldeten Geräten automatisch synchronisieren, sodass Ihnen alle Musiktitel immer parallel auf iPod, iPad, Mac-Computer und iPhone zur Verfügung stehen. In der kostenlosen Basisversion klappt das allerdings nur mit solchen Titeln, die Sie bei iTunes unter Ihrem Account erworben haben. Ihre selbst erstellte, beispielsweise von CD konvertierte oder anderweitig gekaufte MP3-Musik bleibt außen vor. Diese müssen Sie manuell synchronisieren. Immerhin: iCloud ist so großzügig, auch eventuell schon vor Jahren gekaufte Musikstücke zu übernehmen. Sie müssen tatsächlich nichts unternehmen – die Synchronisierung legt sofort los, sobald Sie sich an einem Gerät mit Ihrer Apple-ID anmelden. Praktischer geht es nicht, oder?

iTunes Match

Mit iTunes Match bringt Ihnen Apple einen ganz besonderen Service auf alle Ihre Apple-Geräte: Sämtliche Titel Ihrer Musiksammlung, die iTunes erkennt, werden über iCloud abgeglichen, synchronisiert und durch High-End-Titel, also Titel mit einer hohen Wiedergabequalität, ersetzt. Dieser Service ist in den rund 25 € Jahresgebühr für iTunes Match inklusive.

Er gilt sogar für Musik, die Sie nicht im iTunes Store gekauft haben. Wenn Sie also beispielsweise eine selbst konvertierte MP3-Aufnahme in nicht optimaler Qualität haben, wird diese automatisch von iTunes durch eine perfekte Aufnahme aus dem iTunes Store ausgetauscht. Sprich, eine separate Synchronisierung entfällt. Die Titel, die im iTunes Store nicht zu finden sind, und das sind wahrscheinlich nur wenige, können Sie selbst – beispielsweise von einer CD – in iCloud laden. Auch mit iTunes Match können Sie dann alle Ihre Musiktitel automatisch auf iPod, iPhone, iPad und Mac nutzen, da diese Funktion mit iCloud Hand in Hand zusammenarbeitet.

Ob Sie dieses Angebot nutzen möchten, müssen Sie selbst entscheiden. Wichtig ist: Einmal ausgetauschte Titel können Sie behalten, auch wenn Sie iTunes Match nach einem Jahr kündigen. Außerdem wird Ihr Speicherplatz in iCloud, der standardmäßig 5 Gigabyte beträgt, durch iTunes Match und die damit synchronisierten Musiktitel nicht belastet.

Anderer MP3-Player?

Sie haben keinen iPod, sondern einen anderen kleinen MP3-Player? Dann haben Sie schlicht Pech gehabt, denn iTunes arbeitet ausschließlich mit den eigenen Apple-Geräten zusammen. Es besteht lediglich die Möglichkeit, die Musiktitel in iTunes zu markieren und per Drag & Drop auf den per USB angeschlossenen »Fremdplayer« zu kopieren. Allerdings gibt es gerade mit den M4a-Dateien, dem iTunes-Store-Musikformat, häufig Probleme. Viele, vor allem günstige MP3-Player können damit nicht umgehen und verweigern Ihnen den mobilen Musikgenuss.

14 Bessere Fotos mit iPhoto

Digitalfotos sind klasse, und sicherlich sind Sie schon im Besitz einer Digitalkamera. Doch nach dem Foto steht immer die Frage: »Wohin mit den unzähligen Urlaubsschnappschüssen?« Einfach auf der Speicherkarte lassen ist keine gute Lösung. Beim Apple-Computer ist glücklicherweise eine sehr praktische und deutlich bessere Lösung eingebaut: Zum einen bringt schon der Finder viele tolle Möglichkeiten mit, Ihre Fotos schnell mal zu betrachten, zum anderen steht Ihnen mit iPhoto eine mächtige Fotosoftware zur Seite, die für Ordnung im Bilderdschungel sorgt. Mit iPhoto können Sie Ihre Bilder nicht nur verwalten und bearbeiten, sondern auch schöne Präsentationen erstellen. In diesem Kapitel zeigen wir Ihnen, wie das funktioniert und wie Sie nicht nur Ihre Fotos verwalten, zeigen und drucken, sondern auch per E-Mail versenden und an Fotoportale sowie Facebook schicken oder wie Sie eine Foto-CD brennen.

Abbildung 14.1
iPhoto ist Ihr Fotoprogramm am Mac.

iPhoto ist auf Ihrem neuen Mac bereits vorinstalliert. Fehlt die Software, kann sie aus dem App Store von Apple kostenfrei nachinstalliert werden.

Fotos auf den Mac übertragen

Die Bilder müssen auf den Computer, doch wie? Die einfachste Möglichkeit besteht darin, Ihre Kamera mit einem USB-Kabel an Ihren Mac anzuschließen. Dieses Kabel gehört immer zum Lieferumfang einer Digitalkamera dazu. An Ihrer Kamera selbst finden Sie den Anschluss meist unter einer kleinen Gummiklappe, bei manchen Kompaktkameras geht das auch über eine kleine Docking-Station, in die der Fotoapparat gesteckt wird und aus der ein Kabel abgeht. Am Mac selbst haben Sie die Möglichkeit, USB-Kabel an der Gehäuserückseite oder an der Seite einzustecken, bereits kennengelernt.

USB-Hub mit oder ohne Strom?

Sie werden feststellen, dass es USB-Hubs mit oder ohne Steckernetzteil gibt. Das hat folgenden Hintergrund: Einige Geräte, wie externe Festplatten mit Stromversorgung oder Drucker, verwenden den USB-Anschluss nur zur Datenübertragung. Kleine Scanner, USB-Sticks und Festplatten ohne zusätzliche Stromversorgung beziehen über USB auch noch den Strom. Klar, dass man da nicht unendlich viel Kapazität hat. Möchten Sie an Ihren USB-Hub also Scanner, Drucker, Festplatte und USB-Sticks anschließen, sollte er in jedem Fall ein zusätzliches Netzteil haben, sonst werden einige USB-Geräte nicht erkannt, weil einfach der Strom fehlt.

Das ist natürlich wenig komfortabel, wenn man die Digitalkamera nur schnell mal anschließen und nach der Datenübertragung wieder entfernen möchte. Daher finden Sie bei den Apple-Tastaturen mit Kabel rechts und links je einen weiteren USB-Anschluss (*USB-Port*), den Sie für Ihre Digitalkamera verwenden können.

Abbildung 14.2:
Ganz direkt – die Kamera mit dem USB-Anschluss der Apple-Tastatur verbinden

Besitzer der kleinen Funktastatur haben leider keine USB-Ports und müssen tatsächlich hinter das Gehäuse krabbeln oder sich einen *USB-Hub* zulegen. So ein Gerät vervielfacht die USB-Ports und kann dank Verlängerungskabel dann beispielsweise einfach dort auf den Schreibtisch gelegt werden, wo noch Anschlüsse benötigt werden.

Abbildung 14.3
Ein USB-Hub ist eine Art »Mehrfachsteckdose« für USB-Anschlüsse. (Foto: Satechi.net)

Die zweite Möglichkeit, die Daten einer Digitalkamera einzulesen, funktioniert über ein *Kartenlesegerät*. Diese kleinen Gesellen sind wahre Multifunktionskünstler. Hier können Sie, je nach Modell, jede beliebige Speicherkarte einschieben, und der Kartenleser macht daraus ein »echtes« Laufwerk. Das ist dann praktisch, wenn Sie z. B. zwei Kameras mit unterschiedlichen Kartentypen haben oder auf einen schnellen Datentransfer Wert legen.

Die Übertragung mit Kartenleser ist deutlich schneller, als wenn Sie die Übertragung über die Kamera erledigen. Wenn Ihre Digicam mit SD-Karten arbeitet, haben Sie an allen iMacs, am MacBook sowie am Mac mini eine Einschuböffnung (*Slot*) für diesen Speicherkartentyp. Da können Sie sich selbst den Kartenleser sparen, das erledigt Ihr Mac einfach so nebenbei.

Abbildung 14.4
Auch Kartenlesegeräte sind zur Fotoübertragung perfekt geeignet.

Abbildung 14.5
Jeder iMac hat ein Kartenlesegerät eingebaut.

Die Entscheidung zum Bildprogramm Ihrer Wahl

Haben Sie Ihre Kamera per USB angeschlossen, müssen Sie sie nur noch einschalten und eventuell auf den Datenübertragungsmodus stellen. Wie das genau geht, steht in Ihrem Kamerahandbuch. Per Kartenslot oder Kartenlesegerät wird die Speicherkarte sofort erkannt. In beiden Fällen brauchen Sie keine zusätzliche Software zu installieren, das klappt vollautomatisch, da selbst Ihre Digitalkamera quasi wie ein Kartenlesegerät erkannt und behandelt wird. Beim ersten Kontakt mit einer Fotospeicherkarte wird iPhoto direkt mit dem Fotoimport geladen.

Abbildung 14.6
Optics Pro von DXO ist die Software für semiprofessionelle Digitalfotografen.

Wir finden, dass iPhoto prinzipiell eine sehr gute Lösung für die Verwaltung Ihrer Digitalfotos ist und für einen Großteil aller Hobbyfotografen ausreicht. Außerdem sind Fotoshows und sogar die Erstellung von Fotobüchern im Handumdrehen möglich. Und letztlich besteht immer noch die Möglichkeit, später iPhoto nur zur Fotoverwaltung zu verwenden und dann mit zusätzlicher Bildbearbeitungssoftware den eigenen Schnappschüssen den letzten Feinschliff zu verpassen.

Wenn Sie als ambitionierter Fotograf mit digitaler Spiegelreflexkamera unterwegs sind und auch RAW-Fotos bearbeiten möchten, ist iPhoto aber auch bei der Fotoverwaltung nicht mehr die erste Wahl. Dann müssen Sie mit zusätzlicher Software, wie z. B. Adobe Photoshop Lightroom, DxO Optics Pro oder Adobe Photoshop Elements, Abhilfe schaffen und den Funktionsumfang Ihres Macs entsprechend erweitern.

Abbildung 14.7
Wenn iPhoto später mal nicht mehr Ihre Bilder öffnen soll, können Sie das im iPhoto-Menü unter »Einstellungen«, Register »Allgemein« und »Anschließen einer Kamera öffnet« problemlos ändern.

Mehrere Ereignisse?

Damit Bilder unterschiedlicher Partys nicht zusammengefasst werden, müssen Sie demzufolge Schritt für Schritt importieren: Bilder einer Party mit der Maus- und der `cmd`- bzw. `⇧`-Taste auswählen, Beschreibung und Ereignis vergeben und nur die Auswahl importieren. Dann wiederholen Sie den Vorgang mit dem nächsten Ereignis und so fort.

Fotos übertragen mit iPhoto

Haben Sie iPhoto als Ihr Standardbildprogramm gewählt, startet es, sobald es Fotos auf Ihrer Kamera oder Speicherkarte entdeckt. Das folgende Fenster zeigt die verfügbaren Bilder an und von welchem Medium die Fotos geladen werden können ❶. Sie können zudem gleich einen Ereignisnamen vergeben ❷, damit iPhoto Ihre Schnappschüsse direkt sortieren kann. Das ist z. B. dann praktisch, wenn man drei Wochen Spanienurlaub auf der Karte hat. Der Ereignisname gilt global für alle Fotos, die auf der Speicherkarte vorhanden sind. Falls Sie Fotos zu mehreren

Events auf Ihrem Fotoapparat gespeichert haben, hilft unser Trick im Kasten »Mehrere Ereignisse?« weiter. Passt jetzt alles? Dann klicken Sie auf die Schaltfläche **[Anzahl] Fotos importieren** 3, um den Kopiervorgang zu starten. Der Punkt **Ereignisse teilen** 4 ist dann praktisch, wenn Sie beispielsweise mehrere Ausflüge oder Ereignisse auf Ihrer Speicherkarte haben. iPhoto versucht dann, diese beim Import schon automatisch aufzuteilen. Die Benennung der einzelnen »Events« erfolgt dann direkt nach dem Import (siehe die Abbildung 14.13 auf Seite 294).

Hat die Übertragung geklappt, erscheint die in Abbildung 14.11 gezeigte Meldung auf dem Bildschirm. Allerdings nur, wenn Sie die Kamera oder das Fotohandy direkt mit dem Mac verbunden haben.

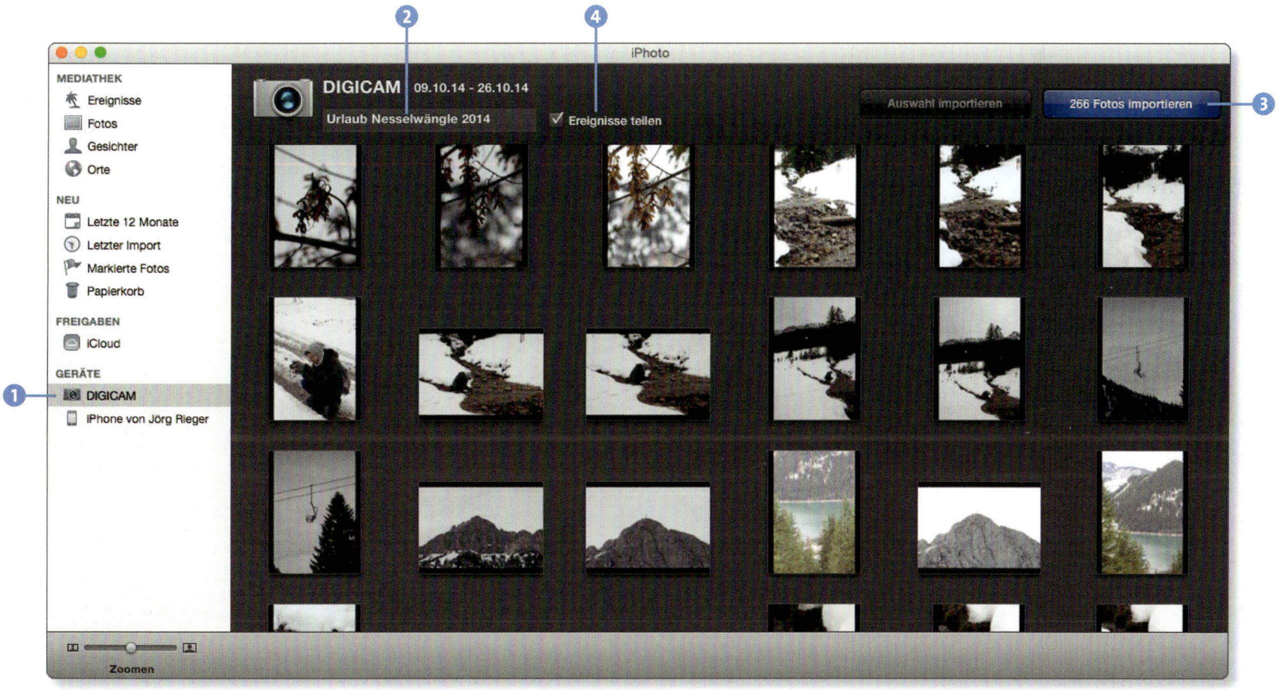

Abbildung 14.8
Der Import in iPhoto ist schnell erledigt.

iPhoto bietet Ihnen hier an, die erfolgreich kopierten Fotos direkt von Ihrer Speicherkarte/Ihrer Kamera zu löschen. Das ist natürlich ein praktischer Service, denn damit bekommen Sie wieder freien Speicherplatz für neue Aufnahmen. Klicken Sie dazu auf **Fotos löschen** 5. Wenn Ihnen dieser Service suspekt ist, wählen Sie **Fotos behalten** und löschen die Fotos später selbst über Ihre Kamera. Ist eine Speicherkarte über den Mac-Kartenleseslot eingelegt, erscheint diese Nachfrage sowieso gar nicht, Fotos werden hier niemals vom Medium gelöscht.

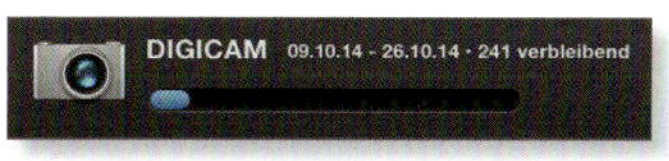

Abbildung 14.9
Der Kopiervorgang auf den Computer kann live mitverfolgt werden, je nach Fotoanzahl kann das mehrere Minuten dauern.

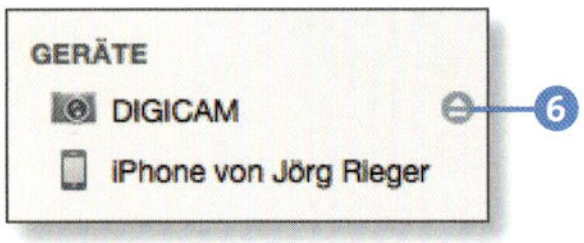

Abbildung 14.10
Sie können den Kartenleser oder die Kamera auch direkt über iPhoto auswerfen.

Abbildung 14.11
Was tun? Das ist Ansichtssache.

Doppelte Bilder?

iPhoto erkennt bereits importierte Fotos automatisch und blendet diese sogar schon beim Importdialog automatisch aus. Beim Einfügen von Bildern per Drag & Drop erscheint die unten stehende Meldung.

Abbildung 14.12
iPhoto ist schlau und erkennt bereits importierte Bilder.

Im Anschluss zeigt Ihnen iPhoto die importierten Bilder in einer Übersicht an; das Programm ist damit startklar. Zu diesem Zeitpunkt können Sie Ihre Kamera oder Ihren Kartenleser vom Mac entfernen – bitte natürlich immer über den Papierkorb oder das Auswerfen-Symbol 6 in iPhoto.

Ordnung schaffen mit den Ereignissen

Bevor wir uns ganz dem Betrachten und Präsentieren Ihrer Fotos widmen, müssen wir noch etwas in trockenere Themenbereiche abschweifen. Denn am Anfang steht die Ordnung Ihrer Fotos: Was früher Ihr Schuhkarton war, ist jetzt die Festplatte, und da sollte von Anfang an einfach Ordnung herrschen. In diesem Abschnitt beschäftigen wir uns daher damit, wie die Grundstruktur Ihrer Schnappschuss-Sammlung perfekt wird. Denn iPhoto ist Ihr neues digitales Fotoalbum, und hier werden sämtliche Digitalfotos nach Ereignissen und Aufnahmedaten abgelegt. Egal, ob 1.000 oder 10.000 Fotos, damit behalten Sie stets den Überblick über alle Ihre Aufnahmen.

Abbildung 14.13
Auf Wunsch werden verschiedene Fotoaktivitäten schon beim Import aufgeteilt. Die Benennung der Events erfolgt dann direkt nach dem Import in diesem übersichtlichen Dialogfeld.

Das Bildbearbeitungsprogramm von Apple gibt Ihnen sehr viele Möglichkeiten an die Hand, Ihre Bilder zu sortieren und anzuzeigen. Die Ereignisansicht 1 bringt Ihre Fotos quasi wie digitale Fotoalben auf den

Hauptbildschirm. Hinter jedem einzelnen Bild verbergen sich dann sämtliche Fotos, die dazu passen. Hat sich iPhoto vertan, ist das kein Problem, Sie können Ereignisse beliebig »mischen« und vereinen. Wie das geht, erfahren Sie gleich. Als erste einfache Sortiermöglichkeit können Sie die Ereignisse per Drag & Drop problemlos der Reihenfolge nach verschieben und so anordnen, dass es für Sie logisch ist – beispielsweise nach Themen wie Urlaub, Familie, Partys etc. Wir können Ihnen hier keine Faustregel geben, die perfekte Sortierung ist jene, bei der Sie sich wohlfühlen und immer bereits mit einem Klick das richtige Bild finden.

Abbildung 14.14
Zurück zu allen Events geht es über »Alle Ereignisse«.

Abbildung 14.15
iPhoto kann Ihre Bilder in verschiedenen Varianten anzeigen, hier z. B. als Ereignisse.

Abbildung 14.16
Fahren Sie mit dem Mauszeiger über ein Ereignis, sehen Sie sämtliche darin enthaltenen Bilder im Schnelldurchlauf.

Um zu sehen, was sich hinter den einzelnen Ereignissen verbirgt, können Sie per Doppelklick alle enthaltenen Bilder betrachten. Viel praktischer ist aber die Möglichkeit, einfach mit dem Mauszeiger oder einem Finger auf dem Trackpad über das Ereignisbild zu streichen – dann sehen Sie alle Schnappschüsse im Schnelldurchlauf. Haben Sie ein Bild gefunden, das das Ereignis besser repräsentiert, klicken Sie mit der rechten Maustaste und wählen aus dem Kontextmenü einfach die Option **Als Schlüsselfoto festlegen** 2, und schon haben Sie ein neues Startbild für das Ereignis gewählt.

Abbildung 14.17
Das Schlüsselfoto wird als Startbild jedes Ereignisses angezeigt.

Ereignisse verbinden

Die Ereignisse werden durch den Fotoimport festgelegt. Dabei versucht iPhoto, auch selbst Strukturen zu schaffen, die allerdings nicht immer ganz logisch sind: Bilder, deren Aufnahmedatum zu weit auseinanderliegt, werden dann gerne in separate Ereignisse gesteckt, was nicht gerade zur Übersichtlichkeit beiträgt. Zwei oder mehr Ereignisse können Sie miteinander verbinden, wie wir es Ihnen im Folgenden beschreiben:

1. Ereignisse anwählen

Markieren Sie am besten per Mausklick und gedrückter `cmd`-Taste jene Ereignisse, die miteinander verbunden werden sollen. Ganz wichtig: Das erste Ereignis, das Sie wählen, wird später als »Behälter« für die anderen genommen. Hier wird dann alles hineinsortiert.

Abbildung 14.18
Hier sollen zwei Ereignisse verbunden werden.

2. Rechter Mausklick

Wählen Sie nun per sekundären Klick eines der Ereignisse an, es wird daraufhin ein Kontextmenü angezeigt. Klicken Sie dort auf **Ereignisse verbinden**.

Abbildung 14.19
Das Kontextmenü erreichen Sie wie immer per Rechtsklick bzw. mit der sekundären Maustaste.

Wie üblich bei größeren Aktionen, erscheint auch hier ein Hinweis der Software, ob Sie sich Ihrer Sache ganz sicher sind. Passt alles, klicken Sie einfach auf **Verbinden**.

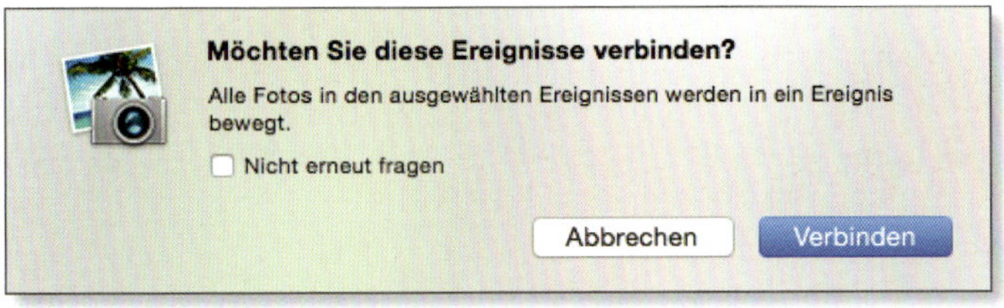

∧ **Abbildung 14.20**
Sie müssen noch einmal bestätigen, bevor iPhoto mit der Verbindung beginnt.

∧ **Abbildung 14.21**
Nun sind alle Bilder zusammen, die in ein Ereignis gehören.

3. Fertig
Aus zwei oder noch mehr mach eins – das hat doch ganz hervorragend geklappt, oder? So sorgen Sie ganz schnell für Ordnung in der Ereignisansicht.

Ereignisse teilen

So weit, so gut. Doch was, wenn Sie Bilder aus einem Ereignis in mehrere teilen möchten, also genau umgekehrt? Dazu gehen Sie per Doppelklick in jenes Ereignis, das falsch einsortierte Bilder enthält. Markieren Sie diese »falschen« Bilder dort mit der Maus und der cmd- bzw. ⇧-Taste. Anschließend gehen Sie im Menü **Ereignisse** auf den Menüpunkt **Ereignis teilen**. Schon sind die markierten Bilder in einem neuen Ereignis einsortiert. Den Ereignisnamen können Sie im Anschluss noch per Klick vergeben.

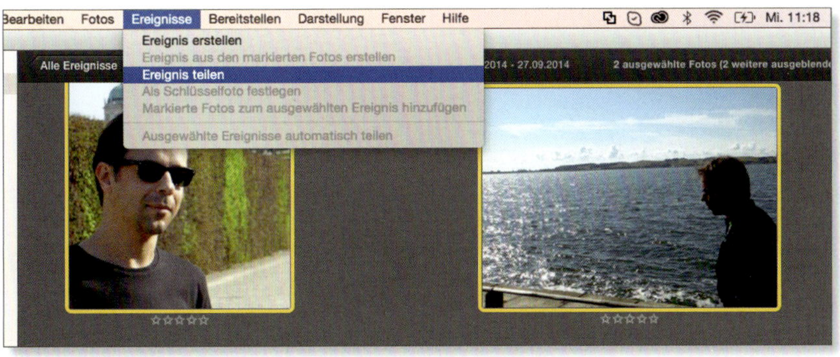

< **Abbildung 14.22**
Zusammengewürfelte Bildfolgen können mit »Ereignis teilen« problemlos getrennt werden.

Damit haben Sie schon einen großen Schritt hin zu einem übersichtlichen und vor allem praktikablen digitalen Fotoalbum getan.

Die Fotoansicht in iPhoto

Die zweite Möglichkeit, Ihre gesamte Fotosammlung zu betrachten, haben Sie über den Menüpunkt **Fotos** ❶ in der linken Spalte. Dort werden alle Bilder der Aufnahmereihenfolge nach, aber natürlich auch den Ereignissen ❷ entsprechend im Hauptbildschirm aufgelistet. Per Scrollfunktion an Ihrer Maus oder per Wischen auf dem Trackpad blättern Sie dann ganz entspannt selbst durch Hunderte Fotos.

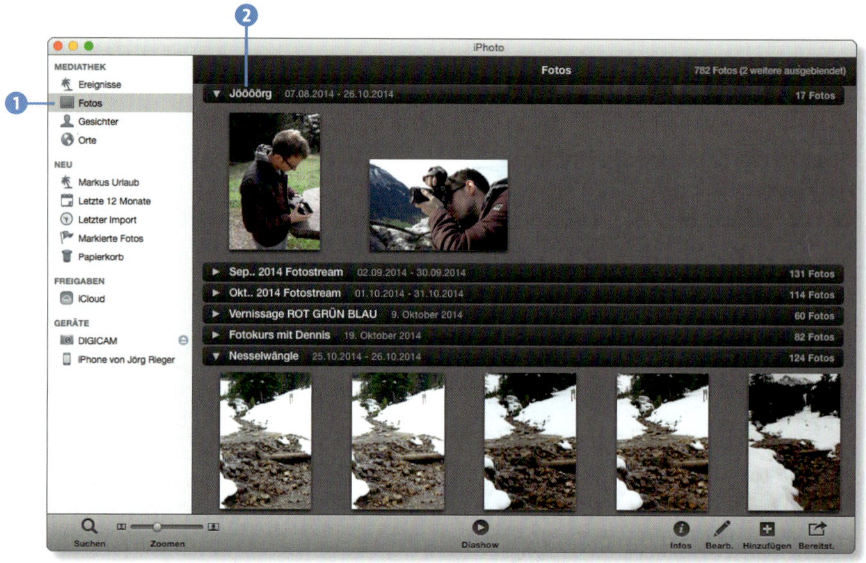

Abbildung 14.23 >
Die Fotoansicht bringt die Bilder nach ihrem Aufnahmedatum auf den Schirm.

In dieser Ansicht können Sie die Reihenfolge der Ereignisse nicht durch Verschieben ändern. Es ist aber möglich, die Sortierung nach verschiedenen Kriterien über das Menü **Darstellung** zu steuern. Sie können hier also beispielsweise bestimmen, ob die Fotos nach Aufnahmedatum absteigend oder aufsteigend sortiert werden sollen. Da ist einfach Ausprobieren angesagt. In der oben gezeigten Fotoansicht haben wir beispielsweise auch den Ereignistitel eingeblendet.

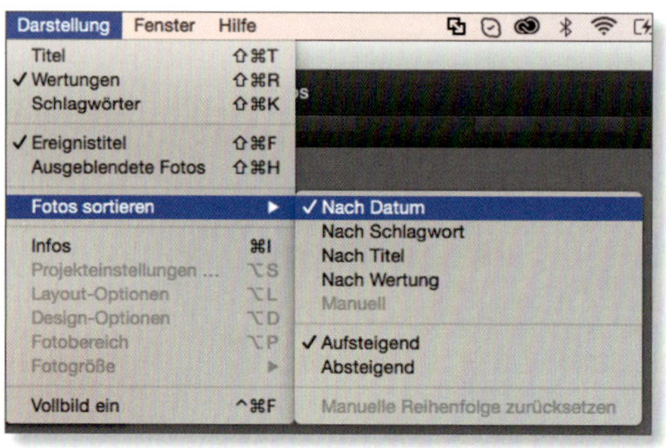

Abbildung 14.24 >
Fotoansicht nach Wunsch – das klappt über das Menü »Darstellung«.

Bilder betrachten leicht gemacht

Nach so viel Theorie und doch recht komplexem Grundwissen wird es Zeit, Ihre Bilder zu betrachten. Das klappt nämlich mit iPhoto ganz hervorragend und ist wirklich simpel. Die hier vorgestellten Möglichkeiten funktionieren in jeder iPhoto-Ansicht.

Wenn ein Foto schnell in einer großen Ansicht geladen werden soll, genügt ein Doppelklick darauf oder ein Druck auf die Leertaste. Schon wird es so weit maximiert, wie es das Programmfenster zulässt.

Abbildung 14.25
Der Doppelklick bringt ein Bild schnell in eine größere Ansicht.

Verkleinert wird das Bild mit einem einfachen Klick oder wieder der Leertaste, dann wird die vorherige Ansicht der gesamten Foto- oder Ereignisansicht geladen. Praktisch: Sie können in dieser großen Ansicht über die kleine Bildübersicht **3** unten bequem zu anderen Fotos springen. Wenn Sie mit dem Mauszeiger darauf fahren, wird sie zudem praktischerweise vergrößert.

Abbildung 14.26
Die Bildauswahl wird auch in der vergrößerten Ansicht leicht gemacht.

Für eine spontane Präsentation Ihrer Urlaubsfotos ist das aber natürlich nicht die richtige Methode, die Bedienelemente von iPhoto stören dabei doch massiv.

Die Vollbildansicht in iPhoto

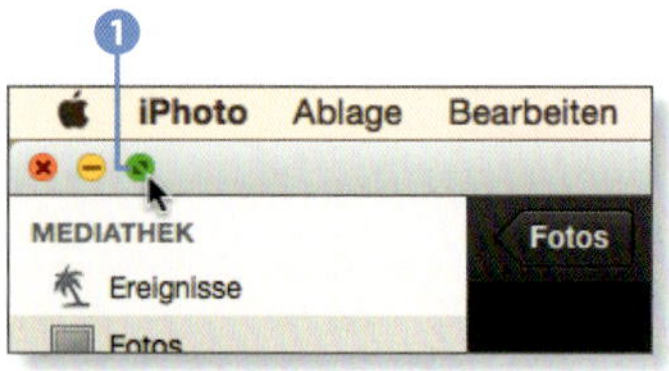

Abbildung 14.27
Ein volles Bild gibt es per Knopfdruck.

Um ein Bild in der Vollbildansicht, ganz ohne Programmoberfläche, anzusehen, müssen Sie die Vollbildansicht mit einem Klick auf den kleinen grünen Button links oben aktivieren ❶. Wichtig: Damit das funktioniert, sollten Sie ein Bild schon, wie gerade beschrieben, in die große Ansicht gebracht haben.

Ihr Bildschirm wird schwarz, alles wird ausgeblendet, und der Fokus liegt ganz auf Ihrem Foto. Wenn Sie die Maus bewegen, werden oben und unten Menüleisten eingeblendet.

Abbildung 14.28
Die Vollbildansicht mit eingeblendeten Menüleisten

Unten ist eine Navigation ❷ durch jene Fotos möglich, die vorher in der Bildübersicht aktiv waren. In unserem Beispiel hatten wir ein Ereignis angezeigt, daher sehen Sie in dieser Leiste auch nur die dort einsortierten Bilder. Mit den Pfeilschaltflächen ❸ oder den Pfeiltasten auf Ihrer

Tastatur können Sie eine Aufnahme vor- oder zurückspringen. Hier sehen Sie auch in der unteren Leiste einen Zoom ❹ sowie einige Möglichkeiten zur weiteren Bearbeitung Ihrer Bilder ❺, die wir uns gleich noch im Detail ansehen.

Beendet wird die Vollbildansicht über die esc-Taste oder wenn Sie mit der Maus oder dem Trackpad ganz nach oben fahren und auf den entsprechenden Button links klicken ❻.

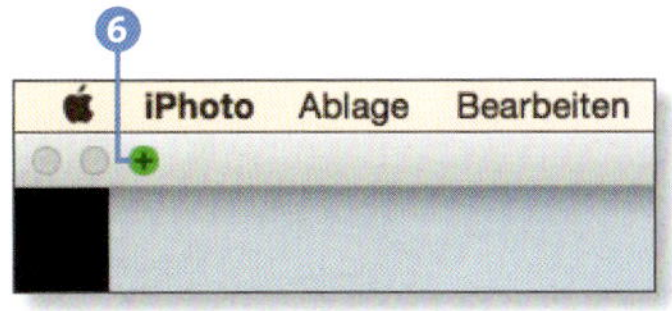

Abbildung 14.29
Raus aus dem Vollbildmodus mit einem Klick

Die Fotoübersicht einstellen

Doch auch die Fotoübersicht, die Bildminiaturen, können nach Wunsch angepasst werden. Mit dem Schieberegler ❼ links unten können Sie die Größe der Vorschaubildchen stufenlos regeln, also entweder mehr Details betrachten oder mehr Bilder pro Bildschirm sehen.

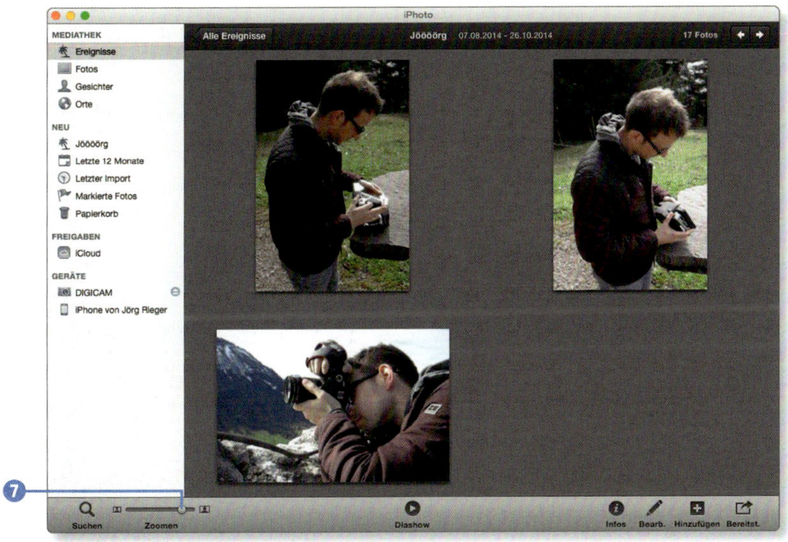

Abbildung 14.30
Die Bildvorschau mit größerem Zoom

Der Fotostream – Fotos mit iPhoto und iPad austauschen

Alle Apple-Geräte wachsen immer mehr zusammen. Auch bei Fotos ist dies durchaus sinnvoll – so haben Sie alle wichtigen Aufnahmen auf iPhone, iPad und dem Mac parat. Über iCloud werden Ihre Bilder auf Wunsch perfekt synchronisiert (siehe in Kapitel 11, »Perfekt organisiert: iCloud, Erinnerungen, Termine und Adressen«). Hierfür ist die Anmeldung mit der Apple-ID notwendig, und natürlich sollten Sie neben Ihrem Mac ein iPhone, iPad oder einen iPod touch besitzen. Mit mobilen Geräten anderer Hersteller klappt der Fotostream leider nicht.

Personenerkennung oder Gesichtserkennung

Ordnung ist das halbe Leben – das gilt leider auch für die digitale Fotografie, um bei vielen Tausend Fotos noch den Überblick zu behalten. iPhoto sortiert, das haben Sie bereits kennengelernt, die Bilder in Ereignisse und nach Aufnahmedatum. Doch es gibt noch eine weitere Möglichkeit,

Ihre Motive noch detaillierter zu sortieren und so auch besser wiederzufinden. Sie haben in iPhoto den Punkt **Gesichter** gesehen? Hier werden später alle Personen nach Namen einsortiert, im Idealfall alle Freunde, Bekannten und Verwandten.

Wie das geht? iPhoto lernt Gesichter kennen und lernt, sie zu unterscheiden. Natürlich müssen Sie hier etwas Vorarbeit leisten und iPhoto die Möglichkeit geben, Ihre Freunde kennenzulernen. Danach sortiert die Bildbearbeitung ganz erstaunlich exakt und automatisch – Sie werden Ihren Augen nicht trauen: Sie haben daraufhin mit einem Mausklick sämtliche Fotos Ihrer Cousine auf dem Bildschirm, egal, wann die Bilder aufgenommen wurden!

Abbildung 14.31 >
Zu Beginn präsentiert sich die Rubrik »Gesichter« gleich mit Kopfbildern.

^ Abbildung 14.32
iPhoto sucht bei der Namenseingabe direkt im Adressbuch nach passenden Kontakten und schlägt diese vor.

Öffnen Sie dazu einfach den Bereich **Gesichter** in iPhoto – sofort werden Ihnen Gesichter gezeigt, die die App schon identifiziert hat. Möchten Sie eine Person identifizieren, geben Sie dann in das Feld unter dem Bild den Namen der Person ein. iPhoto bedient sich hier zudem aus Ihrem Adressbuch. Ist die Person dort vermerkt, bietet das Programm sofort die Daten aus dem Adressbuch an. Falls die Person nicht vermerkt ist, wird auch einfach nur die Eingabe des Namens akzeptiert.

Sind mehrere Personen auf dem Foto abgebildet, wurden diese sicherlich auch erkannt. Wiederholen Sie den Vorgang dann für alle Personen entsprechend, und klicken Sie anschließend auf **Weiter zu »Gesichter«** 1.

Hier sind nun alle Personen als Polaroid-Symbol zu sehen, und mit einem Doppelklick werden alle Fotos angezeigt, die dieser Person bereits zugeordnet wurden. Spannend wird es in der Liste **[XYZ] ist möglicherweise in [X] weiteren Fotos**.

Abbildung 14.33
Alle Gesichter im Überblick

Hier hat iPhoto bereits versucht, dieser Person im Bildbestand automatisch weitere Bilder zuzuordnen. Klicken Sie auf **Weitere Gesichter bestätigen** ❷, um die Auswahl anzusehen. Wenn ein Bild passt, bestätigen Sie dies mit einem Klick auf **Zum Bestätigen klicken**. Ein weiterer Klick schließt ein Bild übrigens aus.

Abbildung 14.34
Auch noch in weiteren Fotos entdeckt?

So machen Sie das mit allen Menschen, die Sie gerne im Schnellzugriff über den Bereich **Gesichter** haben wollen. Das funktioniert auch mit Gruppenfotos problemlos, so ein Bild ist dann einfach bei jeder Person einsortiert, die auf dem Bild zu sehen ist. Übrigens startet die automatische Gesichtserkennung bei jedem Fotoimport und versucht direkt, die neuen Gesichter einzusortieren. So erhalten Sie, fast ohne Zutun, mit der Zeit eine sehr praktische Sammlung und Fotosortierung.

Abbildung 14.35
Je nachdem, wie sicher sich iPhoto ist, fallen auch die Abfragen aus.

Abbildung 14.36
iPhoto versucht, weitere Fotos der Person zuzuordnen.

Aber die Intelligenz hat bei iPhoto auch Grenzen. Nicht immer werden Personen identifiziert. Dann müssen Sie manuell ran. Klicken Sie in der Fotoansicht das entsprechende Foto an, und gehen Sie auf den Button **Infos** rechts unten in der Symbolleiste von iPhoto.

Abbildung 14.37
Ein Klick auf den Button »Infos« blendet eine weitere Spalte ein.

Es erscheint eine Seitenleiste. Hier wählen Sie im Bereich **Gesichter** nun **Gesicht hinzufügen** 3. iPhoto erstellt dann automatisch einen oder mehrere Rahmen. Oftmals passen diese aber nicht, sonst hätte iPhoto ja auch die automatische Erkennung gestartet. Mit gedrückter Maus- oder Trackpad-Taste verschieben Sie den Rahmen 4 auf das gewünschte Gesicht und geben dann den Namen ein.

Abbildung 14.38
Die manuelle Gesichtserkennung funktioniert recht einfach.

Auf die Art finden auch Personen den Weg in Ihr Archiv, die aufgrund der Aufnahmesituation von iPhoto nicht erfasst wurden.

Fotos nach Orten sortieren

»Wo war das doch gleich?« Spätestens nach einer dreiwöchigen Asien-Rundreise wird es ziemlich schwierig, das noch nachzuvollziehen. Daher hat iPhoto **Orte** als zusätzliche Funktion mit eingebaut. Jedes Bild kann einem Ort auf einer virtuellen Landkarte zugeordnet werden. Hat Ihre

Kamera ein GPS-Gerät eingebaut, klappt das sogar automatisch. Auch das iPhone und andere Mobiltelefone hinterlegen den Aufnahmeort automatisch. Diese Technik ist aber serienmäßig gerade bei Kameras nicht überall integriert, daher erklären wir hier den manuellen Weg.

Markieren Sie einfach ein oder mehrere Bilder, und klicken Sie auf den **Infos**-Button ❺ rechts unten. Geben Sie in das Suchfeld ❻ bei **Ort zuweisen** in der Seitenleiste nun den Aufnahmeort ein – das kann ruhig detailliert mit Straßennamen sein, falls bekannt. Da der Service mit Google Maps zusammenarbeitet, ist die Suche ziemlich intelligent.

Internetverbindung erforderlich

Für die Bildersortierung in **Orte** ist eine Internetverbindung erforderlich, da die Landkarten dynamisch aus dem Web geladen werden.

Abbildung 14.39
Hier geben Sie den gewünschten Aufnahmeort ein und suchen ihn auf der Karte.

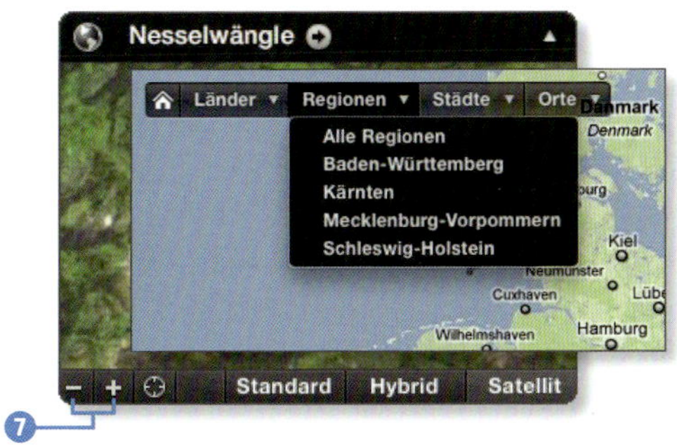

Abbildung 14.40
Passt das so? iPhoto lokalisiert den Aufnahmeort.

Der eingetippte Ort wird nun direkt auf der virtuellen Weltkarte angezeigt. iPhoto hat im Idealfall schon eine Stecknadel platziert und zeigt zudem den Ortsnamen an. Wenn Sie mehr Details der Karte sehen möchten, zoomen Sie einfach per Doppelklick in die Karte oder verwenden + und – ❼. Wenn die Stecknadel nicht exakt sitzt, verschieben Sie sie einfach mit gedrückter Maustaste.

Wenn Sie danach auf **Orte** 8 klicken, haben Sie eine virtuelle Landkarte vor sich. Überall dort, wo Fotos zugeordnet sind, befinden sich rote Stecknadeln. Wenn Sie eine der Stecknadeln mit der Maus berühren, wird der Ort eingeblendet. Ein Klick auf den Pfeil 9 öffnet die passenden Fotos.

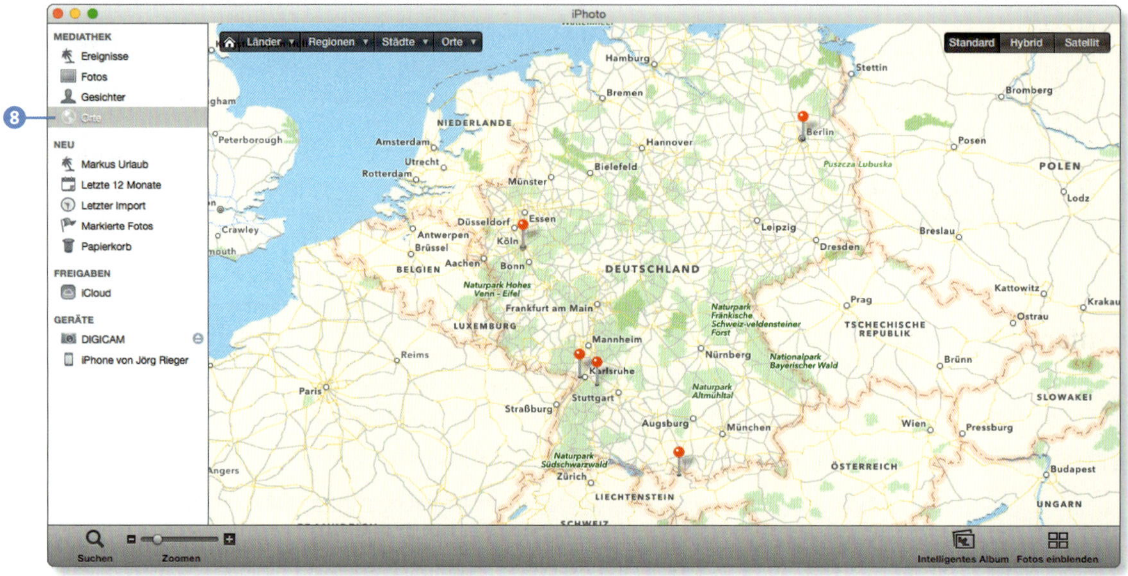

^ Abbildung 14.41
Die virtuelle Landkarte zeigt an, wo Sie im Urlaub waren.

^ Abbildung 14.42
Hier gibt es Bilder zu sehen.

Sie sehen: Ordnung kann auch Spaß machen – iPhoto ist mit der Gesichtserkennung und den Orten der Beweis dafür. Und Sie werden sehen, dass Ihre Bilder mit wenigen Mausklicks zu einem ganz neuen Erlebnis für Sie werden und Sie nie wieder nach Fotos suchen müssen.

Fotos korrigieren

^ Abbildung 14.43
Die Korrektur wird über diesen Button gestartet.

Nicht immer ist ein Digitalfoto perfekt gelungen. Rote Augen durch den Aufhellblitz, zu dunkel oder zu hell belichtet, matte Farben – all das kann man schon in iPhoto mit automatisierten Funktionen ganz gut korrigieren. Um dies bei einem Foto durchzuführen, klicken Sie direkt auf die Schaltfläche **Bearb.** in der unteren Menüleiste 1.

Sie können übrigens getrost mit Ihren Fotos experimentieren. Im **Bearbeiten**-Bereich unter Einfache Korrekturen können Sie immer mit **Zurück zum Original** das ursprüngliche Foto wiederherstellen. Alternativ klappt das auch über den Menüpunkt Fotos und Zurück zum Original.

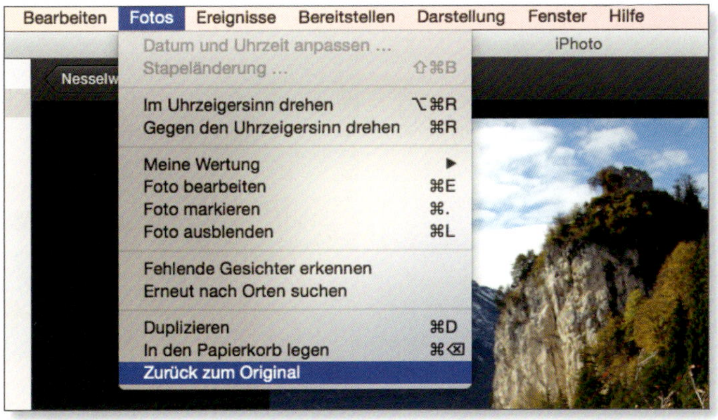

Abbildung 14.44
Schiefgegangen? Einfach das Originalbild wiederherstellen

Einfache Korrekturen

Im Bereich **Einfache Korrekturen** werden übliche Bildprobleme gelöst. Angefangen bei der Rote-Augen-Korrektur bis hin zum passenden Bildanschnitt wird hier das Foto mit wenigen Klicks perfektioniert.

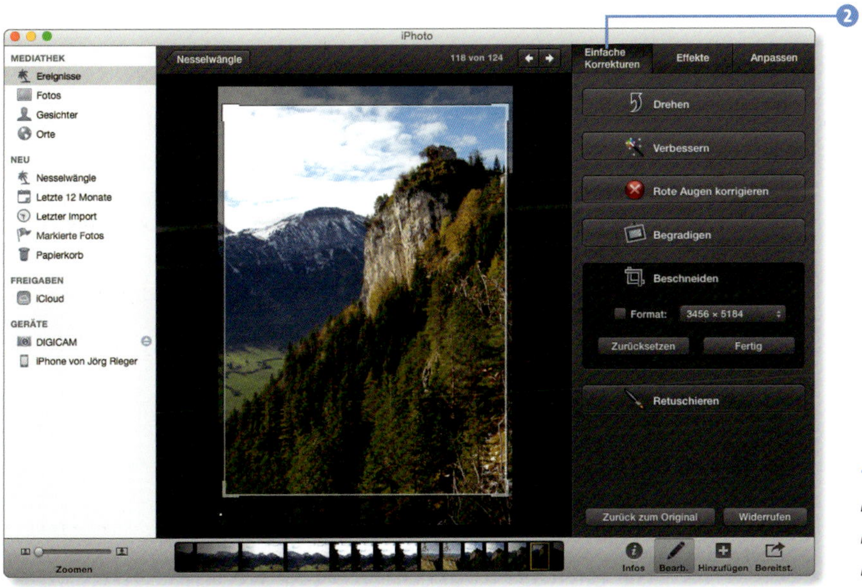

Abbildung 14.45
Der Bereich »Einfache Korrekturen« 2 *löst viele Bildprobleme.*

Effekte einsetzen

Effekte machen aus Ihrem Foto ein kleines Kunstwerk – probieren Sie einfach per Mausklick aus, was diese Palette an spannenden Veränderungsmöglichkeiten bereithält.

Abbildung 14.46
Effekte für noch tollere Bildmotive, hier ein Sepia-Effekt 1 *mit Objektiv-Vignette* 2

Professionelle Korrektur über »Anpassen«

Für den etwas ambitionierteren Digitalfotografen steht die Palette **Anpassen** mit vielen Schiebereglern bereit. Damit kann ein Bild ganz manuell auf das Optimum getrimmt werden. Mit **Belichtung** und **Kontrast** machen Sie flauen Farben Dampf, mit einem höheren Wert bei **Sättigung** beginnen die Farben zu leuchten. Mit den anderen Funktionen können Sie einfach etwas »spielen« und ihre Wirkung ausprobieren.

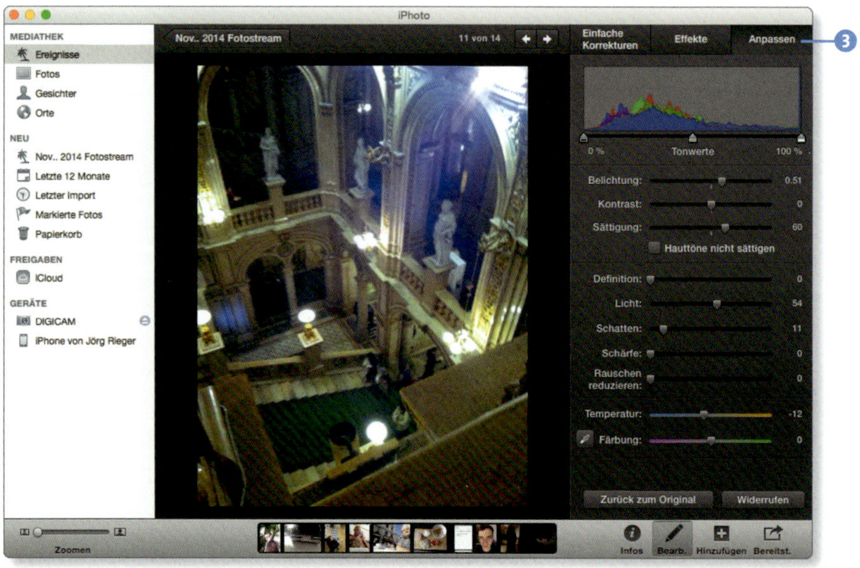

Abbildung 14.47
Mit »Anpassen« 3 *wird das Foto handwerklich perfekt.*

Diashows mit iPhoto

Digitale Fotos haben den großen Vorteil, dass man sie ganz ohne Diaprojektor einfach mal so auf dem Notebook oder am iMac angucken kann. Hier gibt es, wie immer am Computer, verschiedene Möglichkeiten. Wir zeigen Ihnen hier zwei Varianten. Alle, die noch schneller und vielleicht ganz ohne Fotosoftware Fotos präsentieren möchten, lesen im Abschnitt »Gute Freunde: Fotos und der Finder« ab Seite 319, was der OS-X-Finder für Ihre Fotos bereithält.

Express-Diashow – schnell und trotzdem schick

Die Vorgehensweise, die wir in diesem Abschnitt beschreiben, ist genau dann richtig, wenn Sie:

- schnell und einfach ein Ereignis als bildschirmfüllende Show präsentieren,
- Ihre Fotos einfach am Notebook ohne viel »Schnickschnack« zeigen oder
- die Show nicht auf CD/DVD brennen oder gar einen Film daraus erstellen möchten.

Wenn einer dieser drei Fälle auf Sie zutrifft, gehen Sie folgendermaßen vor:

1. Ereignis wählen
Wählen Sie das betreffende Ereignis mit einem Mausklick aus der Ereignisansicht aus, sodass es gelb eingerahmt ist. Alternativ können Sie auch jede andere Auswahl nehmen, die gerade am Bildschirm aktiv ist (beispielsweise alle Bilder von Dezember 2013 oder nach anderen Kriterien sortierte Fotos).

Abbildung 14.48
Dieser Button findet sich unübersehbar ganz unten in der Mitte der Symbolleiste.

2. Diashow starten
Klicken Sie nun auf den **Diashow**-Button in der unteren Menüleiste; die Diashow wird daraufhin gestartet.

3. Themen wählen
Der Bildschirm zeigt nun bereits das erste Foto der Diashow an, es wird aber gleichzeitig eine Palette mit zahlreichen Einstellungsmöglichkeiten eingeblendet.

Bevor Sie starten, können Sie noch ein Thema auswählen. iPhoto hält hier verschiedene Vorlagen für Sie bereit, um Ihre Fotos in verschiedenen Varianten ein- oder überzublenden.

Abbildung 14.49 >
Viele verschiedene Präsentationsthemen hat iPhoto parat.

4. Musik

Klicken Sie in der Palette nun auf **Musik** ①, um, wenn gewünscht, noch eine passende musikalische Untermalung auszuwählen Neben bereits zum Thema passenden Titeln können Sie im Feld **Quelle** ② auch auf Ihre iTunes-Musik zurückgreifen und sogar sogenannte *Playlists*, also Spielabfolgen, erstellen.

Abbildung 14.50 >
Musik zur Diashow

Unser Tipp: Wählen Sie am besten eine dezente Hintergrundmusik, böse Zungen würden sie »seicht« nennen, die zwar untermalt, sich aber nicht in den Vordergrund drängt. Wenn Sie lieber gar keine Musik möchten, entfernen Sie das Häkchen ③.

5. Einstellungen

Zuletzt kommen wir noch zum Menü **Einstellungen** ④, das für die Fotodarstellung von großer Bedeutung ist. Die Anzeigedauer für jedes Dia legen Sie ganz einfach in Sekunden fest ⑤.

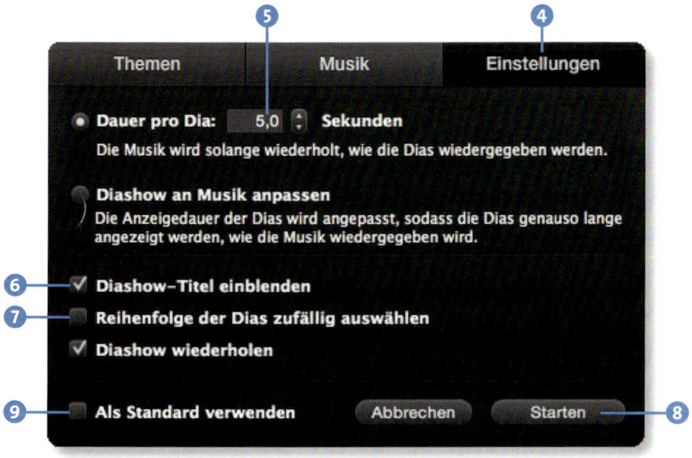

Abbildung 14.51
Zahlreiche Einstellungen machen die Diashow perfekt.

Wenn Sie möchten, können Sie zudem **Diashow-Titel einblenden** ⑥ oder auch die Dia-Abfolge dem Zufall überlassen ⑦. Mit einem Klick auf **Starten** ⑧ wird die Präsentation dann »vom Stapel gelassen«.

Wenn Sie für die Express-Dia-Anzeige immer die gleichen Einstellungen bevorzugen, können Sie über ein Häkchen bei **Als Standard verwenden** ⑨ die eingegebenen Werte für das nächste Mal sichern und sparen sich so viele Mausklicks.

6. Steuerung der Fotoshow

Wenn Sie während der Wiedergabe die Maus bewegen, erscheint ein kleines Menü zur Steuerung der Diapräsentation (Abbildung 14.52). Mit den Pfeilen können Sie trotz der eingestellten Einblendzeit pro Foto eines nach vorn oder nach hinten springen. Der Pause-Button hält die Show komplett an, und die drei darauf folgenden Buttons bringen Sie in die gerade behandelten Paletten **Themen**, **Musik** und **Einstellungen**. Ein Klick auf das Kreuz beendet die Fotoshow, was alternativ auch über die `esc`-Taste möglich ist. War doch gar nicht so schwer, oder? Mit ein wenig Übung werden Sie hier ganz schnell zum Ziel kommen.

Foto Magico

Wer ganz professionelle Shows erzeugen möchte, kommt um *Foto Magico* nicht herum. Die Software kostet zwar knapp 100 €, ist aber einfach zu bedienen und schlägt iPhoto in Sachen Funktionsumfang bei der Fotopräsentation um Längen. Eine Testversion gibt es unter *http://www.boinx.com/fotomagico*.

Abbildung 14.52
So steuern Sie die Diashow.

Eine Profi-Diashow erstellen

Eine Fotoshow aus mehreren Ereignissen und genau in der Fotoabfolge, wie Sie es sich wünschen, das klappt ebenfalls mit iPhoto. Im Gegensatz zur gerade vorgestellten Express-Diashow müssen Sie hier aber etwas mehr Zeit für das Arrangement und die Vorbereitung einplanen. Dafür kann diese Show später nicht nur gezeigt, sondern als Film exportiert oder auf Facebook & Co. hochgeladen werden.

1. Vorbereitungen

Zuerst müssen Sie sich dafür ein Diashow-Album anlegen, in das die Fotos gelegt werden. Damit das funktioniert, müssen Sie wenigstens ein Foto oder Ereignis mit einem Klick markieren (gelbe Umrandung).

2. Neue Diashow anlegen

Legen Sie nun über das Menü **Ablage > Neue Diashow** eine neue Diashow an. Sie erscheint dann direkt links in der Seitenleiste und kann entsprechend nach Wunsch benannt werden.

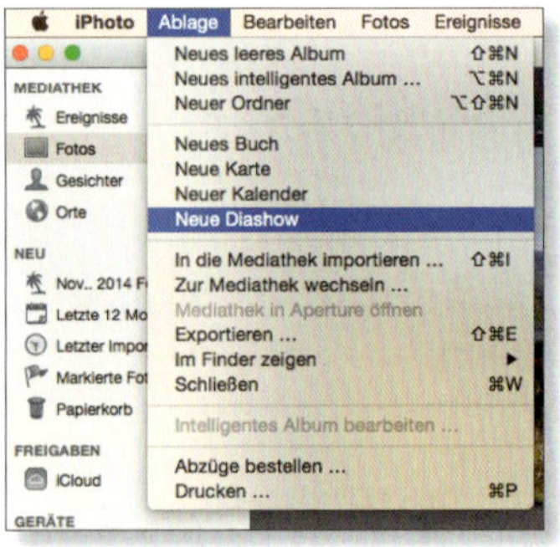

Abbildung 14.53
So erstellte Diashows werden in der Seitenleiste dauerhaft abgelegt.

3. Bilder hinzufügen

Markieren Sie jene Fotos, die in der Show gezeigt werden sollen, und ziehen Sie sie mit gedrückter Maustaste einfach auf das Diashow-Symbol. Diesen Vorgang können Sie, so oft Sie möchten, wiederholen und dabei Bilder aus den verschiedensten Ereignissen oder mit den unterschiedlichsten Aufnahmedaten mischen. Es handelt sich dabei aber nur um Kopien, d.h., die Fotos bleiben natürlich auch in den einzelnen Ereignissen erhalten. Die Reihenfolge spielt momentan auch noch keine Rolle, das wird später erledigt.

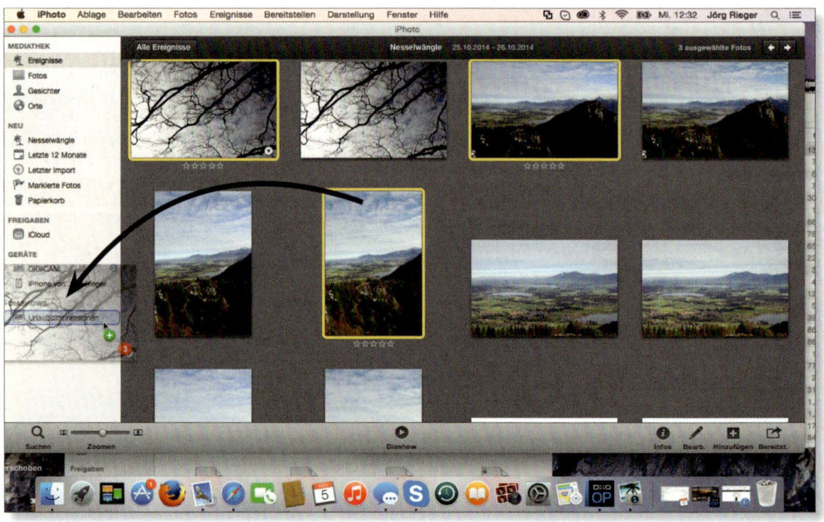

Abbildung 14.54
Per Drag & Drop gelangen die Bilder in die Diashow. Keine Angst, die Bilder bleiben natürlich auch in den Ereignissen erhalten, aus denen sie stammen.

4. Dias sortieren

Aktivieren Sie nun, wenn Sie alle Fotos entsprechend hinzugefügt haben, in der linken Leiste Ihre Diashow. Sie werden im oberen Programmfensterbereich alle Bilder sehen, die hier zugeordnet sind. Mit gedrückter Maustaste können Sie noch die Anzeigereihenfolge nach Wunsch ändern, eben genau so, wie auch später die eigentliche Präsentation ablaufen soll.

Abbildung 14.55
Hier legen Sie die Reihenfolge der Dias fest.

5. Einstellungen vornehmen

Jetzt müssen Sie noch Hintergrundmusik, ein Anzeigethema und einige Einstellungen für die Anzeigedauer der Dias festlegen. Das klappt über die drei Buttons im unteren Bereich. Die Funktionalität ist identisch mit der der Express-Diashow, die wir Ihnen im vorangegangenen Abschnitt bereits vorgestellt haben. Allerdings können Sie hier zusätzlich noch ein leeres »Dia« nur mit Text einfügen (1).

Abbildung 14.58
Die fertig arrangierte Diashow mit Anzeigethema

Upload in »Social Communities«

Es gibt im Internet zahlreiche Fotoportale, in denen man seine Fotos in digitalen Fotoalben seinen Freunden, Bekannten oder auch der ganzen Welt zeigen kann. Ein Anbieter davon ist Flickr, iPhoto unterstützt aber auch andere Online-Services wie den Upload zu Facebook.

Abbildung 14.56
Die vier Buttons für Ihre ganz persönliche Bilderschau

Abbildung 14.57
Mit »Starten« wird die Diashow im Original gestartet, mit »Vorschau« wird sie nur im Programmfenster abgespielt.

Die Diashow betrachten

An dieser Stelle ist Ihre Diashow fertiggestellt und mit den getätigten Einstellungen jederzeit startklar, wenn Sie sie im linken Bildschirmbereich anwählen. Damit können Sie die Fotos bereits perfekt mit Ihrem Computer präsentieren oder mit einem Mini-DVI-Adapter oder HDMI-Adapter per Beamer an die Wand werfen.

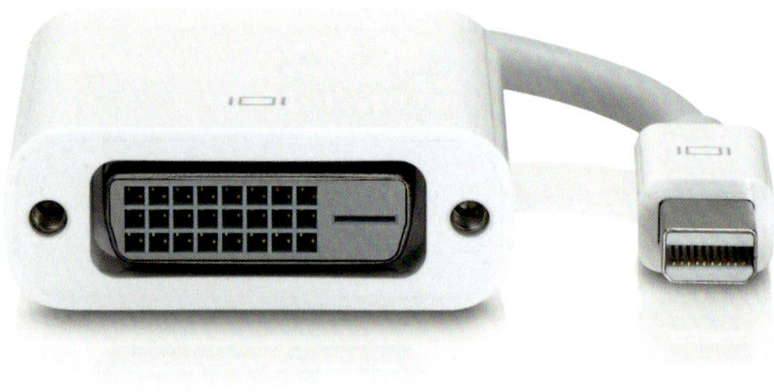

Abbildung 14.59 >
Ein Mini-DVI-Adapter ermöglicht den Anschluss eines zusätzlichen Monitors oder Beamers. (Foto: Apple)

Dieser Adapter ist als Zubehör erhältlich – Sie müssen nur aufpassen, dass der Ausgangsstecker zum Endgerät passt. Da gibt es zum einen den Standard-VGA-Ausgang, der besonders bei älteren Monitoren verwendet wird, zum anderen eben DVI, den digitalen Ausgang für moderne Flachbildschirme. Auch HDMI ist ein gängiger Standard.

Ganz neu hat Apple zudem die Thunderbolt-Schnittstelle eingeführt, mit der man ebenfalls ein Display anschließen kann. Unser Tipp: Ab zum Apple-Händler und sich beraten lassen!

Die Diashow als Film exportieren

Jede Diashow in iPhoto kann natürlich auch weitergegeben werden. Apple setzt ganz auf die digitale Schiene und bietet zahlreiche Möglichkeiten an – hier wollen wir beispielsweise Ihre Show in eine Filmdatei umwandeln. Das hat den Vorteil, dass sie somit an jedem Mac oder auf jedem PC abgespielt werden kann, nicht veränderbar ist und dafür kein iPhoto notwendig ist.

Aktivieren Sie hierzu Ihre fertig sortierte Diashow, und klicken Sie unten in der Mitte der Symbolleiste auf **Exportieren**. Sie haben dann drei Möglichkeiten, Ihre Bilderfolge zu speichern. Wir entscheiden uns hier für eine Fotoshow in HD ❶, mit der das Werk auf dem MacBook in guter Qualität wiedergegeben werden kann. Praktischerweise wird Ihre Show außerdem iTunes hinzugefügt ❷.

Abbildung 14.60
Exportmöglichkeiten in iPhoto

Nach dem Klick auf **Exportieren** 3 müssen Sie jetzt noch den Speicherort angeben, an dem die Filmdatei abgelegt werden soll, also z. B. Ihren **Dokumente**-Ordner.

Abbildung 14.61
Das Erstellen des Diashow-Films kann dauern.

Film auf CD oder DVD?

iPhoto bietet keine Möglichkeit, direkt eine Film-CD oder DVD zu erstellen. Hierzu müssen Sie auf Software wie *Roxio Toast* zurückgreifen (siehe den Abschnitt »CD/DVD kopieren – ganz schön kompliziert« auf Seite 139).

Damit wird Ihre Show als M4V-Datei auf die Festplatte gesichert. Das ist eine Filmdatei, die Sie beliebig weitergeben können und die Ihre komplette Diashow in unveränderbarer Reihenfolge enthält. Je nachdem, wie lange Ihre Präsentation ist, kann dieser Exportvorgang gut und gerne mehrere Stunden dauern. Damit haben Sie aber als Endergebnis eine Filmdatei in perfekter Auflösung.

Eine Foto-CD erstellen

Wenn Sie Ihren Bekannten einfach eine CD mit allen Bildern als Fotodateien zur Verfügung stellen oder Ihre Fotos beim Drogeriemarkt um die Ecke am Terminal entwickeln möchten, klappt das in iPhoto leider nicht. Die Funktion zum CD-Brennen wurde komplett aus der App gestrichen, da aktuelle Apple-Computer serienmäßig kein CD-Laufwerk mehr haben.

Aber mit einem kleinen Trick geht es trotzdem. Wir erläutern Ihnen die Schritte hier in Kurzform; alles Weitere zum Thema Brennen erfahren Sie im Abschnitt »CDs und DVDs brennen« ab Seite 136:

Alternative: USB-Stick

Sie können Ihre Bilder zum Datentransport statt auf CD auch auf einen USB-Stick kopieren: Bilder in iPhoto einfach auswählen und per Drag & Drop auf das USB-Laufwerk auf Ihrem Schreibtisch ziehen. Die Fotos werden dann kopiert.

1. CD oder DVD einlegen und im Finder öffnen
2. Bilder in iPhoto markieren und mit gedrückter Maustaste auf das CD-Symbol in der Seitenleiste des Finders ziehen
3. CD brennen

Die Fotos liegen dann als ganz normale Bilddateien vor und können sowohl von Mac, PC als auch nahezu jedem DVD-Player eingelesen werden. Über die Abspielreihenfolge entscheidet hier der Dateiname – gerade DVD-Player spielen stur von A bis Z ab. Für eine Fotoabfolge Ihrer Wahl müssen Sie entweder die Dateien umbenennen oder einfach eine schicke Fotoshow erstellen.

Fotogröße einstellen

Beim Versand von Fotos sollte die Gesamtgröße ① der E-Mail immer im Auge behalten werden. Die meisten kostenlosen E-Mail-Anbieter lassen E-Mails über 5 Megabyte nicht zu. Das bedeutet, Sie erhalten beim Versand eine Fehlermeldung und der Empfänger gar nichts. Apple gibt automatisch mit **Optimiert** einen guten Kompromiss aus Bildgröße und Qualität vor. Möchten Sie Ihre Bilder doch im Originalformat versenden, kann das aber ebenfalls ausgewählt werden. Bei großen Bildpaketen schickt Mail aber die Bilder automatisch per Mail Drop. Mehr dazu im Abschnitt »Richtig große Daten versenden mit Mail Drop« ab Seite 214.

Abbildung 14.62
Die Fotogröße kann nach Wunsch eingestellt werden, damit die E-Mails auch ankommen.

Fotos per E-Mail versenden

Digitalfotos können natürlich auch per E-Mail an Freunde und Bekannte versendet werden. Allerdings gibt es hierbei einen Punkt zu beachten: Schon ein einzelnes Digitalfoto kann, je nach Kamera, eine Größe von 1 bis 4 Megabyte haben. Senden Sie nun zehn Bilder, kommen ganz schnell E-Mail-Größen zustande, die sehr lange für die Übertragung benötigen und nur von den wenigsten empfangen werden können. Viele E-Mail-Postfächer, die zumeist kostenlos sind, haben nur begrenzten Speicherplatz und verweigern dann die Annahme Ihrer Foto-Mail. Aber es ist zum Glück ganz einfach möglich, die Fotos aus iPhoto in verkleinerter Form zu versenden.

Der direkte E-Mail-Versand Ihrer Fotos klappt über iPhoto erfreulich einfach. Grundvoraussetzung ist allerdings, dass Sie Ihr E-Mail-Programm bereits eingerichtet haben wie in Kapitel 10, »E-Mails – denn Briefe waren gestern«, erläutert.

Markieren Sie in iPhoto alle Fotos, die Sie gerne per E-Mail verschicken möchten, und wählen Sie die Option **E-Mail** im Menü **Bereitstellen**. Der folgende Dialog ist dem Ihres E-Mail-Programms sehr ähnlich. Die Bilder sind bereits integriert, Sie können den Empfänger ② eintragen und die Fotogröße ③ festlegen. Zusätzlich bietet iPhoto noch einige nette Themen ④ an, um Ihre E-Mail ganz persönlich werden zu lassen. Aber aufgepasst – die meisten Webmail-Programme oder auch Windows-Computer können diese Themen nicht anzeigen. Das ist jedoch nicht dramatisch, denn die Bilder werden trotzdem angezeigt, aber eben ohne »Deko«. Ein Klick auf **Senden** ⑤ verschickt die digitale Fotopost ganz normal über Apple Mail.

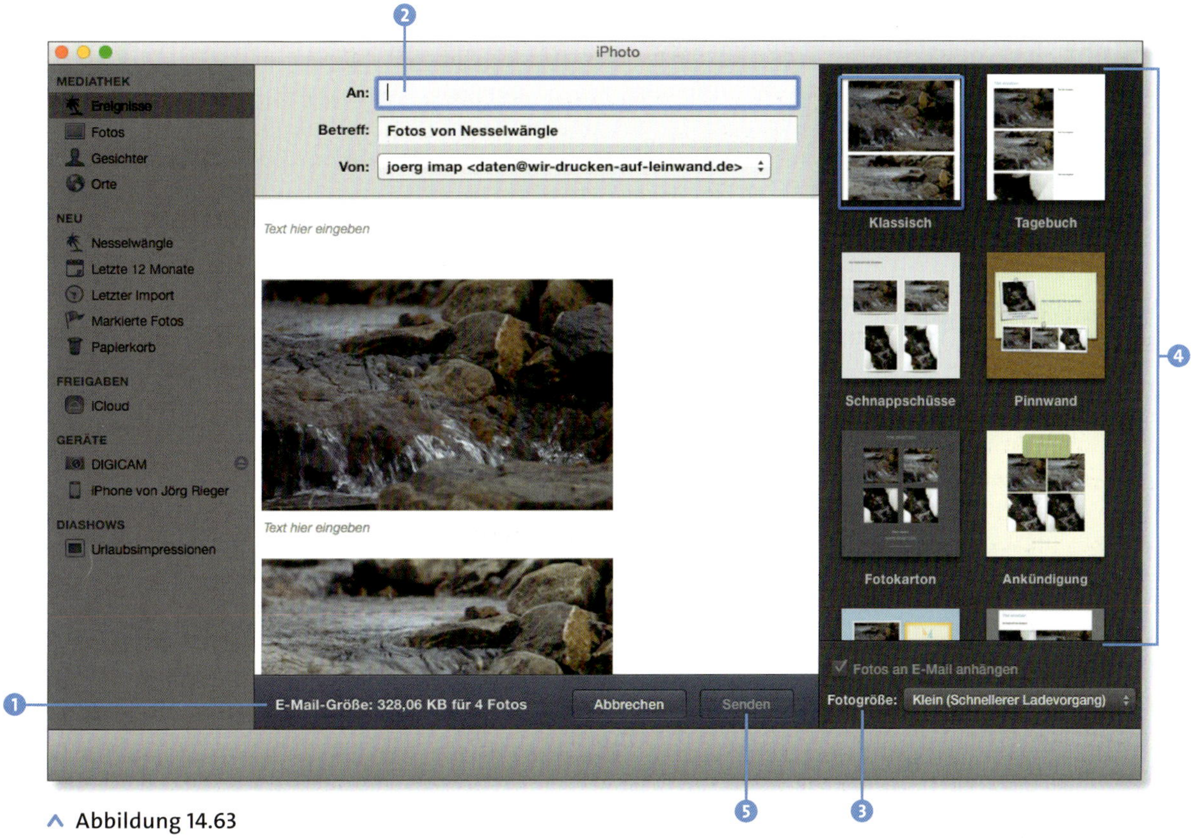

Abbildung 14.63
Bilder per E-Mail? Kein Problem mit iPhoto

Fotos drucken über iPhoto

Haben Sie einen Tintenstrahldrucker an Ihrem Mac? Dann können Sie iPhoto auch als digitales Labor benutzen und Fotoabzüge in toller Qualität zu Hause drucken. Vor dem eigentlichen Ausdruck in iPhoto ist eine Frage ganz wichtig: Auf welchem Papier und in welcher Qualität möchten Sie drucken?

Mit einem Tintenstrahldrucker können Sie auf normales Briefpapier drucken oder auch Fotokarton, Overheadfolie und viele andere Papierarten wählen. Das merkt Ihr Drucker aber nicht automatisch; das müssen Sie ihm bei jedem Druckvorgang gesondert mitteilen. Denn je nach eingelegter Papiersorte kann Ihr Ausgabegerät mit verbesserter Qualität drucken. Wenn Sie beispielsweise ein hochwertiges Fotopapier einlegen, aber in den Druckereinstellungen **Normalpapier** eingestellt haben, wird das Ergebnis enttäuschend sein. Denn hier druckt Ihr Gerät dann viel zu »schlampig« und zu schnell, der Druck wirkt verschmiert. Umgekehrt bringt es qualitativ überhaupt nichts, am Computer als Medium ein Fotopapier einzustellen und Normalpapier im Drucker zu haben. Dieses Wissen ist wichtig, um die folgenden Einstellungen zu verstehen, die wir Ihnen anhand eines handelsüblichen Tintenstrahldruckers zeigen. Je nach Hersteller sind die Begrifflichkeiten etwas anders gewählt ebenso wie die Anordnung der Bedienfelder; das Prinzip ist aber immer gleich.

Zunächst steht in iPhoto wieder die Qual der Bilderwahl an, da Sie mit der Software praktischerweise auch mehrere Fotos auf einmal drucken und diese zudem auf ein DIN-A4-Papier verteilen können. Gehen Sie im Anschluss daran also in das **Ablage**-Menü, und wählen Sie dort **Drucken** aus; alternativ tut es auch die Tastenkombination cmd + P.

Im darauf folgenden Fenster wählen Sie bei **Drucker** 1 das passende Gerät aus, falls mehrere Geräte bei Ihnen angeschlossen sind. Im linken Bildschirmbereich sind unterschiedliche Ausgabemöglichkeiten vorgesehen – für ganz normale Fotoausdrucke wählen Sie **Standard** 2 aus. Um die Bilder in ein bestimmtes Format zu bringen, müssen Sie dies bei **Druckgröße** 3 angeben. Klicken Sie dann auf **Drucken** 4.

Abbildung 14.64
Das Druckmenü in iPhoto

Keine Panik, es öffnet sich jetzt erst einmal das eigentliche Druckmenü mit weiteren Einstellungsmöglichkeiten. Wählen Sie erst den Drucker und das eingelegte Papierformat aus. Dann bestimmen Sie das Druckformat

Ihrer Bilder. Hier stehen meist auch Klassiker wie 10 × 15 cm oder 13 × 18 cm zur Auswahl. iPhoto dreht und platziert die gewählten Fotos gleich optimal, sodass das Papierformat bestmöglich genutzt wird. Bei **Medien & Qualität** wählen Sie die korrekte Papiersorte und -qualität. Wie schon gesagt, bei Ihrem Drucker kann dieser Menüpunkt auch anders heißen. Für eine hochwertige Ausgabe auf Fotopapier stellen wir bei unserem Epson-Drucker den Typ des Mediums auf **Fotopapier, hochglänzend** und die Druckqualität auf **Optimal**. Das war's auch schon.

Abbildung 14.65
Perfekt eingestellt – die Druckqualität

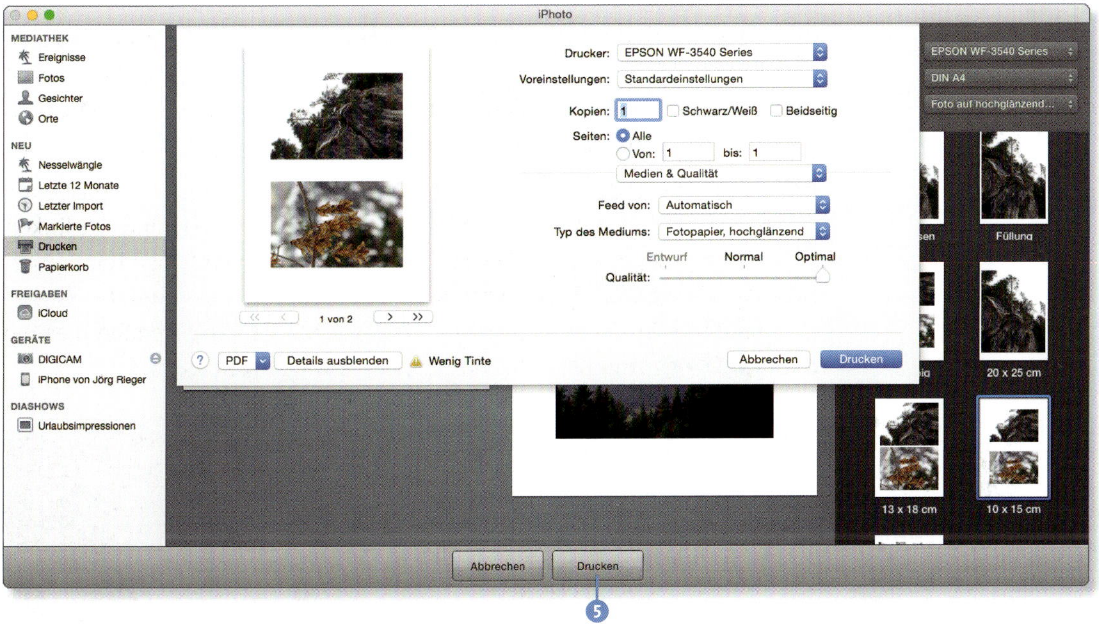

Welche Papiereinstellung für welches Papier richtig ist, steht übrigens zumeist auf der Verpackung des entsprechenden Papiers. Ein letzter Klick auf **Drucken** 5 genügt nun, um die Bilder perfekt auf Ihrem Drucker auszugeben.

Richtig drucken

Was das Druckmenü so alles für Überraschungen parat hat, erklären wir Ihnen ausführlich in Kapitel 7, »Texte schreiben, gestalten und ausdrucken«. Schlagen Sie hier für Details einfach kurz nach.

Gute Freunde: Fotos und der Finder

Es geht auch ganz ohne das Programm iPhoto. Sie werden sich nun fragen, warum wir Ihnen das erst zum Schluss dieses Kapitels verraten. Nun, das hat folgenden Hintergrund: Zur Fotoverwaltung ist iPhoto praktisch und eine sehr gute Lösung. Das, was wir Ihnen jetzt zeigen, ist dann ideal, wenn Sie schnell mal Bilder auf einem USB-Stick oder in einem Verzeichnis Ihrer Festplatte durchforsten möchten. Denn Fotoverwaltung oder gar Bildbearbeitung kann der Finder von OS X nicht.

Powertipp 1: Cover-Flow-Ansicht

Gehen Sie in den Ordner oder auf das Laufwerk, auf dem die Fotos gespeichert sind, die Sie ansehen möchten, ohne sie in iPhoto zu importieren. Klicken Sie im Finder nun einfach auf das Cover-Flow-Symbol 1, und Sie erhalten Ihre Fotos ganz praktisch zum Durchblättern. Das Blättern erledigen Sie entweder mit einem Mausklick auf die Bilder an den Seiten 2, oder Sie wischen mit einem Finger über Ihre Magic Mouse bzw. mit zwei Fingern horizontal über Ihr Trackpad. Das Größenverhältnis zwischen Dateiliste und Bildansicht kann auch hier wieder über einen Sekundärklick und anschließendes Verschieben des dann sichtbar werdenden Buttons in der Mitte geregelt werden.

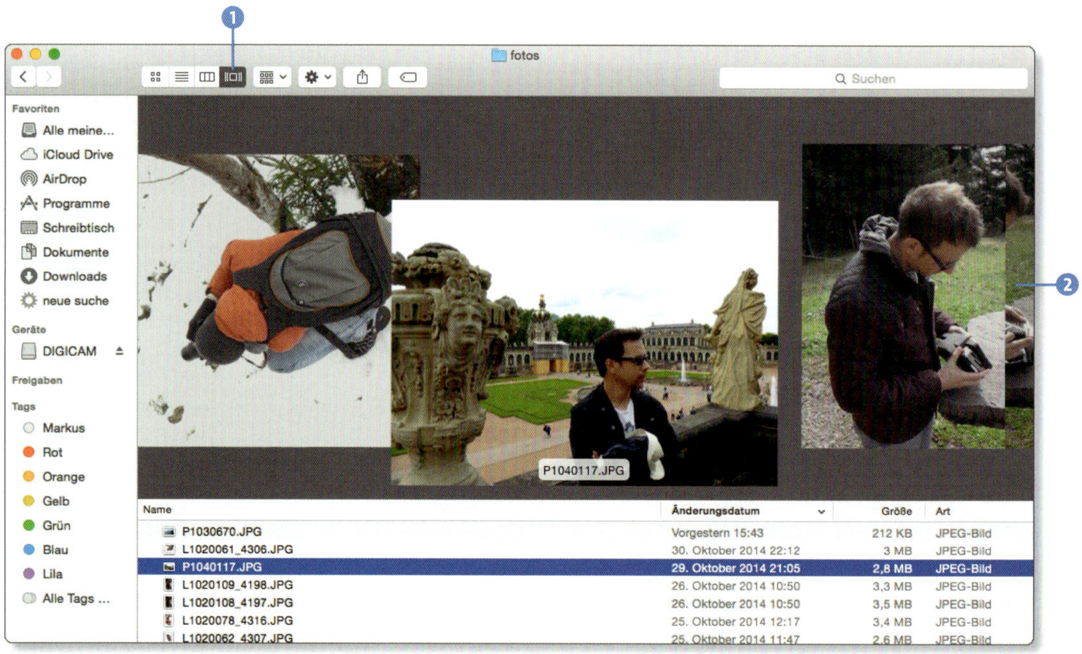

Abbildung 14.66
Einfach toll – mit Cover Flow peppen Sie die Darstellung im Finder auf.

Powertipp 2: Schnellansicht per Leertaste

Egal, in welchem Ansichtsmodus Sie sich im Finder gerade befinden, Sie können Bilder (aber auch Dokumente) per Leertaste ganz schnell aufrufen und betrachten. Bei OS X heißt das etwas nebulös »Übersicht«, für uns ist es einfach eine Express-Vorschau. Also: Bilddatei anwählen, Leertaste drücken und Bild betrachten. Ein erneuter Druck auf die Leertaste schließt das Fenster wieder.

Abbildung 14.67
Ganz schnell groß – die Übersicht macht's möglich.

PDFs, Office-Dokumente ...

Sie können mit der Übersicht auch PDFs, Word-Dokumente und selbst Videos und Musik ansehen/anhören, ohne dass dafür ein spezielles Programm geladen werden muss.

Powertipp 3: Vorschau einsetzen

Eigentlich ist die Vorschau ein separates Programm. Sie ist aber so eng mit dem Finder verbunden, dass wir sie hier einfach »eingemeindet« haben. Mit der Vorschau können Sie Bilder und PDF-Dateien schnell ansehen, haben aber deutlich mehr Möglichkeiten als mit der Übersicht. So erstellen Sie z. B. eine kleine Diashow mit ausgewählten Bildern, und das ganz ohne den Import in iPhoto. Sie können beispielsweise die Fotos vom USB-Stick eines Bekannten zum Betrachten einfach direkt laden und sparen sich den Kopiervorgang auf Ihren Mac.

Markieren Sie dazu einfach die gewünschten Fotos im Finder, und doppelklicken Sie auf eine der markierten Dateien – die Bilder werden dann standardmäßig in der Vorschau geladen. Sollte das nicht der Fall sein, lösen Sie dies mit einem sekundären Mausklick und dem Befehl **Öffnen mit** aus dem Kontextmenü.

Name	Änderungsdatum	Größe	Art
P1040117.JPG	29. Oktober 2014 21:05	2,8 MB	JPEG-Bild
L1020109_4198.JPG	26. Oktober 2014 10:50	3,3 MB	JPEG-Bild
L1020108_4197.JPG	26. Oktober 2014 10:50	3,5 MB	JPEG-Bild
L1020078_4316.JPG	25. Oktober 2014 12:17	3,4 MB	JPEG-Bild
L1020062_4307.JPG	25. Oktober 2014 11:47	2,6 MB	JPEG-Bild
jörg.JPG	25. Oktober 2014 09:03	3,3 MB	JPEG-Bild
L1020022_4270.JPG	25. Oktober 2014 09:03	3,3 MB	JPEG-Bild

Abbildung 14.68
Zunächst müssen Sie die gewünschten Fotos markieren.

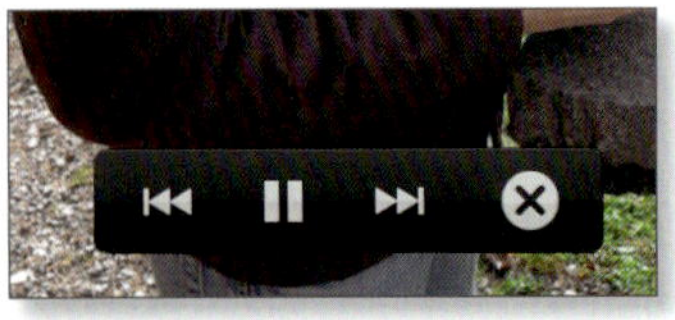

Abbildung 14.69
Die Diashow in der Vorschau ist für die Schnellbetrachtung gut geeignet und wird mit dieser Leiste gesteuert.

In der Vorschau sehen Sie nun das erste Digitalfoto in einer großen Ansicht. Links sind alle geladenen Fotos zusätzlich in einer übersichtlichen kleinen Vorschau aufgelistet. Per Mausklick wird das gewählte Bild vergrößert.

Abbildung 14.70
Die Vorschau ist ein erweiterter Bildbetrachter unter OS X.

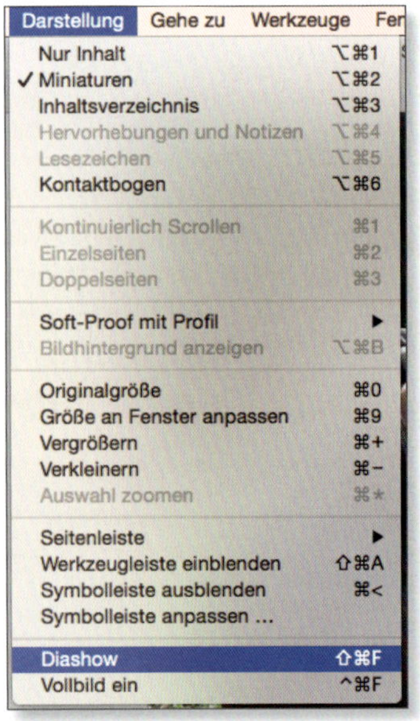

Abbildung 14.71
In der Vorschau kann eine schnelle Diashow gestartet werden

Auch hier kann man eine Vollbildansicht starten, nun aber auch in Form einer Diashow. Öffnen Sie einfach das Menü **Darstellung**, und klicken Sie dort auf **Diashow**. Alternativ klappt das auch über die Tastenkombination [cmd]+[⇧]+[F].

Die Diashow wird natürlich, ganz Apple-like, auf schwarzem Bildschirmhintergrund abgespielt. Wenn Sie die Maus bewegen, haben Sie Zugriff auf die kleine Navigationsleiste und können darüber die Wiedergabe steuern. Über das Kreuz oder die [esc]-Taste kann diese Ansicht wieder verlassen werden.

Alternative Bildbearbeitungssoftware

Sie haben noch nicht genug von digitalen Fotos? Dann helfen viele andere Programme weiter, die sich aber hauptsächlich um die Bildbearbeitung kümmern. Mit iPhoto stoßen ambitioniertere Digitalfotografen doch schnell an die Grenzen des Machbaren, wenn es um die Fotooptimierung geht. Die Halbautomatiken in iPhoto lassen einfach zu wenig Spielraum, an Fotomontagen oder Ähnliches ist erst gar nicht zu denken.

Abbildung 14.72
Ein Mähschrauber oder doch ein Hubdrescher? (Foto: Uli Staiger, http://www.dielichtgestalten.de)

Um etwa eine solche aufwendige Fotomontage zu erzeugen, die in Abbildung 14.72 zu sehen ist, bedarf es einer erweiterten Bildbearbeitungssoftware und natürlich einer Meneg Übung.

Hier kommen dann also Anwendungen ins Spiel, die deutlich mehr bieten, aber natürlich separat erworben werden müssen. Wir stellen Ihnen drei Programme vor, die allen Anforderungen gewachsen sind und iPhoto die Arbeit in Teilen abnehmen.

Abbildung 14.73
Adobe Photoshop Elements ist eine Bildbearbeitung und Fotoverwaltung für den Hobbyanwender.

Adobe Photoshop Elements

Photoshop Elements von Adobe ist der komplette Ersatz für iPhoto. Sowohl die Fotobearbeitung als auch die Bildverwaltung übernimmt die Software und kann gerade in Sachen Bildbearbeitung mit deutlich effizienteren und erweiterten Werkzeugen aufwarten. Mit Elements wird Ihr Computer daher zur digitalen Dunkelkammer – mithilfe zahlreicher Werkzeuge ist eine umfassende Retusche ebenso möglich wie Farbanpassungen oder die Erzeugung anspruchsvoller Fotomontagen.

Abbildung 14.74
Photoshop Elements ist eine kreative Fotoverarbeitung. (Foto: Adobe)

30 Tage testen

Unter *www.adobe.de* können Sie Photoshop Elements kostenlos herunterladen und dann 30 Tage lang ausprobieren. Sie müssen sich lediglich kostenlos registrieren.

Haben Sie Ihre Fotos bereits in iPhoto organisiert, ist das gar kein Problem – Photoshop Elements kann Ihre Bildersammlung komplett übernehmen und in den eigenen Organizer integrieren. Dies wird direkt bei der Installation erledigt, kann aber auch nachträglich jederzeit über das **Ablage**-Menü gestartet werden.

DxO Optics Pro und andere RAW-Bearbeitungsprogramme

DxO Optics Pro ist die Wahl für ambitionierte Digitalfotografen und für alle, die einfach bessere Bilder haben möchten. Einsteiger sollten lieber zuerst mit iPhoto starten, denn auch Lightroom bietet zwar dank »Schieberegler-Bedienung« auch dem Hobbyfotografen Erfolgserlebnisse, aber insgesamt ist es doch ein richtiges Werkzeug und daher mit entsprechender Einarbeitungszeit verbunden. DxO Optics Pro hat seine Stärken vor allem in der Verarbeitung von RAW-Fotos, die von Spiegelreflexkameras erstellt werden und viele Nachbearbeitungsmöglichkeiten bieten.

Abbildung 14.75
DxO Optics Pro 10 ist die Wahl für Profis und ambitionierte Fotografen.

Das Besondere an dieser Software – sie erkennt Ihre Kamera und Ihr Objektiv beim Laden der Bilder und korrigiert daraus resultierende bekannte Bildfehler vollautomatisch. So können Sie Unschärfe, Abschattung am Rand oder Farbverschiebungen und Objektivverzerrungen ganz leicht korrigieren.

Neben DxO Optics Pro gibt es aber noch zahlreiche weitere, sehr interessante und gute RAW-Bearbeitungsprogramme für den Mac, beispielsweise Adobe Lightroom (*www.adobe.de*) oder Corel AfterShot Pro (*www.corel.de*).

Testversion DxO Optics Pro

Unter *www.dxo.com* kann eine kostenlose Testversion der RAW-Fotobearbeitung geladen werden. Somit können Sie risikofrei ausprobieren, ob die Software Ihre Erwartungen auch wirklich erfüllt.

Pixelmator

Eine Bildbearbeitung, die ganz speziell für den Mac gemacht wurde, ist Pixelmator. Die Benutzeroberfläche ist an Photoshop von Adobe angelehnt, aber optisch deutlich schöner und zudem einfacher zu bedienen. Die Werkzeuge sind vielfältig und bieten zahlreiche Eingriffsmöglichkeiten und Verbesserungen für Digitalfotos. Eine absolute Empfehlung für alle, die gerne richtig loslegen möchten, aber keine 1.000 € für Adobe Photoshop ausgeben wollen.

Pixelmator können Sie 30 Tage lang ausprobieren. Die kompakte Installationsdatei steht unter *www.pixelmator.com* zum Herunterladen parat. Die Website ist in englischer Sprache, die Software selbst aber nach der Installation komplett auf Deutsch.

Abbildung 14.76
Pixelmator ist eine Bildbearbeitung nur für den Mac. (Foto: Pixelmator)

15 Bewegte Bilder: Videos am Mac

Mac und OS X sind ein perfektes Team, wenn es um bewegte Bilder jeder Art geht. Vollautomatisch, direkt beim Einlegen einer Film-DVD, wird das Gerät zum intelligenten DVD-Player – und damit zum Heimkino. Doch auch Sie selbst können, wenn Sie mögen, im Mittelpunkt des Geschehens stehen, denn auch ein Programm zur Videoaufnahme per Webcam ist bei jedem Mac dabei. Richtig professionell geht es im Videoschnitt mit iMovie zur Sache. Eine einfache Bedienung ist bei allen Videolösungen inklusive, und so wird der Mac ganz schnell zum professionellen Schnittcomputer. Ganz ehrlich – Sie werden es kaum glauben, wie schnell Sie ein professionelles Video mit Intro und allem Drum und Dran erstellen und veröffentlichen können.

Videos ansehen mit QuickTime

Abbildung 15.1
Großes Kino mit QuickTime

Der QuickTime Player ist die Zentrale für alles, was mit Videos am Mac zu tun hat. Über dieses Programm werden alle Videos standardmäßig abgespielt. QuickTime 10 ist in Sachen Datenformate recht flexibel und kann mit allen gängigen Videoformaten, denen man in der Computerwelt begegnet, umgehen. Die wichtigsten hierbei sind MPEG 1, 2 und 4 sowie das »hauseigene« Format MOV. Wenn Sie Dateien, die von Windows kommen, betrachten wollen, müssen Sie QuickTime mit Flip4Mac aufrüsten. Dieser Zusatz kostet allerdings knapp 6 $ und muss separat von einem Fremdhersteller erworben werden – weitere Infos hierzu im Seitenkasten »QuickTime aufrüsten« auf Seite 238. Danach beherrscht QuickTime auch das WMV- und WMA-Format. Zugegeben – besonders Videos, die von Download-Quellen wie Tauschbörsen im Web stammen, haben bisweilen sehr exotische Dateiformate, die man auch mit diesem Player nicht öffnen kann. Hier stellen wir Ihnen im Abschnitt »VLC-Player

– das Videotalent« ab Seite 329 mit dem VLC-Player ein kostenloses »Schweizer Taschenmesser« für wirklich alle Videoformate vor.

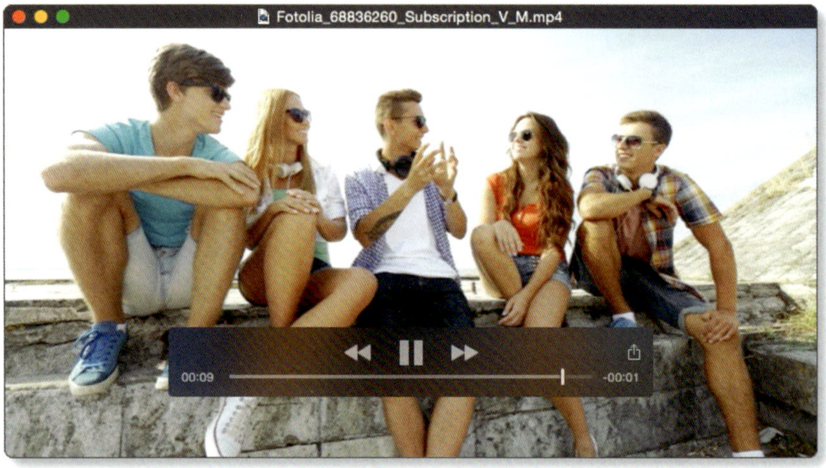

Abbildung 15.2
Der QuickTime Player bringt digitale Videos auf Ihren Mac. (Video: fotolia.com)

Der QuickTime Player im Einsatz

QuickTime aufrüsten

Um WMV-Dateien mit QuickTime betrachten zu können, müssen Sie zunächst einmal Flip4Mac unter *http://www.telestream.net* herunterladen und anschließend auf Ihrem Computer installieren. Es genügt hier die kleinste Version für rund 6 $, um diese Dateien künftig abspielen zu können.

Der QuickTime Player ist ganz einfach zu bedienen und funktioniert im Grunde genommen wie ein Video- oder Kassettenrekorder. Starten Sie die App einfach mit einem Doppelklick auf eine Videodatei aus einem beliebigen Ordner. Der QuickTime Player öffnet sich mit dem zentralen Bedienelement. Die Symbole sollten Ihnen bekannt vorkommen – in iTunes sind die gleichen im Einsatz.

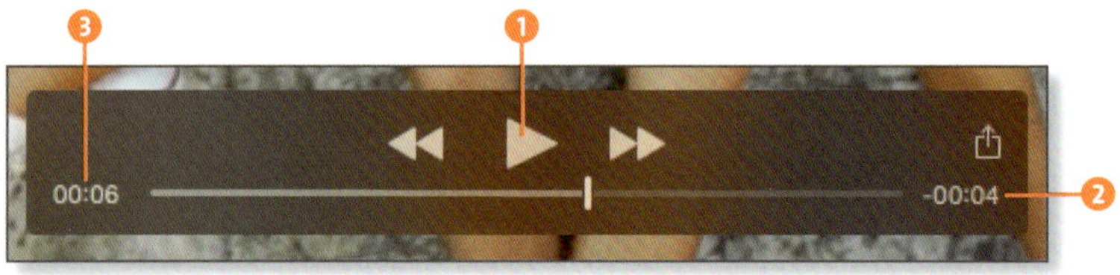

Abbildung 15.3
Das Bedienelement von QuickTime mit einfacher Symbolik

Mit dem Abspielknopf ① wird die Filmwiedergabe gestartet, mit den beiden Buttons rechts und links davon wird vor- oder zurückgespult. Um das Video bildschirmfüllend betrachten zu können, genügt ein Klick auf die grüne Schaltfläche links oben im Fenster. Die zwei Zeitangaben geben die Restspielzeit ② und die bereits verstrichene Abspieldauer ③ an.

VLC-Player – das Videotalent

QuickTime ist hübsch anzusehen, aber in Sachen Videoformate nicht zwingend das Maß aller Dinge. Es gibt hier aber eine gute Alternative: Der kostenlose VLC-Player ist Ihnen als ehemaliger PC-Anwender vielleicht schon ein Begriff, das praktische Programm kann so gut wie alle bekannten Videoformate abspielen. Sogar dann, wenn eine Datei durch unvollständigen Download beschädigt ist, kann VLC in vielen Fällen den Film trotzdem wiedergeben.

Abbildung 15.4
Gratis und extrem flexibel in Sachen Videoformate: der VLC-Mediaplayer

Abbildung 15.5
Nicht nur auf YouTube ein Hit – Tierbabys auf dem VLC-Mediaplayer (Video: fotolia.com)

VLC ist, wie schon erwähnt, kostenlos, vielleicht optisch nicht ganz so hübsch wie QuickTime, aber in jedem Fall die bessere Alternative – und WMV-Dateien spielt die Software natürlich auch ohne kostenpflichtiges Upgrade ab.

Den VLC-Player downloaden

Der VLC-Player kann unter *www.videolan.org* gratis und ohne Registrierung heruntergeladen werden.

Videos aufnehmen mit Photo Booth

Ihr Mac hat bereits ein kleines Aufnahmeprogramm eingebaut. Dessen Name *Photo Booth* lässt zunächst nicht vermuten, dass man damit auch Videos drehen kann. Aber Photo Booth ist tatsächlich ein digitaler Camcorder für das kleine Video zwischendurch.

Abbildung 15.6
Die App für Video- und Bilderspaß am Mac: Photo Booth

1. App starten

Starten Sie die App aus dem Launchpad oder dem Dock. Damit Sie sich auf das Wesentliche konzentrieren können, sollten Sie in den Vollbildmodus wechseln, falls das Programm nicht ohnehin in diesem Modus geladen wird. Die eingebaute Webcam Ihres Macs ist bereits aktiviert, es wird aber noch nichts aufgezeichnet. Klicken Sie in der Buttonleiste links ① auf das Videosymbol. Alternativ können Sie hier auch normale Fotos ② oder ein lustiges 4er-Bild machen ③.

Abbildung 15.7
Ein »flotter Vierer« ist mit Photo Booth ganz schnell erstellt.

Abbildung 15.8
»Selfie«-Kino auf Ihrem Mac – Photo Booth im Vollbildmodus

2. Effekte wählen

Auf Wunsch macht Photo Booth Ihr Video zum Kunstwerk: Klicken Sie auf den Button **Effekte** ④, und suchen Sie aus einer Vielzahl von Verfremdungen Ihren Favoriten aus. In der Mitte jeder Effektseite ist übrigens immer die »normale« Ansicht ⑤ untergebracht, wenn Sie doch lieber ein natürliches Video haben möchten. Mit einem Klick auf den gewünschten Effekt kehren Sie zum Aufnahmefenster zurück.

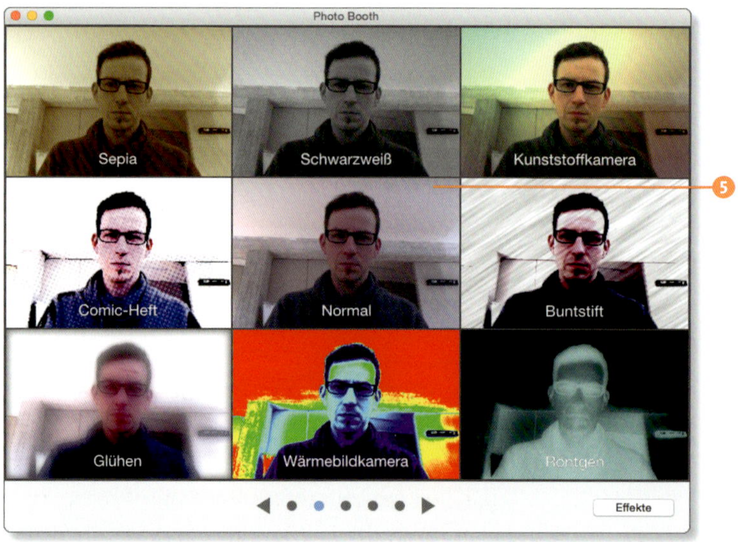

Abbildung 15.9
Viele nützliche oder auch weniger nützliche Effekte

3. Aufnahme starten

Klicken Sie auf den Kamera-Button ❻ in der Mitte, wird die Aufnahme wenige Sekunden später gestartet. Sie läuft so lange, bis Sie diesen Button erneut drücken.

Abbildung 15.10
Hier läuft die Aufnahme gerade.

4. Video sichern und schneiden

Das Video wird direkt in der Video- und Fotoablage platziert. Ein Klick auf die Miniatur startet das Werk und spielt es im Großformat ab. Dort haben Sie nun auch die Möglichkeit, über den Button **Trimmen** Anfang und Ende des Videos komfortabel zu beschneiden, also jene Sekunden, in denen man sich noch die Haare zurechtzupft oder sich schon außerhalb der Aufnahme wähnt und tief durchatmet.

5. Video weitergeben

Das fertige Werk erscheint nun in der Leiste unter dem Vorschaufenster ❼ und wird über **Bereitstellen** ❽ an die Welt verteilt. Ansonsten können Sie das Video, nachdem Sie den Vollbildmodus über den Button ganz rechts oben in der Menüleiste verlassen haben, auch einfach per Drag & Drop z. B. auf einen USB-Stick kopieren.

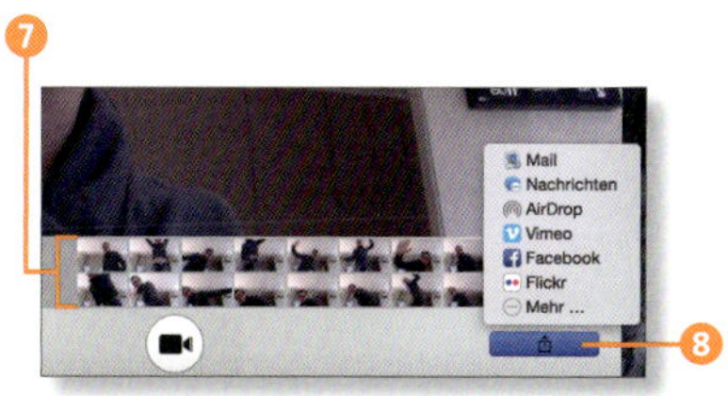

Abbildung 15.11
Ihr Meisterwerk können Sie direkt aus Photo Booth weitergeben.

Videos bearbeiten mit iMovie

Sicherlich haben Sie schon die Videofunktion Ihrer Digitalkamera entdeckt. Vielleicht sind Sie sogar schon mit einem digitalen Camcorder unterwegs. Oder möchten Sie ein in Photo Booth aufgenommenes Video weiter bearbeiten? Dann führt kein Weg an iMovie vorbei. Die Software ist auf jedem neuen Mac vorinstalliert. Wenn Sie das Programm nicht haben, weil Sie Ihren Mac vielleicht gebraucht gekauft haben, kann es im App Store separat gekauft werden.

Abbildung 15.12
iMovie für Ihre Videos

Wir werden Ihnen auf den folgenden Seiten einen kurzen Einblick in diese zwar übersichtlich aufgebaute, aber dennoch komplexe Software geben – quasi als kleiner »Schnupperkurs«, damit Sie die grundlegenden Funktionen richtig anzuwenden lernen.

Abbildung 15.13
iMovie ist in drei Bereiche unterteilt. (Videos: Fotolia.com)

1. In den *Mediatheken* werden alle importierten »Rohfilme« abgelegt. Schneiden Sie Filmsequenzen aus und ...
2. ... fügen Sie diese im *Projektbereich* neu zusammen. Hier entsteht also Ihr neu geschnittener Film, und hier werden später auch Soundtracks, Titel und Übergänge zusammengebaut.
3. Im rechten Fenster kann eine Vorschau entweder aus den Ereignissen oder aus dem Projekt abgespielt werden, je nachdem, wo Sie sich gerade mit dem Mauszeiger befinden.
4. Das Feintuning Ihres Werks findet in der Symbolleiste links über die *Inhaltsmediathek* statt. Hier werden Musik, Fotos und Videotitel sowie Übergänge zwischen zwei Videosequenzen hinzugefügt.

Auf die genannten Begrifflichkeiten werden wir im weiteren Verlauf wieder zurückkommen.

Videos importieren

Starten Sie das Programm iMovie, gehen Sie auf die Plusschaltfläche **Neu** (Abbildung 15.14), und wählen Sie hier **Film** 5 aus. Im folgenden Bildschirm stehen schon fertig gestaltete Vorlagen zur Wahl, wir wollen aber einfach **Kein Thema** für unser Filmprojekt, das Sie per Doppelklick auswählen, ggf. umbenennen und mit **OK** bestätigen. Das erste Projekt und der Projektbildschirm sehen zunächst noch etwas verwaist aus. Doch schnell kommt hier Leben hinein. Dazu benötigen Sie natürlich Videos, mit denen Sie arbeiten können.

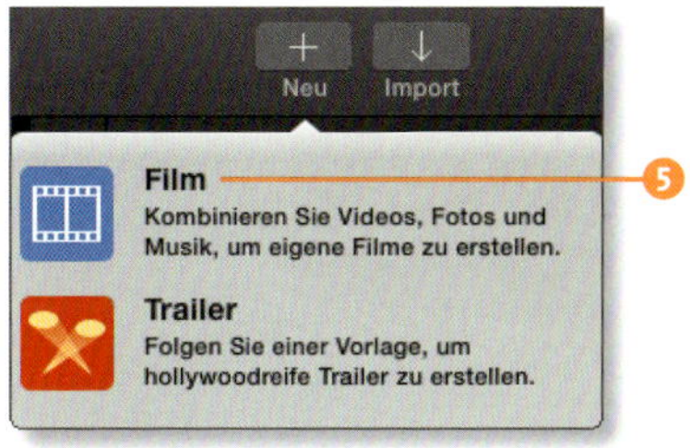

Abbildung 15.14
Starten Sie ein neues Filmprojekt.

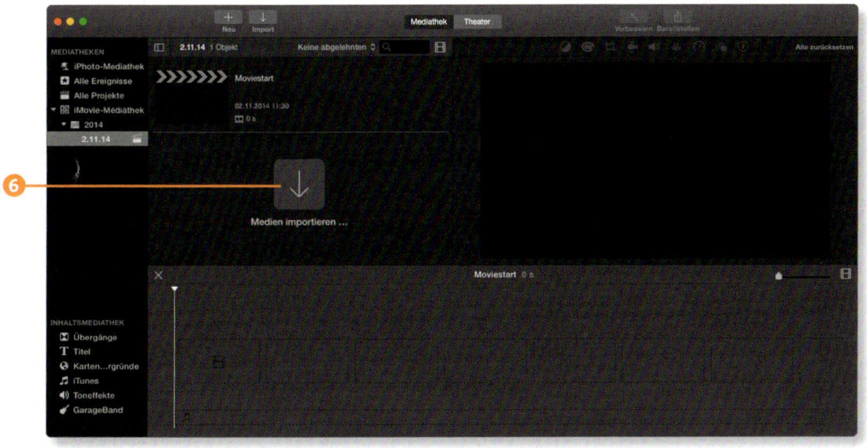

Abbildung 15.15
Noch ziemlich schön leer – die Benutzeroberfläche von iMovie

Importiert werden die Clips über das Menü **Ablage > Medien importieren**, alternativ genügt auch ein Klick auf **Medien importieren** 6 auf der Benutzeroberfläche bzw. einfach das Hereinziehen der gewünschten Videos von Ihrer Festplatte.

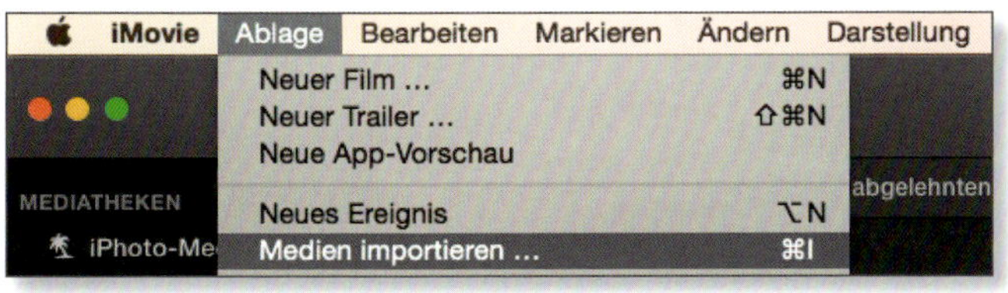

Abbildung 15.16
Am Anfang steht der Import der einzelnen Filme.

Im darauf folgenden Dialog müssen Sie die Filmdatei auswählen. Das kann entweder eine Videodatei von der Festplatte oder direkt von einer angeschlossenen Kamera sein.

»VHS-Video überspielen«

Roxio bietet ein Komplettset, damit Sie Ihre Videokassetten und Filmbänder am Mac digitalisieren können. Über einen USB-Stecker mit Scart- und AV-Adapter werden die alten Geräte angeschlossen, und mit der mitgelieferten Software werden die Filme digital umgewandelt. Danach können Sie Ihre alten Filme in iMovie perfekt bearbeiten und schneiden. Erhältlich ist Roxio für knapp 70 € unter *www.roxio.de*.

Abbildung 15.17
Der Adapter ins digitale Video-Glück wird bei roxio direkt mitgeliefert. (Bild: roxio)

^ Abbildung 15.18
So kommen auch analoge Filme auf den Mac.

Klicken Sie auf **Auswahl importieren** ⑦, um die ausgewählten Filmclips zur iMovie-Mediathek hinzuzufügen. Dieser Vorgang kann, je nach Bildauflösung und Länge des Videos, mehrere Minuten in Anspruch nehmen.

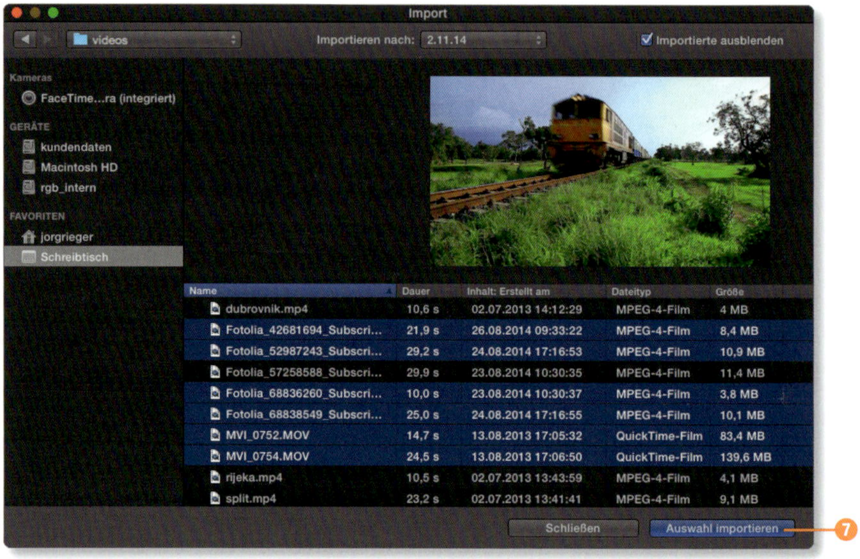

Abbildung 15.19 >
So ist der Import perfekt.

Danach steht das Roh-Filmmaterial in Form von einzelnen Filmclips in der Mediathek bereit. iMovie hat hier bereits Vorschaubilder im Abstand von jeweils fünf Sekunden erzeugt, damit Sie den Filminhalt besser überblicken können.

^ Abbildung 15.20
Das Rohmaterial ist in der Mediathek unter dem Importdatum zu sehen.

Wenn Sie nun mit der Maus über den Film fahren, wird er im großen Vorschaubild direkt abgespielt – und zwar genau in jener Geschwindigkeit, in der Sie den Mauszeiger bewegen. So können Sie bequem den perfekten Ausschnitt wählen. Der weiße Cursorbalken 8 zeigt an, wo Sie sich gerade im Film befinden. Wenn Sie die Vorschau lieber in Echtzeit haben möchten, drücken Sie einfach die Leertaste. Ein erneutes Drücken dieser Taste stoppt den Film wieder.

Abbildung 15.21
Mit dem Cursor können Sie exakt den gewünschten Videoausschnitt wählen.

Der erste Schnitt

Nun kommen wir zum ersten Schnitt. Hier soll es darum gehen, einen Teil aus dem Rohmaterial herauszuschneiden und in das neue Filmprojekt zu übernehmen. Fahren Sie dazu mit der Maus zur gewünschten Startposition, halten Sie dort die primäre Maustaste gedrückt, und fahren Sie mit dem Mauszeiger bis zum gewünschten Endpunkt – der Bereich wird markiert. Lassen Sie dann die Maustaste los.

Abbildung 15.22
Den Filmausschnitt wählen

Jetzt ziehen Sie diesen Filmausschnitt mit gedrückter Maustaste in den Projektbereich oder klicken auf das Plussymbol 1. Wenn Sie die Maustaste loslassen, ist auch schon der erste Filmausschnitt in Ihrem neuen Filmprojekt abgelegt. Fügen Sie nach diesem Schema einfach weitere Ausschnitte hinzu.

Kein Schnitt im Original

Bei iMovie arbeiten Sie mit »Filmkopien«. Dem Original werden zwar die Filmsequenzen entnommen, aber sie werden dabei kopiert und anschließend ausschließlich in dieser kopierten Form verwendet. Sie brauchen also keine Sorge zu haben, dass Ihre Rohvideos später zerstückelt sein könnten.

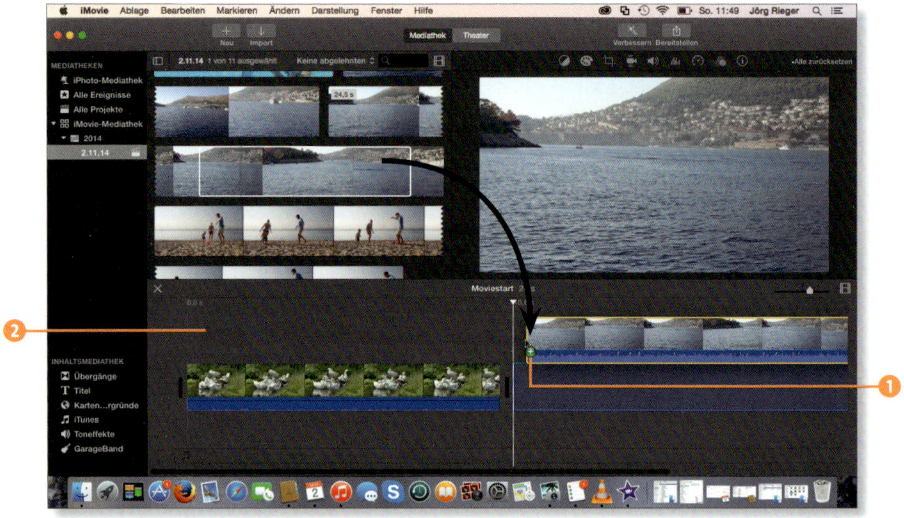

Abbildung 15.23 >
Von oben nach unten führt der Weg zum Projekt.

Auch im Projektbereich **2** ist eine Filmvorschau möglich: Einfach mit der Maus an die gewünschte Stelle fahren und die Leertaste drücken, schon läuft der neue Film in Originalgeschwindigkeit ab.

Sie können die Filmsequenzen natürlich noch arrangieren und weiter bearbeiten – das würde hier für einen Einstieg aber etwas zu weit führen.

Übergänge einfügen

Haben Sie Ihre Filmsequenzen angeordnet, können Sie jetzt die einzelnen Szenen mit Übergängen versehen. Klicken Sie dazu auf die Schaltfläche **Übergänge** **3** in der linken Spalte unter **Inhaltsmediathek**. Daraufhin wird gleich ein ganzer Stapel von Übergängen geladen, die einzelne Videosequenzen perfekt verbinden.

^ Abbildung 15.24
Die Inhaltsmediathek bietet zusätzliche Möglichkeiten, um Ihr Video aufzupeppen.

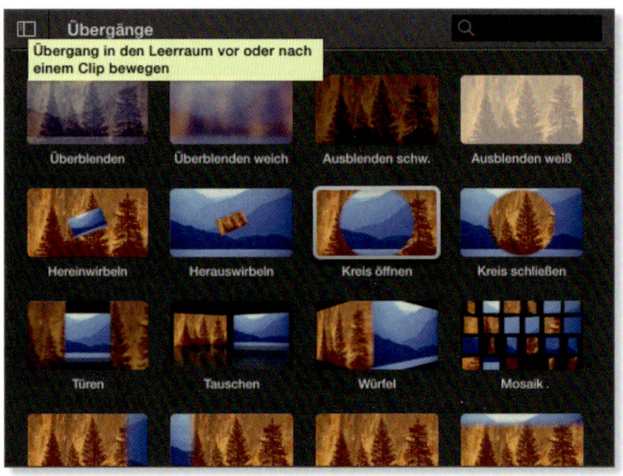

Abbildung 15.25 >
Übergänge sorgen für Harmonie zwischen den einzelnen Videosequenzen.

Ziehen Sie nun den gewünschten Übergang einfach zwischen die einzelnen Abschnitte im Projektbereich. Das sollte dann so aussehen, wie es Abbildung 15.26 zeigt. Damit ist der Übergang eingefügt, und mithilfe der Vorschaufunktion über die Leertaste kann das Ergebnis dann auch gleich kontrolliert werden. Ist der Übergang zu kurz oder zu lang, können Sie das per Doppelklick auf das Icon 4 noch ändern.

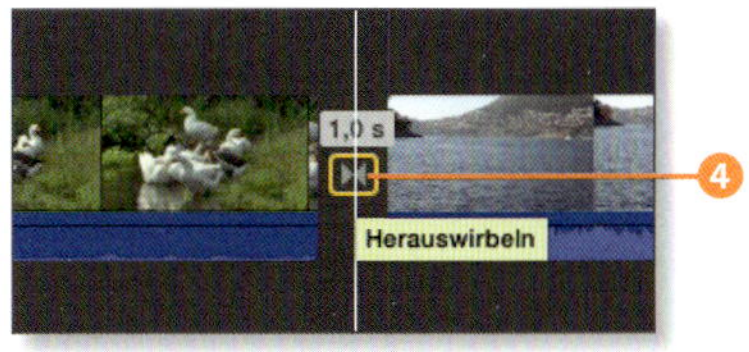

Abbildung 15.26
Der Übergang ist geglückt.

Texte erstellen in iMovie

Was wäre ein Film ohne Titel und Abspann? Beides kann man in iMovie natürlich ebenfalls erzeugen. Klicken Sie dazu auf die Schaltfläche **Titel** 5 im Bereich **Inhaltsmediathek**. Sofort öffnet sich eine große Auswahl verschiedenster Texteinblendungen. Die Vorgehensweise ist ähnlich wie bei den Übergängen: Wählen Sie einen Titeltext aus, und ziehen Sie ihn mit gedrückter Maustaste in den Projektbereich. Ziehen Sie ihn aber nicht zwischen die Filmsequenzen, sondern direkt auf eine Sequenz, und lassen Sie dann die Maustaste los. In der Vorschau 6 muss dann nur noch der passende Text eingegeben werden.

Abbildung 15.27
Professionelle Texte mit Animation

Die Einblenddauer des Titeltextes ändern Sie ganz einfach per Klick auf das Ende des Textes im Projektbereich – ziehen Sie es einfach mit gedrückter Maustaste nach links oder rechts, um die Einblenddauer zu verändern.

Abbildung 15.28
Der Text kann ganz nach Wunsch eingeblendet werden.

Filme exportieren und weitergeben

Passt das Ergebnis? Dann können wir uns jetzt daranmachen, Ihr Video präsentationsfertig zu machen.

Über den Menüpunkt **Bereitstellen** bietet sich eine Menge Möglichkeiten, Ihr Video als Export bereitzustellen. Eine Variante ist natürlich, das Video in iTunes und daran anschließend in iCloud zu laden, sofern Ihr Mac mit iCloud verbunden ist. So kann das Video leicht auch auf Ihrem iPhone, Ihrem iPad oder über Apple TV betrachtet werden.

Abbildung 15.29
Viele direkte Exportmöglichkeiten bietet der »Bereitstellen«-Dialog in iMovie.

Wer es lieber analog mag, auf DVD oder Blu-ray, wird leider enttäuscht. iMovie unterstützt das direkte Brennen von Filmen auf Silberscheiben seit einiger Zeit gar nicht mehr. Sie müssen dafür einen kleinen Umweg gehen und Ihren Film als Datei exportieren und dann mit einer zusätzlichen Software wie beispielsweise Roxio Toast für DVD oder Blu-ray konvertieren.

Echt klasse – dank der neuen Mail-Funktion können Sie HD-Videos per Mail versenden, selbst wenn diese Hunderte Megabyte groß sind. Natürlich wird dies dann nicht als normaler Anhang gehandhabt, sondern als Download-Link, den Apple Mail automatisch erzeugt. Wir zeigen Ihnen das im Abschnitt »HD-Export für E-Mail mit Mail Drop« ab Seite 339.

1. Filmexport ins Theater und die iCloud

Um Ihr Werk zu exportieren, müssen Sie es nicht vorher abspeichern, das erledigt iMovie ohnehin immer im Hintergrund für Sie. Klicken Sie in der Menüleiste von iMovie auf **Bereitstellen**.

Wenn Sie den Film ins Theater exportieren 1, steht er in der Rubrik **Theater** von iMovie zur Präsentation bereit 2. Das Hochladen in die iCloud wird automatisch erledigt, das Video steht dann direkt für alle mit Ihrer Apple-ID verbundenen Geräte parat. Hier muss allerdings die iMovie-App installiert sein, um das Video abspielen zu können. Um Auflösung und Formate müssen Sie sich nicht kümmern, das erledigt iMovie automatisch. Für den Datenaustausch müssen Sie lediglich die iMovie-App auch auf dem iPhone oder iPad installiert haben.

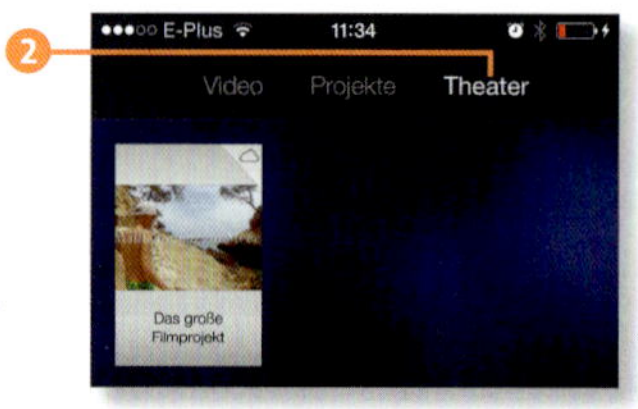

Abbildung 15.30
Das fertige Video steht in der iMovie-App auch auf dem iPhone zum Abspielen bereit.

Videoexport als Datei

Für die Weiterverarbeitung des Videos ist vor allem der Export als Datei 3 von Interesse – hierbei erstellt iMovie einfach eine klassische MP4-Datei in der maximal möglichen Auflösung.

Abbildung 15.31
Beim Export in eine Filmdatei gibt es wenig zu beachten.

HD-Export für E-Mail mit Mail Drop

Es klingt verrückt, aber iMovie kann Ihr Video per Mail versenden und das in höchster Auflösung. Wie das funktioniert? Apple bedient sich eines Tricks, der aber nur funktioniert, wenn Sie über eine Apple-ID verfügen. Das Mail-Programm verschickt natürlich nicht das Hunderte Megabyte große Video im Anhang, sondern nur einen Download-Link, mit welchem der Empfänger per Klick dann Zugriff auf das Video bekommt. iMovie lädt also beim Export einfach Ihr Video in Ihren iCloud-Speicher und »verteilt« es dann. Ganz wichtig: Der Empfänger muss weder einen Apple-Computer noch einen Apple-Account besitzen.

Für diese Funktion klicken Sie in den Exportmöglichkeiten einfach auf **E-Mail** (4 in Abbildung 15.29). Zunächst erscheint Ihr Mail-Fenster wie üblich. Beim Versenden einer übergroßen Datei wird aber der folgende Hinweis eingeblendet und Mail Drop automatisch aktiviert. Mehr dazu erfahren Sie übrigens in Kapitel 10, »E-Mails – denn Briefe waren gestern«.

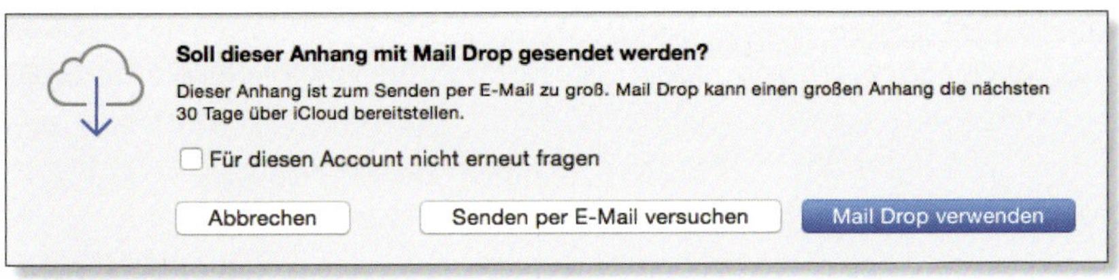

Abbildung 15.32
Mail Drop ermöglicht auch den Mailversand riesiger Datenmengen.

Die anderen Exportmöglichkeiten, die in Abbildung 15.29 auf Seite 338 zu sehen sind, sind ähnlich unkompliziert – bei Facebook und Co. lädt iMovie, nach Eingabe des jeweiligen Benutzernamens, Ihre Videoprojekte direkt im passenden Format in das jeweilige Portal. Das ist ganz schön komfortabel, oder?

DVD-Player

Abbildung 15.33
Der DVD-Player für Ihren Mac

Wenn Sie eine DVD in Ihren Mac einlegen, startet automatisch der Apple-DVD-Player. Dieses Programm ist wie ein »echter« DVD-Player und ermöglicht Ihnen das Betrachten sämtlicher kommerzieller DVDs bequem am Bildschirm. Das ist z. B. perfekt, um während einer Bahnfahrt mit dem MacBook Videos anzuschauen. Die Bedienelemente des Players sowohl im Fenstermodus als auch im Vollbildmodus sind genau wie in iTunes selbsterklärend.

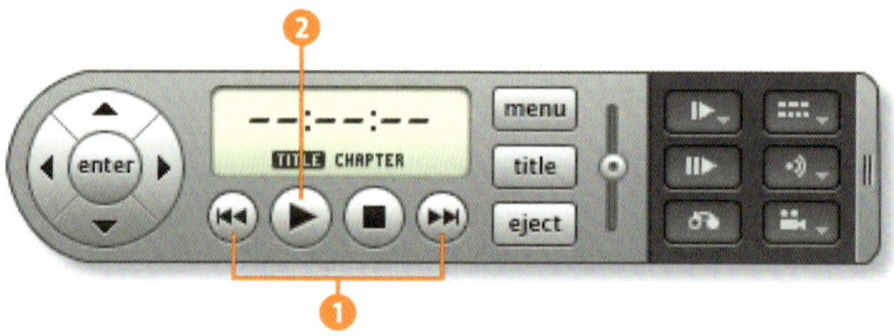

Abbildung 15.34
Das Bedienelement im Fenstermodus

1. Vor und zurück geht es mit diesen beiden Buttons.
2. Mit diesem Abspiel-/Pause-Knopf wird der Film gestartet oder angehalten.
3. Im Vollbildmodus können Sie den Film auch über einen Schieberegler vor- und zurückspulen.

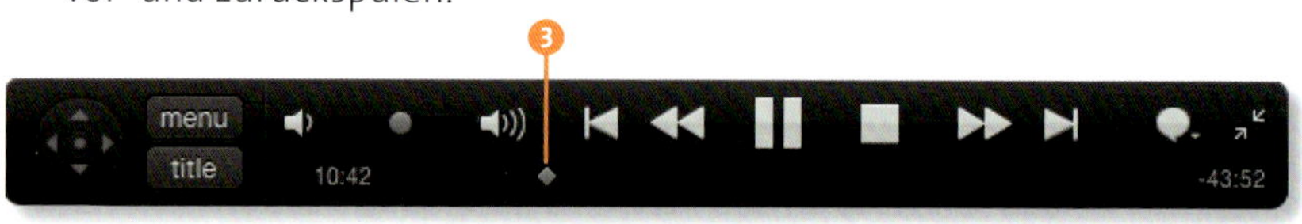

Abbildung 15.35
Das Bedienelement im Vollbildmodus

Sie sehen, auch am Mac kann das Betrachten von DVDs richtig Spaß machen – vorausgesetzt, Sie haben einen Mac-Computer mit DVD-Laufwerk. Sie können Ihren Mac übrigens auch als vollwertigen DVD-Player für Ihren HD-Fernseher nutzen. Mit dem notwendigen HDMI-Adapterkabel werden die Videos in bester Qualität auf Ihr Heimkino übertragen.

16 Familien-Mac: Benutzerkonten einrichten

OS X 10.10 ist ideal, wenn der Computer von mehreren Personen benutzt wird. In diesem Kapitel geht es darum, wie auch der Rest Ihrer Familie sich am Mac wohlfühlt und wie Sie für jeden Anwender die richtigen Einstellungen wählen. Wir sehen uns dazu die Benutzerverwaltung im Detail an, damit jeder seinen ganz eigenen Arbeitsplatz erhält.

Wenn der Mac von mehreren Personen benutzt wird, sind Probleme vorprogrammiert. Doch zum Glück gibt es hier schnelle Abhilfe für den Familienfrieden: In OS X Yosemite kann man Benutzerkonten erstellen, sodass jedes Familienmitglied sein ganz eigenes System hat – die Programme können zwar von allen genutzt werden, aber alles andere, Fotos, Dokumente, Bilder, E-Mails etc., kann immer nur von demjenigen verwendet werden, der zu diesem Zeitpunkt am System angemeldet ist. Das alles läuft über die Systemeinstellungen und dort über den Bereich **Benutzer & Gruppen**.

Abbildung 16.1
Die Benutzereinstellungen in den Systemeinstellungen

Benutzerrechte am Mac

Bevor wir Benutzer anlegen, werden wir noch ein paar Worte über die Zugriffsrechte am Mac verlieren. Jedem Benutzer kann man verschiedene Aktivitäten am Mac erlauben oder auch verbieten. Man unterscheidet daher im Wesentlichen die folgenden vier »Benutzertypen«.

Administrator

Am Mac ist immer derjenige als Administrator angemeldet, dem das Gerät auch gehört und der bei der ersten Installation als solcher angelegt wurde. Als Administrator darf man am Computer alles machen inklusive sämtlicher Systemeinstellungen, Programminstallationen und der Benutzerverwaltung. Es kann aber am Mac beliebig viele Benutzer mit Administratorzugriff geben.

Standardaccount

Ist ein Benutzer mit der Option **Standard** angelegt, kann er den Computer voll benutzen, der Zugriff auf Systemdateien und auch das Installieren von Software sind ihm aber untersagt. Das ist ein typischer Account für Anwender, die einfach nur mit dem Mac arbeiten wollen – oder ideal, wenn z. B. Ihr Partner gerade in die Mac-Welt einsteigt und Sie Sorge haben, er könnte dabei etwas kaputt machen.

Account verwaltet durch die Kindersicherung

Ihr Mac hat eine ziemlich einmalige und sehr ausgeklügelte Kindersicherung eingebaut – Anwender mit diesem Accounttyp können nicht nur perfekt kontrolliert, sondern auch für ausgewählte Programme oder Webseiten von vornherein gesperrt werden. Mit der Kindersicherung ist es sogar möglich, ein Zeitkonto einzurichten – ist der Sprössling länger als drei Stunden am Mac, schaltet dieser einfach ab ohne jede Diskussion. Doch auch für absolute Mac-Einsteiger ist dieser Account perfekt, da man hier auf eine sehr einfache Finder-Variante umsteigen kann (Abbildung 16.3).

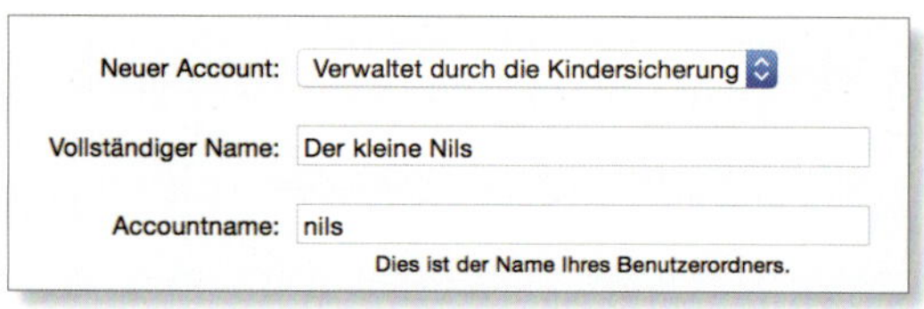

Abbildung 16.2 >
Auch für den Nachwuchs ist ein Account schnell angelegt.

Abbildung 16.3
Der einfache Finder ist nicht nur für Kinder ideal, um in die Computerwelt einzusteigen, sondern auch für ungeübte Anwender.

Nur Freigabe und Gruppe

Beide Einstellungen sind nur für den professionellen Einsatz interessant. Mit **Nur Freigabe** kann man in einem großen Computernetzwerk regeln, welche Benutzer freigegebene Daten auf Ihrem Mac sehen dürfen. In der **Gruppe** können Sie, falls Sie eine Großfamilie mit 20 Köpfen haben, die Benutzer in Gruppen organisieren. Auch hier gilt: Sie werden diese Funktion nicht benötigen.

Neue Nutzer anlegen – Vorbereitungen

Abbildung 16.4
Das Symbol für die Benutzer in den Systemeinstellungen

Gehen Sie in den Systemeinstellungen in den Bereich **Benutzer & Gruppen**. Zunächst müssen Sie das Schloss links unten entsperren ❶ – dies ist standardmäßig abgesichert. Danach folgt die übliche Passwortabfrage. Erst dann dürfen Sie »ran« und können neue Benutzer anlegen. Doch zunächst klicken Sie auf **Anmeldeoptionen** ❷ und prüfen, ob die Option **Automatische Anmeldung** auf **Deaktiviert** steht ❸. Das ist bei OS X Yosemite aus Sicherheitsgründen die Standardeinstellung. Damit wird bei jedem Systemstart das Passwort verlangt. Es erscheint beim Systemstart eine Auswahl mit allen angelegten Benutzern, die dann nach Passworteingabe geladen werden. Ebenso setzen Sie, falls noch nicht geschehen, ein Häkchen bei **Menü für schnellen Benutzerwechsel** ❹ und wählen darunter im Rollout-Menü **Vollständiger Name** aus.

Fliegender Wechsel

Der schnelle Benutzerwechsel im Menü rechts oben: Das orangefarbene Häkchen ❺ bedeutet, dass der entsprechende Benutzer am Mac angemeldet ist. Per Mausklick kann man zu einem anderen Benutzer wechseln. Der momentane Benutzer bleibt dabei komplett angemeldet, und alle Programme bleiben geöffnet.

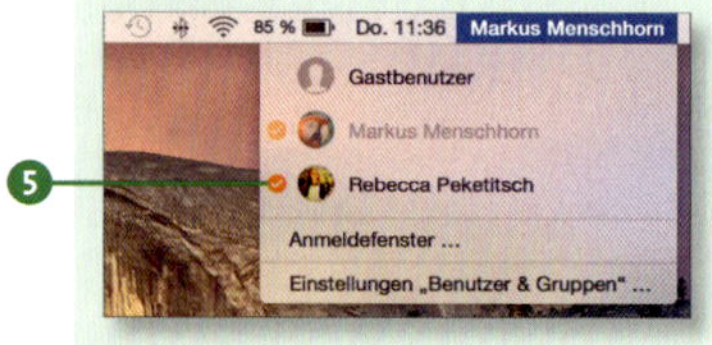

Abbildung 16.5
Schnell den Benutzer wechseln

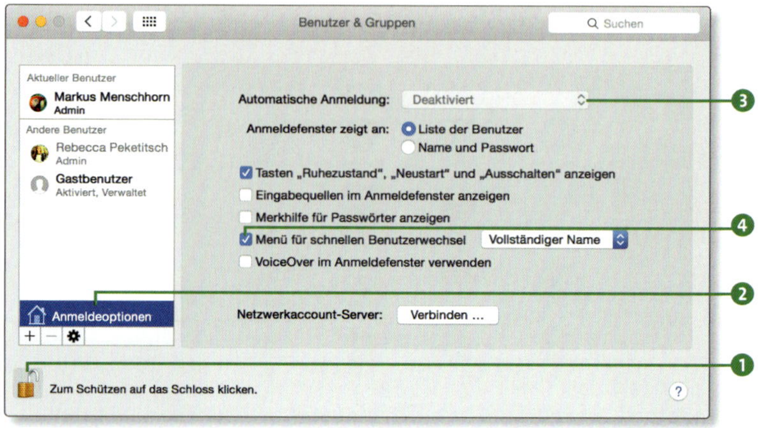

Abbildung 16.6
Die Anmeldeoptionen sind wichtig, damit später alles reibungslos klappt.

Damit wären die Voreinstellungen für mehrere Benutzer am Mac auch schon getätigt, und Sie können anfangen, neue Nutzer anzulegen.

Standardbenutzer anlegen

In der Systemeinstellung **Benutzer & Gruppen** klicken Sie nun einfach auf das Plussymbol links unten. Es erscheint daraufhin das in Abbildung 16.8 dargestellte Fenster, das jetzt von Ihnen alles über die neue Person am Mac wissen will:

❻ Bei **Neuer Account** wählen Sie in unserem Fall **Standard** aus.

❼ Der vollständige Name sollte natürlich der des neuen Benutzers sein.

❽ Der Accountname wird von OS X 10.10 automatisch aus zuvor eingegebenen Namen generiert – hier sind Sie aber durchaus flexibel und können auch nur den Vornamen stehen lassen. Dieser Name wird dann z. B. beim Benutzerwechsel angezeigt.

❾ Das Passwort kann das iCloud-Passwort (Apple-ID) oder ein separates Passwort sein. Es muss hier zur Sicherheit aber zweimal eingegeben werden. Sie sollten in jedem Fall ein Passwort vergeben, auch wenn Sie zu Hause vielleicht keine Geheimnisse voreinander haben. Dieses Passwort dient nämlich auch bei allen Systemaktionen als Sicherheitsinstanz und wird abgefragt, wenn es um wirklich wichtige Entscheidungen geht. Ein Klick auf das Schlüsselsymbol bringt den Passwort-Generator von Apple zum Vorschein, der selbst in der Einstellung »einprägsam« alles andere als einprägsame Kennwörter produziert. Kostprobe gefällig? Bitte schön:

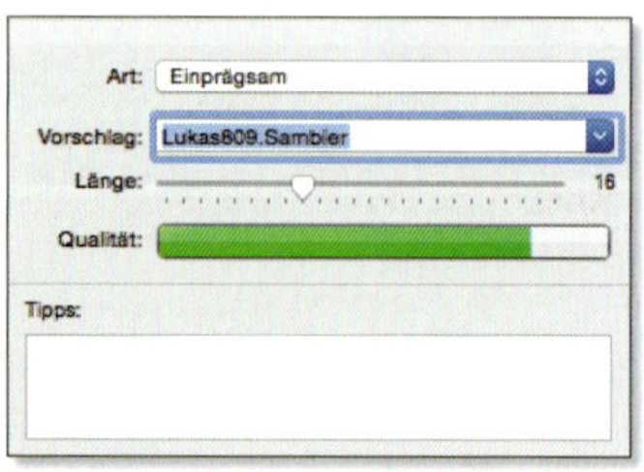

Abbildung 16.7
Apple schlägt auf Wunsch Passwörter vor – sicher sind sie, aber einprägsam wohl eher weniger.

(10) Die Merkhilfe ist für alle gedacht, die gerne mal das Kennwort vergessen. Hier dürfen Sie Ihrer Kreativität freien Lauf lassen und eine Frage oder eine sonstige Merkhilfe eintippen.

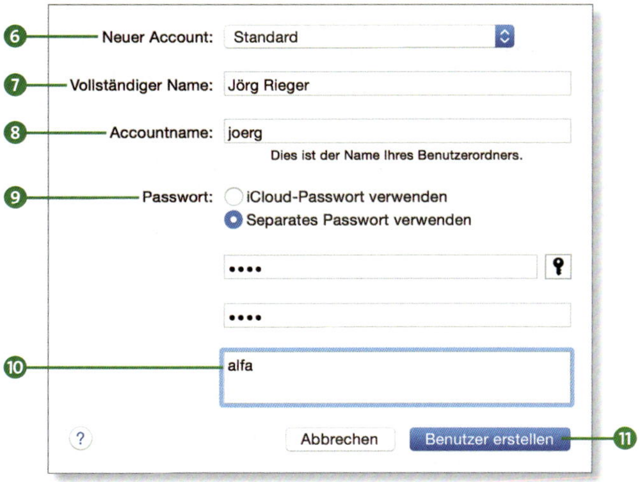

Abbildung 16.8
Viel auszufüllen – die Maske für einen neuen Standardbenutzer

Alles ausgefüllt? Dann kann ja der Account erstellt werden (11). Der neue Benutzer erscheint sofort in der Benutzerliste links (12). Als nettes Extra können Sie das Benutzerbild, das z. B. beim schnellen Benutzerwechsel erscheint, abändern (13).

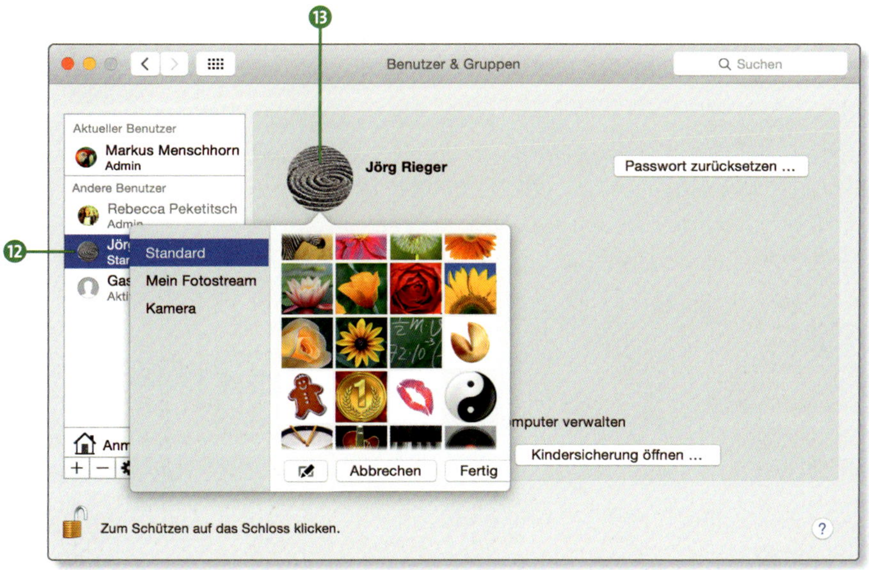

Abbildung 16.9
Das passende Bild für den Benutzer kann hier gewählt werden.

Anmeldung ohne iCloud-Passwort

Wenn Sie ein separates Kennwort wählen, kann OS X natürlich nicht die direkte Verbindung zu iCloud herstellen. Daher wird direkt beim ersten Systemstart mit dem neuen Benutzer danach gefragt. Diese Vorgehensweise ist dann korrekt, wenn Sie beispielsweise für ein Familienmitglied oder einen Freund einen Account einrichten und dieser sein Apple-ID-Kennwort nicht verraten möchte. Dann kann es nämlich einfach selbst eingegeben werden. Wie bei der OS-X-Yosemite-Installation (siehe Kapitel 2, »Den Mac in Betrieb nehmen«) kann der Vorgang aber einfach übersprungen werden.

Damit ist der neue Benutzer einsatzbereit. Schon beim nächsten Systemstart oder jetzt direkt über den schnellen Benutzerwechsel rechts oben im Apple-Menü können Sie nun umschalten.

Account mit Kindersicherung einrichten

Abbildung 16.10
Das Icon der Kindersicherung

Der Account mit Kindersicherung ist praktisch, um die Kids am Mac zu disziplinieren und tatsächlich vor Inhalten zu schützen, die für sie nicht geeignet sind, die ihnen aber dank Internet und Co. problemlos zur Verfügung stehen. Diese Art der Kindersicherung unter OS X Yosemite ist einmalig, unter Windows kann das beispielsweise nur mit zusätzlicher recht komplizierter Software gelöst werden. Zudem ist es möglich, dem Benutzer den Zugriff nur auf ausgewählte Programme zu gestatten. Übrigens ist die Kindersicherung so aufgebaut, dass auch raffinierte Sprösslinge sie nicht umgehen können – das ist wirklich ausgeschlossen. Es sei denn, sie kennen Papas oder Mamas Benutzernamen und Passwort ...

Gehen Sie so vor wie vorher beim Standardaccount beschrieben, und legen Sie über das Plussymbol einen neuen Benutzer an. Alle Einstellungen führen Sie wie beschrieben durch, lediglich bei **Neuer Account** wählen Sie **Verwaltet durch die Kindersicherung** aus.

Klicken Sie dann abschließend auf **Benutzer erstellen** ❶, schon ist der neue Benutzer angelegt und kann weiter konfiguriert werden. Sie sehen an dem gesetzten Häkchen, dass die Kindersicherung bereits aktiviert ist.

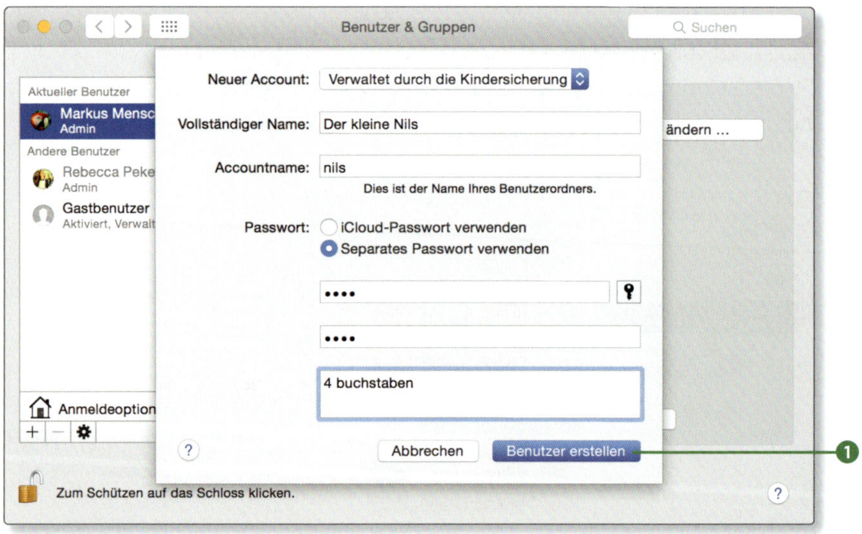

Abbildung 16.11
Die Kinder werden sich wundern, was sie ab jetzt alles nicht (mehr) dürfen.

Zum Feintuning dieser Sicherung müssen Sie noch auf **Kindersicherung öffnen** ❷ klicken. Es startet daraufhin ein sehr komplexes Menü, das wir Ihnen im nächsten Abschnitt im Einzelnen erläutern. Sie erreichen das Kindersicherungsmenü inklusive Einstellungsmöglichkeiten auch über den gleichnamigen Menüpunkt in den Systemeinstellungen.

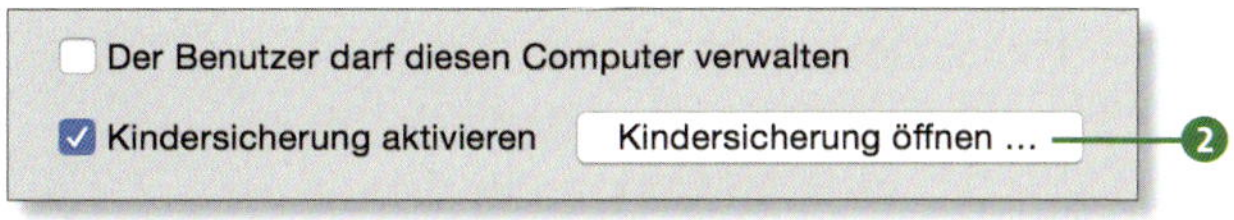

Abbildung 16.12
Die Kindersicherung wird nun noch individuell angepasst.

Apps und Finder in der Kindersicherung

Unter **Apps** ❸, dem ersten Menüpunkt, können Sie festlegen, ob der Benutzer mit einem voll ausgewachsenen Finder, wie Sie ihn kennen, oder mit einer stark vereinfachten Version an den Start gehen soll ❹. Auch der Zugriff auf Programme ❺ kann bis ins letzte Detail geregelt werden. Standardmäßig hat OS X Yosemite 10.10 systemrelevante Programme bereits deaktiviert, Sie können aber dennoch ganz individuell per Häkchen entscheiden, welche Anwendungen zur Verfügung stehen sollen ❻. In den Standardeinstellungen hat Apple hier schon einige harmlose Apps vorausgewählt.

Interessant, dass hier auch gerade das digitale Shoppingcenter, der App Store, von Anfang an mit dabei ist. Immerhin, Sie können einschränken, welche Apps Ihr Nachwuchs im App Store anschauen darf, diese sind alle mit einer Altersbeschränkung versehen ❼. Abgesehen davon – der App Store ist von sich aus »clean«, da Apple jede Anwendung kontrolliert, bevor sie an den Start darf.

Kein Downgrade auf einfachen Finder möglich

Haben Sie einen Anwender bereits »normal« angelegt, beispielsweise als Standardaccount, können Sie nachträglich zwar Kindersicherungsoptionen aktivieren, der einfache Finder ist aber dann nicht mehr aktivierbar. Sie können die Funktion zwar anhaken, sie wird aber keinerlei Effekt haben – unlogisch, aber Tatsache. Wir haben mehrfach probiert, hier eine Lösung zu finden. Die einfachste Lösung ist: einfach einen neuen Benutzer anlegen und dort direkt den einfachen Finder aktivieren.

Abbildung 16.13
Völlig unlogisch – Sie können einen Anwender später nicht mit dem einfachen Finder beglücken.

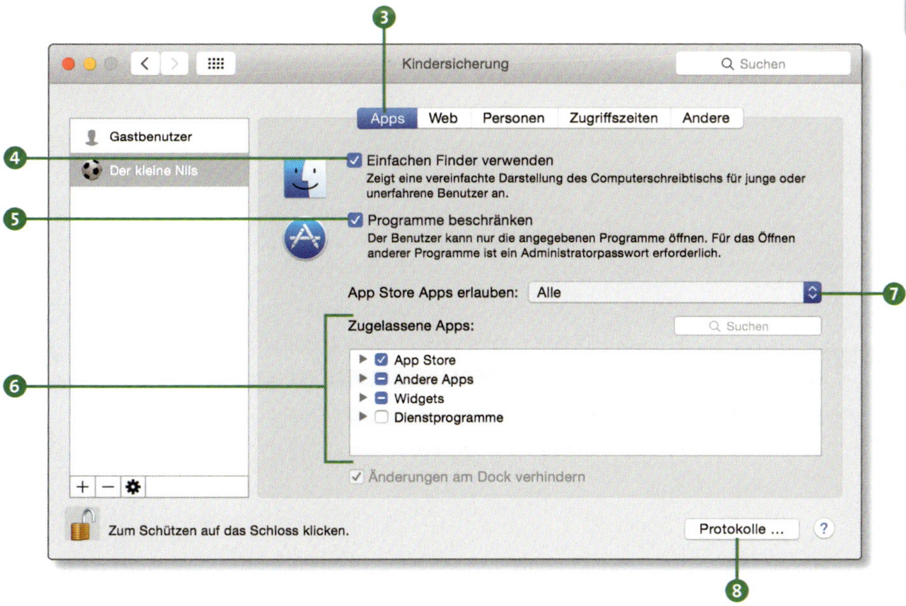

Abbildung 16.14
Der Programmzugriff wird dezidiert geregelt.

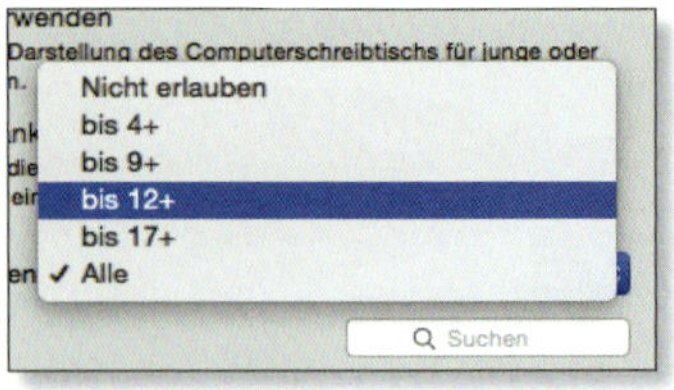

^ Abbildung 16.15
Selbstkontrolle? – Hier stellen Sie ein, welche Apps Ihr Nachwuchs installieren darf.

Etwas heikel ist der letzte Punkt in diesem Fenster ❽. Die Protokolle zeichnen nämlich so ziemlich alles auf, was mit Programmen oder im Web gemacht wird. Selbst Nachrichten aus dem Apple-Chat werden protokolliert. Deaktivieren kann man diese Funktion nicht, und getreu dem Motto »Vertrauen ist gut, Kontrolle ist besser« wird hier dem Benutzer genauestens über die Schulter geschaut.

Abbildung 16.16 >
Bedenklich – hier wird alles protokolliert, auch Webseitenbesuche (auch jene auf Seiten, die Apple gesperrt hat) und Chat-Aktivitäten.

Browserunterstützung

Die Website-Beschränkung klappt problemlos mit beiden Browsern, Firefox und Safari.

Wirklich relevant wird es bei **Website-Beschränkungen** im Bereich **Web** ❾. Die eingestellte Option ❿ versucht anhand von Stichwörtern und Filtern, »böse« Seiten, so gut es geht, herauszufinden und den Zugriff darauf zu blockieren. Über **Anpassen** ⓫ legen Sie zusätzlich »gute« und »schlechte« Seiten fest, also solche Seiten, die immer besucht werden dürfen, und solche, die nie besucht werden dürfen – unabhängig von der eigentlichen Filterung.

Abbildung 16.17 >
Auf Nummer sicher im Web

Wer ganz sichergehen möchte, kann mit **Zugriff nur auf diese Websites erlauben** ⓬ einen eigenen Webseitenkatalog erstellen. Dann ist der Internetzugriff tatsächlich ausschließlich auf die ausgewählten Websites ausgerichtet, alles andere wird ausnahmslos blockiert. Die Fehlermeldung ist übrigens eindeutig, wie es die folgende Abbildung zeigt.

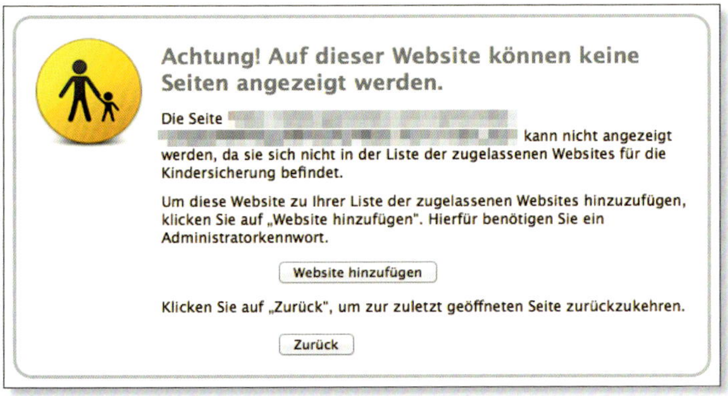

Abbildung 16.18
Das Stoppschild von OS X Yosemite bei Seiten mit anstößigem Inhalt

Und weiter geht es in Sachen Jugendschutz. Bei **Personen** ⓭ wird es nun wirklich heikel. Denn aus vielen Medienberichten weiß man, dass Kinder und Jugendliche gerade bei digitalen Medien doch recht arglos und unvoreingenommen loslegen.

Abbildung 16.19
Auf Wunsch ist Kontakt nur mit vorher festgelegten Personen erlaubt.

Unter **Personen** besteht daher die Einstellungsmöglichkeit, den E-Mail- und Chat-Verkehr auf bestimmte Personen aus dem Adressbuch zu

Nur Mail und Nachrichten!

Diese Einschränkungen gelten nur für Mail und Nachrichten. Ist Skype installiert, versagt diese Kontrolle. Auch bei einem anderen Mailprogramm oder bei Webmail ist dieser Schutz wirkungslos.

beschränken. So können Sie absolut sicher sein, dass Ihre Kinder nicht mit fremden Personen kommunizieren.

Um auch unmissverständlich klarzumachen, wann am Mac gesurft oder gearbeitet werden darf, sind die Einstellungen unter **Zugriffszeiten** ❶ das richtige Mittel – gerade dann, wenn Ihr Kind vielleicht einen eigenen Mac im Zimmer hat und nicht immer »kontrolliert« werden kann. In dieser Rubrik legen Sie fest, wann und wie lange der Benutzer am Computer sein darf. Selbst eine Nachtruhe ist einstellbar. Werden die Zeiten überschritten, kann man am Mac einfach nichts mehr machen, er ist blockiert. Ganz schön clever, oder? Das erspart viele Diskussionen, wenn sich beispielsweise der Mac um 21 Uhr einfach abschaltet, und fertig. Auch wenn es gerade noch »soooo spannend« ist ...

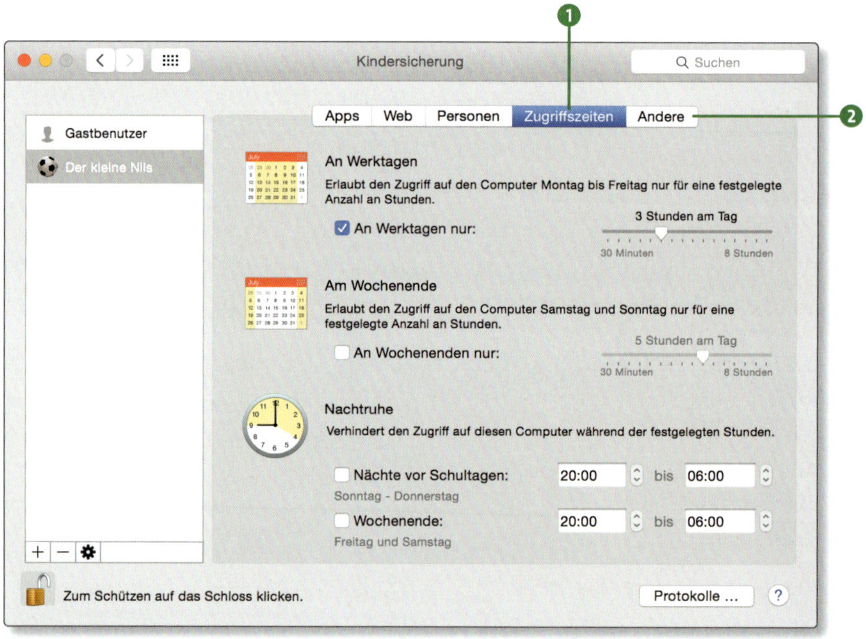

Abbildung 16.20 >
Drei Stunden am Tag und keine Minute länger am Mac

Unter **Andere** ❷ sind noch ein paar durchaus fragwürdige Spezialitäten abgelegt. Im ersten Punkt können Sie festlegen, ob Ihre Sprösslinge unbegrenzt Schnappschüsse mit der eingebauten Kamera machen dürfen. Beim zweiten Punkt fragen wir uns aber – warum den lieben Kleinen die Diktierfunktion ❸ verbieten?

Im darauf folgenden Punkt schlägt der amerikanische Wahnsinn zu, denn allen Ernstes blendet Apple im »hauseigenen« Lexikon standardmäßig anstößige Inhalte aus ❹ – und es ist nicht so, dass das Lexikon auch ein erotisches Wörterbuch beinhaltet. Aber gut, das kann man anhaken, muss es aber nicht. Wundern Sie sich nicht, hier hat sich bei Apple ein

Formulierungsfehler eingeschlichen, denn den Zugriff auf »unangemessene Inhalte« zu ermöglichen ist ja nun genau das, was man hier nicht will.

Abbildung 16.21
Sogar das Lexikon ist zensiert.

Die Druckerverwaltung (5) einzuschränken ist sinnvoll, wenn man experimentierfreudige Teenager zu Hause hat, aber auch das ist kein wirklich wichtiger Punkt in Sachen Sicherheit. Seltsamerweise können Sie das Ausdrucken hier nicht sperren; also jene Funktion, die unter Umständen ins Geld geht, wenn der Nachwuchs mit falschem Papier den Farblaserdrucker ins Jenseits befördert.

Auch wenn Apple das Ende von CD und DVD vorhersagt, ist das Brennen dieser Silberscheiben beliebt. Mit nur einem Mausklick können Sie Ihrem Nachwuchs das ganz einfach verbieten (6). Das gilt auch für das Abändern des Passwortes: Auf Wunsch wird auch das effektiv blockiert (7).

Wenn Sie mit allen Einstellungen fertig sind, klicken Sie auf das schützende Schloss und abschließend auf die **Gesamtübersicht** (8), damit sie wirksam werden. Nun kann Ihr Nachwuchs, Enkel oder Neffe endlich lossurfen.

17 Updates, Problemlösung, Datensicherung

Update – dieses Unwort in der Computerbranche macht auch vor Ihrem Apple-Computer nicht halt. Für das gesamte OS-X-System, für die Treiber und die installierte Software gibt es regelmäßig kostenlose Aktualisierungen, die nur über das Internet bereitgestellt werden. In diesen Aktualisierungen werden bekannte Sicherheitslücken gestopft und Programmierfehler korrigiert. Seltener gibt es neue Funktionen dazu; die lassen sich die Softwarehersteller dann lieber als neue Programmversion bezahlen.

Etwas heikler wird es, wenn Ihr Mac »Zicken« macht, was aber zum Glück sehr selten vorkommt. Das können z. B. ein stark verlängerter Systemstart oder Programmabstürze sein, die ab und zu auftreten. Für diesen Fall lohnt sich ein Griff in die Dienstprogramme von OS X, die hier eine Art Schweizer Taschenmesser als Universalproblemlöser darstellen. Die Bedienung ist einfach, und meistens »schnurrt« Ihr Mac danach wieder einwandfrei. Das Festplatten-Dienstprogramm springt außerdem ein, wenn sich eine Festplatte unter OS X nicht beschreiben lässt oder komplett gelöscht werden soll.

Vorbeugend gegen Datenverluste und versehentlich gelöschte Bilder, Dokumente und andere Dateien springt die automatische Datensicherung von OS X, die *Time Machine*, ein. Das praktische Programm erledigt das lästige Zwischenspeichern dezent im Hintergrund und ist Ihre Versicherung, falls am Mac gar nichts mehr geht oder Sie aus Versehen ein wichtiges Dokument überschrieben haben.

Schnelles Web benötigt

Die Aktualisierung per Modem ist nahezu unmöglich, denn dabei können schnell mehrere Hundert Megabyte zusammenkommen, die heruntergeladen werden müssen. Eine DSL-Leitung ist hier komfortabler und daher auch anzuraten.

Softwareaktualisierung – alles im grünen Bereich

Wenn Ihr Computer mit dem Internet verbunden ist, kommuniziert er grundsätzlich auch mit Apple. Persönliche Daten werden hierbei nicht

Abbildung 17.1
Der App Store zeigt an, dass eine Aktualisierung verfügbar ist.

übermittelt, aber wichtige Informationen über Ihr System. Im Hintergrund wird täglich nach Sicherheitsupdates gesucht – sobald Sicherheitslücken auftreten, werden sie dank dieser Funktionalität automatisch geschlossen. Ein Eingreifen Ihrerseits ist weder notwendig noch möglich. Anders sieht es bei Aktualisierungen rund um das Betriebssystem selbst und alle installierten Programme aus. Die Aktualisierung erfolgt bei allen aus dem App Store geladenen Programmen komfortabel über dessen Updatefunktion. Stehen Updates bereit, wird dies im Dock durch ein verändertes App-Symbol angezeigt. Hier gibt es keinen festen Rhythmus – sobald eine neue Version bereitsteht, wird sie gemeldet. Grundsätzlich gilt: Diese Art der Aktualisierung ist immer kostenlos, es fallen keine Gebühren an. Nur komplett neue Versionen eines Programms müssen gekauft werden. Darauf werden Sie im App Store aber explizit hingewiesen, d. h., Sie müssen nicht fürchten, dass ohne Ihr Wissen teure Anwendungen installiert werden.

Abfrage

Wenn Sie die Aktualisierung starten, wird OS X, wie bei jeder Installation, natürlich Ihren Benutzernamen und Ihr Kennwort abfragen, damit das Installationsprogramm überhaupt auf Ihr System zugreifen darf.

Softwarehersteller, deren Apps nicht im App Store verfügbar sind, haben jeweils eigene Updateprogramme und melden sich mit unterschiedlichen Dialogen. Mehr dazu erfahren Sie am Ende dieses Abschnitts auf Seite 355.

Abbildung 17.2
Ein Dauerbrenner – auf »normalen« Bildschirmen ist diese Meldung zum Softwareupdate schon seit zwei Versionen »abgeschnitten«, d. h. nicht ganz sichtbar, aber trotzdem verständlich. Entscheiden Sie selbst, wann OS X den Neustart und die Aktualisierung durchführen soll.

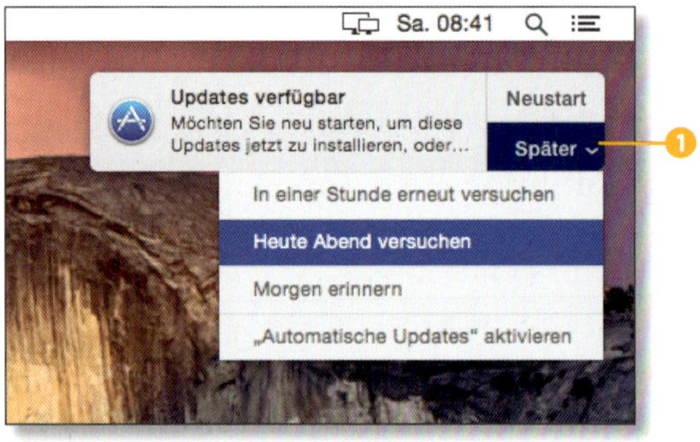

Apple-Updates sollten Sie grundsätzlich installieren, damit Ihr Computer stets auf dem neuesten Stand ist und um eventuelle Probleme mit Ihrer Software direkt und unkompliziert zu umgehen. Diese Aktualisierungen kosten kein Geld, sondern werden als Serviceleistung bereitgestellt. Wurde neue Software gefunden, ist die Aktualisierung ein Kinderspiel.

Apple bringt eine entsprechende Mitteilung auf Ihren Desktop (Abbildung 17.2). Hier können Sie auch den Installationszeitpunkt verschieben, wenn Sie gerade anderweitig beschäftigt sind (1). Alles andere erledigt OS X dann im Hintergrund. Sehr erfreulich – auf Wunsch werden die Aktualisierungen ohne weitere Nachfragen nach Verfügbarkeit im Hintergrund Ihres Systems aufgespielt. Die entsprechende Abfrage bringt OS X nach den ersten Updates ganz automatisch. Entscheiden Sie selbst.

Sie können aber natürlich auch jederzeit selbstständig prüfen, ob Updates bereitstehen. Klicken Sie im App Store einfach auf die Schaltfläche **Updates** 2.

Daraufhin werden sämtliche Apps aufgelistet, die eine Aktualisierung parat haben. Je nach Anwendung ist danach ein Neustart notwendig; das kündigt OS X 10.10 Yosemite aber ggf. an und überlässt es Ihnen, zu entscheiden, ob Sie sofort oder später neu starten wollen.

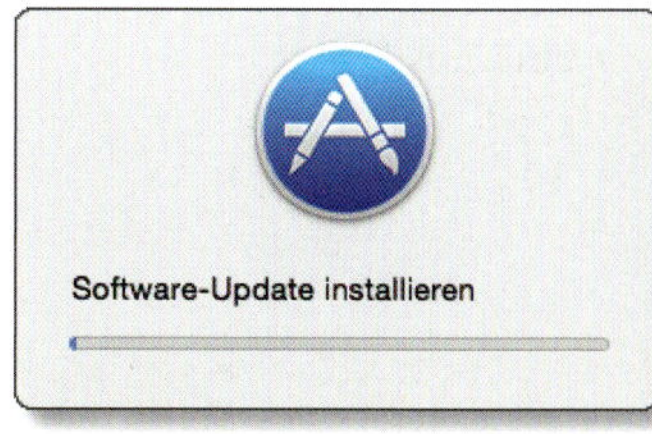

Abbildung 17.3
Teilweise ist ein Neustart erforderlich, um die aktuellste Software aufzuspielen.

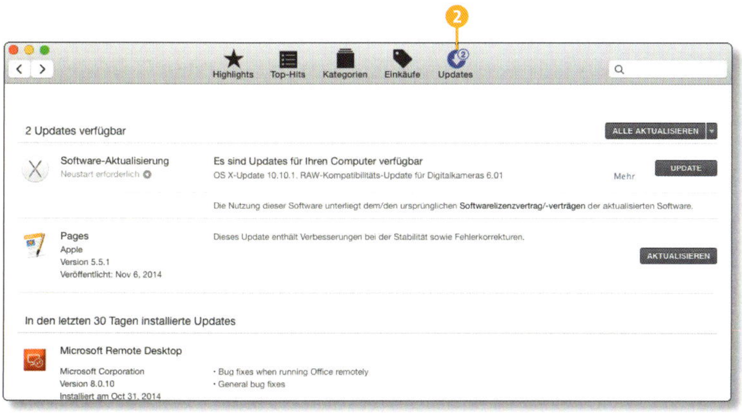

Abbildung 17.4
Installierte und neue Updates werden im App Store aufgelistet.

Programme, die nicht aus dem App Store gekauft wurden, werden über diese praktische Aktualisierung leider nicht mit auf den aktuellsten Stand gebracht. Hier kochen die Hersteller ihre eigenen Süppchen – und damit auch separate Updatevorgänge. So kann es durchaus sein, dass sich Microsoft Office am Montag meldet, Adobe mittwochs und OpenOffice am Sonntag. Auch diese Programmupdates beinhalten Verbesserungen für die einzelnen Anwendungen. Das können neue Treiber, behobene Programmfehler oder kleine Funktionserweiterungen sein.

Abbildung 17.5
Die separate Updatesuche von Microsoft außerhalb des App Stores

Kein Internet?

Wenn Sie keinen Internetanschluss haben, besteht auch keine Möglichkeit, Ihr System auf dem aktuellen Stand zu halten. Unsere Empfehlung: Wenn Sie einen iMac oder ein MacBook besitzen, schauen Sie einfach mal bei Freunden mit schnellem Internetanschluss rein, oder gehen Sie ins Internetcafé und starten Sie die Aktualisierung über den App Store. Sie sollten dies zumindest alle paar Wochen tun, um alle Neuerungen mitzubekommen. Ihr Rechner ist ohne Updates nicht wirklich gefährdet, aber oft bringen die Hersteller auch schlichtweg bessere Programmversionen heraus, in denen Fehler behoben wurden und die sich schon deshalb lohnen.

Die Dialoge und Fenster sehen, je nach Anwendung, etwas unterschiedlich aus. Normalerweise genügt ein Mausklick, um die Installation einer neuen Programmversion zu starten. Klar, dass auch hier Ihr Kennwort abgefragt wird.

Da viele Programmupdates einen Neustart des Computers notwendig machen, können Sie die Aktualisierung in jedem Programm auch überspringen. Spätestens im nächsten Updatezeitraum, je nach Anwendung zwischen zwei und vier Wochen, wird das Installationsfenster jedoch erneut eingeblendet.

Probleme mit OS X und die passende Lösung

Ganz ehrlich – wir haben uns schwergetan, Ihnen hier noch ein paar allgemeingültige Tipps für den Fall zu geben, dass OS X 10.10 Yosemite nicht mehr so richtig will. Eigentlich ist das System verdammt stabil, denn einen kompletten Absturz und den »Tod des Betriebssystems« haben wir von Softwareseite in unserer langjährigen Praxis noch nie erlebt. Aber natürlich kann auch mal ein Defekt im Mac selbst dafür sorgen, dass OS X Yosemite nicht mehr will. Und um hier nicht zu laute Lobeshymnen zu singen: Auch bei OS X Yosemite gibt es ein Pendant zum Windows-»Blue-Screen«: die »Kernel Panic«. Das klingt dramatisch und ist es auch. In diesem Fall sehen Sie nur noch einen grauen Bildschirm mit dem Hinweis, dass sich Ihr System »aufgehängt« hat. Grundsätzlich gilt bei allen Systemfehlern oder »Hängern«: Bewahren Sie einen kühlen Kopf, denn nur in den seltensten Fällen ist Ihr OS X Yosemite oder gar Ihr Mac wirklich defekt, meistens bekommt man alles mit wenigen Handgriffen wieder ans Laufen.

Abbildung 17.6 >
»Kernel Panic« – der »Blue Screen« am Mac bedeutet aber nicht immer Datenverlust und Systemausfall.

Der Mac startet überhaupt nicht

Ihr Mac verweigert den Dienst und will gar nicht erst starten? Kein Grund zur Aufregung, meistens liegt kein gravierender Hardwaredefekt vor. Hier ein paar Tipps, um den Mac-Computer wieder in Fahrt zu bekommen:

- **Stecker drin?**
  Lachen Sie nicht – der Fehler Nummer eins ist ein herausgezogener Netzstecker, den man versehentlich beispielsweise beim Putzen oder durch Fußverrenkungen aus der Steckerleiste oder aus dem Computer selbst gezogen hat. Besonders tückisch sind hierbei übrigens die MacBooks mit ihrem magnetischen Netzteil, das sich bei stärkerem Zug von selbst »aussteckt«. Also: vor größerer Panik erst mal die Stromzufuhr testen.
- **Externe Geräte prüfen**
  Haben Sie kurz vorher neue Geräte angesteckt, beispielsweise einen USB-Hub? Dann entfernen Sie diesen, und probieren Sie nochmals, den Mac einzuschalten. Falls Ihr Mac dann funktioniert, ist das neue Gerät nicht mit Ihrem Mac kompatibel oder hat vielleicht einen Defekt. Eine häufige Fehlerquelle!
- **Arbeitsspeicher**
  Erst mal »raus« heißt es auch, wenn Sie Arbeitsspeicher nachgerüstet haben und Ihr Computer dann nicht mehr startet. In Sachen Speicher ist der Mac extrem heikel. Besonders bei Modulen von Fremdherstellern kann es sein, dass sie sich nicht mit dem Computer vertragen. Hier müssen Sie im Vorfeld recherchieren oder den Fachmann fragen, welche Module welchen Herstellers mit Ihrem Computer funktionieren.
- **PRAM löschen**
  Das sogenannte *Parameter Random Access Memory* (PRAM) enthält Funktionen wie die eingestellte Lautstärke, Datum und Uhrzeit sowie das Startvolume. Wenn Ihr Mac nicht mehr starten mag und die obigen Tipps nicht helfen, macht das Gerät wahrscheinlich hier einen »Denkfehler«. Beim Systemstart kann man ihm diese Flausen austreiben. Dazu braucht man aber gleich vier Finger: Drücken Sie [alt]+[cmd]+[R]+[P] beim Einschalten, bis zweimal ein Signalton ertönt. Jetzt können Sie Ihren Mac neu starten – und eigentlich sollte er nun wieder prima hochfahren.

Diese kleinen Handgriffe bringen in vielen Fällen Ihren Mac wieder in Schwung. Sie sollten sie einfach Stück für Stück durchgehen, bevor Sie in Panik verfallen.

Andere Probleme beim Start

Kein Datenverlust

Beim Reparieren Ihrer Festplatte mit der erstgenannten Methode bleiben alle Ihre Da-ten komplett erhalten, hier wird nichts gelöscht oder überschrieben.

Beim Starten kann es zu kleineren und größeren Schwierigkeiten kommen. Wenn Ihr Mac nach wenigen Sekunden stehen bleibt und ein Festplattensymbol mit Fragezeichen erscheint, findet der Mac seine Startdateien oder auch die komplette Festplatte nicht mehr. Hier kann entweder ein Softwareproblem mit OS X 10.10 Yosemite vorliegen oder im schlimmsten Fall die Festplatte »im Eimer« sein. Probieren Sie folgende Lösungen:

- Normalerweise kann man das Problem mithilfe der Wiederherstellung von Yosemite beheben. Starten Sie Ihren Mac neu, und halten Sie cmd + R gedrückt. Hier lädt Yosemite nun entweder aus einer vorhandenen Systempartition Ihrer Festplatte oder direkt aus dem Internet die Diagnosetools und Dienstprogramme. Anschließend wählen Sie in diesem ersten Menü den Eintrag **Festplatten-Dienstprogramm** aus. Nun können Sie Ihre Systemfestplatte reparieren. Auch eine komplette Neuinstallation von OS X Yosemite, unter Beibehaltung Ihrer persönlichen Daten, ist möglich. Dafür ist allerdings eine funktionierende Internetverbindung notwendig, da das Betriebssystem komplett aus dem Web in der aktuellsten Fassung geladen wird.

Abbildung 17.7 >
Schnelle Hilfe – per Tastenkürzel beim Systemstart gelangen Sie immer in die »Notfallzentrale«.

- Wenn dieses Verfahren keinen Erfolg liefert, helfen mal wieder der Griff in die Tasten und das PRAM-Reset (siehe den Abschnitt »Der Mac startet überhaupt nicht« auf Seite 357).

Kleine Ursache, große Wirkung – tatsächlich werden Sie die meisten Startprobleme mit den hier gezeigten Tricks ganz stressfrei in den Griff bekommen.

Aufräumen und löschen: das Festplatten-Dienstprogramm

Wenn es am Mac mal »klemmt«, der Neustart viel zu lange dauert oder Programme ab und zu abstürzen, liegt dies häufig an den sogenannten *Zugriffsrechten* von Dateien auf der Systemfestplatte Macintosh HD. Kurz zur Erklärung: Bei OS X ist für jede Datei hinterlegt, was der jeweilige Benutzer damit machen darf – löschen, nur ansehen, nur kopieren etc. Von Zeit zu Zeit, z. B. bei einem Programmabbruch, merkt sich das System hier falsche Zuordnungen. Das kann dazu führen, dass eine Anwendung nicht mehr richtig funktioniert, da sie auf eine benötigte Datei nicht mehr richtig zugreifen kann.

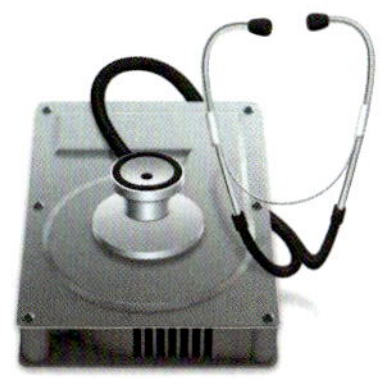

Abbildung 17.8
Das Festplatten-Dienstprogramm

Gut, so viel zum Hintergrund – eigentlich wollen Sie ja nur wissen, wie Sie das System im Falle eines Falles wieder stabil bekommen. Hierfür steht das Festplatten-Dienstprogramm parat – diese kleine Anwendung, die auf jedem Mac installiert ist, bringt wieder Ordnung ins System und kann Probleme dieser Art beheben. Erfahrene Anwender können damit auch die Festplatte aufteilen (partitionieren) oder sie gar ganz löschen. Doch das soll nicht Thema dieses Buches sein.

Das Festplatten-Dienstprogramm im Einsatz

Das Festplatten-Dienstprogramm finden Sie im **Programme**-Ordner, im Unterordner **Dienstprogramme**. Das lustige Programmsymbol täuscht nicht darüber hinweg, dass hier wie im richtigen Leben zwischen Schluckimpfung und Notoperation alles möglich ist. Glücklicherweise ist Letzteres wirklich nur selten der Fall, und mit einem Time-Machine-Backup (siehe den Abschnitt »Datensicherung mit Time Machine« ab Seite 362) sind Sie zudem jederzeit auf der sicheren Seite und das ohne Datenverlust.

Starten Sie einfach das Festplatten-Dienstprogramm per Doppelklick. Das folgende Programmfenster sieht sehr technisch aus, aber keine Sorge, die Mac-Reparatur dauert nur einige wenige Mausklicks.

Auf der linken Seite sehen Sie alle an Ihrem Mac angeschlossenen Laufwerke, auch *Volumes* genannt. Das kann auch ein Kartenleser oder eine DVD sein. Wir benötigen für die Reparatur nur die Systemfestplatte, die bei vielen Macs unterteilt ist. Diese steht an erster Position. Wählen Sie hier mit einem primären Mausklick jene Zeile an, die **Macintosh HD** heißt (1). Falls Sie Ihre Festplatte umbenannt haben, wählen Sie entsprechend diesen Namen aus, damit er anschließend blau unterlegt ist. Wenn OS X Yosemite nicht automatisch auf den Punkt **Erste Hilfe** (2) springt, wählen Sie diesen gesondert an.

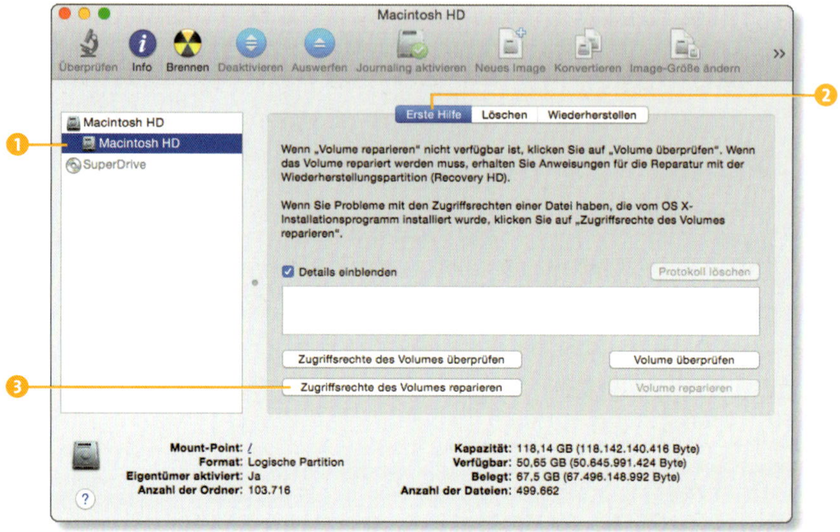

Abbildung 17.9 >
Erste Hilfe bei Computerproblemen

Dieses Fenster ermöglicht Ihnen nun, die Zugriffsrechte des Volumes zu reparieren 3 – diesen Punkt wählen Sie aus. Nur eine Überprüfung zu starten wäre hier sinnlos, denn sollten Probleme vorhanden sein, müssten Sie den Reparaturvorgang später dennoch starten. Mit einem Klick wird die Festplatte untersucht, und bestehende Probleme werden behoben. Dieser Vorgang dauert mehrere Minuten. Lassen Sie sich nicht durch die Meldungen irritieren, die währenddessen im Meldungsfenster erscheinen 4.

Abbildung 17.10 >
Sieht wild aus, ist aber nur eine Statusanzeige.

Ist der Vorgang abgeschlossen, erscheint, eigentlich relativ unscheinbar, am Ende der Liste die Meldung »Reparatur der Zugriffsrechte abgeschlossen«. Damit wäre Ihr System nun in Sachen Zugriffsrechte optimal eingestellt, und damit sind auch viele Probleme »vom Tisch«, Ihr System sollte also wieder stabil laufen. Falls weiterhin Probleme mit Ihrem Mac auftreten, kann das sehr viele Ursachen haben: Defekte in der Computerhardware, ein tatsächlich komplett defektes Betriebssystem oder eine falsche Programminstallation. Hier müssten Sie dann einen Profi kontaktieren, der Ihnen bei der weiteren Fehlersuche behilflich ist.

Formatieren am Mac?

Vom Windows-PC kennt man den **Löschen**-Vorgang auch als *Formatierung*. Unter OS X ist das der identische Vorgang, nur wird er hier nicht mehr extra benannt. Früher nannte man das am Mac auch »Initialisieren«.

Laufwerke und Geräte löschen

Was wir Ihnen hier zeigen, ist mit größter Vorsicht zu behandeln, denn mit der Funktion *Löschen* kann man bei Datenträgern jeglicher Art das komplette »Gedächtnis« löschen. Warum wir das in einem Einsteigerbuch zeigen? Nun, es gibt auch beim Einstieg in OS X und den Mac einen Grund, hier tätig zu werden: Haben Sie eine neue externe Festplatte gekauft, ist diese unter Umständen im NTFS-Dateisystem für Windows formatiert. Das bedeutet, dass Sie keine Daten darauf abspeichern können. Sie merken das ganz schnell – wenn nämlich der Kopiervorgang auf Ihr neues Laufwerk fehlschlägt, liegt das genau daran. Es kann sogar passieren, dass die Festplatte gar nicht erkannt wird, sondern einfach eine Fehlermeldung erscheint, dass der Datenträger nicht lesbar ist.

Hier hilft dann ein Griff in das Festplatten-Dienstprogramm. Starten Sie es, und wählen Sie, wie vorhin beschrieben, das entsprechende Laufwerk in der linken Leiste aus. Öffnen Sie dann den Bereich **Löschen** 5.

Abbildung 17.11
Der Formatieren-Dialog unter Windows 8.1 bietet keine Möglichkeit, den USB-Stick im Mac-Format zu formatieren.

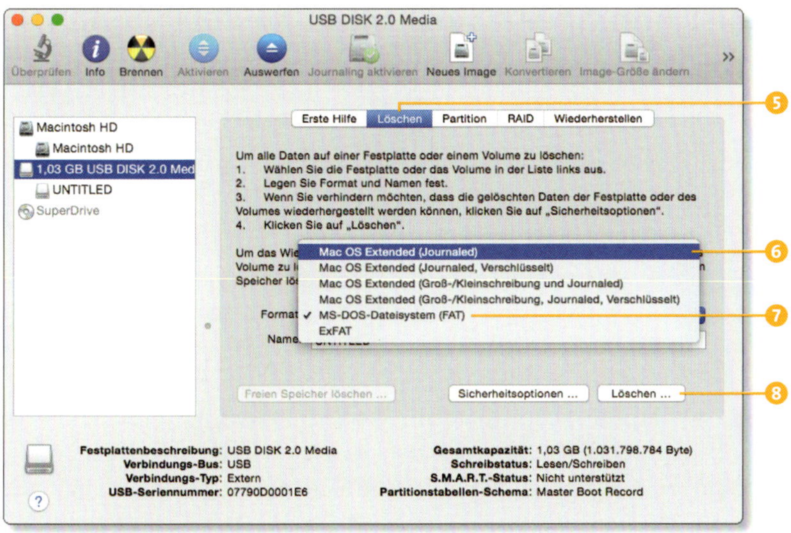

Abbildung 17.12
Hier wird das gewählte Laufwerk gelöscht.

FAT und FAT32

FAT und FAT32 sind Dateisysteme von Windows, die aber ganz unkompliziert am Mac verwendet werden können.

Bei **Format** wählen Sie, wenn diese Festplatte ausschließlich an einen Mac-Computer angeschlossen werden soll, den Eintrag **Mac OS Extended (Journaled)** 6 aus. Dann kann allerdings kein Windows-Computer mehr auf die Daten zugreifen. Wenn aber auch dies möglich gemacht werden soll, wählen Sie lieber **MS-DOS-Dateisystem FAT** 7 aus, damit können dann nämlich beide Betriebssysteme umgehen. Ein Klick auf **Löschen** 8 startet den Löschvorgang verbunden mit einer vorausgehenden Sicherheitsabfrage.

Abbildung 17.13 >
Point of no return – ab hier gibt's kein Zurück mehr.

Wenn Sie auch hier auf **Löschen** klicken, wird der gewählte Datenträger komplett entleert und in das angegebene Format konvertiert. Dieser Vorgang kann nicht mehr rückgängig gemacht werden, die enthaltenen Daten sind dann auch nicht mehr im Papierkorb zu finden, sondern komplett gelöscht. Wenige Minuten später ist der Vorgang abgeschlossen, und Ihre externe Festplatte ist nun einsatzbereit.

Datensicherung mit Time Machine

Sie haben auf dem Computer mittlerweile Ihre Bilder, wichtigen Dokumente und E-Mails abgespeichert. Praktischerweise ist Ihr Apple-Computer gegen Viren und Hackerangriffe aus dem Web weitestgehend geschützt. Hier kann also kaum jemand an Ihre Daten heran oder sie gar löschen oder ändern. Doch was, wenn Ihr Mac tatsächlich einmal einen Defekt hat oder die Festplatte kaputtgeht?

^ Abbildung 17.14
SSD-Festplatten sind schnell, sicher, leise und richtig klein. (Foto: Samsung).

Hier müssen Sie wissen: Eine Festplatte ist ein Verschleißteil; die Magnetscheiben, auf denen alles gespeichert ist, drehen sich mit teils bis zu 7.200 Umdrehungen pro Minute, die Leseköpfe schweben nur wenige Mikrometer darüber. Schon ein Sturz des Notebooks aus geringer Höhe oder andere Erschütterungen können zu einem mechanischen Defekt und damit zum Datenverlust führen. Auch eine Überspannung, z. B.

durch Blitzeinschlag oder einen Defekt im Stromnetz, kann hier die Daten regelrecht »grillen« und somit zerstören.

Mittlerweile sind die Festplatten in den MacBook-Air-Modellen und teilweise auch im MacBook Pro »aus einem anderen Holz geschnitzt«: Die SSD-Festplatten kommen ganz ohne mechanische Elemente aus und sind im Grunde genommen einem USB-Stick nicht unähnlich, leider aber noch recht teuer. Hier kann zumindest durch einen Sturz kaum ein Datenverlust auftreten, vor elektronischen Defekten sind aber auch diese Speicherriesen nicht gefeit. Vor allem sollte man den Gerüchten keinen Glauben schenken, dass die SSD-Platten eine begrenzte Anzahl an Schreib- und Lesevorgängen zulassen. Prinzipiell ist diese Aussage korrekt, irgendwann ist auch bei diesen Festplatten Schluss, doch die kleinen Speicherriesen halten im normalen Betrieb locker ein ganzes Computerleben lang durch. Laut aktueller Tests könnten Sie mehrere Gigabyte Daten pro Tag schreiben und sich trotzdem über eine Lebensdauer von 5 Jahren freuen. Mehr zum Thema SSD erfahren Sie in Kapitel 1, »Welcher Mac darf es denn sein?«.

Systemfestplatte löschen?

Wer Panik hat, versehentlich die Systemfestplatte zu formatieren, kann beruhigt werden – hier blockiert OS X nämlich; das ist mit dem Festplatten-Dienstprogramm nicht machbar. Um die Systemfestplatte zu löschen, muss man den Mac über die Recovery-Partition starten und dort im Festplatten-Dienstprogramm das System-Volume löschen. Das ist aber nur dann notwendig, wenn Sie z. B. Ihren Mac verkaufen und sichergehen wollen, dass niemand an Ihre Daten kommt.

Doch nicht immer ist die Technik am Datenverlust schuld, denn ganz schnell hat man auch selbst versehentlich ein wichtiges Dokument gelöscht, einen Schnappschuss überschrieben oder E-Mails »geschreddert«. Den anschließenden Schweißausbruch und eventuell verlorene Erinnerungen oder zumindest verlorene Zeit, die man damit verbringt, um die Daten wieder zu rekonstruieren – dies alles kann man sich glücklicherweise sparen. Die Time Machine unter OS X sorgt vollautomatisch dafür, dass Ihr gesamtes System stündlich gesichert wird und im Falle eines Falles alle Daten mit einem Mausklick wiederhergestellt werden können. Diese Datensicherung wird unter OS X als Backup bezeichnet.

Abbildung 17.15
Eine herkömmliche Festplatte speichert alle Computerdaten auf hauchdünnen Magnetscheiben.

Festplatte benötigt

Für die permanente Datensicherung mit der Time Machine benötigen Sie eine externe Festplatte. Diese sollte wenigstens 500 Gigabyte Speicherplatz bzw. zumindest die gleiche Größe wie die Festplatte in Ihrem Mac haben. Im Fachhandel finden Sie hier viele unterschiedliche Geräte von verschiedenen Herstellern. Was Sie hier

Nicht wirklich sicher

Egal, ob CD, DVD, Festplatte oder USB-Stick – so wirklich sicher sind Ihre Daten auf keinem Medium. CDs und DVDs sind gegenüber Erschütterungen und Magnetfeldern unempfindlich, aber vor mechanischen Beschädigungen durch Kratzer oder Hitze nicht gefeit. Die Haltbarkeit wird hier im Idealfall mit 10 bis 15 Jahren angegeben. Theoretisch … Die Datensicherung auf der Festplatte, wie von OS X mit der Time Machine, ist zwar praktisch, aber auch nicht sicher – denn eine Festplatte überlebt selten einen Sturz vom Schreibtisch. Aber: Wenn Sie die Datensicherung durchführen, wie in diesem Kapitel beschrieben, steht ja jederzeit eine Sicherungskopie für den absoluten Notfall bereit.

auswählen, ist Ihnen überlassen, denn der Apple-Computer arbeitet mit allen externen Festplatten zusammen, auch wenn diese nicht speziell für OS X vorbereitet sind.

Abbildung 17.16
Verschiedene externe Festplatten von TrekStor, Western Digital und LG im Größenvergleich

Sie werden allerdings rasch merken, dass es kleine und große Festplatten mit identischem Speicherplatz gibt. Der Unterschied liegt darin, dass die kleinen Festplatten ihren Strom über den USB-Anschluss beziehen, kompakter gebaut sind und kein zusätzliches Netzteil brauchen. Sie sind also perfekt, um die Datensicherung auch unterwegs immer dabeizuhaben. Aber was klein ist, kostet auch mehr: Hier zahlen Sie einen Aufpreis von rund 30 % im Vergleich zu den »großen« Festplatten.

Abbildung 17.17
Kein Unterschied in der Speicherkapazität, aber im Anschaffungspreis (Foto: TrekStor)

Diese sind dagegen tatsächlich mehr als viermal so groß und benötigen immer ein Netzteil. Da hier aber ganz normale Standardkomponenten verbaut sind, sind sie auch preiswerter.

Ihre Daten sind auf allen externen Festplatten gleich gut gesichert, egal, welchen Typs oder welcher Marke sie sind. Denn im Inneren surren immer Markenfestplatten, da gibt es keine »No-Name-Anbieter«. Nur das Gehäuse drumherum sieht je nach Anbieter unterschiedlich aus. Ob Alu oder Plastik, das ist eine Frage des Geschmacks und des Geldbeutels.

Datensicherung starten

Wie eingangs erwähnt, führt OS X mit der Time Machine in Verbindung mit einer externen Festplatte eine regelmäßige Datensicherung durch. Jede Stunde werden die geänderten Daten überspielt und für den Fall der Fälle extern gesichert.

Natürlich muss die Festplatte nicht permanent angeschlossen sein, aber spätestens nach zehn Tagen ohne Datensicherung wird OS X Sie deutlich daran erinnern.

1. Festplatte anschließen

Schließen Sie Ihre neue Festplatte an den Mac an, und schalten Sie sie ggf. ein. Das Betriebssystem wird Ihnen sofort die in der folgenden Abbildung gezeigte Möglichkeit präsentieren, diese Festplatte als Volume für das Time-Machine-Backup zu verwenden.

Abbildung 17.18
Wenn Sie eine neue Festplatte anschließen, erscheint dieses Fenster.

Klicken Sie auf **Als Backup-Volume verwenden** (1). Sofort wird das Einstellungsfenster geladen, und nach 120 Sekunden startet OS X die erste Datensicherung automatisch.

Time Capsule

Wer es gerne komfortabel hat, kann die Time Capsule von Apple statt einer Festplatte nehmen. Der Vorteil: Dieses schicke Kästchen kann nicht nur Daten von einem, sondern von allen im Haus vorhandenen Rechnern sichern. Das klappt ganz kabellos über die WLAN-Verbindung und sowohl mit Mac- als auch mit Windows-Computern. Über Time Capsule ist es zudem möglich, jeden beliebigen USB-Drucker drahtlos für alle per WLAN verbundenen Computer bereitzustellen.

Abbildung 17.19
Die AirPort Time Capsule sorgt für Backups aller im Haushalt verfügbaren Computer. Auch Windows-PCs werden mitgesichert.

Weiterarbeiten

Sie können während des Backups problemlos weiterarbeiten. Auch eine Unterbrechung der Datensicherung durch Ausschalten des Computers nimmt Ihnen Time Machine nicht übel. Es startet einfach beim nächsten Einschalten neu und setzt die Sicherung fort.

Abbildung 17.20
Time Machine ist aktiviert und beginnt auch sofort mit der Arbeit.

2. Geduld mitbringen

Die erste Datensicherung kann sehr lange dauern, je nachdem, wie voll die Festplatte Ihres Macs ist. Bei der ersten Sicherung empfehlen wir Ihnen, diesen Vorgang komplett abzuschließen, damit Sie in jedem Fall einen vollständigen Datensicherungssatz haben.

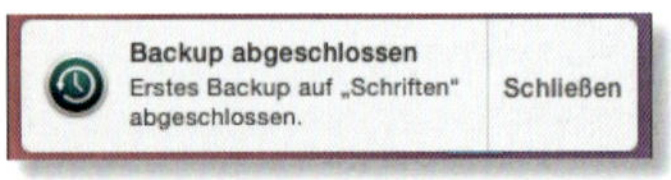

Abbildung 17.21
Das erste Backup hat geklappt.

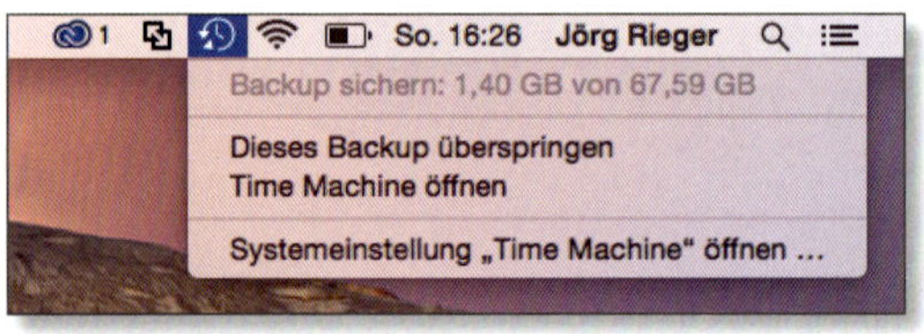

Abbildung 17.22
Das Time-Machine-Symbol in der Menulets-Leiste erscheint nur dann, wenn Sie in den Einstellungen den entsprechenden Haken 2 *gesetzt haben.*

3. Sicherung zwischendurch

Ab sofort müssen Sie sich um die Sicherung Ihrer Daten nicht mehr kümmern. Sobald Sie Ihre Festplatte angeschlossen haben, wird OS X die geänderten bzw. neu hinzugekommenen Dateien automatisch und regelmäßig im Hintergrund kopieren und sichern.

Mit diesen wenigen Schritten haben Sie es geschafft – Sie haben ab sofort immer eine Sicherungskopie von allen Ihren Daten, falls die Festplatte Ihres Macs kaputtgeht, sich Ihr Mac aus irgendwelchen Gründen nicht mehr starten lässt oder Sie schlicht und ergreifend versehentlich wichtige Daten gelöscht haben.

Festplatte sicher lagern

Die Backup-Festplatte sollte nicht permanent an Ihrem Computer angeschlossen sein, sondern nach dem Abschalten an einen sicheren Ort gelegt werden. Denn nur dann ist gewährleistet, dass Sie auch noch z. B. bei Diebstahl oder Blitzeinschlag Ihre wertvollen Daten in Kopie verfügbar haben.

Time Machine: So holen Sie Ihre Daten zurück

Ihre Time Machine hat immer fleißig gesichert? Dann sind gelöschte Daten und selbst ein komplett defekter Mac gar kein Problem mehr. Alles ist als Duplikat auf Ihrer externen Backup-Festplatte (oder Time Capsule) vorhanden und kann jederzeit abgerufen werden. In diesem Abschnitt erläutern wir Ihnen, wie Sie einzelne Dateien, Ordner, E-Mails oder Bilder wiederherstellen – Daten also, die Sie versehentlich gelöscht oder überschrieben haben.

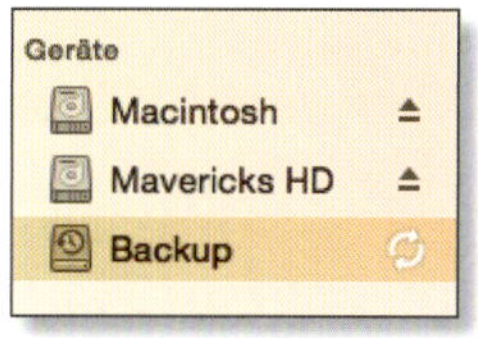

Abbildung 17.23
Auch in der Seitenleiste des Finders sehen Sie, dass aktuell ein Backup durchgeführt wird.

Daten und Dokumente vom Finder zurückholen

Sie sind verzweifelt auf der Suche nach einem Ordner oder einer Datei, die »ganz sicher gestern noch da war«? Oder Sie haben eine Datei versehentlich überspeichert? Das kann jedem passieren, aber unter OS X besteht kein Grund zur Panik. In diesem Fall gilt zunächst: Schauen Sie zuerst einmal im Papierkorb nach, ob die gesuchten Daten nicht einfach nur dort abgelegt wurden. Wie das funktioniert, haben wir Ihnen detailliert im Abschnitt »Dateien und Ordner löschen – der Papierkorb« ab Seite 121 erläutert.

Abbildung 17.24
Die Time Machine ist Ihr Backup am Mac.

War das »Wühlen im Papierkorb« nicht erfolgreich, muss die Time Machine zum Einsatz kommen. Mit ihr gehen Sie auf eine virtuelle Zeitreise:

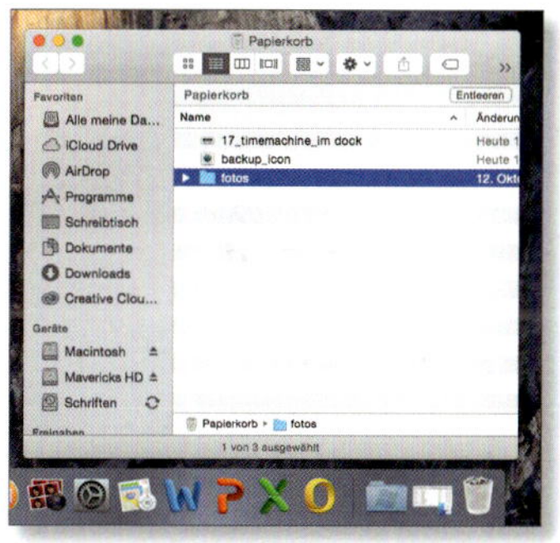

Abbildung 17.25
Es kann sich lohnen, die vermissten Daten zuerst einmal im Papierkorb zu suchen.

1. Im Finder navigieren
Um überhaupt mit der Time Machine arbeiten zu können, muss sie zuerst den Weg in das Dock finden. Wie das im Detail funktioniert, haben wir ausführlich im Abschnitt »Fenster verkleinern und im Dock ablegen« ab Seite 68 erläutert: einfach das App-Symbol aus dem **Programme**-Ordner ins Dock ziehen. Öffnen Sie im Finder jetzt jenen Ordner, in dem sich Ihre Daten eigentlich befinden sollten. Es kann jeder beliebige Ordner auf der Festplatte sein.

Abbildung 17.26
Die Time Machine müssen Sie im Dock ablegen, um damit arbeiten zu können.

2. Time Machine starten
Aktivieren Sie nun die Time Machine über das Symbol im Dock. Für einen kurzen Moment verdunkelt sich Ihr Bildschirm, und es wird das »Mac-Universum« geladen. In der Mitte des Time-Machine-Universums sehen Sie genau jenes Finder-Fenster, das Sie gerade aufgerufen hatten (1 in Abbildung 17.27). Sie können den Ordner auch hier noch beliebig, ganz wie vom Finder her gewohnt, wechseln, wenn Sie Ihre Daten doch an einem anderen Ort vermuten. Rechts daneben sehen Sie eine Zeitleiste 2, die Ihnen zeigt, für welchen Zeitraum Datensicherungen zur Verfügung

stehen. Bereits dort können Sie den entsprechenden Zeitraum per Mausklick anwählen. Alternativ geht das auch über die beiden Pfeile 3 auf der rechten Seite oder über einen Klick auf die weiter hinten angeordneten Fenster 4.

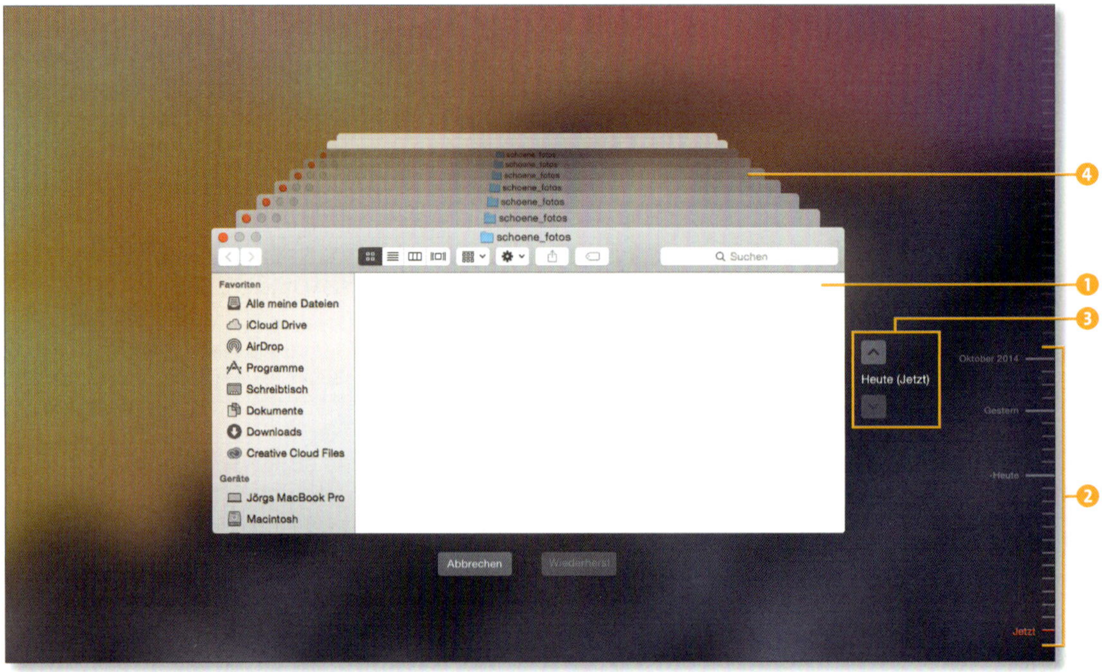

Abbildung 17.27
Die Zeitreise beginnt im leeren Ordner.

Mehrere Objekte markieren

Wenn Sie mehrere Dateien und Ordner auf einmal wiederherstellen möchten, können Sie sie ganz einfach markieren: Mit gedrückter cmd-Taste + Mausklick wählen Sie einzelne Objekte aus, die nicht hintereinanderliegen.

Gehen Sie einfach auf Zeitreise – und im Idealfall sehen Sie schon bald die Daten, die Sie vermissen. Wie weit Sie in die Vergangenheit Ihres Computers zurückkönnen, hängt allein von der Speicherkapazität Ihrer externen Festplatte ab. Sie werden feststellen, dass sich im Vordergrund das Datum sowie die seitliche Zeitleiste entsprechend verändern. So können Sie genau abschätzen und erkennen, ob Sie sich im richtigen Zeitrahmen bewegen 5.

3. Daten finden

Suchen Sie nun, wie vorher beschrieben, den Zeitpunkt aus, ab dem die fehlenden Dateien wieder (oder noch) vorhanden sind. Sie werden verblüfft sein, wie gut das funktioniert!

4. Daten wiederherstellen

Markieren Sie jetzt mit der Maus alle Dateien und Ordner, die Sie wiederherstellen möchten, und klicken Sie dann auf **Wiederherstellen** 6.

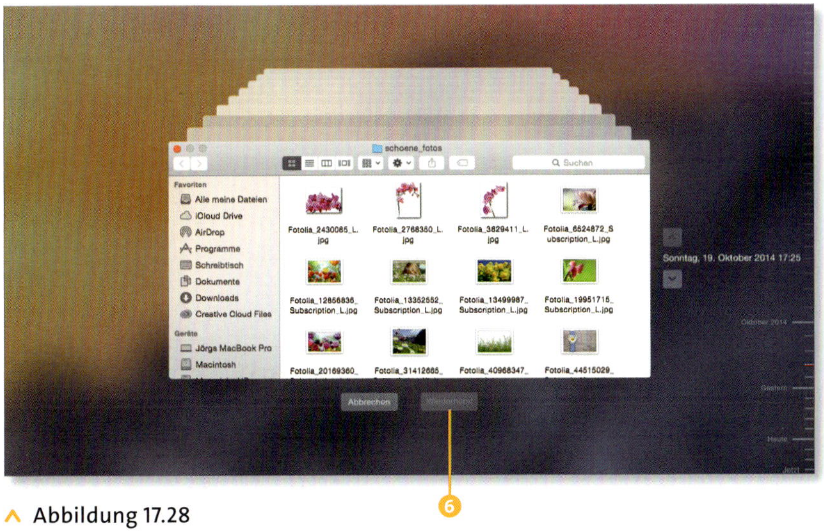

Abbildung 17.28
Ein Klick auf »Wiederherstellen«, und Ihre Daten befinden sich wieder im Finder.

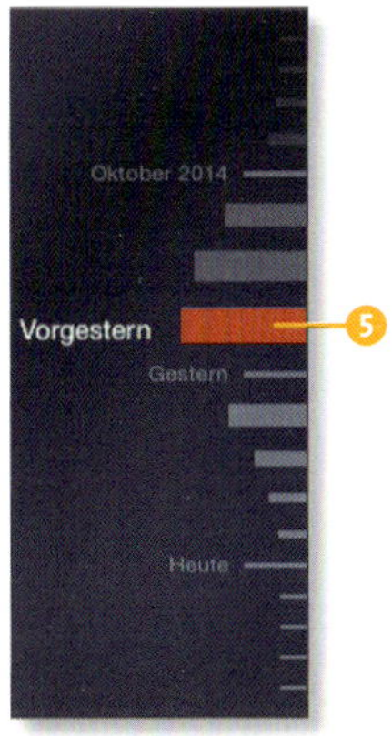

Abbildung 17.29
Das richtige Datum ist für die Wiederherstellung entscheidend.

5. Überschriebene Daten

OS X speichert die wiedergefundenen Dateien genau dort ab, wo sie ursprünglich gespeichert waren. Wenn Sie komplett gelöschte Daten auf diesem Wege aus der Time Machine zurückholen, klappt das auch problemlos. Handelt es sich aber um überschriebene Daten, beispielsweise um ein Textdokument, das Sie einfach in einer älteren Version benötigen, wird OS X die folgende Meldung anzeigen.

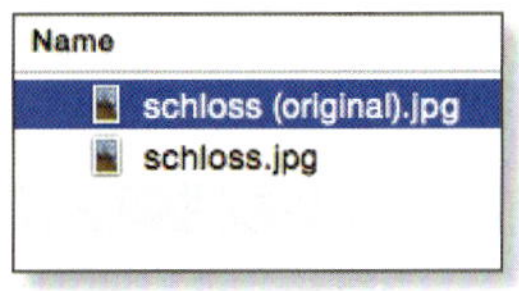

Abbildung 17.30
Original und wiederhergestellte Kopie sind friedlich vereint im Finder zu finden.

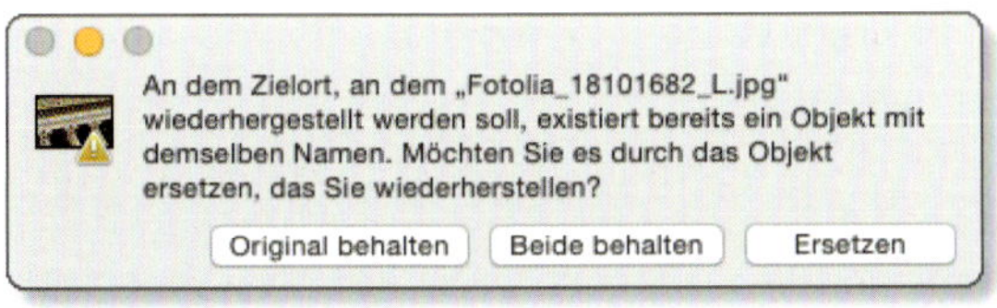

Abbildung 17.31
Auch ältere Versionen einer Datei lassen sich auf diese Weise wiederherstellen.

Sie sehen, es wird also nichts automatisch überschrieben, und im Zweifelsfall wählen Sie hier immer **Beide behalten**. Dann legt OS X die aus der Datensicherung wiederhergestellte Datei neben der vorhandenen Datei ab, markiert diese aber als »Original«.

6. Gerettete Daten sichten

Nach Abschluss der Wiederherstellung wird die Time Machine automatisch beendet und bringt Sie zu jenem Ort im Finder, an dem Sie Ihre wertvollen Daten wiederherstellen wollen. Und voilà, es hat tatsächlich funktioniert, und Sie können tief durchatmen!

Daten von Apple Mail zurückholen

Sie haben im vorangegangenen Abschnitt gelernt, wie man einzelne Dateien, also Bilder, Dokumente oder Ordner, mit der Time Machine wiederherstellen kann. Doch wie sieht es aus, wenn Sie eine E-Mail versehentlich gelöscht haben und diese jetzt dringend benötigen? Denn die E-Mails werden ja nicht direkt als einzelne Dateien auf der Festplatte gespeichert, sondern in Apple Mail. Erfreulicherweise kann man auch hier direkt mit der Time Machine eingreifen.

1. Apple Mail starten

Laden Sie Ihr Apple-Mail-Programm wie gewohnt, und öffnen Sie dann jenes Postfach, in dem sich die E-Mail-Nachricht eigentlich befinden sollte. Keine Nachrichten sind in diesem Falle äußerst schlechte Nachrichten und ein Fall für die Time Machine.

Abbildung 17.32 >
Oje, der Posteingang ist komplett leer – obwohl sich hier schon einige E-Mails befunden haben!

2. Time Machine starten

Im nächsten Schritt starten Sie aus dem Dock die Time Machine, die Sie direkt ins E-Mail-Programm bringt. Warten Sie einen kurzen Moment, bis alle Nachrichten angezeigt werden.

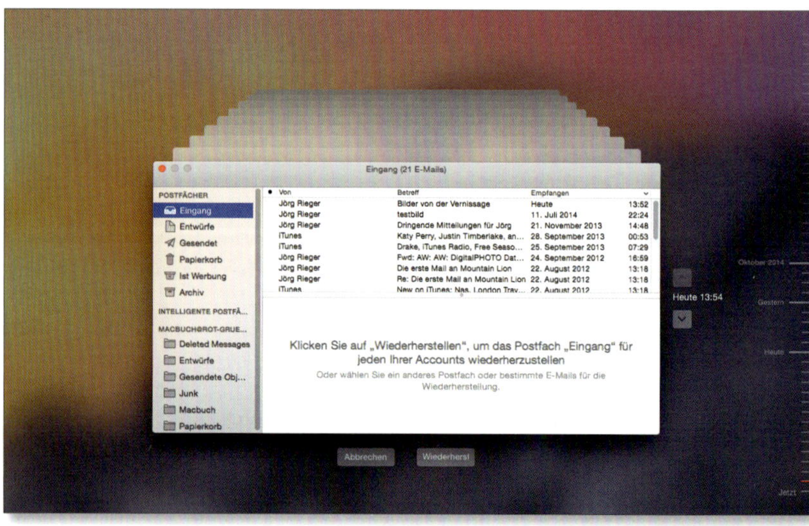

Abbildung 17.33 >
In Time Machine tauchen die verschwundenen E-Mails wieder auf.

3. E-Mails auswählen

Jetzt können Sie wieder auf Zeitreise gehen und so lange blättern, bis Sie die gelöschte E-Mail-Nachricht gefunden haben. Markieren Sie sie dann einfach per Mausklick. Das geht natürlich auch mit mehreren Dateien. Wenn Sie einen ganzen Postfach-Ordner wiederherstellen möchten, müssen Sie ihn natürlich erst einmal in der linken Spalte auswählen. Klicken Sie dann auf **Wiederherstellen**.

4. Zurückgesicherte Nachrichten finden

Apple Mail legt die von der Datensicherung wiederhergestellten E-Mails in einem separaten Postfach-Ordner ab (1), damit es nicht zum Chaos in Ihrer E-Mail-Applikation kommt. Von dort ist es dann möglich, die Nachrichten mit gedrückter Maustaste wieder an die gewünschte Position zu verschieben.

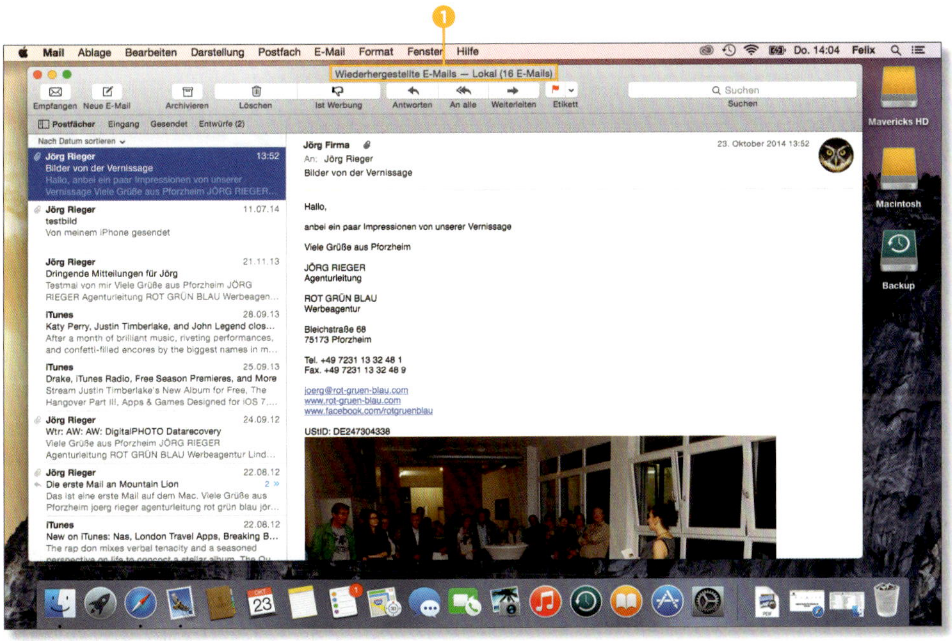

Abbildung 17.34
Alle E-Mails wurden gefunden.

Automatisch gespeichert in der Vorschau

In der Vorschau, dem Bildbetrachter mit Standardkorrekturfunktionen, funktioniert das Backup mit Time Machine ebenfalls sehr elegant, nämlich einfach im Hintergrund. Jedes Mal, wenn Sie Ihr Bild überspeichern, legt die Vorschau automatisch eine Sicherung an. Möchten Sie ein versehentlich »verkorrigiertes« Bild zurückholen, laden Sie dieses in der Vorschau und klicken auf den Time-Machine-Button im Dock wie vorangehend beschrieben. Und schon können Sie Ihr Bild in den gewünschten Korrekturstatus direkt zurückholen und weiterarbeiten.

Abbildung 17.35 >
Auch in der Vorschau ist die Time Machine direkt integriert. (Motiv: Fotolia.com)

Time Machine in anderen Programmen einsetzen

Wie bereits erläutert, funktioniert die Time Machine also ganz problemlos sowohl im Finder als auch in Apple Mail. Bei allen anderen Programmen müssen Sie die Wiederherstellung von überschriebenen Daten (zugegebenermaßen etwas weniger komfortabel) über den Finder lösen. Sie öffnen im Finder also das Verzeichnis, in dem die überschriebene Datei liegt bzw. die gelöschte Datei lag, und gehen dann auf die Time Machine. Die Datenwiederherstellung klappt dann genauso wie vorangehend beschrieben.

Alles in allem ist die Time Machine ein »digitaler Lebensretter« und sollte in jedem Fall verwendet werden. Übrigens: Wenn bei Ihnen ein neuer Mac zum Kauf ansteht und Sie gerne alle Daten vom alten Computer übernehmen wollen, klappt das auch mit diesem Tool. Einfach auf dem alten Computer das Time-Machine-Backup ausführen, dann an den neuen anschließen und diesen einschalten (siehe Kapitel 2, »Den Mac in Betrieb nehmen«). Im Rahmen des Installationsprozesses können Sie dann direkt auswählen, ob Daten und Programme vom Time-Machine-Backup übernommen werden sollen, und wenige Minuten später ist der neue Mac garantiert »ganz der Alte«!

18 Systemeinstellungen im Überblick

Die Systemeinstellungen sind quasi die Kommandozentrale für OS X Yosemite. Hier finden sich alle Einstellungen, die auf das gesamte Betriebssystem Einfluss haben. Das reicht von Sicherheitseinstellungen bis hin zum Einrichten von Signaltönen und des passenden Bildschirmhintergrunds.

Sie haben im Buch bereits viele Punkte der Systemeinstellungen kennengelernt. Hier werden wir Ihnen die wichtigsten Funktionen nochmals im Kurzüberblick mit entsprechenden Verweisen auf die jeweiligen Kapitel vorstellen.

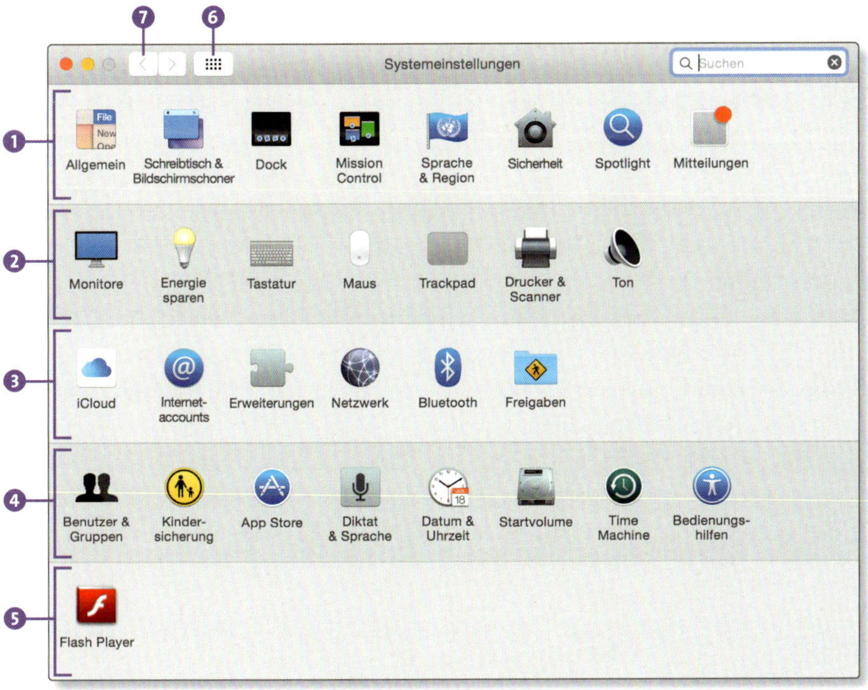

Abbildung 18.1
Die Systemeinstellungen am Mac im Überblick

Die Systemeinstellungen sind im Grunde genommen der Systemsteuerung von Windows ganz ähnlich, nur eben ein wenig anders sortiert und aufbereitet; wir finden, dass es unter OS X Yosemite sogar deutlich übersichtlicher gelungen ist. Sie sehen im Dialog **Systemeinstellungen** (dargestellt in Abbildung 18.1 auf Seite 373) fünf Bereiche, die wir in diesem Kapitel als *Persönlich* ❶, *Hardware* ❷, *Internet und drahtlose Kommunikation* ❸, *System* ❹ und *Sonstige* ❺ zusammenfassen werden. In den folgenden Abschnitten verschaffen wir Ihnen den Durch- und Überblick darüber, was sich hinter den vielen bunten Symbolen verbirgt. Immer sichtbar sind die Bedienelemente oben in der Menüleiste, um die Gesamtübersicht ❻ einzublenden oder zu den zuletzt aufgerufenen Einstellungen zu gelangen ❼.

Abbildung 18.2 >
So sieht die Systemsteuerung bei Windows 8 aus.

∧ Abbildung 18.3
Das Icon der Systemeinstellungen

Wenn wir den einen oder anderen Punkt schon an anderer Stelle angesprochen haben, finden Sie einen entsprechenden Seitenverweis, ansonsten die gewohnte ausführliche Erläuterung zum Thema. Die Systemeinstellungen können Sie am schnellsten über das Symbol im Dock aufrufen. Alternativ gelangen Sie auch über einen Klick auf das Apfelsymbol in der Menüleiste des Schreibtischs, über den Ordner **Programme** oder das Launchpad zum Ziel.

»Mein Mac« – persönliche Einstellungen

In der Rubrik *Persönlich* geht es darum, OS X nach Ihren Wünschen zu konfigurieren, die Optik anzupassen und praktische Hilfsmittel für ein schnelleres Arbeiten zu aktivieren. Hier finden Sie auch Mittel und Wege, eigene Hintergrundbilder und Bildschirmschoner auf OS X zu bringen.

Allgemein

Im Bereich **Allgemein** passen Sie die Fensterdarstellung an. Das klingt nach Qual der Wahl; Apple hat hier allerdings insofern vorgesorgt, als Anwender keinen »Augenpfeffer« konfigurieren können. Beim Menüpunkt **Erscheinungsbild** 8, der die Darstellung der Steuerelemente regelt, gibt es nur die Farben Grau oder Blau. Die Option **Auswahlfarbe** 9, also die Farbe der Markierung, wenn Dateien oder Ordner angeklickt werden, bietet hier schon mehrere Möglichkeiten.

Abbildung 18.4
Icon des Bereichs »Allgemein«

Bei **Rollbalken einblenden** 10 können Sie bestimmen, ob die unter Windows bekannten Scrollbalken wie gewohnt immer eingeblendet werden oder eben nur, wenn Sie mit dem Trackpad oder der Magic Mouse auch tatsächlich in einem Bereich scrollen. **Automatisch auf Maus oder Trackpad basiert** ist als Standardeinstellung eigentlich perfekt: Hier erkennt OS X Yosemite automatisch, welche Einstellung am besten passt.

Zu kleine Schrift? Pech gehabt!

Unter OS X Yosemite ist es leider nicht möglich, die Menübeschriftungen oder Fenstergrößen einzustellen. Im Gegensatz zu Windows-Systemen ist das ein echter Nachteil, wenn man es beispielsweise am MacBook doch mit teils mikroskopisch kleinen Schriften zu tun hat.

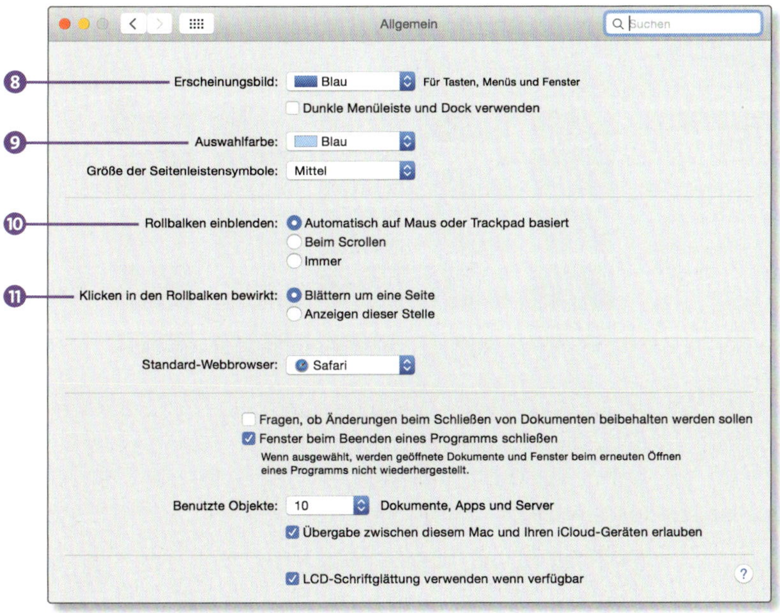

Abbildung 18.5
Unter »Allgemein« regeln Sie wichtige Darstellungsfunktionen.

Die Option **Klicken in den Rollbalken bewirkt** 11 klingt zunächst verwirrend. Korrekterweise müsste es »Klicken in den leeren Bereich vor und hinter den Rollbalken« heißen. Auf diese Art können Sie sich in Dokumenten bewegen, ohne tatsächlich scrollen zu müssen: Klicken Sie einfach in einen Bereich des Scrollbalkens. Die Standardeinstellung **Blättern um eine Seite** steht wieder im Gegensatz zu Windows. Da gilt nämlich **Anzeigen dieser Stelle** als Standard. Und, ganz ehrlich, diese Einstellung ist auch sinnvoller. Denn in einem 100-seitigen Dokument möchten Sie doch eher an eine bestimmte Stelle gelangen und nicht Seite für Seite blättern, oder? Das ist aber Geschmackssache.

Schreibtisch & Bildschirmschoner

Abbildung 18.6
Icon des Bereichs »Schreibtisch & Bildschirmschoner«

Heimisch werden am Mac – beim Punkt **Schreibtisch** kommt Ihr ganz persönlicher Bildschirmhintergrund auf Ihren Mac, so, wie Sie es vielleicht bei Windows gewohnt waren. Neben den Apple-eigenen, sehr stilvollen Hintergrundbildern ❶ gibt Ihnen Apple hier außerdem direkten Zugriff auf Ihre iPhoto-Alben ❷. Von dort aus kann dann jedes beliebige Motiv als Schreibtischhintergrund aktiviert werden.

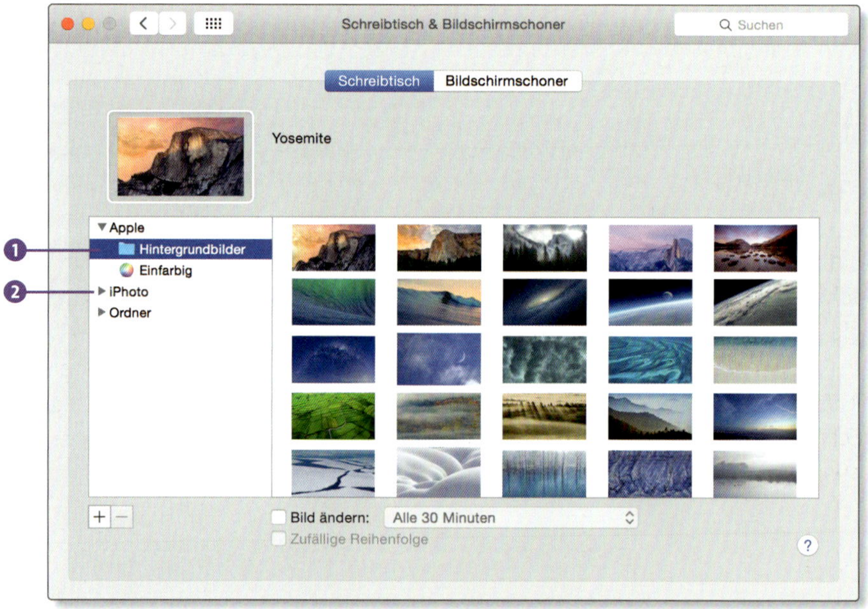

Abbildung 18.7
Was darf es denn sein? Bei OS X Yosemite stehen viele unterschiedliche Schreibtischhintergründe zur Auswahl.

Natürlich gibt es auch unter OS X Yosemite einen Bildschirmschoner – obwohl es besser wäre, die Energiesparfunktion zu nutzen: Das schont die Umwelt und Ihre Stromrechnung. Aber diesen Punkt schauen wir uns später an (im Abschnitt »Energie sparen« ab Seite 386).

Auf der Registerkarte **Bildschirmschoner** ❸ stehen im linken Fenster viele originelle OS-X-Yosemite-Motive zur Auswahl (Abbildung 18.8). Dazu ermöglicht Apple Ihnen auch hier den Zugriff auf Ihre Fotosammlung, damit Sie Ihren ganz persönlichen Monitorschutz auswählen können. Ein toller Einfall ist übrigens der Bildschirmschoner **iTunes-Cover**. Wenn Sie iTunes korrekt installiert haben und CD-Cover zu Ihren Alben vorliegen, schwirren mit dieser Einstellung die CD-Cover Ihrer Lieblingsmusik über den Bildschirm.

Bildschirmschoner

Ursprünglich sollte der Bildschirmschoner verhindern, dass sich ein konstantes Bild während einer längeren Inaktivität des Rechners in die alten Röhrenbildschirme einbrennt. Heutzutage dient er eigentlich nur als attraktive Möglichkeit, den Bildschirminhalt bei Abwesenheit zu schützen, und damit dem Datenschutz.

Abbildung 18.8
Schöner schonen – Bildschirmschoner im Mobile-Look

Ein Klick auf das kleine Vorschaubild rechts ❹ zeigt den Bildschirmschoner im Vollbild – eine Mausbewegung bringt Sie wieder zurück in die Einstellungen. Im Feld **Starten nach** ❺ legen Sie abschließend noch fest, nach wie vielen Minuten Ihr Pausenkunstwerk anspringen soll. Über **Aktive Ecken** ❻ definieren Sie schließlich auf Wunsch eine oder mehrere Ecken Ihres Bildschirms, in denen dann per Mausbewegung der Schoner anspringen soll.

Dock

Das Dock Ihres Macs haben Sie bereits kennengelernt. Es ist das zentrale Element der Schreibtischoberfläche, und seine Bedienung ist Ihnen sicherlich schon in Fleisch und Blut übergegangen. In den Systemeinstellungen können Sie das Dock in Größe, Darstellung und Position Ihren Wünschen anpassen.

Im Dialogfenster **Dock** der Systemeinstellungen besteht die Möglichkeit, ein Häkchen vor **Beim Doppelklicken auf die Titelleiste das Fenster im Dock ablegen** zu setzen (❼ in Abbildung 18.10). Unser Tipp: Unbedingt aktivieren, denn das macht wirklich Spaß und ist viel praktischer, als über die kleine gelbe Schaltfläche im Fenster zu arbeiten. Jedes Fenster kann dann ganz einfach mit einem Doppelklick in den oberen grauen Bereich verkleinert im Dock abgelegt werden.

Abbildung 18.9
Icon des Bereichs »Dock«

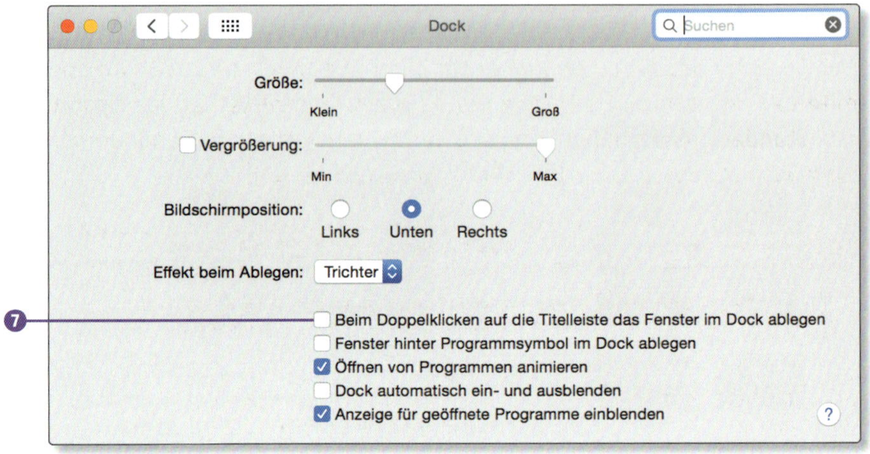

Abbildung 18.10 >
Schön eingerichtet – das Dock wird hier konfiguriert.

Mission Control

Abbildung 18.11
Icon des Bereichs »Mission Control«

Mission Control bringt Ordnung ins Fensterchaos. Hat man einige Programme geöffnet und dazu vielleicht noch Bilder und Browserfenster, finden Sie sich womöglich nicht mehr zurecht. Mission Control schafft Übersicht. Im Abschnitt »Mission Control – die neue Fensterordnung« ab Seite 72 haben Sie die Funktionen bereits ausführlich kennengelernt.

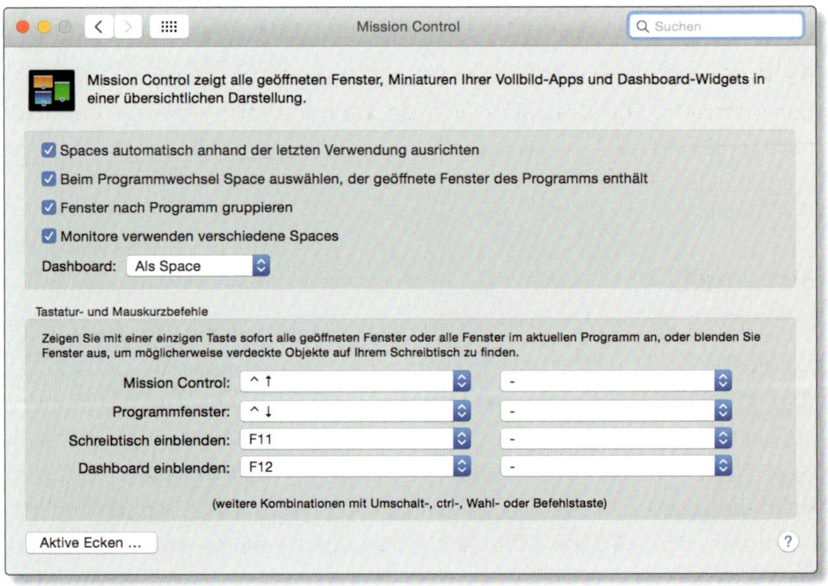

Abbildung 18.12
Die vielfältigen Einstellungsmöglichkeiten für Mission Control

Aktive Ecken benutzen

Um die aktiven Ecken zu benutzen, fahren Sie später einfach mit etwas Schwung mit der Maus in die jeweilige Bildschirmecke – fertig!

Sprache & Region

Der Bereich **Sprache & Region** bietet Ihnen die Möglichkeit, OS X Yosemite ganz nach Ihren Wünschen und Sprachkenntnissen zu konfigurieren. Standardmäßig haben Sie ja schon bei der Installation und Einrichtung des Betriebssystems Ihre Hauptsprache definiert.

Abbildung 18.13
Icon des Bereichs »Sprache & Region

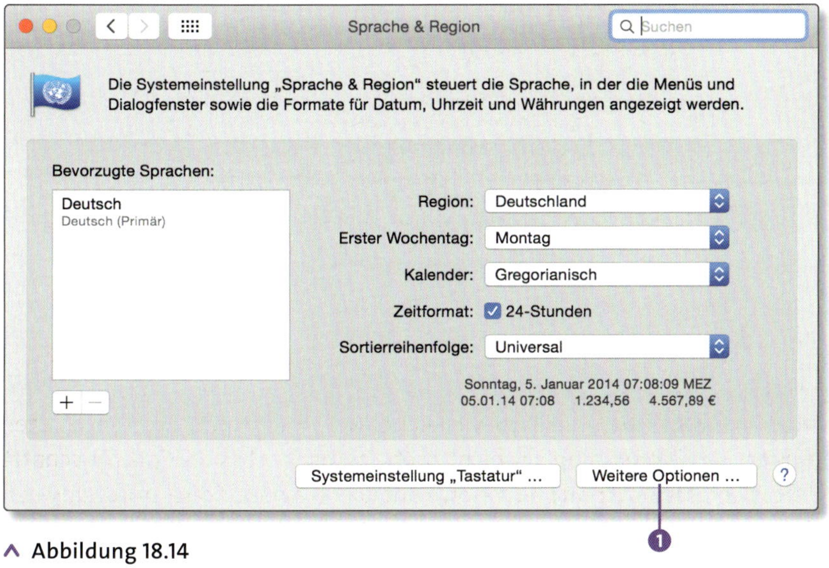

Abbildung 18.14
Basiseinstellungen zur verwendeten Systemsprache

Bei **Weitere Optionen** ❶ können Sie auf Wunsch Land, Region und Kalender wechseln. Für Geschäftsreisende kann es beispielsweise durchaus wichtig sein, dass die Standardwährung Dollar oder Pfund ist – auch das kann hier eingestellt werden.

Sicherheit

Sicherheit wird unter OS X Yosemite großgeschrieben. Unter dem Tab **Allgemein** können Sie die Systemsicherheit rund um das An- und Abmelden einstellen. Sicherheit für Ihre Daten garantiert die Verschlüsselung *FileVault* (❷ in Abbildung 18.16). Mithilfe dieser Technologie wird Ihr Benutzerordner verschlüsselt und kann nur mit Ihrem Anmeldekennwort wiederhergestellt werden. Das bringt für Ihre Daten maximalen Schutz vor unbefugtem Zugriff; aber sollten Sie einmal Ihr Kennwort vergessen haben, kommen auch nicht mal mehr Sie selbst an Ihre Daten. Sie sollten sich daher diesen Schritt ganz genau überlegen – müssen die Urlaubsbilder und Ihre E-Mails tatsächlich in einem Alcatraz-ähnlichen Datentresor lagern?

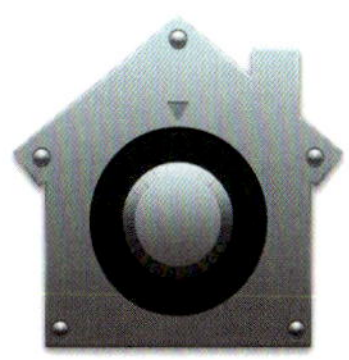

Abbildung 18.15
Icon des Bereichs »Sicherheit«

Damit Ihr Computer von außen nicht gekapert werden kann, gibt es in OS X Yosemite eine eingebaute Firewall. Einmal aktiviert, soll sie im Hintergrund für Recht und Ordnung sorgen. Wer im Internet unterwegs ist, sollte die Firewall in jedem Fall eingeschaltet haben ❸. Bietet die Firewall somit einen optimalen Schutz? Für den Hausgebrauch bietet sie in jedem Fall mehr als ausreichende Sicherheit. Aber es gilt: Hundertprozentige Sicherheit gibt es auf keinem Computer.

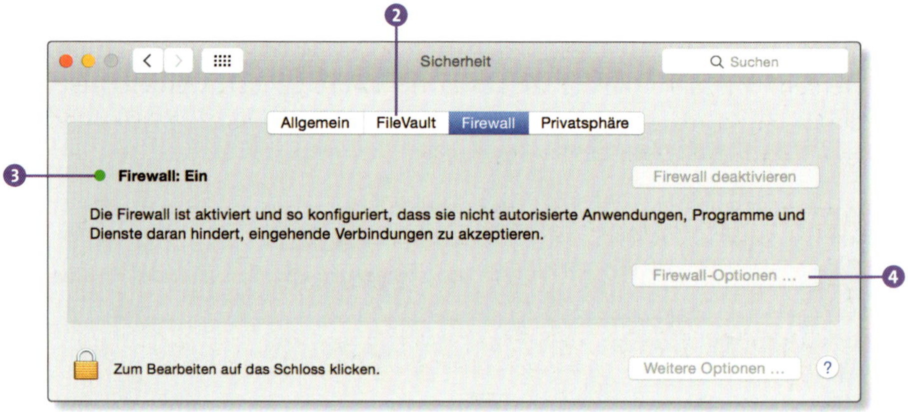

Abbildung 18.16 >
Simpel konfiguriert – einfach einschalten und schon surft man sicher.

Über die Schaltfläche **Firewall-Optionen** ❹ können Sie übrigens noch Ausnahmen für ganz besonders kommunikationsbedürftige Programme definieren; das dürfte aber nur in ganz speziellen Fällen notwendig sein.

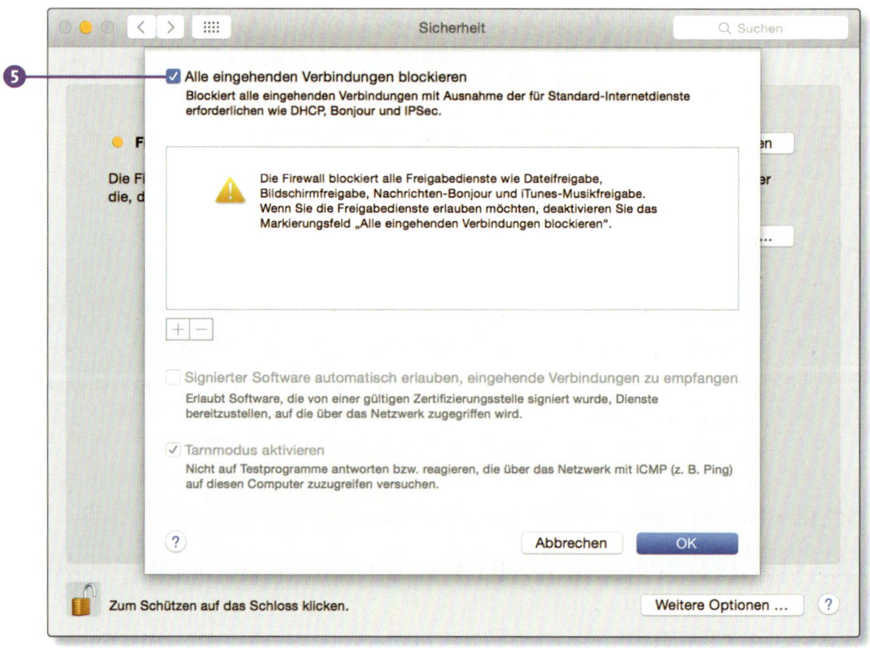

Abbildung 18.17 >
Unter »Firewall-Optionen« werden alle Programme aufgelistet, die Sonderregelungen benötigen.

Unserer Erfahrung nach erkennt die Apple-Firewall Ihre Apps in nahezu 100 % aller Fälle. Aber wenn Sie ganz auf Nummer sicher gehen möchten, haken Sie **Alle eingehenden Verbindungen blockieren** (5 in Abbildung 18.17) an – dann kommt garantiert nichts auf Ihren Mac, aber viele Internetseiten und -dienste werden dann nicht mehr funktionieren. Das ist also nur eine Art »Notbremse« und für den normalen Einsatz nicht geeignet.

In der Rubrik **Privatsphäre** 6 des Dialogs **Sicherheit** geht es hauptsächlich darum, ob Ihr Computer von sogenannten Ortungsdiensten erfasst werden darf. Diese Funktionalität kann von Apps genutzt werden; wenn die Ortungsdienste aktiviert sind, werden diese Apps hier aufgelistet und können auf Wunsch deaktiviert werden.

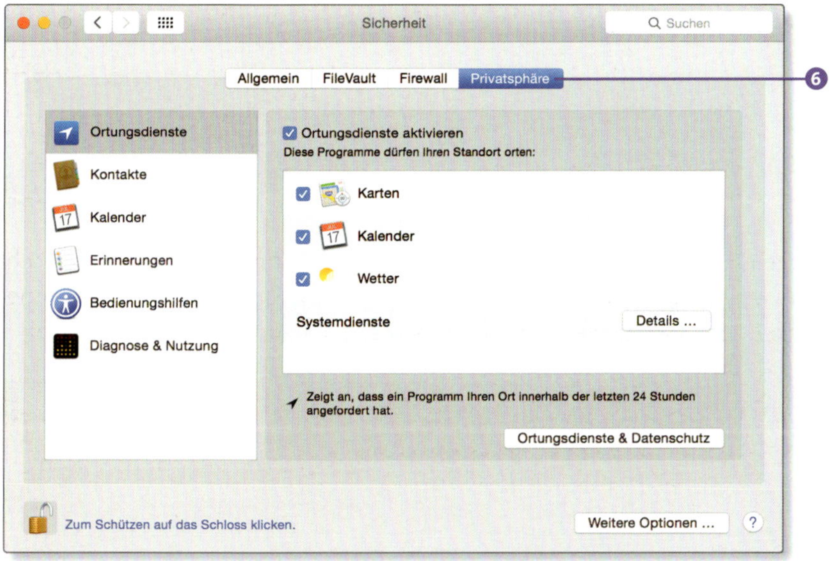

Abbildung 18.18
Welchen Apps welcher Zugriff auf Ihre Daten erlaubt ist, sehen Sie hier.

Der Ortungsdienst von iCloud (siehe dazu den Abschnitt »Geräte über iCloud orten« ab Seite 232), mit dem Sie Ihren Mac im Falle eines Verlustes wiederfinden, wird hier übrigens nie erscheinen. Dieser Dienst läuft immer im Hintergrund. Es wäre ja sinnfrei, wenn der Dieb Ihres Macs über diese Einstellungen verhindern könnte, dass Sie Ihren geliebten Computer wiederfinden.

Spotlight

Sie haben die komfortable Suchfunktion von OS X bereits kennengelernt. Hier können Sie sie nun nach Ihren Wünschen konfigurieren. Unter dem Tab **Suchergebnisse** (7 in Abbildung 18.20) kann man per Mausklick die

∧ Abbildung 18.19
Icon des Bereichs »Spotlight«

Reihenfolge der Dokumente ändern, die angezeigt werden sollen. Also beispielsweise, ob Filmdokumente vor Programmen oder E-Mails mit den gleichen Suchbegriffen in Spotlight erscheinen sollen. Verschieben Sie dazu die entsprechenden Punkte einfach per Drag & Drop in der Liste, bis die Reihenfolge Ihren Vorstellungen entspricht.

Apple gilt gemeinhin nicht als großer Datensammler wie Google oder Facebook, trotzdem schickt die Spotlight-Suche Ihre Userdaten standardmäßig in der Weltgeschichte herum. Wenn Sie die Häkchen bei Spotlight-Vorschläge und Bing-Websuche entfernen, hat es sich aber ganz unkompliziert »ausgeschickt«.

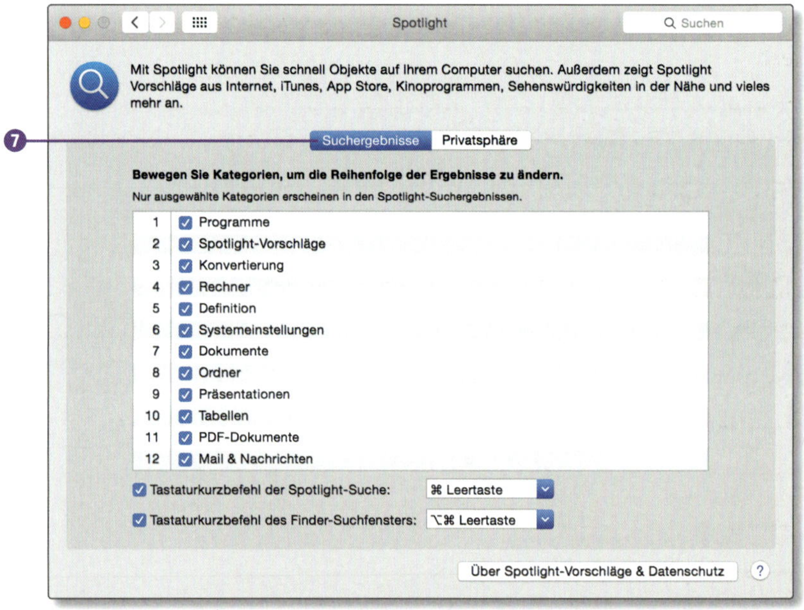

Abbildung 18.20 >
Spotlight im Rampenlicht. Hier können Sie die Suchreihenfolge ändern.

Abbildung 18.21 >
Einzelne Ordner können von der Spotlight-Suche ausgeklammert werden.

Im Bereich **Privatsphäre** ❽ können Sie auf Wunsch ganze Ordner oder Laufwerke von der Spotlight-Suche ausschließen. Mehr zu Spotlight und der Bedienung dieser Suchfunktion erfahren Sie übrigens im Abschnitt »Die Spotlight-Suche« ab Seite 125.

Mitteilungen

Der Benachrichtigungsdienst am rechten Bildschirmrand von OS X Yosemite, der E-Mails, Termine und iMessages koordiniert, kann im Bereich **Mitteilungen** der Systemeinstellungen individuell für jede App eingestellt werden. Besonders praktisch ist der Modus **Nicht stören** ❶, welcher in der festgelegten Zeit Benachrichtigungen jeglicher Art am Mac blockiert.

Abbildung 18.22
Icon des Bereichs »Mitteilungen«

Abbildung 18.23
Die Mitteilungen können individuell konfiguriert werden.

Alle anderen App-Mitteilungen müssen Sie, sofern Ihnen die Standardeinstellungen nicht gefallen, einzeln konfigurieren. Geben Sie beispielsweise vor, welche Art von Benachrichtigung in der praktischen Seitenleiste erscheinen soll (❷ in Abbildung 18.24), ob diese also nur kurzfristig als »Banner« auftauchen oder so lange auf dem Bildschirm zu sehen sind, bis Sie diese selbst schließen, und wie »auffällig« die Hinweise und Erinnerungen ausfallen dürfen ❸.

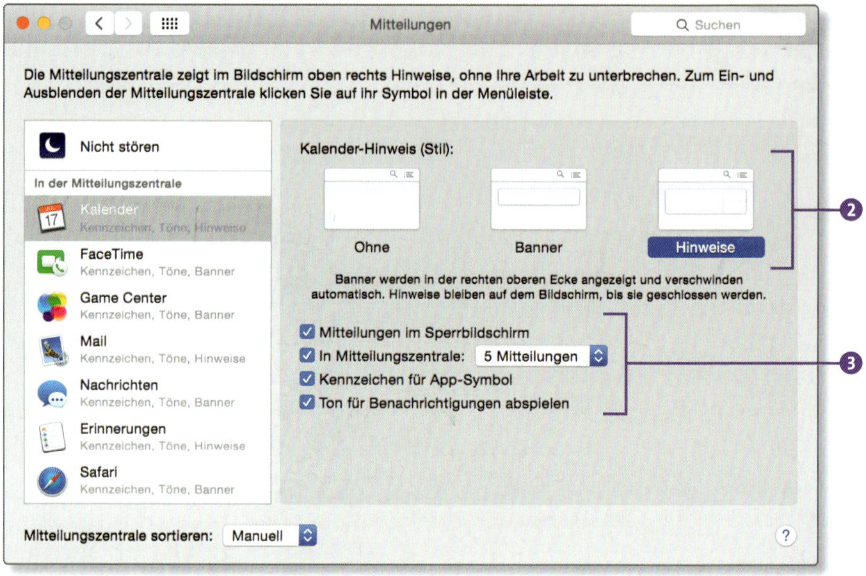

Abbildung 18.24 >
Ihre ganz persönlichen Erinnerungsassistenten unter OS X Yosemite

Auch ein komplettes Abschalten der Mitteilungen für ausgewählte Programme ist machbar – entfernen Sie einfach sämtliche Häkchen, dann haben Sie dauerhaft Ruhe.

Hardware-Einstellungen

In der Kategorie *Hardware* des Dialogs **Systemeinstellungen** finden Sie Einstellungen rund um die in Ihrem Mac verbaute Hardware. Bei nahezu allen neuen Macs gibt es kein CD/DVD-Laufwerk mehr, dies wird hier natürlich auch nicht angezeigt.

CDs & DVDs

^ **Abbildung 18.25**
Icon des Bereichs »CDs & DVDs«

Sie haben sich schon unter Windows über die immer wiederkehrenden Aktionsmeldungen beim Einlegen von CDs oder DVDs geärgert? Wie Sie sicher schon festgestellt haben, spart auch OS X Yosemite nicht mit Meldungen, wenn es sich um beschreibbare Medien, Musik-, Video- oder Bilder-CDs und -DVDs handelt. Nur im Menüpunkt **CDs & DVDs** kann man Herr über alle Aktionen werden.

Über die Pulldown-Menüs sind verschiedene Einstellungen möglich. Puristen wählen natürlich immer **Keine Aktion**. Dann schweigt OS X Yosemite und wartet geduldig, bis Sie selbst eingreifen und beispielsweise ein

Programm zum Abspielen von Musik oder zum Brennen einer CD starten. Die Voraussetzung ist natürlich, dass Sie die Alternative zu den von Apple vorgegebenen Apps kennen.

Abbildung 18.26
Keine lästigen Alleingänge von OS X Yosemite? Hier können Sie zumindest beim Einlegen von CDs und DVDs für Ordnung sorgen.

Monitore

Hier dreht sich alles um die Anzeige. Im Zeitalter von LCD-Bildschirmen erübrigt sich der Blick in diesen Bereich der Systemeinstellungen fast. Moderne Displays werden automatisch für eine perfekte Anzeige konfiguriert, hier ist kein Mausklick mehr notwendig. Sollten Sie aus irgendeinem Grund aber doch mal die Bildschirmauflösung oder die Farbtiefe ändern wollen, haben Sie in dieser Rubrik die Gelegenheit dazu.

Abbildung 18.27
Icon des Bereichs »Monitore«

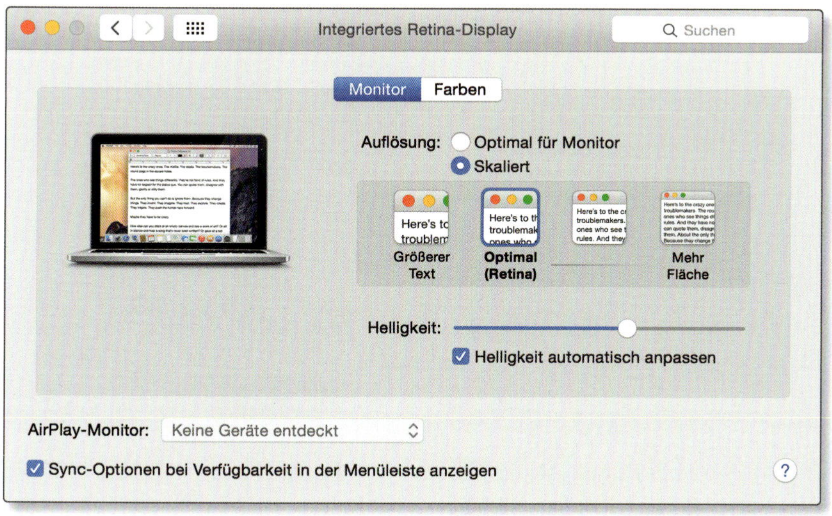

Abbildung 18.28
Zeig mir, was du hast – Monitoreinstellungen, hier für das aktuelle MacBook mit Retina-Display.

Wirklich notwendig ist ein Eingriff im Bereich **Monitor** nur dann, wenn Sie einen zweiten Monitor oder Beamer anschließen.

Energie sparen

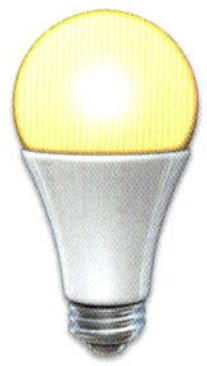

^ Abbildung 18.29
Icon des Bereichs »Energiesparen«

In Windows konnten Sie Ihr grünes Gewissen in den Energieoptionen anpassen. In OS X Yosemite sind die Einstellungen für einen klimafreundlichen Computer ebenfalls an einem Ort versammelt.

Wenn Sie ein MacBook, also einen mobilen Apple-Computer, Ihr Eigen nennen, sind die Einstellungen von OS X Yosemite schon entsprechend der Verwendung voreingestellt. Läuft das MacBook ohne Stromkabel, wird automatisch die Prozessorleistung gedrosselt und der Bildschirm schneller abgeschaltet. Das können Sie aber natürlich auch selbst regeln, im Übrigen auch an einem Desktop-Mac.

Die Schieberegler sind einleuchtend: Mit **Ruhezustand für Computer** ❶ wird festgelegt, wann der gesamte Mac »schlafen geht«. Das können Sie übrigens bedenkenlos auf 20 Minuten einstellen, denn der Mac ist mit einem Tastendruck in wenigen Sekunden wieder »wach«. Wichtig zu wissen: Da bei diesem Vorgang natürlich auch die Festplatten ein- und ausgeschaltet werden, ist deren Verschleiß etwas höher, was sich unter Umständen auf deren Lebensdauer auswirken kann.

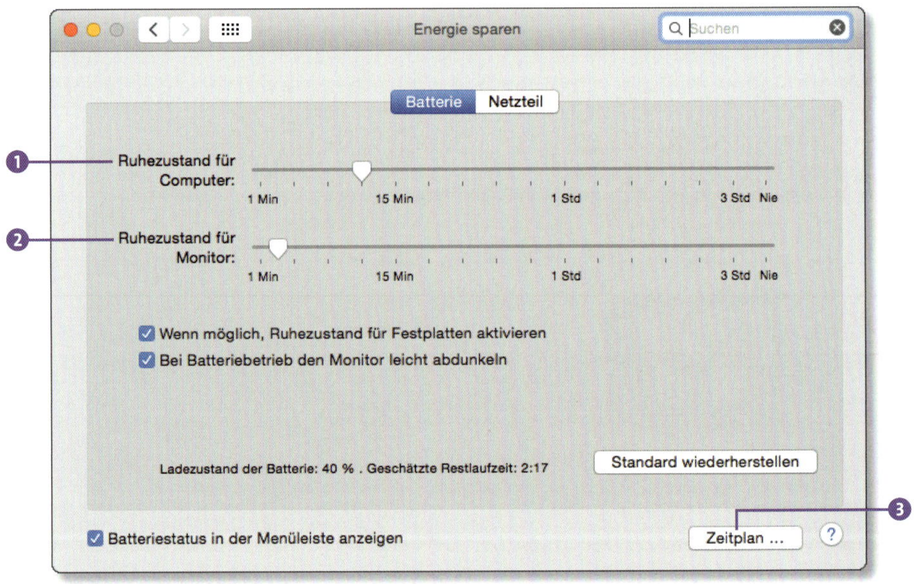

Abbildung 18.30 >
Klimaschutz am Mac

Die Angabe bei **Ruhezustand für Monitor** ❷ kann ebenfalls recht knapp kalkuliert werden – vorausgesetzt, Sie haben einen der schicken LCD-Monitore. Diese verzeihen häufiges Ein- und Ausschalten gern und sind auch sofort wieder aus dem Standby-Modus aufzuwecken.

Ein spannendes Feature ist **Zeitplan** ❸: Ganz versteckt, hat Ihr Mac nämlich eine Zeitschaltuhr eingebaut und schaltet sich so auf Wunsch ein und auch wieder aus. Damit können Sie morgens im Büro direkt loslegen und abends dem Mac die ein oder andere Aufgabe überlassen, denn er schaltet sich von selbst ab.

Tastatur

Die Tastatur klickt zu schnell? In der Rubrik **Tastatur** ist eine detaillierte Einstellung nach Ihren ganz persönlichen Bedürfnissen möglich. Auch Tastenkürzel für jedes einzelne Programm können hier verwaltet werden.

Abbildung 18.31
Icon des Bereichs »Tastatur«

Die MacBooks haben teilweise eine beleuchtete Tastatur. Wie in Abbildung 18.32 zu sehen ist, kann man hier einstellen, wann und wie diese Beleuchtung reagieren soll.

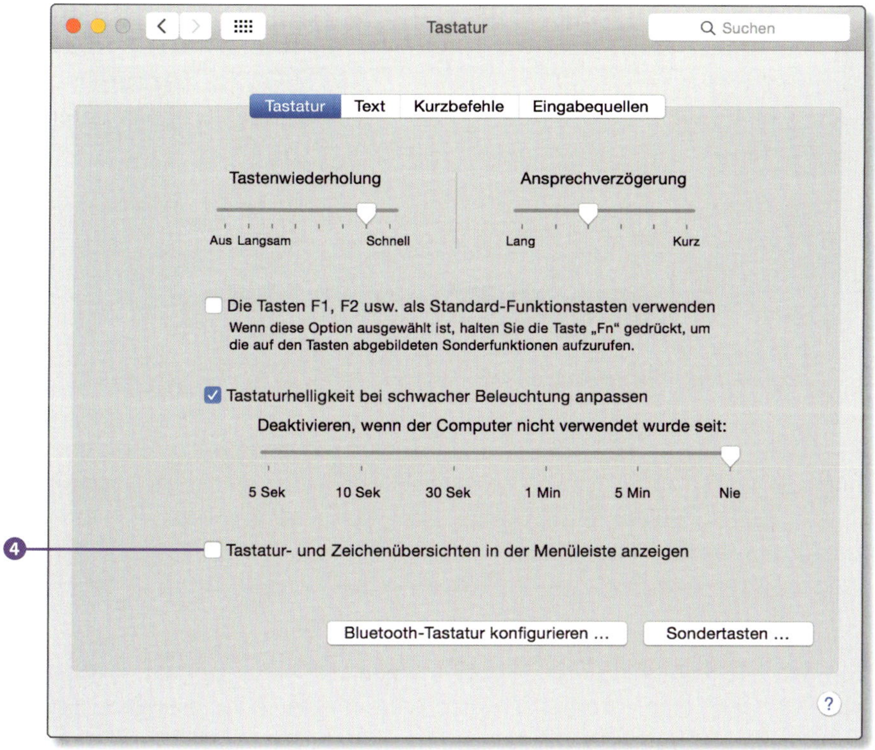

Abbildung 18.32
Tippen ganz einfach – die Einstellungen für die Tastatur

Wirklich praktisch ist der Punkt **Tastatur- und Zeichenübersicht in der Menüleiste anzeigen** ❹. Wenn Sie das Häkchen an dieser Stelle setzen, zeigt sich in der Menulets-Leiste im Apple-Menü eine Zeichentabelle mit Sonderzeichen (❺ in Abbildung 18.33). Windows-Anwender werden dies auch als »Zeichentabelle« wiedererkennen.

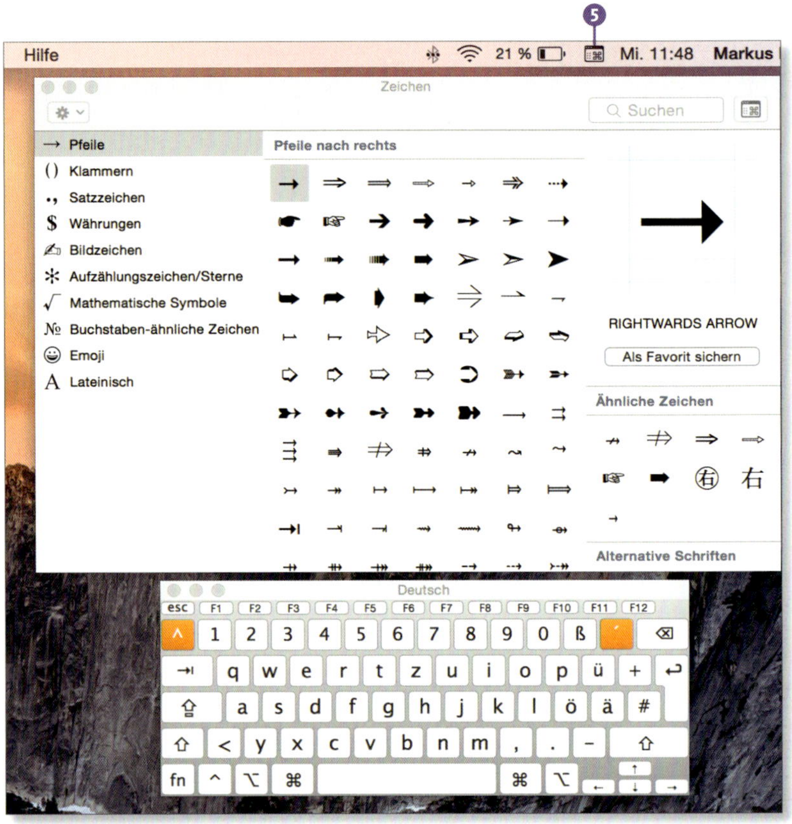

Abbildung 18.33
Die Zeichenübersicht ähnelt der von Windows und hält viele Sonderzeichen parat.

Abbildung 18.34
Ganz ähnlich – die Zeichentabelle in Windows 8.1

Zusätzlich zu dieser Sonderzeichenübersicht gibt es im gleichen Menulet noch die Tastaturübersicht. Diese reagiert direkt auf Ihre Eingabe. Wenn Sie `alt` oder `cmd` drücken, werden alle Zeichen eingeblendet, die man mit diesen beiden Tasten (in Kombination mit anderen Tasten) erzeugen kann. Das ist praktisch, wenn Sie wissen wollen, wo auf der Apple-Tastatur Sie das Backslash- oder andere Zeichen finden.

Mit den Einstellungen unter **Text** 6 bringen Sie OS X Yosemite dazu, in vielen Programmen automatisch Rechtschreibfehler in Ihren Eingaben zu korrigieren und auf Wunsch auch die Autoergänzung von Sonderzeichen vorzunehmen. Die automatische »Zwangskorrektur«, die viele leidgeprüfte Anwender auch auf iPhone und iPad Nerven kostet, kann einfach per Häkchen 7 entfernt werden. Damit hört OS X Yosemite auf, vollautomatisch Wörter zu korrigieren, ohne dass Sie das wollen.

Die Registerkarte **Eingabequellen** 8 spielt nur dann eine Rolle, wenn Sie über Ihre Tastatur auch asiatische, russische (kyrillische) oder griechische Schriftzeichen eintippen müssen.

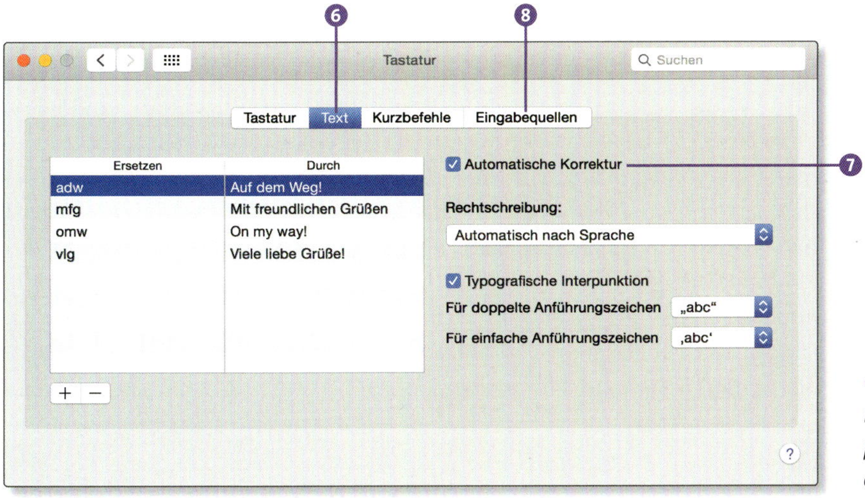

Abbildung 18.35
Die automatische Korrektur ist praktisch, kann bisweilen aber auch lästig werden.

Maus

Die Maus, das universelle Eingabegerät, wird in diesem Abschnitt korrekt und ganz nach Wunsch eingestellt. Die Geschwindigkeit des Zeigers, das Doppelklickintervall und die Scrollgeschwindigkeit sind per Schieberegler einstellbar. Wenn Sie eine original Mac-Maus angeschlossen haben, klappt die Konfiguration noch einfacher, da diese Maus sogar als Abbildung gezeigt wird.

Abbildung 18.36
Icon des Bereichs »Maus«

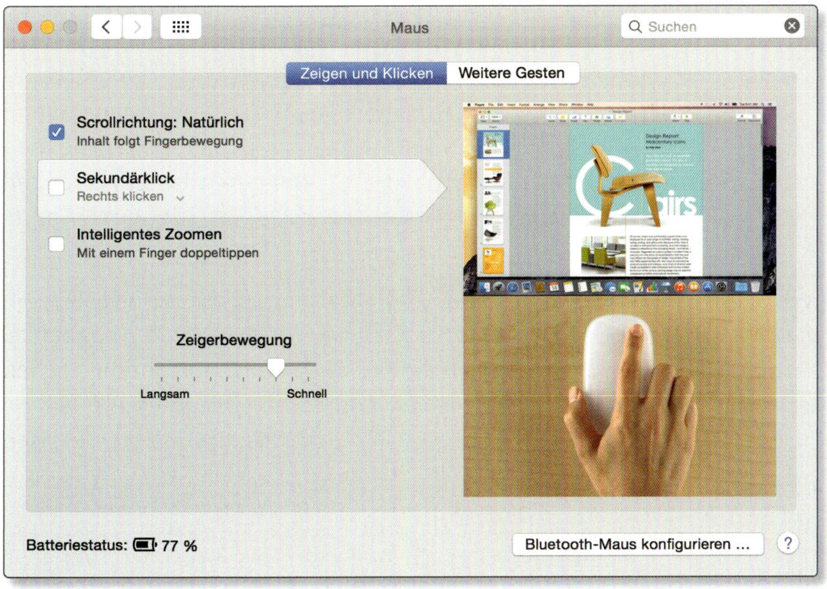

Abbildung 18.37
Einfach konfiguriert – die Magic Mouse von Apple in den Systemeinstellungen

Trackpad

Abbildung 18.38
Icon des Bereichs »Trackpad«

Diesen Punkt gibt es nur bei MacBooks, und es lohnt sich in jedem Fall, sich damit zu beschäftigen. Denn die aktuellen Trackpads können viel mehr, als nur Mausersatz zu sein: Objekte mit der Fingerspitze verschieben, scrollen, zoomen und vieles mehr lässt sich mit den Apple Trackpads handhaben. Und der Computerhersteller räumt auch gründlich mit der Ein-Finger-Bedienung auf: Bis zu vier Finger sind für die ordnungsgemäße und zugegebenermaßen unglaublich elegante Bedienung notwendig. Die Geste »Mit Daumen und drei Fingern verkleinern« aktiviert beispielsweise das Launchpad. Einfach cool, oder?

Abbildung 18.39
Finger auf dem Trackpad – Computerbenutzung mit Fingerspitzengefühl

Abbildung 18.40
Icon des Bereichs »Drucker & Scanner«

Drucker & Scanner

Im Bereich **Drucker & Scanner** sind alle Drucker und Scanner versammelt und können zentral konfiguriert werden. Im Detail gehen wir im Abschnitt »Drucker installieren« ab Seite 149 und im Abschnitt »Die richtigen Einstellungen für den Druck« ab Seite 152 darauf ein.

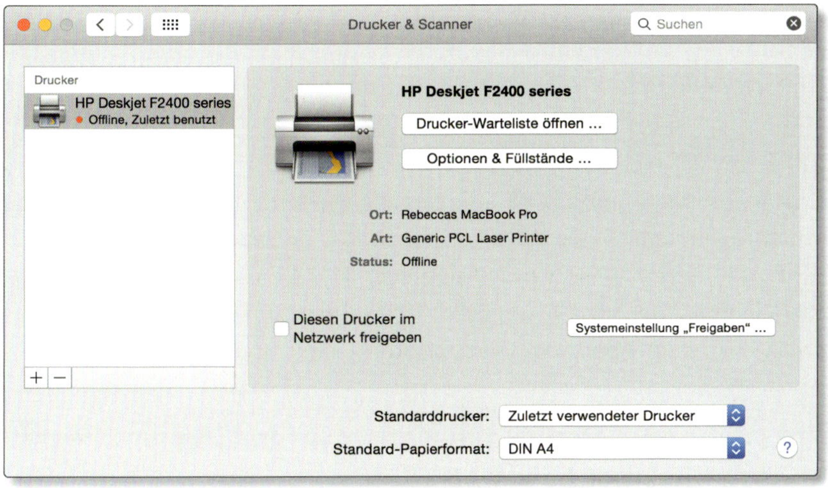

Abbildung 18.41
Drucken wie die Profis

Ton

Der Ton macht die Musik. Im Menüpunkt **Ton** der Systemeinstellungen ist es möglich, die Klangein- und -ausgabe zu definieren. Auf der Registerkarte **Toneffekte** ❶ geht es um den Warnton von OS X Yosemite, der bei fehlerhaften Eingaben oder eben Warnhinweisen ausgegeben wird. Zugegeben, viele Auswahlmöglichkeiten stehen Ihnen nicht zur Verfügung, aber vielleicht finden Sie ja doch einen passenden Warnton.

Abbildung 18.42
Icon des Bereichs »Ton«

Abbildung 18.43
In den Systemeinstellungen stellen Sie unter »Ton« beispielsweise Warntöne und deren Lautstärke ein.

Wenn Sie Ihren Mitmenschen nicht allzu sehr auf die Nerven gehen möchten, nehmen Sie das Häkchen bei **Toneffekte der Benutzeroberfläche verwenden** raus (❷ in Abbildung 18.43). Ansonsten überrascht OS X Yosemite bei diversen Aktionen im Finder und in Programmen mit mehr oder weniger passender Geräuschkulisse.

In den Rubriken **Ausgabe** ❸ und **Eingabe** ❹ werden, falls vorhanden, die entsprechenden Geräte konfiguriert. Wenn Sie separate Boxen oder ein USB-Mikrofon installiert haben, ist hier eine Umschaltung von den internen, bereits in Ihrem Mac installierten Geräten möglich.

Internet und drahtlose Kommunikation

Willkommen im World Wide Web – Apple-Computer sind in vielerlei Hinsicht die perfekten Geräte für den Zugang zum Internet, allein schon der Virenresistenz wegen. Damit der Zugang nicht zur Sackgasse wird, sind in der Kategorie *Internet und drahtlose Kommunikation* des Dialogs **Systemeinstellungen** zahlreiche Einstellungsmöglichkeiten vorhanden, beispielsweise um den Mac in ein Netzwerk einzubinden oder die Internetverbindung mit anderen Computern zu teilen. Grundsätzlich gilt hier: Als Einsteiger in OS X Yosemite und Umsteiger von Windows müssen Sie sich bis zu diesem Punkt gar nicht erst vorarbeiten.

iCloud

Mit iCloud konfigurieren Sie den Apple-Dienst nach Ihren Vorstellungen; Sie legen also fest, ob Ihr Mac über iCloud geortet werden darf, ob Fotos und Kontakte synchronisiert werden und vieles mehr.

Abbildung 18.44
Icon des Bereichs »iCloud«

Abbildung 18.45
Alles in der Wolke mit iCloud

Ganz ausführlich zeigen wir Ihnen in Kapitel 11, »Perfekt organisiert: iCloud, Erinnerungen, Termine und Adressen«, wie Sie dank iCloud bald auf Wolke 7 schweben.

Internetaccounts

Im Bereich **Internetaccounts** hinterlegen Sie Daten Ihrer E-Mail-Konten, Twitter-Accounts und anderer Kommunikationsmittel. Diese Informationen nutzt Apple beispielsweise, um die in Ihren diversen Kommunikationsmitteln auflaufenden Meldungen im Programm Benachrichtigungen auf Ihrem Mac zusammenzufassen und anzuzeigen.

Abbildung 18.46
Icon des Bereichs »Internetaccounts«

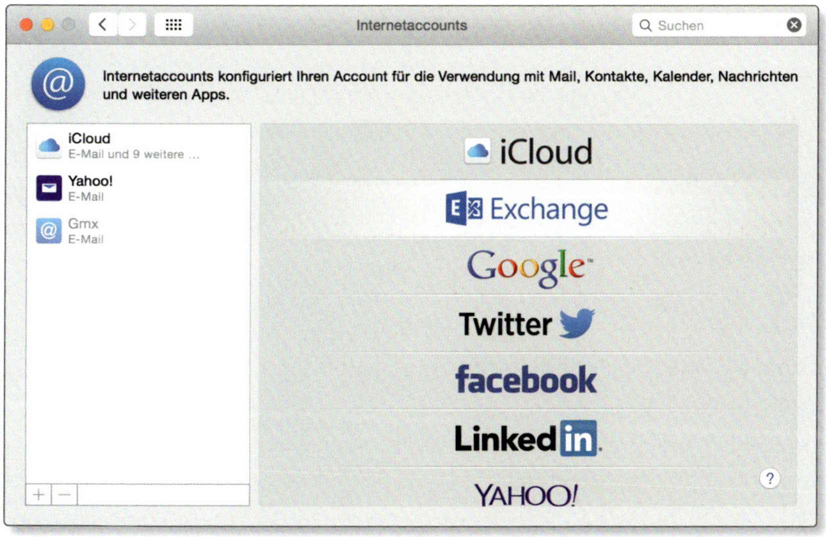

Abbildung 18.47
Alle Accounts im Griff mit »Internetaccounts«

Auch das Verschicken von Twitter-Nachrichten über den **Senden**-Button aus beliebigen Finder-Fenstern heraus setzt voraus, dass Ihr Account unter **Internetaccounts** »angemeldet« wurde.

Erweiterungen

In den **Erweiterungen** verwalten Sie ganz komfortabel verschiedene Miniprogramme, die Ihnen immer wieder unter OS X begegnen –, etwa welche Neuigkeiten Ihnen in der Mitteilungszentrale (siehe den Abschnitt »Mitteilungen« ab Seite 248) angezeigt werden oder welche Weitergabemöglichkeiten Ihnen unter dem Freigabebutton im Finder oder Safari zur Verfügung stehen. Entfernen Sie im hier gezeigten Bereich für **Heute** ❶ eines der Häkchen, beispielsweise beim Kalender ❷, wird dieser künftig in der Mitteilungszentrale auch nicht mehr angezeigt.

Abbildung 18.48
Das passt – Datum, Kalender, Wetter und Aktien werden in der Mitteilungszentrale angezeigt.

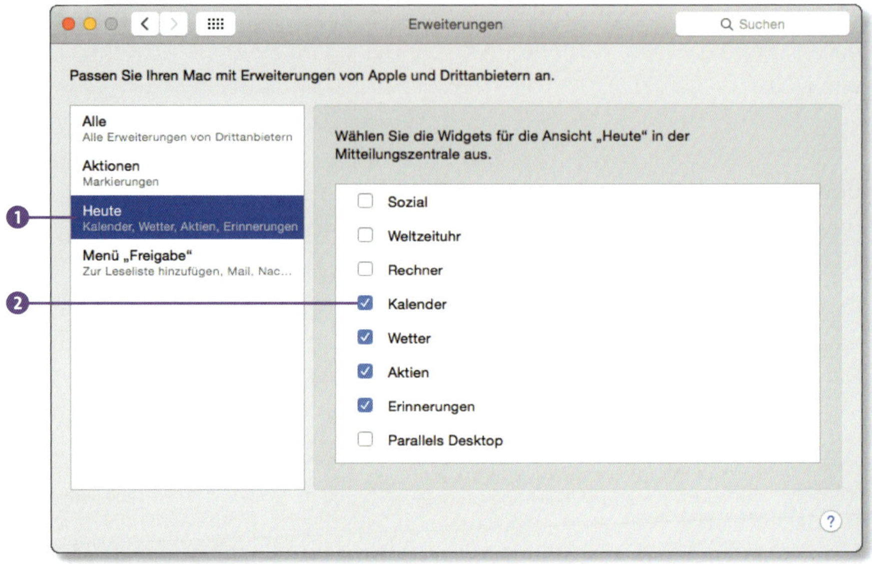

Abbildung 18.49
Die Erweiterungen verwalten Mini-Apps.

Netzwerk

Abbildung 18.50
Icon des Bereichs »Netzwerk«

Unter **Netzwerk** laufen quasi alle Fäden des Datenverkehrs vom Internet oder von den Netzwerken zusammen. Im linken Fenster haben Sie sofort im Blick, in welcher Form Sie momentan verbunden sind. Das Ampelsystem ist mehr als deutlich und hilft bei der Fehlersuche, sollte der Weg ins Netz mal nicht so richtig funktionieren.

Abbildung 18.51
Ein kurzer Blick genügt: Ihr Mac ist via WLAN mit dem Internet verbunden.

Unter **Weitere Optionen** sollten Sie allerdings wirklich nur dann Änderungen vornehmen, wenn Sie wissen, was Sie tun, und wenn Ihnen Begriffe wie MAC-Adresse, TCP/IP, Proxys und DNS bekannt sind. Normalerweise erkennt ein Mac automatisch, an welchem Netzwerk er angeschlossen ist, und bietet die richtige Verbindung an. Mehr zum Mac im Internet und über die korrekte Installation erfahren Sie in Kapitel 8, »Ich geh' online – mit meinem Mac und Safari«.

Bluetooth

Via Bluetooth werden an Ihrem Mac standardmäßig Maus, Tastatur und Mobiltelefon verbunden. Im gleichnamigen Systempunkt können Sie bereits vorhandene Geräte ansehen bzw. neue hinzufügen. Außerdem kann festgelegt werden, ob das entsprechende Symbol in der Finder-Leiste angezeigt wird. Die Aktivierung von Bluetooth erfolgt über einen Klick auf das Symbol ❸ in der Finder-Leiste und die Wahl von **Bluetooth aktivieren** aus dem Menü.

Abbildung 18.52
Icon des Bereichs »Bluetooth«

Abbildung 18.53
Ein Klick genügt, um die Verbindung mit Bluetooth herzustellen.

Abbildung 18.54
Die Übersicht zeigt, ob und welche Bluetooth-Geräte am Mac angeschlossen sind.

Freigaben

Abbildung 18.55
Icon des Bereichs »Freigaben«

Über den Bereich Freigaben kontrollieren Sie alle Netzwerkfreigaben für Ihren Mac. Sie können hier beispielsweise Ordner im Netzwerk freigeben (siehe dazu auch den Abschnitt »Dateien auf den Mac übertragen – Laufwerke und Datenträger anschließen« ab Seite 130), den Internetzugang mit anderen Anwendern teilen oder den Zugriff auf angeschlossene Drucker erlauben. Praktisch ist die Vorgehensweise, dass Sie im linken Bereich die Funktion nach Belieben mit einem Häkchen ❶ aktivieren oder deaktivieren können, die getätigten Einstellungen im rechten Bereich davon aber unbehelligt bleiben und Sie sie also nicht jedes Mal aufs Neue vornehmen müssen.

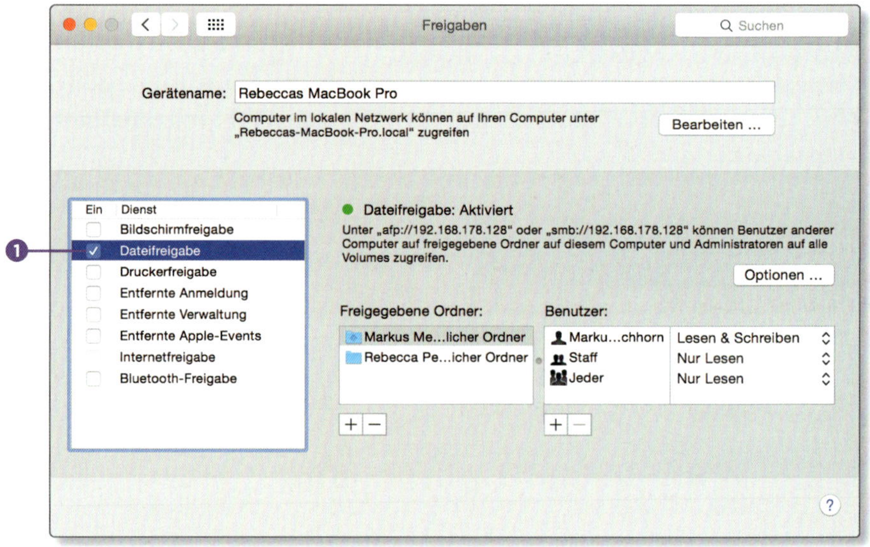

Abbildung 18.56
Teilen leicht gemacht – in den Freigaben sehen Sie mit einem Blick, was Sie mit wem am Mac so teilen.

Die Datei- und Ordnerfreigabe unter OS X Yosemite ist übrigens deutlich einfacher und übersichtlicher strukturiert als in Windows. Wenn Sie schon einmal versucht haben, dort schnell eine Ordnerfreigabe im Heimnetzwerk einzurichten, werden Sie wissen, was wir meinen.

Einstellungen für das Betriebssystem

Ob die Sortierung der einzelnen Einstellungen einer Logik folgt oder nicht – in der Rubrik *System* des Dialogs **Systemeinstellungen** dreht sich alles um Komfort und sicheres Arbeiten mit OS X Yosemite. Hier erfolgt die Konfiguration von Datensicherung, Jugendschutz und Softwareaktualisierung.

Benutzer & Gruppen

Der Mac kann problemlos auch mit mehreren Benutzern umgehen. Details erfahren Sie dazu in Kapitel 16, »Familien-Mac: Benutzerkonten einrichten«.

Abbildung 18.57
Icon des Bereichs »Benutzer & Gruppen«

Abbildung 18.58
Umfangreiche Einstellungen für alle Benutzer am Mac

Kindersicherung

Was andernorts teuer bezahlt werden muss, gibt es beim Mac gratis dazu. Unter OS X Yosemite ist es möglich, Benutzer für gewisse Programme und Webseiten zu sperren. Im Detail gehen wir hierauf ebenfalls in Kapitel 16, »Familien-Mac: Benutzerkonten einrichten«, ein.

Abbildung 18.59
Icon des Bereichs »Kindersicherung«

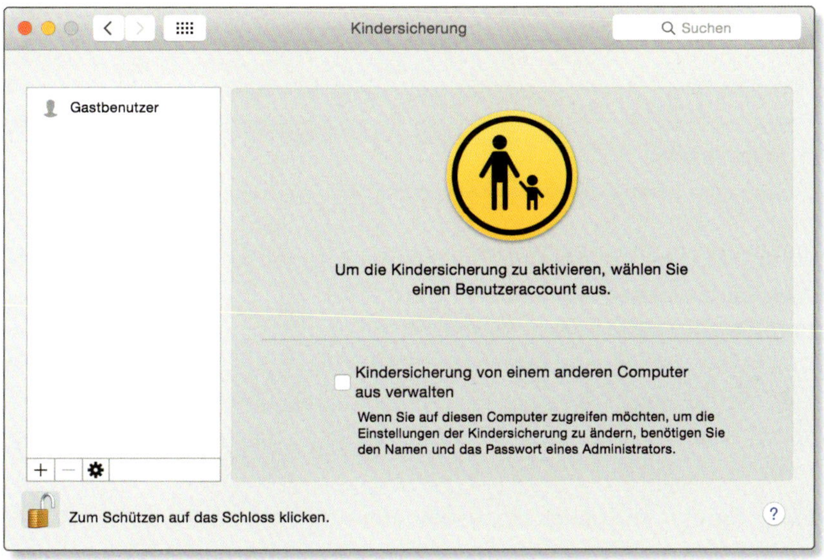

Abbildung 18.60
Sicher surfen und arbeiten, das kann man unter OS X Yosemite perfekt konfigurieren.

App Store

^ **Abbildung 18.61**
Icon des Bereichs »App Store«

Im Bereich **App Store** sind alle Einstellungen rund um die Aktualisierung Ihrer installierten Apps wie auch des OS-X-Yosemite-Systems selbst versteckt. Umfangreiche automatische Updates halten das Betriebssystem in Schwung. Eine Internetverbindung ist hierfür aber notwendig.

Die standardmäßig gesetzten Häkchen unter **Automatisch nach Updates suchen** ❶ sollten Sie stehen lassen. Nur so ist garantiert, dass Sie wichtige Aktualisierungen Ihres Betriebssystems und gekaufter Apps nicht verpassen. Ein heißer Tipp ist es, das Häkchen bei **App-Updates installieren** ❷ zu setzen – nach Verfügbarkeit werden dann alle relevanten Programmversionen ohne Nachfrage im Hintergrund installiert.

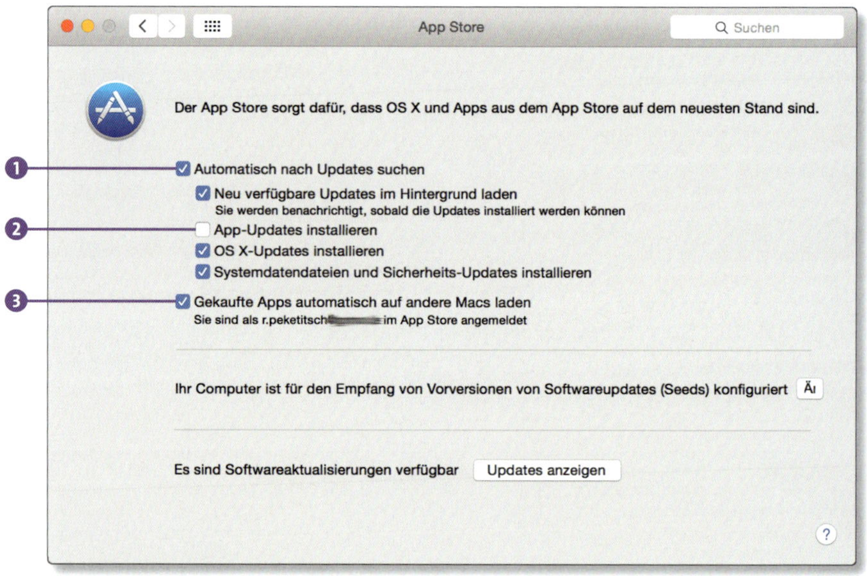

^ **Abbildung 18.62**
Der App Store sorgt dafür, dass Ihr Mac immer »up to date« ist.

Wenn Sie mehrere Macs Ihr Eigen nennen, lohnt ein Klick auf **Gekaufte Apps automatisch auf andere Macs laden** ❸. Das funktioniert aber natürlich nur dann, wenn Sie an dem anderen Mac mit derselben Apple-ID angemeldet sind. Auf dem einen Mac erworbene Software wird dann automatisch auch als Aktualisierung auf dem anderen Mac geladen. Entsprechende Einträge sehen Sie im App Store im Bereich **Updates**. Die Installation erfolgt direkt per Mausklick.

Einige Programme haben eigene Updateroutinen, die sich von Zeit zu Zeit melden. Diese können Sie weder über den App Store noch im Bereich **App Store** beeinflussen.

Diktat & Sprache

OS X Yosemite versteht Sie und kann auch mit Ihnen sprechen – eine Funktion, die als netter Zusatz zu verstehen ist. Probieren Sie einfach aus, ob Sie Ihrem Mac zukünftig lieber gut zureden oder ihm doch eher mithilfe von Trackpad und Tastatur sagen möchten, wo es langgeht. Die entsprechenden Einstellungen zur Sprachausgabe finden Sie im Menü **Diktat & Sprache** der Systemeinstellungen.

Abbildung 18.63
Icon des Bereichs »Diktat & Sprache«

Richtig nützlich ist die Diktierfunktion. Mittels eines Kurzbefehls – am Notebook genügt ein zweifaches Drücken der [fn]-Taste – aktivieren Sie die Diktierfunktion. Bei einem iMac mit einer drahtlosen Tastatur ohne [fn]-Taste müssen Sie hierfür erst eine Kombination im Feld **Kurzbefehl** ④ festlegen. Das Diktieren klappt im Programm Apple Mail, in Word, in TextEdit – überall dort, wo man einen Text ohne Diktierfunktion von Hand tippen müsste.

Abbildung 18.64
Hervorragend – auch OS X Yosemite kann man zum Diktat bitten.

Für diese Diktierfunktion haben die Apple-Entwickler sicherlich ein wenig bei *Siri* abgeschaut, dem Sprachassistenten des iPhones, denn sie klappt überraschend fehlerfrei.

Datum & Uhrzeit

Was hat Apple wohl in diesem Bereich versteckt? Richtig, hier können Sie Datums- und Uhrzeiteinstellungen vornehmen. Ist der Mac mit dem Internet verbunden, geschieht der Uhrenabgleich immer vollautomatisch. Das Häkchen bei **Datum und Uhrzeit automatisch einstellen** ist dafür die richtige Wahl. Sollte der Apple-Computer aufgrund eines Stromausfalls ein falsches Datum anzeigen (meistens handelt es sich dabei um eines

Abbildung 18.65
Icon des Bereichs »Datum & Uhrzeit«

aus den 1970er-Jahren, warum auch immer), genügt meistens ein Klick in die Rubrik **Datum & Uhrzeit**, um dem Gerät wieder das korrekte Datum einzubläuen.

Startvolume

Abbildung 18.66
Icon des Bereichs »Startvolume«

In der Rubrik **Startvolume** legen Sie fest, mit welchem System Ihr Mac standardmäßig geladen werden soll ❶. Haben Sie beispielsweise OS X Yosemite und Windows mit Boot Camp installiert, stehen Ihnen zwei Systemfestplatten zur Verfügung. Wählen Sie einfach das Laufwerk aus, von dem aus Sie zukünftig starten möchten.

Zusätzlich haben Sie bei jedem Neustart Ihres Macs die Möglichkeit, das Startvolume mit gedrückter `alt`-Taste vorübergehend zu ändern und auf eine eventuell angeschlossene externe Festplatte umzuschalten. Mehr Informationen zur Verwendung von Windows auf dem Mac finden Sie in Kapitel 19, »Windows auf dem Mac: Raum für alle Systeme«.

Abbildung 18.67
Unter »Startvolume« legen Sie fest, von welcher Festplatte der Mac standardmäßig bootet.

Eine Funktion, die man als Windows-Anwender so gar nicht kennt, ist **FireWire-Festplattenmodus** ❷. Allerdings ist dieser Menüpunkt hier etwas fehlplatziert, denn Sie brauchen ihn eigentlich nur, wenn Ihr Mac erst gar nicht mehr startet. Dann können Sie ihn per FireWire-Kabel an einen anderen Mac anschließen und dort als externe Festplatte verwenden. Ihr Mac wird also zu einer externen Festplatte degradiert. Wozu diese Funktion gut ist? Angenommen, Ihr Mac startet aufgrund eines Systemfehlers nicht mehr richtig und Sie haben kein Time-Machine-Backup. Dann können Sie, eine Installations-DVD oder einen USB-Stick mit OS X Yosemite vorausgesetzt, beim Start Ihres Macs diesen Modus wählen und alle Daten komfortabel auf dem »Fremd-Mac« sichern.

Time Machine

Zurück in die Datenzukunft. Time Machine ist die Datensicherung für Ihren Mac. Alle Einstellungen erklären wir Ihnen ausführlich in Kapitel 17, »Updates, Problemlösung, Datensicherung«.

Abbildung 18.68
Icon des Bereichs »Time Machine«

Abbildung 18.69
Die Time Machine ist der Datenretter, wenn Sie Ihre Dateien versehentlich gelöscht oder überspeichert haben.

Bedienungshilfen

In der Rubrik **Bedienungshilfen**, unter Windows als *Eingabehilfen* bekannt, ist Schluss mit der Apple-Ästhetik. Hier geht es darum, dass jeder Anwender mit dem Betriebssystem zurechtkommt. Die Funktion **VoiceOver** ❸ liest jeden Menüpunkt auf Wunsch vor, was in den meisten Fällen hervorragend funktioniert. Die Sprachausgabe am Mac ist wirklich gelungen.

Abbildung 18.70
Icon des Bereichs »Bedienungshilfen«

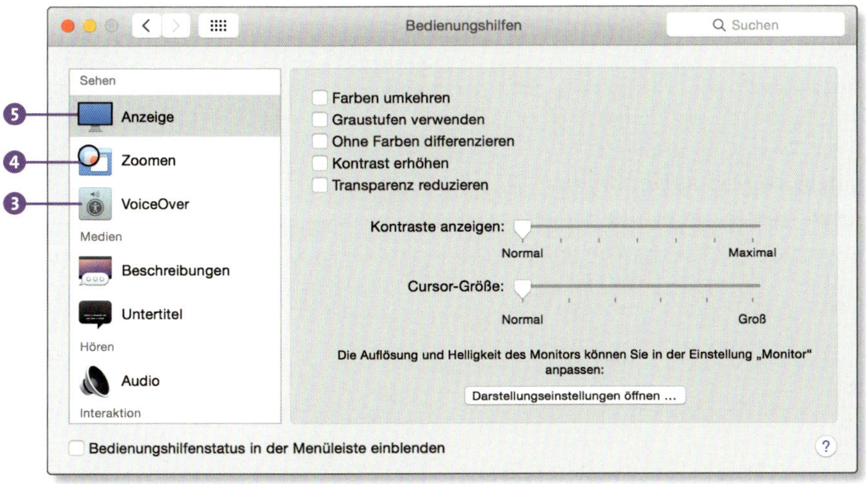

Abbildung 18.71
Die Rubrik »Bedienungshilfen« enthält Funktionen, um die Bedienung des Apple-Computers leicht zu machen.

Noch praktischer kann die Option **Zoomen** ❹ sein, über die Sie per Tastenkombination beliebige Bildschirmbereiche massiv vergrößern können. Zusätzlich stehen unter **Anzeige** ❺ zahlreiche Einstellungen zur Verfügung, um Schrift und Bild noch besser lesbar zu machen. Auch in den übrigen Rubriken dreht sich alles um die persönliche Einrichtung des Apple-Systems, damit Sie auch mit Beeinträchtigungen perfekt damit arbeiten können.

Sonstige

Was bei Veranstaltungen gern unter dem Begriff *Verschiedenes* läuft, ist in den Systemeinstellungen die Rubrik *Sonstige* (in der fünften Zeile der Systemeinstellungen), die es seit Yosemite namentlich nicht mehr gibt. Dort packt OS X Yosemite alles hinein, was nachträglich auf Ihrem Mac installiert wird. Diese fünfte Reihe erscheint also auch nur in diesem Fall in den Systemeinstellungen. Leider legt Yosemite hier eine gepflegte Inkonsequenz an den Tag. Denn selbst die Einstellungen von zusätzlicher Hardware, beispielsweise einem Grafiktablett, landen hier und nicht bei der Hardware.

19 Windows auf dem Mac: Raum für alle Systeme

Sie arbeiten mit einem Mac und haben damit nach wie vor einen sympathischen »Exotenstatus« – Ihr Rechner ist einfach zu bedienen, sieht gut aus und macht jeden Tag schon beim Einschalten Freude. Trotzdem werden Sie als Apple-Anwender oftmals mit Fragen konfrontiert, z. B. ob denn der Datenaustausch auch wirklich problemlos klappt, wenn Sie ein Dokument von einem Windows-PC erhalten oder wenn Sie selbst ein Bild von Ihrem Mac an einen PC-Besitzer mailen.

Zudem gibt es am Mac auch einige wenige Nachteile: Viele Spiele laufen nicht unter OS X, und auch die eine oder andere meist sehr spezielle Anwendungssoftware bleibt den Windows-Usern vorbehalten. Doch Sie müssen weder auf den 3D-Shooter noch auf Ihr Steuererklärungsprogramm verzichten, denn OS X kann auch Windows. Und zwar so gut, dass Ihre Bekannten mit PCs spätestens dann zum Mac wechseln werden, wenn sie sehen, was Sie damit alles auf die Beine stellen – versprochen!

Abbildung 19.1
Ziemlich beste Freunde – Windows und Yosemite sind gar kein schlechtes Team.

Windows und OS X – zu 99 % kompatibel

Die gute Nachricht gleich zu Beginn: Windows und OS X sind in weiten Teilen kompatibel. Der Datenaustausch klappt völlig reibungslos. Hier unsere Zusammenfassung der gängigsten Fragestellungen:

- E-Mails: E-Mails vom Mac können natürlich auf dem PC empfangen werden und umgekehrt. Das E-Mail-Format ist universell, und daher sind die Nachrichten auch immer lesbar. Schwierigkeiten gibt es nur dann, wenn Sie z. B. auf die Gestaltungsvorlagen von Apple Mail zurückgreifen und E-Mails mit Seitenhintergründen verschicken. Da kann es passieren, dass der Empfänger auf dem PC nur den Text lesen kann und das Hintergrundbild als separaten Anhang erhält.

Umgekehrt kann das auch passieren, denn auch mit Windows Mail lassen sich gestaltete E-Mails versenden.

Ebenfalls ein häufiges Problem: Wenn Sie Bilder an einen PC-User versenden, erhält dieser sie häufig »eingeklebt« in der E-Mail, ohne einen Anhang zum Herunterladen. Das hängt vom jeweiligen Anbieter oder Mail-Programm ab. Sie können daran leider nichts ändern, außer die Bilder als ZIP-Ordner zu komprimieren und im Paket zu versenden. Dann kommen sie tatsächlich als »echter Anhang« an.

- Bilder: Bilder sind völlig unabhängig vom Betriebssystem. Hier können Sie problemlos mit Windows-Anwendern zusammenarbeiten. Egal, ob der Datenaustausch über USB-Stick, E-Mail oder CD erfolgt – Windows und Mac verstehen sich bei Digitalfotos hervorragend.
- Dokumente: Bei Dokumenten, die mit Programmen erstellt wurden, die es am Mac und auf dem PC gibt, ist der Datenaustausch einfach. Ein Microsoft-Word-Dokument kann am Mac erstellt und dann auf dem PC weiterbearbeitet werden und umgekehrt. Das gilt auch für OpenOffice-Dokumente und andere Programme. Schwieriger wird es bei den iWork-Programmen von Apple. Hier müssen Sie die Datei für die Weitergabe über **Speichern unter** in einem für Windows-Computer geeigneten Format sichern.

  Zusätzlich kann es beim Austausch von Dokumenten zwischen Mac und Windows zu Darstellungsfehlern kommen. Dann nämlich, wenn am Erstellungscomputer andere Schriften verwendet werden als am Empfängercomputer. Die Lösung lautet hier: PDF (siehe den Abschnitt »Textdokumente als PDF weitergeben« ab Seite 158) – damit ist gewährleistet, dass alle die gleiche Ansicht des Dokuments haben. Allerdings kann der Empfänger des PDF-Dokuments keine Änderungen darin vornehmen.

Einige weitere wichtige Themen, die bei der Arbeit mit Mac und PC aufkommen, werden wir in den folgenden Abschnitten behandeln.

Ihr Mac als echter PC dank Boot Camp

^ Abbildung 19.2
Boot Camp bringt den PC auf den Mac.

In jedem Mac steckt ein PC, aber in keinem PC ein Mac. Das Potenzial kann man nutzen, und tatsächlich kann man den Mac innerhalb kurzer Zeit zusätzlich zu einem echten PC umfunktionieren und beim Systemstart wählen, in welche Welt man eintauchen möchte. Das klappt mit dem Programm *Boot Camp* von OS X und ist dann empfehlenswert, wenn Sie z.B. unter Windows aufwendige 3D-Spiele spielen oder mit einer

Windows-Anwendung arbeiten möchten, die viel Rechner-Power benötigt. Dann wird über Boot Camp das Windows ganz ohne »OS-X-Ballast« geladen. Und beim nächsten Systemstart entscheiden Sie sich einfach neu.

Sie benötigen in jedem Fall eine Windows-Lizenz. Und kramen Sie jetzt bitte nicht Windows 98 aus dem Schrank hervor; Windows 7 ist hier absolute Grundvoraussetzung, sonst klappt die Installation erst gar nicht.

Die Installation von Boot Camp ist recht komplex, und OS X nervt schlichtweg mit unsinnigen Vorgaben und Hinweisen, die selbst Profis graue Haare verursachen und seit Jahren unverändert bei der Installation auftreten. Warum der Boot-Camp-Assistent so furchtbar schlecht programmiert wurde, bleibt uns ein Rätsel. Wir haben diese merkwürdigen Vorgaben in einer Checkliste zusammengefasst – so ersparen Sie sich unnötigen Ärger:

- Installation von Windows 7: mit allen Macs möglich, auf denen auch Yosemite läuft
- Installation älterer Windows-Versionen als 7: nicht möglich
- Installation von Windows 8: nur mit Macs ab Baujahr Mitte 2011 möglich
- Installation von einem ISO-Image: nicht möglich
- Installation anderer Betriebssysteme als Windows 7 oder 8: nicht möglich

Für die Installation sind einige Dinge notwendig:

- Hauptfestplatte mit nur einer Partition und ca. 40 Gigabyte freiem Speicher
- FAT-formatierter USB-Stick
- Installations-CD mit Windows 7 oder 8, denn ISO-Image-Dateien erkennt Boot Camp nicht. Das ist besonders deshalb ein Problem, weil Windows 8 und 8,1, ähnlich wie alle Apple-Programme, mittlerweile digital und ohne Datenträger ausgeliefert wird. Sie müssen sich unter Windows also zuerst manuell eine Installations-DVD brennen. Wie Sie das ISO-Image erhalten, erfahren Sie im Abschnitt »Parallels Desktop installieren« ab Seite 414 in diesem Kapitel.

Wir navigieren Sie durch die notwendigen Schritte – also keine Sorge, OS X passiert dabei nichts. Allerdings schadet es nicht, vorher das System per Time Machine zu sichern (siehe den Abschnitt »Datensicherung mit Time Machine« ab Seite 362) – für den Fall der Fälle, der aber bei uns in der Praxis wirklich noch nie aufgetreten ist.

Lieber virtuelles Windows

Unser Tipp: Es lohnt sich, Windows als virtuelles System zu installieren und Boot Camp zu ignorieren. Die Installation ist kompliziert, und zudem brauchen Sie zwingend ein CD-Laufwerk, das kein Mac mehr standardmäßig besitzt. Die Investition in die Parallels-App ist hier sinnvoller. Probieren Sie einfach zwei Wochen kostenlos aus, ob die ab Seite 412 vorgestellten virtuellen Systeme nicht völlig ausreichen.

Für Fortgeschrittene

Sie sollten Boot Camp nur dann installieren, wenn Sie sich mit OS X schon ein wenig auskennen. Die Installation ist für Einsteiger nicht immer ganz einfach. Wenn Sie trotzdem Windows am Mac haben wollen, beginnen Sie mit den virtuellen Systemen. Sie werden im folgenden Abschnitt erklärt.

Was immer passieren kann: Sollten Sie in Ihrem System Ihre Festplatte schon unterteilt haben, funktioniert die Installation von Boot Camp nicht, Sie sehen dann die Fehlermeldung aus Abbildung 19.3. In diesem Fall müssen Sie Ihre Systemfestplatte im Mac über das Festplatten-Dienstprogramm wieder zu einer Partition vereinen oder OS X komplett neu installieren. Unser Tipp: Lassen Sie das jemanden erledigen, der sich mit der Materie auskennt, sonst droht der Verlust von Daten (siehe den Kasten »Für Fortgeschrittene« auf Seite 405).

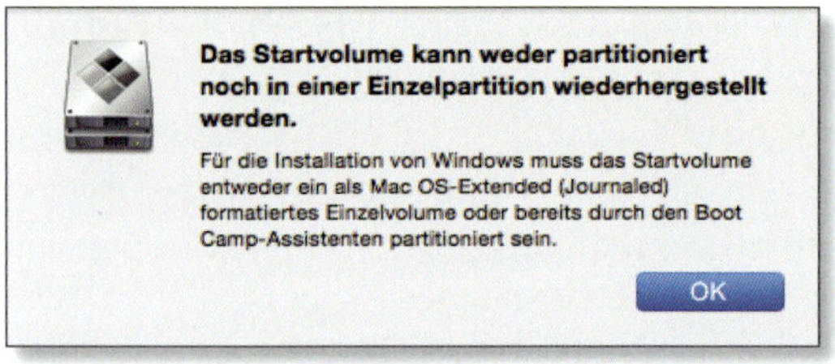

Abbildung 19.3 >
Ja, und nun? Boot Camp versteckt sich hinter kryptischen Fehlermeldungen ohne Lösungsansatz.

Boot Camp installieren

Hier nun aber zunächst die Vorgehensweise, um mit Boot Camp Ihr Windows einzurichten. Im Ordner **Programme** finden Sie unter **Dienstprogramme** das Boot-Camp-Symbol – dort wird sich entscheiden, wie und wo Windows zukünftig auch unter OS X 10.10 Yosemite beheimatet sein wird.

Starten Sie die Installation einfach per Doppelklick auf das Programmsymbol. Auf dem ersten Startbildschirm gibt es noch nicht viel zu erledigen, höchstens die Hilfe können Sie hier aufrufen. Ansonsten einfach **Fortfahren** auswählen.

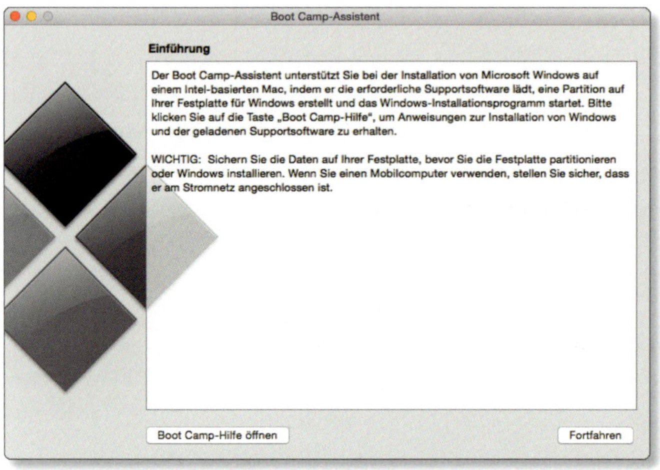

Abbildung 19.4 >
Unspektakulär – der Startbildschirm von Boot Camp

Im nächsten Schritt (Abbildung 19.5) müssen Sie die Treibersoftware für Windows, die speziell auf Ihren Mac abgestimmt ist, aus dem Web laden ❶ und auf einen USB-Stick bzw. eine externe Festplatte kopieren. Die Prozedur mit den Treibern ist notwendig, damit Windows später auf Grafik, Sound und alle anderen technischen Raffinessen Ihres Computers zugreifen kann. Hier können Sie zudem direkt auswählen, ob Windows im Anschluss installiert werden soll ❷.

Windows auf externer Festplatte?

Praktisch wäre es schon, Windows über Boot Camp einfach auf eine USB-Festplatte zu laden. Das funktioniert leider nicht. Das liegt aber weniger an OS X als an Windows, das diese Funktionalität nicht unterstützt.

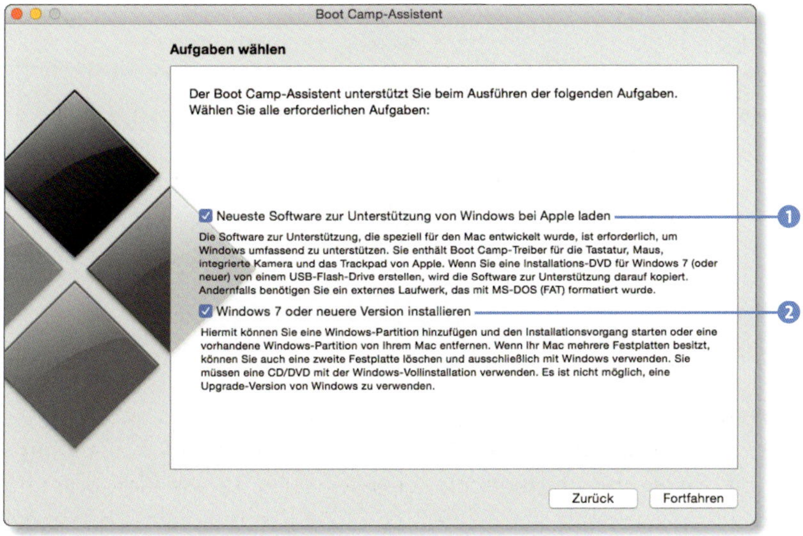

Abbildung 19.5
Zunächst muss unterstützende Software aus dem Web geladen werden.

Natürlich geht nicht jeder USB-Stick, wäre ja auch zu einfach. Der USB-Stick muss im primitiven FAT-System formatiert und darf auch nicht in Partitionen unterteilt sein. Aber keine Sorge, Apple liefert den passenden Hinweis, wenn etwas nicht passt, allerdings ohne Lösungsansatz. Das »Umformatieren« eines USB-Sticks in das Windows-FAT-Format erledigen Sie über das Festplatten-Dienstprogramm. Sie finden es über den Finder im **Programme**-Ordner im Unterordner **Dienstprogramme**.

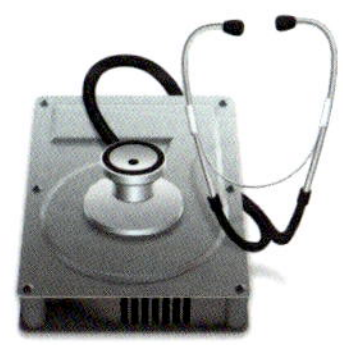

Abbildung 19.6
Das Festplatten-Dienstprogramm als Problemlöser

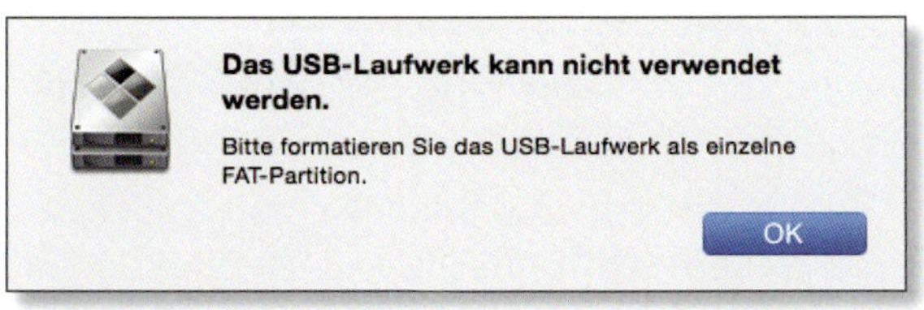

Abbildung 19.7
Es ist keinesfalls einfach, Windows per Boot Camp auf den Mac zu bringen.

In diesem Bildschirm wählen Sie links Ihr USB-Laufwerk aus ❶ und gehen im oberen Reiter auf **Löschen** ❷. Dann noch bei **Format MS-DOS-Dateisystem (FAT)** ❸ wählen und auf **Löschen** klicken ❹, um den Datenträger komplett zu löschen und damit korrekt zu formatieren.

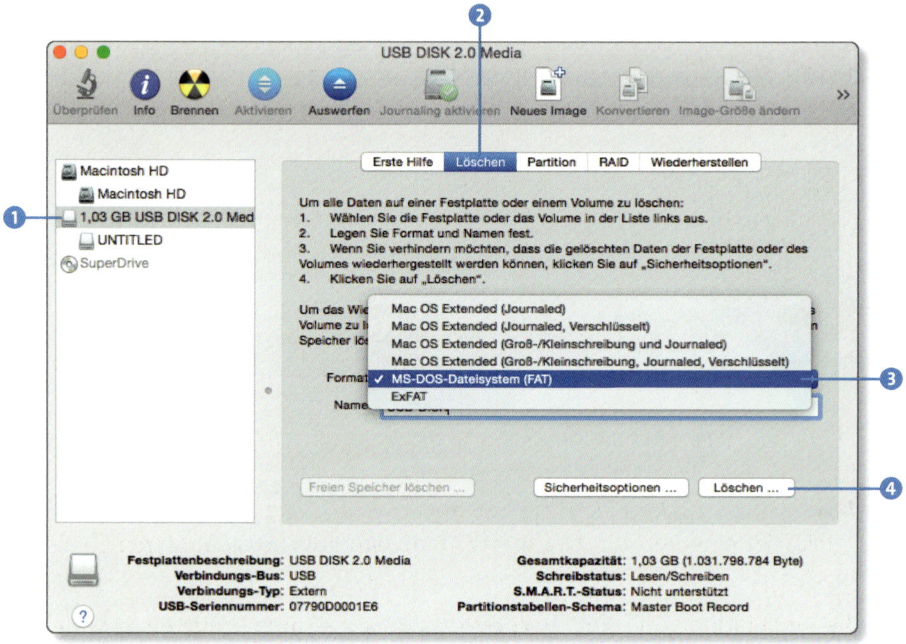

Abbildung 19.8

Sieht komplizierter aus, als es ist. Im Festplatten-Dienstprogramm formatieren Sie Ihren USB-Stick.

Speicherplatz

Standardmäßig ist es nicht vorgesehen, dass Sie eine Boot-Camp-Partition vergrößern, sobald der Platz knapp geworden ist. Das ist ärgerlich, aber mit Camptune von Paragon Software ein lösbares Problem (*www.paragon-software.com*).

Hat das Herunterladen der zusätzlich benötigten Treibersoftware geklappt, geht es zum nächsten Schritt. Nun wird Ihre Festplatte unterteilt bzw. auf Wunsch eine zweite, eingebaute Festplatte in Ihrem Mac komplett für Windows verwendet. Wir empfehlen hier eine Partitionsgröße zwischen 45 und 50 Gigabyte, wenn Sie nicht planen, viele aufwendige Spiele unter Windows zu installieren. Allerdings ist eine nachträgliche Änderung schwierig, daher sollten Sie lieber zu viel Platz einplanen als zu wenig. 3D-Action-Spiele beispielsweise benötigen gut und gerne 5 bis 10 Gigabyte Platz, da wird es schnell eng. Unproblematisch ist hingegen zumeist Office- und Anwendungssoftware.

In diesem Fall müssen Sie die Partition für Windows dann über den Trennstrich in der Mitte vergrößern (❺ in Abbildung 19.9). Ein Klick auf **Installieren** ❻ startet die Aufteilung der Festplatte. Das geschieht natürlich virtuell: Auch wenn Sie später zwei Festplatten sehen, bleibt Ihre eingebaute Platte »am Stück«.

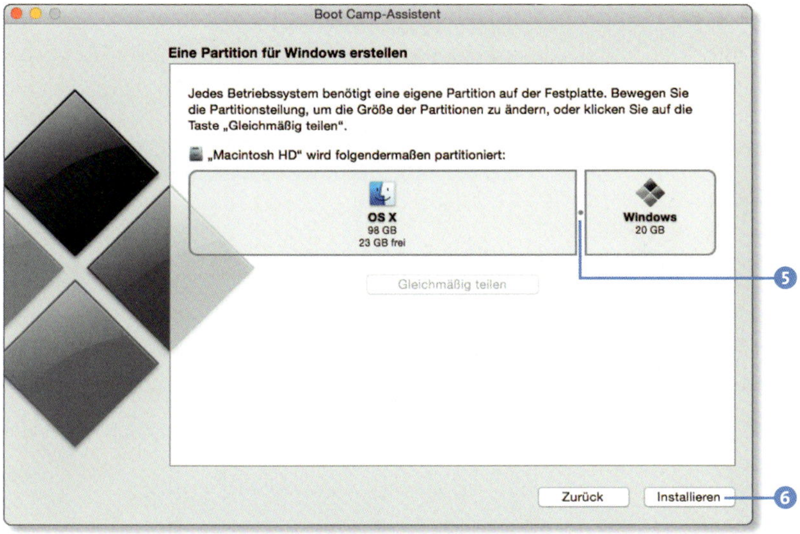

Abbildung 19.9
Die Standardeinstellung für die Windows-Festplattengröße liegt bei 20 Gigabyte.

Ist die Aufteilung beendet, kommt der große Moment der Windows-DVD. Legen Sie sie ein, dann beginnt OS X mit der Installation von Windows. Um es noch einmal zu wiederholen: Windows 7 oder eine neuere Version ist hier die Grundvoraussetzung, damit die Installation reibungslos klappt.

Die Installation von Windows erfolgt, wie auf dem PC, über einen Neustart ohne den Start von OS X. Es folgt nun die Installationsroutine von Windows, in unseren Screenshots mit Windows 7 durchgeführt. Klicken Sie nach den Einstellungen zur Installationssprache auf **Weiter** 7, und akzeptieren Sie die Lizenzbedingungen im nächsten Fenster.

Schreckgespenst Partitionieren

Keine Panik – beim Partitionieren der OS-X-Systemfestplatte gehen natürlich keine Daten verloren. Sie können dies daher ohne Sorge durchführen. Anders verhält es sich bei NTFS- oder FAT-Festplatten. Hier klappt eine neue Aufteilung nur mit einem gleichzeitigen Löschvorgang. OS X bringt vor dem endgültigen Daten-K.-o. aber immer einen deutlichen Warnhinweis.

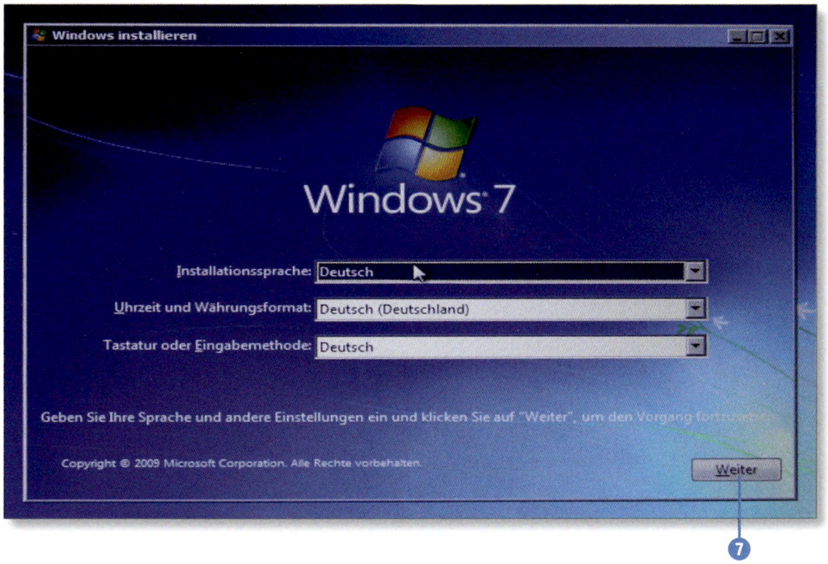

Abbildung 19.10
Hätten Sie es gedacht? Eine Windows-Installation auf Ihrem Mac-Computer!

Sie haben dann die Wahl zwischen einem Upgrade ❽ oder einer benutzerdefinierten Installation ❾. Letztere ist für unsere Zwecke genau richtig.

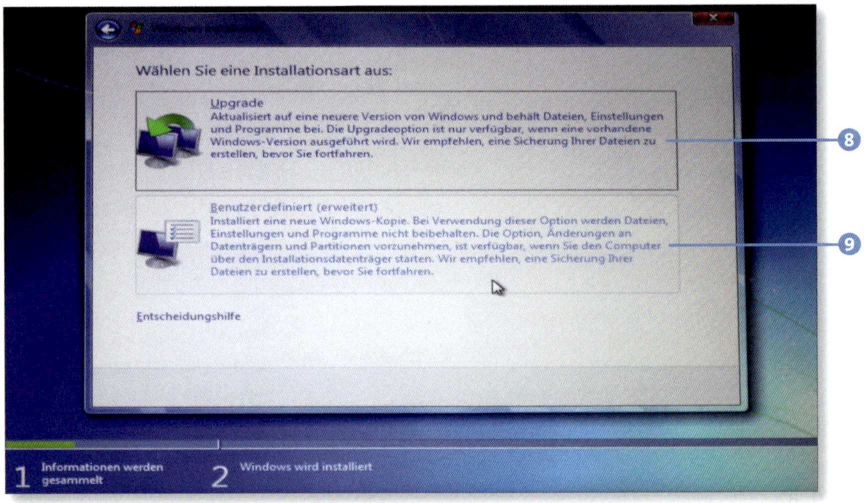

Abbildung 19.11 >
Wir entscheiden uns für die benutzerdefinierte Installation.

Jetzt heißt es aufgepasst. Im nächsten Bildschirm bietet Ihnen Windows verschiedene Partitionen als Festplattenteile an, auf denen die Installation durchgeführt werden kann. Etwas tückisch ist, dass hier nirgendwo eine Info steht, welche nun die Macintosh HD ist, also jene Festplatte, auf der OS X 10.10 Yosemite abgespeichert ist. Immerhin ist Boot Camp als Partition ausgewiesen, und diese Partition ❿ sollten Sie daher auch auswählen.

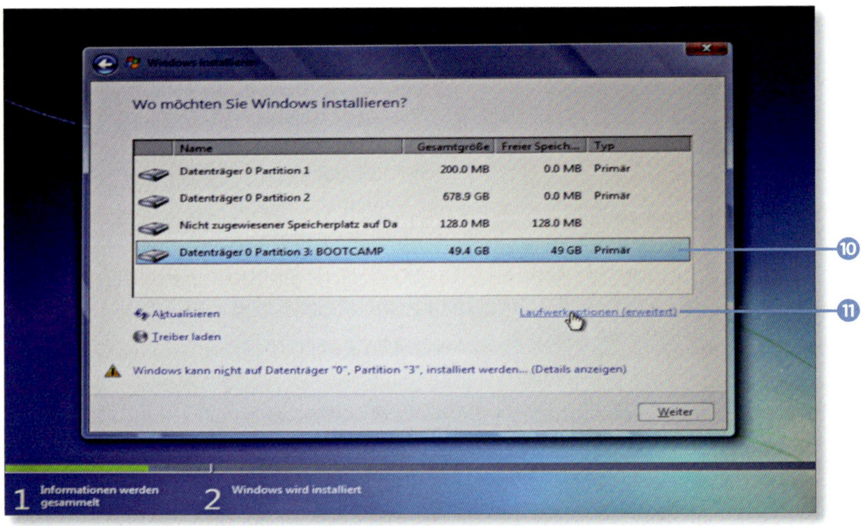

Abbildung 19.12 >
Boot Camp muss hier als Installationspartition gewählt werden.

Leider behauptet Windows zunächst, dass die Installation auf dem Boot-Camp-Volume nicht möglich ist. Das liegt daran, dass der Mac nicht in der Lage ist, die Festplatte richtig zu formatieren. Das hat folgenden Grund: Windows arbeitet mit NTFS als Dateisystem, OS X aber nicht und unterstützt es auch nur mangelhaft. Daher müssen Sie hier auf **Laufwerksoptionen (erweitert)** klicken (⓫ in Abbildung 19.12) und die Partition zuerst noch formatieren. Anschließend kann die Installation gestartet werden und sollte jetzt ganz reibungslos verlaufen.

Windows mehrfach?

Mit Boot Camp ist es nicht möglich, mehrere Windows-Versionen parallel auf dem Mac zu installieren.

Nach Abschluss der Installation wird Windows gestartet. Damit Ihr Windows-PC auch wirklich alle Ressourcen Ihres Computers nutzen kann, müssen Sie nun noch die Software von Ihrem USB-Stick oder von der DVD installieren. Danach ist Ihr Windows am Mac einsatzbereit und kann direkt verwendet werden.

Windows oder OS X? Der Start entscheidet

Ganz wichtig – wie kommen Sie von Windows wieder zurück zu OS X? Dazu müssen Sie Windows neu starten und, sobald der Bildschirm schwarz wird, die `alt`-Taste gedrückt halten. Nun erscheinen jene Festplatten auf dem Bildschirm, die ein Betriebssystem enthalten. Die Auswahl erfolgt mit den Pfeiltasten auf der Tastatur und einem Druck auf `↵`, alternativ auch per Maus und Trackpad. Macintosh HD steht immer für das OS-X-Betriebssystem, Windows für das Windows-System. Somit entscheiden Sie bei jedem Einschalten aufs Neue, welches Betriebssystem geladen wird.

Abbildung 19.13
Welches System soll es denn sein?

Sie sehen, Windows am Mac ist eigentlich ganz einfach. Allerdings ist es bei Boot Camp nicht möglich, im laufenden Betrieb auf OS X umzuschalten oder gar Windows-Programme unter der OS-X-Oberfläche auszuführen. Mit Boot Camp haben Sie einfach einen zusätzlichen, vollwertigen Windows-PC mit voller Leistung.

Die Mac-Tastatur unter Windows

Sie haben gerade Windows auf Ihren Mac geladen und suchen verzweifelt nach den Tasten, die Sie auf Ihrer PC-Tastatur hatten? Zudem funktionieren die *Auswerfen*-Taste und die von Apple gewohnten Tastenkombinationen nicht mehr? Um Sie nun vollends zu verwirren, hat Apple sich für Mac-Notebooks und -Desktop-Computer teils unterschiedliche Tastenkombinationen ausgedacht. Ja, Apple versucht nicht gerade, Ihnen die Arbeit mit Windows am Mac zu versüßen. Wir versuchen mal, ein wenig Licht ins Dunkel zu bringen. So entlocken Sie €-Zeichen, @ und Co. auch der Mac-Tastatur:

- Anstatt wie am PC AltGr+E zu drücken, um ein €-Zeichen zu zaubern, müssen Sie nun ctrl+alt+E drücken.
- Ähnliches gilt für das @-Zeichen. Hier kommt erschwerend hinzu, dass es auf der Mac-Tastatur ja bei L zu finden ist, unter dem Boot-Camp-Windows aber natürlich wieder auf Q platziert ist. Jetzt drücken Sie also ctrl+alt+Q.
- Alle Funktionstasten der dritten Tastaturebene des PCs, die bisher über AltGr+Taste angesprochen wurden, können Sie auf dem Mac-Keyboard mit ctrl+alt+Taste ansprechen.

Das ist Ihnen zu kompliziert? Wenn Sie möchten, können Sie sich für die Arbeit im virtuellen Windows auch einfach eine PC-Tastatur bereitlegen und diese statt der Mac-Tastatur verwenden.

Im Parallelbetrieb: Windows virtualisieren

OS X virtuell

Sogar OS X kann in Parallels Desktop und VMware Fusion installiert werden. Quasi ein OS X im OS X. Diese Möglichkeit ist aber eher für Entwickler relevant, im Alltag werden Sie wohl kaum ein zweites Yosemite benötigen.

Windows in OS X? Das ist mit der passenden Software kein Problem. Diese simuliert einen vollwertigen PC, auf dem sich viele Windows-Versionen wohlfühlen, selbst der Betrieb von MS-DOS-Versionen ist je nach App möglich.

Der Vorteil dieser sogenannten *Virtualisierungsprogramme*: Sie arbeiten ganz normal unter OS X und schalten Ihr Windows wie eine OS-X-App dazu. Sie können auch unzählig viele beliebige virtuelle Computer anlegen. Also beispielsweise einen mit Windows XP, einen mit MS-DOS und einen mit Windows 7 – Grenzen setzt hier nur die Kapazität Ihrer Festplatte. Die virtuellen Windows-Programme arbeiten alle voll integriert und unterstützen zumeist den Datenaustausch mit dem Mac. Sprich, Sie können Daten vom Windows-Desktop direkt auf den Mac-Schreibtisch kopieren oder Dateien gemeinsam nutzen. Auch Drucker und Netzwerkverbindungen werden automatisch erkannt, installiert und von OS X einfach übernommen.

Die beiden bekanntesten Apps für »Windows am Mac« sind *Parallels Desktop* und *VMware Fusion*. Mit beiden Programmen wird ein virtueller PC erzeugt und darin Windows installiert. Keine Sorge, Windows »merkt« nicht, dass es ab sofort nur Beiwerk ist und nur noch dann läuft, wenn es wirklich sein muss. Windows läuft unter beiden Systemen wie ein OS-X-Programm, also ganz ohne Neustart.

Auch die *VirtualBox* von Oracle muss hier erwähnt werden. Die komplett kostenlose Software ist ebenfalls recht einfach zu bedienen, allerdings eher für Bastler geeignet: Um den vollen Funktionsumfang nutzen zu können, sind hier einige zusätzliche Einstellungen und Erweiterungen notwendig.

Ob Sie Parallels Desktop oder VMware Fusion wählen, ist tatsächlich Geschmackssache. Rein technisch sind beide Programme top und bieten identische Funktionalität. Schön ist, dass Sie beide Programme jeweils 14 Tage unverbindlich und ohne Einschränkung testen können und erst dann die Vollversion kaufen müssen.

Wichtig: Sie benötigen in jedem Fall eine gültige Windows-Lizenz – ohne diese geht es nicht. Und übrigens »telefoniert« auch das virtuelle Windows mit Microsoft, die Zwangsaktivierung können Sie nicht umgehen.

Grundsätzlich muss man bei beiden Programmen mit Geschwindigkeitseinbußen rechnen, wenn man aufwendige Windows-Software am Start hat. Für 3D-Spiele empfehlen wir, mit Boot Camp ein »echtes« Windows zu installieren. Ihre Buchhaltung, CorelDRAW und kleinere Spiele laufen aber in normaler Geschwindigkeit, sofern genügend Arbeitsspeicher in Ihrem Mac installiert ist. Zwar sind momentan 4 Gigabyte bei fast allen Apple-Computern drin, für komfortables Arbeiten lautet unsere Empfehlung aber ganz klar 8 Gigabyte. Dies kostet auch nicht allzu viel, wenn man nicht die Original-Speicherbausteine nimmt.

Und was ist mit den Viren?

Obwohl die Internetverbindung der virtuellen Windows-Rechner über einen Mac läuft, kommen Viren natürlich trotzdem durch und können in Windows die bekannten Schäden anrichten. Das Ärgernis beschränkt sich aber definitiv auf die virtuelle Maschine, Ihr Mac bleibt, wie gewohnt, virenfrei. Auch andere eventuell angelegte virtuelle Maschinen sind dann nicht betroffen.

Parallels Desktop

Die bekannte Virtualisierungsmöglichkeit bringt Ihr altes Windows ins neue OS X – ganz einfach als virtuelles Betriebssystem. Mit wenigen Mausklicks können dann Ihre Windows-Programme so integriert werden, dass Sie gar nicht mehr bemerken, dass sie eigentlich mal unter Windows liefen.

Abbildung 19.14
Parallels bringt Windows (und andere Betriebssysteme) unter OS X auf den Mac.

Windows kann entweder in einem kompletten Programmfenster laufen oder im *Coherence-Modus*, der beide Betriebssysteme miteinander kombiniert. Sie merken fast gar nicht mehr, ob eine Anwendung unter Windows oder OS X abgespielt wird.

Erstaunlich – Sie können sogar Ihr OS X 10.10 Yosemite nochmals als virtuelles Betriebssystem installieren. Das ist aber nun doch eher für Programmierer und Softwareentwickler gedacht, die ständig mit Beta-Versionen neuer Programme arbeiten müssen und bei denen ein Systemcrash anderenfalls quasi an der Tagesordnung ist. Mit der virtuellen Maschine hat man dann eben nicht den kompletten Computer lahmgelegt, sondern kann das virtuelle System mit wenigen Mausklicks wiederbeleben.

Schneller installieren

Wenn Sie gleich mehrere getrennte virtuelle Windows-Systeme anlegen möchten, beispielsweise eines mit Ihren Spielen und eines für Ihre Buchhaltungsanwendung, dann kann die lahme Installation über die Windows-DVD lästig sein. Muss aber nicht – öffnen Sie den Bereich **Dienstprogramme** auf Ihrem Mac, starten Sie das Festplatten-Dienstprogramm, legen Sie die Windows-DVD ein, und wählen Sie sie in der Seitenleiste links aus. Jetzt noch das Symbol für **Neues Image** in der Menüleiste anklicken, schon wird die DVD auf die Festplatte konvertiert. Danach steht Windows als DMG-Datei zur Verfügung. Bei der Installation von Parallels Desktop wie auch von VMware Fusion kann man Windows auch von einem Image installieren – und das geht nun wirklich richtig, richtig schnell.

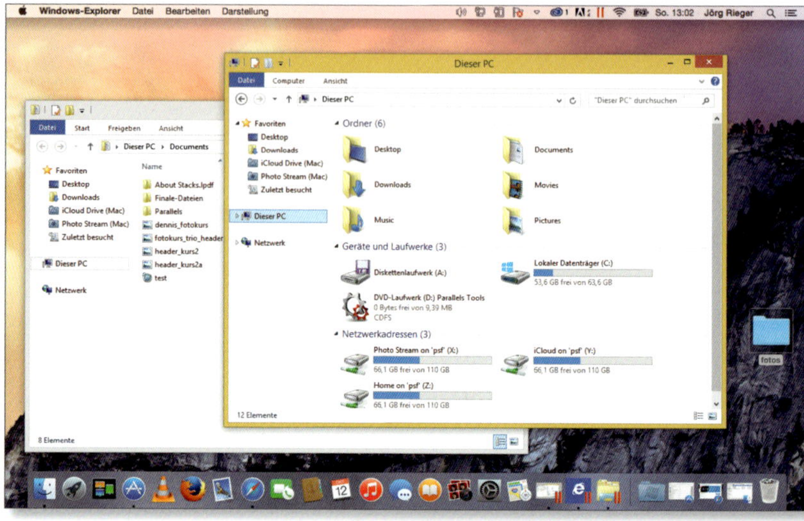

Abbildung 19.15
Parallels Desktop 10 lässt Windows einfach unter OS X starten.

Komplettumzug vom PC? Parallels Switch to Mac

Wenn Sie Ihren PC, »wie er ist«, auf den Mac umziehen wollen, ist die spezielle *Switch to Mac*-Edition von Parallels geeignet. In diesem Softwarepaket ist nicht nur die Software selbst, sondern auch ein spezielles Datenübertragungskabel dabei, um Mac und PC über USB miteinander zu verbinden.

Ansonsten funktioniert der Umzug ganz einfach: Parallels unter OS X holt sich das gesamte Windows-System Ihres alten Systems, konfiguriert es neu, und wenige Zeit später ist Ihr PC komplett virtuell unter OS X einsatzbereit – mit allen Daten, Programmen und lieb gewonnenen Eigenheiten, die ein Windows-PC so bietet. Klingt komfortabel? Ist es in jedem Fall und erspart im Extremfall mehrere Stunden Nachinstallation von dringend benötigten Windows-Programmen.

Parallels Desktop installieren

Die Installation von Parallels ist mit wenigen Mausklicks erledigt. Wichtig: Wie bei Boot Camp brauchen Sie auch hier eine Windows-Lizenz und natürlich eine passende Installations-CD/DVD oder eine ISO-Imagedatei. Da Windows 8.1 nur noch digital ausgeliefert wird, ist diese also zwingend notwendig. Zusätzlich benötigen Sie natürlich auch eine gültige Seriennummer.

So erhalten Sie das ISO-Image von Windows 8.1:

1. Image-Datei laden

Microsoft macht es nicht gerade leicht, um ein ISO-Abbild von Windows zu erhalten, denn ein direkter Download ist nicht möglich. Sie benötigen einen Windows-PC mit mindestens Windows 7 oder Windows 8 als Basis. Haben Sie Windows 8.1 bereits gekauft, loggen Sie sich bei Microsoft unter *www.microsoft.de* mit Ihren Benutzerdaten ein und laden aus Ihren Bestellungen das Installationstool herunter. Von dort lädt Microsoft dann die komplette Image-Datei auf den PC, das sind rund 3.5 Gigabyte.

2. Installationsmedium erstellen

Nach erfolgreichem Download können Sie direkt ein Installationsmedium erstellen lassen. Klicken Sie dann auf Weiter.

Abbildung 19.16
Nach erfolgreichem Download erstellen Sie eine Installationsdatei für Parallels.

3. Medium auswählen

Im folgenden Fenster wählen Sie **ISO-Datei** aus – damit wird eine Datei erstellt, die im Anschluss unkompliziert den Weg auf eine DVD oder einen USB-Stick finden kann. Sie müssen nur noch den Speicherort wählen.

Abbildung 19.17
Das ISO-Image ist die erste Wahl, um Windows 8.1 beliebig oft ohne erneuten Download installieren zu können.

4. **Auf einen USB-Stick kopieren**
Kopieren Sie die ISO-Datei nun auf einen USB-Stick mit mindestens 4 Gigabyte Kapazität, und stecken Sie diesen dann in Ihren Mac-Computer. Parallels wird das ISO-Image direkt erkennen, alternativ können Sie es auch manuell suchen lassen (siehe Schritt 2 in der folgenden Anleitung).

Die Windows-Installation unter Parallels Desktop klappt mit Versionen ab XP ganz problemlos, also natürlich auch mit Vista, Windows 7 oder Windows 8, und ist mit wenigen Mausklicks fertiggestellt. Besonders erfreulich ist, dass Ihnen ein Treiberchaos erspart bleibt; während der gesamten Installation werden Sie dank der Apple-Hardware keine CD oder DVD suchen müssen.

Ins Internet oder Netzwerk kommen? Auch das geht vollautomatisch, auch der Drucker wird automatisch angeschlossen. Allerdings müssen Sie hier noch, je nach Modell, die Windows-Treiber nachladen.

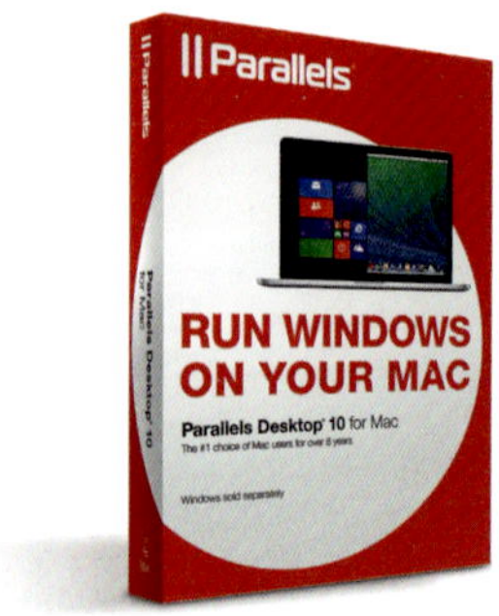

Abbildung 19.18
Parallels Desktop 10 ist schnell installiert.

1. **Erste Schritte**
Gleich nach der App-Installation starten Sie voll durch – im ersten Bildschirm haben Sie die Wahl, ein neues Windows oder anderes Betriebssystem zu installieren. Stehen von den jeweiligen Herstellern Testversionen bereit, stehen diese tagesaktuell in der Liste und können direkt inklusive Download zum Ausprobieren installiert werden. Haben Sie auf Ihrem Mac bereits Boot Camp installiert und das ewige Neustarten satt, bietet Parallels eine passende »Umzugslösung« an. Mit der bereits erwähnten »Switch to Mac«-Edition wird der vorhandene PC einfach per USB-Kabel auf den Mac kopiert – komplett funktionsfähig.

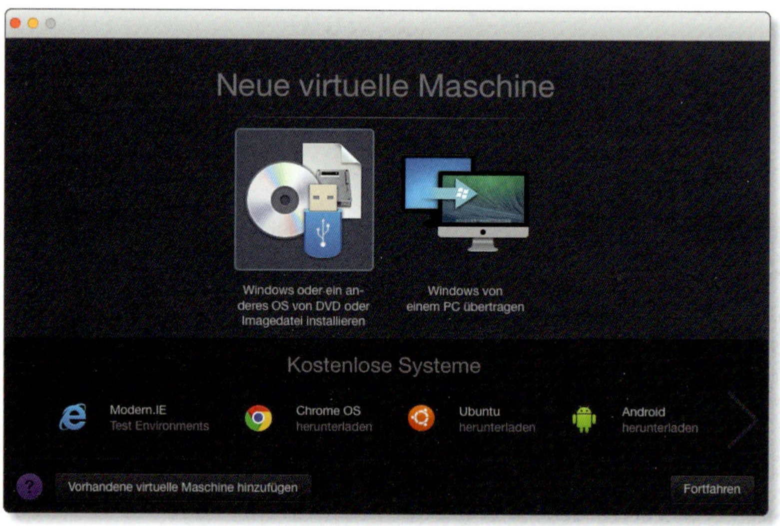

Abbildung 19.19
Windows 8.1 soll frisch auf dem Mac installiert werden.

2. **Datenträger wählen**
Jetzt gilt es, die Windows-DVD, -CD oder eine Image-Datei zu wählen, also das Installationsmedium, von dem Parallels die Windows-Version kopieren soll. Haben Sie eine Original-Installations-CD oder -DVD eingelegt, erkennt Parallels automatisch, worum es sich handelt. Auch Image-Dateien erkennt die App automatisch.

Abbildung 19.20
Hier wurde eine Image-Datei von Windows 8.1 gefunden – alternativ können Sie auch »manuell suchen«.

3. **Seriennummer bereithalten**
Ja, auch hierbei muss man die Seriennummer parat haben. Tippen Sie sie einfach wie gewohnt ein, und klicken Sie dann auf **Fortfahren**. Wenn Sie die Seriennummer nicht griffbereit haben, entfernen Sie den Haken bei **Diese Version erfordert einen Produktschlüssel** ①. Windows wird dann trotzdem installiert und erinnert Sie nach dem ersten Start daran, diesen nachträglich einzutippen.

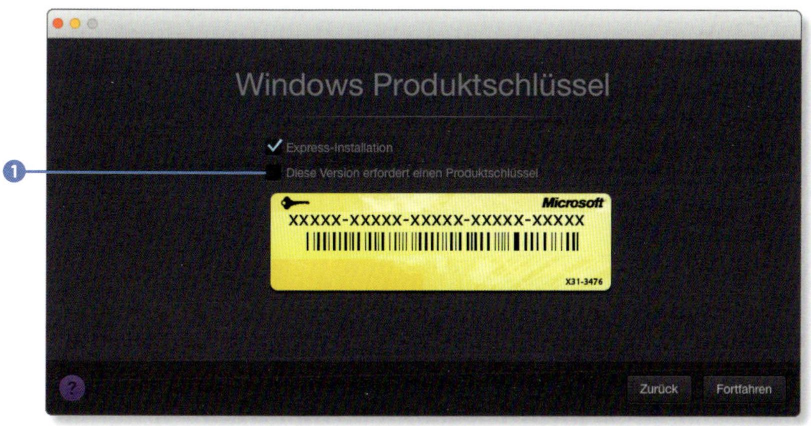

Abbildung 19.21
Auch ohne Seriennummer klappt die Installation problemlos.

4. Wie ein Mac? Oder wie ein PC?

Vor der Installation müssen Sie noch angeben, wie Sie das virtuelle Windows-System nutzen möchten. Diese Angaben beziehen sich lediglich auf ein paar Basiseinstellungen von Parallels. Sie können Windows später immer noch mit wenigen Mausklicks an Ihre Bedürfnisse anpassen. Wir entscheiden uns hier einfach für **Produktivität** ② – wenn Sie unter Windows später lieber zocken möchten, wählen Sie natürlich **Nur Spiele** ③.

Abbildung 19.22 >
Wie sollen die Windows-Programme dargestellt werden?

5. Speicherort und Namen eingeben

Abschließend müssen Sie noch den Speicherort für das virtuelle Windows eingeben oder den sinnvollen vorgeschlagenen Speicherort von Parallels bestätigen und Windows einen Namen geben.

Abbildung 19.23 >
Legen Sie fest, wo Parallels gespeichert werden soll.

6. **Windows installiert**
Haben Sie es vermisst? Jetzt läuft die Installation von Windows nahezu vollautomatisch. Also – zurücklehnen.

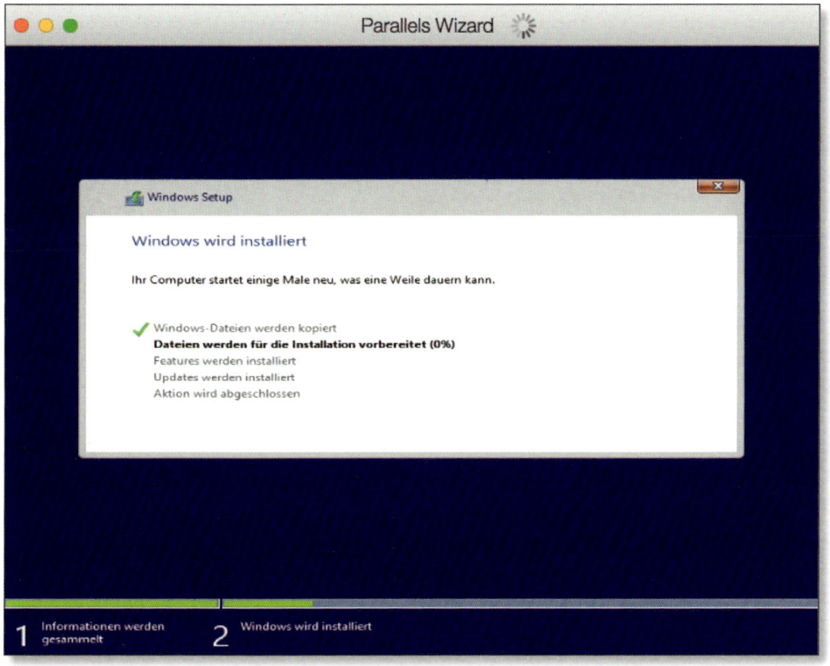

Abbildung 19.24
Die Installation läuft.

7. **Coherence-Modus als Standard**
Windows wird nun standardmäßig im sogenannten Coherence-Modus ausgeführt. Parallels gibt direkt nach der Installation einen prominenten Hinweis, wo sich die Einstellungen dazu verstecken. In dieser Ansichtsoption werden die Betriebssysteme OS X und Windows sozusagen gemischt. Windows-Programme werden optisch wie Mac-Programme ausgeführt, der Windows-Desktop bleibt im Verborgenen. Diese doch eher ungewohnte Ansicht ändern wir im nächsten Schritt.

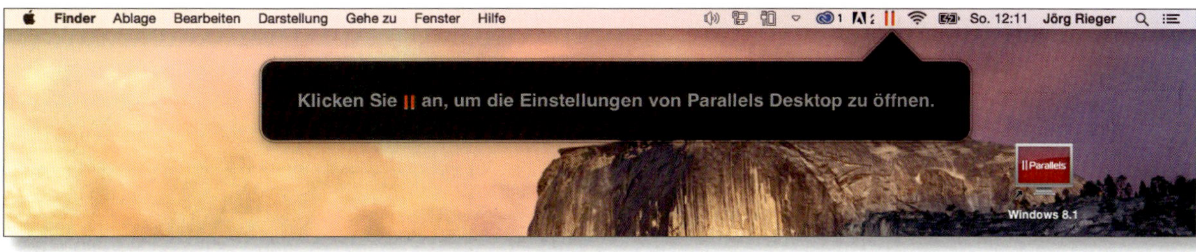

Abbildung 19.25
»Liebling, ich habe das Windows geschrumpft!« – Geht es nach Parallels, hat Windows künftig in der Menüleiste oben sein neues Zuhause.

8. Coherence verlassen

Wir empfehlen für den Einstieg die »normale« Ansicht von Windows – dazu gehen Sie auf das Parallels-Symbol (1 in Abbildung 19.26) und wählen erst **Darstellung** und dann **Coherence verlassen**.

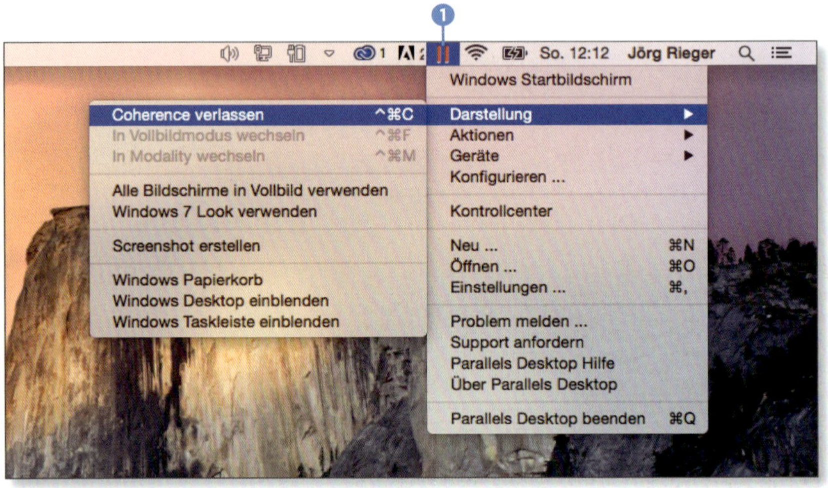

Abbildung 19.26
So wird Windows wieder »normal«.

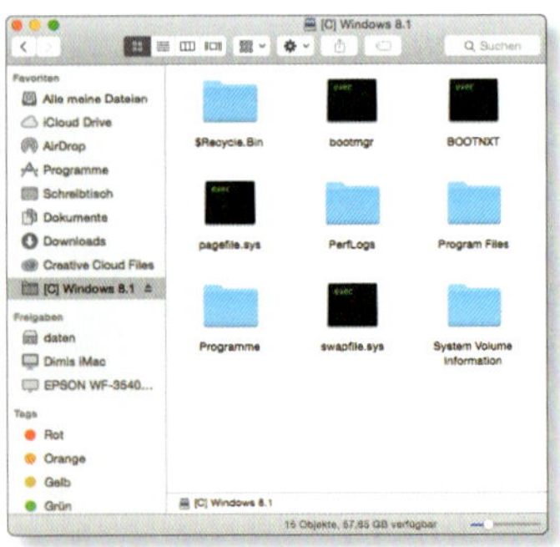

Abbildung 19.27
Heimatgefühle unter OS X – Laufwerk C: ist wieder da und direkt über die Favoriten aufrufbar 2.

9. Windows als normale App

Hier ist es, das brandneu installierte Windows unter OS X, einsatzbereit und schon mit sämtlichen Treibern ausgestattet. Der Desktop von Windows wird übrigens direkt mit dem Schreibtisch von OS X synchronisiert, es sind also immer die identischen Daten sichtbar.

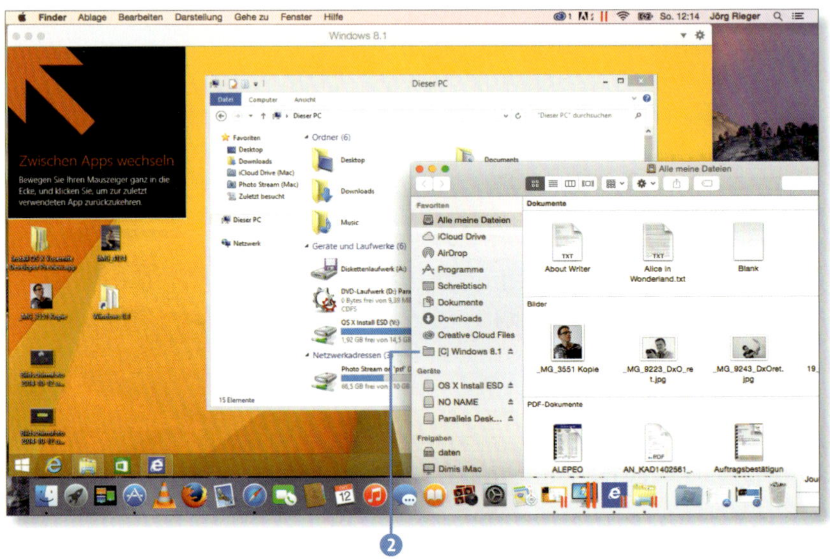

Abbildung 19.28
Windows läuft nun einfach als App unter OS X und funktioniert wie gewohnt. Praktischerweise werden Netzwerk und Drucker einfach vom Mac übernommen.

Besonderheiten bei USB- und DVD-Laufwerken

Das Programm selbst gibt wenig Rätsel auf. Eine Besonderheit gibt es allerdings: USB- und CD-Laufwerke können nicht gleichzeitig von Parallels Desktop und OS X 10.10 genutzt werden. Möchten Sie einen USB-Stick für Ihr virtuelles Windows nutzen, müssen Sie es daher im Menü **Geräte** auswählen. Um das CD/DVD-Laufwerk zu nutzen, wählen Sie es im Menü **Laufwerke** aus.

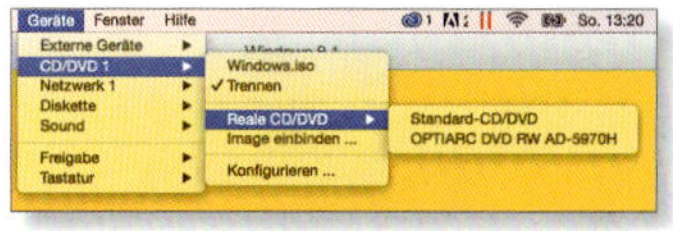

Abbildung 19.29
Verbinden Sie Laufwerke, USB-Sticks und andere Geräte mit Parallels, oder trennen Sie sie davon.

USB-Sticks oder externe Festplatten müssen Sie beim ersten Anschließen zuweisen. Die entsprechende Meldung wird immer eingeblendet, und Sie entscheiden, ob das Gerät über Parallels oder OS X genutzt werden soll.

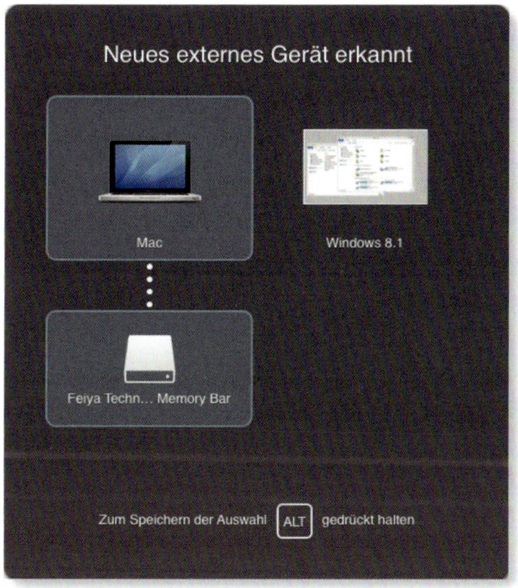

Abbildung 19.30
Hier entscheiden Sie, wo der USB-Stick verwendet werden soll.

VMware Fusion für Mac

VMware ist eine sehr praktische Lösung, um Windows auch am Mac zum Laufen zu bringen. Die App fristet im Vergleich mit Parallels ein wenig ein Schattendasein, allerdings völlig zu Unrecht: Sie kann grundsätzlich genauso viel wie die Konkurrenz. Mit dem *Unity-Modus*, der OS X mit Windows, bevorzugt Windows 7 bzw. Windows 8, zu einer Einheit verschmilzt, arbeitet es sich besonders komfortabel. Sie können Ihren Augen trauen, hier sind Dock, Launchpad und Startleiste ganz friedlich vereint.

Abbildung 19.31
VMware »fusioniert« Windows und OS X.

Vor der Installation steht der Download der Software im Web an – Sie müssen sich vorher kostenlos registrieren lassen, sonst kommen Sie

Abbildung 19.32
Die aktuelle Version von VMware Fusion bringt zahlreiche Neuerungen.

nicht zur Installationsdatei. Nach erfolgreichem Herunterladen genügt ein Doppelklick, und VMware startet die Installationsroutine.

Der Rest ist ein Kinderspiel. Netzwerkverbindungen, Drucker, Treiber – alles wird von der Software ohne Nachfrage und im Handumdrehen erledigt.

Abbildung 19.33
VMware am Mac

VMware Fusion bringt Windows unter OS X Yosemite ans Laufen. Im Folgenden zeigen wir Ihnen die notwendigen Installationsschritte im Detail.

VMware im Netz

Unter *www.vmware.com* können Sie VMware Fusion für den Mac herunterladen und nach kostenloser Registrierung mehrere Tage lang ausprobieren.

1. Installation starten

Direkt nach dem Aufruf der Software steht die Entscheidung an, ob eine Neuinstallation oder eine Übernahme eines vorhandenen PCs erfolgen soll. Wir entscheiden uns für die Neuinstallation.

Abbildung 19.34
Das Installationsmedium muss angegeben werden.

2. Installationsdaten wählen

Wir haben in unserem Beispiel eine Image-Datei von Windows 8 als Installationsmedium gewählt. Dort erkennt VMware das Betriebssystem leider nicht automatisch, daher erscheint noch der in Abbildung 19.35 dargestellte Bildschirm mit der Auswahl des Betriebssystems. Ein Klick auf **Eine andere Festplatte oder anderes Festplatten-Image verwenden** 3 ermöglicht die Auswahl.

Abbildung 19.35
Sonderfall Image: Hier ist ein Zwischenschritt nötig.

3. Einfache Windows-Installation

Jetzt wird es einfach: Mit den Angaben zum Login unter Windows, die Sie frei wählen können, haben Sie es fast geschafft. Wie bei Parallels muss zur ersten Installation nicht direkt eine Windows-Seriennummer vorhanden sein.

Abbildung 19.36
Noch einige wenige Angaben müssen vor der Installation gemacht werden.

Abschließend wählen Sie noch, wie Windows gestartet werden soll: als separate Anwendung mit Desktop (*Isolierter*) oder mit schwebenden Fenstern (*Nahtloser*) ganz wie unter OS X gewohnt. Diese Einstellung kann später aber auch jederzeit in der App selbst geändert werden.

Abbildung 19.37 >
Hier entscheiden Sie, wie Windows sich in OS X integrieren soll.

4. Installation starten

Nach einer Zusammenfassung aller Angaben kann die eigentliche Installation dann endlich beginnen.

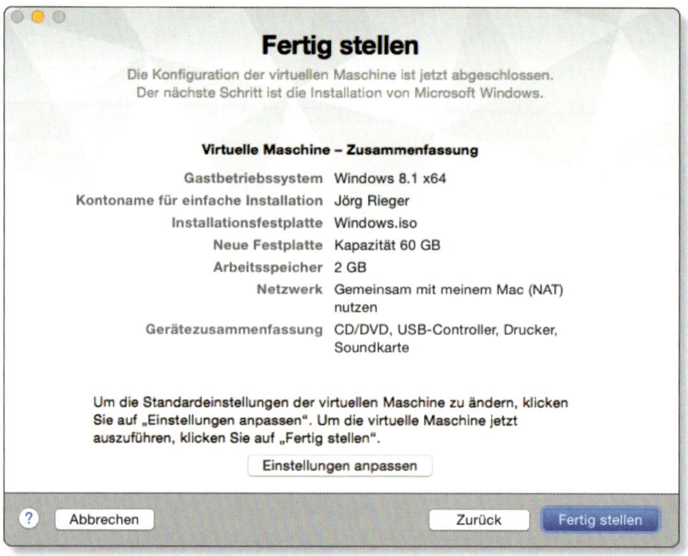

Abbildung 19.38 >
Ein Klick auf »Fertig stellen« startet die Installation.

5. Windows installieren

Die Windows-Installation erfolgt nun ohne einen weiteren Mausklick.

6. Fertig zum »Fensterln«

Nach wenigen Minuten ist Ihr Windows unter OS X startklar. Es fügt sich perfekt in die Yosemite-Umgebung ein und könnte sogar im Vollbildmodus ausgeführt werden.

Abbildung 19.39
Fast so wie früher am PC: Windows am Mac dank VMware Fusion inklusive Windows-Desktop

VirtualBox

VirtualBox von Oracle ist eine kostenlose Virtualisierungslösung. Sie wird von einer freien Entwicklergemeinde konzipiert und ist erstaunlich leistungsstark. Allerdings ist man als Einsteiger bei der Installation doch etwas mehr gefordert als bei Parallels oder VMware; als ehemaliger Windows-Anwender sind Sie aber vielleicht komplexe Installationsroutinen gewohnt. Auch bietet die Basisinstallation recht wenig Komfort, da Windows hier abgekapselt in einem Fenster arbeitet und nicht nahtlos in OS X integriert ist. Die Lösung bietet zusätzliche Erweiterungssoftware. Diese ist zwar ebenfalls kostenlos, aber hier ist dann ziemlich viel Know-how und vor allem der Wille zum Ausprobieren notwendig. Die Vorteile von VirtualBox liegen allerdings in der Geschwindigkeit, wenn es um pure Rechenleistung geht – was an Komfort gespart wurde, wurde an Power hinzugegeben.

Abbildung 19.40
VirtualBox bringt Windows unter OS X völlig kostenlos ans Laufen.

Spielernaturen werden mit der VirtualBox auch wenig Freude haben, da keine 3D-Grafikdarstellung unterstützt wird. Unsere Empfehlung: Wer in die Windows-Welt unter OS X hineinschnuppern möchte, kann das mit VirtualBox einfach ausprobieren. Für normale Software, wie z. B. Buchhaltungsprogramme oder Ähnliches, ist es in jedem Fall eine gangbare Lösung. Da die Installation wirklich recht komplex ist, können wir im

Download von VirtualBox

Unter *www.virtualbox.org* kann die aktuellste Version der Virtualisierungslösung VirtualBox kostenlos heruntergeladen werden.

Einsteigerbuch nicht den gesamten Installationsprozess abbilden, wollen aber die App nicht unerwähnt lassen.

Abbildung 19.41 >
Ganz schön komplex – VirtualBox erfordert Fachkenntnisse, ist aber dafür kostenlos.

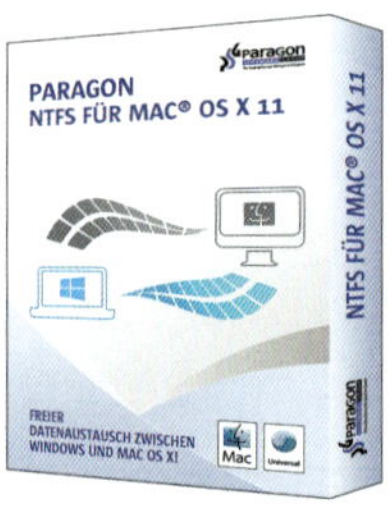

∧ Abbildung 19.42
Bringt OS X bei, NTFS-Datenträger von Windows nicht nur zu lesen, sondern auch Daten darauf zu schreiben.

NTFS-Dateisystem – das kann kein Mac, oder doch?

Richtig problematisch ist am Mac unter OS X, dass dieses System mit dem NTFS-Dateisystem nicht allzu viel anfangen kann. Was das für Sie bedeutet? Nun, es kann hin und wieder passieren, dass Ihnen eine externe Festplatte mit diesem Format unterkommt. Und diese NTFS-Partitionen kann man unter OS X 10.10 Yosemite zwar lesen, aber nicht beschreiben. Sprich, Sie können zwar die Daten von Ihrer externen Festplatte auf den Mac kopieren, aber keine Daten vom Mac zurück.

Das ist ärgerlich. Abhilfe verschafft hier aber ein kleines praktisches Zusatzprogramm: *NTFS for Mac OS X* von Paragon Software. Diese kleine Software installieren Sie einfach wie gewohnt, und schon kann OS X auch die Windows-eigenen Festplatten »knacken«. Sie merken bei der Arbeit über den Finder übrigens keinen Unterschied, das Programm tut einfach nur seine Arbeit. Lediglich in den Systemeinstellungen finden Sie einen Programmeintrag. Dort stehen einige wenige Einstellungsmöglichkeiten zur Auswahl, die im normalen Betrieb aber ganz und gar unwichtig sind.

Ach ja – um eines nicht zu vergessen: Die Software ist auch für Ihren PC ein praktisches Hilfsmittel. Dort hilft sie nämlich, Mac-formatierte Medien unter Windows aufzurufen und zu bearbeiten. Nur für den Fall, dass Sie doch mal wieder Ihren alten Personal Computer anwerfen.

NTFS for Mac OS X

Unter *www.paragon-software.com* steht die aktuelle Version der praktischen Software NTFS for Mac OS X zum Kauf für ca. 20 € zur Verfügung.

20 Kurz und bündig: der Mac für Umsteiger

Wenn Sie bislang mit Windows gut zurechtgekommen sind, wird auch die Arbeit am Mac kein Problem für Sie sein. Vieles wird sogar leichter. Allerdings funktionieren manche Dinge unter OS X ganz anders als unter dem gewohnten Windows. Aus diesem Grund haben wir Ihnen hier einmal in Kürze alles zusammengestellt, was Sie beim Umstieg beschäftigen könnte.

Mac-Vokabeln für Windows-Umsteiger

Die folgende Tabelle umfasst die wichtigsten Begriffe, die Sie bei der Arbeit mit dem Mac kennen sollten. Sie sind den jeweiligen Windows-Entsprechungen zugeordnet, damit Sie sich immer gut zurechtfinden.

Windows	Mac
Darstellung und Anpassung	Allgemein & Monitore
Benutzerkonten und Family Safety	Benutzer
Bibliotheken	Favoriten (Finder)
Bildschirmschoner	Schreibtisch & Bildschirmschoner
Computer	Finder
Datum & Uhrzeit	Datum & Uhrzeit
Desktop	Schreibtisch
Desktophintergrund	Schreibtisch & Bildschirmschoner
Geräte & Drucker	Drucker & Scanner

Windows	Mac
Drucker-Warteliste	Drucker-Warteschlange
Eigene Dateien	Alle meine Dateien
Erleichterte Bedienung	Bedienungshilfen
Energieoptionen	Energie sparen
Explorer	Finder
Infobereich der Taskleiste	Menulets
Internetoptionen	**Safari > Einstellungen**
Maus	Tastatur & Maus
Netzwerkverbindung	Netzwerk
Ordneroptionen	Ordner markieren und **Darstellung > Darstellungsoptionen einblenden** wählen
Sicherheitscenter	Sicherheit Kindersicherung
Sound	Ton
Alle Apps	Launchpad
System	Apfel-Menü und **Über diesen Mac > Weitere Informationen**
Systemsteuerung	Systemeinstellungen
Taskleiste	Dock
Tastatur	Tastatur & Maus
Verwaltung > Task-Manager	**Programme > Dienstprogramme > Aktivitätsanzeige und Sofort beenden** (Aufruf über `cmd`+`alt`+`esc`)

Häufig gestellte Fragen zum Umstieg

Aus unserer Praxis wissen wir, welche Fragen man sich als »Mac-Neuling« in der ersten Zeit stellt. Wir haben Ihnen natürlich auch die passenden Antworten aufgeschrieben.

Wo ist die Taste Strg bzw. Ctrl auf der Mac-Tastatur zu finden?
Beim Thema Tastenkürzel am Mac heißt es ganz klar: umdenken. Die cmd-Taste erfüllt fast immer die Aufgabe der Strg-Taste unter Windows. Strg+B, um markierten Text im Office-Programm fett zu formatieren, ist unter OS X dann ganz einfach cmd+B.

Wie führt man einen Rechtsklick aus bzw. öffnet das Kontextmenü?
Der Rechtsklick am Mac funktioniert mit der Apple-Maus tatsächlich ganz normal auf der rechten Seite, nennt sich allerdings *Sekundärklick*. Am Notebook klicken Sie auf dem Trackpad rechts unten oder mit zwei Fingern, um zum gleichen Ergebnis zu kommen. Linkshänder stellen die Maustastenbelegung ganz einfach in den Systemeinstellungen um.

Wo werden Screenshots (Bildschirmfotos) gespeichert?
Screenshots werden von OS X direkt auf dem Schreibtisch, nach Aufnahmedatum benannt, abgespeichert. Bei vielen Bildschirmfotos sieht das schnell unübersichtlich aus, ist aber durchaus praktisch. Die Fotos werden als hochaufgelöste PNG-Dateien abgelegt.

Wo finde ich extern angeschlossene Geräte?
Externe Geräte wie Speicherkarten oder Festplatten finden Sie unter OS X immer in der Finderleiste am linken Rand unter **Geräte**. Sollte dort gar nichts aufgelistet sein, fahren Sie mit der Maus hinter den Begriff **Geräte** – erscheint dort **Einblenden**, aktivieren Sie diesen Punkt, und schon sind alle Laufwerke sichtbar.

Gibt es am Mac auch so etwas wie eine Schnellstartleiste?
Das Dock am unteren Bildschirmrand ist die Schnellstartleiste für OS X. Hier können Sie Ihre Lieblingsprogramme für den ganz schnellen Zugriff ablegen. Alternativ hierzu gibt es auch das Launchpad mit »iPhone-Feeling« für den Programmstart.

Wo ist das Startmenü?
Das Startmenü findet sich zum einen im Dock wieder: Alle benötigten Programme sowie geöffneten Fenster sind hier abgelegt. Zum anderen finden Sie in der Menüleiste am oberen Bildschirmrand Datum, Uhrzeit, Akkulaufzeit (beim Notebook) und WLAN-Status sowie im Apfel-Menü links oben die Möglichkeit, Ihren Mac auszuschalten oder neu zu starten.

Wie gebe ich ein @-Zeichen ein und wie das €-Zeichen?
Das @-Zeichen sitzt bei allen Macs über dem L und wird mit alt+L getippt. Das Eurozeichen haben die OS-X-Macher, so wie es auch am PC der Fall ist, an der einzig logischen Stelle, nämlich über dem E, platziert – alt+E ist hier der richtige Klick.

Wo ist die Rubrik »Eigene Dateien«, und wo sind die Medienbibliotheken?
Beide sind in den Favoriten gelandet. Einfach auf das Finder-Symbol im Dock klicken, schon sehen Sie in der Leiste auf der linken Seite unter **Favoriten** die Ordnerlinks zu Ihren Daten. Standardmäßig können Sie von jedem Finder-Fenster aus über die Seitenleiste zu den Ordnern **Dokumente**, **Bilder**, **Filme** und **Musik** wechseln.

Wo ist die Systemsteuerung?
Die Windows-Systemsteuerung heißt am Mac *Systemeinstellungen*. Im Dock ist praktischerweise schon ab der Installation das entsprechende Symbol angelegt.

Wie heißen Explorer und »Arbeitsplatz« am Mac?
Beide Funktionen sind im *Finder* zusammengefasst. Der Finder wird entweder direkt über einen Doppelklick auf die Laufwerke oder über einen einfachen Klick auf das Finder-Symbol im Dock gestartet.

Welche Aufgabe hat die [cmd]-Taste?
Die Command-Taste übernimmt am Mac hauptsächlich die Aufgaben der vom PC her vertrauten Steuerungstaste [Strg]. Mit [cmd] werden beispielsweise sämtliche Tastenkombinationen gesteuert, aus [Strg]+[C] (Kopieren) am PC wird am Mac [cmd]+[C].

Gibt es unter OS X eine Alternative zu [Strg]+[⇧]+[Esc]?
Den »Geiergriff«, um »hängengebliebene« Programme zu beenden, gibt es auch am Mac. Hier ist es einfach [cmd]+[alt]+[esc], die Wirkung ist aber identisch: Sie erhalten eine Programmliste, aus der Sie die Kandidaten für das sofortige Beenden wählen können.

Welche Aufgabe hat die [ctrl]-Taste am Mac?
Ganz simpel: Die [ctrl]-Taste am Mac ist historisch bedingt und dient der Simulation eines Klicks mit der rechten Maustaste. Bis 2004 hatten Apple-Mäuse nämlich grundsätzlich nur eine Taste zur Verfügung. Heute wird die [ctrl]-Taste nur noch in seltenen Fällen benötigt.

Wie kann man eine CD oder DVD aus dem Laufwerk auswerfen?
Auf den älteren Mac-Tastaturen bzw. aktuell noch auf den Modellen, die über ein Laufwerk verfügen, wie z. B. das 13-Zoll-MacBook Pro ohne Retina-Display, befindet sich eine [⏏]-Taste, mit der eingelegte CDs oder DVDs ausgeworfen werden können – allerdings nur dann, wenn gerade keine Programme darauf zugreifen bzw. keine Dateien des Datenträgers geöffnet sind. Alternativ finden Sie auch in der Seitenleiste des Finders hinter dem CD/DVD-Symbol einen Auswerfen-Button.

Wie kann ich unter OS X ein Bildschirmfoto (Screenshot) machen?
Unter OS X macht man Bildschirmfotos, auch Screenshots genannt, mit den Tastenkombinationen [cmd]+[⇧]+[3] für ein Gesamtbild und [cmd]+[⇧]+[4] für einen Bildschirmausschnitt.

Kann man USB-Festplatten und USB-Sticks einfach abstecken?

Nein, unter OS X, wie auch unter Windows, muss das entsprechende Speichermedium ausgeworfen werden. Nutzen Sie das **Auswerfen**-Symbol in der Finder-Leiste hinter dem jeweiligen Laufwerk. Ist das Laufwerk aus der Liste verschwunden, kann der Datenträger vom USB-Port abgestöpselt werden. Eigentlich hätte man das ja auch unter Windows immer in ähnlicher Weise machen sollen ...

Wie kann ich Dateien und Ordner finden?

Mit der Spotlight-Suche oder über die Suche im Finder-Fenster. Die Spotlight-Suche kann man entweder über das Lupensymbol rechts oben in der Menüleiste des Finders oder im Finder über [cmd]+[F] aufrufen.

Muss man eine Deinstallation ausführen, um Programme vom Mac entfernen zu können?

Nein, normalerweise genügt es, einfach die Anwendung im **Programme**-Ordner auszuwählen und sie in den Papierkorb zu ziehen. Gerade größere Anwendungsprogramme bilden hier aber mittlerweile eine Ausnahme. Sehen Sie deshalb vorsichtshalber im **Programme**-Ordner nach, ob ein *Uninstall*-Programm angeboten wird. Falls ja, sollten Sie dieses auch nutzen. Wenn Sie die Software trotzdem über den Papierkorb löschen, nimmt Ihnen OS X das aber nicht übel, denn es bleiben lediglich winzige Dateien auf Ihrem Mac zurück.

PDF erzeugen – klappt das auch am Mac?

In OS X kann aus jedem Programm heraus über den **Drucken**-Dialog ein PDF erzeugt werden ganz ohne zusätzliche Software.

Kann eine CD oder DVD direkt kopiert werden?

Nein, unter OS X muss man dazu das Festplatten-Dienstprogramm bemühen, ein Image des Datenträgers erzeugen und dieses wiederum auf eine CD oder DVD brennen.

Kann man unter iTunes für Windows auch mit iTunes für Mac gekaufte Musiktitel abspielen?

Ja, das funktioniert einwandfrei – die Synchronisierung erfolgt sogar vollautomatisch, sofern beide Computer bei iCloud angemeldet sind.

Welche Möglichkeiten gibt es, die iTunes-Mediathek von Windows mit der von OS X parallel zu betreiben?

Das funktioniert »offline« nur über eine externe Festplatte, auf der quasi eine Mediathek für beide Betriebssysteme gespeichert ist. Wenn Sie iCloud nutzen, klappt es zumindest mit in iTunes gekauften Titeln automatisch – diese werden immer auf allen Geräten, egal, ob Mac, PC oder iPhone, synchronisiert. Mit iTunes Match, das allerdings kostenpflichtig ist, funktioniert es dann mit allen digitalen Musiktiteln, auch digitalisierten CDs und Ähnlichem.

Kann die Musik vom Windows-iPod einfach auf meinen Mac kopiert werden?
Nein, iTunes verschlüsselt Musik und Videos, sodass eine direkte Übertragung nicht möglich ist. Sie können die Musik auf dem iPod zwar über iTunes anhören, nicht aber kopieren. Aber, hier ist dank der Apple-ID ja eine gute Synchronisierung gewährleistet.

Kann ich meine alte PC-Webcam direkt am Mac anschließen?
Probieren geht über studieren – viele USB-Webcams funktionieren aber leider nicht direkt unter OS X. Da war Windows um Längen unkomplizierter. Doch viele Hersteller bieten auch für alte Webcams einen Treiber für den Mac an. Darüber hinaus gibt es viele passende Treiber der »Marke Eigenbau« im Web.

Hat der Mac einen Parallelanschluss für meinen Drucker?
Nein, am Mac gab es diesen Anschluss, wie man ihn vom PC kannte, noch nie. Für Ihren alten Drucker heißt es daher: Adapterstecker über USB anschließen und hoffen, dass OS X damit zurechtkommt. Das klappt in den meisten Fällen tatsächlich problemlos.

Muss ich spezielle Mac-Festplatten kaufen, wenn ich ein externes Speichermedium brauche?
Nein, hier gibt es keinen Unterschied in der Bauweise, lediglich die Formatierung ist bei den »PC-Festplatten« auf FAT32 und nicht auf das OS-X-Dateisystem vorbereitet. Das birgt in der Praxis aber keinerlei Nachteile, zudem kann das mit dem Festplatten-Dienstprogramm jederzeit ganz schnell geändert werden.

Wo finde ich die Funktionen, um den Mac nach meinen Wünschen einzurichten?
In der ersten Zeile der **Systemeinstellungen** finden Sie verschiedene Möglichkeiten, um den Mac ganz nach Ihren Wünschen einzurichten.

Wo aktiviere ich die Firewall?
Ebenfalls in den Systemeinstellungen finden Sie in der Rubrik **Sicherheit > Firewall** die Möglichkeit, Ihren Computer vor Viren und anderer Schadsoftware zu schützen. Über die Schaltfläche **Weitere Optionen** können Sie ggf. Ausnahmen definieren.

Wie verhindere ich, dass bei jedem System-Neustart über Boot Camp Windows statt OS X geladen wird?
In der Systemeinstellung **Startvolume** legen Sie mit wenigen Mausklicks fest, welches System beim Neustart Priorität hat.

Warum finde ich in den Systemeinstellungen« meine angeschlossenen Geräte wie die Webcam oder das Grafiktablett nicht?
OS X hat hier eine eigene Logik. Alles, was von Fremdherstellern kommt, wird nicht wie z.B. Maus, Tastatur und Trackpad in der zweiten Zeile

der **Systemeinstellungen** abgelegt, sondern in der fünften Zeile, die als eine Art Rubrik »Sonstige« fungiert. Trotzdem sind hier nicht immer alle Geräte gelistet, sondern nur jene, die spezielle Treiber zur Verfügung stellen.

Kann ich iCloud als Datenspeicher oder virtuelles Laufwerk für beliebige Daten verwenden?

Ja, die iCloud bietet mit iCloud Drive die Möglichkeit, beliebige Daten direkt »in der Wolke« zu speichern und damit auf allen Macs, die mit Ihrer Apple-ID verbunden sind, zugänglich zu machen. Sie erreichen dieses virtuelle Laufwerk unter OS X direkt über die Finder-Leiste im Bereich **Favoriten**.

Warum kann ich meine externe Windows-Festplatte unter OS X sehen, Dateien kopieren, aber keine neuen Daten abspeichern?

In diesem Fall ist die Festplatte wahrscheinlich NTFS-formatiert. Dieses Windows-Dateiformat kann OS X standardmäßig nur lesen, aber nicht speichern. Das klappt nur mit einem zusätzlichen Programm: *NTFS for Mac OS X* von Paragon Software. Installieren Sie dieses Programm, und schon kann OS X auch die Windows-eigenen Festplatten »knacken«.

Wie kann ich Windows-Programme am Mac nutzen?

Mit Zusatzsoftware wie Parallels, VirtualBox oder VMWare können Sie Windows unter OS X installieren und dann alle Windows-Programme wie gewohnt ausführen. Boot Camp ist bei OS X inklusive, funktioniert aber nur ab Windows 7 und hat einen großen Nachteil: Bei jedem Systemstart müssen Sie entscheiden, ob Sie OS X oder Windows starten wollen, ein schneller Wechsel ist damit nicht möglich. Allerdings ist Boot Camp ideal, wenn Sie gerne aufwendige 3D-Games unter Windows spielen, die viel Rechenleistung brauchen.

Hat OS X eine Kindersicherung?

Ja, in den Systemeinstellungen im Bereich **Benutzer & Gruppen** können Sie eine Kindersicherung einstellen. Auf Wunsch sieht der jeweilige Benutzer dann nur eine vereinfachte Systemoberfläche, außerdem können der Zugriff auf Programme und vor allem die Internetnutzung explizit geregelt werden.

Kann ich meinen Mac, ähnlich wie meinen PC, selbst aufrüsten?

Hier gibt es ein klares »Jein«: Speicher kann man bei den aktuellen iMacs problemlos selbst einbauen. Ansonsten gilt: Lieber einen Fachhändler werkeln lassen, schon allein das Öffnen der Gehäuse der Apple-Geräte macht Spezialwerkzeug notwendig. Das ist ein echter Nachteil der kompakten Bauweise. Schnell mal die Festplatte tauschen geht weder am MacBook noch beim iMac wirklich schnell. Der Arbeitsspeicher ist beim aktuellen Mac mini und allen Apple-Notebooks zudem fest installiert und kann nicht erweitert werden.

Warum kann ich unter OS X meine Windows-Videos nicht mehr abspielen? Gibt es eine Alternative?
OS X hat standardmäßig mit dem QuickTime Player einen recht widerwilligen Zeitgenossen an Bord, wenn es um Videoformate geht. Die App kommt nur mit den gängigsten Videoformaten klar. Hier lohnt es sich, den kostenlosen VLC-Player zu installieren, mit ihm können Sie jedes Format öffnen.

Wie kann ich CDs, DVDs und Blu-rays am Mac abspielen?
Apple hat in seinen aktuellen Mac-Computern keine Laufwerke mehr für diese Medien integriert. Gleichwohl kann OS X natürlich mit den Silberscheiben umgehen. Sie müssen sich allerdings ein externes Laufwerk mit USB-Anschluss kaufen – und es muss nicht das recht teure Original von Apple sein.

Auf wie vielen Macs kann ich im App Store gekaufte Programme installieren?
Erfreulicherweise können Sie Apps aus dem App Store auf beliebig vielen Macs installieren. Sie müssen lediglich auf allen Geräten mit derselben Apple-ID angemeldet sein.

Sind meine Office-Dokumente in Windows und Mac miteinander kompatibel?
Fast alle Dateitypen sind unabhängig vom Betriebssystem. Egal ob Bilder oder Dokumente, in der Regel können Sie hier plattformübergreifend arbeiten. Einzige Einschränkung: Gerade bei Office-Dokumenten gibt es Probleme, wenn Sie am Mac mit Schriften gearbeitet haben, die unter Windows nicht installiert sind, oder umgekehrt. Die Standardschriften Arial und Times sind aber auf allen Betriebssystemen verfügbar.

Gibt es wirklich keine Viren unter OS X?
Nein, bislang ist hier nichts bekannt. Das liegt an der raffinierten Programmierung von OS X, die keine offensichtlichen Systemänderungen ohne Ihre Zustimmung zulässt. Zudem laufen alle Apps wie in einer separaten Schachtel – im Systemordner selbst werden kaum Änderungen vorgenommen. OS X ist eine harte Nuss für Virenprogrammierer, die bislang noch nicht geknackt wurde. Mehr dazu in Kapitel 9, »Sicher und schnell im Internet surfen«.

Wichtige Tastenkürzel im Vergleich

Mit Tastenkombinationen lassen sich viele »Mauskilometer« sparen. Besonders praktisch: Am Mac sind viele Kürzel nahezu identisch mit dem gewohnten »Windows-Griff«.

Arbeiten in Dokumenten	Mac	Windows-8.1-PC
Rückgängig	cmd + Z	Strg + Z
Kopieren in Zwischenablage	cmd + C	Strg + C
Einfügen aus Zwischenablage	cmd + V	Strg + V
Ausschneiden von Dokumentinhalten in die Zwischenablage	cmd + X	Strg + X
Bildschirmfoto (kompletter Bildschirm)	cmd + ⇧ + 3	Druck
Bildschirmfoto (aktives Fenster)	cmd + ⇧ + 4 + Leertaste	Alt + Druck
Zum Zeilenanfang	cmd + ←	Pos 1
Zum Zeilenende	cmd + →	Ende
Zum Dokumentanfang	cmd + ↑	Strg + Pos 1
Zum Dokumentende	cmd + ↓	Strg + Ende
System		
Neuer Ordner	cmd + ⇧ + N	Strg + ⇧ + N
Neues Fenster	cmd + N	Strg + N
Fenster schließen	cmd + W	Strg + W
Wechsel zwischen geöffneten Programmen	cmd + ⇥	Alt + ⇥
Markierte Dateien kopieren	cmd + C	Strg + C
Kopierte Dateien einfügen	cmd + V	Strg + V
Markierte Dateien ausschneiden	cmd + X	Strg + X
Programm beenden	cmd + Q	Alt + F4
Programm sofort beenden	cmd + alt + esc	Strg + ⇧ + Esc (im Taskmanager beenden)
CD, DVD oder externes Medium auswerfen	Symbol markieren, dann cmd + E	–
Geöffnete Fenster auf dem Schreibtisch ausblenden	cmd + F3	Windows + D

Suchen	cmd + F	F3 oder Strg + F
Hilfe	cmd + ?	F1
Beim Systemstart		
Startvolume wählen	alt	–
Im abgesicherten Modus starten	⇧	F8
Von CD/DVD starten	alt oder C	CD/DVD vor Start einlegen
Neustart	ctrl + cmd + ⏏ oder ⏻	Alt + F4 (auf dem Desktop)
System beenden		
Computer in Ruhezustand/ Standby versetzen	cmd + alt + ⏏ oder ⏻	Alt + F4 (auf dem Desktop)
Ausschalten	ctrl + alt + cmd + ⏏ oder ⏻ 5 Sekunden lang drücken	Alt + F4 (auf dem Desktop)
Objekte markieren		
Ein Objekt einer Liste markieren	Mausklick	Mausklick
Mehrere Objekte in beliebiger Reihenfolge markieren	cmd + Mausklick	Strg + Mausklick
Objekte in Reihe markieren	⇧ + Mausklick	Strg + ⇧ + Mausklick
Alle Objekte markieren	cmd + A	Strg + A

Stichwortverzeichnis

C

D

E

I

T

Z